历史
不能不信，
也不能全信

乔楚◎主编

中国华侨出版社
北京

图书在版编目（CIP）数据

历史不能不信，也不能全信 / 乔楚主编 . —北京：中国华侨出版社，2014.10
（2020.5 重印）

ISBN 978-7-5113-4954-5

Ⅰ.①历… Ⅱ.①乔… Ⅲ.①世界史—通俗读物 Ⅳ.①K109

中国版本图书馆 CIP 数据核字（2014）第 236348 号

历史不能不信，也不能全信

主　　编：乔　楚
责任编辑：若　涛
封面设计：韩立强
文字编辑：徐胜华
美术编辑：刘欣梅
经　　销：新华书店
开　　本：720mm×1020mm　1/16　印张：28　字数：620 千字
印　　刷：鑫海达（天津）印务有限公司
版　　次：2015 年 2 月第 1 版　2020 年 5 月第 3 次印刷
书　　号：ISBN 978-7-5113-4954-5
定　　价：68.00 元

中国华侨出版社　北京市朝阳区西坝河东里 77 号楼底商 5 号　邮编：100028
法律顾问：陈鹰律师事务所
发行部：（010）58815874　　传　真：（010）58815857
网　　址：www.oveaschin.com　　E-mail：oveaschin@sina.com

如果发现印装质量问题，影响阅读，请与印刷厂联系调换。

前言

历史是什么？一位著名的史学家这样说："历史不是秦皇汉武，不是唐宗宋祖，更不是强权暴力和阴谋诡计。历史是一种文化，是一种大智慧。谁掌握了这种文化和智慧，谁就掌握了历史，谁就能够创造历史。"历史教人用深邃的眼光看待过去，品读现在，观照未来。

然而，这一切的必要前提是，历史必须是真实的历史，否则就会背道而驰，贻误后人。

可是，不容忽视的是，历史也有可能欺骗我们。鲁迅先生曾经指出，历史往往是不可靠的，同时代人所写的历史尤其不可靠。这是因为历史大多成书于君主专制的封建王朝，修撰史书的都是御用史官。这种史书重视帝王将相，忽视民族群体；重视军事、政治，忽视经济、文化；重视汉族以及入主中原的少数民族，忽视其他少数民族；重视权力、权术，忽视知识、技术；只记国内史事，忽视海外华人。有了这样显著的五种偏颇，就不可能真实地反映当时的历史真面目。

或许有人会说，相对而言，正史还是较为可靠的。然而正史就句句属实、篇篇可信吗？以大圣人孔子为例，他一面为《春秋》立褒贬大法，为真实史学树立楷模；一面却又宣扬"为尊者讳，为亲者讳，为贤者讳"。即隐恶扬善，不言人之过。仅这一观念就使史官们故意隐去了许多本来不应该避而不提的事实。考察正史之所以会失实的根源，无非出在执笔者和删改者的身上，有的因为害怕秉公直书会得罪权贵，会招致文字狱之类的灾祸，故意隐瞒；有的为了某种私利或者偏见，对事实进行黑白颠倒式的记述和描绘；有的对正面的和反面的东西都肆无忌惮地加以放大，添油加醋；还有的或轻信权威，或道听途说，不做调查研究，不加考证，把演义、衍义和稗官野史、街谈巷议都当作正史，人云亦云地记录；甚至有的公然编造历史，虚构故事情节，或故意张冠李戴，或干脆无中生有。由此可见，历史的确是让人不能不信，也不能全信。

说到底，历史就是对细节与真相的探究。然而，说出真相不是一件容易的事。真相的获得，需要史学家把那些由于各种原因背离了真实的历史，一点一滴地去伪存真，恢复其本来面目；而且史学家还要对历史不断地做出新的解释，这就要求他们摒弃人云亦云、墨守成规的惯性思维，独立思考，大胆质疑，善于提出新的问题、新的可能性，从新的角度去看待旧的问题，发挥创造性的想象力，同时具有脚踏实地的科学精神。

值得庆幸的是，近年来，一些史学家和历史事件的知情者、亲历者，孜孜以求，以史实为依据，按迹寻踪，见微知著，挖掘史料中的深层内涵，探寻历史的本相、本质和发展规律，实事求是地评价人物的是非功过和历史作用。于是，我们把近年来发表的有新意且有价值的文章，略作分类，精心编就《历史不能不信，也不能全信》一书，以飨读者。

本书分为历史不忍细看、重返历史现场、还原历史真相、往事新知、人物新考、韵事追踪、海外纵横、秘密档案等8个部分，帮助读者从不同层面、不同角度挖掘历史真相。对历史真相的追寻，对历史人物的重新臧否，我们不追求所谓"宏大的叙事"，也不追求学术探微和前沿研究，而是用轻松活泼的文字来反映点滴历史。有些是历史事件知情者、亲历者的回忆，把僵硬的历史还原为一个个鲜活的生命，变得有血有肉；有些是把被有意回避或语焉不详的历史，经过作者的调查和探索，使其重见天日并予以适当的评价；有些是根据逐渐解密的档案或史料，把尘封多年而被长期误读的历史赋予崭新的生命和意义；有些是对历史上某些事件、人物的说法、评价甚至"定论"，根据作者的研究和发现，建构起迥异以往的命题和意蕴；有些则是将被歪曲、篡改甚至颠倒的历史，还原其本来面目或重新修正。此外，我们还注重对比历史。前人所述的历史，后人所述的历史，以及今人所述与前人、后人在路数、观点、境遇等方面各自不同却又有着勾连纠缠的历史，在这种勾连对比之下，所得出的往往就是真实的历史，是我们所要追寻的。

本书所收录的文章思想开放，无论是观点还是材料，都有很多新鲜感。阅读本书犹如走进一个陌生的国度，新颖的景观层出不穷，身心会陶醉在一种受到新知刺激才产生的精神愉悦中。但是需要说明的是，本书所收文章大都是"一家之言"，并不代表编者和出版者的观点，希望本书能给喜爱历史的朋友一些启迪、一些裨益，使其在研习历史的路上走得更远、更顺畅。

目 录

第 一 篇　历史不忍细看 ································· 1

腰斩酷刑：从产生到消失 ··························· 1

受虐的"道德快感" ······························· 4

古来难保是晚节 ································· 6

汉武帝和司马迁：究竟谁阉割了谁 ··············· 8

醉里挑灯看剑 ··································· 9

状元的命运 ····································· 22

"高贵"的无知 ································· 24

文人不要乱撒娇 ································· 26

敌人的敌人还是敌人 ··························· 27

道德丰碑下的殉葬品 ··························· 29

宋徽宗与明崇祯帝 ····························· 31

皇帝是不能要挟的 ····························· 32

荒谬的帝王 ····································· 33

中国皇帝的寿命 ································· 35

从"诛十族"到"瓜蔓抄" ····················· 36

被骂亡的明朝 ··································· 38

明代腐败的营建制度 ··························· 39

历史不忍细看 ··································· 43

跟包饮场乱哄哄 ································· 47

破落八旗 ······································· 48

另一种背叛 ····································· 51

曾赵之辩：清朝能撑多久 ······················· 52

李鸿章何以东山再起 ··························· 54

中国近代史之细节 ····························· 56

第二篇　重返历史现场 ……………………………………… **60**

由一个玩笑引发的政变 ………………………………………… 60

刘邦之所以得天下，在于比项羽更会花钱 …………………… 62

晋王朝的奢华 …………………………………………………… 65

宋代私家菜 ……………………………………………………… 71

席卷欧亚大陆的狂飙——蒙古西征 …………………………… 73

朱元璋的反贪运动 ……………………………………………… 75

靖难：六百年前的一声叹息 …………………………………… 78

大明朝的"金粉世家" …………………………………………… 80

崇祯死前大开杀戒 ……………………………………………… 81

1644 年，中国的三个皇帝 …………………………………… 84

清代官场图 ……………………………………………………… 88

1834 年的世界首富 …………………………………………… 91

慈禧如何应对政治斗争 ………………………………………… 93

丁宝桢诛杀慈禧宠宦安德海 …………………………………… 96

光绪三年，不堪回首的一页 …………………………………… 99

火焚圆明园的罪魁祸首 ………………………………………… 101

清代监狱千奇百怪的敲诈勒索花样 …………………………… 102

一边借款，一边抓人——1910 年清政府拯救股市始末 …… 105

李鸿章日本议和秘闻录 ………………………………………… 107

甲午年湘军决战日本的檄文 …………………………………… 111

盛宣怀打垮胡雪岩 ……………………………………………… 112

时常会想念那些抗日名将 ……………………………………… 114

第三篇　还原历史真相 ……………………………………… **117**

长平之战"坑杀"之谜 …………………………………………… 117

破解秦始皇生父之谜 …………………………………………… 119

彻底揭开秦阿房宫的神秘面纱 ………………………………… 122

虞姬到底是怎么死的 …………………………………………… 125

皇帝为什么要杀功臣 …………………………………………… 126

历史谜团：赤壁之战的四大悬疑 ……………………………… 128

千里走单骑是个谜 ……………………………………………… 131

三国鼎立形成的历史原因 ……………………………………… 133

诸葛亮是如何"借"来东风的 ················· 140

驰名三国的道德偶像为何羞愧而死 ············· 142

曹操缘何笼络文人又兴起"文字狱" ············· 146

李世民为什么不杀武则天 ················· 149

李白与杨贵妃到底是啥关系 ················· 152

"烛影斧声"赵光义登基疑案 ················· 154

范仲淹的改革是怎样失败的 ················· 157

岳飞为什么必须死 ··················· 160

《满江红》遭质疑：是岳飞的杰作吗 ············· 162

风云国师刘伯温之死 ·················· 164

朱元璋何须除去"小明王" ················· 166

曹雪芹祖父竟然是康熙的密探 ··············· 168

吴三桂缘何令儿媳痛苦一生 ················ 171

雍正为何诏令驱逐传教士 ················· 175

乾隆惩贪缘何愈惩愈贪 ················· 176

洪秀全为何仇视知识分子 ················· 178

曾国藩与"刺马案"的瓜葛 ················ 181

谁埋葬了北洋水师 ··················· 183

当皇帝，还是当终身总统 ················· 186

从梁启超家书看王国维之死 ················ 194

第四篇　**往事新知** ····················· **198**

为秦始皇平反：秦始皇焚书时留有完整备份 ········· 198

项羽究竟死于何地 ··················· 205

项羽失败的新发现 ··················· 212

曹植《感甄赋》为谁而作 ················· 213

诸葛亮自荐失败，自编自演"三顾茅庐" ··········· 215

三国毁于关羽 ····················· 222

天才诗人白居易的生活秘闻 ················ 224

千年名画竟然是"特工"的情报 ·············· 226

流传千古的谎言："半部《论语》治天下" ·········· 228

豆腐渣战舰坏事——忽必烈两次出征日本失败 ········ 231

时势造"汉奸" ···················· 233

郑成功被人毒死 ·· 236

大清朝的仁政报告 ·· 237

鸦片战争武器真相 ·· 239

逼慈禧向全世界宣战的一份假情报 ···················· 242

杨乃武与小白菜案的背后 ·································· 243

光绪之死与袁世凯告密真相 ······························ 246

第五篇　**人物新考** ·· **251**

夏姬与四大美女 ·· 251

商鞅：为强秦奠基，为自己掘墓 ······················ 252

"风险投资家"吕不韦 ·· 256

换个角度看吕后 ·· 259

副手中的高手 ·· 261

东方朔：汉朝的撒娇派教主 ······························ 263

孔融之死乃性格悲剧 ··· 265

诸葛亮五次北伐中的军事失误 ··························· 267

曹、刘、孙三家都是悲剧人物 ··························· 271

一代明主——魏明帝曹叡 ·································· 273

大乔和小乔 ··· 280

知遇之恩害了姜维 ·· 283

天下谁人识君 ·· 286

魏徵：哪有胜利可言，挺住意味着一切 ············· 287

狄仁杰：唐室功臣外衣下的"官油子" ··············· 291

为宋仁宗画像 ·· 295

文字捕快沈括 ·· 296

秦桧："我的秘密武器是反贪" ·························· 298

杨门女将：一段美丽的"假历史" ····················· 302

岳飞与狄青 ··· 304

朱熹的沉浮人生 ·· 305

童贯：阉割过的王爷不孤独 ······························ 307

王阳明为何被人遗忘 ··· 311

海瑞奏折：让皇帝不忍杀之 ······························ 312

李贽：明朝第一思想犯 ······································ 315

李自成：寇性难改的"山大王" ································ 319

钱谦益："水太凉了" ································ 327

崇祯：一个破产的帝王 ································ 329

和珅是一头圈养的兽 ································ 331

光绪的坏脾气与国事 ································ 333

李鸿章：夹缝中的悲情英雄 ································ 335

心不在焉的革命者 ································ 338

第六篇　**韵事追踪** ································ **340**

十大美女的最后归宿 ································ 340

古代四大美男之死 ································ 344

古时男人们在青楼里都干些什么 ································ 346

帝王对糟糠之妻的情分 ································ 347

丑女不愁嫁 ································ 350

西施与范蠡 ································ 351

夏姬秘史：一个倾倒众生的人间尤物 ································ 354

刘备婚姻探秘 ································ 357

武则天三招俘获高宗心 ································ 362

大唐才女上官婉儿：石榴裙下的极致风流 ································ 364

太平公主的丧夫之痛 ································ 366

杨玉环与梅妃 ································ 371

陆游终生牵挂的女人 ································ 373

萧太后：铁血爱情与辽的兴盛 ································ 377

第七篇　**海外纵横** ································ **380**

历史上真实的埃及艳后 ································ 380

十二月党人的妻子们：风雪中那美丽的坚守 ································ 382

世界上第一艘航空母舰的诞生 ································ 386

敦刻尔克"败而不败"奇迹之谜 ································ 388

丘吉尔一度想除掉戴高乐 ································ 392

一场电影攻陷一个国家 ································ 394

历史的经验不值得注意 ································ 395

夭折的日军"性病战术" ································ 397

第八篇　**秘密档案**·································· **399**

毛遂其实还有自惭 ···························· 399

战国外交史上的杰作：秦赵渑池会的真相 ·········· 400

一代名将蒙恬究竟死于谁手 ···················· 402

夜郎：被世人误解两千年的古国 ················ 406

卫青的另一面 ······························ 411

历史上的太上皇现象 ························ 413

唐朝望族不愿娶公主 ························ 417

杨贵妃下落之谜 ···························· 420

杨国忠仅仅是靠杨贵妃才当上宰相吗 ············ 424

古人的"守宫砂" ·························· 428

"矫诏"为什么如此容易 ···················· 430

大清皇帝为何接连无后 ······················ 431

第一篇

历史不忍细看

【腰斩酷刑：从产生到消失】

朱　飞

鲁迅说过，中国人是"最能研究人体、顺其自然而用之的人民。脖子最细，发明了砍头；膝关节能弯，发明了下跪；臀部多肉，又不致命，就发明了打屁股……"至于坚韧挺拔的腰骨，构成了做"人"顶天立地的形象，向来关系着中国人的"气节"与"风骨"，陶渊明不为五斗米折腰，李白不愿"摧眉折腰事权贵"，他们的腰板硬得多，宁可像玉一般碎成一把绝响，也不愿求瓦全苟且偷生。统治者也许是怕这些知识分子嶙峋的风骨，就杀气腾腾祭出了"腰斩"的酷刑来，妄图断了国人的"脊梁"，教化出奴性的顺民。

一

其实腰斩的出现，在某种程度上也算是"历史的进步"。因为殷商时代的死刑，保留了不少原始部落享受人肉大餐的习俗，烧、烤、蒸、煮，无不围着口腹之欲打转。如"醢"是把人剁成肉酱，"脯"是把人做成肉干，"炮"是把人绑在大火炉的金属外壳上烤成熟肉，而"镬烹"则干脆把人扔到饭锅里煮成肉羹。

到了周代，"砍斫"逐渐取代"烹饪"，成为死刑的主流。周代的死刑有车裂、斩和杀三种。其中的"斩"就是腰斩，而"杀"才是后世所谓的斩首。

最初腰斩行刑时用斧或钺，因为青铜毕竟要软些，不够锋利，必须做成斧、钺，砍下去才有力度。待铁器普及后，刀渐渐在斩刑中唱起了主角。不过刀虽然锋利，却容易磨损，用起来更要求技巧，得像庖丁解牛一样，谙熟腰椎骨空隙，否则，一刀下去不能砍断，场面自然尴尬，会遭围观的人群嘲笑其手艺不精，有损剑子手的"职业操守"。不过随着"技术的进步"，腰斩开始启用更顺手的铡刀，不仅刀利背厚，不易磨损，而且对杀人技术要求比较低。包龙图那著名的三口铡刀，其实并非电视上演的那种用途：把人头塞进去，刀起头落，仿佛中国式的断头台，而是腰斩时用的，把人截成两段，"手足异处"。

二

腰斩在行刑时，犯人必须脱光身上的衣服，使腰部裸露出来，伏在铡床或木、铁的砧板上，正是刀俎之间"我为鱼肉"的架势。普通人至此怕早已魂飞魄散了，但总有那么个别不畏死的"牛人"。

秦末楚汉相争，韩信离楚投汉，还是个无名小卒时，因犯军法当受腰斩。一同被处死的13个人被斩之后，轮到了韩信，他居然仰躺在砧板上直视将加诸于己身的刀刃，大呼："刘邦那小子不是想夺天下吗？为何要斩杀壮士！"当时夏侯婴做监斩官，听闻此言，被他的勇气和豪壮折服，大呼"刀下留人"，不仅没有杀他，还将他推荐给刘邦，让他做了个管粮饷的都尉。

汉代还有一个叫张苍的人，其命运更是让人叫绝。根据《史记》记载，张苍以宾客身份随刘邦攻打南阳时，因犯法被处腰斩。他脱掉衣服，往砧板上一伏，体格高大，肥白得像葫芦瓜一样，在普遍营养不良的囚犯中显得分外出众。当时的监斩官王陵看到后，十分惊异，认为他是个美男子，就禀告刘邦，赦免了他。此人以后立了大功，还当了丞相。

人的主要器官都在上半身，因此犯人被从腰部砍作两截后，还会神志清醒，过好长一段时间才断气。犯人的家属往往会打点一下刽子手，让他行刑时从上面一点的部位动刀，可以使犯人死快点；如果有人想要犯人多受点罪，就贿赂刽子手从下面一点的部位动刀，甚至将被腰斩之人上半截移到一块桐油板上，使血不得出，可使犯人多延续两三个时辰不死，真是残忍至极。

三

公元前208年，大秦帝国左丞相李斯被腰斩于首都咸阳。

李斯相秦，厥功甚巨。灭诸侯，成霸业，一统天下，始皇帝的千古功绩，有一半得算到李斯的头上。但位及人臣又怎样？功烁古今又怎样？他堂堂大秦丞相率领百官向阉人赵高小心赔笑，仍逃不开被指鹿为马的小人诬陷，身被五刑（黥、劓、斩左右趾、枭首、剁成肉酱），腰斩于市，夷灭三族！

李斯杀了一辈子人，这位《大秦律》的制定者和执行者，在骊山脚下坑掉数百名儒生，连眼睛也不眨一下；如今，轮到他领教自己厘定的酷刑，在自己培养出来的刽子手的刀下，俯首就刑。

在腰斩前，李斯对着一起奔赴黄泉的儿子，追忆起当年领着孩子们，牵着咻咻嘶叫的猎狗，出蔡东门，在秋日衰草丛中，追逐成群狡兔的无忧岁月。"吾欲与若复牵黄犬俱出上蔡东门逐狡兔，岂可得乎！"这一句痛悔交加的呼喊，是这位河南汉子对其追逐权力的一生的彻底否定和决绝。

四

骊山春暖，鲜花一般的高阳公主带着一帮随从外出游猎。她因失意而郁闷，尽管是唐太宗最宠爱的女儿，她也不得不接受这样的命运——被作为至高的恩赐，赏给大功臣房玄龄的儿子。

房家老二房遗爱不学无术，空有一身蛮力，气愤之余，高阳公主从结婚那天起就不接纳丈夫。

在骊山的一间草庵里，她遇到了正在潜心研读佛经的年轻和尚辩机。辩机是玄奘的高足，长安城最负盛名的僧人之一。

英俊饱学的辩机，成就了浪漫热烈的高阳公主的爱情梦想，他们的纠缠延续了七八年之久，有了两个儿子。后来，一直在自我情感中四处逃避挣扎的辩机，被选去译经，没有再见到高阳公主。但他藏匿的公主赠送的玉枕，被小偷偷了出来，在销赃时被官府逮获，公主与辩机的不伦之恋也就此大白于天下。唐太宗大怒，下诏将辩机处以腰斩极刑。据说当辩机横卧在铡刀之下时，发现刀刃上一只蚂蚁在爬动。辩机无比爱怜地拈起蚂蚁，轻轻放到一边，然后从容地躺下，在市井小儿幸灾乐祸的围观中，以最污浊和最惨烈的方式终结了生命。

悲恸几至发疯的高阳公主，从辩机被腰斩的那一刻起，就发誓要报复。半年后，最疼爱她的父亲去世了，她一滴眼泪也没有掉，一点都不难过。她开始了一种真正意义上的荒淫无耻的生活，甚至勾结他人谋反。

"辩机是我的骄傲，房遗爱才是我的耻辱。"高阳公主这么说过。辩机已死，她所有的骄傲也被腰斩了。

五

明洪武三十五年（1402），燕王朱棣打着"清君侧"的旗号，率师南下。军师道衍送至城外，在马前向他跪拜："臣有秘事一件相托。"朱棣问他何事。道衍说：文学博士方孝孺，素有学行，城破之日，必不肯降。殿下万万不可杀他。杀了方孝孺，天下的读书种子就绝了。当时方孝孺已经是名闻天下的第一大儒，其学识品德为四海所称颂，朱棣也有意借用他的威信来收揽人心，所以答应下来。

当燕军攻破南京后，惠帝自焚宫中，文武百官多见风转舵，投降燕王，方孝孺果然拒不投降。朱棣派人强行押解方孝孺上殿，方孝孺披麻戴孝而入，悲恸至极，哭声响彻大殿。朱棣劝他辅助自己即位，就像周公辅助成王一样。方孝孺厉声质问朱棣，那为何不立惠帝的儿子或弟弟为君呢？朱棣无可奈何，只好命人把笔墨摆在方孝孺面前，强迫他撰写新皇即位的诏书。方孝孺接过笔，狂草四字："燕贼篡位。"掷笔于地，边哭边骂道："死即死耳，诏不可草！"朱棣见方孝孺宁死不屈，威胁他说："你不怕被诛九族吗？"方孝孺义无反顾地回答："即使诛我十族又怎样！"朱棣怒不可遏，命人把方孝孺从嘴角直割到耳朵，方孝孺满脸是血，仍忍痛怒骂不绝。

明成祖一怒之下，把方孝孺的门生和朋友算作第十族，连同其九族在方孝孺面前一一诛尽，被杀者共达 873 人，谪戍荒者更逾数千。方孝孺始终没有屈服，被腰斩于南京聚宝门外。传说腰斩后，方孝孺还以肘撑地爬行，以手蘸血连书 12 个半"篡"字才断气。

六

历史上最后一次腰斩判给了清代河南学政俞鸿图。雍正年间，俞鸿图督学闽中（今福州市），科考防范颇严，操守亦称严谨。未料他的小妾与仆人串通，收取贿赂，其妾把考试材料贴在俞鸿图官服背后补褂之上，俞鸿图穿出去，仆人轻轻地揭去授给应试者，而他一点也没觉察到。

事发后，雍正皇帝将俞鸿图处以腰斩极刑。俞鸿图仓促受刑，及赴刑场方才知道身受腰斩，要求死得痛快爽利一点也来不及了。原来刽子手对于腰斩犯人，一向索取规费，得了钱则刀斧锋利快下，可令其速死，以免长受痛苦；不得钱则故意缓缓而下使其迟死，血肉之躯寸寸受割，其痛楚可想而知了。

腰斩之酷烈，连性格刚戾的雍正皇帝也动了恻隐之心，遂命封刀。如果记载不误的话，从周代到雍正年间止，施行了约两千年的腰斩刑罚，算是寿终正寝了。

【受虐的"道德快感"】

吴 钧

《韩非子》中有个"卞和献玉"的故事，说的是：楚人和氏得玉璞楚山中，奉而献之厉王。厉王使玉人相之，玉人曰："石也。"王以和为诳，而刖其左足。及厉王薨，武王即位。和又奉其璞而献之武王。武王使玉人相之，又曰："石也。"王又以和为诳，而刖其右足。武王薨，文王即位。和乃抱其璞而哭于楚山之下，三天三夜，泪尽而继之以血。王闻之，使人问其故，曰："天下之刖者多矣，子奚哭之悲也？"和曰："吾非悲刖也。悲乎宝玉而题之以石，贞士而名之以诳，此吾所以悲也。"王乃使人理其璞而得宝焉，遂命曰"和氏之璧"（见《韩非子·和氏篇》）。

每读及这个故事，心头不由暗自悚然。倒不是为楚王残暴无道、滥用大刑所惊。历代草菅人命、屠杀臣民的暴虐之君，史不绝书，何止刖人足，宫、腰斩、车裂、凌迟、诛九族之刑,又复鲜见?不足为怪。我只惊于献玉的卞和,为何对自己的两条人腿竟然毫不爱惜!本来这玉璞拾于楚山,非抢非盗,据为己有亦无可厚非,何苦要"献之厉王"?厉王不识货,刖你一足也就罢了,还不死心又"献之武王",结果另一条腿也献出去了。两条人腿不是两根汗毛,刖掉了可不会再长出来,这点常识卞和如何不知,但他还要一再进宫献玉,找上门让人家刖其足。合理的解释只能是,卞和并不十分在乎他的双足,起码与之相比还有他认为更重要的东西。且看后来卞和"抱其璞而哭于楚山之下",而且"三天三夜,泪尽而继之以血",哭得何其惨烈。初读还以为卞和因为双足被刖而大感悲痛呢。哪料他"非悲刖也",悲的可是"宝玉而题之以石,贞士而名之以诳"!呜呼,原来卞和在楚山之下抱璞流涕痛哭,无非是要向新登基的文王表明心迹:我没有存心欺君啊,我可是忠贞之士啊。这"贞士"之名,在卞和看来肯定就比两条人腿值钱得多,被"名之以诳"较之被施以刖刑也更不可忍受。所谓"荃不察余之衷情兮",所谓"虽九死其犹未悔",对卞和而言,肉体上的受虐和痛苦非但不能打击他的道德热情,恐怕只会越发坚定他以贞士自许的道德信念,激发他决意"殉道"的悲壮感受。

"卞和献玉"所透露的道德信号是比故事本身更耐人琢磨的。正如卞和的古怪行为所说明,一个道德感异常强烈的人是多么乐意于为证明自己的道德高度而不惜放弃他的肢体乃至生命,甚至因为肉体的受虐而获得一种亢奋、激昂、极致的道德体验。这种道德体验我且名为"道德快感"。与卞和同时代的孟子尝云"天下有道,以道殉身;天下无道,以身殉道",这就是将道德理想主义者的受虐行为赋予浓厚的道德审美价值。以此作为"道德快感"的注脚再适合不过了。在经过道德审美化的受虐过程中,不论是"以道殉身"还是"以身殉道",殉身者总是可以获得一种十分快意的道德满足感的。由此我相信,"道德快感"首先应是坚定的道德信念的分泌物;其次,"道德快感"通常需要某种刺激——比如身体上的受虐——才得以充分地分泌。

翻开史志,"志于道"的贞士在每个王朝都曾大量产生,他们所承受的虐待和苦难也在每个王朝都大量发生,因此在每个王朝他们都有大量的机会体验"以身殉道"的道德快感。譬如在朱明王朝——这一个朝野上下到处弥漫着一种浓郁而糜烂的道德理想主义气味的时代,这个朝代的廷杖制度不知给当时的贞士带来了多少屈辱和伤害。那么是什么支持着明朝的贞士们不惧酷刑,在廷杖下慷慨赴死般翘起他们的屁股?只能是他们的极为强烈的道德使命感。在屁股受虐的同时,必须相信他们体验到了由道德信念源源不断分泌出来的道德快感。用一句时语来描述,就是"痛并快乐着"。万历五年,朝廷发生了张居正"夺情"事件,翰林院大臣赵用贤上疏弹劾张居正没有"守制丁忧"而受廷杖之刑。受刑后赵用贤将屁股上的烂肉割下来风干,"腊而藏之",以示其"负不世之节"。道德炫耀的意图显而易见。这个个例生动说明了在道德使命感发达的贞士眼里,杖刑自有一种残忍的魅力,起码可以成全他们的殉道体验,满足他们的道德快感。因为身体受虐的过程，其实就是道德自证的过程。身体受虐虽是痛苦的，但是道德自证却是快乐的。赵用贤的"肉腊"所隐喻的不是道德志士的受虐记录，而是受虐所带来的道德优势。几十年后，赵用贤的后裔赵士春在参劾另一起"夺情"案时凛然进谏："臣祖用贤，首论故相夺情，几毙杖下，腊败肉示子孙，臣敢背家学，负明主，坐视纲常扫地哉！"将"肉腊精神"拿出来炫耀了一回，言下之意，似乎他也等着要体验一下屁股受虐的道德快感，以继其祖之志。

如果快感也有格调上的高低之分，我相信道德快感理所当然比生理快感来得崇高。可是，每每想及明朝廷杖下血肉横飞的屁股、卞和的鲜血淋漓的两条人腿，我就对那些所谓贞士的道德形象感到形迹可疑。他们在廷杖或其他酷刑下前赴后继，贡献他们的屁股或者大腿，自视为"以身殉道"，我却总疑心这是奴性的发作。你看赵士春冒死上疏，只是为"不负明主"，卞和再三献玉，也是要楚王许他以"贞士"之名。"不负明主""表忠心"之类已然内化为贞士们的道德本能，即使心迹一时为主子所不明，肉体上付出惨重代价，也在所不惜，甚至更显忠烈，心头道德快感油然而生。他们发达的道德信念掩盖着的其实就是严重退化的独立人格，揭开他们的道德面纱，就是一副奴颜媚骨。以前读过鲁迅先生关于奴才的描述："如果从奴隶生活中寻出'美'来，赞叹，抚摸，陶醉，那可简直是万劫不复的奴才了。"如今看来，奴才何止"从奴隶生活中寻出美来"，他们还有本事在极致的奴隶生活中体验到"崇高"的道德快感。这个道德快感，究其本质，不过是一群奴才的精神自慰罢了。

我想，大概只有当了主子的人才会倡导这种"道德"吧。因为有受虐者就必有施虐者，当受虐者陶醉于道德上的美妙体验，施虐者的罪责就没有人去追究和诘难了，他们奴民役世的合法性也不会有人去质疑和抗议了。从这个角度而言，贞士们丰富的"受虐的道德快感"，也是一个"暂时做稳了奴隶的时代"（鲁迅语）必不可少的稳定剂。

【古来难保是晚节】

杨红林

一

公元前208年7月，秦国的丞相李斯与他的儿子被押往咸阳的街市处斩。临刑前，这位曾显赫多年的丞相，回头对儿子伤感地说："我想和你再牵着黄狗，一同出上蔡的东门去打猎追逐狡兔，又怎能办得到呢！"接着父子二人相对痛哭。李斯为自己当初所犯下的政治错误深深懊悔，如果不是他的晚节不保，哪能落得满门抄斩呢？

公元前210年，秦始皇外出巡游时，突然得病死去。这时，随行的丞相李斯被中车府令赵高拉入了政治旋涡。在赵高的极力诱惑下，也由于贪恋权势，李斯竟参与策划了一起宫廷政治阴谋。他们对外封锁秦始皇的死讯，假传圣旨，逼公子扶苏自尽，立昏庸的胡亥为秦二世。

然而仅过了两年，羽翼丰满的赵高就鼓动秦二世将李斯治罪，下令将他腰斩于咸阳，并"夷三族"。司马迁曾评价说，李斯能辅佐秦始皇，完成统一大业，并位居三公之职，晚年却阿谀奉承，随意附和，听信赵高的邪说，废掉嫡子扶苏而立庶子胡亥，真是太愚蠢了。

二

还有一些官员，虽然政治上没有犯什么大错，却因对钱财的贪婪而导致晚节不保。明代嘉靖年间，内阁首辅（宰相）徐阶曾对国家的安定做出了积极贡献。他整顿吏治，招纳贤良，使海瑞、戚继光、张居正等官员得到重用，一时成为众望所归的名相。然而，当徐阶在朝中执政时，他的子弟们倚仗其权势在家乡华亭横行不法。据说徐家在苏淞一带竟侵占田地24万余亩，引起了极大的民愤。在朝廷舆论的压力下，徐阶被迫提前退休。

1559年，吴中一带发生饥荒，著名的清官海瑞受命前来赈济灾民。海瑞首先来到当地首富徐阶家，希望他配合朝廷，退还百姓的田地，并遣散一部分家奴。然而，贪财的徐阶却消极抵制，还悄悄向朝中党羽写信，唆使他们弹劾海瑞，结果造成海瑞被罢官。

徐阶的所作所为，不但在老百姓中引起了公愤，也被他的政敌抓住了把柄。不久，在新任首辅高拱的支持下，徐阶的两个儿子一个被判充军，一个被革职为民，他家数万亩田地也被没收充公。当官兵前来带人时，徐阶的儿子们抓住他的衣服号啕大哭，徐阶也只能无可奈何地说："吾方逃死，安能相活？"

三

更有一些官员，为官的大多时间都享有良好的声誉，到晚年却由于生活作风问题为世人诟病。

唐代著名大诗人白居易，晚年官运亨通，一直升到了刑部尚书、太子少傅的高位。可惜的是，他却越来越暴露出道德品质方面的一些缺点。据说有一次，两名青年诗人张祜和徐凝去拜谒白居易，并分别写了一首诗让他评点。本来连徐凝都自认远不如张祜，不料白居易却对张祜的诗横加批驳。原来他是嫉妒这位年轻诗人的文采，生怕他超过自己。

晚年的白居易还沉湎于女色。据记载，白居易在晚年曾蓄养了大量家姬，并为了寻求新奇，在10年内就更换了3批。作为大诗人，他的地位无可动摇，但他的晚节在后世遭到了极大非议。

历史上的寇准为人刚直而敢于言事，由于抵抗辽入侵有功，寇准被提升为宰相，受到天下万民景仰。当时民间就流传有"欲得天下好，无如召寇老"的说法。晚年的寇准，在个人生活上追求新潮和时尚，喜好歌舞和酒宴。由于他家中经常举办大型歌舞晚会，寇准下令在其豪宅中到处都点上蜡烛，即使厕所、马厩里也不例外。他家每天都要消耗大量蜡烛，而蜡烛在当时对于老百姓而言还是绝对的奢侈品。每当他家的歌舞晚会结束后，寇准都会慷慨地对演员进行赏赐。为了劝诫，他的一位小妾曾作了一首诗："一曲清歌一束绫，美人犹自意嫌轻。不知织女莹窗下，几度抛梭织得成！"孰料寇准竟不以为然地回应道："将相功名终若何，不堪急景似奔梭。人间万事何须问，且向樽前听艳歌！"

像寇准这样的生活作风注定成为政敌攻击的对象。结果，朝中另一位大臣王钦若便乘机向皇帝说寇准的坏话，最终，寇准丢掉了宰相一职，被贬到了遥远的雷州担任小官。

【汉武帝和司马迁：究竟谁阉割了谁】

刘秉光

汉武帝天汉二年（前99），中国文化史上最黑暗、最丑恶的一幕发生了：司马迁被汉武帝下令施以宫刑。其实，历代皇帝在收拾文人的时候大都不会手软，什么残忍毒辣的法子都使用过。但把一个整天埋头于简牍中，忙于阅读、整理历史文献的文人的生殖器连根端掉者，汉武帝刘彻却是独一个。这种世所罕见的无耻行径，实在让人觉得恶毒、阴损和卑鄙下流。那么，汉武帝为何会突发奇想、挖空心思地这样对待司马迁呢？难道仅仅只是因为司马迁站在客观公正的立场上，为被迫投降匈奴的李陵说了几句公道话，还是另有他因？

不能否认，汉武帝下这个命令的时候，心情确实很糟糕。李广利的兵败、李陵的投敌，使得大汉颜面扫地。最重要的是，由于历年穷兵黩武，造成民不聊生、国库空虚，大汉表面上看起来风光依旧、轰轰烈烈，但"内囊却也尽上来了"。而齐、楚、燕、赵和南阳等地相继爆发的来势凶猛的农民起义，更让汉武帝心情郁闷、心理扭曲。在这种内忧外患的情况下，脸上无光的汉武帝最需要的是同情、支持和顺从，不需要别人指责他的武略方针，更不愿意别人怀疑他的雄才大略。这个时候，不懂军事的文人司马迁跳出来口无遮拦地针砭时弊，只能说是找抽了。

而真正促使汉武帝把司马迁推上"断根手术台"的，还是那句"文人相轻"的千古至理名言。汉武帝虽是马上皇帝，但他吟得了诗、作得了赋，在很大程度上，他是以文人自居的，自诩文采不凡。试想，一个杰出的文人是不屑于同一个水平比自己低的文人较劲儿的，但问题就出在"略输文采"上。各个阶层的文人之间大都会较真儿，会叫板，会妒忌，会诋毁，上流社会更是如此。对于司马迁这样一位足以淹没皇帝"文采"的西汉文坛领袖，手握生杀予夺大权的汉武帝如果发起狠来，那绝对是不择手段的。

司马迁被"宫"了以后，汉武帝还是觉得不够解恨，便把身体残缺的司马迁安排到太史令的位置上，可谓用心险恶。因为太史令一职自创立以来，皆由太监担任，汉武帝对司马迁这种刻意的职务安排，既有知人善任的自我标榜，同时也有不言而喻的羞辱意图。司马迁坐在太史令的办公室里，就等于向世人宣布：我司马迁是太监。我相信，这份天大的羞辱，这种无形的折磨，只有身临其境的司马迁才能感受得到。

一部被鲁迅誉为"史家之绝唱，无韵之离骚"的史学巨著，足以让司马迁名垂青史、流芳千古。《史记》的文风虽然被公认为求真务实、严谨不苟，但司马迁在对汉武帝刘彻以及他老爸汉景帝刘启的记述中，还是扎扎实实地掺杂进了自己的恩怨情仇，这是不能否认的。在作《汉景帝本纪》时，司马迁所用的笔墨极少，寥寥数语便轻而易举地打发了这位在历史上名号响当当的著名皇帝。而作《汉武帝本纪》时，司马迁却浓墨重彩地记录了汉武帝"信奉鬼神""求仙问丹""封禅祭礼""蛊惑之乱"等不光彩的事情，且篇幅巨大，倒是像"远征匈奴""广开三边"等汉武帝的一生伟业，反而成了陪衬。

"士可杀而不可辱"，文人的身体可以被阉割，文人的思想、骨气以及手中的笔却不那么容易被阉割。在饱受屈辱的司马迁的笔下，雄才大略的汉武帝一落千丈地成了一个不务正业、不折不扣的腐朽昏君，英明神武的汉景帝也成了一代无能之辈，他们的形象被人们从古读到今，并且还要一直读下去。这样看来，与其说是汉武帝阉割了司马迁，倒不如说是司马迁阉割了汉武帝，阉割了他的丰功伟绩，还有他那原本风光的老爸。

【醉里挑灯看剑】

熊召政

一

小时候，无论是听鼓书艺人的《说岳全传》，还是在课堂上听老师讲授宋朝的历史，一些"敌人"的名字，如完颜阿骨打、吴乞买、金兀术、完颜亮等，莫不在心中激起强烈的仇恨；而另一些人，如岳飞、李纲、宗泽、韩世忠等，又成了我们深为敬仰的英雄。这种理念一旦形成，便直接影响了我们对历史的把握。人到中年涉世日深之后，我已从理智上认识到中国的历史不仅仅是汉人的历史，它同时也是匈奴人、契丹人、女真人以及为数众多的少数民族的历史。同时，我还意识到那些活在传说中或书本上的英雄与恶魔，只能是道德上的判断，而不应该成为历史中的定义。创造历史的人，不一定是道德上的圣人，更不会是优雅的绅士。道理虽然都懂了，但是在感情上，或者说在潜意识中，我依然存在着强烈的汉族优越感。这种孤芳自赏的心态，直到三年前才有了彻底的改变。

2003 年 8 月，我应阿城市人民政府的邀请，去那里参加"纪念大金国建国 888 周年笔会"，这是我第一次亲临白山黑水环抱的土地。此前，我对哈尔滨近郊的阿城，并没有太多了解。这座小城市，无论是风景、饮食、建筑与民俗，几乎都没有什么特色。从旅游者的角度看，既无商业的狂欢，亦无山水的盛宴，因此不可能成为大众旅游的目的地。但对于我，阿城是一个不可不去的地方。理由只有一个：这里是大金国的诞生地。前面所说的完颜阿骨打、吴乞买、金兀尤、完颜亮等人，都在这片土地上诞生。他们在这里创建并发展了大金国。这么个蕞尔之地，800 多年前，居然一度成为北部中国的政治中心，因此，我们没有任何理由可以小瞧它。

记得两年前的秋天，在一个秋风乍起的黄昏，我在邀请方人员的陪同下，来到会宁府皇城的遗址上漫步。夕阳欲坠，林雀啁啾，愈来愈朦胧的景致，对我的吊古心情起到了催化的作用。我在杂草间捡到了一块破损的瓦当，摩挲着它，诌了四句：

> 暂从瓦砾认辉煌，神州此处又沧桑。
>
> 铁马金戈都过尽，唯见昏鸦负夕阳。

是的，铁马金戈都成了云烟往事，在感伤的视野里，我只看到了败草累累的荒芜。正因为如此，我对在这片废墟上所发生过的兴衰变迁，产生了浓厚的兴趣。

二

宋政和五年（1115）正月初一，在大宋帝国的首都汴京，即今天的河南省开封市，同过往的一个半世纪一样，到处弥漫着节日的气氛。千家万户门上的春联，都贴满了"天增岁月人增寿"之类的祝福或"财源茂盛达三江"之类的愿望。无论是丝管悠扬的舞榭歌坊，还是笑语喧哗的青楼酒馆，到处都陶醉着大宋的子民。所有感官的享受，所有情绪的宣泄，使汴京城成为 12 世纪初全世界最为奢侈的游宴地、最为亮丽的嘉年华。而这场嘉年华的缔造者、北宋的第八位皇帝赵佶，那时刻可能宿醉未醒，躺在重帷绣幕中的龙床上，倚香偎玉，大有将春梦进行到底的意味。他纵然醒来，也只不过是把新的一天转化为诗歌、绘画、书法和音乐的挥洒享受。这位徽宗皇帝毕生的努力，是想将他统治的大宋王朝改造成崇拜艺术的国度，让他的子民生活在虚构的繁华与花样翻新的游戏中。所以说，在这一年的大年初一，如果一个欧洲人来到中国，他一定会觉得上帝是一个中国人，因为其过于偏爱生活在汴京的豪门贵族。

可是在同一天，在离汴京 3000 多公里的张广才岭下的一块平原上，就是前面说到的阿城，我们见到的是另一番景象：肃杀、辽阔，到处是深深的积雪以及厚厚的冰凌。一大早，数以千计的女真人骑着骏马，驰出被暴雪封锁的山谷或被严冰冻得严严实实的阿什河。这些不同部落的首领们，代表数十万的女真人前往阿什河畔一处土寨子——那里有几幢稍微像样一点的土坯房，里头住着他们心目中的偶像完颜阿骨打。

提到这个完颜阿骨打，我不得不多说几句。这是第一位以国家而不是以部落与族群的名义书写女真人历史的英雄。女真人世代居住在黑龙江、松花江、乌苏里江流域以及逶迤千里的长白山中。在公元前 2000 多年的虞舜时代，女真人就在这片土地上以狩猎的箭矢与石斧砍斫出生存的天地，并与中原地区建立联系。朝代不同，女真人的称谓也不同，商周时期，称其为肃慎；三国时期，称其为挹娄；魏晋南北朝时，称其为勿吉；隋唐时，称其为靺鞨。

兹后共有 7 个部落，在公元 7 世纪至 10 世纪的 300 多年间，这些部落一直处在豪强的吞并与政权的更迭之中。靺鞨的粟末部落曾创建了渤海国，其后，又并入了更为强大的辽国。契丹人与女真人同为游牧民族，都善于在马背上用戈矛书写荡气回肠的史诗。契丹人建立辽政权后，就一直对女真人存有高度的戒心。只有玫瑰才能理解另一朵玫瑰。在马背上夺取燕云十六州以及整个东北地区的契丹人，当然知道女真人完全有能力"以其人之道还治其人之身"，因此他们强迫女真人两次大规模地自东北向西南迁徙，让女真人离开山林，离开马背，在辽河平原上用犁铧而不是用刀枪来为生活重新定义。应该说，这种迁徙的确起到了分化作用。几十年后，留下的女真人与迁走的女真人便有了生熟之分。所谓生女真，就是指保留了本民族习惯的白山黑水间的土著；而熟女真是指接受了辽与宋两种先进文化熏陶，迁徙到辽阳以南地区的女真人。

在当时的中国，存在着宋朝与辽朝两个相互对峙的政权。他们对女真人的族群表述，各有其定义。但女真人不接受外来民族对他们的行政式的区分。他们按姓氏，将自己划分为完颜部、温都部、乌古伦部、纥石烈部、蒲察部、徒单部、乌林答部、加古部等。女真人以部为氏，各氏都在自己的区域里发展。氏与地域结合，又会分出新的部落，像完颜氏，最后又发展成泰神忒保水完颜部、马纪勃保村完颜部、耶挞澜水完颜部等 12 个部落。而完颜阿骨打所在的部落，称为按出虎水完颜部。《金史》记载该部落最早居住在一处名叫"姑里"的地方，据专家考证，这个姑里的范围大致在今黑龙江境内的牡丹江下游西岸，马大屯之南，宁安市以北。辽代中叶，他们才迁到位于黑龙江省阿城市境内的按出虎水流域。"按出"是女真语"金"的意思，"虎"是女真语"河"的意思，按出虎水即金水河。这条金水河即今天的阿什河，800 多年前，这条河里盛产沙金。

虽然，生女真保留了本民族的特性，但他们也不得不接受辽朝的统治。辽朝的统治者耶律家族，过了近百年的更易，其继任者不但放松了对女真人的警惕，更凭借着统治者的优越感对这些边鄙草民大肆掠夺，极尽奴役之能事，以致激起了生女真的强烈仇恨。在与辽朝对抗的漫长岁月里，完颜部落的首领逐渐确定了自己在女真人中的领袖地位。完颜阿骨打的祖辈们团结起女真人各个部落的酋长，一起反抗辽朝统治者。但真正敢于采取大规模的军事行动，向辽朝的腹心地带进攻并取得战略性胜利的人，还是完颜阿骨打。

政和五年（1115）正月初一，是完颜阿骨打亲自选定的建国良辰。我猜想那天早上，当完颜阿骨打走出他的"额拉格尔"（汉语居室的意思），与数千名拥护者见面时，他一定没有像辽的天祚帝耶律延禧与宋朝的徽宗皇帝赵佶那样穿着昂贵的龙袍，而是穿着皮制的戎装。当然，他也没有巍峨的宫殿与高耸的丹陛。但是，他有着在北风中猎猎作响的大旗与四蹄踏雪的骏马。他向支持他的女真族勇士们宣布，女真人的国家诞生了，国号大金。

从那一刻起，当时中国的辽阔版图上，出现了四个国号：一个是建都于汴京的宋，一个是建都于内蒙古赤峰市近郊的辽，一个是建都于西北地区的西夏，还有就是这个建都于会宁府的大金。

三

相比于汴京与辽上京，这个位于会宁府的金大都实在是个地老天荒之地。既无层台累榭、参差楼角，亦无锦帷绣幄、美人香草。因此，完颜阿骨打虽然建立了大金国，但在辽、宋看来，只不过是穷乡僻壤的几个蟊贼而已。一直在人们的顶礼膜拜中生活的耶律延禧与赵佶，这次可以说是犯了致命的错误。正是这个被他们瞧不起的草莽英雄，却充当了这两个政权的掘墓人。

完颜阿骨打称他的政权为大金国，乃是因为他的部落生活在金水河畔。大金国成立的当年，后来被称为金太祖的完颜阿骨打就带领女真铁骑亲自伐辽。他只有两万人的部队，面对数倍于自己的契丹人，他屡战屡胜。宋宣和五年（1123），他病死于伐辽途中，可谓"出师未捷身先死"。他的弟弟吴乞买继承皇位，是谓金太宗。他继续伐辽事业，两年之后，即宋宣和七年（1125），女真军队相继占领了辽国的上京（今内蒙古巴林左旗林东镇）、中京（今内蒙古宁城县大明城）、东京（今辽宁省辽阳市）、南京（今北京市）、西京（今山西省大同市）这五座城市，辽政权基本覆亡。剩下一个天祚帝带着残兵败将，逃往今内蒙古巴彦淖尔盟五原以东的沙漠地带。即便如此，女真军队仍不放过。金大将完颜娄室率数万大军将苦苦跋涉于沙漠中的天祚帝合围，并最终在山西应县境内的山谷中将其擒获。

对契丹人来说，这是一个永远都不能忘记的日子。自李唐以降，"契丹"这两个字，几乎成了骁勇、横霸的代名词。在"天苍苍、野茫茫"的大草原上长大的契丹人，血管里流动的似乎都是火焰。他们在唐末之际，在长城内外尽情地炫耀着自己的武力，迫使后晋的皇帝石敬瑭割让燕云十六州以求自保。赵匡胤开国之后，这燕云十六州一直没有收入大宋的版图。赵家皇帝建都于汴京，乃是不得已而为之。长城在契丹人的手上，华北在契丹人手上，近在咫尺的山西，成了宋与辽作战的主战场。虽然，一部《杨家将》，让我们对杨令公、佘太君这些抗辽英雄心生崇敬，但在漫长的100多年的辽宋对峙中，宋朝实际上输多胜少。大宋的子民们，称辽兵为"虎狼之师"，可见惧意之深。可是，这样一个以征战为能事的民族，竟然惨败在女真人的手上，这是为什么呢？

读过这一段历史的后人，相信都会发出这样的叩问。可能有人会说，这是野蛮战胜文明。这是文化优越论者的观点。客观地说，这观点有一定的道理，强盛的国力与先进的文化并没有必然的联系。中国的汉文化讲究"仁"，讲求温文尔雅。这样一种文化观很难培养心雄万夫的勇士。一个民族的冒险精神，决定了一个民族的扩张能力。以汉文化为主的中华民族的文化，其特质是重文轻武，重享乐而轻冒险，重秩序而轻革新，重当下而轻未来。在和平年代，这种文化的缺陷还不容易发现。但是，设若遇到突发事件特别是遭遇战争时，这种文化立刻就会表现出它的脆弱性。毛泽东在《沁园春·雪》中评述"秦皇汉武，略输文采；唐宗宋祖，稍逊风骚；一代天骄，成吉思汗，只识弯弓射大雕"。为什么这些开国之君都非文采之士，风骚之徒？因为创造历史的大人物，首先必备的素质绝不是吟风弄月的头巾气，而应该是"力拔山兮气盖世"的英雄气。

契丹人凭借这样的英雄气，统治了中国北方100多年。当辽国的统治者蜕变为"重享乐而轻冒险"的优雅一族时，他们的优势立刻丧失殆尽。玩文化他们玩不过汉人，玩剽悍又玩不过女真人，他们除了灭亡，还会有什么出路呢？

问题是，辽天祚帝耶律延禧的命运，同样在等待着徽宗赵佶。

四

且看这首词：

宫梅粉淡，岸柳金匀，皇州乍庆春回。凤阙端门，棚山彩建蓬莱。沉沉洞天向晚，宝舆还、花满钧台。轻烟里，算谁将金莲，陆地齐开。

触处笙歌鼎沸，香鞯趁，雕轮隐隐轻雷。万家帘幕，千步锦绣相挨。银蟾皓月如昼，共乘欢、争忍归来。疏钟断，听行歌、犹在禁街。

赵佶的这首《声声慢》，字里行间渗透了奢华、渗透了脂粉、渗透了优雅，当然也渗透了令人痛心的腐朽。

中国历史中两个诗人皇帝，一个是南唐后主李煜，一个就是这个北宋的赵佶。两人都有极高的才情，但也都腐朽透顶、昏庸透顶。他们写出的辞章都十分华丽，文采丰赡，道尽帝王的奢侈。但其中找不到哪怕只言片语关心民生疾苦、社稷安危。就说这个赵佶，他是神宗的第十一个儿子。元符三年（1100）正月，年仅25岁的哲宗驾崩。赵佶凭借神宗夫人向太后的偏袒和支持，顺利地登上皇位。是年，他18岁。

在神宗的14个儿子中，赵佶完全谈不上优秀。比他有资格、有能力继承帝位的，大有人在。但是，唯独这个赵佶深得向太后的喜欢，因为他每天都按时到太后那儿请安，极尽谦恭。女人本来就喜欢感情用事，何况还是一个年老的妇人。如果这个老妇人的影响所及仅限于家族倒也罢了，问题是这个老妇人手中握有为国家挑选皇帝的权力，她的决定直接影响到国运的兴衰、社稷的安危、人民的福祉，这就太可怕了。当时的宰相章惇，虽然名声也不太好，但是个有见地的人。他是反对赵佶即位的，认为他"行为轻佻，不可以君天下"，并提出了其他两个合适的人选。但向太后拒不采纳章惇的意见，执意让赵佶继承皇位。900多年后的今天来看向太后的这一决定，实在是大错特错。但又有什么办法呢？满朝文武中，有大智慧的人不少，有真见地的人也很多，但在中国的封建时代，权力并不是根据智商的高低来分配的。一个昏聩的老妇人，这样轻率地对国家的前途与命运做出了决定。

徽宗赵佶的登位，是赵宋政权的一个分水岭。北宋王朝的辉煌，实际上在神宗执政的后期就已终止。激烈的党派之争，已使国势颓唐。徽宗即位，若有志于社稷，国事尚有可为之处。因为朝廷中还有一大批有志有识之士，只要用好他们，消弭党争，则国力仍可逐步加强。可悲的是，赵佶压根儿就不想当一个"中兴之主"。他一如既往地耽于享乐，沉浸在声色犬马之中。他的身边聚集了众多的书家、画家、词家、道士、蹴鞠高手与青楼妓女。这些人整天陪侍左右，争相献技以邀宠。所以，赵佶的书法、绘画、诗词都技艺精湛。

对于主宰国家命运的最高统治者来说，宰相无小事，皇帝无私事。赵佶的轻佻浮浪，对当时的政坛产生了极为恶劣的影响。由于皇帝的个人行为对整个社会起到了示范作用，12世纪上半叶的汴京，实际上变成了名利场、奢华苑与歌舞地。一些正直的大臣相继遭贬去职，而以蔡京、童贯、高俅为代表的小人相继得宠并窃居高位。

当所有的英雄谢幕，一个时代的悲剧就开始了；当所有的小人登台，一个政权就意味着走向墓地。

徽宗赵佶登基后胡闹的二十几年，也正是完颜氏族建立的大金国励精图治积极向外扩张的年代。此处纸醉金迷、春光恨短，彼处金戈铁马、杀机正酣；此处英雄气短、儿女情长，彼处挑灯看剑、沙场点兵。孰优孰劣，不言自明。应该说完颜氏在对辽国的战争中屡屡得手，还是让徽宗有所警惕。怎奈他身边的亲信中，没有一个是运筹帷幄的贤臣。这帮人每出一策，国家就被动一步。到了宋宣和七年（1125）大金灭辽之后，徽宗想在两个"虏敌"之间玩平衡，意图"以虏制虏"的策略完全化为泡影。但他还存着一个侥幸心理，就是大金能够像辽那样，与北宋划地为界，遂以每年大量的进贡向大金换取和平。但经过十多年战争洗礼的大金，早已不是偏安一隅的"草寇"了。

灭辽的胜利助长了完颜氏入主中原的野心。他觊觎的不仅仅是宋朝的金银珠宝，更是宋朝的膏腴疆土。

在活捉辽天祚帝耶律延禧的10个月后，金太宗吴乞买下令进攻宋朝。金兵分两路向中原进发。西路以完颜宗翰为主帅，率兵六万，自云州下太原，兵逼洛阳；东路以完颜宗望为主帅，亦提六万劲旅，自平州入燕山，下真定。两路大军会师于洛阳城下，然后直捣汴京。

且说东路军统帅完颜宗望，本是金太祖完颜阿骨打的次子。他在随父出征的大大小小数百次战斗中，从不离父王左右，多次创造以少胜多的奇迹。正是他穷追不舍，生擒了辽天祚帝，为辽朝的灭亡画上了句号。因此，他是大金国初年最为重要的将帅之一。此次他首征中原，一路上伐檀州，破蓟州，入燕山，攻保定，克真定，入邯郸。在宋靖康元年（1126）正月初二，当西路军统帅完颜宗翰开始围困大宋西部重镇太原时，完颜宗望的东路军已经渡过黄河，逼近汴京城下。

完颜宗望此次的长途奔袭，完全是孤军深入，本为用兵之大忌。斯时宋朝各路勤王之师，约有三十万之众，按理说完全可以合围金兵，予以全歼。可悲的是，宋兵虽多，但已久不习战，未临战阵，心先怯之。加之宋朝的当政者早已闻风丧胆，无法身先士卒，组织有效的抵抗。

就在大金国起兵进伐中原之始，徽宗赵佶每天收到城池失守的战报，便无时不在惊惧战栗之中。年底，他感到皇帝不好当，于是下诏传位给儿子赵桓（史称钦宗），自己去当太上皇。1126年，是钦宗登基的靖康元年，才不过几天时间，大金国的铁骑就踹在了这位新皇帝的心窝上。

是年正月初三，听说金兵渡过黄河，徽宗连夜逃出都城。新登基的钦宗也想溜之大吉，当日凌晨已跨上马背，被主战的大臣李纲急速赶来，一把扯住马辔，才算没有走脱。

亏得这个李纲，组织十几万军民誓死保卫都城，与完颜宗望的部队展开恶战。一连几天，汴京城内外血流成河，双方都伤亡惨重。应该说，战局的发展对宋朝极为有利。守城的军民士气高昂，各路勤王之师又纷纷赶来。若再坚持几天，战局即可发生逆转，完颜宗望的东路军完全可能成为"瓮中之鳖"。但是，同父亲一样软弱无能的钦宗赵桓，却派出使者到金营求和。这一下正中完颜宗望的下怀，他已看清战事发展下去对自己不利。于是同意议和，但提出了苛刻的条件。还没有等到元宵节，和谈已经议定：宋朝向大金纳贡黄金500万两，白银5000万两；牛马各万匹，帛缎100万匹；割让中山、太原、河间三镇；宋帝尊金帝为伯父……

二月初九，完颜宗望带着如此丰厚的战利品班师回朝。气得吐血的大将军李纲请求钦宗，让他率十万军队尾随金兵，伺机歼灭，被钦宗拒绝。

等到金兵从容渡过黄河，徽宗又车辇浩浩地回到汴京，与儿子钦宗弹冠相庆。充塞朝廷的投降派都纷纷上表，盛赞皇上的决策英明。只有李纲这样的英雄形单影只，一壁向隅，潸然泪下。

五

那年我访问阿城，除了参观金上都遗址，还参观了金太祖完颜阿骨打的陵寝。在陵前，我也诌了四句：

宋家天子能游戏，汴京歌舞漏声迟。

如何不住长生殿，却来此地著羊皮？

著羊皮之说，源于女真人的"牵羊礼"。汉家皇帝为何扯上"牵羊礼"，话又得从头说起。

金兵首次攻宋尝到甜头之后，愈加激起了女真人入主中原的雄心。女真人原以为疆域辽阔、物华天宝的宋朝兵强马壮，偶尔去那里骚扰骚扰，劫掠一些财物便是胜利。经过一次真正的较量，这才发现宋朝的强大只是虚有其表，银样镴枪头而已。怯懦的人会使对手产生更大的渴望，在山沟里产生的完颜家族，这些大字识不得一斗的政治家与军事家们，现在已经对赵宋皇朝的宝座垂涎三尺了。

第一次出兵回师半年之后，也就是宋靖康元年（1126）的秋天，金太宗吴乞买下达了第二次伐宋的诏令。大军分为东、西两路，两位主帅仍然是完颜宗望与完颜宗翰。

西路军于九月攻陷太原城。第一次伐宋时，西路军围攻太原280多天而不克。此次攻陷后，完颜宗翰为报上次之仇，下令杀尽城中男女老少，烧毁所有房屋，仅仅三日，太原城变成了废墟。

太原是汴京西边最为重要的军事要塞，此城一破，等于摧毁了汴京的桥头堡。此后，大金西路军连陷汾州、平阳、隆德等州府而入河南河阳、孟津，渡过黄河后攻陷洛阳，击破郑州，而后气势汹汹地直扑汴京而来。

东路军在完颜宗望的统率下，先于西路军于十一月抵达汴京城下，切断了城内城外的一切交通。8天后，西路军赶来会合，二十万铁骑给汴京打上了一道密不透风的铁箍。

大宋的皇都成了一座孤城。

一向直肠子的女真人现在也学会了计谋，他们一面攻城、一面和谈。在对待辽与金的问题上，宋朝廷中一直有主战、主和两派。完全不具备政治家素质的徽、钦二帝，一直是主和派的首领。说穿了，主和派就是投降派。试想，一个统治中原的汉人皇帝，为了苟安，竟愿意喊女真人的皇帝为伯父。且不谈气节，就连个人的尊严也完全不要了。在这样的儿皇帝的统治下，人的精神极度矮化，李纲、宗泽这样的主战派反而被皇帝身边的小人视为妖魔，必欲除之而后快。

女真人把这一点看得很清楚。所以，他们决定以和谈为幌子，掩盖自己吞并中原的野心。果然，主政的钦宗上当了，他以"百姓困乏，无法供养数十万兵马于城下"为由，下旨遣散各地赶来的勤王之师。又听信小人之言，起用一个叫郭京的妖道出任守城统帅，相信他训练的"北斗神兵"能驱散金军，化凶为吉。

统治者往往只需犯一个错误，历史就得重写，何况赵家皇帝在对待大金的问题上是一错再错，其结局难道还需要猜想吗？

当郭京训练的7777名"北斗神兵"一遇金兵的刀锋，即刻就作鸟兽散。各地的勤王之师有的撤退以求自保，有的被金兵击败。钦宗感到大势已去，立即表示求和，并亲自跑到金营向完颜宗望表达投降之意。完颜宗望再次向钦宗索要绢1000万匹、银5000万两等。钦宗一口答应，完颜宗望于是放他回宫筹措。

靖康二年，也就是1127年的正月，还没有等到过元宵节，金兵再次逼使钦宗来到军营并将其扣押，要其迅速交足所索的财物。国库空虚，仓促之间，哪里能筹措得到如此巨额的金银？但不用担心，大宋政权虽然在强虏面前手足无措，掌控治下的臣民却是方法一套又一套。钦宗尽管在大金国主面前是"儿"，在老百姓面前仍然是"爹"。为了按时足额缴纳罚款，大宋政权不惜使用国家暴力，派兵在汴京城中大肆搜刮金银。可怜了老百姓，一个月内，他们的金银几乎被搜刮净尽。

金兵如数收到战争赔款后，于二月宣布废钦帝为庶人，并找来汴京府尹徐秉哲，要他按皇宫内侍开出的所有皇室成员的名单如数拘拿。这个徐秉哲，本是徽、钦二帝信任的宠臣，可是如今为求自保，对女真人交办的这件事情特别卖力。他当即下令坊巷五家为保，不使名单上的人一个漏网。可怜赵宋的龙子龙孙，那些王爷、侯爷、后妃、公主等共3000余人被悉数拘拿，徐秉哲将他们全部移交给金兵。

四月初一，金军依然分东、西两路从汴京撤退。徽、钦二帝及3000余名皇室人员作为俘虏随军出发。在浩浩荡荡的队伍中，亦有不少民夫赶着马车随同前进。这些马车上装满了金军掳掠来的金银财宝，以及宋朝历代相传的宫廷器物，包括法驾、车辂、礼器、卤簿、图书、珠宝、字画等，按当时人的说法，是"两百余年府库积蓄为之一空"。

赵匡胤创立的北宋王朝，经历了168年的春雨秋风，至此画上了凄凉的句号。

六

经过将近一年的艰难跋涉，徽宗、钦宗这两个亡国之君，在金军的押送下，终于走到了位于阿城的金上京。

这是怎样的一年啊，昔日的王公贵族，如今都是蓬头垢面的囚犯。白天食不果腹，夜里卧于榛莽。走到离汴京只有数百里的邢台，徽宗的弟弟燕王赵俣就被活活地饿死了。金兵找来一个喂马的槽子，作为他的棺材入殓。看到弟弟两只脚搭在槽子外面，被草草埋葬，徽宗哭道："皇弟葬于斯，也算中原故土，为兄却要成为异乡之鬼了。"

同行者闻此哀音，无不痛哭失声。

漫漫长途上，徽、钦二帝有足够的时间反省自己的过去。没有了歌舞，没有了蹴鞠，他们的沮丧与痛苦，只能通过词作来体现。

徽宗赵佶的《眼儿媚》：

玉京曾忆昔繁华，万里帝王家。琼林玉殿，朝喧弦管，暮列笙琶。

花城人去今萧索，春梦绕胡沙。家山何处，忍听羌笛，吹彻梅花。

钦宗赵桓的《眼儿媚》：

宸传三百旧京华，仁孝自名家。一旦奸邪，倾天拆地，忍听琵琶。

如今在外多萧索，迤逦近胡沙。家邦万里，伶仃父子，向晓霜花。

父子二人的《眼儿媚》，显然是唱和之作。从词句来看，儿子的反省能力比之父亲稍微强一点。他抱怨奸邪误国，虽然不错，但将自己的责任推卸净尽，仍可谓到死糊涂。

从汴京到会宁府，行程6000余里。这么远的路程，既无轿舆，亦无马车，对于赵家皇帝以及公子王孙、如花美眷来讲，这是一次极为艰难和恐怖的旅行，既没有尊严，更没有欢乐。然而被彻底剥夺尊严的事，却是在抵达金上京后发生的。

大约是宋建炎二年（1128）的初夏，徽、钦二帝及其宗室随从来到金上京的第二天，金太宗吴乞买即下令让他们去祭拜金太祖完颜阿骨打的陵寝。他们不是作为皇帝而是作为战俘来到金太祖的陵园，女真人让徽、钦二帝脱下衣服，袒露上身，然后现宰两只绵羊，剥下血淋淋的羊皮披在两位皇帝的身上，让他们以这种极尽侮辱的装束，一步一叩首，绕着完颜阿骨打的坟墓转了三圈。第二天，两位皇帝又去乾元殿拜见金太宗吴乞买。在那散发着羊膻味的大殿里，吴乞买郑重宣布，封徽宗为"昏德公"，钦宗为"重昏侯"。对这两位昏君，女真人极尽嘲笑之能事。

所有赵宋皇朝的宗室人员都目睹了这一场侮辱，所有的中原人都听说了这一场侮辱。

宋朝的历史，将这个事件定为"靖康之耻"。

七

"靖康耻，犹未雪。臣子恨，何时灭。"

这是抗金英雄岳飞所写的《满江红》中的名句。在北宋对契丹人的作战中，出了一群杨家将；在南宋对女真人的战争中，出了一支岳家军。在汉人书写的历史中，杨令公与岳飞，可谓家喻户晓的"民族"英雄。产生这样的观点，乃是因为在过往的漫长岁月里，汉人将自己与中华民族等同，汉之外的所有民族，都是异端，都属于"生番"或者"夷狄"。汉人在这样一些族类面前，表现出天生的优越感。在现代人看来，族群与国民是两个概念，一个国家的公民可以由不同的族群组成。但在800多年前，民族与国家是一个概念，汉人就是中国，中国就是汉人。所以，当女真人掳走了徽、钦二帝，汉人并不认为这是两个政治集团的角逐，而是视为"夷狄"乱华的国耻。

所以，宋靖康二年（1127）后，"靖康耻"成了汉民族的一道无法弥合的伤口，一提起这件事，多少人涕泪横流。但是，也有人表面痛苦，内心藏着欢喜。

这个人就是赵构。

赵构是钦宗的弟弟、赵佶的第九个儿子，人称"九殿下"，后封为康王。当二帝被掳之后的一个月，即靖康二年五月初一，赵构在今河南省商丘即位，史称宋高宗。

赵构比之父亲赵佶与哥哥赵桓，其"恐金症"是有过之而无不及。他虽一度任命李纲为宰相，让他拯救国难，与大金国作战。但几个月后，他又转而重用投降派汪伯彦、黄潜善之流，让他们代表南宋小朝廷与大金国媾和。他向金军统帅完颜宗翰开出的求和条件是以黄河为界，宋与金隔河分治，并主动下令让尚在河北等地坚持抗金的将士南撤，把大片土地拱手送给大金。

但此时的大金，雄心早已越过了黄河，完颜氏族想取代赵宋成为全中国的主宰。宋靖康二年（1127）年底，金太宗下令第三次出兵攻打宋朝。挟前两次胜利之余威，金兵扩充很快，短短12年间，由数千游骑扩充为八十万兵马，且士气高昂，完全可以说是当时世界上一支最具有攻击力的部队。此次金兵分三路南下：东路军由完颜宗辅与完颜宗弼（金兀术）统率，自燕京经沧州抢渡黄河进击山东；中路军由完颜宗翰率领自云中下太行，由河阳越过黄河直入河南；西路军在完颜娄室带领下，由同州（今陕西省大荔）取道关中，兵逼陕西。

面对八十万的"虎狼之师"，赵构害怕重蹈父兄的旧辙，连忙携百官逃到扬州。在这座纸醉金迷的城市里住了不到一年，又因这里离中原的战场太近，赵构再次下令将行宫迁到杭州。从此，赵构永久地放弃汴京，把南宋的都城建在了杭州。

关于杭州，我们有太多太多的话题。江浙历来是人文渊薮之地、温柔富贵之乡，自古就有"上有天堂、下有苏杭"之说。无论将生活的舒适度分成多少个指数，在漫长的历史中，苏州与杭州都会名列榜首。

珠玑罗绮，美女珍馐，丝竹弦管，湖光山色……这些应接不暇的诱惑、令人心旌摇荡的气象，对于一般的国民来讲，是难得的福气，是神仙般的生活。可是，对于执政者来讲，则必定是迷乱心志的毒药。古往今来，一个贪图享乐的政权，从来都无法逃脱被消灭的命运。

综观历史，在东南建都的政权，于南宋之前，有梁、陈、南唐……都是短命的。其原因就是这一块有"天堂"之称的膏腴之地，会不知不觉地让人忘记忧患，且熏染出执政者的脂粉气，而不会磨砺出他们的英雄气。

赵构从来杭州的第一天，就注定了南宋要被消灭的命运。

史载赵构于建炎三年（1129）正月迁都杭州。此时的中原、黄淮之间，正饱受金人铁骑肆意践踏，抗金的将士为保社稷，都在进行艰苦卓绝的战斗。而赵构在这国家面临生死存亡的关头，仍没有最起码的危机意识，控制他大脑神经的，依然是"享乐"二字。他在来杭州一月之后，便带着爱妃宠臣，车辇如云、浩浩荡荡来到钱塘江边观潮。

面对这一帮昏君庸臣，一位叫林升的诗人，写下了沉痛的诗句：

山外青山楼外楼，西湖歌舞几时休？

暖风熏得游人醉，直把杭州作汴州！

八

看过太多的胜残去杀，体会过太多的悲欢离合，人们可能会得出这样的结论：历史中没有绝对的胜者。但是，一个政权享祚时间的长短，还是有一定的规律可循。

比之汉、唐、明、清，宋朝的开国皇帝气度要仄小得多。赵匡胤获得政权并没有历尽艰辛，且属于宫廷政变的性质。所以，宋朝的"王气"始终没有养起来。此处所说的"王气"，不是指皇上号令天下的权力，而是指点江山的能力。自秦自汉自唐，不要说燕云十六州，就是东北和内蒙古，都一直在中央政权的管辖之下。可是唐末动荡期间，契丹人在这一大片国土上另建一个辽国。宋立国之初，太祖赵匡胤、太宗赵光义兄弟二人都没有能力从契丹人手中收复失地，反而每年向辽朝纳贡。此后，赵宋的皇帝们与契丹人时而开战、时而议和，一直处于被动。在开拓疆域与处理民族问题上，赵宋皇帝乏善可陈。终宋一朝，唯有文学可以垂范后世，出了王安石、欧阳修、苏东坡、黄庭坚、陆游、辛弃疾等一大批杰出的文学家。出现这种现象，与赵匡胤重文抑武的基本国策有关。这一点，赵匡胤比之唐太宗李世民，可就差得多了。唐太宗不仅器重文人，更整饬武备。文武并举，绝不会一手硬一手软。所以，历史上才产生了盛唐气象——这至今仍令中华民族骄傲的大国典范。就一般的规律而言，一个开国皇帝的气度胸襟，便决定了他所开创的王朝的精神走向。如汉高祖刘邦，他吟过"大风起兮云飞扬，安得猛士兮守四方"这样雄奇的诗句，他呼唤猛士开疆拓土。这种精神让后代皇帝所承继，到汉武帝而趋鼎盛。

赵宋皇帝重文没有错，抑武就大谬了。诗词歌赋可以陶冶性情，怡养心灵。但对付契丹人和女真人这样的剽悍民族，一篇千古传颂的诗章还不如一根绊马索有用。即便是文学，如果是大气磅礴的，积极健康的，提升国人斗志的，仍是培植国力的重要手段。遗憾的是，北宋的文学，发展到徽宗、钦宗时期，已是生气消失、豪情不再了。北宋的最后一位大词人，是李清照。她的词作典雅婉约，作为个体，李清照是优秀的、杰出的，但作为一个时代的文学代表，则这个时代的"主旋律"就变成了靡靡之音。噙着泪水吟咏"雁过也，正伤心"，无限感伤地倾诉"人比黄花瘦"。这种充满悲情的诗句之所以在当时受到热捧，真实地反映了徽、钦二帝统治下的国民已丧失了雄健的气魄。南渡之后，曾有智者痛定思痛，描述昔日汴京的臣民"黄髫小儿，但习歌舞；斑白之老，不识干戈"。上有所倡，下有所随。当踢球的高俅与卖笑的李师师都成为皇帝的座上宾，骤登显贵之堂，升斗小民除了艳羡，更会仿效。于是所有的家长都希望自己的孩子能歌善舞，而所有上了年纪的人，从来都不想干戈之事，都以为战争绝不会发生。待到金兵攻破汴京，可悲的国民们才惊醒，但为时已晚。

相比于徽、钦二帝与宋高宗赵构，大金国前期的皇帝们行事的风格就要明朗得多，也健康得多。君臣之间，臣民之间，几乎没有尊卑、等级、贵贱之分。据史料记载，吴乞买虽然贵为"九五之尊"，但仍然与百姓保持水乳交融的关系。他所住的"皇宫"，也没有重门深禁，百姓家里杀了一只鸡，就会跑到"皇宫"里喊他一道去分享，没有特殊情况，他都会欣然而往。君臣之间议事，可以争，可以吵，哪怕面红耳赤，也不会伤和气。争吵完了，意见统一了，君臣们便开始"同歌合舞，略无猜忌"。女真人的歌舞是什么呢？是踩刀梯、耍火球之类，充满了矫健，洋溢着剽悍。相比于汴京的靡靡之音、杭州的浅斟低唱，两者孰强孰弱，不言自明。再说击败辽、宋之后，大金国库里的钱多了起来，吴乞买花钱大方了一些。大臣们对他产生了意见，说他违背了太祖完颜阿骨打立下的"非军需不启库存"的祖训，应接受处罚。吴乞买只得按规矩被大臣们拉出议事大殿，趴在地上被"廷杖二十"。吴乞买心悦诚服，并没有因此报复任何人。而赵宋皇帝虽然无能，却从来一言九鼎，君臣之间有绝对的界限。所以，女真人打败汉人，只是一种表面现象。它真正的历史意义在于，一种健康的、硬朗的、平民式的帝王文化，打败了另一种腐朽的、堕落的、贵族化的帝王文化。

九

2006年元月，我再次应邀前往阿城，参加新修缮的金上京博物馆开馆仪式。看过大金国的发展历史后，下午，在零下25℃的严寒中，我又来到金上京遗址。厚厚的积雪掩盖了一切，不要说旧迹，就是连废墟也看不见。我踩着深深的积雪走了很久很久。不知为何，在这八百多年前的"王气肇造"之地，我突然想起了辛弃疾的词句："醉里挑灯看剑，梦回吹角连营……"

这样的诗句充满了英雄气概，读来让人热血沸腾，不由赞叹辛弃疾真伟丈夫也。遗憾的是，南宋政权不喜欢这样的伟丈夫。由此我想到一个国家，如果每个角落都弥漫着享乐之风、奢侈之气，所有的国民必然就会丧失忧患意识。这是一件十分危险的事情。2005年，当超女出现，数十万的"粉丝"们为之痴迷、为之疯狂时，我的心中就产生了一种不好的感觉。出几个超女，原也是多元化社会的自然现象，并不值得大惊小怪，但要引起警惕的是，如果这些青少年——我们这一时代的"黄髫小儿"，其生命只为歌星、影星、球星而狂，还能说，我们国家的精神气象是健康的吗？

一个时代没有英雄并不可怕，可怕的是丧失了产生英雄的土壤。有鉴于此，北宋灭亡的教训不能不汲取！

【状元的命运】

卫炳熹

中国科举史上，曾经涌现了数以百万计的举人和十多万名进士，而作为这个庞大知识分子群体之巅峰的"状元"郎，则是屈指可数。据考证，自唐高祖武德五年（622）的第一位科举状元孙伏伽开始，到清光绪三十年（1904）最后一位状元刘春霖止，在这1283年间，可考的榜数为745榜，共产生了592名状元（一说504人），加上其他短命政权选考的状元以及各代的武状元，中国历史上总计可考的文武状元为777人。

中国古代社会，"官本位"思想相当浓厚，从庶民百姓到达官显贵，无一不坚定地认为："书中自有颜如玉，书中自有千钟粟，书中自有黄金屋。"读书的直接功利目的就是入仕。

自孔老夫子起，"学而优则仕"成了亘古不变的知识分子的奋斗之路。那时，生产力水平十分低下，科学技术极不发达，还不可能出现一大批以科学研究为终生事业的专家。因而，苦读寒窗数十年，为的就是金榜题名，为的就是以文入仕，为的就是跻身宦臣、光宗耀祖。状元及第，不但是天下读书人的毕生追求，而且在百姓心目中也具有"天上一轮才捧出，人间万姓仰头看"的巨大殊荣。一旦殿试第一，马上就由吏部考试任其官位，或翰林院修撰，或著作郎、秘书郎，或掌修国史，或做天子侍讲，从此也就步入了凶险难卜的仕途，开始了宦海沉浮荣辱的漫漫人生。他们中的相当一部分人，老其一生，终于登上了显赫的高位。如唐代，姓名可考的状元147人，事迹可考者29人，其中就有5位宰相、8位尚书一级的官员（含次官）。而清代，114名状元中，官位累至一品尚书层次的达20人之多。可以说，在官场努力升职，成为状元这一群体实现人生价值的至上追求。

一介书生，考取状元实在不易。全国无数读书人，经过乡试、省试，最后到殿试夺魁，竞争之激烈可想而知。宋代大文豪苏洵就曾发过"莫道登科易，老夫如登天"的感慨。特别到了清代，考到白发满头仍然是个"童生"的不乏其人。四五十岁中进士，人们并不觉得他年龄有多大，"太宗皇帝真长策，赚得英雄尽白头"，就是这一历史文化现象的生动写照。如宋代共产生了118个状元，据《中国状元全传》载，其中生卒年可考者51人，其中20～30岁中状元者37人，占72.5%，最小的18岁，50岁以上中状元者2人。清代共有状元114人，生卒年可考者54人，其中20～30岁中状元者19人，占35%，最小的21岁。50岁以上中状元者5人，最大的62岁。状元之路绝不易于巴蜀之道。

唐代，进士科考试主要是三场，其后各代基本沿用下来。一场是贴经，用现代的话说就是填空。主考官从诸子经书中选取一行，然后把其中的三个字贴盖住，让考生读出被贴的字是哪几个，其用意不过是考考生的背功，测试一下考生对经书的熟练程度。第二场考诗赋，每个考生作诗一首、赋一首，这一场极为重要。如唐开元二年（714）赋试的试题叫《旗赋》，且规定必须以"风日云野，军国清肃"八字为韵。当朝状元李昂写了一篇27句、327个字的赋，全文洋洋洒洒，文辞雄劲，用韵准确，在录取的27名进士中，名列第一。第三场考试策，就时务出个题目，让考生回答自己的见解，目的是想看看考生对治国方略的独到见解，以为国家选择治国平天下的英才。这三场考试都实行淘汰制，每场皆定去留。只要一场考不好，状元梦随之破灭。宋仁宗后，又对科考进行了修改，按策、赋、贴经、墨义的次序，让参试者并试四场，综合平衡后再定夺。

考生考完后，由"读卷大臣"排出前十名，呈送皇上，最终由皇上根据个人评判圈定谁为"第一甲第一名"。所以说，能中状元者大多都是当朝才子。他们天资聪慧，勤奋好学，或有良好的文化修养，或有独特的天赋异质，往往具有众人称颂的绝代才华。如明代状元杨慎，"幼警敏，11岁能诗，12岁拟作《古战场文》《过秦论》"，13岁诗名满京华，被诗坛领袖李东阳收为高足，19岁中举人，24岁中状元，成为明代四川唯一的状元郎。

在这700多位状元郎中，也不乏平庸之辈。为数不少的人高中状元后，一事无成。他们性格怪僻，饮酒成癖，穷困潦倒，暮年凄惨。唐代昭宗光化二年（899）状元卢文焕，穷苦之极，连顿酒也喝不起，够可怜的了。还有许多状元，为官一任，了无政绩，终生平平。更有甚者，投降叛军，诬陷谄媚，被史书称为"奸邪小人"。如投降金兵、助纣为虐的北宋状元莫俦。此等状元，无以入史，难留清名，可称状元中的不肖败类。

在状元科考中，有时也并非全凭真才实学，有的人就是靠走关系或是偶然原因高中状元的。唐代就有"许愿状元"牛锡庶、"自荐状元"尹枢、"相扑状元"王嗣宗等，从其绰号即可见其为人。状元裴思谦则更为恶劣，唐文宗开成二年（837），礼部侍郎高锴知贡举，主持科举考试。他标榜公正，宣言杜绝请托。裴思谦凭与赫赫有名的大宦官左神策军中尉仇士良的关系，要求高锴让他当状元。当时，文宗皇帝是个傀儡，仇士良权倾朝野，裴思谦怀揣仇士良的信，公然对高锴说："裴秀才非状元不放。"高锴沉思良久，自知无力相抗，不然马上就会大祸临头，只好无可奈何地把裴思谦录为状元。天下动乱，皇权旁落之时，貌似公正的科考常常难脱权宦重臣的掣肘，成为宫廷政治的玩偶，这不能不说是科考状元的悲哀。

历代状元中，大多出身名门望族。他们从小就处在优裕的家庭环境，既有重臣之后，又有名士之家。有的甚至是父子状元、祖孙状元、宰相子、尚书婿。父辈的荣耀和辉煌的地位为他们登上科考的顶峰奠定了坚实的基础。许多人就是靠名臣的举荐和培养，顺利圆了状元梦。

但是，也有相当一部分状元出身寒门。他们全凭自己的才智成为一国学子之冠。特别是宋太祖，为了革除唐代权贵操纵科举、营私舞弊的沉疴，在科举中加强对权贵子弟的监督限制，有意选拔了一批平民子弟科举及第。如宋太宗太平兴国二年（977）的状元吕蒙正，幼小时就被父亲赶出家门，随母流落龙门山，栖居山间石窟中。元代杂剧名家关汉卿的《吕蒙正风雪破窑记》，便是以吕蒙正的贫寒生活为素材创作的戏剧。孤贫寒酸的吕蒙正，依靠自己的天赋才智和刻苦学习，31岁大魁天下，42岁位居宰相。成为两朝辅弼，万众景仰。各朝历代，都有像吕蒙正这样的状元郎。他们成为庶民百姓通过科举之路出人头地的幸运骄子。

科举考试是封建统治者为国家选拔官吏的一条重要途径。当年，唐太宗李世民看见新科进士从考场中鱼贯而出时，高兴地说："天下英雄尽入吾彀中矣！" 1000多年来，科举制度选拔了一大批优秀的有真才实学的治国安邦人才，构成了统治集团从中央到地方官僚队伍的中坚支柱。但随之而来的则是一种历史奇观：状元们以文得名，而在文学艺术上有较高成就者了无几人。他们身为状元，诗赋词文，无所不通，往往都有诗书传世，有的甚至著作等身。

然而，其中的绝大多数人自高中之后，从此潜心仕途，无意文字，热衷于官场得意，专注于富贵得失，已经无心无力对文学艺术加以执着探索。700多位状元中，除杨慎、柳公权等几位获得较高的成就外，大多数人都文绩平平。状元难入大家之列，而大家又很难高中状元。唐宋两代265名状元中，苏轼等八大家，李白、杜甫等大诗人，无一人摘取状元挂冠。这一极为独特的历史文化现象，至今仍是困惑人们的古代文化之谜。

【"高贵"的无知】

徐怀谦

唐太宗的文治武功，在皇帝中是名列前茅的，可是他对太子的教育并不成功。其中的道理他悟得很清楚，可就是无法产生积极的效果，恰恰相反，事物的轨迹总是朝他最不愿意看到的方向发展。

他先立的太子是李承乾。为了太子的健康成长，太宗可谓煞费苦心——他为儿子挑选了最优秀的老师——于志宁、杜正伦、孔颖达、张玄素等，都是一时俊彦。贞观七年（633），太宗对于志宁、杜正伦说："你们辅导太子，应经常给他讲些老百姓的真实生活状况。太子生于深宫，不曾闻见百姓的疾苦。而且国君是国家安危的关键，更不能骄矜放纵。"他责令两个老师若遇到不正当的事情，要严肃恳切地劝谏太子，使他从中受益。

贞观十年，太宗对房玄龄说："我历观前代创业的国君，他们都生长在民间，所以深知民间的真实情况，很少会败亡。到了即位的守成之君，他们生而富贵，不知疾苦，所以很容易导致败亡。我从小就经历过各种磨难，对天下事知道得很清楚，还担心有考虑不到的地方。像我的这些皇子，生于深宫，见识不远，哪里会明白这些道理？我每次吃饭，就想到种地的艰难；每次穿衣，就想到纺织的辛苦。皇子们什么时候能学得像我一样呢？"

"生于深宫之中，长于妇人之手"，这句话被唐太宗屡次提及，可以说他看到了问题的症结所在。

可是太子不能重返民间，祖辈、父辈打天下时的艰辛对他来说已经有些隔膜。加之他喜声色和畋猎，生活奢靡，老师的话被当作耳旁风，竟至于干出很多荒唐的事来。结果后来他被废为平民，在流放地黔州死去。

接下来，太宗册立晋王李治为太子。贞观十八年，太宗对身边的大臣们说："我没有工夫顾及太子的教育，但最近自从改立太子之后，每遇到一件事，总要向他讲一番道理。见他将要吃饭，问他：'你知道吃饭的道理吗？'他回答说：'不知道。'我就跟他讲：'种庄稼很艰难，花费了农民很大气力。国家政策不违背农时，才能有饭吃。'见他骑马，就问他：'你知道骑马的道理吗？'他回答说：'不知道。'我就对他讲：'马是替人干苦活，出劳力的，要让它按时休息，不要竭尽它的力气，这样才能常有马骑。'见他乘船，就问他：'你知道乘船的道理吗？'他回答说：'不知道。'我就对他讲：'船可以比作国君，水可以比作百姓。水能载舟，也能覆舟。你将来要做国君，对这个道理怎能不感到畏惧呢？'见他在一棵弯树下休息，就又问他：'你知道这棵弯树的道理吗？'他回答说：'不知道。'我就对他讲：'这棵树虽然弯曲，但用绳墨校正，就可加工成笔直的木材。作为国君，即使道德不高，只要多接纳规谏，也能变得圣明。'"

这段话中，太宗问了四个问题，李治回答了四个"不知道"，是真不知道还是故意装糊涂？我看前者的成分居多。正是这个优柔寡断的李治最终把大唐江山拱手送给了悍妻武则天。

那个听说百姓没有饭吃，就问大臣"何不食肉糜"的晋惠帝；那个"隔江犹唱后庭花"的陈后主；那个"问君能有几多愁"的李煜，都可以说是吃了"生于深宫之中，长于妇人之手"的亏。

春秋时期的曹刿曾经说过："肉食者鄙。"其实，贫富贵贱的两极在任何时代都是有隔膜的。贫贱者无法想象富贵人的生活，他所能幻想的富贵就是天天有大油饼吃；而富贵人也永远无法了解贫贱者的疾苦，他们会把老百姓天天吃粗粮称为吃绿色食品，称为无比的幸福，这就是两极的隔膜。

其中"高贵"的无知更可怕，更让人寒心。因为他们站在潮头，是时代的引领者。舵手尚且无知，凭谁问：船往何方？

【文人不要乱撒娇】

王芳芳

那年孟浩然作为一名社会闲散人员，跑到王维的办公室聊天，不料撞上皇帝来视察，情急之下躲到了椅子下面。又没练过缩骨功或者东洋忍术，当然藏不住啦。皇帝问：这是谁呀？王维只好硬着头皮回答说：是孟浩然。

原来是著名的大诗人，把你的诗给我念一些吧。皇帝很高兴，因为唐朝时候从皇帝到平民，大家都很热爱文学与音乐。孟浩然就从椅子下面钻出来，发髻上沾着点灰尘，把自己得意的诗作一首首念将起来。他有没打结巴我们不清楚，但心情可知是比较激动的。毕竟这一年孟浩然四十出头了，已是第三次出山跑官。

人们常说初恋的对象往往不是结婚的那个。作为历史上著名的隐者，孟浩然也不是一开始就想隐的。那时候当官又叫"兼济天下"，为了争取一个能"兼济天下"的名额，老孟其实也不懈奋斗过，这次就是离成功最近的一次。

念到"不才明主弃，多病故人疏"这句，皇帝喊："停！"大家偷眼一看，哎呀，皇上脸色很难看，"卿不求仕，朕未尝弃卿，奈何诬我？"意思是说你自己不想当官，我又没说不要你，干吗把账推到我头上？说完皇帝就拂袖而去了。

在唐朝，诗人们想当官并不难，比如王维，打扮得漂漂亮亮，跑到公主面前念了几句诗，弹了一曲琵琶，就被公主推荐给皇帝哥哥了。李白也在四十多岁时好歹混了个翰林院供奉的闲差事，可是孟浩然就始终办不成。

不是诗不好，孟浩然的诗史称"超然独妙"，初入京华，宴席上随便两句"微云淡河汉，疏雨滴梧桐"，就把满座诗人都震住了；更不是运气差，有机会跑到皇帝面前献诗的能有几个？

问题就出在古代文人有个"隐与仕"的概念，穷则独善其身，达则兼济天下，实际上就是在当官与不当官中间找心理平衡。有牢骚，跑去归隐——那时候名山大川又不收门票。

大家都干这种事，偏偏孟浩然面对皇帝太紧张，一失口把牢骚话也说出来了，最后只得去当真的隐士。

后来有个柳永，没考中进士，就跑到妓院里搂着姑娘，说"且把浮名换了低酌浅唱"，嚷嚷而已，试还是要继续考的。后来果然考上了，皇帝一看名单里有柳永这厮，咦，你不是搞文学不要浮名嘛，又跑来做什么？大笔一挥，"且去填词"，柳永只好眼睁睁看着煮熟的鸭子又飞了。

女孩子谈恋爱时在意对方又爱面子，就会撒娇赌气、使小性子，比如林妹妹。文人也来这套，就很容易偷鸡不着蚀把米。问题是撒娇乃中国文人之天性，连文武双全的辛弃疾都写过"千金纵买相如赋，脉脉此情谁诉"的怨妇诗。

所以娇不是不能撒，而是要撒得恰到好处，撒出美感，才会成效非凡。比如谢安，一边派头十足地游山玩水，一边任朝廷千呼万唤就是不理。直到大家急了，把谢安同志当官的问题，提升到关系天下百姓生存的高度，他才踱了出来。

老孟不懂这道理还乱说话，当然就吃亏了。这件事还有个教训就是，写文章的人不要乱写，否则每句话都可能作为呈堂证供，有一天让你泪流满面。

【敌人的敌人还是敌人】

侯志川

敌人的敌人是朋友，这是世界历史和国际政治中的一条铁律。但千年以前的东亚大地，尸积如山、血流成河的一场又一场大拼杀，却为这条铁律写下了一个空前的大例外。中国古代的"开国皇帝"中，没有哪位是靠"和平演变"而来的。大宋王朝的赵匡胤也不例外。不论是颠覆北周，还是兼并南方诸国，他指挥的军队气吞山河，所向披靡，始终处于上风。哪晓得随后在剽悍的北方游牧民族面前，同样的宋军却老是挨打受气，老是一溃千里。于是宋王朝老是割地赔款，老是称兄称臣，最后干脆彻底玩完。大宋一朝 319 年的历史，基本上就是一部"边患史""抗战史""吃亏史"。对付的敌人先是辽，接着是西夏，然后是金，最后是蒙元。一个比一个凶险，一个比一个不讲信义。大宋朝从头至尾，从赵匡胤的"陈桥兵变"到陆秀夫背着皇帝跳南海，和平的日子屈指可数，战火一直没有熄灭。中国古代自秦以后延续了百年以上的几个"大朝代"中，宋可算是最软弱最糊涂最可悲可怜的一个。

当初，在一鼓作气搞定了 10 个小国以后，北宋先后开始了对辽和西夏"收复失地"的战争。战争进行了半个多世纪，到 11 世纪中叶（1044）才暂时停息。在这以前和以后，宋王朝都只能屈辱地靠每年送钱送物勉强维持住彼此间极不可靠的和平。"万幸"的是辽并不只欺侮它南边的宋，它对其北边的女真族同样进行着敲骨吸髓的残酷压迫，激起了后者更凶猛的反抗。1115 年，女真人正式建立金，立即向辽发动了大规模进攻。远在南方的北宋政权大喜过望，以为"敌人的敌人就是朋友"，憧憬着"全世界受压迫国家联合起来"，乃遵循"远交近攻"的祖传秘方，马上（1117 年）派赵良嗣前往联络，随后又于 1120 年另派人渡海去与金订立了更具体的"海上盟约"，约定宋、金双方南北夹击辽。岂料金军刚刚攻占了辽的首都，俘获了辽的天祚皇帝（1125年），气都没有歇一口，随即就乘胜进攻昨天的"朋友"北宋。愚蠢而懦弱的宋徽宗这才大梦惊醒，后悔莫及，急忙把帝位传给他的儿子宋钦宗（1126年），自己则躲在后面玩起了"离休"的把戏。然而，一切都迟了。仅仅一年以后，"翻脸不认人"的金兵就席卷了淮河以北的广袤土地，开进了繁华富庶的北宋首都开封城。可怜的北宋皇帝徽、钦二宗做了金兵的阶下囚，被押往数千里外的白山黑水之间，终日以泪洗面，数年以后便死在了遥远的异国他乡。12世纪20年代中国土地上的这一幕，留给了世人一个极惨痛的教训：敌人的敌人可能仍然还是敌人，甚至可能是更致命的敌人。这一幕还演出了一个"惊人的重复"：公元975年，当赵匡胤势如破竹地灭掉了软弱的南唐，将南唐后主李煜押送到北方的开封城时，他绝对想象不到，一个半世纪以后，他的后辈也要重走这一完全相同的"囚徒之旅"——何其相似的朝廷，何其相似的命运，一个北宋，一个南唐。赵佶和李煜都是荒于政事的亡国之君，又都是伟大的艺术家。徽宗赵佶最出色的是绘画和空前绝后的瘦金体书法，诗词则一般。因而，他在囚徒生涯中所写的"彻夜西风撼破扉，萧条孤馆一灯微。家山回首三千里，目断山南无雁飞"，虽然也抒发了悲愁困顿，也算是情真意切、简明流畅，但从艺术水平讲，就远远比不上李煜的"问君能有几多愁，恰似一江春水向东流"那样惊天动地的千古传诵。在中国历史的长河中，庸庸碌碌、行尸走肉般的皇帝多的是。也只有赵、李这样不多的几位才华横溢的末代君主，才能引起我们无尽的叹息。

这是历史的重复。当千百万大宋的臣民为"亡国"而痛心疾首之时，李煜的后裔们此时此刻却是在暗暗拍手称快吧。

历史在血雨腥风中摇摆着前行。到了13世纪初，先后与北宋、南宋互相厮杀了一百多年的金王朝，此时也面临着自己北边新崛起的蒙古军队的巨大威胁。金的统治者自顾不暇，没有多少余力欺侮他南面的宋王朝了。这真是恶人有恶报。面对这样一个"三国鼎立"的崭新局面，眼光远大的政治家假如冷静地审时度势，深刻吸取百年以前北宋与金联手灭辽后金兵马上挥戈南下的惨痛教训，当然应该采取崭新的对策。然而，沉浸于"山外青山楼外楼，西湖歌舞几时休"的临安城里找不到这样清醒的政治家。即使有那么一两个，也势单力薄，得不到广泛的支持。100年来，金的铁骑对宋朝人民的反复掠夺和野蛮屠杀所激起的巨大仇恨，北宋的亡国和徽、钦二帝被虏所带来的奇耻大辱，使南宋的君臣人民都冷静不下来。眼前的敌人又一次掩盖了远方的敌人。于是，相隔107年，同样的一幕悲剧在同一块土地上重演：1233年，南宋与蒙古军约定"夹击金国"。哪想到宋军遵约刚收复了开封、洛阳等地，蒙古军就马上前来争夺，一点没有"盟军"的友好姿态，而是毫不留情地把宋军打得弃城而逃，由此拉开了长达40多年的"灭宋之战"的帷幕。

到了这时候，一度被眼前的血海深仇蒙住双眼的南宋上下真不晓得后悔到了什么地步。除了破口大骂，还有什么辙可想？本来，在更强大的蒙古军面前，南宋即使在感情上无法与金结为同盟，至少也应该保持中立，在蒙、金之战中坐山观虎斗，叫他们两败俱伤，说不定还可以实现从岳飞到陆游一干人的伟大理想："王师北定中原日。"或者至少也可以继续偏安东南，不至于那么快就沦于蒙古军之手！

从来都讲"当局者迷，旁观者清"。宋当年吃了金的亏，尚可以说是缺乏经验，被"迷"住了，就像咱们现在经常说的"交学费"。但后来的南宋已经有了一个不短的时间距离，怎么也是一个"旁观者"，却仍然不能总结教训而再次被"迷"？可见"当局者迷"虽然不乏例子，"旁观者昏"也并非不可能。无情的历史惩罚的是老犯同样错误的民族，把蒙古族人推上了统治者的地位。对狡诈的蒙哥和忽必烈等人而言，"敌人的敌人是朋友"这个口号他们只是口头上叫叫。他们心里想的一直都是"敌人的敌人还是敌人"。

有了这些教训，以后的政治家们对这句口号半信半疑的就多了起来。不论是中国的政治家还是外国的。1643 年，李自成率军攻占西安以后，与明王朝为敌的大清统治者致信李自成，要求与其结盟，"协谋同力，并取中原"，遭到了李自成的断然拒绝。李自成肯定听说过宋朝亡国的教训。第二次世界大战中，按理说法西斯德国的敌人肯定都是朋友。但是翻看当时的英国首相丘吉尔后来撰写的《第二次世界大战回忆录》，你会发现即使在大英帝国最艰难危险的时候，丘吉尔也始终没有把苏联作为真正的朋友。他对斯大林的任何要求和建议都持怀疑态度，都要留一手。1944 年 8 月，当苏联军队已经打到维斯杜拉河东岸，与波兰首都华沙隔河相望的时候，被德军占领的华沙爆发了人民武装起义。丘吉尔在《回忆录》中指责苏联军队隔岸观火，拒绝援助起义人民，听凭德军将起义残酷镇压下去。苏联方面则反驳说华沙起义是"一小撮罪犯发动（的）华沙冒险事件"，华沙起义领导者是"波兰地方贵族政权的败类们"。

【道德丰碑下的殉葬品】

吴 钧

南宋宝祐四年（1256），状元文天祥被元王朝杀害前，曾留下一首"衣带铭"："孔曰成仁，孟曰取义，惟其义尽，所以仁至。读圣贤书，所学何事？而今而后，庶几无愧！"这是文天祥的道德自白，也是儒教意识形态下正统读书人的精神写照。儒家赞同杀身成仁，舍生取义，饿死事小，失节事大，身家性命与仁义忠节相比，是不十分值钱的，正所谓"人生自古谁无死，留取丹心照汗青"。芸芸众生逝世了，如烟云消散，不留痕迹；舍生取义的圣贤后裔们，则在身后树起万人景仰的道德丰碑。

我读史书时，每遇到一座这样的道德丰碑，心头总是油然生起崇敬之情。直至有一天，我发现，这光彩夺目的丰碑不单由烈士的血肉筑成，底下还垫着被烈士拉来殉葬的累累白骨。每念及此，对先贤的道德形象难免就暗生疑窦。比如，南宋末年，文天祥被掳后，陆秀夫与张世杰一道共撑危局。1279 年 3 月，南宋小朝廷与元军在广东崖山海面决战，宋军败，陆秀夫自觉护驾无力，决心以身殉宋，乃先驱妻子入海，哭拜幼帝："国事至此，陛下当为国死，德祐皇帝辱已甚，陛下不可再辱。"然后抱起九岁的小皇帝，以匹练束在一起，用黄金玉玺坠腰间，从容投海，完成了舍生取义的最后一个规定动作。对陆秀夫而言，他的死已经成全了自己的千古忠名。如果陆秀夫孤身蹈海，我会对他保持完整的崇敬；可是，想到陆的妻儿，不是死于敌手，也不是为敌所虏，而是被丈夫驱逐投水，还有一个尚不懂世事的 9 岁小皇帝，也糊里糊涂"当为国死"，成为陆左丞相的道德殉葬品。我心里实在纳闷：为着一个崇高的道德目标，决意殉道的人是不是就可以要求旁人跟他一样舍生取义？舍生固然可取义，杀身固然为成仁，然而，"取义""成仁"，是不是可以成为舍他人之生、杀他人之身的正当理由？

对于儒教意识形态下的道德志士来说，答案是不言而喻的。孔夫子只说过"己所不欲，勿施于人"，却没有说，己所欲，亦不施于人。既然一个伟大的道德目标可以让自己为之献身，旁人当然也不应该苟且偷生。换句话说，要他们为大义放弃生命，来成全自己的道德追求也是合乎道理的。明初的方孝孺是一位青史留名的德高望重之士。野史相传朱棣夺位成功后，召方孝孺起草登极诏书，方坚拒；再迫之，乃书"燕贼篡位"四字。朱棣大怒道："汝独不顾九族乎？"方答："便十族奈我何？"朱棣果然就诛了方氏十族。旧时株连，最严重的是诛九族，诛十族则自方孝孺始。朱棣的残忍令人发指，方孝孺"威武不能屈"的胆气也的确让人肃然起敬，但他一句"便十族奈我何"，却令我有些不寒而栗。

流氓帝王杀人，仗恃的是暴力，有时还难免自知理亏，要百般掩饰。比如方孝孺死后，天启二年（1622），朱明皇帝还得录方氏遗嗣，给予祭葬及谥号。道德志士拉殉葬品，依据的是道德律令，于是更显得理直气壮，于心无愧。且看《唐书·忠义传》的一段记载："张巡（唐朝将领）守睢阳城，尹子奇（叛军）攻围既久，城中粮尽，易子而食。巡乃出其妾，对三军杀之，以飨军士，曰：'请公为国家勠力守城，一心无二。巡不能自割肌肤，以啖将士，岂可惜此妇人！'将士皆泣下，不忍食。巡强令食之。城中妇人既尽，以男夫老小继之，所食人口二三万。"这就是历代赞颂的"杀妾飨士"之事。在野蛮战争中，破城之后大肆屠城、杀降卒的事情并不鲜闻，这里体现的是血淋淋的丛林法则，没什么可说的。但张巡杀妇幼以飨军士，与其说是丛林法则下的野蛮行径，不如说是基于精忠报国追求的"道德"抉择。本来道德的形成正是人类告别丛林法则的标志，何以在道德感召下的张巡却做出了比丛林法则更血腥的"屠杀"？为了守住一座城池，为了尽忠朝廷，不惜杀掉两三万老百姓，吃掉两三万老百姓，最后终于博得一个"忠义"之名，写进了《忠义传》。我怎么也想不通，这是哪一门子的"忠义"？

当人们对道德志士树起的丰碑大加礼赞时，我忍不住为这些丰碑下的道德陪葬品感到戚然和悲愤。历史是不公平的，杀身成仁的志士至少已经"留取丹心照汗青"了，被杀身成仁的殉葬者却连名字也没有留下，至死也不明白何以成了道德志士的陪葬品。没有人追问他们是不是愿意为志士的道德理想献出性命，也没有人在乎他们被驱入茫茫大海、被推出午门斩首、被宰了煮食之时，如何恐惧、惊慌、疼痛、无助、挣扎，历史只记住了道德志士们壮怀激烈的远大抱负、慷慨赴死的崇高气节。

我以前曾写过一篇《受虐的"道德快感"》，点破了某些道德志士的奴性倾向："不负明主""表忠心"之类是志士们的道德本能，即使心迹一时为主子所不明，肉体上付出惨重代价，也在所不惜，甚至更显忠烈，心头道德快感不由油然而生。现在想来，既然有人习惯从"忠君"中体验道德快感，且让其继续体验去，只要不拉住旁人与他一块儿分享这快感就行了。相比之下，对那种为着崇高道德理想而不惜扯上旁人垫背殉葬的道德烈士更需要警惕，最好敬而远之，保不准哪一天他们成就了千秋忠名，在历史上树了一块道德丰碑；而我们这些无辜的平民百姓却莫名其妙地成了丰碑底下的道德殉葬品。

【宋徽宗与明崇祯帝】

孙存准

宋徽宗和明崇祯帝生活时期相距500年，但他们在中国历史上都是颇有"名气"的亡国之君。与此同时，宋徽宗的"不能为君"和崇祯的"勤勉图治"同样"名垂青史"。

宋徽宗赵佶是中国历史上难得一见的多才多艺之君：独创中国书法史上著名的"瘦金体"，结体修长，笔姿瘦硬挺拔；工花鸟画，其真迹至今价值连城；能诗善文，那句"天遥地远，万水千山，知他故宫何处？怎不思量，除梦里有时曾去"经典词句千古传诵，经久不衰。然而，他唯独不会做本职工作——当皇帝，正如清人王士祯所评价的：宋徽宗百事皆能，独不能为君。在位期间，为修建宫殿和花园，他大兴"花石纲"，弄得"中产阶级"破产，"贫下中农"卖儿郎，引发方腊起义、宋江造反；他联金攻辽，辽灭后，自己却遭到金的大举进攻，金兵兵临城下时，又惊慌失措，匆忙把帝位传给儿子宋钦宗。但是，"是祸躲不过"，1127年，做了26年皇帝的他连同儿子宋钦宗双双被掳，因于冰天雪地的五国城（今黑龙江依兰），客死他乡做孤魂野鬼。

与宋徽宗大相径庭的是，17岁登基的明朝崇祯皇帝朱由检却是一位十分职业的君主，他从明熹宗的手上接过千疮百孔的大明王朝，亲政之初就韬光养晦，采取怀柔和麻痹权臣的策略，待到政权根基稳固后，即以雷霆万钧之势解决了客魏（客氏和魏忠贤）集团，其手腕之娴熟、行动之果敢足可与康熙收拾权臣鳌拜同日而语。这之后，他勤俭自律，励精图治，勤勉有加，推行与民生息、发展生产的政策，殚精竭虑地巩固大明王朝的统治。但事与愿违，李自成攻破北京城，1644 年 3 月 19 日，年仅 34 岁的崇祯皇帝失魂丧魄地爬上煤山，吊死在寿皇殿旁的槐树上，其时，他刚好做了 17 年的皇帝。

两者相比，乍一看来，真有些让人百思不得其解：为何不一样的追求，却换来同一样的结局？为何"不务正业"的宋徽宗和"勤勉有加"的崇祯，却得到同样的亡国之命？为何对宋徽宗的"无为"与崇祯的"有为"，上天不给予区别对待？

其实，历史早已注定他们要成为亡国之君，注定他们要背上"国破家亡"的骂名，无论他们会不会做皇帝，不论他们能否有所作为，也不管他们是否"不务正业"或"励精图治"，因为面对一个根基动摇、气数已尽的封建王朝，除了徒叹奈何，一切已经无法挽回。就像面对一具行将就木的"僵尸"，主治医生的医术高明与否和敬业程度如何已经无关紧要了。

稍有历史常识的人都知道，北宋时期不仅政治腐败，皇室和官僚生活极度奢侈，而且官僚机构和军队建制庞大，军费和官俸支出越"滚"越大，与此同时，全国十分之七的土地集中在皇室、贵族、官僚和地主手里，农民赋税沉重，无法生活下去。大明王朝专制统治非常腐朽，土地集中达到历史上惊人的程度，中央集权到了无以复加的地步；还设立了锦衣卫和东厂、西厂，首开特务政治和恐怖政治之先河，农民被逼进绝地。

尽管北宋有王安石变法，明有张居正的"一条鞭法"，试图缓解社会矛盾，化解政治危机，巩固封建统治，但在执行过程中，赋税被转嫁到农民头上，结果农民命运更加凄苦，两极分化更加严重，社会矛盾更加突出。所以，北宋和大明王朝的崩溃就成了自然而然之事。

由此观之，我们没有必要去嘲讽宋徽宗和崇祯的悲剧下场。因为他俩的亡国之"果"并不是由他们播种和栽培的，更不在于他们是否"不能为君"或"勤勉图治"。如果换个人去坐他们的"宝座"，其结果和他们也是一样的。

【皇帝是不能要挟的】

黄 波

众所周知，朱元璋称帝后诛杀了大量功臣宿将。这中间，廖永忠不是一个特别引人注意的人物，因为他的功勋既不能和宰相李善长比，其殒命又不如蓝玉一案株连那么深广。可是从这样一个人物的命运中，未必不能读出一些很有意思的蕴涵。

廖永忠是朱元璋的水师统帅，朱元璋和最大劲敌陈友谅于鄱阳湖上作生死决战，廖永忠立有殊功，朱元璋称赞他"忘躯拒敌，可谓奇男子"。这个"奇男子"，在朱元璋霸业将成的时候，一手制造了史籍上有名的"小明王被弑疑案"。

小明王，就是在元末最初拉起造反大旗的韩山童的儿子韩林儿。韩山童死后，红巾军的一帮将领们诡称韩林儿系宋宗室的后裔，拥其在亳州称帝，建国号曰"宋"，又称小明王。

在韩宋政权里，虽然照例是谁有兵权谁做主，但小明王系宋宗室后裔的名声到底在外传播已久，在人们不满蒙古族人统治的情况下，颇具凝聚人心的妙用，所以，各大军头还是愿意拥戴他的。而且成本小得出奇，只要养着他，让他好吃好喝，自己该干什么又不受他限制，岂非一石多鸟？

然而此一时彼一时也，等到朱元璋已消灭几大劲敌，霸业可期的时候，小明王的存在除了让人感觉麻烦，其价值显然已趋近于零。廖永忠奉命迎接小明王到南京，船走到江苏一个叫瓜步的地方，船翻了，小明王"沉于江"。小明王之死，是否出于朱元璋授意，《明史》闪烁其词。朱元璋即帝位后的第八年，廖永忠被赐死，《明史》又说，原因在于朱元璋对廖永忠当初私弑小明王不满。

读史真是一件好玩的事儿。对中国历史稍有了解的人都明白，除非朱元璋准备把即将到手的帝位让给小明王，否则小明王不明不白地从这个世界上消失，是迟早的事，可笑修史者还拿一些子虚乌有的东西来忽悠我们。

小明王死的时候还十分年轻。史籍没有为这个年轻人留下清晰的面貌，我们不知道，当初被人捧上至尊之位，接受那些豪强的参拜，他曾经有过怎样的表示我们更不知道，他在坐享无边荣华富贵的时候，究竟想了些什么，有没有一点忧惧？乱世之中，做人做到小明王这份儿上，天天吃喝玩乐，以他名义发出的"圣旨"到处传布，似乎是太幸运了，然而不幸的是，从这个年轻人被当作宋宗室后裔抬出之日起，他就注定要为短暂而虚假的风光付出生命的代价。

当然，朱元璋对杀死小明王的廖永忠不满未必全是假的，然而正如一位论者所说："永忠之死，乃由沉舟之功自挟，非以沉舟之罪见诛。"廖永忠摸准了朱皇帝的心思，替他办理了一件棘手的事，而自己把"不义""弑主"的恶名背起来，本来是很好的，可如果你以此为邀功的条件，就太不对主子的脾胃了，皇帝岂是你能够随便要挟的吗？

【荒谬的帝王】

萧艾

"甲申以后山河尽，留得江南几句诗。"如果不是他们做皇帝，明朝的命运将会怎样？

明朝皇帝一向以"在其位不谋其政"著称，尤其自明代中叶以后，比着懒惰，比着胡闹，比着癫狂。如果从现代心理学和精神病学的角度，我们可以发现"疑似"的多动症患者、抑郁症患者、因药物依赖导致的人格障碍、回避型性格障碍、偏执型性格障碍，等等。作为个人，他们都有可悲可喜之处，可惜，他们都是皇帝。

正德皇帝朱厚照：官迷

君临天下的皇帝还嫌自己的官不够大，并因在位期间没仗打而苦恼，所以他自称"总督军务威武大将军总兵官"，又加封自己为"镇国公"。他喜欢烟火，有一次玩大了烧了好些宫殿，他哈哈一笑："好一棚大烟火也！"他从宫里玩到宫外，唯一的贡献是把"游龙戏凤"之类的传说提供给了戏曲、民间故事乃至今天的电影《天下无双》。这个漠视一切道德规范的叛逆皇帝的确是文艺作品的好角色，可作为政治人物只能落个"荒唐"的评价。

嘉靖皇帝朱厚熜：术士

他在位45年，有一个始终不变的追求，就是"长生不老"。在道士的指导下，他全力以赴地修炼"仙丹"，导致慢性中毒，晚年时情绪极不稳定，记忆力严重衰退，彻夜失眠，大臣得想办法哄他，比如他睡觉时在他身边放个桃子，说是仙桃。有时候，他会用扶乩来决定国家大事。他信任的严嵩后来成了小说、戏曲里最著名的奸臣之一，痛骂他的海瑞则成了清官的代表。

隆庆皇帝朱载垕：木瓜

他在位六年，以智力迟钝、笨嘴拙舌著称，不过这可能倒成了他对濒临崩溃的大明王朝最大的贡献。不管是因为无能，还是因为不愿意，他的态度避免了皇家和朝臣的纷争，也使得有能力的大臣得以放手管理国家——显然比正德和嘉靖管得要好。

万历皇帝朱翊钧：财迷

他是个心理学的样板。他不满十岁即位，天资聪颖，受过严格教育，本是一位被寄予厚望的皇帝。不过，他大权独揽后，对曾经畏之如严父的张居正进行了彻底清算。他富有天下，偏偏最爱对他没什么用的钱，搜刮之烈骇人听闻。他为了册封自己最爱的女人为贵妃、最爱的儿子为太子和朝臣进行了漫长的斗争，结果以失败告终。他满心厌倦，三十余年不踏出皇宫一步，连首辅都难得见他一面。大臣上奏章责备他骂他，他也懒得理会。他在位48年，政权中枢大半处于停顿状态。他死后，背负着后代史家一个沉重的责备：明朝实际上亡在他手里。

天启皇帝朱由校：木匠

很难说这位皇帝是不是个出色的设计师，因为见不到他的作品。不过他热衷于木工活，整天在宫里锯啊、刨啊，却是真的。朝政嘛，自然有他信赖的魏忠贤打理，情感上，可以依赖把他养大的客氏乳娘。他的奇怪之处在于，一个像魏忠贤这样的太监，居然可以被称为"九千岁"，可以建生祠，还配享孔子，他都不觉得有什么奇怪。

崇祯皇帝朱由检：杀手

他的勤于朝政、他的惨死，甚至他的不好女色都为他博得了后世的同情。不过，一组数据不容忽略：这位皇帝在位 17 年，换了 50 个大学士、14 个兵部尚书，他杀掉或逼迫自杀的督师或总督有 11 人，包括活剐袁崇焕，他还杀死巡抚 11 人，逼死 1 人。从这方面看，这位末代皇帝继承了自朱元璋建立明朝以来对大臣一以贯之的严酷态度。

皇帝，是制度的核心环节。不过，他的作用并非戏曲或小说演绎的那样，点头摇头之间，就决定了国家的兴亡。真正致命的，不是皇帝的荒谬或懒惰，而是一个千疮百孔、矛盾重重、缺乏更新和再生能力的制度。但幸运的是，一个朝代的覆亡，并不意味着文明的断绝。充满戏剧性的改朝换代，并非中华文明的全部历史。

【中国皇帝的寿命】

向 斯

如果从三皇五帝时的黄帝算起，直到 1911 年清王朝灭亡，中国经历了数千年的漫长历史时期，在这漫长的历史长河之中，先后出现了 558 位帝王，包括 396 位皇帝、162 位国王。

如果从秦始皇算起，直到 1911 年清末代皇帝溥仪，其间 2100 余年，共有皇帝 335 人，其平均寿命是 41 岁。据现存有关资料，如果按照朝代顺序进行分析，可以发现这样一组有趣的数字：

秦汉时期的帝王是 28 人，平均寿命是 34 岁；

魏晋南北朝时期的帝王是 121 人，平均寿命是 38 岁；

隋唐时期的帝王是 41 人，平均寿命是 44 岁；

五代十国时期的帝王是 44 人，平均寿命是 46 岁；

北宋皇帝 9 人，平均寿命是 48 岁；

南宋、辽、金时期的帝王 39 人，平均寿命是 48 岁；

元代帝王 14 人，平均寿命是 39 岁；

明代皇帝 18 人，平均寿命是 42 岁；

清代皇帝 12 人，平均寿命是 53 岁。

如果从年龄段上分析，可以得出如下一组数字：

20 岁以下的是 28 人；

20 ～ 39 岁的是 83 人；

40 ～ 59 岁的是 177 人；

60 岁及以上的是 36 人。

其中，在 60 岁及以上的 36 人之中，又有如下一组数字：

70 岁以上的是 6 人——汉武帝刘彻 70 岁，吴大帝孙权 71 岁，唐高祖李渊 70 岁，唐玄宗李隆基 78 岁，辽道宗耶律洪基 70 岁，明太祖朱元璋 71 岁；

80 岁以上的 6 人——梁武帝萧衍 86 岁，唐女皇武则天 82 岁，五代吴越王钱镠 81 岁，宋高宗赵构 81 岁，元世祖忽必烈 80 岁，清高宗弘历 89 岁。

梁武帝萧衍是一位特立独行的皇帝。他是汉代丞相萧何的第 25 世孙，在位 48 年，活了 86 岁！他为何如此长寿？据说，从 40 岁以后，他便不吃鱼肉，不饮酒，不听音乐。日常只吃些清淡素食；不争辩，不斗气，50 岁以后不近女色。他自己认为，自己的致寿之道是：绝房室。不与女人同室而寝三十余年。

宋代的皇帝大多擅长医术。宋太祖精通医学，他曾给弟弟即后来的宋太宗针灸治病。北宋亡国之君宋徽宗，经历了国破家亡的惨痛，从皇帝到阶下囚，他活了 54 岁。徽宗痴迷于诗词书画，也懂得医学、养生学，对于道家的长生术很是推崇。尤其赞赏道家的精气神之说。他读书颇有心得，写了一部《圣济经》，探讨养生之道和长生术。他提出：精神生于道，精全则神旺，精耗则神衰。

宋高宗赵构是宋徽宗的第九个儿子。他生长在繁荣富足的时代，先天禀赋厚实，后天精心调理，加之精通医术和养生。他在经历了国破家亡、父母被俘的惨痛之后仍能镇定自若，在残破的半壁江山上建立南宋，并重整旗鼓，与强敌抗衡。他在位 36 年，活了 81 岁。宋高宗何以能如此长寿？明代龙遵叙在他的养生学专著《食色绅言》一书中，谈到宋高宗赵构的长寿之道时说：高宗长寿，是因其先天禀赋厚和后天寡欲养生所致。

【从"诛十族"到"瓜蔓抄"】

王者觉仁

朱棣夺取皇位后，马上颁布了一个奸臣榜，建文朝廷的六部九卿大臣全部榜上有名。

他举起屠刀，一批批屠杀了那些不愿投降他的人。在这场血腥镇压和大屠杀中，死得最惨烈的当属方孝孺。为了捍卫他的价值观与道德理想，方孝孺付出了"十族"的代价。这是"靖难之役"中最惨绝人寰的一幕。

早在燕王离开北平挥师南下的那一天，道衍和尚就曾跪地向燕王请求："方孝孺学问精深、品行高洁，南京城破之日，他必定不会投降，请殿下不要杀他。杀了他，天下的读书种子就断绝了！"朱棣答应了道衍的请求。

南京陷落时，方孝孺闭门不出，身着丧服，日夜号哭。朱棣召他进宫，他坚决不从。朱棣将他逮捕下狱，轮番派人劝说，其中包括他的学生，可都被他大骂而回。朱棣即位时要草拟诏书，群臣纷纷推荐方孝孺。朱棣召他上殿，披麻戴孝的方孝孺在殿上号啕大哭。朱棣有些动容，离座劝慰他说："先生勿忧，我只是效法周公辅成王而已！"

方孝孺说："成王安在？"

朱棣说："他自焚而死。"

方孝孺说："何不立成王之子？"

朱棣说："国赖长君。"

方孝孺说："何不立成王之弟？"

朱棣语塞，脸色一沉："此乃朕之家事，先生不必操心！"然后命左右递上纸笔，说："诏天下，非先生草不可！"

如果说朱棣此前让方孝孺草诏是钦慕于他的文名，那么此刻就是要逼迫他臣服了。

方孝孺愤而掷笔于地，且哭且骂说："死即死尔，诏不可草！"

朱棣勃然大怒："哪那么容易死！你就不怕灭九族？"

方孝孺厉声喊道："便十族奈我何！"

就是这一声喊，喊出了中国历史上绝无仅有的"十族"之诛，也喊落了方孝孺的家人宗亲连同门生故旧共计873颗人头。

十族！历朝历代，最严酷的刑罚莫过于诛"九族"，如今，这一介书生竟敢公然在朝堂上对着自己咆哮，说灭他"十族"又怎么样！那我就成全你！用你十族的鲜血，来成全你的赤胆忠心和高尚情操！用你十族的头颅，来成全你的君臣大义与千古名节！

朱棣命人割开了方孝孺的嘴，一直割到双耳。他不想再听到从这张嘴里吐出的任何一个字。紧接着开始大肆搜捕他的九族、外加"门生故旧"这一旷古未闻的第十族。

不久，这873人便被磔杀于市，整个行刑过程持续了七天。同时株连的一千多人被发配充军。大搜捕之前，方孝孺的妻子郑氏和儿子们自缢身亡，两个未成年的女儿投水而死。十族全部清理完后，朱棣才对方孝孺本人下手。

1402年农历六月二十五日，时年46岁的方孝孺被磔杀于聚宝门外（今南京雨花台东麓）。

"十族之诛"在中国历史上已属空前绝后，却仍然不足以展现明成祖朱棣那只铁腕的力量。其后由景清一案所引发的"瓜蔓抄"，才真正把永乐初年的恐怖统治推向了登峰造极之境。

景清是建文朝的御史大夫，朱棣即位后未被清洗，仍任原职。有一天早朝时，朱棣忽然发现他穿上了重大庆典时专用的大红朝服。朱棣觉得那刺目的红色十分诡异，便命人搜身，果然从景清身上搜出一把匕首。朱棣诘问他为何行刺，景清大喊着为故主报仇，并且詈骂不休。朱棣大怒，命人将他牙齿全部打落。景清将一口血水喷上殿，溅满了朱棣的龙袍。朱棣盛怒之下命人剥了他的皮，并将他系于长安门上一寸寸剐下他的肉，最后又敲碎他的骨头。

随后朱棣仍不解恨，便发明出了中国历史上著名的"瓜蔓抄"，即"赤其族，籍其乡，转相攀染，村里为墟"。

"十族之诛"尚有一个明确的打击范围，而"瓜蔓抄"则是撒开了一张无边无际的株连之网。任何人随时随地都有可能被它罩入网中，而且根本不明白自己究竟为何而死。无数人烟稠密的村落一夜之间变成了人迹罕至的废墟，无数欢声笑语的深宅大院一夜之间变成了空荡荒凉的鬼屋……吕毖《明朝小史》记载了大理寺少卿胡闰遭"瓜蔓抄"后的惨况——胡闰全族男女 217 人被诛，"所居之地，在府城西隅硕铺坊，一路无人烟。雨夜闻哀号声，时见光怪。尝有一猿，独哀鸣彻夜。东西皆污池，黄茅白苇。稍夜，人不敢行"。

"瓜蔓抄"发展到最后，除了流于滥杀无辜之外，还助长了政治迫害和告密求官之风。朝野上下，人人为了政绩，为了利益，为了公报私仇，为了种种不可告人的目的，无不争先恐后地进行诬告和陷害……

这场由朱棣亲手掀起的血雨腥风在整个大明帝国整整席卷了十年之久。最终朱棣本人也意识到了它的严重危害，可他频频下诏却屡禁不止……

【被骂亡的明朝】

荷 青

明朝可以说是中国历史上颇讲言论自由的封建王朝。明朝推行言官制度，大臣们可以放开了提意见，上至国家大事，下至后宫琐事，只要你有想法，可以尽管说来，不要害怕得罪皇帝。明代再残暴的君主也不愿背上"昏君""杀谏官"的骂名，实在气极了，最多也只是"廷杖"，在言官的屁股上狠狠地打一顿而已。

正因如此，明代言官普遍的作风是，立论唯恐不偏激，言辞唯恐不夸张，往往凭借着捕风捉影、小道消息，就极尽耸人听闻之能事。关心的并非所论是否属实，而是能否凭借刻薄的言辞哗众取宠，一举成名。通过骂皇帝、骂重臣来证明自己存在的价值，以捞取政治资本。

看看明朝的名臣，哪一个没有被这些言官"骂"过，如海瑞、杨涟、左光斗、张璁、夏言、徐阶、高拱、张居正、申时行等，大明帝国如果没有他们，真不知道还能不能正常运转。

这些言官骂别人，同时也不断地被人骂。给人"挑刺儿"是最容易的事情，再完美的人，也能挑出个毛病；陈谷子烂芝麻的事，七大姑八大姨家的事，总能和你联系在一起。你在位时骂你，罢官后还要骂你，活着骂你，死了还要骂你，好像不把你搞臭，就显不出这些言官的水平。

崇祯时期，明朝危机重重，明代的最后一根救命稻草袁崇焕照样被"骂"，直至被凌迟处死后，骂声还在继续。清军入关后，南明小王朝还有几十万军队，还有半壁江山，但那些言官不是专心对付来势汹汹的清军，还在继续"骂"，继续"内讧"。到了这个程度，明朝只有灭亡的份了。

明亡于万历皇帝的说法由来已久。大家之所以有此观点，缘于万历皇帝30年怠政，表现有所谓的"六不做"，就是"不郊、不庙、不朝、不见、不批、不讲"。万历执政前10年，是明朝一个辉煌的瞬间，文治武功都十分出色，万历为何突然要"六不做"呢？也是被言官骂成这样子的。

敢于骂皇上，直接骂，毫不留情地骂，在中国历史上以明朝最为突出。大理寺左评事雒于仁上《酒色财气四箴疏》，几乎就是对万历皇帝指着鼻子破口大骂，把万历皇帝描绘成一个好色、贪婪、残暴、昏庸、无能、懒惰……总而言之五毒俱全的、一无是处的皇帝。在我们看来，这不是进谏，简直就是人身攻击、诽谤侵犯名誉。但万历皇帝最后给他的处分不过是革职为民。

这以后，给万历皇帝上书进行无端谩骂的官员更是络绎不绝。对这种群狼式的围攻、暴风雨式的谩骂，皇帝没了脾气，只能装聋子不理睬。雒于仁还有一个被革职的处分，后来者，则干脆什么处分都没有。万历皇帝选择了沉默，选择了躲避，选择了"六不做"，任由他们去骂吧。

孔子曰："苛政猛于虎。"在明朝，这些文官"骂声猛于虎"。皇帝尚且如此忍让，何况那些舞刀弄枪的武将？能干的人都给骂下台，大明朝靠什么来支撑？

勇于进谏、尽人臣之责本是件好事，但无端地放纵、奖罚不明，逐步扭曲了言官进谏的本意，最终反倒严重干扰了国家机器的正常运行。这也许值得我们借鉴吧。

【明代腐败的营建制度】

单士元

从一本鸣冤录谈起

在明代万历二十四年（1596）重建乾清、坤宁两宫的工程中，主持的官员中有一名营缮司郎中贺盛瑞，由于在工程中节余90万两白银，既没有给掌权太监行贿送礼，也没有和工部官员私分，其结果是被加上一个"冒销"（虚报）工料的罪名而罢官。他写了一个"辩冤疏"向皇帝申诉，说明他确实没有贪污，而是想方设法为皇家效劳。

但万历皇帝不理政事，有二十多年没坐朝。这位官员便忧郁而终。他的儿子贺仲轼根据父亲的笔记及生前口述，写了《两宫鼎建记》一书，详述他父亲主持施工的经过，并把那辩冤疏附在后面。这本《两宫鼎建记》并不是关于营建技术的著述，文字水平也不高，实际是一部表功状和喊冤录。从这本著作中也反映出明代晚期营建皇宫极端腐朽的内幕：贪污勒索，侵吞盗窃，无所不用其极，成为当时社会政治的一个缩影。

贪污受贿，公然为之

明朝中叶以后在营建方面采取了买办收购方式，因而出现了一批供应皇家建筑材料的商人。这是资本主义萌芽的一种反映，但是对宦官、官僚有极大的依附性。两宫初兴，钻刺请托，蚁聚蜂囤；广挟金钱，依托势要。宦官和工部官员靠受贿发财，商人靠宦官和工部官员营利，上下勾结，形成一个吸血网络。

从《两宫鼎建记》的序言可以看出当时的风气。这个序是作者贺仲轼的朋友邱兆麟所写，这样写道："朝廷建大工，莫大于乾清、坤宁两宫，所费金钱有原例可援，乃先生省九十万。夫此九十万何以省也？是力争中珰（太监）垂涎之余，同事染指之际者也。割中珰之膻，而形同事之涅，不善调停人情而谐合物论，莫甚于此。"从这段序言可以看出明代政治的概况。在官僚集团的心目中，省这九十万两白银反而会招祸，是不善调停人情。他儿子说他父亲之被谪也宜也。虽然有所愤慨，却也反映出明代官僚贪污的程度。

营建皇宫的大权操于宦官之手，主持者为内官监，再上则为东厂司礼秉笔太监（皇帝的特务头子秘书）及其爪牙。这批太监贪污受贿，干没（侵吞）、冒报、盗窃已属公开之事。其中还有一项是利用财政上兑换的差价进行剥削，如每一两铸钱六百九十文，市上每四百五十文换银一两，给与夫匠工食则以五百五十文作银一两，收利一百四十文……则发银万两可积银二千五百余两矣。由此可知只在兑换差价这一项，剥削工匠就达到四分之一以上。营建皇宫所耗银两前后何止千万两，那就是说至少有数百万两被太监、官僚侵吞。这是不露形迹的剥削和贪污。

至于冒报人夫数字也有一段记载。两宫开工，公（指贺盛瑞）命止出夫百名。是日同科道管工者同至工所（工地）报五百名。公曰工兴才始，不遵令者谁也。询之者乃内监……虚报出工数字竟然多出四倍。从这本鸣冤录中也可以看到宦官和工部官员之间的矛盾。太监主持工程和监工，工部官员主管施工。其中提到太监命人往外抬剩料和渣土时，工部官员要进行检查，太监非常尴尬，央求官员放过。官员为了拿太监一把，于是放行了。一般说来各层太监的贪污和侵吞要甚于工部官员。因为太监不仅掌握实权，而且更为贪婪凶狠。

明代营建皇宫的买办制度

明嘉靖以前，一般都是派官员直接往产地派民工伐木、烧砖以及采购各种建材并派出大批随员、军士、锦衣卫督工。《明会典》记载，正德九年重建乾清、坤宁二宫，起用军校力士十万，差工部侍郎一员、郎中等官四员，奉敕会同各该镇巡官督属采木烧砖。这种由皇家直接经营的备料，不仅动用大批人力，而且财政支出浩大。更重要的是由于侵扰百姓造成逃亡，甚至激起暴乱。嘉靖以后开始施行收购买办制度，以银二万两发江南而鹰平（木）至，以银二万两发苏州而金砖至，以银二万两发徐州而花斑石至，未尝添注一官。后来又改在北京附近许可商人开窑烧制砖瓦，并许可商人运木到北京，由政府收购。这是明中叶以后政府财政匮乏而采取的措施，但也反映了商业资本主义的兴起。

商人对封建统治阶级的依附性表现为：商人对太监行贿得找靠山，同时因必须向工部领取执照，又受工部官员挟持。有一次两宫营建需用铜料21万斤，显然是冒报。官员明知丁字库铜积如山，可是不向太监行贿就无法领料。于是想出一个办法，向商人限期限价勒令采购二火黄铜21万斤。铜商估计去南方采购不仅会赔钱，时间也来不及，只好向工部哀求。官员就叫铜商向管丁字库的太监行贿，太监提出要200两银子的干礼，铜商估计要比采购所赔的钱少，只好忍痛行贿。太监这才给工部官员铜料。从这件事也可以看出太监、官僚、商人之间的勾结和矛盾。一般商人处在被敲诈地位，但领取执照的商人有太监为靠山，以皇商名义不仅夹带私货，偷税漏税，而且假借运送皇木，勾结地方官勒派百姓拉纤。尽管他们之间有矛盾，但在牟取私利这一点上都是一致的。

在《万历野获编》中，有这样一段记载可以作旁证：天家营建，比民间加数百倍。曾闻乾清宫窗槅一扇稍损欲修，估价至5000金，而内犹未满志也。盖内府之侵削，部吏之扣除，与夫匠头之冒破（虚报冒领），及至实充经费，所余亦无多矣。余幼时曾游城外一花园，壮丽轩敞，侔于勋戚。管园苍头及司洒扫者至数十人。问之，乃车头洪仁别业也。（洪）本推挽长夫（工头），不十年即至此。又一日于郊外遇一人坐四人围轿，前驱呵叱甚厉。窥其帏中一少年，戴忠靖冠，披斗牛衣，旁观者指曰：此洪仁长子新入赀为监生，以拜司工内珰为父，故妆饰如此。

工部官员盗窃皇宫建材营建私邸

嘉靖三十六年，工部尚书赵文华主持营建皇宫，大量利用木材砖瓦等建筑材料，营造他自己的私宅。嘉靖皇帝见正阳门工程缓慢，不大痛快。一次登高望到远处一片楼阁亭台非常壮丽，问是谁的宅子。左右说是赵文华的新居，又说赵文华把工部的大木弄去一半为自己建府。皇帝便问首辅严嵩，严嵩替赵文华开脱。皇帝派太监去打听，果然是盗窃皇木。这个赵文华从此得罪（《国榷》卷六十二）。

赵文华是明代著名奸臣严嵩的心腹，严嵩是嘉靖的首辅。他勾结宦官，广植爪牙，排除异己，贪污受贿，无恶不作。甚至伊王在洛阳要扩建王府也要向他行贿，伊王请求十万两，答应到手后给严嵩二万两（《明史·胡松传》）。当赵文华被嘉靖皇帝罢官流放后，严嵩又乘机吞没了赵文华的钜万家私，派人运送到严嵩的家乡，公然让沿途官员私役民夫护送。

如前所述，嘉靖朝营建最为频繁，这一朝严嵩当权最久，他不仅大量贪污营建费用，即连边防、民政、水利……举凡财政支出无不从中侵吞，以至卖官鬻爵，视官爵高低定贿赂数额。他儿子严世蕃也当上工部侍郎，大量中饱侵吞营建费用。

这样的贪官权奸，嘉靖皇帝长期倚之为左右手。到晚期由于御史连续弹劾，严嵩终于败露，嘉靖四十四年即皇帝死前一年，抄了严嵩的家，从他江西老家所抄出的财产为：黄金三万二千九百六十九两，银二百零二万七千零九十两有余，玉杯盘等八百五十七件，玉带二百余束，金银玳瑁带等百二十余束，金银珠玉香环等三十余束，金银壶盘杯箸等二千八百八十余件，龙卵壶五，珍珠冠六十三，甲第六千六百余楹（间），别宅五十七区，田塘二万七千三百余亩，余玩不可胜纪……又寄贷银十八万八千余（两）（《国榷》卷六十四）。至于严世蕃的家产，只提到"追赃二百万两"。这些家产加起来，竟然超过了国家岁收和国库所存。可是当时的百姓却是骨肉相食，边卒冻馁。

太监的贪污

明代从永乐起就开始重用太监，朱棣派遣郑和下南洋就是一例。而营建北京也是由太监阮安主持。其后有好几代皇帝重用官僚，而像严嵩那种专权的首辅大臣不多。正统朝的王振，成化朝的汪直、谷大用、曹吉祥，正德朝的刘瑾，到天启时的魏忠贤，太监的权势达到了极点。营建皇宫自不必说，正德朝把太素殿油饰一下，就花掉二十万两白银。

明代物价变动得很厉害，堪称奇昂。按照记载，明代贫农五口之家一年的生活费大体可定为五两至十两白银（赤贫农民的生活简直无法想象。真是吃猪狗食）。那么二十万两白银可以供几万户贫苦农民一年的口粮。

至于太监贪污受贿的程度就更厉害了。根据正德朝提督东厂、司礼秉笔太监刘瑾被抄家时的财产粗略计算一下为：

黄金二十四万锭，又五万七千八百两；元宝五百万锭；银八百万锭，又百五十八万三千八百两；宝石二斗；金甲二；金钩三千；金银汤鼎五百；衮服四；蟒服四百七十袭；牙牌二柜；甲龙甲三十；玉印一；玉琴一；狮蛮带一；玉带四千一百六十。又得金五万九千两，银十万九千五百两，甲千余，弓弩五百（见《国榷》卷四十八）。

当正德皇帝看到这份财产清单的时候，并不介意，只是见到弓甲才发怒，认为刘瑾要造反。他把刘瑾财产没收之后，不交国库却贮藏在他的秘室豹房，作为皇帝个人挥霍的私财。由于他荒淫无度，在祭祀天坛跪拜时呕血不止，回宫后很快就死了。

动用官军营造私宅

明代营建皇宫和北京城，除募集工匠外，官军是一支主要力量。因此工部和兵部发生密切关系。太监和工部官员可以公然借营建贪污受贿，而掌管军队调动的官员或者和兵部有关系的官员，在捞不到营建肥缺的情况下，要从军工身上捞一把。有的官僚公然动用大批军士营建私宅。在成化朝，太监汪直当权，手底下有两名兵部官员陈钺（兵部侍郎）、王越，还有一个平卫左所的武官朱永。这些人动用了两千军工为自己营建私宅。这件事不见于官史，但通过一件戏剧性的资料留存下来。当时宫廷有一次宴会，当中穿插了一个滑稽节目（这是中国宋金以来杂剧的形式），一个叫阿丑的宫廷御用演员，假扮成穿军服的太监，挟双斧，跟跄而前。人问之，曰：我汪太监也。已，左右顾其手，曰：吾唯仗此两钺耳（陈钺、王越）。又一次，朱永时役兵治私第。阿丑复装为楚歌者曰：吾张子房，能一歌而散楚兵六千人。曰：（似相声中之捧哏者）吾闻之楚兵八千人，何以六千？曰：其二千在保国府作役耳！上笑，永惧而罢役（《国榷》卷三十九）。

这个叫阿丑的演员很善于插科打诨，通过这段戏剧性的表演，可以看出当时太监官僚动用军士为自己建造私邸，竟达两千人之多。那么用民工和为皇宫准备的木料砖瓦以营私，则可想而知。当时一些御史所不敢弹劾的事，却由一个服贱役的演员阿丑把它公之于宫廷宴会之上，可见明代政治腐败到何等地步！

【历史不忍细看】

黄文山

历史不忍细看。历史如何能够细看？一细看，便好比用高倍放大镜看美人，光洁圆润全然不见，入目但是鳞纹交错、毛孔贲张、瑕疵毕露。于是，历史在很大程度上只是大处着墨，更何况，还需为尊者讳、为名人遮、为君上避、为时政忌。因此，读史时，常常会读出几分含混、几分闪烁。那当然是史家的难言之隐。但其实那几分含混和几分闪烁中，往往藏着许多细节的真实。

何妨细看一下，透过发黄的卷宗触摸一次历史曾经跳动的脉搏呢？

袁崇焕的失败

在明代被杀的边关守将中，袁崇焕的死大约是最冤屈的。他没有兵败失地之过，却生生被诬陷为叛敌，是引清兵破边墙进犯京都的"罪魁祸首"。

袁崇焕当然不该死，袁崇焕本来也不会死。虽说他是因为中了皇太极的反间计而被崇祯杀害，但细细检点，这个结果与袁崇焕的为人性格不无关系。

宁远城位于山海关和锦州之间，自古以来为兵家必争之地。明朝先后调往该地区作战的有五十多名战将，其中不乏兵部尚书、大学士、总督等头衔的高级官员，而战功最显赫的当属袁崇焕。袁崇焕守宁远，两次击退兵力占绝对优势的清军进攻。努尔哈赤本人就是在宁远城下中炮受了重伤，以致不治身亡。有了这些资本，袁崇焕开始骄傲起来，目空一切，并在崇祯皇帝和朝臣面前发表不切实际的言论，从而种下败亡的祸根。

崇祯元年（1628）七月，当清军大举进攻锦州时，皇帝召集众朝臣开会。皇帝忧心忡忡地问袁崇焕东方战事何时能了，袁崇焕居然十分轻率地回答：五年为期吧。没有一位朝臣相信袁崇焕的大话，皇帝却大加赞赏。

袁崇焕接着在朝堂上做出近乎跋扈的举动，逼着各部大臣在皇帝面前逐一表态，不仅要保障袁崇焕大军的物资供应，而且在用人调兵上一任所为，不得掣肘。这也就是他提出的要皇帝让他便宜行事，并且不许朝臣干预乃至议论。朝中许多大臣对袁崇焕借皇帝重用之机，要挟需索，得寸进尺，最后竟想钳制言官的所作所为大为不满。

袁崇焕上任后，战事并未像他预言的那样顺利。他便想通过和议暂时中止清军凌厉的攻势。还在熹宗时，袁崇焕便曾当过和谈代表，但他忘了当今天子是一位刚愎自用而又敏感多疑的君主。而这期间，又发生了他擅杀皮岛守将毛文龙的事件。崇祯皇帝看袁崇焕如此行事，心里不免害怕，而朝中大臣则议论纷纷。袁崇焕任性使气，殊不知已把自己一步步推向败亡的深渊。

皇太极正是利用这一事件而施展反间计。一方面将袁崇焕议和之事大加渲染，广为扩散，并把杀毛文龙称为袁崇焕向后金（清）讨好的举措；另一方面，亲率大军绕道喜峰口，攻破边墙，直逼北京城下。致使京师上下震动，纷纷传说袁崇焕通敌。这时，生性多疑的崇祯皇帝再也沉不住气了，下令将袁崇焕逮捕，并立即绑往西市斩首。此时满朝文武竟然没有一个人站出来为袁崇焕说话。一代名将袁崇焕便这样成了一场特大冤案的受害者。

袁崇焕没有在强敌面前打过败仗，他却败在自己狂傲不羁的性格上。

谁杀害了岳飞

究竟是谁杀害了岳飞？

1000多年来跪在岳坟前的四尊铁人：秦桧夫妇、张俊和万俟卨，似乎已经告诉了人们答案。对于岳飞的死，他们当然难脱干系。但仅仅是他们四人，就能置岳飞于死地吗？

　　处死岳飞，当然需要皇帝点头。杀害岳飞的人中宋高宗应该算一个。但高宗皇帝为什么一定要杀岳飞呢？

　　岳飞是南宋初年最杰出的抗金将领，在张俊、韩世忠、杨沂中、刘光世、岳飞五支抗金大军中，岳家军军力最强，纪律最严明，战功最显赫，是南宋王朝一道坚不可摧的长城。岳飞本人因累累战功加官至太尉、少保，是正一品的官员，在武将中军阶最高，位居三公之列。高宗皇帝更下诏命说："中兴之事，朕一以委卿，除张俊、韩世忠不受节制外，其余并受卿节制。"兵权之重，天下无双。对于这样一位担负着南宋中兴重任的军事统帅，能说杀就杀吗？

　　那么，是什么时候，埋下了杀害岳飞的种子？它又是怎样发芽而后疯长的？

　　如果将南宋的朝堂比作一架天平，那么，主战派和主和派便是天平的两边。无论哪一派占上风，天平就会向一边倾斜，而宋高宗就是调节天平的那只手。和耶？战耶？始终是朝堂上争议最激烈的话题。当然，主战派砝码的分量还来自在前线作战的几支部队。军事上的得失，直接影响着宋高宗调控天平的决心和力度。岳飞显然已是天平上那颗最大和最重的砝码，主和派自然处心积虑地想把他去掉。但若仅仅以主战和主和两派斗争来反映南宋国内的政治态势就未免太简单一些。实际上，宋立国以来，就一直被一项国策所困扰，那就是如何安排军人的位置。宋开国皇帝赵匡胤就是军人出身，而且是靠兵变夺取政权的。他深知军队的厉害，但他不学汉高祖刘邦滥杀功臣，而是设宴款待石守信等大将，宴饮之间，许以高官厚禄，然后要他们交出军队指挥权。这就是著名的"杯酒释兵权"。接着，他又制定了以文制武的文官管理制度。整个北宋期间，这个制度牢不可破。

　　但南宋一开国，情况就不同，高宗赵构刚登基就被金人撵着屁股打，一直跑到温州，还一度住在海船上以躲避金兵的锋芒。而手下的一班文臣只会跟着逃命，一点退敌的本事都没有。是岳飞、韩世忠他们打退了金兵，才使得南宋保有了长江以南的大片国土。但战争的狼烟并没有因此消散，金人的铁骑还在江北的大地上驰骋。由于南宋一直面对强敌的压迫，军人的作用便日显重要，军人的声音也逐渐由弱变强。但这显然与宋的立国制度格格不入。

　　宋设枢密院，为国家最高军事机构，知枢密院事一直由文官担任。其实，北宋的边关统帅也都由文官担当。比如，宋仁宗时，镇守西北防御西夏的两位统帅，一位是韩琦，另一位是范仲淹，时称"韩范"，都是当时著名的文人。南宋沿袭旧制，仍然由文官指挥军队，并且每支部队的规模、编制，都有一定的限制。

　　岳飞独立成军时只有正兵万人，但在镇压太湖杨么、钟相起义后，吸收了大批原起义军士兵入伍，军力大大增强，总兵力增至十万。这本来是件好事，却引起了朝廷的深度不安。宋廷诏令岳家军以"三十将为额"，就是想以军官数量来限制岳家军的扩张。但随着岳家军不断打胜仗，队伍也在不断扩大，不久即增至84名将领，大大突破了朝廷的编制限额。因为宋高宗不吭气，枢密院对此也无可奈何。

军队作战，需要征粮、筹款、派夫等后勤供应，因此，便要占有固定的防地，享有便宜处置管内行政、财政的权力。岳家军因为军队庞大，所管辖的州县比起其他部队自然要多出好几倍，而且岳飞战区随着战事推进还在扩展。加之幕僚队伍也在一天天扩大，大批读书人来到岳家军，他们为军队书写文书、布告、奏章，甚至参与政治谋划和军事行动。而这正是执政的文官集团最不愿看到的。这批读书人不但在文书布告上激扬文字，借机宣泄自己的情绪，而且还处处臧否时政。岳家军的文告奏疏常常引起朝臣们的强烈不满，但这些都被岳家军取得的一系列胜利而掩盖了。

一开始和岳飞发生冲突的恰恰就是主战派的重要人物张俊。张俊原为翰林院编修官，因勤王有功，且力主抗金，受到高宗皇帝的信任，迁知枢密院事。他指挥整个的抗金军事行动，直接对皇帝负责。但知枢密院事只是个正二品的文官，而受他指挥的岳飞因军功赫赫已被皇帝拜为太尉，官居一品。将帅之间的关系便显得很微妙。绍兴七年（1137）岳飞计划乘金人废刘豫之机，合诸将之兵北伐。皇帝亲自接见了他，赞许他的计划，并下诏将王德、郦琼两支部队交由他统一指挥。但张俊不想岳飞军力太过扩张，想另外安排这两位将领，于是找岳飞商量。岳飞认为如果那样安排，恐怕两人不服。张俊当即变脸说："我当然知道，除非太尉（指岳飞），谁都不能胜任。"岳飞与张俊发生冲突，心情也很不愉快，当日便上奏章，要求解除兵权，回去为母亲服丧。张俊大怒，上奏说岳飞处心积虑一意想兼并其他部队，提出回家服丧，是对皇帝进行要挟，而秦桧在一旁也流露出"忿忿之意"。在皇帝的默许下，张俊不但坚持自己的安排，并且还派都督府参谋官张宗元担任岳飞军队的监军。这引起了岳家军将领的强烈不满。岳家军主将张宪称病不理军务，其他将领如法炮制，而且"部曲汹汹，生异语"。这件事更增加了朝廷上层文官集团对武将的疑虑。岳飞被杀，秦桧便是从这里打开缺口，找到陷害的理由的。

不久，郦琼叛变投敌，张俊引咎辞职，秦桧接任枢密院事，接着又担任了宰相。秦桧是主和派的领袖，受到高宗的信任，一直与金人周旋，力图创造和议局面。这样，一心想依靠作战收复河山的岳飞与秦桧之间不断发生摩擦。绍兴九年（1139），当秦桧声言和议已取得进展，金人将归还南宋三京及河南之地时，岳飞上奏章反对说："金人不可相信，和议不可依赖。相国（指秦桧）为国家谋划不善，恐怕为后世留下笑柄。"皇帝看了岳飞的奏章后，便将和议之事搁下，秦桧因此对岳飞恨得咬牙切齿。

绍兴十年（1140），岳飞率大军北伐，郾城一战，消灭了金兀术的骑兵主力，接着又取得朱仙镇大捷。他打算乘胜前进，一举收复中原。然而，南宋朝廷上下对岳飞的胜利忧心忡忡，高宗急令岳飞班师，并一连下了12道金牌。岳飞抗争不过，悲愤地仰天长叹："十年之功，毁于一旦！"翌年，金兵入侵江淮，高宗又急忙诏岳飞赴江州救援。岳飞却迟迟不肯发兵，他提出要乘金人后方空虚，准备直捣中原。高宗为此竟连下 17 道文书，岳飞不得已才出兵救援。朝廷上下对岳飞的抗旨行动议论纷纷。而一直被胜利的光环笼罩着的岳飞，哪里知道，因为自己率性的行为，已经种下了祸根。

宋高宗一方面对以岳飞为首的抗金将领优抚有加，勉励他们努力作战；而另一方面，又默许文官集团想方设法削弱武将兵权恢复传统体制的措施。此时，在南宋的朝堂上，"文武之途若冰炭之合"。在文官们的眼里，军队本来只是一架作战机器，不应该有自己的思想，不应该发出自己的声音，更不应该有自己的感情。而自说自话、不听招呼，总是特立独行的岳家军显然已经严重偏离了正统轨道，这当然是不可容忍的。宋金"绍兴和议"签订后，以秦桧为首的文官集团立即着手解除张俊、韩世忠、岳飞三人的兵权，将三支部队的指挥权直接收归枢密院。

这时的岳飞已经预感到祸之将及，日夜不安，心情十分沉重。他在一首《小重山》词中细诉自己的苦闷心情："昨夜寒蛩不住鸣，惊回千里梦，已三更。起来独自绕阶行，人悄悄，帘外月胧明。白首为功名，旧山松竹老，阻归程。欲将心事付瑶琴。知音少，弦断有谁听？"

但不等岳飞找到解脱的办法，在高宗皇帝的默许下，秦桧等一干人已迫不及待地对他下手了。

没有谁能阻止这一切的发生，因为在秦桧的背后，是整整一个王朝制度。

【跟包饮场乱哄哄】

叶知秋

中央电视台戏曲频道，经常播放京剧音配像，既使我们欣赏到老前辈艺术家的经典唱段，又能通过后辈的配像，置身于当年的剧场之中。或许有人要问，当年的舞台上，与音配像中的舞台上一样吗？可以说是，也可说不是。

说不是，是七八十年前的京剧舞台上，除了演员在台上表演外，还活动着忽上忽下、令人讨厌的名角"跟包"。

"跟包"这词，至今仍活在人们的口头上。有些人，如仆人似的跟在大款大腕的屁股后面，提着个文件袋或手机包，人们称这类人为"跟包"。其实，最早的跟包，起源于清朝同治年间，京剧名角雇用的为自己带戏装包的人，称为跟包。跟包跟在名角身后，为"角儿"穿戏装、管"角儿"换下来的衣物或为"角儿"梳头。后来，有了暖壶，跟包就为"角儿"背个暖壶，以备角儿喝茶之用。

最初，跟包只活动在后台，到了光绪初年，跟包就"跟"到前台上了。最严重时，他们一会儿给"角儿"送上一杯茶，一会儿给"角儿"送个揩脸的手巾把，把舞台弄得乱哄哄的。管事的赶他们下去，他们也不听，他们要显示自己是某某"角儿"的跟包，自己也很有身份。

老生名角刘鸿声的两个跟包，一个背着个暖壶，一个拿着茶杯，站在台上。他们一会儿给"角儿"倒杯茶送到嘴边，一会儿给"角儿"揩揩脸。到了老旦演员龚云甫又添新花样。他的跟包背着两个暖壶，上面都标着签，写着字。一个暖壶上写一个"茶"字，一个写"人参汤"三字，以显示"角儿"身份的高贵。你想想，舞台上演员正做着戏，几个跟包的在台上转来转去的，有多闹，这戏可怎么看？你还会问，演员在舞台上还允许喝茶吗？不但允许，还名之为"饮场"。

如今的舞台上，设有幕布，分为一道幕、二道幕，一场戏下来，演员可以在侧幕边上喝口水。而老年间的京剧舞台，没有侧幕，开锣之后，演员上场，一出戏要一演到底，根本没有喝口水、喝杯茶的机会。于是，跟包就上场了。有些武打演员，打了一阵，枪把子架住之后，跟包上来，递上茶杯，喝上一口，甚至拿"手巾把"揩一把脸。说"揩"而不说擦，是轻轻地把汗揩去，若是使劲儿擦，那脸不就成为乱成一团的大"花"脸了？

宣统年间，一家戏园子演《玉堂春》。三堂会审时，演苏三的演员要跪在台上唱一个小时。这出唱功戏，很要演员的功力。有两个唱旦角的女演员，都在演这出戏，且她们两人一贫一富。家贫的那个演员上场后，跪定开口唱，她的跟包提着一个大白铁壶上来了。她唱上两句，就低头对着壶嘴喝一口。她喝一次，台下的观众就哈哈笑一阵。几天后，那个富出身的旦角也演这出三堂会审。你看人家，两个跟包上来。一人端一个楠木桌，一个桌上摆一面镜子和一些化妆品，另一桌上摆两个精致的茶壶，一个银的、一个瓷的。她唱两句，就扑一次粉，涂一次口红，饮一回茶。天下哪有如此高级的"犯人"苏三？这哪里是演《玉堂春》，分明是瞎胡闹。直到20世纪30年代，进步艺人提出净化舞台，跟包上台和演员饮场这些陋习才被废止。

【破落八旗】

余 钊

辛亥革命以后，民国政府只允诺付给退位的末代皇帝溥仪每年400万元，清朝政府以往发给八旗贵族的俸银、禄米一律停发。对于满族八旗贵族来说，长期以来的一大笔固定收入突然之间化为乌有，使昔日的王公贵族失去了经济来源，陷入坐吃山空的境地。

政治权力的丧失，也使王公贵族们失去了大量收受贿赂机会。过去有权有势时，朝中百官争相阿谀逢迎，奉送金银财宝，如今的王爷失去了权势，变成了平民，不仅没有人来送礼，往往还要反过来给民国新贵们行贿纳银，以求得到军阀政府的庇护。

清代的王公贵族都拥有大量土地，每年可以向耕种这些土地的佃户收取巨额地租以及各种农副产品，这些土地被称为"庄地"，是清初八旗跑马圈地从农民手中抢占来的。辛亥革命后，王公贵族失去了政权，广大佃户、农民乘此时机拒不交租，展开了抗租夺地的斗争，其结果使王公贵族失去了巨额的地租收入。袁世凯虽然下达了大总统令，逼迫佃农交纳庄粮地租，广大佃户依然抗租、占地，王公贵族既然收不到租银，王府中的开支又很大，只得变卖庄地。这些庄地大多以低廉的价格卖给了一些地主、官僚和军阀。

清代北京城内仅王府就有几十座，贝勒、贝子府也有许多。王公们只有这些府邸的使用权而没有所有权。到了民国时期，清王朝一倒台，这些府邸成了王公贵族的私产，连同大量金银珠宝，本来可以使贵族子弟过上比较富裕的生活。但由于贵族们的后代过惯了挥霍浪费的日子，在没有了俸禄之后仍然不知道节省，依然讲排场、比阔气，造成坐吃山空、入不敷出的状况，最后只能靠变卖家产打发日子。再加上一些王府的管事、庄头乘机盗窃主人的财产，或吞没租银，或偷卖庄地，贵族子弟们又是十分懦弱无能，使得王府的财产大量流失。北京城里的各大王府在短短的二三十年里就迅速败落了。

赫赫有名的睿王府，在民国时期，每年减少 7900 两俸银、1500 石禄米，地租收入也急剧减少，后来王府将东北、河北的庄地都卖出去了，每亩只卖了 3 角 5 分钱，尽管固定收入几乎断绝，王府的开支却比清朝时还要大。因为过去对八旗贵族有种种限制，不准随便外出交结部院大臣、封疆大员，不准没事串亲戚，不准无故离京。民国时期这些限制都没有了，贵族子弟们就玩得更痛快了。睿亲王魁斌死于 1915 年，他的两个 20 来岁的儿子中铨、中铭过惯了花天酒地的生活，老子死后更没人管了。为了比阔，哥儿俩花费巨款修建新房、花园，每个房间都安上电话，又添了西餐厨房，出门不坐轿，而要坐马车、汽车。王府里预备下两辆汽车、八辆马车，家里还买了大量洋货，价格十分昂贵。这两个少爷还经常和一群豪门子弟在前门外聚赌。1919 年，兄弟二人卖掉了西郊的别墅，拿着两万元钱，带着妓女到天津去玩。两天的工夫，连花带赌，钱就全没了。

如此大肆挥霍，一掷千金，靠的是变卖家产。过了还不到 10 年，家里值钱的东西卖得差不多了，于是又靠典当房屋借钱。王府中的 500 多间房屋典出去后借了 10 万元，过了没多久又花完了，只得把王府附近家人居住的 20 多间小房卖掉，后来又把祖坟墓园中的建筑和树林全都卖掉。

到了 1924 年，由于交不起借款的利息，被债权人告到京师审判厅，翌年法院把王府的房屋查封了。本来这些房屋能卖几十万元，足可还上欠债，但是懦弱无能的中铨听说法院查封了房屋和家产，吓得躲了起来。家人也以为一贴封条，房子和东西都属于人家的了，于是匆忙搬家，将府中的汽车、马车等物品都送给司机、车夫作为工钱。王府中物品只运走了六七十车，因无处存放，暂时寄放在当铺里。40 多个箱子的衣服只开了一张 200 多元的当票。可笑的是，40 多箱的衣服后来居然无人过问，以至于两年以后，这些衣服都成了死当，全归当铺所有。王公贵族后代的无能和懒惰真是令人吃惊。睿亲王的后人又将看坟的养身地 1000 多亩卖给了看坟人，每亩仅 8 元。再往后就靠当衣服、首饰混日子。原来雇用的十几个人也雇不起了。到了 1931 年，由于穷得没办法，中铨想借移灵的机会把祖宗棺材里的陪葬珠宝取出来卖钱，因为和县衙门分赃不均，被人告发，法院判了中铨 7 年徒刑。他坐了 5 年监狱，于 1939 年去世。他的三个侄儿只得靠摆小摊维持生活。昔日豪华富贵、炙手可热的睿王府还不到 30 年，就一败涂地了。

民国时期庆王奕劻退出了政治舞台，长期在天津租界里定居。奕劻和其长子载振把大量现金存入东交民巷的各家外国银行，这样既能收取利息，又不会被军阀抢去。父子俩还进行商业投资，并且向民国的一些新贵赠送古玩、珠宝，以此来保证自家生命财产的安全。

1917 年奕劻病故，两年后载振三兄弟分了家。1924 年载振迁居天津，并投资商业、旅馆业，办起了新业公司。他还利用巨额资金做黄金、美元的投机生意，还买了一些股票。载振三兄弟迁居天津后，留下一些佣人看管北京的庆王府。1927 年国民军方振武将他的司令部设在庆王府内，一年后离去时，将府中的家具物品都拿走了。日军占领北京时期，载振兄弟将庆王府卖给了日伪华北行政委员会。

载振一家平时的生活异常奢侈，加上妻妾成群，鸦片烟瘾又很大，庆王府的日用开支浩大。日军占领天津时期，新业公司经营不力，业绩一落千丈，载振只得靠变卖古玩、珠宝、玉器维持生计。1948 年，载振病死在天津。

载振的三弟也是个吃喝嫖赌样样都会的花花公子，在赌场上常常一晚上就输掉一两所房子。他的妻子、儿子、儿媳也跟他一样吃喝玩乐抽大烟，几年下来，把卖王府时分到的十几万元财产挥霍一空，然后就卖珠宝、玉器、古玩、首饰、衣物，最后终于陷入贫病交加的境地，于 1925 年死去。他的两个儿子后来靠捡破烂或向亲友乞讨为生。

醇亲王府在清末出了光绪、宣统两个皇帝，并长期领取亲王双俸。民国时期，其他王府的俸银禄米都停发了，唯独醇亲王载沣每年可以从清廷内务府领 4.2 万两"岁费"。直到 1924 年溥仪被赶出紫禁城，这笔岁费才停发。载沣父子不会理财，家里的财产都交给管家处理。因坐吃山空造成家境逐年衰落，后来只得变卖家产，将府中的金银、珠宝、古玩、字画都拿去典当、出卖。1939 年，载沣将宣武门内太平湖的府邸卖给了日伪政权，得款 20 多万元，存入银行吃利息。抗日战争胜利后，位于后海北沿的醇王府的境遇比起其他王府来要好一些，还没有当卖一空。

民国时期的八旗贵族子弟中，一些人因饥寒交迫而死，一些人逐步走上了自食其力的道路。

【另一种背叛】

陆其国

晚年袁世凯肯定会因两个人对他的"背叛"而耿耿于怀，这两个人一个是蔡锷，一个是章士钊。

1897年10月，时年15岁的少年蔡锷成为梁启超的学生。梁启超在戊戌变法失败后，东渡日本，蔡锷亦萌念赴日求学，但苦于没有经费。蔡锷从"湖南长沙出来只借得两毛钱，到了汉口借亲戚大洋六元"，由汉到京，袁世凯却给他大洋1000元，蔡锷这才如愿到达日本读书，他也因此对袁世凯深怀感激。1912年1月12日，蔡锷在致黎元洪电中称袁世凯有"闳才伟略,实近代伟人……中国有必为共和之时机,而项城(袁世凯)亦有被举总统之资望,如果大局大定,此事自在意中"。

然而事态发展的结果，令袁、蔡二人都没有想到。蔡锷没有料到袁世凯竟敢冒天下之大不韪，以帝制自为；袁世凯则没有想到第一个起兵反对他称帝的竟是蔡锷。而更让袁难以容忍的是，蔡居然施计骗过他，从他眼皮底下脱身，最后抵达云南起兵，彻底背叛了他。

应该说，袁世凯对蔡锷还是有所了解和防范的。正是出于"槛虎于柙"的用意，袁于1913年10月4日，将手握兵权的蔡从云南召进京城。而蔡锷出于"久欲来京与袁总统面商各政要，并与各方人士接洽"的愿望，坦然赴京。蔡锷一到京，袁世凯不仅给了蔡锷一笔钱，还给了他一系列官衔。直到有一天，当他察觉到了袁世凯图谋复辟帝制的险恶用心后，便毅然决然"背叛"了袁。

蔡锷曾对持同一政见的老师梁启超说："眼看着不久便是盈千累万的人颂王莽功德，上劝进表，袁世凯便安然登其大宝，叫世界看着中国人是什么东西呢？"而"我们明知力量有限，未必抗他得过。但为四万万人争人格起见，非拼着命去干这一回不可。"由此可见，蔡锷对袁世凯的"背叛"，是站在"为四万万人争人格"，脱出狭隘的一己私情的高度放眼思考，并付诸行动的。甚至在袁世凯被迫取消帝制后，蔡锷依然不依不饶，坚决反对袁世凯继续当总统。蔡锷坦陈自己对袁世凯"多感知爱"，因为袁世凯对他"礼遇良厚"，但在蔡锷看来，现在是袁世凯首先背叛了他自己宣誓效忠的共和，帝制自为，如果我蔡锷起兵反袁，就是保卫民国，是为国民争人格的正义之举；为了正义，我不能"兼顾私情。"

再说章士钊。1912年秋，由日本回国的章士钊甫抵京城，便由老友杨度引荐，前往会见对其很是赏识的大总统袁世凯。袁对章可谓礼遇优渥、厚爱有加，"欲总长，总长之；欲公使，公使之。舍，广狭唯择；财计，支用无限"。是的，就个人礼遇而言，袁对章可谓做到了极致。

1913 年 3 月 20 日，那天晚上，章士钊正应邀在大总统家与袁世凯共进晚餐，忽有电报传来：宋教仁在上海火车站遭人暗杀。次日，知道宋教仁之死与大总统颇有瓜葛后，章士钊当即弃袁而去 —— 离开京城，前往上海。章士钊到上海后，鼎力促成各方共同讨袁。数月后，南方各省讨袁军兴，讨袁檄文即出自章士钊之手。

我们不难发现，不论是蔡锷还是章士钊，"背叛"了袁世凯后，二人遂成为英雄；而留在袁身边的杨度、朱启钤等人，一度皆成了助袁称帝的罪人。很显然，面对的是正义还是非正义，是辨识"背叛"之举是与非的一个分水岭。这是另一种"背叛"，是袁先叛逆"四万万人"在前，才有蔡、章"背叛"袁在后。

其实，这样的故事也可为当下提供一面借鉴的镜子。某些身居要职的大员，身边不乏或由他们一手提拔，或受到过他们优渥礼遇的部下。有些部下就因为和自己的上级有这样的"恩缘"，所以一旦察觉这些领导在走向罪错的邪路时，虽有所意识，并犹豫着自己将作何抉择，但一想到这些领导对自己的"恩缘"，他们就没有勇气抽身离去，做出"背叛"之举，有的还与之同流合污、欺上瞒下。这些部下们真应该从蔡、章的故事中悟到，有一种背叛，其实恰是对自我灵魂和躯体的救赎。

【曾赵之辩：清朝能撑多久】

雷 颐

清军因明亡于李闯而吴三桂红颜一怒大开城门而入关，所以"创业太易"。入关后为震慑人数远远多于自己的汉人而大开杀戒，如"扬州十日""嘉定三屠"，所以"诛戮太重"。这两点决定了清王朝统治缺乏"合法性"。

如果不是曾国藩回乡组织湘军拼死镇压太平军，不是他开启引进西方"船坚炮利"的洋务运动，晚清不可能出现所谓"同治中兴"，清王朝可能更早就寿终正寝了。然而，尽管他对清王朝忠心耿耿、效尽犬马之劳以保其江山社稷，但与机要幕客赵烈文的一次小小论辩，却使他开始忧虑清王朝究竟还能支撑多久、其寿命到底还有多长。在《能静居日记》中，赵烈文详记了他与曾国藩的这次谈话及此后曾国藩对清王朝命运的思索。

只要没有紧急繁忙的军政事务，曾国藩晚上往往喜欢与幕客聊天。同治六年六月二十日，即 1867 年 7 月 21 日晚，时任两江总督的曾国藩与赵烈文聊天时忧心忡忡地对赵烈文说："京中来人云：'都门气象甚恶，明火执仗之案时出，而市肆乞丐成群，甚至妇女亦裸身无裤。'民穷财尽，恐有异变，奈何？"赵烈文回答说："天下治安一统久矣，势必驯至分剖。然主威素重，风气未开，若非抽心一烂，则土崩瓦解之局不成。以烈度之，异日之祸必先根本颠仆，而后方州无主，人自为政，殆不出五十年矣。"

就是说，现在"天下"统一已经很久了，势必渐渐分裂，不过由于皇上一直很有权威，而且中央政府没有先烂掉，所以现在不会出现分崩离析的局面。但据他估计，今后的大祸是中央政府会先垮台，然后出现各自为政、割据分裂的局面。他进一步判断，大概不出50年就会发生这种灾祸。

听了赵烈文这番话，曾国藩立刻眉头紧锁，沉思半天才说："然则当南迁乎？"显然，他不完全同意赵烈文的观点，认为清王朝并不会完全被推翻，有可能与中国历史上多次出现的政权南迁、南北分治、维持"半壁江山"的王朝一样。对此，赵烈文明确回答说："恐遂陆沉，未必能效晋、宋也。"他认为，清政府已不可能像东晋、南宋那样南迁偏安一隅，恐将彻底灭亡。曾国藩反驳说："本朝君德正，或不至此。"赵烈文立即回答道："君德正矣，而国势之隆，食报已不为不厚。国初创业太易，诛戮太重，所以有天下者太巧。天道难知，善恶不相掩，后君之德泽，未足恃也。"赵烈文的谈话确实非常坦率，他实际上否定了清王朝"得天下"的道德合法性。而清王朝后来的君王——可能他心中所指为康、乾、嘉——的"君德"固然十分纯正，但善与恶并不互相掩盖弥补，何况"天道"已给他们带来了文治武功的"盛世"作为十分丰厚的报答，因此这些后来君主们的"德泽"并不能抵消清王朝"开国"时的无道，仍不足补偿其统治的合法性匮缺。对赵烈文从清王朝得天下的偶然性和残暴性这两点否定其统治的合法性的这番言论，曾国藩并未反驳。沉默很久后，曾国藩才颇为无奈地说："吾日夜望死，忧见宗祏之陨。""祏"是宗庙中藏神主的石屋，"宗祏之陨"即指王朝覆灭。曾国藩也预感到清王朝正面临灭顶之灾。

当然，在一段时间内，曾国藩对此问题的看法仍十分复杂和矛盾。虽然有时承认现在"朝无君子，人事偾乱，恐非能久之道"，但有时又对清王朝仍抱某种希望，认为现在当朝的恭亲王奕䜣为人聪颖，慈禧遇事"威断"，所以有可能避免"抽心一烂""根本颠仆"的结局。而赵烈文则坚持己见，认为奕䜣"聪明信有之，亦小智耳"，慈禧"威断"反将使她更容易被蒙蔽。要想挽救颓局，像现在这样"奄奄不改，欲以措施一二之偶当默运天心，未必其然也"。"默运天心"颇有些神秘主义色彩，但在此更可将其理解成为一种"天道"、某种"历史规律"，现在局面如此不堪，如无体制的根本性变革仅靠现在这样头痛医头、脚痛医脚的修修补补，实则无济于事，而奕䜣、慈禧均非能对体制做出重大改革之人，所以清王朝难免分崩离析的命运。赵烈文端的是富有洞见，不仅对历史大势看得透彻，而且作为一个远离权力中心、根本无法近观奕䜣、慈禧的"幕客"，对此二人的判断准确异常，为以后的历史所证明。奕䜣确是朝廷中少有的开明权贵，近代初期的一些革新措施大都与他有关，因此当时有视野开阔、思想开明之誉，但1898年清王朝救亡图存最后机会的维新运动兴起时，他却坚决反对，证明赵烈文在1867年对他作的仅"小智耳"的论断不虚。慈禧乃至大清王朝以后不断为其"威断"所蔽所误，已为众所周知，无须再赘。赵烈文的眼光，确实老辣。

不过，曾国藩对赵烈文的论断仍无法或不愿完全相信，总感到清王朝还有一线生机。同治七年七月下旬(1868年9月中)，曾国藩被任命为直隶总督。由于直隶管辖京城四周，曾国藩终于有机会第一次见到慈禧太后、同治皇帝、恭亲王奕䜣及文祥、宝鋆等高官，在几天之内四次受到慈禧太后的召见。对此，他当然倍感荣耀，直隶总督之职位不仅使他能近距离观察清王朝的"最高层"领导，而且使他能对全国的形势有更多了解，这时他才知道国家的颓败远远超过自己原来的预料，而朝中根本没有可以力挽狂澜之人。同治八年五月二十八日（1869年7月7日）晚上，他对刚刚来到保定直隶总督府的赵烈文坦承自己对时局、朝政的失望，对慈禧太后、慈安太后、奕䜣、文祥、宝鋆、倭仁这些清王朝最高统治者们的人品、见识、能力、优点与弱点逐一分析点评了一番，分析点评的结果是他们皆非能担当王朝中兴重任之人。他们尚且如此，其余的人更加庸碌无为。曾国藩不禁哀叹清王朝的未来"甚可忧耳"。最终，他不得不同意赵烈文两年前的论断，清王朝已经病入膏肓，无可救药。

历史惊人准确地应验了赵烈文的预言，清王朝终于在1911年土崩瓦解，距1867年预言它不出50年就彻底垮台正好44年。而且，接踵而来的也是赵烈文所预言的长期"方州无主，人自为政"，即军阀割据的混乱局面。当然，曾、赵已分别于1872和1894年去世，并未看到自己的预言和预感成真。对他们来说，这或许倒是一种安慰。

【李鸿章何以东山再起】

雷 颐

虽然李鸿章在戊戌政治风云中能自保平安，但他的观点、态度悉为慈禧所知，戊戌政变后他自然不可能再获重用。不仅如此，他还受到了变相惩罚。

黄河自古以来就水患无穷，地处下游的山东更是深受其害，时常决口。1898年夏秋，山东黄河再次决口，数十县被淹，受难乡民无数，甚至浮尸蔽水。这时，慈禧出人意料地命令实龄已七十有五的李鸿章前往山东履勘山东河工。派李前往当此苦差，慈禧当有自己的考虑：一是自己通过政变重新训政，想以派如此重臣前往灾区，显示自己对灾情的重视、对灾民的关心，以收买民心，稳定局面；二是李鸿章毕竟同情维新派，且有多人上奏要求弹劾，借此变相罚李。

此时已是初冬，而当他到山东时将是隆冬季节，对一个年近八旬的老人来说，确实难以忍受。所以李鸿章在万般无奈中，上折请求慈禧太后另选他人，但未被慈禧批准。11月30日，李鸿章一行离开北京，他特别邀请比利时工程师卢法尔（Rouffart Armand）随行。12月11日，他们到达济南。他接受卢法尔的建议，决定采取近代西方科学方法，首先测绘全河情形，研究沙从何处而生、水由何处而减，探寻根治办法。在有些地段，他还亲率卢法尔及一些官员一同勘测。1899年3月31日，李鸿章返京复命，距他出京正好四个月。在这四个月中，他不顾隆冬严寒，不辞劳苦，驱驰两千里，认真查看，广泛听取各方意见，拿出了长、短期治本、治标两套办法，确比许多敷衍塞责、贪图享受，甚至以河务谋私利的官员强不少。

不过，李鸿章关于河工的意见却未受到朝廷重视，许多具体建议都被朝廷和有关部门以种种理由推托、否决。李鸿章对此忧心忡忡，生怕水旱之灾会激起民变。他在给友人的信中担心地说："沧海横流之受，不得谓一隅为灾，不关全局也。"

从山东勘河返京后，李鸿章仍然未受重用，但他又在闲居了八个月后突然时来运转，东山再起，重任封疆大吏，被任命为两广总督。从"勘河"到"督粤"，这种官运的大浮大起看似命运捉弄，实则为李鸿章一直耐心等待、不断窥测方向、最后果断行动的结果。

原来，虽然慈禧发动戊戌政变囚禁光绪皇帝，但光绪皇帝活着对慈禧和守旧派就是一个巨大的威胁，因此慈禧曾打算以"帝病重"之名谋害光绪。但此时的中国已是半殖民地社会，慈禧不能不先试探各国对此态度，没想到各国纷表反对，甚至表示要派医生到宫中查看光绪皇帝究竟是否病重。而全国也舆论哗然，尤其是各地华侨纷纷发电，有时甚至数万人联名，要求慈禧归政，确保光绪平安。面对强大反对，慈禧只得打消谋害光绪的主意。但她又心不甘，打算废掉光绪，另立新帝。但这"废止"之事仍需试探外国的态度，可是慈禧等守旧派与洋人交恶，无从打探，于是与李鸿章私交不错的荣禄便走访李鸿章，请其打听外国人的态度。李鸿章认为自己东山再起、重获大权的机会终于来临，便不失时机回答说：这是内政，如果先询问外国人的态度有失国体，但如果派我到外地当总督，外国使节必来祝贺，这时可顺便探问外国态度而又不失国体。除了想重掌大权外，李鸿章还提出外放当总督的另一个考虑是远离京城，以避开"废立"这一至为敏感，甚至有关身家性命的宫廷权力之争。荣禄为李鸿章之说法所动，所以几天后李就被任命为两广总督。李鸿章再获重用任两广总督的消息传来，外国使节果然纷纷前来祝贺。当李鸿章"无意之中"向他们谈起废光绪、立新皇帝的问题时，这些使节则表示这是中国内政，他们"理无干涉"，但他们的国书都是给光绪皇帝的，如果另立新君是否继续承认则要请示本国，以此间接地表达了反对废立之意。荣禄、李鸿章担心废立会引起外国干涉和国内一些官员反对，因此他们也不太赞成此时废立。于是荣禄提出了不必过于着急，可先立"大阿哥"、慢慢再取得皇帝"大统"的建议，得到慈禧认可。

而任命李鸿章为两广总督，则是慈禧的老谋深算。对权术，慈禧可能比李鸿章还要精通。李鸿章想外放当总督，慈禧则顺势让他当两广总督，因为广东紧邻香港，洋商众多，中外交涉日益繁杂，不懂洋务者很难在此为官，李鸿章当是最佳人选。更重要的是，以康、梁为首的维新派在海外华侨、华商中得到广泛支持，声势越来越大，而侨民、侨商大多数都是广东人，所以广东同情康党的人很多，慈禧认为广东人心浮动、局面不稳，只有像李鸿章这样资望甚高的官员才镇得住。慈禧此举最厉害之处在于，她清楚知道李鸿章从思想、观点上赞成、同情维新，所以一定要其前去镇压康党，将李置于不能不明确态度的风口浪尖上，这既是对其的考验，又可将其"拉下水"，强迫他也成为与自己一样的维新派镇压者。就在任命李鸿章为两广总督的第二天，慈禧便以光绪之名诏谕各省督抚严密缉拿康有为、梁启超："康有为及其死党梁启超先已逋逃，稽诛海外，犹复肆为簧鼓，刊布流言，其意在蒙惑众听，离间宫廷。""近闻该逆狼心未改，仍在沿海一带倏来倏往，着海疆各督抚禀遵前谕，悬赏购线，无论绅商士民有能将康有为、梁启超严密缉拿到案者，定必加以破格之赏，务使逆徒明正典刑，以申国宪。"其中特别强调"沿海一带""海疆各督抚"，显然是说给李鸿章听的。

1900年1月7日，李鸿章春风得意、精神抖擞地离京南下，于1月16日到达广州，只隔了一天就接印视事。在政坛失势一段时间后仍审时度势、积极活动，最终竟以年近八十之高龄东山再起、重任封疆大吏。李鸿章的能忍、能等与终生嗜权恋栈的性格在此显现无余。

【中国近代史之细节】

金一南

胡林翼，湘军悍将，晚年任湖北巡抚。一次，他路过长江，见湘军水师浩浩荡荡逆流上行，突然，开来一艘英国的火轮船，也是逆行。火轮船迅速超越湘军水师，激起的波浪，竟把湘军水师的一条船掀翻了。

当时，胡林翼惊得从马上摔下来，周围人把他救起。胡林翼的第一句话就是"天要变了"。

睁眼看世界

小人物和大人物是有区别的。跟胡林翼同时看见火轮船的人还有很多，他们觉得这是稀罕事，而胡林翼发现这条船不靠风帆、不靠桨橹，吐着黑烟就开上来了，速度非常快。

胡林翼感觉天要变了，这出于对危机的认识。

再看林则徐。他被称为中国近代睁眼看世界的第一人。他组织翻译《四洲志》，使我们第一次知道世界有这么大，有英国、法国、葡萄牙、西班牙……

这个当时站在民族最前沿的人，是怎样看世界呢?

道光二十年（1840）八月初四，鸦片战争马上就要打起来，英国人已经出兵。林则徐给道光皇帝上了一道奏折："彼之所至，只在炮利船坚，一至岸上，则该夷无他技能。且其浑身裹缠，腰腿僵硬，一仆不能复起，不独一兵可以手刃数敌，即乡勇平民竟足以致其死命。况夷人异言异服，眼鼻毛发皆与华人迥殊，吾民齐心协力，歼除非种，断不至于误杀。"

今天，我们会认为这是个笑话。在当时，我们民族思想最先进的人之一，对世界的认知尚且如此。

现在，很多人说鸦片战争之所以失败，是因为道光皇帝的昏庸把林则徐撤职了，用了一帮投降派。道光把林则徐撤职了，从历史上成全了他，保住林则徐的英名。

这是中国历史最复杂、最痛苦的一部分，我们往往不能直面，通常是找几个替罪羊，说我们近代本来不错，就是几个坏蛋把国家、民族给出卖了，于是，整个民族得到精神上的解脱。

再看当时与林则徐齐名的一个民族英雄——裕谦，他任浙江巡抚。后来，道光皇帝任命他为钦差大臣，督办浙江军务。林则徐上奏一周后，他也给道光皇帝上了一道奏折，说英国人犯了兵家大忌，肯定要失败，并且总结八条，头头是道。结果，裕谦兵败，投水自尽。

裕谦这种抗击帝国主义的精神，固然可贵，但我们为什么失败，一败再败？是我们没有人，不敢打，还是不敢牺牲？

当时，裕谦守卫镇海，"誓与镇海共存亡"，他觉得自己肯定要胜，结果，镇海被攻陷，裕谦投水。

整个鸦片战争，中国军队没有守住一个地方，没有夺回一个被英国人占据的地方！我们很多人都把所有的罪责推给道光。

其实，道光是一个希望励精图治的皇帝。当时，民风颓败，道光上台后，力图重振朝纲。他规定"宫中岁耗不得超过20万"，节约开支，就是要支持前方的禁烟，要备战，要和英国人打一仗。今天我们说的"四菜一汤"，道光可能是起源之一，当时，道光说"宫中用膳，每日不得超过四碗"；皇后过生日，道光皇帝用打卤面招待大臣。他拼命节约，甚至穿打补丁的裤子。近代以来，穿打补丁裤子的皇帝，道光是第一人。

历史的残酷性也在这儿：历史不记过程，只记结果，道光励精图治，但第一个丧权辱国的条约是他签的，历史耻辱柱上的第一人就是他。

中英《南京条约》签约后，消息传到北京，道光很难受。清史记载："上退朝后，伏首于便殿阶上，一日夜未尝暂息，侍者但闻叹息声，漏下五鼓，上顿足长叹。"道光皇帝并没有认识到自己败在哪里。直到去世，他一直郁郁寡欢。

咸丰皇帝最大的愿望就是，为父亲报一箭之仇。上台后的第一件事，是把主和派全部撤职，重新起用主战派，林则徐等人全部重新起用。林则徐由于身体不好，病死在赴任途中。

咸丰上台后，也像他父亲那样，希望重整朝纲。咸丰还把一个大臣写的"防三渐"作为座右铭：第一"防土木之渐"，防止大兴土木；第二"防宴安之渐"，防止大吃大喝；第三"防壅蔽之渐"，防止上行不能下达，下行不能上达。他想做一个开明的皇帝，想为父亲报这个仇。

结果，第一次鸦片战争，道光败了；第二次鸦片战争，咸丰败了。

三千年未有之变局

近代以来，中华民族一败再败，一次比一次惨，直到八国联军侵华。有人说，8个国家打败我们一国，好像败得有点道理。

那么，八个国家打我们，到底来了多少人？1900年8月3日，从天津出发进攻北京的八国联军，人数最多的是日军，8000人；第二是俄军，4800人；第三是英军，3000人；第四是美军，2100人；第五是法军，800人；第六是奥地利军，58人，第七是意大利军，53人。当时，还有7000名德军在海上，来不及登陆。真正作战的只有18811人，就这么点兵力。

京畿一带是我们的重镇，天时地利人和，我们全占尽。此处，清军十五六万，义和团团民五六十万，从兵力对比看，平均40个人在家门口堵他一个人。

十天内，八国联军攻陷北京！

当然，八国联军最后增到七八万，打通州、打保定、打张家口，他们触角伸得很远，那是占领北京后，重新调来的军队，当初攻下北京的只有1.8万人。

如果不知道这个具体的人数，我们很难了解近代以来国家所面临的严峻形势，正如李鸿章所言："三千年未有之变局，三千年未有之强敌。"

一些学者讲："大清无昏君，大清无奸臣。"

清朝败亡是非常特殊的，跟过去历朝历代不一样。过去都是皇帝昏庸腐朽，房子都被白蚁蛀空，最后，大厦轰然倒塌。清朝从道光、咸丰到同治、光绪，没有一个皇帝不想励精图治，没有一个不想保住江山。而清朝的那些朝廷重臣，主和也好，主战也好，没有一个不是从维护朝廷利益出发，没有里通外国。到了清朝后期，用和、战两派区分大臣，非常困难。甲午战争，以翁同龢为首的主战派，都是战前主张削减海军军费的人。战争来了，主张削减军费的人，全是主战派。主和派呢？李鸿章、丁汝昌这些人，全是平常主张大力加强军备的。

1873年，李鸿章在一个奏折里讲：日本是未来中国的心腹大患，一定要提防。李鸿章组建北洋水师，就是为了对付日本，结果，还是败了。

中华民族陷于一种矛盾中，不是统治者毫无顾忌地出卖民族利益，而是在尽力维护，他们万般无奈，没有办法。

　　1841 年，道光皇帝对英国宣战；1860 年，咸丰皇帝对英法宣战；1894 年，光绪皇帝对日本宣战；1900 年，慈禧太后对诸国（十三国）宣战。一次比一次败得惨，一次比一次损失大，一次比一次割地赔款的规模要大。

　　马克思当年评价中国："一个人口几乎占世界三分之一的幅员广大的帝国，不顾时势，仍然安于现状，由于被强力排斥于世界联系的体系之外，孤立无倚，因此，极力以天朝尽善尽美的幻想欺骗自己，这样一个帝国，终于要在这样一场殊死决斗中死去。"

重返历史现场

【由一个玩笑引发的政变】

张惠诚

玩笑之言，玩笑之事，本无伤大雅。但因为一句玩笑，导致了一场流血的宫廷政变，导致了即位刚刚一年的国君掉了脑袋，却真的有点匪夷所思。

这场政变发生在春秋时期的公元前605年。被杀的国君是郑灵公，杀害他的两个大臣是子公（公子宋）和子家（公子归生），两人都是郑国的宗室。

这一天，上朝的时候，子公的食指忽然自己动了起来。在一边的子家觉得奇怪。子公对他说："每当我的食指这样动的时候，就能尝到非同一般的美味。这种情况已经发生多次，没有一次不应验的。看来，今天又要大快朵颐了。"子家听了将信将疑。

过了一会儿，内侍果然传命，郑灵公要请众臣吃鼋羹（王八汤）。子公见状大喜："果然不出我之所料！"子家等人也跟着笑了起来。郑灵公见他们笑得开心，忙问何故，众人告知原委。郑灵公戏之道："应验不应验，还不是寡人说了算！我不请你吃，你就吃不到！"

朝贺已毕，群臣退入朝房休息，等待美味。子家对子公说："虽有美味，倘若主上不召你，那怎么办？"子公不以为然地说："主上遍赐群臣，怎么会单单丢下我。"

散朝后，郑灵公对内侍一番吩咐。他要开个玩笑，存心不让子公的食指应验。

日影西斜。群臣重新上朝，按照品级大小，依次入席两厢叙坐。子家与子公的官阶最高，当然为左右首席。郑灵公环顾群臣说："鼋是水族美味，异常难见。今天的大鼋，更是稀有。寡人不敢独自享用，愿与众卿一起品尝。"群臣纷纷起身拜谢。

一会儿，庖人端着鼎走进来。只见白汽弥漫飘散，香味冲入鼻孔。群臣抽动着鼻翼，眼巴巴地望着庖人。庖人径直向前，跪献郑灵公。郑灵公拿起筷子夹起一块鼋肉送进嘴里，接着又喝了几口鼋汤，连声赞道："好香的肉，好鲜的汤！"

经过灵公这么一搅动，鼋羹的香味更浓了，仿佛空气里到处都是那沁人心脾的香味。

过了好一会儿，灵公才在众人的期盼之中吩咐：“每人赐肉一鼎，象箸一双！”庖人依照灵公的吩咐，一改往常从上座奉食的章程，竟从下座一鼎鼎地把鼋羹端上来。端到最上首的二席，偏又只剩下一鼎鼋羹。庖人为难了。他看看子公，又看看子家，迟疑不决，只好启奏道：“鼋羹只有一鼎，不知赐给哪位，请主公明示。”郑灵公瞟了子公一眼，笑吟吟地吩咐：“赐给公子归生吧。”

这样一来，众臣都吃到了鼋羹，唯独子公没有吃到。人们嚼着肉，喝着汤，有滋有味。唯独子公在那里眼巴巴地看着，满脸窘相。郑灵公看在眼里，不免得意，哈哈大笑道：“寡人将鼋羹遍赐众卿，与大家同享美味，偏偏轮不到公子宋的。命该如此，可见公子宋的食指并不灵验！”

再看子公，他的脸涨得通红，尴尬已极：他在子家面前已说了满话，话说得太绝；今日百官都得到了国君的赏赐，连品级低微的百石小官也得到了一鼎鼋羹，偏偏自己两千石俸禄的贵戚重卿却没有。在满朝文武面前，自己还有什么脸面？子公满肚子怨气无处发泄，听到灵公的话，总算找到发泄的地方。是灵公损了他的面子，坏了他的灵验，他要在灵公那儿找回来。只见子公霍地跳起来，跑到灵公面前，将食指伸进灵公的鼎里，又出一块鼋肉，放进嘴里吞了下去，也哈哈大笑道：“臣已经吃到了鼋肉，臣的食指到底还是灵验的！”说罢，也不理会灵公，径自下堂离去。

在群臣面前，子公竟敢如此放肆，他的眼中哪里还有国君的尊严？郑灵公气呼呼地摔下象箸，狠狠地说：“真是不成体统，公子宋欺寡人太甚！郑国虽小，难道就没有尺寸之刃，砍下欺君犯上者的项上人头吗？”

子家见状，连忙弃鼎离席，跪下叩头，谢罪说：“公子宋向来与主上亲近，今日之事，他是恃主上恩宠开个玩笑，不是成心失礼。请主上看在平日的情分上，原谅他吧。”

郑灵公铁青着脸，也不搭话。群臣见状，也不敢再多言。君臣不欢而散。

子家觉得事情不妙，便没有回家，而是径自去见子公。他把灵公动怒的情况讲了一遍，劝他说：“明天入朝，一定要向主上谢罪。”子公怨气未消，振振有词地说：“不尊重别人的人，别人也不会尊重他。是主上先失礼，他还想处治我，我凭什么要向他赔礼认错？”子家劝解道：“事虽如此，但君臣之间，不可因戏语而生怨怒。还是谢罪为好。”子公不置可否，子家只好退去。

次日，两人一同入朝。子公随班行礼，全无惶恐负罪之语。倒是子家看着着急，几次暗示他，子公却只当没看见。子家只好躬身说：“公子宋昨日染指失礼，特来向主上告罪。他惶恐之间不能措辞，请臣代为转达。望主上念在他多年来勤谨办事的分上，饶了他吧。”一边说，子家一边向子公使眼色。但子公全然不理，这个梯子算是白搭。郑灵公一见子公那个样，气就不打一处来。他绷着脸，冷冷地说：“是寡人得罪了公子宋，他哪有什么错处？哼！”说着起身，拂袖而去。

彼此不相让，怨隙越结越深。子公出朝，秘密派人请来子家，对他说：“主上恨透了我，恐怕还要杀我。俗话说：'先下手为强。'与其坐以待毙，不如起而自救，先行发难。"

子家连连摇手，道："使不得，使不得！自家的家畜养得时日久了，还舍不得下手，何况一国之君，谁敢轻言弑逆？不可胡言乱语，徒惹祸端！"

子公见子家不从，马上见风转舵，笑着说："我不过是开个玩笑，您不要当真。"

子家道："这种玩笑可不是随便开的！谋逆死罪，还要株连宗族，岂可戏言？你放心，我不会多嘴多舌的。"说罢，告辞而去。

虽然子家满口应承，但子公并不放心。万一走漏了风声，就有亡身灭家的大祸啊！只有把子家搅在里面，才能平安无事。他知道子家与灵公的弟弟公子弃疾关系密切，数有往来，便到处传言，说子家与公子弃疾经常秘密相聚，不知商议何事。好事不避人，他们恐怕要做什么危害社稷的勾当。

听到这些传言，子家吓坏了。他急忙找到子公，质问道："你胡说些什么呀？这简直是要我的命！"

子公道："我信任你，和你商量大事，你却不干。这是成心害我死呀！既然如此，我也就顾不上什么朋友之情了，我一定要你和我做伴。"

子家素来懦弱，遇事优柔寡断。见子公如此说话，骇然道："你要干什么？"

子公咬牙切齿地说："主上是个昏君，这从分赐鼋肉这件事上就能表现出来。这样的昏君，早就该废掉！我要行大事，废昏立明。我们共同扶立公子弃疾如何？"

子家想了想，苦着脸说："你看着办吧！可别把我牵连进去，我决不说出去就是了。"

得到子家默许，子公便有恃无恐了。他暗中聚集家甲，重金贿赂灵公左右，趁灵公秋祭斋宿，半夜潜入斋宫，轻而易举地杀死灵公。然后，以暴疾讣告国人。

政变后，子公等欲立公子弃疾为君。公子弃疾不忍心兄长的暴死，更不愿受人挟持，便托词不干。不得已，子公和子家遂立郑灵公的庶弟公子坚为君，是为郑襄公。

按孔子作春秋，书曰："郑公子归生弑其君夷。"放过罪魁祸首子公而归罪于子家，这是为什么？因为子家身为执政重臣，惧谮从逆，知其事而不敢言，"任重者，责亦重"，所以孔子归罪于子家。

【刘邦之所以得天下，在于比项羽更会花钱】

寿韶峰

金钱不是万能的，但没有金钱是万万不能的。既能拥有金钱，又能运作金钱，且不会成为金钱的奴隶，才是真正的富贵之人。

汉高祖刘邦相貌堂堂，高高的鼻梁，面有龙腾之相，须髯很美，左腿上长有72颗黑痣。这一切好像都在说明他是一个"异人"，有不同于寻常人的一面。但他又有常人的一面：性情仁厚爱人，心胸宽敞、豁达，懂得享受，且志存高远。

刘邦在天性上不肯干平常人家的活计，不热衷于本分的生产劳动，他好像从来就不怎么在乎钱的问题，他有玩转财富的心法，总是能够让别人把钱财"送"上门来。

早年的刘邦不置产业，也不勤勉，父亲没少数落他，但他内心一直都很不服气。即便刘邦当上了皇帝，还喜欢拿父亲昔日的"教导"说事。汉高祖九年（前198），刘邦置酒于未央宫，大宴群臣。刘邦端起酒来为父亲献礼祝寿，口里念念有词："家父大人常常认为我是无赖，不能治理产业，不像兄长一样勤快实干。我今天成就的业绩难道不比兄长多吗？"这话虽是笑谈，却透出了刘邦的心思。在刘邦的心里，一直有这么一个信念：大男人的财富不是单单靠勤勉来获得的，只要能掌控大局，不愁没钱花。拥有财富不一定要靠朝九晚五地辛苦劳作，踏踏实实地治理产业永远不是刘邦这类人的心愿。

得志之前，刘邦常到咸阳服徭役，由此得以观瞻秦始皇的威仪。看在眼里，乐在心上："大丈夫就应该这样！"刘邦似乎看到了自我的影像，从此他的心界开阔起来。像秦始皇那样拥有天下，不就拥有了一切吗？

一个大男人，懂得享受，喜欢酒和女色，刘邦就是这样。

当刘邦率军向西攻入咸阳，诸将领都争着奔向藏有金银绢帛财物的府库，萧何则来到秦国丞相府，收集图案文档资料。刘邦在干什么呢？当他看到秦宫如此华丽富贵，珍宝、狗马、女人以千万计，一时有些心动，想留下来尽情地享用一番。

本来是一个"粗人"的樊哙——出身寒微，早年曾以屠狗为业，却板起脸讲了一番精致的大道理："你是想夺取天下，还是只想成为富家翁？正是这些奢华靡丽的东西让秦朝灭亡的，你要这些东西干什么呢！还是赶快回到灞上，不要在此久留！"但樊哙的话好像并没有深入刘邦的心里，因为秦宫对他太有吸引力了。

刘邦出身布衣平民，即便打了胜仗，受封为沛公，毕竟还是没见过多少大世面，他哪里看到过如此华贵的宫殿和天仙般的美女？虽然革了大秦王朝的命，但后天习性难改，能不动心吗？

这时，张良站出来说："秦王无道，你才得以攻下这里。想要夺得天下，就必须勤俭。刚进入秦宫，就琢磨着如何享乐，这完全是'助纣为虐'。忠言逆耳利于行，良药苦口利于病，希望你听取樊哙的劝告。"张良的话，刘邦还是听的。刘邦最后封存了府库，带领军队回到咸阳的郊区灞上。

刘邦召集各县的父老乡亲和当地有权势的人，说："父老乡亲受暴秦苛法迫害的时间太长了。我已经与诸侯约定好了，谁先入关，谁就称王。现在我约法三章：杀人者死，伤人及盗必须抵罪。其余秦法一概除去，诸官吏还像以前一样恪守职责。我来这里是为父老乡亲除害的，请不要害怕。"秦地老百姓非常高兴，争着宰杀牛羊，捧着酒和食物来犒赏三军。刘邦下令不准接受："仓库中的粮食很多，我们不缺，不能让百姓破费。"

百姓听了，心里更是欢喜，热切期盼刘邦能称王。

刘邦之所以这么做，因为他心里非常明白，正是自己目前不占有百姓的钱财，不与民争利，才能为日后拥有全国、为享尽天下财宝和美女铺好道路。

与刘邦的志向相对比，楚霸王项羽挂念的就太多了，什么都想占有。项羽带领军队西进，攻入咸阳，下令屠城，杀死已经投降的秦王子婴，火烧了秦宫，大火整整烧了3个月都不曾熄灭。项羽下令挖掘秦始皇的坟墓，打算把秦国所有的财富都占为己有。金银财宝、珠玉古玩等好东西，项羽尽收其囊，还掳走了宫中所有的妇人。秦地的百姓对他的所作所为大失所望。韩生对项羽说："关中地势险峻，土地肥饶，可在这里称霸。"项羽见秦宫已被烧毁，残破不堪，就说："富贵了不回到故乡，就如锦衣夜行，又有谁知道呢！"韩生退下之后，议论道："人们都说楚人不过像猕猴戴着帽子罢了，就知道在表面上显摆。看来果不其然呀！"项羽听闻之后，就把韩生给烹杀了。可能是项羽太在乎眼前的一切，于是他想破坏，想焚烧；而财富、妇人、珍玩和权力等，又一个都不能少。

正因为刘邦有些吊儿郎当满不在乎，舍得为日后投资，所以在政治与财富的争斗中，刘邦一直得心应手。

陈豨，本来刘邦派他去管理代地，不料这位曾经追随刘邦、颇有信用的列侯造反了。刘邦亲自率军前往征讨，走到邯郸的时候发现陈豨只是以漳水为屏障，久经沙场的刘邦心里有底了。刘邦又了解到，陈豨的部将中有很多人原先是商贾之人。这次刘邦心里更有把握打赢这场仗了，因为他知道商人是最经不起利益诱惑的。高祖刘邦开始向这些人撒钱，陈豨的部下们收到刘邦送上门的黄金，许多人当即反戈，投向了高祖的怀抱。

刘邦的处世手段很潇洒，永远不会忘掉让金钱来帮助自己推磨。早在楚汉对峙时，处于劣势的刘邦毫不犹豫地交给陈平4万斤黄金，让他用这些沉甸甸的东西去离间楚霸王和亚父范增之间的关系。

与刘邦相比，项羽待人同样也是恭谨仁慈、言辞和善，若手下有人患病，他会伤心哭泣，和病人一同饮食进餐。然而每次到了论功行赏、封官加爵时，恭敬爱人、清廉好礼的项羽总是出奇地吝啬，特别不洒脱。他往往犹豫不决，把刚刻好的大印在手里摩挲着，几乎让它失去棱角，也不肯赏赐给他人，这怎么能拴住人心！

不过，项羽也有大方的时候。兵败如山倒，但大英雄就是不肯东渡乌江，他把自己的坐骑赐给乌江亭长，命令骑兵皆下马步行，手持短兵和追击的汉军进行最后的肉搏战。单是项羽所杀的汉军就有数百人之多，他本人也身负十几处创伤。真是一个不识大势之人！这个时候了，才想起来要逞自己"力拔山兮气盖世"的英雄豪情，只可惜用错了地方。当项羽回头看见汉军骑兵中的司马吕马童时，说："你难道不是我的故人吗？"吕马童审视了一下，这就是项王！项羽说："我听说汉王为购求我的头颅而出资千金，以封万户侯为悬赏，我把这个好处恩施给你。"于是自刎而死。几十个汉军骑士为争夺楚霸王的尸体，又是一番厮杀，最后吕马童等 5 人都得以封侯。

项羽的豪气大方，成就了几个粗人，但失去了天下、江山和美人虞姬，还有自己坐下的良驹宝马。万里江山则归入善于挥洒钱财的刘邦的囊中。

正因为相信虚无缥缈的命运，高祖刘邦很自信，甚至很自负。在攻打黥布时，刘邦被流矢击中，后来伤口发作，病得很厉害，吕后赶忙为他请来一位名医。可是，刘邦就是不愿医治，但还是赏了那个医生 50 斤黄金，把他打发走了。为什么汉高祖不愿就医呢？刘邦发表了一番高论："我以布衣起家，手提三尺剑取得天下，这都是天命所归。我的命运如果是这样，即使神医扁鹊在世又能怎样？"

刘邦的心无挂碍成就了千古霸业，普天之下，莫非王土，他才是真正的富贵者。因为刘邦最清楚在他的生命、事业和命运中，财富处于一个什么样的位置。

【晋王朝的奢华】

wytitrwity

公元 280 年，晋朝开国皇帝司马炎指挥 20 万雄师南下长江，向割据江东的吴国发起了最后的总攻。陆军总司令杜预统率的野战军势如破竹，以秋风扫落叶之势横扫长江北岸，没费多大气力就把前来迎战的吴国主力兵团打得全军覆没。水军司令王浚统率当时世界上最庞大的舰队出长江三峡，顺水行舟，在江碛要塞用火船焚毁了封锁江面的"千寻铁锁"，吴国自号固若金汤的长江防线灰飞烟灭。

吴国末代皇帝孙皓在石头城上看到江面上千艘战舰耀武扬威，听到甲板上的水兵擂响的震天战鼓，自己的迫害狂症奇迹般痊愈，和平时代勇于杀人的胆量飞到爪哇国去了。在骂了一通部下贪生怕死和说了几句除了给自己壮胆外没一点用处的狠话后，虐待狂皇帝命令外交部长在城上竖起了降旗，称雄江南近 80 年的孙氏政权自此退出了历史舞台。

从 2 世纪甲子年（184）黄巾义军在全国各地揭竿而起开始，到吴国"千寻铁锁沉江底，一片降幡出石头"，噩梦连环的中华帝国在经历了近一个世纪的分裂动荡后重归一统，一个光辉的时代在不远的前方向中国人深情挥手。新时代的开创者司马炎踌躇满志，在这一年有充分的理由处于感觉上的最佳状态。他开创的伟业惊天动地，在历史上只有嬴政、刘邦和刘秀等区区三人可与之相比，但他的业绩似乎闪耀着更明亮的光辉。

司马炎出身高贵，龙准高耸，两手过膝，是妙龄女郎爱得喷血的标准美男子。刘邦出身市井流氓；刘秀出道前干什么虽不可考，但肯定也不是什么体面职业，否则官修史书一定会大书特书，八成也是一个不务正业的农夫！二人相貌中平，和丰神俊秀的司马炎没有可比性。赢政的出身和人品虽和司马炎不相上下，但赢政统一中国大小百余战，用了近十年的时间，司马炎则在一年之内一战定天下！由此可见，司马炎似乎是前无古人且极有可能后无来者的伟大帝王，当时的各种迹象也表明他会领导饱经苦难的中国人再造辉煌，他的王朝也会光芒万丈、千秋万岁。

和刘邦、刘秀相比，司马炎确然有更多似乎"高明"的见识。二刘在辛苦得天下后，仍然没一刻放松过，终日战战兢兢如临深渊，认为打天下不易守天下更难，有生之年一直不肯放开身心享受一下。

刘邦在当上皇帝后仍亲冒矢石，讨陈豨，战英布，远征匈奴，征匈奴时差一点饿死，讨英布时胸部中了一箭，最后就因箭伤复发提前见了上帝。刘秀得天下后仍勤奋自律，食无厚味，不好女色，裁减冗官，减税减负，与民休息。二刘在天下大定后并非没条件享受，或者没有享受的嗜好，而是二人有更为深远的智慧，对创立的王朝和自己的家族有强大的责任心，力求在有生之年尽心竭力加固王朝的根基，尽可能消除王朝内外的不安定因素，使辛苦打下的江山能够延续尽可能长一点的时间。

司马炎不愧是空前绝后的开国帝王，在创立统一中国的惊天伟业后应该干什么，此君与前辈有截然不同的想法。他认为天下一统，四境无敌，身为国家元首的他不用自寻烦恼，没事找事，应该尽可能地利用眼前的优越条件愉悦身心、享受生活。人的一生如白驹过隙，时光稍纵即逝，不趁人生盛年及时行乐，等到"白了壮年头"，再想找快乐就力不从心了……

对于一个男人来说，享受生活的最好方式就是"醇酒和美女"，深谙享受之道的司马炎对这两样"物事"也特舍得下功夫。晋国大军征服吴国后，司马炎对江南的户口钱粮的兴趣远远小于对吴宫馆娃的兴趣。按常理一个国家征服另一个国家后，第一要务就是统计户口、澄清吏治和恢复社会治安，可司马炎的第一要务就是敕令军卒在江南朝野搜罗美女。除了把供孙皓淫乐的宫女全数运往洛阳皇宫外，还在民间强抢了一大批美女北上"候选"。

司马炎的宫女一下子膨胀到一万多人！就算他夜夜帏帐不虚，一天换一个女人，也得30年才能遍施雨露。就算司马炎是金刚不坏之身，能够在床上连续作战30年，轮到后面的宫女见驾时已成老太婆了！因为宫女太多，司马炎眼花缭乱，每天退朝后发愁晚上去哪里睡觉。一个善于逢迎的太监想出了一个歪点子，建议皇帝每日散朝后乘着羊车，随意游历宫苑，既没有一定去处，也没有一定栖止，羊车停驻哪个宫女门前，就赏那位宫女"一夜情"。

有位宫女为了早一天献身皇帝，情急之下想出了一条妙计：在门户上插上竹叶，地上洒上盐汁，引逗羊车停驻。羊喜吃竹叶食盐，走到门口自然停下来一饱口福。宫女遂出迎御驾，把司马炎弄上床全身心侍候。司马炎乐得随缘就分，就和这位宫女相拥而眠。没几天宫女的妙计露了馅，其他宫女纷纷仿效，于是皇宫户户插竹，处处洒盐……

至于吃喝玩乐，变着法子寻开心，司马炎更是花钱如流水，把纳税人的钱不当一回事，常常在吃过山珍海味、喝够琼浆玉液后身心俱泰，以至忘了当天是什么日子。历史上的任何一个开国皇帝在一统天下之后，因为纳税人增多，很自然就会想到减税以收买民心。司马炎灭吴后纳税人增加了一倍，可他不但没减税，还想尽花样向老百姓要钱，甚至把官帽子拿去卖钱……

说句公道话，司马炎除了恣情纵欲、贪图享乐，对国家民族没有长远的责任心外，他本人的品格倒不失大度厚道，像亡国之君刘禅、孙皓，前代末帝曹奂，从皇帝宝座走下来后几乎都没受到什么迫害，好酒好肉安享余生。对于直言敢谏的臣子，武帝虽不能采纳其言，但也不因对方当众驳自己的面子而恼羞成怒。太康三年（282），司马炎在南郊祭祀上天和列祖列宗后，自我感觉特好，随口问身边陪同的司法部长刘毅："朕与汉朝诸帝相比，可与谁齐名啊？"吃了豹子胆的刘毅居然不领情，给了皇帝一个软钉子："汉灵帝、汉桓帝。"

众所周知，桓、灵二帝就是昏愦无能、开创中国卖官鬻爵先风的酒肉皇帝，东汉的铁桶江山就是断送在这两人手里。刘毅把一统天下、自诩英雄盖世的开国皇帝比成这两个现世宝，司马炎的震惊和反感是可以理解的，但他也仅仅是震惊而已，没有像别的昏暴帝王一样给对方脖子赏一刀，而是问："怎么把朕与这两个昏君相比？"刘毅回答说："桓、灵二帝卖官钱入官库，陛下卖官钱入私门，以此言之，还不如桓、灵二帝。"司马炎闻言大笑："桓、灵之世，不闻此言，今朕有直臣，显然比两人强些。"由此可见司马炎的明白和宽容。

一个明白宽容的皇帝按理应该能够成为一个很不错的守成英主，但贪图享受和没有责任心抵消了司马炎的优点，使他成为中国历史上最昏愦荒唐的开国之君（分裂时期那些割据一方的小国皇帝除外）。对于一个平民百姓来说，好享受和不负责也许谈不上十恶不赦，但对于一个权力人物尤其是国家元首来说，这两个缺陷则是不可饶恕的，对国家民族的危害甚至超过昏庸和残暴。

国家元首司马炎奢华成这个样子，就不愁官僚队伍不竞相效尤。历史上任何一个大一统的王朝在开创之初，都有相当旺盛的进取心和开拓精神，君民臣子群策群力，生龙活虎一样，为王朝的长治久安打下深厚的根基。也许只有晋国是个例外，司马炎君臣在天下大定后，也像其他开国王朝一样精力充沛充满活力，所不同的是晋国的权力人物不是把富余的精力用于开疆拓土和励精图治，而是用于骄奢淫逸和追求享受上。这里有必要再现几幕晋国立国之初豪奢淫逸的画面：

晋武帝统治中后期，国家无事，文恬武嬉，奢侈无度，宰相何曾每日三餐饭最少要花费一万钱，还愁没有可吃的菜，以致经常无处下筷子。以当时的购买力，一万钱相当于一千个平民百姓一个月的伙食费，何曾奢侈的程度简直荒唐得令人喷血！

有其父必有其子，何曾的儿子何劭青出于蓝而胜于蓝，这个不学无术的草包大少"食之必尽四方珍异，一日之供，以钱二万"，每日的伙食费是其父的两倍。有司马炎、何曾之流的高官显宦在上面垂范，晋国的各级官吏不再把安邦治国济世安民当回事，而是把全部精力用于追逐纸醉金迷、竞相斗富的荒唐生活。

谈到晋国的奢华浪费不能不提到石崇，他与国舅王恺斗富的故事家喻户晓。

石崇是晋国的超级富豪，他在荆州州长任上，指使治安部队假扮强盗，靠打劫富商大贾的血腥勾当完成资本的原始积累。政府官员强抢豪夺居然无人过问，由此可以想见晋国吏治腐败到了何种地步！石崇当强盗致富后，用赃款行贿上司，得以入京做官，加入了坐在办公室贪污受贿的官僚队伍，积下了更大的家当，成为晋国的超级大款。他在京城建造了豪华的居室，仅姬妾就有100多个，每人头上和手上金光闪烁，佩戴的首饰价值连城。石崇每天的工作就是和达官贵人公子哥儿吃喝嫖赌，流连声色，拿赃款赌明天……

王恺是司马炎的舅父，靠裙带关系贪污受贿积下亿万家私。此翁的官职和社会地位比石崇高，听到石崇的豪富水准后心理很不平衡，在百姓饥寒交迫的岁月竟异想天开地和下级暴发户斗起富来。石崇是名副其实的土肥佬，丝毫意识不到和国舅斗富的后果，居然很自信地接受了挑战。两人斗富从厨房开始：王恺用麦芽糖涮锅，石崇用蜡烛当柴烧；然后赌到了路上：王恺在40里的路面用绸缎作帷幕，石崇针锋相对地把50里道路围成锦绣长廊；最后又回到房子上赌：王恺用花椒面泥房子，石崇则用赤石脂作涂料……

王恺屡斗屡败，情急之下想起了最后的一张王牌，便入宫晋见外甥司马炎，祈求皇帝助他一臂之力。司马炎如果有帝王之风，就应该劝舅父即刻停止这种变态行为，然后在全国整治奢靡浪费的邪风。可司马炎居然满口答应，从府库里拿出西域某国进贡的一株价值连城的珊瑚树，高二尺左右，命舅父拿去斗败石崇。

王恺得此皇家奇珍后，自信心一瞬间增长10倍，扬扬自得地拿着珊瑚树去石崇面前炫耀。石崇的回答是不发一言返身回屋，返回时手里多了一柄铁如意。王恺心想这家伙八成是嫉妒得发疯了，铁如意能值几个小钱？和珊瑚树有可比性吗？王恺正在纳闷，不提防铁如意向珊瑚树砸下来。随着一声清脆的响声，皇家奇珍碎成数段……

王恺看到自己的王牌宝物毁于一旦，当即气冲牛斗，要和石崇玩命。石崇的反应是从容一笑，说了声："区区薄物，值得发那么大的火吗？我赔你损失还不成吗？"转身命令"贴身秘书"取出家藏珊瑚树任王恺挑选。"秘书"捧出的珊瑚树有几十株，高大的约三四尺，次等的约两三尺，似王恺所示的珊瑚树要算最次等的。石崇指着珊瑚树对王恺说："君欲取偿，任君自择。"事到如此，王恺只好认输，两只脚抹油走人，连被击碎的珊瑚树也不要了。

石崇既然富可敌国，来他家寻开心、打秋风和献殷勤的宾客络绎不绝。石崇也经常在家举办豪华宴会，宴请晋国的达官显贵和文人墨客。每逢大宴宾客，石崇就安排美女在座上劝酒。宾客有饮酒不尽兴者，当即命令"家庭保安"杀掉劝酒的美女！有同情心但不胜酒力的宾客为了让美女活命，只好过量饮酒，以致当庭酩酊大醉。

王导（东晋宰相）和王敦（东晋大将军）两兄弟曾共赴石崇的宴会。王导酒力很浅，因为怕劝酒的美女被杀只好强饮数杯，当场醉倒在席上。王敦酒量很大，但此公心肠硬且好恶作剧，任凭美女流泪劝酒也不肯喝一口。三位美女霎时失去俊美头颅，可王敦仍不动声色，依旧滴酒不沾，结果又一个美女拉出去了，一分钟后传来一声惨叫。王导责备兄弟无恻隐之心，王敦回答说："彼杀自家人，关我何事？"

石崇只是晋国的一个中级官僚（散骑常侍），就如此狂乱纵欲变态浪费，部长宰相级的高级官员就更不用说了，何曾父子和王济就是一个很有代表性的例子。

司马炎有次去王济家蹭饭，席上的一盘乳猪味道极其鲜美。皇帝在吃了个醋畅淋漓之后大大地称赞了一番厨师的手艺，又讨教个中秘诀。王济告诉皇帝，他家用于做菜的小猪全用人奶喂养，因此肉味鲜嫩异常！王济喜好跑马，那时首都人多地贵，他看上了一块地价最贵地段，就把跑马场那样大的一块地用钱币铺满，把这块地买下了。

西晋初年，国家经过近一个世纪的长期分裂动荡后重归统一。根据天下分久必合、合久必分的传统理念，这次的统一和安定应该是长期的。秦朝灭亡后只经过五年短暂的分裂就迎来西汉 2 个世纪的长期统一。西汉覆亡后天下也只扰乱纷争了几年，随后就是东汉近 200 年的承平盛世。晋国前期是一个世纪的长期分裂，按理接下来的太平盛世应该能延续比两汉更长的时间。因此晋国上自皇帝宰相，下至平民平姓，都天真地认为一个繁荣昌盛的时代已经到来，谁都相信明天会更好，谁也不去为未来担心。

因为没有必要的忧患意识，帝国臣民对国家、民族和家庭的责任感日益淡漠，社会享乐主义滋长，朝野上下物欲横流，每个人都在花样翻新地找刺激寻开心。只有极少数智慧人士看到了潜在的危机，车骑司马傅咸就一再上书皇帝借古论今，指出荒淫奢华的危害，建议司马炎在全社会惩治浪费，倡导节俭。但拥有超人智慧的人总是寂寞的，他的话皇帝听不进去，臣民百姓也认定他在自讨苦吃，放着眼前的福不享，分明有自虐倾向。

除了极少数的仁人志士外，个别达官贵人在花天酒地时也能对时局保持清醒的认识。宰相何曾有一次告诉他的儿子说："国家刚刚创业，应该朝气蓬勃，才是正理。可是我每次参加御前会议或御前宴会，从没有听到谈过一句跟国家有关的话，只是谈些日常琐事。这不是好现象，你们或许可以幸免，孙儿辈恐怕逃不脱灾难。"何曾虽然拥有清醒的头脑，但他缺少人类的高贵情操和崇高的理想责任心，不是从自己做起，利用手中的权力来阻止这种全社会的堕落倾向，而是认为一个人的力量改变不了社会，不去作任何改变社会的努力，一边发着高论，一边一餐吃掉一万钱。

奢侈之害，大于天灾。富得流油的晋国在经历了短短十年的安定之后兵戈再起，司马家族各位酒肉政客为了争夺更大的享受特权，开始了一轮又一轮敌对复仇式的自相残杀。全国各地相继变为战场，田园荒芜，山河破碎，生产力受到极大的破坏。从不相信还会再度挨饿的国人陷入了可怕的饥饿之中，人吃人的惨剧从一个地方延续到另一个地方。在强权就是真理的乱世，达官显贵和超级富豪无法安心享受自己的财富，他们很自然地成为军阀和饥民掠夺抢劫的目标，不但不能保住自己的家产，绝大多数连脑袋也搭进去了。

奴隶出身的石勒在饥饿中成长，他聚集了一大批饥民在自己身边，拿起各式各样的杀人武器向疯狂享乐的官僚富人发动了野蛮的复仇战争。那些只知纵欲找刺激的"玩字号政客"在醉生梦死之后，蓦然发现自己的脖子架上了一把明晃晃的大刀，如花似玉的妻子女儿被那些平时连正眼也不瞧一下的"下三烂"搂在怀里……

公元 304 年，连晋国的首都洛阳也发生了可怕的饥荒，昔日用人奶喂猪的超级富豪们也落到了吃上顿没下顿的地步，最后连每天一餐饭也保证不了。为了不被饿死，晋国的高干、官商、暴发户只好跟在十万禁卫军后面离开洛阳，南下去较为安定的江南找饭吃。但去路被饿得不要命的饥民武装阻断了，只好左转 90 度向山东进发，在苦县（河南鹿邑）落入了石勒奴隶军团设置的口袋。包括宰相王衍在内的所有"玩字号富豪"全被残酷地杀死。他们的妻子女儿则被不识字的野蛮人丢到了床上……

最后的时刻到来时，首都成了人吃人的孤岛。龟缩在深宫的皇帝司马炽在饿了几天之后，被迫和留守的若干高级官员及其眷属出城找饭吃。这支超级富豪队伍步行到昔日最繁华的铜驼大街时，街上已长满荒草，饥饿的群众向他们攻击。司马炽大声喊叫自己是尊贵的皇帝，饥民的攻击却更加猛烈，因为他们可能是想皇帝的肉肯定更嫩更肥。司马炽到底没能走出那条大街，只好退回皇宫坐以待毙。

当初这些超级富豪在拼命玩儿、找乐子时，一定没有想到今天会落到连粗茶淡饭也吃不上的地步。

晋国的一等富豪石崇的结局更具讽刺性，这个靠抢劫起家的官僚，最后也撞上了被大官抢劫的恶运。不但全部财富遭抢，连全家的脑袋也给抢走了。石崇的豪富排名第一，因此也比其他超级富豪抢先一步掉了脑袋。他的财富令许多人眼红，尤其是令权力人物眼红，权势比他大的人无疑都想把他的财富攫为己有。

赵王司马伦当政时，军阀孙秀看上了石崇的女人和财产，就给石崇安上一个莫须有的谋反罪名，带领军队在光天化日之下闯进他的家，把他的财产和女人全部抢走了。孙秀还嫌不过瘾，又回过头来把石崇全家几十口男女全部押往东市刑场，在每人的脖子上砍了一刀。

石崇被宪兵逮捕时，居然以为是他的爱妾绿珠惹的祸，孙秀只是看上了他的女人。现在女人都归孙秀了，孙秀应该满意了，随后就会发还他的家产了，根本没想到自己会被杀头，更没想到会"诛三族"。他自以为满朝文武都上他家做过客，他的人缘很好，那些人会为他鸣冤，孙秀就是吃了豹子胆也不敢杀他！丝毫想不到来他家做客的官僚都从心里嫉恨他。可见石崇的智商实在低得有点可怜，如此低智的人居然是晋国的一等富豪，由此可见一个人拥有的财富和能力并不总是成正比的，在政治不修明的世道甚至成反比。

值得一提的是，西晋王朝是中国美男子高产的时代，上流社会人士一个个风流倜傥、神采飞扬，历史上有记录的美男子大多出生在那个时代。且不说众所周知的潘安，让最贞洁的女人也忍不住想红杏出墙；甚而卫玠出门时，洛阳城万人空巷，他走过的地方人山人海，不过都是女人。结果这个奶油小生活活被女人"看死"了。有讽刺意味的是，美男子组成的国家居然是最奢侈最荒唐也最快灭亡的国家，可见男人的"美"着实不怎么可靠，金玉其外的男人往往败絮其中。

富得流油的晋国就这样在奢华淫乐的浊流中过早地毁灭了。司马家族的漏网之鱼琅琊王司马睿在长江以南建立了流亡政府，为文明的汉民族提供了一处避难所。我们应该感谢司马睿，他建立的东晋政权使汉文明能够在北方少数民族入侵的浪潮中苟延残喘，保留了汉文明日后东山再起的资本。否则汉文明极有可能像同时代的西罗马文明一样亡于蛮族之手，中国将四分五裂，且永远丧失了重新统一的机会。

【宋代私家菜】

孟 晖

我一位同事，有道家传凉菜：将鱼鳞熬化，凝成冻以后斜切，加汁调和。她叫不上这道菜的名字，其实在宋朝的饭馆里，这是一道寻常美味，名曰"水晶脍"，黄庭坚还给了它一个更风雅的名字"醒酒冰"。不过，食不厌精的宋朝士大夫绝不会到此止步，他们改变原料，自制醒酒冰，不仅要讲色香味，还要讲意境呢。

《山家清供》据说是宋人林洪所编，作为保存至今的最古老的食谱之一，最不简单的地方，在它的定位——专门记录宋朝士大夫风雅、清新的"私家菜"。像《东京梦华录》里罗列的那些个市井菜肴，就绝对不配在《山家清供》里露脸。其中有一道凉拌菜"素醒酒冰"，就很可以传达该食谱所倡导的"食道"精神：

米泔浸琼脂菜，曝以日，频搅，候白，洗，捣烂，熟煮。取出，投梅花十数瓣，候冻，姜、橙为脍齑，供。

把琼脂菜（如今叫作石花菜，是制作琼脂的原料）洗净、泡软，再煮化成胶——这就是琼脂了。琼脂倒在容器里，趁热投进去十几片梅花。等琼脂冷凝成冻后，切细条（这是"醒酒冰"——水晶脍的吃法，我推测，"素醒酒冰"也该以相同方法处理），用姜和鲜橙肉佐拌。

似乎宋代士人的"私家菜"约略接近日本菜的风格，讲究清淡、自然，只是这清淡、这自然，却是经过极精心的设计与炮制而成。"素醒酒冰"其实是针对着当时流行的荤"醒酒冰"。荤"醒酒冰"，本名叫"水晶脍"，全因黄庭坚爱搞怪，一时兴起，给俗菜取了个雅名——

> 醉卧人家久未曾，偶然樽俎对青灯。
> 兵厨欲馨浮蛆瓮，馈妇初供醒酒冰。（《饮韩三家醉后始知夜雨》）

作者自注云："予常醉后字'水晶脍'为'醒酒冰'，酒徒皆以为知言。"

水晶脍是宋代很火的一道大众凉菜，用鱼鳞熬成，南宋词人高观国专就写过一首《菩萨蛮·水晶脍》：

> 玉鳞熬出香凝软，并刀断处冰丝颤。红缕间堆盘，轻明相映寒。
> 纤柔分劝处，腻滑难停箸。一洗醉魂清，真成醒酒冰。

其相关做法，南宋人陈元靓《事林广记》中有详细记录：

> 赤梢鲤鱼鳞，以多为妙，净洗，去涎水，浸一宿。用新水于锅内慢火熬，候浓，去鳞，放冷即凝。细切，入五辛、醋调和，味极珍。须冬月调和方可。

这样的水晶脍，北宋汴梁、南宋临安，饮食店里处处售卖，是一道寻常美味小菜，《东京梦华录》《武林旧事》里都有提及。从高观国的描写来看，鱼鳞熬成的水晶脍，不仅透明、轻滑，而且口感清爽，是醒酒的佳味。它用五辛、醋来调味，可见糖、盐之类大约都要放，口味偏重。《山家清供》偏偏弄出个"素醒酒冰"，不仅用无味的琼脂为主料，而且只以姜、橙的清新味道来做提点。

王敦煌的《吃主儿》（生活·读书·新知三联书店2005年版）里也提到用"洋粉"自制夏日冷食的经历，作者似乎不知道"洋粉"就是琼脂。今天，家庭中自制冷食的时候，多是把琼脂作为一种凝冻剂，而不是作为主料。不过，"素醒酒冰"把天然花瓣投到凝冻中的做法，也许对今天的美食爱好者还是有启发意义——来一款果冻，或者冰淇淋，其中凝有片片花瓣，那感觉如何？

历史上专业从事烹饪的，多为男性，不过唐宋时有不少女厨的身影相当活跃，为皇帝烹调的称"尚食娘子"，为大小官吏当差的称"厨娘"。据廖莹中《江行杂录》等宋代笔记所载，厨娘地位虽然不高，但赏赐丰厚，一手绝艺往往为主人家增光添彩，非大富之家别想请到她们做饭。

【席卷欧亚大陆的狂飙——蒙古西征】

张秀平　毛元佑　黄朴民

蒙古西征之战是公元 13 世纪上半期蒙古帝国征服中亚和东欧的战争。蒙古族是中国北方的一个古老民族，长期过着原始的游牧生活，到 12 世纪时，在长城以北、贝加尔湖以南、东到大兴安岭、西至阿尔泰山的广大地区，形成了许多蒙古部落。随着蒙古社会生产力的发展，原始公社制度逐渐解体，私有制产生，12 世纪末和 13 世纪初，蒙古各部落面临着迫切的统一问题。孛儿只斤部落的首领铁木真在统一蒙古过程中发挥了重要作用，先后打败了塔塔儿、克烈、乃蛮、蔑儿乞诸部，统一了蒙古各部。1206 年，蒙古各部落首领在斡难河（今鄂嫩河）畔召开大会，推举铁木真为大汗，尊称成吉思汗，建立了蒙古国。蒙古国建立后，以成吉思汗为首的蒙古贵族不断发动掠夺战争，用兵的主要方向是南下与西征，南下攻击的主要目标是南宋和金朝，西征则是征服中亚东欧各国。蒙古西征共有三次，第一次是 1217 年至 1223 年成吉思汗西征；第二次是 1235 年至 1241 年拔都西征；第三次是 1253 年至 1258 年旭烈兀西征。

成吉思汗西征

1217 年，成吉思汗把南下灭金的任务交给木华黎，亲自率兵直指西方。当时蒙古蔑儿乞部落首领脱脱的儿子火都和乃蛮部落太阳汗的儿子屈出律败逃楚河流域，仍在西方活动。火都结集蔑儿乞残部，图谋东山再起。1217 年秋，成吉思汗命令速不台率军征伐火都，速不台翻越崇山峻岭，到达楚河，与蔑儿乞残部作战，杀死火都，消灭了蔑儿乞的残余势力。屈出律与花剌子模国王勾结，篡夺了西辽政权，推翻了契丹人统治，在新疆喀什噶尔、和田至锡尔河右岸地区建立了势力范围。1218 年，成吉思汗派遣大将哲别率兵两万攻打屈出律。当时屈出律正与阿力麻里的不扎儿汗相攻，听到蒙军进攻，急忙向西逃跑，哲别击溃西辽军队的阻击，攻占了西辽都城八剌沙衮。屈出律逃往喀什噶尔，喀什噶尔地区的居民纷纷起来杀死监视他们的西辽士兵，屈出律继续西逃，被蒙古军队追及。哲别把屈出律枭首示众，喀什噶尔、沙车、和田等城相继降蒙，西辽灭亡。

1219 年，成吉思汗亲自率领其子术赤、察合台、窝阔台、拖雷和大将速不台、哲别，汇集畏兀儿、哈剌鲁、阿力麻里等部兵马，以花剌子模杀害蒙古商队为由，攻打花剌子模。蒙古军队在额尔齐斯河流域分进合击，察合台与窝阔台率兵围攻花剌子模商城讹答剌城，术赤进攻毡的城，成吉思汗和拖雷统帅大军直逼其都城布哈拉。1220 年春，蒙古军队攻占布哈拉，又攻陷了花剌子模新都撒马尔罕，讹答剌与毡的城也相继被攻陷。

此后，成吉思汗命术赤、察合台与窝阔台共同围攻乌尔根奇，命大将哲别和速不台越过阿姆河追击西逃的花剌子模国王摩诃末，打败俄罗斯和钦察突厥，绕道里海北岸回军。摩诃末后来在里海一个小岛上病死，其子札阑丁在呼罗珊组织抵抗。1221 年，成吉思汗渡过阿姆河，占领塔里寒城，派拖雷进攻呼罗珊，相继攻陷你沙不儿、也里城，回师塔里寒城与成吉思汗会师。察合台与窝阔台攻陷乌尔根奇后，也到塔里寒城会师。成吉思汗亲统诸路大军追击札阑丁，在印度河击败其余众，札阑丁只身逃跑，花剌子模灭亡。蒙古军队越过高加索进入顿河流域，出兵欧洲。1223 年在迦勒迦河决战，大败突厥与俄罗斯联军，俄罗斯诸王公几乎全部被杀。此后蒙古军队班师而回。

长子西征

1234 年蒙古灭金战争结束后，窝阔台汗在中原和中亚建立了稳固的统治。也儿的石河（今新疆额尔齐斯河）以西、乌拉尔河以东之地为蒙古的征服地区，是成吉思汗长子术赤的领土。但是，乌拉尔河以西的钦察、斡罗斯等还未平定。1235 年窝阔台召集忽里勒台，决定征讨钦察、斡罗斯等未服诸国。居住在伏尔加河和乌拉尔河之间的钦察部首领忽鲁速蛮惧怕蒙古军，已先遣使纳款，蒙古军至，准备投降。唯居住在伏尔加河下游的钦察部首领八赤蛮坚决抗战。而此时的欧洲形势也对蒙古西征有利。

1235 年，由于进攻钦察的军队受阻，窝阔台决定派强大西征军增援，术赤之子拔都、察合台之子拜答儿、窝阔台之子贵由、拖雷之子蒙哥以及诸王、那颜、公主驸马的长子参加这次远征，故称"长子西征"，由拔都总领诸军。次年，诸军会师西征，进攻位于伏尔加河中游的不里阿耳，大将速不台征服不里阿尔。1237 年，蒙古诸军进攻钦察，蒙哥斩杀其大将八赤蛮，里海以北地区被蒙古军队占领。

拔都率军大举入侵俄罗斯，1237 年底攻占梁赞、莫斯科等 14 城，1238 年 2 月攻陷弗拉基米尔，次年又攻陷基辅。1240 年，蒙古军队进攻孛烈儿（今波兰）、马扎尔（今匈牙利）。1241 年 4 月，蒙军攻占克拉科夫、里格尼察等城，大掠摩拉维亚等地。拔都亲统三路大军大败马札尔军，其国王逃走，蒙古军队攻掠亚得里亚海东岸及南欧各地。这年年底，窝阔台死讯传到军中，拔都率军从巴尔干撤回伏尔加河流域。拔都率本部以撒莱为都城，在伏尔加河畔建立了钦察汗国。

旭烈兀西征

1253 年，拖雷之子旭烈兀率军第三次远征，蒙古军队进军西亚。10 月，旭烈兀率兵侵入伊朗西部，进抵两河流域，目标首先指向了木剌夷国（今伊朗境内）。旭烈兀率军携带大批石弩和火器，途经阿力麻里、撒马尔罕、到波斯碣石城，告谕西亚诸王协同消灭木剌夷。

1256 年，旭烈兀统帅蒙古大军渡过阿姆河，6 月到达木剌夷境内。蒙古先锋将领怯的不花攻占木刺夷多处堡寨，给予了对方沉重打击。木刺夷首领鲁克那丁在蒙古大军压境的形势下，派遣他的弟弟沙欹沙向旭烈兀求和，旭烈兀要求鲁克那丁亲自来投降，但鲁克那丁迟疑不决。11月，旭烈兀命令蒙古军队发起猛攻，鲁克那丁被迫投降。蒙古军队占领其都城阿刺模式堡（今里海南）。1257年初，鲁克那丁被蒙古军队杀死，他的族人也都被处死，木刺夷被完全平定。

1257年3月，驻守阿塞拜疆的拜住来到军中，旭烈兀偕同拜住等继续西征。

结束语

从1217年至1258年的近半个世纪中，蒙古帝国以蒙古大汗为中心，通过三次西征，先后征服了今咸海以西里海以北的钦察、花刺子模和东起阿尔泰山西至阿姆河的西辽、畏兀儿，建立察合台汗国；鄂毕河上游以西至巴尔喀什湖的乃蛮旧地，建立窝阔台汗国；伏尔加河流域的梁赞、弗拉基米尔、莫斯科、基辅等公国，建立钦察汗国；两河流域的伊朗、阿富汗、叙利亚，建立伊利汗国；形成世界历史上前所未有的大帝国。

【朱元璋的反贪运动】

张宏杰

所谓"学《大诰》运动"，即朱元璋晚年为了整顿官僚队伍清除腐败现象，而在全国范围内兴起的一场官民大学习和群众大造反运动。

宁可错杀一千，不可放过一个

在历代帝王中，朱元璋是对贪污腐败最深恶痛绝的一个。这种痛恨，既源于血液，又源于理智。作为一个前贫民，疾恶如仇是因为自己底层生活的痛苦经历；作为一个帝王，他的痛恨则来自对自己家业的爱惜，他生怕这些硕鼠咬坏自己辛辛苦苦建立起来的统治之网。

朱元璋采取了中国历史上最严厉的措施来惩贪。他生性苛细，连多用一张信纸在他眼里都算贪污。翻开《大诰三编》，你会看见皇帝亲自惩办的贪污案里，有这样一些赃物，"收受衣服一件、靴二双"，"圆领衣服一件"，"书四本，网巾一个，袜一双"。官员犯了别的错误尚可饶恕，唯有贪污，绝不放过。在反贪运动的开始，他规定凡贪污六十两银子的，就剥皮楦草，摆在衙门前示众。按说这一规定已经残酷至极，不想他后来公布的政策更为极端："今后犯赃的，不分轻重都杀！"

对贪污之官，朱元璋宁错杀一千，不可放过一个。他规定，凡有贪污案件，都要层层追查，顺藤摸瓜，直到全部弄清案情，将贪污分子一网打尽为止。这样做固可使贪吏无所遁形，但在法制不健全的情况下，却也易生流弊，审理者务为严酷以邀上恩，株连蔓引，往往累及无辜。从洪武四年（1371）到洪武十八年（1385），朱元璋在全国范围内掀起了数次轰轰烈烈的反腐败运动。如洪武四年甄别天下官吏，洪武八年的空印案，洪武十八年的郭桓案，声势都极浩大。两案连坐被冤杀的达七八万人。

由于诛戮过甚，两浙、江西、两广和福建的行政官吏，从洪武元年（1368）到洪武十九年（1386）竟没有一个做到任期满的，往往未及终考便遭到贬黜或杀头。用朱元璋自己的话说："自开国以来，两浙、江西、两广和福建设所有司官，未尝任满一人。"

千古奇文《大诰》

虽然惩贪措施如此严厉，腐败却从来没有绝迹。大的腐败消失了，小的腐败却仍然层出不穷。

朱元璋没有想到或者不愿想到的是，造成腐败的根本原因不是他的惩贪措施不严厉，而是中国的贪渎文化过于根深蒂固。在传统的中国社会，因为政治权力笼罩了社会生活的方方面面，而对权力的制约乏力，腐败机会遍地皆是。想让官员不贪，几乎如"渴马守水""饿犬护肉"一样不现实。而朱元璋的低薪制又加剧了腐败的蔓延。史称明代"官俸最薄"，一个县令月收入不过合五两银子，这五两银子不光要负担县令个人的生活，还要供养家庭、支付师爷们的工资。因此，如果不贪污，大明王朝的官员们根本活不下去。

对于官员如此悍不畏死，甘蹈法网，朱元璋震惊之余，把原因归结于旧朝不良思想的污染。他说，经过一百年的元朝统治，人心不古，导致"天下臣民不从教者多"，其中官员们尤其如此。他决定在全国范围内兴起一次强制性的深入的全民思想教育活动。为此他亲自制作了《大诰》这一千古奇文，作为这次运动的学习材料。

所谓《大诰》，就是一本血淋淋的案例汇编。朱元璋把他惩办的大案要案，编成一册，夹杂以大量的说教。由于是朱元璋亲笔所作，所以这本书文辞鄙俗，体例杂乱，多语句不通之处。因为以威胁恐吓官吏百姓为目的，所以他选取的案例都是血腥残忍令人发指者。

洪武十八年（1385），朱元璋下令说：这本大诰，"一切官民诸色人等，户户有此一本"。终洪武一朝，《大诰》三编共印行数千万本，成为近代史上全球发行量最大的出版物。明王朝从城市到乡村，每家每户的正堂上，都供着一套《大诰》，令全国人民利用一切业余时间学习《大诰》。

全民性的捉贪运动

为了彻底消灭腐败现象，建设一支纯而又纯的官员队伍，朱元璋想到了求助于广大人民群众。洪武中叶，大明帝国里发生了一件中国史上前所未有的事情：皇帝号召底层民众起来，造官僚阶级的反。

朱元璋在《大诰三编·民拿害民该吏三十四》中发出了这样的号召：我设各级官员的本意，是为了治理人民。然而，过去我所任命的所有官员，几乎都是不才无稽之徒……现在，我要靠你们这些年高有德的地方上的老人以及乡村里见义勇为的豪杰们，来帮助我治理地方。如果要靠当官的来给百姓做主，自我登基如今十九年，我还没见到一个人！

一开始，皇帝赋予百姓的是监督权。朱元璋告诉百姓，他们可以直接向他举报官员们的违法行为。并且许诺，皇帝会根据普通民众的意见来奖励和惩罚官员。洪武十九年（1386），他的政策又大幅度地前进了一步，他令人吃惊地宣称，在他的帝国之内，任何一个人都可以冲进官府，捉拿他所不满意的官员。

另一章中又规定：百姓们捉拿吏员，当官的如果敢阻挡，那么"全家族诛"。

赋予"卑贱"的农民以不经任何法律程序，直接纠拿官吏的权利，这在中国政治史上是从来没有过的事情。

对于这场全国范围内疾风骤雨式的群众运动，朱元璋抱以极大的希望。在一则命令中，朱元璋谈到他的设想："如果天下百姓都听我的，认认真真照这个命令办，那么，不出一年，天下的贪官污吏都变成好官了。为什么？因为良民时刻监督，坏人不敢胡作非为，所以各级官员都不得不做好官，做好人。"

在动员加恐吓之下，朱元璋兴起的捉贪运动终于在各地兴起。在通往南京的路上，经常出现一群衣衫褴褛的百姓押解着贪官污吏行走的情景。也有贪官逃回家里，被亲戚捉住，送到京师。于是，大明天下出现了这样的情景：一直骑在人民头上作威作福的官员们要对百姓下跪求饶了。

无日不杀人

从洪武十八年（1385）到洪武二十八年（1395），皇帝与百姓密切配合，严厉打击贪污腐化。那个时候，几乎无日不杀人。不幸在洪武时代做官，真的是一件极为危险的勾当。传说当时的京官，每天清早入朝，必与妻子诀别，到晚上平安回家便举家庆贺，庆幸又活过了一天。

原来是天底下最热爱做官的读书人，此时也视仕途为畏途。有的家里有好学之子，怕被郡县所知，弄去当官，反而叫他们休学种地。有的为了避免被强征出仕，以致自残肢体。

连不少受过朱元璋多次表彰的清官，也因为牵连到空印案之类的大冤案中送了命。济宁知府方克勤是有名的清官，一件布袍穿了十年也没有换新的。因为牵连到了"空印案"里，被朱元璋毫不留情地杀死。户部尚书滕德懋被人举报为贪污，朱元璋迅即把他处死，之后剖开滕的肚子，想看看这个贪官肚子里都有些什么。孰料剖开之后，发现里面全都是粗粮草菜，只好悻悻地长叹一声："原来是个大清官啊！"

最腐败的王朝之一

虽然惩贪力度如此之大，然而朱元璋期望的纯而又纯的状况最终也没有出现。官员们认为反正动辄得咎，不如趁早捞一把算了。连朱元璋寄以最大希望的村民自治也破产了。因为有了权力，可以处理一般的案件，村老也很快腐败，以权谋私，甚至贪图酒食贿赂。

朱元璋晚年，对自己的暴力惩贪曾经有过困惑和动摇。然而，他始终认为自己亲手写订的《大诰》是一部"宝书"，不忍舍弃。在临死前一年，朱元璋"特命有司，将《大诰》内的条目，拣其精要者，附在《大明律》内"。他希望子孙后代世世代代"依《律》与《大诰》拟罪"。

然而，在朱元璋去世的第二个月，建文帝就在《即位诏》中宣布："今后官民有犯法者，执法机关一律只按《大明律》断，不许深文周纳。"这个"深文"显然就是指《大诰》。虽然没有哪个后世皇帝敢明确宣布废除《大诰》，但在朱元璋死后直到明亡，《大诰》再也没有发挥过实际作用。虽然朱元璋自己很欣赏，他的子孙们却羞于提到太祖皇帝这本文字粗鄙、内容血腥的著作。到明代中叶，《大诰》已经鲜为人知。

更让朱元璋没有想到的是，虽然他在世时，通过他堂·吉诃德式的努力，贪污腐化现象得到了一时的抑制，然而积蓄了巨大的反弹能量。在他死后，腐败又迅速发展起来，并且愈演愈烈。明代中后期，腐败现象在各级官吏争先恐后的疯狂和无耻状态中，向政治肌体的一切环节蔓延扩散，并最终积聚成为汹涌的巨涛，吞没了整个王朝。大明最终以中国历史上最腐败的王朝之一被列入史书。

【靖难：六百年前的一声叹息】

付俊良

明建文四年（1402）六月，经过"靖难"兴兵之后，朱棣终于从他的侄儿建文帝朱允炆手中夺取了皇帝宝座。随后，主张建文帝削藩的齐泰、黄子澄等人先后遭到诛杀。

本来，争夺帝位是皇室的家事，谁当皇帝都姓朱，"明白"的臣子既看得开又想得通，所以他们在朱棣登基后能自然而然地侍奉新主子，续写人生新的风流。然而就是有一批像齐泰、黄子澄那样"顽固不化""一根筋"的人，不畏强权，用种种令人难以置信的方式表达了对先朝的忠心，而且前仆后继，实在可歌可叹。

朱彝尊《明诗综·诗话》记："长陵靖难，受祸者莫惨于正学先生，坐方党死者相传八百七十三人。"正学者，方孝孺也，时为建文帝的文学博士，洪武时曾在汉中任事，当时的蜀王朱椿以其贤德，聘他当儿子的老师，并给予特殊的礼遇，把他的书房称为"正学"。朱允炆接了爷爷朱元璋的班之后召方孝孺回京，将他从翰林侍讲升至文学博士，成为左右建文帝决策的主要人物之一。

朱棣占领京师之前，姚广孝（一个事从朱棣的和尚）进言说，入城之后，方孝孺肯定不会投降，但是不能杀他，如果杀了他，今后天下读书的种子就绝了。一开始朱棣听从了姚广孝的建议，企图拉拢方孝孺为他效力。然而任凭朱棣利诱威逼，使出浑身解数，方孝孺就是软硬不吃。《明史纪事本末》里载：朱棣恼羞成怒地对他说，你不怕死，但难道不念及九族吗？而方孝孺竟答："便十族，奈我何？"朱棣恼怒，除了灭其九族以外，将他的门生故吏当成其第十族也全给杀了。

郑公智和林嘉猷都师从方孝孺，老师遭诛，他们也跟着宁死不屈。方孝孺曾主持过应天（今南京）的乡试，有名叫刘政、方法的两人被选取，前者在朱棣起兵谋反的时候写了《平燕策》，因为正生着病，被家人阻挡，后来听说方孝孺被杀，他吐血而亡；方法当时任四川都司断事，朱棣登基，同事们都联名上书祝贺，而他却不签名，被逮捕，之后投江而死。

在靖难遭诛的无数人当中，有两个人颇值得一提，一个叫王艮，另一个叫王良。这两个人不但名字相似，义气也相同。

王艮是建文二年的进士，对策第一，因相貌生得丑陋，第一名被换成第二名，第一名给了胡靖，第三名是李贯。当时他的主要工作是参与《太祖实录》《实政记》等资料的修撰。燕兵围攻南京城之前，王艮曾对他的妻子说："食人之禄者，死人之事，吾不可复生矣。"王艮与解缙、吴溥、胡靖是邻居，都城陷落的前一天，几个人在吴溥家集会谈论国事，个个慷慨陈词，尤其是胡靖表示愿赴国难，唯独王艮流着眼泪不说话。

三人走后，吴溥的儿子感叹地说，胡叔叔能赴国难真是一件令人敬佩的事情呀！吴溥却说不一定，恐怕最后死的只有你王叔叔。话音未落，就听到隔壁的胡靖在大呼小叫，说外面乱，令家人小心看好小猪。吴溥对儿子说，听到了吗？你想想，他连一头小猪都不想丢掉，能愿意舍弃性命吗？事情果被吴溥说中，没过多久，王艮家哭声震天，原来王艮已经服毒自杀。朱棣即位，解缙、胡靖均投靠依附。

王良，曾任刑部左侍郎，因犯了点"错误"被建文帝降为浙江按察使。朱棣对他有好感，即位后派人召他回京，而他竟斩了送信的使者，之后决定自杀。死前，他对妻子说："我肯定是要死的了，但不知死后你怎么办？"其妻说，你是男子汉大丈夫，不用为我们女人出谋划策。侍候丈夫吃完饭，这个女人就抱着儿子走到后院，将儿子放在井边，她则投井自尽。王良处理完妻子的后事，把孩子托付给别人后，也点把火将自己烧死了。

有很多人在那个朱棣自称的所谓"靖难"中死去，他们或被历史记录下来，或同王朝一齐沉没在历史的汪洋之中。然而读完发生在六百多年前的这一段往事，心中总想着事件中那些凛然死去的人。虽然他们存亡于一个早已经逝去的年代，但是老觉得那些人一直在凝视着热烈而又冰冷的历史、凝视着严肃而又轻佻的芸芸众生，沉默不语！

【大明朝的"金粉世家"】

李开周

在大明朝能称得上中央机关的，大致有这么几家：一是内阁，统管全国政务；二是六部，分管全国政务；三是都察院；四是通政司；五是大理寺；六是翰林院，名义上属于文学机构，实际上扮演皇帝智囊团的角色。在上述六大机构以外，又有一个中书科，负责翻译国书、篆刻官印、抄写经文以及为皇族人员办理花名册。中书科也是中央机关，但跟内阁、六部、都察院等中央机关比起来，其级别很低——在里面上班的中书舍人只是从七品，还比不上六部中一个小小的主事；同时没有实权，无论人事、财政，还是司法、监察，一应肥缺与它无缘。所以没有人怕它，是个冷衙门。

明朝公务员的工资本来就低，中书科20名中书舍人，每人每年的工资只有84石，按粮价折算下来，相当于今天7000多块钱。换言之，月工资不到600元。这是洪武二十五年（1392）定的标准，此后直到万历朝，近200年没有上调过。六部人员的工资也不高，但是人家有福利，譬如尚书们可以混到钦赐的房子，侍郎们可以领到像貂皮帽子那样的劳保用品，手握印把子的员外郎可以暗示别人给他送冰敬、送炭敬，或者还有购物券什么的。中书舍人却既没有福利可拿，也没有外快可捞，从理论上讲，只能靠那点儿工资过生活。而北京城内物价奇高，几百块工资根本养活不了一家老小，想过得滋润一些，还不如辞官不干，走街串巷去卖糖葫芦呢。

但是很奇怪，中书舍人们不仅没有集体辞职去卖糖葫芦，还顽强地生存了下来，而且生存得还不错。到嘉靖四十年（1561）以后，更有大批刚考中的进士争着抢着走后门，闹着要进中书科上班，成为一名每月只拿600块工资的中书舍人。咱们读史至此，不妨也掩卷沉思一小下，想想其中的奥妙所在：莫非中书科的工作对社会对人民贡献巨大，使得中书舍人们宁可倒贴钱也不当逃兵？或者那是个绝妙的跳板，可以跳到内阁首辅抑或六部尚书的职位上去？我在沈德符《万历野获编》中找到了答案——原来做中书舍人可以发大财。

如前所述，中书舍人主要就是抄抄写写，他们发财的渠道就在抄写上面。举个例子，皇宫里过节，要贴对联，喊几个中书舍人去写，写之前，端上来一盘朱砂，一盘金粉——

都是调墨用的。

中书舍人从怀里摸出一杆笔来,在金粉里使劲一蘸,笔坏了,"只好"塞袖筒里;然后再摸出一杆笔,再使劲一蘸,笔又坏了,再塞袖筒里。如此这般蘸坏十几杆笔以后,他们才会正式书写。等回去时,袖筒里鼓鼓囊囊全是坏笔,每杆笔上都蘸满了金粉,抖干净,包起来,足有二两重,交给钱庄去熔,一个小金锭就出来了。这枚小金锭,实际价值不亚于两三个月的工资。

嘉靖皇帝朱厚熜信奉道教,经常让中书舍人帮他抄道德经,据说每抄一部《道德经》,就要用掉 900 两金粉,事实上那 900 两金粉至少有 800 两是被中书舍人蘸走的。我猜如果没有太监在场,用掉金粉的效率还会更高一些,连蘸都不用蘸,直接倒进袖筒了事。正是靠着袖筒里这些金粉,中书舍人才养活了一家老小。因为这个缘故,我觉得他们才是真正的"金粉世家"。

【崇祯死前大开杀戒】

吴 欣

1644 年 3 月 16 日,崇祯刚刚被太监侍候着穿好龙袍,这时有太监来报:"皇上,李自成所率的叛军打到昌平了!"崇祯大惊失色,无奈之下,只好召集群臣,商讨对策。然而,大殿上静寂无声,好久没有人说话,后来,不知哪位大臣哭出声来,接着哭声连成一片。崇祯拍案大怒,才喝住了哭声。

不久,昌平失守的消息传来,一时间君臣大惊,大殿上悲凉的景象再次重现。

17 日,北京城被围。而此时,负责北京城防的明军对起义军的围攻已无抵御之力。在这种情况下,崇祯自知已回天无力,召集群臣商议也是于事无补,大呼:"内外诸臣误我!误我!"然后,一边仰天长号,一边绕殿环走,不停地捶胸顿足,痛哭失声。整整折腾一夜,直至天明。

3 月 18 日,天色刚黑,崇祯心神不宁地等着守城明军的消息。这时,有一个太监神色紧张地跑来,跪地向崇祯报告:"皇上,内城也被攻破了!"崇祯忙问:"守城的官兵到什么地方去了?守城提督李国桢又在哪里?为什么会守不住?"

太监回答道:"守城的官兵早已逃散。"接着又说:"皇上您还是赶紧设法逃走吧!"崇祯还想再问一些情况,这名太监转身便逃。崇祯连喊几声,可那太监连头都不回便径自走了。

崇祯只得亲自带着太监王承恩,来到紫禁城北的最高点——煤山。他放眼一看,只见京城内外火光冲天,四周喊杀声阵阵传来,炮声也隆隆作响。见此,崇祯不禁仰天长叹,泪如雨下,很久才下山回乾清宫。回到乾清宫后,崇祯决定准备后事。他提笔亲手写下给内阁的谕旨：命成国公朱纯臣辅佐东宫太子，提督内外军务。然后命太监将谕旨送往内阁，可是，没多一会儿，太监跑回来报："皇上，内阁中早已空空如也！"

崇祯闻言，撂下笔，不禁感慨万分，想到以往的前呼后拥，想到以往的群臣跪拜、山呼万岁，看到今天的凄凉末日，崇祯再一次痛哭失声。

这时，崇祯已经苦闷到了极点，对未来再也不抱任何幻想。过了许久，崇祯愤然站了起来，他先把周皇后叫来，又让太监把袁贵妃叫来。

此时，崇祯已是精疲力竭，状近疯狂。他大声叫喊要左右把酒送上来，连呼倒酒，一口气饮下了几十杯酒，然后又泪流满面地长叹道："朕上对不起列祖列宗，下负我百姓！"周皇后、袁贵妃见此，也陪着流泪不止。喝完这番悲怆失意的酒，崇祯又将太子慈烺、永王慈炤、定王慈炯召来，准备将他们托付给各自的外祖父家，希望能够给自己留下一点血脉。

那时定王才13岁，永王12岁，对当时的险境还全不知情，身上穿的还是平时的华衣美服。见此，崇祯含泪说道："皇儿啊，现在是什么时候了，还不赶快将绸缎锦衣脱掉，这会给你们招来杀头的危险！"说完忙命左右寻来破衣，崇祯心情悲愤地对他们说："大明社稷就要完结了，这实在是父皇的罪责和过失，但朕已经尽力了。皇儿们今天还是皇子，明日就是百姓了，在战乱离别的时候，千万要记得隐姓埋名，不要出头露面，见到年纪大的人要称呼他们长辈老翁，见到年纪轻的要喊他们伯伯叔叔。万一保全了性命，一定要给父母报仇雪恨呀！千万不要把父皇今天的告诫给忘掉了。"说罢，崇祯将他们紧紧地搂在怀中。对此，太子和两位皇子含泪应诺。周皇后上前搂住自己的亲生儿子太子和定王，又将田贵妃的儿子永王扯来，四个人哭成一团，最后三人由太监领出。

托孤的事情完了之后，崇祯转头对周皇后道："大势已去，你作为皇后国母，应当自尽。"周皇后听了，痛哭起来，说："为妾侍奉陛下十八年了，最后，连劝你南迁的一句话你都不肯听，以至于到今日这步田地，这也是天命啊！今日能为大明社稷殉身，对我来说也就没有什么遗憾了！"说完，周皇后径直跑回坤宁宫自尽身亡。

这时，崇祯又赐白绫给袁贵妃以及西宫众妃嫔，对她说："皇宫马上就会被敌人攻破，妃嫔一定不能落到闯贼的手里。你们应当小心谨慎地守住贞节，以保全列祖列宗的礼制。"说完，崇祯挥挥手示意："自尽吧！"接着，崇祯又想到了公主。他想："闯贼打进宫内，也不能让他们污辱了公主。"于是，崇祯提剑直奔宁寿宫长平公主的住处。长平公主见父皇满脸杀气地撞进来，便知道大事不妙，她扯着崇祯的衣襟大哭不止："父皇，我是大明的公主、您的女儿啊！您不能杀我啊！"听到女儿这般撕心裂肺的哭喊，崇祯心如刀绞。但有什么办法呢？崇祯"嗖"地一下拔出剑来，一边用袖子遮住自己的面孔，一边悲怆地喊道："你为什么要生到我的家中！"随后，手起剑落，一剑砍去！长平公主被吓呆了，本能地举起胳膊去挡剑，结果被砍断右臂，昏倒在地上。这时，崇祯皇帝的脸上、身上到处溅满了女儿的鲜血，可这位皇上已经形同无心的铁皮人，完完全全地没有了感觉。接着，崇祯皇帝又来到了幼女昭仁公主的住处，他不顾女儿的苦苦哀求，不顾宫女妃嫔们的拼命阻拦，像个杀红了眼的恶魔一样，一把将昭仁公主抓在手里，没容她再作挣扎，剑已刺进公主的胸膛。杀完公主后，崇祯又径直来到坤宁宫，刚进大殿，便有一个宫女向他报告说："周皇后自缢了！"崇祯面无表情地走上前去，抬起手摸摸周皇后的尸体，已经凉了，只听他喃喃地说："好……好……"接着又转身来到了西宫。不知为什么，当崇祯走进大殿时，袁贵妃自缢的绳子突然断了，整个人跌在地上。崇祯见状，二话没说，拔剑连刺三下，袁贵妃倒地身亡。

这时，来了一个太监向他报告："郭宁妃、庄妃割脉而亡；李淑妃、吴康妃跳水而死；王贤妃、郑裕妃等五人准备出逃，已经被擒。"崇祯听后大怒，命令将这五名妃子带到他面前，然后，他手持长剑，一个一个全部杀死。

此时，崇祯的精神已经完全崩溃，杀完亲人妃嫔，他茫然地坐在地上，呆呆地望着沾满鲜血的长剑和衣襟，整个人都痴了过去。这时，"轰"的一声炮响，崇祯皇帝猛然惊醒，他这才发觉已经是半夜了。他知道，下一个该死的是他自己了。

他叫来大太监王承恩，吩咐他准备行装，崇祯自己也换上了便装。之后，崇祯和王承恩混在太监中，出了东华门，来到朝阳门，但城门却被严密把守。王承恩只好假说奉命出城，但守城门的人请他到天亮时验明身份再出城。无奈之下，崇祯和王承恩只得由胡同绕出紫禁城，奔向正阳门。在那里，只见三盏白灯高悬在城门之上，王承恩小心翼翼地说："皇上，正阳门已被叛军攻陷，咱们转向安定门吧！"此时，崇祯早已龙颜扫地，一路上缄口无言，由王承恩搀扶着，主仆二人又朝安定门走去。可到那儿一看，安定门城门紧闭，根本无法开启。这时天色已亮，崇祯长叹一声道："走不了啦，回宫吧。"不过，回宫前，崇祯还心存侥幸，执意来到皇极殿前，亲自敲响了景阳大钟，他想召集群臣，再商出逃之计。但大钟响了好久，也不见有人前来。此时，大臣们早已逃之夭夭，哪还能听到皇帝的召唤。崇祯大骂百官贪生怕死，该杀！走投无路之下，崇祯已无意再回皇宫，只想一死了之。他命王承恩在前，他踉踉跄跄跟在后面，主仆二人登上了煤山山顶。

经过一夜的奔波，这时的崇祯已是狼狈不堪：身上只穿着白色内衣，长发披散，右脚光着，只有左脚还穿着一只鞋。来到山顶寿皇亭，崇祯回首望去，此时天色已经大亮。

崇祯知道北京已完全陷落，不由感到万分沮丧，更加心灰意冷，他用手扶着寿皇亭的柱子，不禁悲伤伤恨了起来：平时对大臣们都不错，可现在没有一个人跟随在左右，真的是可怜可悲到极点了。想不到当年祖宗出于象征江山永固而堆筑的万寿山，竟然成了自己的葬身之地，两百多年的大明天下竟要在自己手里失去，还有什么脸面去见列祖列宗呢？想到这里，崇祯停了下来，伸手解下衣带，又用颤抖的手将它搭在寿皇亭下的一棵枯树的树枝上，然后转头吩咐王承恩："等朕死后，要将朕的脸部遮盖起来，以示无脸面见列祖列宗之意。"然后，自缢而死。

【1644 年，中国的三个皇帝】

丁燕石

公元 1644 年，是明朝崇祯十七年，也是清朝顺治元年，又是大顺朝永昌元年。

紫禁城的黄昏

时间：1644 年，大明崇祯十七年，元旦。

地点：北京紫禁城太和殿。

这一年的元旦，皇帝朱由检比平时更早上朝了，除了近身侍卫和太监外，御座旁只有一个手执金吾的礼官站班，皇帝诧异地看了他一眼。

"启奏万岁，群臣因为没听到钟鼓声，以为圣驾还没有出来，所以迟到了。"执金吾者躬身启奏。

"那就立刻鸣钟，开启东西门让他们马上进来！"皇帝不悦地宣谕。

执金吾者下去传旨，钟声响彻了紫禁城，文东武西列班进入的两扇门也敞开了。但是等了一会儿，文武百官仍然不见一个进来。皇帝有点焦躁地对身边的司礼太监说："那就先去谒太庙，然后再回来受朝贺吧！"这是年年元旦例行的礼仪。

司礼监去到长安门外传旨时，发现御驾外出所需的銮舆驾马和仪仗队的一百多匹马都还在御厩中，没有准备好。但是皇帝已经传下谕旨要先去谒太庙，金口一出，怎能等待。于是，只好把长安门外文武朝臣所骑来的马一齐驱赶到端午门里，打算暂时用以代替御马。没想到这些马各有其主，而且完全没受过训练，嘶叫杂沓，跳跃不受羁勒。司礼监无奈，只好硬着头皮回禀，为了皇上的安全，还是等一等吧。

这样的情况是从来没发生过的，既然如此，皇帝只好无奈地又改变了他的旨意——还是先受朝贺再谒太庙。他端坐在太和殿正中的御座上，第一次亲眼目睹冠带煌然的文武百官，在持续不断的钟声中，从东西二门逡巡而入，仓皇跪拜，乱作一团。这是他继承皇位 17 年来所仅见的。

经过一番折腾，皇帝对于这没有丝毫喜气的元旦朝贺大典已经完全失去了耐心。接着，一阵突然而起的大风狂卷而来，黄沙扑面，天色昏暗，对面不见人。于是决定连太庙也不去了，宣谕退朝。满怀心事，郁郁不乐地在风沙中摸索着回到寝宫去。

他屏退了妃子和太监，依照近年来每遇到拂逆时的惯例，沐浴更衣，焚香祝祷，虔诚地请求天上神佛降临乩坛，指示国事。

这就是 1644 年，大明崇祯十七年甲申，皇帝朱由检所度过的一生中最后一个元旦的早晨。

从上面所说的经过，看起来似乎很不成体统，不像一个已经立国 200 多年的王朝所应出现的状况。但是，比起不到 100 天后的三月十八日，李自成的大顺军前锋已破京师外城时，皇帝在同一地点、同一时间，亲手撞钟而文武百官不见一人到来，还是要好多了。

相应地，再过 3 天，也就是三月二十一日，大顺王李自成攻占北京，进驻紫禁城。崇祯皇帝朱由检已在煤山自缢。同样地，这些文武百官，从前一晚就立在长安门外，天色甫明，不待钟响就争先推挤蜂拥而前，要争得首先朝贺新君的头筹。由于人数太多，争先恐后太过着急，这一群王侯将相还被守门的闯王兵卒乱棍扑打。

短短不到 100 天的时间，紫禁城的皇宫中，同样的场景，同样的人物，出现如此不同的演出，这就是所谓的"改朝换代"。

东北方的一颗彗星

时间：1644 年，大清顺治元年，元旦。

地点：大清国都城盛京（沈阳）皇宫崇政殿。

天还没亮，才刚满 6 岁的小皇帝福临还在半睡半醒之间，就被母亲孝庄皇太后给叫起来，在宫女的围绕下梳洗和更衣。虽然福临在三个月之前就已经被拥戴为大清国的第二代皇帝，但今天是他当皇帝后的第一个元旦，有十分繁复而隆重的礼仪在等着他主持。

大清王朝的开国皇帝皇太极，在前一年的八月九日晚无疾而终，在经过一番宫廷斗争后，皇太极的第九个儿子福临当上了皇帝，他的两位叔叔多尔衮和济尔哈朗成为辅政王。事实上，能征善战、实际掌控大部分兵权的"九王爷"多尔衮才是名副其实的摄政王。

元旦的早晨，小皇帝福临要做的第一件事是到"堂子"里去祭天和拜祖先。"诣堂子"是女真族特有的风俗，凡是出征或凯旋以及逢年节大事，都要由大汗（后金时称谓）或皇帝（大清时称谓）率领诸王、贝勒、大臣等到"堂子"行礼祭天。

经过一番折腾，小皇帝已经完全清醒了，他一边穿戴，一边听着母亲的仔细叮咛。等一切都妥当了，才在叔父多尔衮和侍卫们的簇拥下，首次以皇帝的身份去"堂子"拜天和祭祀祖宗。接下来就是接受诸王大臣和外藩使节（也不过是蒙古诸部与朝鲜而已）的朝贺。至于一年一度的上表祝贺和进献贡物都免了，连例行的集体筵宴也停办了。

今年清朝的元旦如此冷清，和明朝的凄凉完全不同。明朝是因为李自成的大军已逼近京城，情势日益危殆；而清朝则是由于开国之君太宗文皇帝皇太极甫于三个月前驾崩，朝野思念之情犹深，哀戚之情未减所致。皇太极继父亲努尔哈赤之后更开新局，把一个小小的后金汗国扩展成为一个和大明王朝分庭抗礼的大清王朝，再加上朝鲜受降、蒙古诸部来归，临终前松锦一战更扫除了入关征明的障碍。这一切，都给人们留有浓郁的思念，自然不可能在新丧之际为了元旦而大肆铺张。

过去的一年多里，明清之间的战斗略有进退，但总的来说是清的赢面多。一场决定性的"松锦之战"，不但把明朝悉索敝赋的十余万大军和数百万粮饷全部搞光，连总督洪承畴、大将祖大寿等仅有的能臣勇将都投降了大清王朝。尤其是锦州、松山、塔山和杏山四个军事重镇全为清军所破，明朝在关外的辽阔土地上，只剩下了距山海关不过二百里的宁远一座孤城了。

前几年，被称为"流寇"的李自成、张献忠等反明民间武力，还在国内腹地四处流窜时，大明朝廷从皇帝到群臣都以为那不过是癣疥之疾，要集中全力对付的是东北关外已经立国称帝，而且多次闯入关内烧杀掳掠威胁京城的大清国。因此在战略上采取的是"先攘外然后安内"。没想到"攘外"既连番挫败，而内部被称为"流寇"的民间反抗武力则日益壮大，攻城略地，渐有星火燎原之势。在头痛医头、脚痛医脚的情况下，政策急转弯，决定"攘外必先安内"。

明朝的君臣们以为清国去年八月刚有大丧，内部又有皇位之争，短时期不致对明朝有大动作；而李自成则从去年正月连续攻占湖北的襄阳、荆州、怀安等地，然后北上河南，破洛阳，入潼关，取道陕西商洛地区，在十一月十一日占领了古都西安。明朝可以用来对付所谓"流寇"的唯一王牌陕西总督孙传庭所统率的精锐全数被歼，整个情势已经到了完全失控的地步。于是决定改用对清采取守势，争取和议；对"流寇"则全力围剿的"攘外必先安内"对策。

因此，崇祯皇帝颁下诏旨，命令吴三桂立即率领所属军马以及宁远的百姓全部撤到山海关以内。易言之，也就是整个放弃关外这一大片土地。

由于清朝对于关内明朝廷与"流寇"之间互动情势的急剧变化未能掌握，既不知道李自成等反明武力的动态和发展，也没有体察到明朝的处境已经到了危急存亡的关头，因此在"入关伐明"的这一大战略上还没有具体的规划，更没有想到一粒熟透了的果实已经快掉到自己的嘴里来了！

这就是为什么大清顺治元年的元旦竟然如此平静、冷清的缘故。

西北刮来的狂风沙

时间：1644年，大顺朝永昌元年，元旦。

地点：西安古都秦王府。

当前一年的十一月，李自成占领了古都西安后，在持续的进攻中，轻易取得了大明江山西北部大片土地。大明王朝明显呈现土崩瓦解之势，李自成当仁不让想取而代之。

　　这一年元旦，李自成正式在西安建立了新政权，建国大顺，改元永昌，自己也改名为"李自晟"，并且以明朝分封在西安的秦王府为新顺王府，发动大量民夫修整长安城，把城墙加高加厚，壕堑加深加宽，比原来更加壮丽。这时，按照军册所载，大顺皇帝李自成已拥有步兵四十万，马兵六十万，的确有实力可以立国称帝，与大明和大清分庭抗礼、鼎足而立了。

　　李自成是在1630年离开家乡米脂县，参加所谓"流寇"的反明武力。经过14年的时间，当他再回到故乡时，已是与大明王朝分庭抗礼的大顺王。古人曾说过："富贵不还乡，如衣锦夜行，谁知之者。"李自成也未能免俗，但他有更深刻的感受。

　　两年前，大明朝廷将他的祖茔掘毁，为的是他家的祖坟据说埋在"龙脉"上，将要取代大明江山。因此他在戎马倥偬中一定要回来了解究竟，以便修复原状。于是他召集当地父老集议，精选工役，完全按照原来的地形、地貌和地脉形势，甚至坡坎树木，一切都要恢复原状，不能有半点差错。墓地竣工后，举行了一次隆重的祀典，这才返回延安，并且改延安为天保府，米脂为天保县。

　　这一年的正月里，北京城还发生了一件怪事。

　　帝都北京，每年都要热热闹闹地过元宵节。从正月初八开始燃灯，一直要闹到十八日止，一共十天，九门不闭，灯火通明，金鼓震天，游人如织。

　　每天从外地进城的民众以千百计，都说是进京城来"闹元宵"的。三五天后有守门的官兵感到奇怪，为什么每天进城那么多人，而第二天却没几个出城的？

　　等过了三个月，当李自成大军兵临北京城下时，不但守城的官兵大多不加抵抗，城内且有数千百人鼓噪开城接应。原来正月闹元宵进城的那些人，正是大顺军的前锋。他们带了不少金银，入城以后，大量收买守城将士。因此，官兵不但不盘查他们，更掩护他们在大顺军攻城时做内应。三月十九日北京城如此轻易失守，这也是原因之一。

　　这就是——1644年，也就是大明朝统治中国276年的最末一年，大清朝入主中原268年的第一年，大顺朝建立的第一年，也是灭亡的一年。

　　虽然大明朝连续出了三个烂皇帝，政治、军事、经济都连续烂了六七十年；虽然长城外的女真族在辽东地区连续扰攘了近30年；虽然大顺军在广大中原和西北地区已经窜扰了十几年；但是，直到这一年——1644年，才真正到了决定性的关键时刻。

　　这一年头100天里，大顺军兵不血刃攻下了大明帝都——北京城，崇祯皇帝自缢身亡。清军得到明朝骁将吴三桂邀请，在山海关一战，把登基才一天的大顺朝皇帝李自成赶出北京城。不久，6岁的小皇帝福临轻而易举登上了紫禁城中元、明两代24位皇帝坐过的宝座。

　　这就是1644年，一个天翻地覆的年代。

【清代官场图】

李 乔

捐官：官员之多如过江之鲫

对于候补官之多，时人讥为"过江名士多于鲫""官吏多如蚁"。江南又有口号云："婊子多，驴子多，候补道多。"

清代实行捐官制度以后，大量谋官者拿钱买到了官，但所买的仅仅是一个职衔，并不是实缺。要想得到实缺，必须等有官位空出来才能递补。这种有官衔而无实缺，时时巴望着补缺的官，谓之候补官。

候补官当时有"灾官"之称，意思是当这种官活受罪，如同受灾一样。这是因为候补官的数量相当多，递补一个实缺极为不易。而当了候补官，大小总是一个官，因而需要维持相应的体面排场，如雇用长随，酒食征逐，交际应酬，都是少不了的，这就需要花很多钱。而候补官由于没有实际差事，也就没有丝毫收入，所以往往弄得穷困不堪，甚至饥寒而死。

《官场现形记》说："通天下十八省，大大小小候补官员总有好几万人。"以江宁为例，宣统末年，江宁的各种候补官数目如下：道员三百余员，府、直隶州三百余员，州、县一千四百余员，佐贰杂职二千余员，共计四千余员。而江宁的官缺，合道、府、厅、州、县计之，才不满五十缺。二者比例为八十比一。又如光绪年间湖北知县汪曾唯在给友人的一封信里说到湖北省候补官日见增多的状况："鄂省候补人员日见其多，道府六十余员，同（知）通（判）七十余员，州县二百六十余人，佐杂几及千人。茫茫宦海，正不知何日得登彼岸也。"

由于僧多粥少，仕途拥挤，所以补缺的机会很少。或是等很多年才能补上，或是终身也补不上。曾经捐过户部郎中的大名士李慈铭，在北京保安寺街居住时写过一副对联，叹补缺之慢："保安寺街，藏书十万卷；户部员外，补阙一千年。"有人作《补缺》诗云："部复朝来已到司，十年得缺岂嫌迟。"十年能补上缺就已经很知足了。某年元旦，开封府文武官员至抚署贺岁，巡抚以对联"开封府开印大吉，封印大吉"求对，一候补知县对曰："候补县候缺无期，补缺无期。"据说有个捐佐贰杂职的候补官，十七年没补上缺，每日在街巷中散步自遣。一次在小巷中认识了一位寡妇，后来二人结为夫妻。这位候补官自嘲说："我总算补上缺了。"意思是补了寡妇缺丈夫之缺。

候补官长期补不到缺，便穷困不堪，乃至饥寒而死。清人欧阳昱曾说到他亲见亲闻的一些候补官贫困不堪的状况：许多候补州县，贫至饭食不给，饿死在旦夕，不得已借高利贷以救眼前，苟延性命，他日如何，在所不计。某候补知县到省二十年，未得差委，衣食俱乏，冻馁而死。死时身上仅穿破衣破裤，床上唯有一破席。又有一候补知县因饥寒难耐，吞烟自尽。候补佐杂官较之候补知县生活更苦。某候补巡检严冬只穿一件破夹袍，外加一件纱褂，两袖与前后身到处是破洞，内用黑纸粘住，头戴破凉帽，脚穿破单鞋，冻得浑身颤抖，两脚站不稳。他对人哭诉说："一身饥寒已极，妻子又冻馁将死，无路可生，只有求死一法。"人至其家看时，见破屋中其妻与子女五六人卧在一床，俱穿破单衣，饿已两日，大者不能言，小者不能啼。《二十年目睹之怪现状》写到一位叫陈仲眉的候补知县，到省十多年，因久无差事，吃尽用光，穷得不得了，结果寻短见上吊死了。有一首竹枝词咏候补官初冬卖衣，企盼补缺云："十月初冬天气寒，皮袭典尽客衣单。投供几载无消息，魂梦时惊到了班。""投供"是补缺的手续之一，即到吏部报到，开明履历，呈送保结，证明一切无虚伪。诗里说，投供都几年了，也没等来补缺的消息，盼望补缺的心情使他们常常在睡梦中梦到补上了缺。

候补官的心情都是非常苦闷和沮丧的。清末文人赵之谦捐了个江西知县，候补多年也没补上实缺，于是自题书斋名为"仰视千七百二十九鹤斋"（其所刻丛书也以此斋名命名），以寄托自己的心情。"千七百二十九"指当时全国有 1729 个州、县。其意是说这些官职只能"仰羡"而高不可攀，可见其心情是非常苦闷和沮丧的。有一首《羊城候补南词》，也反映出候补官的苦闷和沮丧，词中有云："你因官热闹，俺为官烦恼。投闲置散无依靠，悔当初心太高……三顿怎能熬，七件开门少。盒剩新朝帽，箱留旧蟒袍。萧条，冷清清昏和晓。煎熬，眼巴巴暮又朝……穷通算来难预料，只有天知道！安命无烦恼，安分休轻躁，几曾见候补官儿闲到老。"

做官的谱儿

清朝官吏有许多坏习气，其中之一就是摆官谱、讲官派。所谓官谱、官派，就是做官的排场、派头。民国时有位深知清代官吏此习的人评说道："前清旧官僚习气最为可恨，当其未得志时，徒步而行，不以为苦；一登仕版，出入非肩舆不可，一若天生两足为无用者。不宁维是，一切起居动作，均须依赖他人，甚至吃饭穿衣亦须奴婢相助。官愈大，则此种习气愈甚。"实际上，清朝官吏摆官谱、讲官派的表现还有很多，包括衣食住行、说话办事等各方面。官场中人的普遍看法是：做官就应当有官谱、官派，不然算什么官？所以，一旦为官，便要摆谱、讲派。即使条件不允许，也要想办法硬摆穷讲。下分六个方面来看清代官吏摆官谱、讲官派的情况。

一、官员出门时鸣锣开道、仪仗威武的排场，尤能体现官谱官派。《官场现形记》里的钱典史说到州县官要靠鸣锣开道显示官的身份："我们做典史的，既不比做州县的，每逢出门，定要开锣喝道，叫人家认得他是官。"清制，各省文武官员自督抚到知县，外出时皆有仪仗，仪仗依官品分等级。督抚的仪仗是所谓"八座之仪"，即以小红亭（头亭）为前导，次为红伞（避雨之用）、绿扇（障日之用）及鸣锣者四人，其后为肃静、回避木牌各二及官衔牌，再次为红黑帽皂役各四人，呼喝不绝，再后面是骑而导者一人（俗呼顶马）及提香炉者四人，然后是本官所乘绿围红障泥大轿，四人抬之，四人左右扶之（八抬大轿），轿后为戈什哈（巡捕）二人和跟马二骑。《歧路灯》里写学台出行时其仪仗走过的情景："只见刺绣绘画的各色旗帜，木雕铁打金装银饰的各样仪仗，回避、肃静、官衔牌、铁链、木棍、乌鞘鞭，一对又一对，过了半天……金瓜开其先，尾枪拥其后，一柄题衔大乌扇，一张三檐大黄伞儿，罩着一顶八抬大轿，轿中坐了个弯背白髯、脸上挂着镜看书的一位理学名臣。"如果官员出行走水路，则必择高大楼船，舱门贴红纸字条，旗、牌、伞、扇插列舱面，也鸣锣开道，锣声一响，行舟让路，两岸肃然。出行鸣锣的次数，依官职而不同，其含义也不同。州县官出行鸣锣，打三响或七响，称为三棒锣、七棒锣，意为"让让开""军民人等齐闪开"（一说"君子不重则不威"）。道府出行鸣锣，打九棒锣，意为"官吏军民人等齐闪开"。节制武官的大官出行，要打十一棒锣，意为"文武官员军民人等齐闪开"。总督以上官员出行，因是极品，打十三棒锣，意为"大小文武官员军民人等齐闪开"。官员出行时鸣锣开道，被认为必行的官仪；无之，则被认为不成体统。如郑板桥夜间出巡不鸣锣开道，不用"回避""肃静"牌子，只用一小吏打着写有"板桥"二字的灯笼为前导。时人对此都看不惯，他的朋友郑方坤说他"奇历落，于州县一席，实不相宜"。

二、京官到衙署时，皂隶要在门口迎接侍候。如是堂官，则有四名皂隶在前面扬声喝导而进；如是司郎官，则有一名皂隶导引，只作遏声。清前因居士咏此官派云："京官体统亦尊荣，舆从临衙皂隶迎。分引诸司惟有遏，堂官对导共扬声。"

三、住宅要讲官派，表现之一是讲求宅第宏敞气派。如李慈铭在经济拮据的情况下仍愿出高价租赁宏敞的大宅。同治十三年（1874）起，他租居位于北京保安寺街的故闽浙总督季文昌的旧邸，其邸有屋二十余楹，有轩有圃，花木葱郁，气派阔绰。当时他的年收入是123两银子，而房租就达48两。表现之二是在宅门上贴上可以显示官派官威的"封条"。北京宣南一带官宅多贴有标有官衔和禁人"喧哗"字样的"封条"，以壮观瞻，以示荣耀，以警行人。有两首竹枝词是咏封条上标有官衔的："陆海官居各表之，衔条比户贴参差。长班领客无须问，但到门前便得知。"（《日下新讴》）注云："京城内外有职者，于所居临街大门之上，各贴官衔封条。""居官流寓仕京朝，门示头衔壁上标。待得春秋亲校士，红笺添并两封条。"（《燕京杂咏》）注云："官宅禁示闲人。"红条书主考官姓名、职务，"贴大门以示荣"。又有两首竹枝词咏贴封条禁人喧哗。其一："封条处处禁喧哗，小小门楼也宦家。为问何人曾入仕？舍亲始祖作官衙。"（《草珠一串》）其二："每做京员势必添，两条四块甚威严。喧哗禁止偏难止，多半门前壮仰瞻。"（《增补都门杂咏》）关于禁喧哗的字样和所谓"两条四块"，《官场现形记》描写道：京官吴赞善家的"大门之外，一双裹脚条，四块包脚布，高高贴起，上面写着甚么'詹事府示：

不准喧哗，如违送究'等话头。"

四、吃饭讲排场，讲派头。一些官员食必方丈，根本吃不了。待客时，客已停箸，菜肴却仍在上桌。知县大老爷吃饭的仪节是：一个神气活现的家丁快步跑到签押房门口，把门帘高高打起，大喊一声："请大老爷吃饭啦！"喊完再撑着门帘恭敬地肃立在那里侍候。

五、摆官谱、讲官派对于官瘾十足的人来说，成为不可缺少的东西。有的求官者官位还没到手，就摆起了官谱；有的官却在已经失掉官职后，仍在摆官谱。《官场现形记》里有个黄某，祖上办盐，"到他手里，官兴发作，一心一意地只想做官。没有事在家里，朝着几个家人还要'来啊来'的闹官派"。某都统被革职回到家乡，但官习不改。每天起床后吸鼻烟时，便有仆人持官衔手本数十份，立在旁边，依次呼手本上的姓名："某大人拜会——""某老爷禀见——"然后躬身待命。都统吸完烟，便挥手令仆人出去。仆人走至中门，再大声呼曰："道乏——"（拒见客人的客气话，意谓你辛苦了一趟）。如此程式，就像演戏一样。每日行之，都统便觉得心神舒泰，否则便寝食不安，如患心病一样。

六、许多官僚自己摆谱还不够，家人婚丧做寿也要大讲排场。晚清上海知县叶廷眷上任三年，其母做寿的排场一年比一年大。以寿筵为例，同治十一年（1872）为烧烤二席、鱼翅十三席、次等鱼翅十二席；十二年变为烧烤二席、燕菜二席、鱼翅十四席、次等鱼翅十席；十三年又变为烧烤三席、燕菜十席、鱼翅二十一席，另送同乡三十席（中等鱼翅五席、次等鱼翅十三席、海参十二席）。对本衙和外衙随官前来贺寿的差役仆人也请吃寿面、给赏钱，连县狱里的犯人也赏面赏肉。有一年请吃寿面的数目竟达两千零五十碗。

【1834 年的世界首富】

杨红林

1686 年春，广东巡抚李士祯在广州颁布了一项公告，宣布凡是"身家殷实"之人，只要每年缴纳一定的白银，就可作为"官商"包揽对外贸易。令李士祯想不到的是，这一公告竟会在以后的岁月里为中国催生一位世界首富。

垄断清朝海上外贸，广州十三行成为暴富群体

17 世纪后期，康熙皇帝暂时放宽了海禁政策，来华从事贸易的外国商人日益增多。于是，广东地方政府于 1686 年招募了 13 家较有实力的行商，指定他们与洋船上的外商做生意并代海关征缴关税。从此，近代中国历史上著名的"广州十三行"诞生了。

在以后的发展中，这些行商因办事效率高、应变能力强和诚实守信而深受外商欢迎。

乾隆二十二年（1757），清朝下令实行闭关锁国政策，仅保留广州一地作为对外通商港口。这一重大历史事件，直接促使广州十三行成为当时中国唯一合法的"外贸特区"，从而给行商们带来了巨大的商机。在此后的100年中，广东十三行竟向清朝政府提供了全国40%的关税收入。

所谓的"十三行"，实际只是一个统称，并非只有13家，多时达几十家，少时则只有4家。由于享有垄断海上对外贸易的特权，凡是外商购买茶叶、丝绸等国货或销售洋货进入内地，都必须经过这一特殊的组织，广东十三行逐渐成为与两淮的盐商、山西的晋商并立的行商集团。在财富不断积累的过程中，广东十三行中涌现出了一批豪商巨富，如潘振承、潘有度、卢文锦、伍秉鉴、叶上林等，以至于当时就流传有"洋船争出是官商，十字门开向二洋。五丝八丝广缎好，银钱堆满十三行"的说法。在后世看来，这些行商无疑是当时世界上最富有的人。有记载称，当1822年广东十三行街发生了一场大火灾时，竟有价值4000万两白银的财物化为乌有，甚至出现了"洋银熔入水沟，长至一二里"的奇观。

在广东十三行中，以同文行、广利行、怡和行、义成行最为著名。其中的怡和行，更因其主人伍秉鉴而扬名天下。

资产2600万银圆，曾是英国东印度公司最大的债主

2001年，美国《华尔街日报》统计了1000年来世界上最富有的50人，有6名中国人入选，伍秉鉴就是其中之一。

伍秉鉴（1769～1843），又名伍敦元，祖籍福建。其先祖于康熙初年定居广东，开始经商。到伍秉鉴的父亲伍国莹时，伍家开始参与对外贸易。1783年，伍国莹迈出了重要的一步，成立了怡和行，并为自己起了一个商名叫"浩官"。该商名一直为其子孙所沿用，成为19世纪前期国际商界一个响亮的名字。1801年，32岁的伍秉鉴接手了怡和行的业务，伍家的事业开始快速崛起。

在经营方面，伍秉鉴依靠超前的经营理念，在对外贸易中迅速发财致富。他同欧美各国的重要客户都建立了紧密的联系。1834年以前，伍家与英商和美商每年的贸易额都达数百万银圆。伍秉鉴还是英国东印度公司最大的债权人，东印度公司有时资金周转不灵，常向伍家借贷。正因为如此，伍秉鉴在当时西方商界享有极高的知名度，一些西方学者更称他是"天下第一大富翁"。当时的欧洲对茶叶质量十分挑剔，而伍秉鉴所供应的茶叶曾被英国公司鉴定为最好的茶叶，标以最高价出售。此后，凡是装箱后盖有伍家戳记的茶叶，在国际市场上就能卖得出高价。在产业经营方面，伍秉鉴不但在国内拥有地产、房产、茶园、店铺等，而且大胆地在大洋彼岸的美国进行铁路投资、证券交易并涉足保险业务等领域，使怡和行成为一个名副其实的跨国财团。

伍秉鉴还因其慷慨而声名远播海外。据说，曾有一个美国波士顿商人和伍秉鉴合作经营一项生意，由于经营不善，欠了伍秉鉴7.2万美元的债务，但他一直没有能力偿还这笔欠款，所以也无法回到美国。伍秉鉴听说后，马上叫人把借据拿出来，当着波士顿商人的面把借据撕碎，宣布账目结清。从此，伍浩官的名字享誉美国，被传扬了半个世纪之久，以至于当时美国有一艘商船下水时竟以"伍浩官"命名。

经过伍秉鉴的努力，怡和行后来居上，取代同文行成为广州十三行的领袖。伍家所积累的财富更令人吃惊，据1834年伍家自己的估计，他们的财产已有2600万银圆（相当于今天的50亿元人民币），成为洋人眼中的世界首富。建在珠江岸边的伍家豪宅，据说可与《红楼梦》中的大观园媲美。

接触英国鸦片商被林则徐惩处，承担赔款走向没落

作为封建王朝没落时期的一名富商，伍秉鉴所积累的财富注定不会长久。就在他的跨国财团达到鼎盛时，一股暗流正悄然涌动。1840年6月，鸦片战争爆发。尽管伍秉鉴曾向朝廷捐巨款换得了三品顶戴，但这丝毫不能拯救他的事业。由于与英国鸦片商人千丝万缕的联系，他曾遭到林则徐多次训斥和惩戒，还不得不一次次向清政府献出巨额财富以求得短暂的安宁。《南京条约》签订后，清政府在1843年下令行商偿还300万银圆的外商债务，而伍秉鉴一人就承担了100万银圆。也就是在这一年，伍秉鉴病逝于广州。

伍秉鉴死后，曾经富甲天下的广东十三行开始逐渐没落。许多行商在清政府的榨取下纷纷破产。更致命的是，随着五口通商的实行，广东丧失了在外贸方面的优势，广东十三行所享有的特权也随之结束。第二次鸦片战争爆发后，又一场突如其来的大火降临到十三行街，终于使这些具有100多年历史的商馆彻底化为灰烬。

【慈禧如何应对政治斗争】

李扬帆

其一 男与女

慈禧引起人们的兴趣，在很大程度上因为她是个女人，一个末代皇朝神秘的女人。在一个以男权为主的传统社会，慈禧所要面对的不仅仅是内忧外患，还要面对"女人乱政必亡国"的逻辑结论。

晚清中国的失败，是历史积累的结果，并非政策性的、对策性的结果。多年来，论者习惯从结果论英雄，并假设一种可能存在的"合理"的对策以解决当时的内忧外

患问题。须知，慈禧本人在那个男权当道的社会，其实对国家大事并没有完全的决定权，重大对策都是在讨论和各种牵制中决定。

美国学者斯特林·西格雷夫在《龙夫人》一书中认为："慈禧太后不是恶魔，而是一个富有魅力的女人，有很多显而易见的怪癖。在一个女人被当作痰盂一样对待的帝国里，她只是极力想保住自己的位置而已。"1861年咸丰皇帝去世之后，她成了各派政治势力用以支撑门面的摆设。论者认为，在这样一个严酷、恶劣的政治环境中，在险象环生、危机四伏的紫禁城里，作为一个女人，为了避免成为他人刀俎之下的鱼肉，慈禧一生都在做着艰苦卓绝的努力。在西格雷夫看来，慈禧从来就没有实际上控制过这个老大帝国，她只是那些握有实权的男人们的摆设：先是恭亲王，后来又有曾国藩、李鸿章、袁世凯等人。此论虽有些过头，但也说明了慈禧不是人们所想象的那样专横跋扈，她在很大程度上只是各种男人力量圈子中的"平衡者"。

历史资料证明，慈禧太后并非"浅薄无识"，她还曾经亲自教身边女官、侍者学习国学以及西洋知识。而所谓中国的命运在她手中变得衰败没落，更是颠倒因果的结论。同时，假设不能代替历史的真实性。也有论者对慈禧的本性进行歧视，比如认为"西太后原是个阴险狠毒、睚眦必报、狐狸其貌而虎狼其心的泼妇人"。此处应该反问的是，处于当时那种险恶政治斗争环境中，男性或女性的所作所为，能有多大差别？为何偏用如此歹毒的语言描述一位政治人物，是否因为她是个女人？

其二　内与外

慈禧当政期间（1860～1908），虽然后期"还政"，但是大多数时间里她仍是决策的核心人物。在其执政时期，面临内忧外患，她实现了君臣和衷共济。

慈禧对汉臣的倚重，当首推曾国藩和李鸿章。尤其后者"坐镇北洋，遥执朝政，凡内政外交，枢府常倚为主，在汉臣中权势为最巨"。他们二人去世相隔近30年，慈禧在他们去世后均表达了万分的痛惜。比如，李鸿章因为和列强周旋（主要是和沙俄谈判收复东北）时累死，尚在回銮途中的慈禧太后"为之流涕"，"震悼失次"。对于多年前去世的曾国藩，在她与曾国藩之子曾纪泽的谈话中可以看出她的心理，她说："也是国家运气不好，曾国藩就去世了。现在各处大臣，总是瞻徇的多。"当曾纪泽说"李鸿章、沈葆桢、丁宝桢、左宗棠均忠贞之臣"时，慈禧说道："他们都是好的，但都是老班子，新的都赶不上。"既表达了她的惋惜又表达了她的用人之道——一种放眼长远的战略。

于内政方面，慈禧一直被当成守旧派的总后台。其实，她是一个在各种政治势力之间回旋纵横的政治家，而不是简单地用一种标签就可以定性的人物。她一直支持洋务派，但是又经常遭到清流派和顽固派的抵制。为了教训这两个在朝廷中重要的派系，她采取了相当策略的手段。

至于义和团一事，一般认为慈禧顽固地对八国的宣战是其仇外的例证。此事的关键，在于她是否真的是控制局面的幕后策划者。

综合学者们的考证及多种记载，有四股力量影响甚至控制了慈禧：一是义和团本身，他们把慈禧吓得半死。她说："我做梦也没想到这场拳乱会给中国造成这样严重的后果。"二是端王等皇族贵胄，他们才是唆使并胁迫慈禧的幕后人物。三是要借这个事件削弱王公力量的大臣，比如李鸿章。四是西方列强，列强们早已迫不及待地要扩大对华侵略的果实。

面对此种变故，慈禧最终被上述各种力量裹胁，按照他们的意图，几近疯狂地对八国宣战，她不过是当时群体无意识的一个代表。慈禧的行为，也难以从一两句话中得出盖棺之论。

其三　新与旧

现在我们所看到的慈禧的油画像和照片尽管都是 1903 年后的作品，但是，从年近七旬的这位太后的气质和特意的装扮中，分明能看出她力图留住青春和权力的最后努力。晚年的慈禧，奋力地证明自己并不是老去的顽固的旧人。

慈禧在其锐意进取的时代（1895 年以前），是积极支持洋务运动的。其中，以重塑中国国防最为重要。尚在 1875 年，当李鸿章和左宗棠就"海防"与"塞防"争执不下时，慈禧认为两者并举为是，乃命左为钦差大臣，收复新疆。同时，支持李鸿章为防止日本而开始的筹建海军计划。这是第一次海防之争时慈禧的态度。

1884 年，当中法战争中福建水师全军覆没后，第二次海防之争开始。1885 年 10 月，慈禧太后发布懿旨："海防善后事宜，著军机大臣、总理各国事务衙门王大臣会同李鸿章，妥议具奏，醇亲王奕譞一并与议，所有左宗棠等条奏各折片，均著给与阅看。"真正具有现代意义的中国海军于当年 12 月 12 日正式成立，这就是北洋海军。慈禧太后对中国海军的支持，从她所说"唯念海军关系重大，非寻常庶政可比"的话中可见一斑。成也萧何，败也萧何。老佛爷要修颐和园，估工银 2000 万至 3000 万两。户部无款可拨，于是，海军衙门大臣奕劻、奕譞等人为讨好慈禧太后，挪用海军军费数百万之巨，发昏的慈禧亲手葬送了其苦心支持的海军，当为定论。

甲午之败，没有敲醒慈禧，却敲醒了一帮书生。书生们勇敢地上书，勇敢组织戊戌变法，反过来才敲醒了慈禧。

慈禧在她生命的最后十年间（1898 ~ 1908），无疑发生了精神和人生上的多重变化。

1898 年底京师大学堂的成立，令人深思地采取了梁启超提出的"中西并用，观其会通，无得偏废"的办学方针。

1901 年 7 月 24 日，清廷明令改总理衙门为外务部，班列六部之前。数千年的夷夏大防的思想从体制上寿终正寝。

1905 年 9 月 2 日，经慈禧太后恩准，清王朝下诏废止科举制。开始于隋炀帝大业元年（605）的帝国考试制度退出历史舞台。

【丁宝桢诛杀慈禧宠宦安德海】

刘向上

清末一代名臣、山东巡抚丁宝桢诛杀慈禧宠宦安德海的故事，虽流传甚广，但知道其中内幕和具体细节的人，恐怕就不多了。笔者在事发地山东济南和泰安等地广泛收集有关资料，撰写了此文。

清朝同治八年（1869）七月初，安德海的两艘太平船沿京杭大运河扬帆南下，一路上以钦差大臣身份出现，沿途一些趋炎附势的地方官争先恐后前去逢迎巴结，讨好安德海一伙。安德海趁机大敲竹杠，中饱私囊。

七月二十日，太平船驶入山东境内，抵鲁北古城德州，安德海令船靠岸，说第二天是他生日，要在船上庆寿，差人们就忙了起来。次日挂起了他从宫中带出来的龙袍，船舱中并排放两把太师椅，一把摆着龙袍和翡翠朝珠一挂，一把坐着安德海。船上俊男妙女都给他磕头拜寿。尔后，浓妆艳抹的女戏子给安德海演了"八音联欢"，十分热闹。运河两岸看热闹的百姓越聚越多，河堤上站满了密密麻麻的人，形成了两道人墙。只见此船头插一面三角形、镶牙边的旗子，旗中绘有一太阳，太阳中间一只三足乌鸦。船两旁挂两面大旗，一面写着"奉旨钦差"，另一面是"采办龙袍"，还有迎风招展的龙凤彩旗多面。安德海大开酒宴，过了有生以来最得意的一个生日。

安德海在德州停船庆寿的消息，像长了翅膀一样，一时轰动德州城。德州知州叫赵新，字晴岚，天津人，咸丰癸卯举人，曾任长清县知县，政绩显著，同治四年调补德州知州。

钦差过境怎没接到"明降谕旨"呢（清朝派遣大臣出京，军机处外发公文，沿途地方官员按礼迎送）？差人下船买东西也没出示"勘合"（清朝奉命出京兵员由兵部签发身份证件，途经各地，不需花钱买东西，可凭证取得地方官府供应的物资）。赵新心中十分纳闷，便带上差人来到城西侧的堤岸察看，见船已出了德州地界，赵新便返回州衙。

赵新召集幕僚商议，问众人那日三足乌鸦小旗是何意。幕僚们回答不出来。赵知州说典故出自《史记》的《司马传》。文曰："幸有三足乌为之使。"安德海挂此旗的意思是暗示人们他是奉西太后的懿旨。赵新随后带两名心腹随从，主仆三人骑快马直奔济南，到山东巡抚衙门（该衙门是明洪武年间齐王府）递上了手本，通报德州知州有要事拜见抚台大人。山东巡抚丁宝桢就把赵新让到西花厅叙谈。

丁宝桢（1820～1886），贵州平远州（今织金）人，字稚璜，咸丰进士，1867年升山东巡抚，是一位刚正激烈、一清如水、铁面无私、不喜趋奉的好官。他对安德海凭西太后之宠，种种不法，早已心中不满。接到德州知州赵新的禀报后，便立召抚院幕僚商议，决定一面拟密折，以600里加急送往北京；一面动用紧急公文，派快马分别下令东昌（今聊城）知府程绳武，驻东昌总兵王心安，济宁知州王锡麟，泰安知县何毓福及沿河各县，对安德海一伙跟踪准备缉拿。

此时，安德海船已行至临清，因河水浅无法前行，他便让人雇用20余辆大车，浩浩荡荡沿大道到了聊城。后又折道东行，直奔泰安，夜宿义兴客栈。

聊城知府程绳武、总兵王心安来到泰安县知县何毓福府上，商量怎样捉拿安德海一伙。泰安知县何毓福，字松亭，汉军镶红旗人。他在京内任监察御史时，曾因参奏安德海而被安陷害入狱。后因证据不足，又因何的母亲是同治的乳娘，才得以释放，贬为泰安七品县令。何知县是跛脚，据说是当时受刑所致，所以何毓福痛恨安德海。他安排泰安参将姚绍修，率领泰安营士兵，把义兴客栈包围起来。何知县同守备刘英魁带领马快、东西两班和补班（外班）冲进客店，很快就把安德海随员逮了，结果不见安德海，何知县和守备刘英魁命士兵严加搜查。

店内灯笼火把一片通明，屋内外、厕所、马棚全搜遍了，还是没有。何知县又命士兵屋内院内仔细搜查，最后终于在院内水井中发现了他。原来他听到动静，见事不妙，自己便带着部分从皇宫盗出来和沿途搜刮来的金、银、珠宝等，进后院把它藏进水井里。士兵发现后，很快把他捉住。何毓福命人将井里藏的东西打捞上来，连人带东西连夜解省。王总兵等带骑兵夹车护卫，天明抵达济南，安德海被押交抚院。丁宝桢命抚标中军绪承参将、臬司潘蔚，把安德海寄押在历城监狱。

安德海是慈禧手下红得发紫的一个权监，何以被山东巡抚丁宝桢在济南捉住？事情总是有前因后果的。究其原因可归结为四个方面：一是安德海为讨好慈禧伤人太众。二是受宠忘形有恃无恐。有一次，山东巡抚丁宝桢叩见慈禧太后，不慎顶戴失落。那时服装不整或佩戴有缺，为之不仪，是对皇上的大不敬。当时，慈禧并没吭声怪罪。安德海却站在一旁，装腔作势地大声说："丁宝桢，你好大胆，竟敢在老佛爷面前失仪，你还要脑袋不？"丁宝桢赶紧捡冠准备戴上时，安德海走近脚一抬把丁宝桢的顶戴踢滚到一旁。三是权欲熏心利令智昏。四是最要命的一点。他在慈禧太后面前得宠后，连同治也不放在眼里，表现十分傲慢，处处事事找小皇上的碴儿，因此载淳恨透了安德海。载淳还是皇子时，就曾因安德海插话接舌，当着慈禧的面大发雷霆，让安德海掌嘴一百。慈禧虽然不大高兴，但为了维护皇子的尊严，也未加阻挡。咸丰死后，6岁的载淳就问："我当皇上，能说杀谁就杀谁吗？"贴身太监问要杀谁，载淳在其手上写了"小安子"。

时机终于来了。同治得知安德海想出京为他置办龙袍，于是灵机一动，来了个"我不管那闲事"。这时宫廷上下都知安德海是找死，却没有一个人出来劝阻。

安德海离京，载淳立即到长春宫绥寿殿去找慈安太后商量。慈安早知载淳有除掉安德海之意，同时也认为安的确是一大祸害，如不除掉后患无穷。但如何除掉他，确实费了一番心计：安德海离京期间，必有折子奏来，只要慈禧不知，事情就好办。于是慈安想出了一个绝妙的办法：以慈禧近日身体欠佳为由，建议让皇帝看奏折，学习处理政事。慈禧也同意，就传懿旨：内奏处的黄匣子先送给皇帝，让皇帝每天下了书房到自己的翊坤宫看奏折。这样一来，就有了剪除安德海的良机。

八月初五夜，丁宝桢亲审安德海。开始安德海傲然兀立，满不在乎不开口。丁便大声喝问："安德海就是你吗？"安德海说："丁宝桢，你连安老爷都不认得，做什么混账抚台？"这时，王心安伸手在安德海头上使劲一按，来了个"泰山压顶"。安德海双腿一软，跪倒在地，他才说是奉西太后懿旨出京。可地方既没见到明发上谕，安德海手中又没有奉准出京的勘合，当然丁宝桢不认可。安德海恼羞成怒，轻蔑地冷笑道："丁大人，你想把我怎样？难道还要杀我不成？"丁宝桢厉声斥道："你携带妇女，擅用龙凤旗，还有小旗子上那玩意儿；你一路招摇，惊扰地方，不要说是假冒钦差，就算果有其事，凌迟处死，亦不为过。"安德海这才软下来，求丁大人高抬贵手，放他一马。丁宝桢为稳妥起见，先把安德海等人押在历城县，并马上修书一封奏明皇上，等候朝旨。

载淳终于盼来了丁宝桢关于安德海的折子。他瞒着慈禧立即召见了恭亲王奕䜣和内务府大臣明善及其他有关大臣，决定让恭亲王马上赶到军机处，命军机大臣宝望执笔拟密旨，将安德海就地正法。旨曰："览奏曷胜骇异，该太监擅离远出，并有种种不法情事，若不从严惩处，何以肃宫禁而儆效尤，着丁宝桢速派干员于所属地方将该蓝翎安姓太监严密查拿。令随从人等，指证确实，毋庸审问，即行就地正法，不准任其狡饰。如该太监闻讯折回直境，或潜往河南、江苏等地，即著曾国藩等饬属一体拿来正法。其随从人等，有迹近匪类者，并著严拿，分别惩办，毋庸再行请旨。倘有疏纵，唯该督抚是问。将此由六百里各谕令知之。钦此。"载淳安排好一切，怕皇额娘闻讯生出变故，特别叮嘱，廷寄明天晚上一定得递到。兵部驿使接旨后，以六百里加急递往山东。

却说泰安在捉拿安德海时，因有几个随从上街玩耍，漏网后连夜跑回北京，后由李莲英将情况禀告了慈禧。所以，皇上的圣旨未到，慈善太后的懿旨就先到了济南。何毓福等人建议丁抚台接旨不开读，因为内容一定是赦安德海，如不遵照执行，便有欺君之罪；如开读，放回了安德海等于放虎归山，将来谁也不会有好果子吃。按规定办没错，太后的懿旨应隆重开读，先供奉起来，建皇亭接懿旨才行。于是，在院东建皇亭。以争取时间等候皇上圣旨的到来。

慈禧得知安德海泰安被捉和他家被抄的消息后，非常生气，派人召见皇帝。慈禧得知是乘她有病而发难，怒不可遏。皇帝同治虽心中十分紧张和害怕，却强自镇静，从容地说："安德海在外边胆大妄为，无法无天；丁宝桢上了折子，怕皇额娘气得病更重了，不敢让皇额娘知道。"慈禧看了折子，问清了"日中三足乌"的意思，更加生气，便问明如何处置。当她得知要就地正法，觉得惋惜心疼，心想：反正我的懿旨比皇上下得早，也许能保他一命，所以，慈禧就没有再追究。第二天晚上，廷寄到了正在焦灼等待的丁宝桢手中。丁宝桢命臬司潘蔚立即批了斩标，由抚标中军绪承监斩。历城知县即刻命人到狱中将安德海提到巡抚衙门，验明正身，几个戈什哈（满族语亲兵）架着被绑的安德海来到西刑场。这时号筒吹响，刽子手大刀一挥，安德海这颗罪恶累累的脑袋便滚落在地上。

事后，慈禧考虑：反正安德海已经死了，人死不能复活。建皇亭接懿旨形式是尊重她；安德海出京犯了大清律，一路僭越无度罪不可赦；丁、何等人奉旨杀安德海名正言顺。不能为了一个奴才，怪罪皇上和大臣。心中虽有不满，但事到如今，也只有这样了，所以再也没有过问。丁宝桢、何毓福等官员杀安为民除害，朝野赞许，闻名于世。

【光绪三年，不堪回首的一页】

董大中

我写过一篇题为《灾难记忆》的短文，在《文汇读书周报》发表，介绍一本叫《光绪三四五年年荒论》的手稿。后来我又得到一本手稿，也是写光绪三年（1877）大旱的。张杰编《山西自然灾害史年表》，综录地方志所记，详尽而具体。其中引述了几部专门著作，有李用清所作《大荒记》、夏县的一块碑记、文水人李钟英所作《悯荒吟》和洪洞县梁培才所作《山西米粮文》等数种。我所得恰巧就是梁培才所作，不过书名和内文都不完全相同。张杰似未见到原稿本，他是从山西省人民委员会办公厅在三年困难时期编的《光绪三年年景录》中引来的。两相对照，我这本手稿似乎更原始一些，也许就是作者的原稿。后附一句"新刻评兵劫歌"，似乎这位作者还刻印了一本《评兵劫歌》。比起方志所记，这些手稿——且称为"专门著作"吧——通俗生动，具体翔实，是很值得推荐给普通读者的。《光绪三四五年年荒论》已作介绍，现在略述这本《山西米粮歌劝世回心文》。

当时人们饿成什么样子？手稿中写道："有几个饿得他容颜改变，有几个饿得他浑身瘦干，有几个饿得他张口大喘……食糟子和麻参还算不错，白土子并干泥当成饭餐。干泥面搅麦秸难吃难咽，咽下去噎得人低头瞪眼。下了肚贴在那无法大便，只憋得面通红眼泪涟涟……"人饿到连泥土都去吃，那情景就很可怕了。我小时候听说，光绪三年的大旱，人吃人、犬吃犬是普遍现象。先前的那本手稿有具体描写，这本手稿更写得令人心寒："有些个狠心人天良不念，每日里带钢刀四下游转。见死人没二话拉回家去，吃人肉烧人骨人油灯点。吃死人原为的腹中无饭，还有那吃活人才算凶险。那些人时刻间僻处藏站，行路人若不防脑后一砖。用钢刀先把你咽喉割断，再把你肚破开摘下心肝。从大腿尽刮得挨近足面，火里烧锅里煮张口恶餐……"以下写把人肉做成丸子搅在树叶里下肚，或充当猪羊肉出卖，教人不忍卒读。

在异常的灾荒年代，摆在人们面前的头等大事，是想法活下去。他们只能为生存而"斗争"，是真正的"生存竞争"，其他一切有关人性的话题都谈不到，这在这本手稿里是看得很清楚的。首先是人性的扭曲："反复来反复去连二连三，尽都是把人情看得寡淡。哪一个能养活一日半天，男女们齐奔去一路不断……"其次是人的价值的贬低，特别是女人："妇女们在大街上东游西转，插草儿卖自身珠泪不干。顾不得满面羞开口呼叫，叫一声老爷们细听奴言。哪一个行善人把我怜念，如同似亲父母养育一般。即便是做妻妾奴也情愿，或者是当使女做个丫鬟。白昼间俺与你捧茶端饭，到晚来俺与你扫床铺毡。你就是收三房我也心愿，或四房或五房我也不嫌……"

这本手稿不同于前一本《光绪三四五年年荒论》的，是对当时的商业活动有较多的描写："众百姓一个个愁眉不展，每日间无度用实实伤惨。抱衣服拿首饰或卖或典，值一串能变的二百铜钱。典当人乱纷纷出入不断，只许回不许当止号停签。当田地卖房屋暂且度难，并无有富豪家置买房产。没奈何把房屋一齐拆散，刨砖瓦揭木料支到街前。松木椽杨木檩门窗格扇，一文钱挂二斤称是加三。有桌椅并板凳围屏榻面，好箱柜绸缎衣瓷器花罐，名士帖圣贤书琴棋古玩，珊瑚顶琥珀坠玛瑙玉环。就是那无价宝也不值钱，三斗麦换去了一所全院……"倒是写起物价来，两本手稿相差不多。在那个时候，物价本没有一定之数，只要能救急，经买卖双方协议，任何一个数字都可成交。连人的生命都不值钱，还有什么能卖到好价钱呢？

灾害过去，往往会有瘟疫流行，光绪三年也是如此。这本手稿写疫情甚为详细，不赘。

据张杰前书，山西省人民委员会办公厅所编《光绪三年年景录》收有一本《光绪三四年年景歌》。我不知道那本《年景歌》跟我前文介绍的《光绪三四五年年荒论》是否一回事。《年荒论》不署名，从内容和文辞判断，作者似为一孝义人。两本手稿均采取"三三四"式的唱词形式，这是受了佛曲（又名宝卷，是明代兴起的一种民间文艺形式，受佛教思想影响很大）影响的缘故。明代以后，佛曲在山西流传极广，平遥、介休一带是我国佛曲两大创作中心之一，对民间文化活动影响极深。佛曲是有说有唱的，以唱为主，唱词多为"三三四"式，也有七字句的，很受大众欢迎。这两本手稿的意义，在于那是最忠实、最详尽的记载，具有重大的史料价值。我读之再三，感慨良多。不在"忆苦思甜"，而在对民间记忆的珍视，对深藏在老百姓中的民间文化的珍惜。既然山西省人民委员会办公厅曾将一些资料编辑成册，内部印行，现在何不将它加以增订，公开出版，既保存了文化，又成了一种很好的读物。

【火焚圆明园的罪魁祸首】

施晓慧

在抢劫和烧毁圆明园的暴行中，有两名英国人和一名法国人是罪魁。其中，两名英国人又是最终决定放火烧毁圆明园的祸首。

一个是埃尔金，苏格兰人，世袭伯爵贵族头衔。他曾任加拿大总督，第二次"鸦片战争"时是派驻北京的高级专员。1861 年调任印度总督，1863 年病死在印度。有英国史学家评论他是"极其野蛮之人"。

另一个是格兰特（当时中国译为"克灵顿"），也是苏格兰人。他是英国维多利亚时代疯狂扩张殖民地的得力战将。晚年埋头著书，逐一记录他所经历的战争，成为英国军训教案。

在格兰特死后出版的《1860 中国战争纪事》一书中，他描写了抢劫和烧毁圆明园的一些情节，字里行间浸透着侵略者的傲慢以及他们决定烧毁圆明园的强盗逻辑。

格兰特是当时进军北京的英国国王龙骑兵的司令。1860 年 10 月 7 日上午，他与埃尔金率军赶到圆明园时，法军已经到达。

格兰特在书中写道："我们发现法军已经扎营在晋见大厅的入口附近，眼前一片可怜的景象：所有东西都被抢劫了。最主要的大殿里摆满了精美高贵的玉石、最精致的雕刻、富丽堂皇的中式古瓷瓶、彩釉瓶、青铜器和无数美观的钟表，其中许多钟表是英国和其他国家驻华大使赠送的礼物。

"法国将军蒙托班狡猾地对我说，他保留的任何财宝可以分给英国一半……我和蒙托班达成协议，所有留下的财宝应该双方军队平分……蒙托班告诉我，他已经发现了两根用黄金和绿色翡翠制作的权杖。他说一根给我，作为献给英国维多利亚女王的礼物；另一根他留下，献给法国拿破仑皇帝。

"第二天，即 10 月 8 日，在夏宫（圆明园）的一座庙中又发现了大量金银，另一间屋中装满了华贵的丝绸和皮毛。这些财宝被平分给法军和英军。

"10 月 10 日，留守北京的恭亲王奕䜣请求去看看夏宫。我同意了，给他派了护卫队……奕䜣自己坐在一个小湖边，头埋在两手中，放声痛哭。他说，什么都丢了，他自己真不如死了……"

据称，当时英军有二十几个俘虏被清军押在这里。英军为他们被杀的俘虏举行葬礼后，格兰特写道："埃尔金和我认为，必须让中国皇帝见到严厉的惩罚，让他们付出代价。我们最后决定，烧掉这座壮丽的夏宫。法国将军蒙托班反对这个摧毁行动，不与我们合作。"

对此次行动的理由，格兰特在给上司的报告中写道："我荣幸地指出我希望摧毁圆明园的理由。第一，因为囚犯在那里受到了残忍的对待，手脚被绑3天，不给吃喝；第二，中国政府违反了国际法律，英国要更永久地表示我们对这种残忍方式的感觉。如果我们现在和平地签署条约和撤退，中国政府将以为我们的同胞可以被抓和谋杀而不受处罚……当时我们已经探知，圆明园被认为是中国最重要的地方。摧毁它完全是为了打击中国政府……我进一步支持埃尔金，并要求参加行动。"

格兰特最后写道："10月18日，约翰·米切尔将军的军队和更多的骑兵进军到那里，整个建筑群在大火里燃烧，火光冲天。我也为毁掉如此多的古老壮丽的宫殿悲伤，感觉是一种不文明的行动。但是我相信作为对中国谋杀欧洲外交使节和违反法律的进一步警告，是必要的。我们已经写信给恭亲王，陈述了我们烧宫殿的意图，要求赔偿30万两白银给被杀的囚犯家庭。法国也以同样目的，要求赔偿20万两白银。恭亲王答复：钱马上付，条约准备10月23日签署。"

【清代监狱千奇百怪的敲诈勒索花样】

西门送客

按说死刑犯最难敲诈了，但刽子手勒索起来更是触目惊心。譬如家中有钱的死囚，刽子手往往派他的同伙去找亲属谈，其中对要凌迟碎剐的，就威胁说："要是顺从我的话，当时先刺心脏，给个痛快；要不然，四肢剐完了，人还有气。"这就是清代监狱里的狱卒和刽子手勒索犯人的手段，像这样黑暗的一幕，在清代监狱里比比皆是。

清朝文学家方苞在文章《狱中杂记》中，把他自己当年被关在牢狱的所见所闻全记录了下来。即使今天读来，狱中公权私用，官府的权力被那些牢役用来给自己牟利，其敲骨吸髓，手段之残忍，仿佛人间地狱，着实恐怖。

监狱就是鬼门关

方苞在文中说，康熙五十一年（1712）三月，他当时被关在刑部监狱，看见每天都有三四个犯人死掉后便从墙洞里拉出去。见他吃惊，同一牢房的原洪洞县杜县令走过来告诉他说，这还算好的，今年气候还好，死的人不多，往年发瘟疫的时候，每天都要死十几个人呢。

方苞问怎么会这样，杜县令说："狱中有老监四座，每座有五间房子，牢役们只开当中那间的窗户和天窗透气透光，旁边的四间都不开窗，但里面经常关着二百多个犯人。每到晚上，牢门落锁，天亮才开，犯人拉屎拉尿全在里面，气味极其难闻。冬天的时候，一些穷的犯人没有被褥，就在地上睡觉，哪能不生病？所以深更半夜的时候，有人死了，活人也只得和死人脚靠脚、头靠头地躺着，监房里疾病传染，死的人当然也就多了。"

说到这儿，杜县令恨恨地说："也真是可怜，那些杀人越货的强盗和惯犯，他们精气特别旺盛，倒基本不生病。那些得病死的，反倒是那些罪轻被押或者被牵连的，或者被当作人证暂时羁押的。你说这不是荒唐吗？"

方苞便问："京师不是还有顺天府的监狱和五城兵马御史衙门的监狱吗，怎么刑部监狱里关的犯人这么多啊？"杜县令说："你不知道，近年来的案件，只要案情稍微重一点，顺天府、五城兵马御史衙门就不敢管；而掌管京城九门守卫的步兵统领抓的犯人，也被放在刑部监狱关押。那些衙门的书吏、狱官、禁卒们，觉得关的人越多，就越有利可图，所以稍微有点牵连的，就一定想方设法捉进来。"

说到这里，杜县令叹道："这里就是鬼门关，进来了不死也得脱层皮。不管你有罪无罪，先给你戴上脚镣手铐。让你吃尽苦头，等到你受不了，就进来劝你找保人，然后估计你家里有多少财产好勒索。勒索来的钱，这些人就瓜分了。比如，要去掉脚镣手铐关到老监外面，得要好几十两银子。至于那些榨不出油水的穷犯人，那就倒霉了，戴上刑具关押，一点也不会客气，还要用他们来警戒其他犯人。"

触目惊心的勒索方式

据说山西阳高县有个叫黄升的人，被无辜牵连进了牢房。牢役们先把他用链子锁在尿缸边，那链子套在他的脖子上，坐也坐不下，只能靠着栅栏半蹲着。拘了大半天后，牢役们出来和黄升谈价钱，说："你想舒服呢，也不难，就看你肯出多少钱。你看，里边屋里，铺盖和桌子啥都有，你要吃什么也行，但住那屋得有条件。"黄升问他什么条件，牢役们说："进那屋花 50 吊。你要再花 30 吊，就帮你去掉链子；地下打铺也是 20 吊，住高铺加 30 吊。你要吃菜吃饭，哪怕是吃鸦片烟，我们都可以代办，按次算也行，长包也行，还可以给你便宜点，反正都有价钱。"

倒霉的是这个黄升当时身上没带钱，牢役们见自己说了半天没收获，大怒，众人便一拥而上，将他打个半死，又罚站一夜，第二天家人送钱来才放了下来。

按说死刑犯最难敲诈了，但刽子手勒索起来更是触目惊心。譬如家中有钱的死囚，刽子手往往派他的同伙去找亲属谈，其中对要凌迟碎剐的，就威胁说："要是顺从我的话，当时先刺心脏，给个痛快；要不然，四肢剐完了，人还有气。"对那些判绞刑的，就说："要是顺从我，一绞就断气；不然绞三次，让他慢慢死。"就算是判砍头，没什么技术好要挟，也要留下死人的脑袋做抵押，问收尸的家属要钱。如此一来，那些刽子手往往都能勒索到几十两甚至上百两银子。只为减少犯人的痛苦，那些没钱的家庭，往往把自家的财产当光，去贿赂那些人。真碰上那些一点钱都没有的，那就不客气了，往往要按照前面威胁的那样来行刑。

就连负责捆绑犯人的衙役也生财有道，谁要是不肯掏钱的话，这些人就乘捆绑的时候折断犯人的筋骨。譬如每年秋天各地都要集中处决犯人，为了震慑那些犯人，往往有陪绑制度，也就是说，捆绑到行刑地等待执行死刑的，有十分之三四，其他的只是陪绑。那些在捆绑时没交钱的，被弄伤后往往要好几个月才能痊愈，有的甚至被弄成残废。

监狱中的潜规则

方苞曾劝一个老牢役说："你们跟那些犯人没仇没恨的，不过想得点财物。那些穷人要真没有，你们就不能当做点善事放过他们吗？"那人冷笑道："放过他们？我们这是为了立下规矩，警告其他犯人，要不这样的话，那不人人都心存侥幸，不肯掏钱？"

见他不明白，那老牢役说："这里面是有学问的。比如同案被捕的三个人，同样刑具拷打，一个人给了 20 两银子，他骨头受了点轻伤，养了一个多月才好；第二个人多给了一倍的银子，只受了点皮肉之苦，20 天后就好了；第三个人比第一个人多了 6 倍的银子，打完后，当天晚上就健步如飞，跟平时没啥两样。这要是没有差别，哪个人肯多出钱呢？这就是规矩，规矩是不能坏的！"

熟谙官场的老手还在后面。有某姓兄弟二人，犯的把持公仓的大罪，依律当斩立决。判决下来后，管文书的书吏说："你们给我 1000 两银子，我有办法让你们不死。"两兄弟大惊，问他有什么办法，书吏说："这也不难，我另准备一份判决词，原文不用改动，只不过把后面两个没有家属和亲戚的同案从犯的名字来换你们两个，等到案文加封上奏的时候，偷偷地换一下，反正他们死了没人给他们喊冤。"

另一个书吏有点担心，说："这样做，死掉的人固然没什么问题，但万一主审官发现怎么办？如果让他们发现，我们就活不成了。"管文书的书吏笑道："这你尽管放心，他要发现的话就得重新上奏请示，重新开判决词，我们这些人固然活不成，但主审官也得一个个罢官走人，对他们来说，这只不过是两个不相干的人，又没人喊冤，多一事不如少一事，他们是不会认真对待的！对他们来说，保住自己的官职比什么都重要，我们这些人，又有什么可怕的呢？"

后来，这个人还真就这么干了，结果两名可怜的从犯被处了死刑。主审官后来发现了，被吓得口张舌翘，却也不敢追究。方苞在文中说，他在狱中还见过这两兄弟，同牢房的犯人指着他们说："这两人就是用谁谁的命换他们脑袋的。"

《狱中杂记》最后还说，有些奸狡的人因长期被关在牢里，干脆和狱卒内外勾结，不出去了，他们在牢里负责惩罚犯人，帮狱卒勒索财物，自己也捞了些钱。比如山阴县有个姓李的，因杀人被关在监狱里，用这种办法每年也能搞到几百两银子。

【一边借款，一边抓人——1910 年清政府拯救股市始末】

雪珥

今天，我们为自己所持股票被套和股市动荡而恐慌，1910 年的中国人也有过同样的经历。当年的夏季，清政府一边忙着抓捕各犯案金融机构的责任人，一边到处借款大举拯救股市，高官们甚至也奉旨亲临上海"灾区"现场办公。清政府救住这场股灾了吗？

1910 年的夏季，大清政府为拯救股市忙得汗流浃背。

那一年，席卷全球的橡胶股市"奔牛"终于趴下，熊市卷土重来。东南亚橡胶企业，约有 1/3 在上海上市，令上海成为全球橡胶股市的"发动机"之一，吸纳的中国资金高达 4000 多万两白银，将近国家财政年收入的一半。

如今，"发动机"骤然停火，股票狂跌。正元、谦余、兆康三家钱庄，率先于 7 月 15 日、16 日 2 天倒闭。这三家钱庄的庄主，把钱庄当作私人提款机，滥发庄票，大肆炒作橡胶股票，结果股市狂跌后，造成数百万两资金被套，周转失灵，只好关门大吉。

上海市面立即大为恐慌。外资银行见状，为免遭池鱼之殃，准备收回拆借给中国钱庄的所有资金，这等于是火上浇油。随后，森源、元丰、会大、协大、晋大等钱庄相继倒闭。

在危机面前，上海地方政府的行动可谓相当迅速。在正元钱庄等停业的当日，就将相关钱庄的有关人员及账本等控制羁押。上海道台蔡乃煌与商会人士紧急磋商，决心政府救市。

蔡乃煌携商会会长周金箴 7 月 18 日乘坐专车前往南京，向上司两江总督张人骏汇报请示，返途中又到苏州向另一上司江苏巡抚程德全请示。当时钱庄的信用已经崩溃，从外资银行再借款的话，必须由政府出面进行担保。张人骏立即电奏朝廷，北京随即批示，同意由政府出面担保钱庄从外资银行借款，以维持市面。北京外务部将此救市决定照会各国驻华公使。

汇丰、麦加利、德华、道胜、正金、东方汇理、花旗、荷兰、华比等九家外资银行，8 月 4 日向上海借出了总数为 350 万两的款项，钱庄则将相应数额的债票押给银行，由上海道台在债票上盖章背书，作为政府担保，钱庄还款后债票交道台注销。这么大笔的紧急借款，各外资银行并未趁机收取高息，年息只有 4 厘，大大低于市场行情，等于金融援助。但为了防止"大清特色"的人亡政息，合同中特别约定了本项借款"由现任道台及后任道台完全担保"。

在出面担保借款之外，清政府亡羊补牢，抓捕各犯案金融机构的责任人。当时最重要的责任人、正元钱庄的股东陈逸卿，因是外商的买办，受到美国政府的庇护，美国政府拒绝由中方进行审讯和逮捕。而兆康钱庄的股东唐寿江曾经花钱买过三品的道台顶戴，也算是个"红顶商人"，两江总督张人骏只好先请旨将其革职，然后查抄家产，但刚摘掉了这位唐寿江的"红"帽子，又发现他还戴了顶"蓝"帽子——他已经加入了葡萄牙国籍，拿着洋人的"派司"，是外籍华人了。张人骏也不示弱，赶紧"依法办事"，查出了葡萄牙民法有明确规定，不准他国的官员申请入籍，而唐寿江毕竟是大清国的堂堂三品道员，正好不符规定，照抓不误。

一边借款，一边抓人，眼看在政府的干预下，上海的市面稳定了下来。但上海的股灾幕后，还有着政府行为失措的深层原因。

作为中国乃至远东的金融中心，上海不仅集纳了中国民间的大量资金，而且集中了清政府的主要海关收入及对外的巨额赔款。1904 年，大清商务部（简称"商部"）就盯上了这笔国有资金，向慈禧太后打了个报告，说这笔国有资金闲着也是浪费，不如在动用前先拿来生息，算下来每年可得近五十万两，划给商部使用，就可以推行一些新政，这"实于商务大有裨益"。在官员们信誓旦旦下，老佛爷便同意了将上海的国有资金投向"殷实庄号"生息。表面看来，这是一桩官民双赢的好事，但如何选择"殷实庄号"、利息如何计算，就完全属于经办官员们"研究研究"的范围内了。在上海的橡胶股票投机狂潮中，这些巨额的国有资产，自然也通过"殷实庄号"的渠道大量地流入了股市，对股市起到了巨大的哄抬作用。

危机的第二冲击波来自上海最"牛"钱庄源丰润。源丰润老板严义彬不仅是个"红顶商人"，而且"红得透顶"：他的钱庄吸纳了大量国有资金的存款，甚至连由政府担保、刚从外资银行借到的救市款，也有很大一部分先存在他的户头上。更为牛气的是，纯国资的海关收入，按规定应存在官银号中，但海关银号"源通"也是这位严义彬名下的资产。这样"又红又专"的钱庄，在危机中便俨然中流砥柱，而官员们也以"维护老严就等于维护上海的稳定"这样冠冕堂皇的理由，将公款尽量长时间地留在他的账上。问题是，"牛"透了的源丰润却已外强中干：严义彬的另一钱庄德源，在股灾中亏损严重，源丰润的资金被大量抽去挽救德源，源丰润其实已经被蛀空。

被蛀空了的源丰润终于被一阵来自北京的微风吹倒。9 月 27 日，是清政府向西方列强支付当期"庚子赔款"190 万两的最后日期，但在还剩 9 天的时候，上海道台蔡乃煌突然致电度支部（"财政部"），说赔款专用的 200 万两白银都存在各钱庄，无法提取，请求由大清银行紧急拨银 200 万两垫付。度支部认为，这是拿稳定市场作为借口，骨子里是地方官们"罔利营私"，立即对蔡乃煌进行弹劾，并警告说："倘此次无银应对，外人必有枝节，贻误不堪设想。"一看可能惹出外交麻烦，清廷被震怒了，立即下令将蔡乃煌革职，并命令两江总督、江苏巡抚等会同蔡乃煌，必须在 2 个月内将所有经手款项缴清。

巨额公款提取后，源丰润终于轰然而倒，余波殃及全国。清政府无奈，又只好出面救市：一方面从大清银行紧急调款100万两到上海，另一方面再由政府出面担保，从汇丰银行借款200万两，给各钱庄应对危机。张人骏、程德全等高官，也奉旨亲临上海"灾区"现场办公。

一边是体制层面的"放火"，一边是技术层面的"救火"，大清国在不断的自我折腾中，迅速地消耗着残存的能量。此时，辛亥革命的曙光，已经隐隐出现在天际……

【李鸿章日本议和秘闻录】

佚 名

1895年甲午一战，李鸿章苦心经营20年的北洋海军全军覆没。对于李鸿章而言，甲午战败是他一生的耻辱，签订《马关条约》更是他一生最大的耻辱。熟悉外交事务的李鸿章，不得不听从蕞尔岛国晚辈伊藤博文的摆布。

战前，李鸿章在1894年6月中旬曾经请俄国和英国驻华公使出面调停中日之争。但英国人此时正想拉拢日本制衡沙俄，不愿意蹚这浑水。英国领事曾告诉李鸿章，英国政府请日本与中国共同退兵。但也仅此而已，别无下文。俄国公使喀西尼也告诉李鸿章，沙俄政府会不惜以逼迫的手段压制日本人。李鸿章信以为真，一心等待俄国人出面，但最终不见动静，导致军事部署被动和延误。

平心而论，甲午战争的失败，并非李鸿章一人之责，而是清政府腐败所致。由于海军军费被挪用修建颐和园，自1889年以来，海军未添新舰，未置新炮，连弹药也多为过期、不合格、不配套的产品。北洋海军在作战中，炮弹发射速度慢，炮位少，炮弹击中敌舰要害部位后竟穿而不炸。北洋海军被日军围堵在威海卫之际，清政府竟不发援军，眼看着舰队被日军围歼。舰队外籍顾问又伙同候选道牛昶炳等人，威逼北洋水师提督丁汝昌签字投降。眼见大势已去，生性懦弱的丁汝昌不禁悲从中来，服毒自尽。

日本人点名要李鸿章出面谈判

仗打到这个分上，派员议和已不得不提上议事日程。李鸿章左思右想，觉得如果在日本志得意满、趾高气扬之时，派大员贸然前往，恐怕会遭日方奚落。因此，他在给恭亲王奕䜣的信中，提出了一个出人意料的建议："在下与张荫桓等人再三商量，觉得现在只想派一名忠实可信的洋员前往，既容易得知对方的意图，又不会引起对方的怀疑。"李鸿章最终选定的这个人物，就是在天津海关工作20余年的德国人德璀琳。

对于德璀琳，李鸿章在同一封信中写道："德璀琳在天津工作二十多年，对我很忠心，中法议和等事他都暗中相助。先前伊藤博文到天津与我订约时，他认识伊藤幕僚中的一位英国人，于是又从中相助，很是得力。如果让他前去日本酌情办理讲和一事，或许能够相机转圜。"

在日本方面，外相陆奥宗光在得知清政府准备派洋人来日本代为商谈议和事项之后，马上与首相伊藤博文进行会商。他们认为，现在还不是与清廷停战的最佳时机，日本应力图扩大战果，占领东三省部分领土，以此来逼迫清政府做出更大的让步。更何况，清政府此时派来的是一名洋人，很可能是来打探虚实的，日本政府不得不防。因此，二人商定不见德璀琳，迫使清政府派出更高规格的代表。

德璀琳碰了一鼻子灰，灰溜溜地回到中国。1895 年 2 月 1 日，清政府又派张荫桓和邵友濂二人赴日，到达日本人指定的谈判地点广岛。但伊藤博文对二人百般刁难，甚至不允许他们发密电和北京取得联系。到达日本的第二天，双方互换国书。伊藤博文发现张荫桓和邵友濂所携带的国书文字中有"一切事件，电达总理衙门转奏裁决"字样，遂认定二人授权不足，与国际谈判的惯例不符，于是拒绝与他们谈判。张荫桓和邵友濂急忙写信给陆奥宗光，申明光绪皇帝的确向他们授予了议和全权。日本方面依然不依不饶，甚至驳回了张荫桓和邵友濂发电报给国内修改国书文字的请求，还借口说广岛是日本军事重镇，不许闲杂人员逗留，将张荫桓和邵友濂赶到了长崎。

就在张荫桓和邵友濂被日本政府拒绝的当天，伊藤博文与使团随员伍廷芳进行了一次谈话。伊藤博文问伍廷芳："你方为什么不派遣重臣来呢？请问恭亲王为什么不能来敝国？"伍廷芳答道："恭亲王位高权重，无法走开。""那么李鸿章中堂大人可以主持议和，贵国怎么不派他来？"伍廷芳随之反问："我今天是和您闲谈。那我顺便问问，如果李中堂奉命前来议和，贵国愿意订约吗？"伊藤博文自然能够听出伍廷芳的弦外之音，回答得也是滴水不漏："如果中堂前来，我国自然乐意接待，但是也还是要有符合国际惯例的敕书，必须有全权。"伍廷芳又问："那么中堂也要来广岛吗？"伊藤未置可否。

就在这次谈话前后，日军取得威海卫战役的胜利，北洋海军全军覆没。清政府失去了与日本人讨价还价的最后筹码，没有别的办法，只好派李鸿章前往日本议和。

李鸿章不想做"卖国贼"

1895 年 2 月 22 日，李鸿章奉旨进京。此时，日本人再次向清政府表示，他们不仅要清政府赔款，而且要求割地！此时，不管是慈禧、光绪还是满朝文武，谁都不愿意背上这个遗臭万年的罪名，李鸿章自然也不愿意。经办外交多年，李鸿章早尝够了"卖国贼"的滋味，所以，他一定要得到清政府的全权授权，才肯出使日本。

进京次日，光绪在乾清宫召见了李鸿章。围绕是否割地问题，朝堂上争执不下，乱作一团。李鸿章表示，不能够承担割地的责任，更何况连日本人要的赔款现在都无法凑齐。光绪的老师翁同龢等人也说，宁可多赔款，也不可割地一寸。以恭亲王奕䜣为首的一干大臣则认为，如果不答应割地，日本人恐怕不会议和。现在情形危急，日本军队的锋芒已指向北京。为保京师无恙，就只能顺从日本人的心愿。

为了寻求支持，李鸿章再次奔走于各国使馆，希望能得到列强的支持。只可惜此时各国要么已与日本沆瀣一气，要么暗中盘算着自己的"小九九"，准备中日议和开始后坐收渔翁之利。李鸿章的求助行动无果而终。

3月4日，光绪正式下诏，宣布李鸿章为头等全权大臣，予以署名画押之全权。13日，李鸿章等人乘坐德国轮船"礼裕"号和"公义"号，悬挂"头等议和大臣"旗帜，起程直奔日本马关。随同出访的有李鸿章之子李经方、伍廷芳、马建忠，以及美国顾问、前国务卿科士达等。

春帆楼上唇枪舌剑

马关议和之地春帆楼，本是日本医生藤野玄洋于1862年开办的诊所。此楼居高临下，风景秀丽，附近有一处温泉。藤野玄洋医生死后，其女美智子不通医术，但独具慧眼，在这里开了一家河豚料理店。

对于春帆楼，时任日本首相的伊藤博文别有一番感情。当年的伊藤博文经常在马关一带出入，经常光顾美智子的河豚料理店。一日，吃得兴起的伊藤博文从楼上远眺关门海峡，碧波之上的点点渔帆令其感动不已。联想到自己别号春亩，伊藤博文不禁兴致大发，为此店取名"春帆楼"。选此地为谈判地点，想必伊藤博文也打算像日本政府在甲午战争中所做的一样，要拼命吃下清政府这条"河豚"。

1895年3月20日午后2时半，李鸿章一行登上春帆楼。春帆楼上，围着方桌摆放着十多把椅子。日本政府还特别为年逾七旬的李鸿章安排了痰盂。伊藤博文为谈判颁布了四条纪律：一是除谈判人员外，不论何人有何事，一概不得踏入会场；二是各报纸的报道必须经过新闻检查后方可付印；三是除官厅外，任何人不得携带兵器入内；四是各客寓旅客出入，均必须由官厅稽查。此外，伊藤博文还特别宣布：清政府议和专使的密码密电，均可拍发，公私函牍概不检查。从表面上看，好像日本人对李鸿章非常客气，其实，日本人在甲午战争前已成功破译了清政府的密码，中国使团与朝廷往来的电文，日本人一览无余，自然也乐得送个顺水人情。

3月21日，在与李鸿章的首次谈判中，伊藤博文向李鸿章提出的停战条件是：日军占领大沽、天津、山海关一线所有城池和堡垒，驻扎在上述地区的清朝军队要将一切军需用品交与日本军队，天津至山海关的铁路也要由日本军官管理，停战期间日本军队的一切驻扎费用开支要由清政府负担等。伊藤博文明白，山海关、天津一线如果被日军占领，将直接危及北京安全。这个停战条件是清政府万万不会答应的。如果这一停战条件被清政府驳回，日本正好就此继续进攻。尤其狡猾的是，伊藤博文此时隐藏起觊觎我台湾的企图，向李鸿章隐瞒了日军正向台湾开进的事实，企图在日军占领台湾后再逼李鸿章就范。

春帆楼上，中、日两国唇枪舌剑，谈判僵持不下。恰在此时，一桩突发事件改变了谈判的进程。

李鸿章遇刺改变谈判进程

3月24日下午4时，中日第三次谈判结束后，满怀心事的李鸿章步出春帆楼，乘轿返回驿馆。谁知，就在李鸿章的轿子快到达驿馆时，人群中突然蹿出一名日本男子，在左右未及反应之时，照着李鸿章就是一枪。李鸿章左颊中弹，血染官服，当场昏厥过去。一时间，现场大乱，行人四处逃窜。行刺者趁乱躲入人群溜之大吉，躲入路旁的一个店铺里。

眼见主人遇刺，李鸿章的随员们赶快将其抬回驿馆，由随行的医生马上进行急救。幸好子弹没有击中要害，不久李鸿章就苏醒过来。李鸿章毕竟见过大风大浪，面对变故表现得异常镇静，还不忘嘱咐随员将换下来的血衣保存起来，不要洗掉血迹。面对斑斑血迹，73岁的李鸿章不禁长叹："此血可以报国矣。"

李鸿章的伤口在左眼下一寸的位置。所幸的是子弹虽然留在了体内，但并没有伤到眼睛。李鸿章在日本遇刺，立即引起了国际社会的关注，德国驻日公使馆的医生赶来为他看病。各国医生会诊之时，日本医生建议开刀，但德国和法国医生坚决反对。理由是既然这颗子弹对李鸿章的眼睛无害，不如暂时留在体内。他们担心，如果贸然开刀，将会危及李鸿章的性命。

行刺事件发生后，日本马关的警察在很短时间内抓到了凶手。经审讯，此人名叫小山六之助，21岁，是日本右翼团体"神刀馆"的成员。他不希望中日停战，更不愿意看到中日议和，一心希望将战争进行下去。所以决定刺杀李鸿章，挑起中日之间的进一步矛盾，将战争进行到底。小山六之助的想法与日本政府此时的意图大相径庭。日本政府本来拟就的谈判方略是借战争逼迫清政府签订不平等条约，然后见好就收。此时的伊藤博文最担心的就是有什么把柄落在列强手中，让一直虎视眈眈的西洋各国从中干涉，坐收渔翁之利。小山六之助的行为恰恰无异于授人以柄。难怪伊藤博文闻讯后气急败坏地发怒道：这一事件的发生比战场上一两个师团的溃败还要严重！

李鸿章遇刺的第二天，清政府给李鸿章来电，除慰问伤势之外，还指示应趁"彼正理曲之时，李鸿章据礼与争"。当时，如果李鸿章就势回国，再说服列强进行干涉，也许《马关条约》的内容就不会是后来那个样子。可是被列强与日本欺负得没脾气的清政府，压根儿没有想过可以利用列强之间的矛盾，只是担心如果不及早结束谈判，在华日军将会继续制造战端，危及京师安全。

28日，当伊藤博文再次来到李鸿章的驿馆，告之日本天皇已下令停战时，李鸿章不禁喜出望外。他没有想到，几天来在谈判桌上口干舌燥未能取得的战果，竟然会因为自己的遇刺而峰回路转。30 日，中日停战条约签字。

1895 年 4 月 17 日，李鸿章与日本代表签订了丧权辱国的中日《马关条约》。

【甲午年湘军决战日本的檄文】

张 鸣

檄文本是古来国人开仗的时候，用以给自家壮胆，同时吓唬敌人的小把戏，其实用处不大。但古往今来，喜欢玩的人还真是不少。说某人文武双全，就说他上马杀敌，下马草檄，而且下笔千言，倚马可待。

说来也怪，古来流传下来的檄文妙品，往往属于失败者一方。陈琳为袁绍拟的讨曹瞒檄，以及骆宾王为徐敬业写的讨武曌檄，都是可以选入中学课本的佳作。连被骂的对象见了，都击节赞赏或者惊出一身冷汗，医好了头风病。可是写得好，不见得打得好。看来，笔下文章和真刀实枪，的确是两码子事。

前一阵在香港讲学，闲着无聊，乱翻清人笔记，居然发现了一篇这种吓唬人的妙文。此文简直妙不可言，足以跟讨曹瞒檄和讨武曌檄鼎足而三，丢下一句都可惜，所以全文抄在下面，供同好者欣赏：

为出示晓谕事：本大臣奉命统率湘军五十余营，训练三月之久，现由山海关拔队东征。正、二两月中，必当与日本兵营决一胜负。本大臣讲求枪炮，素有准头。十五、十六两年所练兵勇，均以精枪快炮为前队。堂堂之阵，正正之旗，能进不能退，能胜不能败。湘军子弟，忠义奋发，合数万人为一心。日本以久顿之兵，师老而劳，岂能当此生力军乎？唯本大臣以仁义之师，行忠信之德，素不嗜杀人为贵。念尔日本臣民，各有父母妻子，岂愿以血肉之躯，当吾枪炮之火？迫于将令，远涉重洋，暴怀在外。值此冰天雪地之中，饥寒亦所不免。生死在呼吸之间，昼夜无休息祗候，父母悲痛而不知，妻子号泣而不闻。战胜则将之功，战败则兵之祸。拼千万人之性命，以博大岛圭介之喜快。今日本之贤大夫，未必以黩武穷兵为得计。本大臣欲救两国人民之命，自当开诚布公，剀切晓谕：两军交战之时，凡尔日本兵官逃生无路，但见本大臣所设投诚免死牌，即交出枪刀，跪伏牌下。本大臣专派仁慈廉干人员收尔入营，一日两餐，与中国人民一律看待，亦不派做苦工。事平之后，即遣轮船送尔归国。本大臣出此告示，天地鬼神所共鉴，决不食言，致伤阴德。若竟迷而不悟，拼死拒敌，试选精兵利器与本大臣接战三次，胜负不难立见。迨至该兵三战三北之时，本大臣自有七纵七擒之法。请鉴前车，毋贻后悔，特示。（大岛圭介为甲午战时的日本驻朝公使，当时中国舆论认为他是导致中日开战的一个阴谋家）

这篇檄文出自中日甲午战争期间，湖南巡抚吴大澂之手（很大可能是出自其幕僚的手笔），时间是光绪二十年（1895）。当时，北洋水师已在困守刘公岛，离覆没不远。而陆军则从平壤一直退到海城。

吴大澂在晚清，也属于比较开明而且务实的"廉干人员"。在危难时率军出征，而且带的是武器装备以及训练都远不及淮军的湘军，居然能够发出如此气壮如牛的檄文，要在战场设立"投诚免死牌"，并要约日军"接战三次"，让人家"三战三北"，自己则可效诸葛亮，有七擒七纵之法。

当然，吴大澂的部队，还是真的跟日军接战了，并没有说了不练。只是战绩跟淮军一样，打一仗败一仗，"三战三北"的不是日本人，而是他老人家自己。开战的时候，我估计什么"投诚免死牌"之类的也没有立起来。

投降的日本人，一个都没有。一天管两顿饭，以及用轮船送投降的日本官兵回国诸事，自然都谈不上了。倒是被围在刘公岛的北洋水师，全体被俘，被人装在一艘卸除了枪炮的训练舰上，送了回来。

湘军和淮军是中国学西方搞军事现代化的产物，中日开战之前，中国的士大夫，一致认为日本军队，不及湘、淮军远矣。就连世界舆论，也大多看好中国。没想到真的动起手来，如此不中用。两军轮番上阵，结果连一个小胜仗都没有打过。据对阵的日军说，中国兵打仗一上来就乱枪齐放，等到子弹打得差不多了，就是他们撤退的时候了。看来，"精枪快炮"，而且"素有准头"，只是嘴上说说而已。手里不比日军差的洋枪洋炮，所起的作用，倒更像过年放的鞭炮。

【盛宣怀打垮胡雪岩】

时 光

胡雪岩与盛宣怀分属不同的利益集团。胡雪岩的后台是左宗棠，盛宣怀的后台是李鸿章，而左与李有极深的矛盾。这就是胡、盛争斗的缘由。

盛宣怀击溃胡雪岩的案例非常精彩。他采用直击要害的手段，使胡雪岩的财富大厦在短时间内轰然倒塌。盛宣怀先来了个"掐七寸"。胡雪岩每年都要囤积大量生丝，以此垄断生丝市场，控制生丝价格。越依靠某种东西时，就越受制于它。盛宣怀恰恰从生丝入手，发动进攻。他通过密探掌握胡雪岩买卖生丝的情况，大量收购，再向胡雪岩客户群大量出售。同时，收买各地商人和洋行买办，让他们不买胡雪岩的生丝，致使胡雪岩生丝库存日多，资金日紧，苦不堪言。

紧跟着，盛宣怀开始"釜底抽薪"，打现金流的主意。胡雪岩胆大，属于敢于负债经营的那种人。他在5年前向汇丰银行借了650万两银子,定了7年期限,每半年还一次,本息约50万两。次年,他又向汇丰借了400万两银子,合计有1000万两了。这两笔贷款,都以各省协饷作担保。

这时，胡雪岩历年为左宗棠行军打仗所筹借的 80 万两借款已到期，这笔款虽是帮朝廷借的，但签合同的是胡雪岩，外国银行只管向胡雪岩要钱。这笔借款每年由协饷来补偿给胡雪岩，照理说每年的协饷一到，上海道台就会把钱送给胡雪岩，以备他还款之用。盛宣怀在此动了手脚，他找到上海道台邵友濂："李中堂想让你迟一点划拨这笔钱，时间是二十天。"邵友濂自然照办。

对盛宣怀来说，20 天已经足够，他已事先串通外国银行向胡雪岩催款。这时，左宗棠远在北京军机处，来不及帮忙。由于事出突然，胡雪岩只好将他在阜康银行的钱调出 80 万两银子，先补上这个窟窿。他想，协饷反正要给的，只不过晚到 20 天。

然而，盛宣怀正要借机给胡雪岩致命一击。他通过内线，对胡雪岩调款活动了如指掌，估计胡雪岩调动的银子陆续出了阜康银行，趁阜康银行正空虚之际，托人到银行提款挤兑。

提款的都是大户，少则数千两，多则上万两。但盛宣怀知道，单靠这些人挤兑，还搞不垮胡雪岩。他让人放出风声，说胡雪岩囤积生丝大赔血本，只好挪用阜康银行的存款；如今，胡雪岩尚欠外国银行贷款 80 万两，阜康银行倒闭在即。尽管人们相信胡雪岩财大气粗，但他积压生丝和欠外国银行贷款是不争的事实。很快，人们由不信转为相信，纷纷提款。

挤兑先在上海开始。盛宣怀在上海坐镇，自然把声势搞得很大。上海挤兑初起，胡雪岩正在回杭州的船上。此时，德馨任浙江藩司。德馨与胡雪岩一向交好，听说上海阜康即将倒闭，便料定杭州阜康也会发生挤兑。他忙叫两名心腹到库中提出 2 万两银子，送到阜康。杭州的局势尚能支持，上海那边却早已失控。胡雪岩到了杭州，还没来得及休息，星夜赶回上海，让总管高达去催上海道台邵友濂发下协饷。邵友濂却叫下人称自己不在家。

胡雪岩这时候想起左宗棠，叫高达赶快去发电报。殊不知，盛宣怀暗中叫人将电报扣下。第二天，胡雪岩见左宗棠那边没有回音，这才真急了，亲自去上海道台府上催讨。这一回，邵友濂去视察制造局，溜之大吉了。

胡雪岩只好把他的地契和房产押出去，同时廉价卖掉积存的生丝，希望能够挺过挤兑风潮。不想风潮愈演愈烈，各地阜康银行门前人山人海，银行门槛被踩破，门框被挤歪。胡雪岩这才明白，是盛宣怀在暗算他。

不久，一代红顶巨商胡雪岩在悲愤中死去。

面对胡雪岩这样的强敌，盛宣怀如果采用"慢战"，胡雪岩可以应付裕如，绝不会破产。他采取速战法，抓住胡雪岩的要害，突然出手，胡雪岩的现金流一时中断，偌大的基业突然崩溃。

【时常会想念那些抗日名将】

chinese

杨靖宇

1940 年 2 月 22 日，弹尽粮绝、子身一人的东北抗联第一路军总司令杨靖宇将军在辽宁省濛江县（现靖宇县）保安村以西五里的山路上，拦住四个进山砍柴的中国人，与其中一名叫赵延喜的人谈了话，请对方回到山下给自己买双棉鞋和一些吃的。这个叫赵延喜的中国农民答应了，回到屯子里，迎面碰上日本特务李正新，后者也是个中国人，不过是个日夜都想帮助日本人抓到杨靖宇以领取赏金的人。赵延喜一见李正新就害怕了，把发现杨靖宇的消息讲了出来，李正新马上带他去日本警察所。第二天早上日军赶到，杨靖宇壮烈殉国。

周保中

时不时地会想起周保中。1937 年冬，数万日军对东满和下江（松花江下游）地区的抗联第二路军展开大围剿。周保中指挥第四军第五军向西突围，自己则率领第二路军总指挥部向东走，潜入乌苏里江东岸的密山。过了一些日子，因为西征部队失利回到勃利，他又率领自己的小队伍在一天一夜之间，冒着零下四十摄氏度的风雪严寒，从密山走回了勃利。

不看地图的读者不明白，我为什么会时常想起这件事。看地图你就明白了，从密山到勃利，是从黑龙江省的东部走到中部，直线距离就有 200 公里。

老实说，开头我从一位老抗联口中听到这件事怎么也不相信。因为即使你是个身强力壮的男人，要在一天一夜间走完 200 公里山路也是难以想象的。我不相信这件事，就到《周保中游击日记》里去查证。果然，我在一则写于 1939 年 11 月的日记里查到了同样的记载。

周保中将军真是个奇人。哪怕是日寇围困得铁桶一般、第二路军前途最暗淡的日子里，也没有中断逐日写日记的习惯，他仍然坚持记下当日的战况、军情，甚至自己对许多事情的思考。这样一个人，生死肯定早已置之度外，却在记日记这件事上头，认真、执拗得令人惊讶。

可以想象他根本不是为自己写日记。置身于每日生死未卜的战争中，他和与他生活在同一时代的人不需要这些日记，他要写给的只能是时间和历史。

冷云

冷云是八女投江中的八位女烈士之一，是她们的领导者。1938 年 5 月，7 万名日寇对抗联第二路军实施"重点讨伐"，抗联第四军和第五军面临全军覆没的危局，第二路军总指挥周保中决定两军由吉东地区向西方五常一带作长途突围。第四军和第五军的女同志也被合编成一个妇女团，随主力西下。冷云以她渐渐表现出来的干练和坚定，当了这个团的指导员。

冷云她们经历困难突破敌人的重围，到达了自己的根据地边缘。可就在第二天拂晓，日本人包围了她们的宿营地。一个名叫葛海禄的汉奸向日寇告了密（又是汉奸）。但是日本人首先发现的并不是冷云等八姐妹，而是和她们隔开一段距离宿营的以师长关书范为首的男同志。这时冷云她们只要自己不暴露，或许就有机会脱险。但是冷云没这么做，八姐妹决定将日本人引开。原因是很简单的：关书范是师长，他所在的地方就是师的指挥所，面对敌人时，她们有责任保护师长和他的指挥所。于是她们首先向日本人开了枪，日本人被引过来，将八姐妹逼到了江边。关书范被枪声惊醒，带着男同志突围出去。冷云八姐妹子弹打完之后，在投降、被活捉和投江之间，冷云带着她的姐妹们选择了后者。

故事讲到这里，都是众人皆知的情节。然而很多人不知道，并且因此时常让我想起冷云的是：正是这西征归来途中的最后一场战斗，击垮了师长关书范的信心，回到二师不久，他就下山和日本人谈判，接受收编。同时还自告奋勇地回到队伍里来，要说服第五军军长柴世荣和第二路军总指挥周保中也和他一起接受日本人的收编，也就是投降！

一直难以释怀的正是这件事：冷云八姐妹牺牲自己的生命，救出的竟然是一个变节分子。这是她们事先绝对不会想得到的。如果冷云八姐妹死后有知，她们会后悔吗？她们是不会问这个问题了，问这个问题的是我们。我们这些后人原来也鲜有人知道这个，可是自从读了些史料，知道了真相，这颗心就不可能不为这个问题一直疼着了。于是我就再也忘不了冷云八姐妹的牺牲。

赵尚志

1938 年 1 月 1 日凌晨，在我北满抗联西征嫩江遭受重大损失、5 万名日伪军加紧布置对北满联军的最后一次"讨伐"的前夜，北满抗联总司令（时称东北抗联总司令）、威震敌胆的抗日英雄赵尚志越过冰封的黑龙江，前往苏联方面"求援"，随即被扣押，从此失去自由。一年零六个月之后，他终于被释放，率领一支小部队返回东北，而此时整个东北的斗争环境和我军内部环境已发生了巨大变化。赵尚志因"犯有严重错误"而被开除党籍。

赵尚志怎么办呢？赵尚志可以有许多选择。他可以选择申诉，向当时代表中共中央领导东北抗联的中共驻莫斯科共产国际代表团申诉。他也可以破罐子破摔，既然你们东北抗联不要我，我干脆就这样待下去好了。凭他的威望和功勋，没有人会不让他继续待下去。当然还有最后一种选择，那就是你们可以不要我，但是我不能不抗日！

赵尚志没有选择申诉，也没有自暴自弃，性如烈火的他选择了后者。他在攻击鹤立县日伪梧桐河警察署时误入日伪特务的包围圈，壮烈牺牲。

赵尚志直到最后，也没有实现随着他的归来，东北人民会一呼百应，再次掀起一波新的抗日大浪潮的愿望，却实现了自己的另一个心愿。这个心愿是：就是死，我也要死在抗日战场上！

赵尚志死后被运到日伪鹤立梧桐河警察署，日本人欣喜若狂，叫来了当时已经投降日寇的原东北抗联第九军军长李华堂辨认尸体。李华堂在相当长的一个时期内，都曾是赵尚志抗日路线的追随者和赵尚志本人的崇拜者。在一间冰冷的房子里，李华堂一眼就认出了面前的死者就是他矢志追随多年的抗日英雄赵尚志。尽管有不少日本人跟着，他还是哭了，大声喊道：司令，你也这么着了吗？你也这么着了吗？他号啕大哭，被日本人强拉出去。

时常想起这一次的会见。李华堂当时要对赵尚志表示的，究竟是一种什么样的心情呢？他有没有想到过，赵尚志才是真正的英雄，虽死犹生，而他自己虽然活着，其实已经死了吗？

一天走在长安街上，忽然想到了一件事：在我们走过的每一寸土地下面，是不是都躺着一个我们时常想念却又时常想要告别的烈士？如果他们的鲜血没有渗入地下并且不会凝固，我们这块土地上是不是早就血流成河？我们的也包括我自己迈出的每一步是不是都会在这条血河里激起汹涌的浪花？

还原历史真相

【长平之战"坑杀"之谜】

张 港

《史记》记载，战国末期的秦赵长平之战，是中国历史上最著名的大战，战争的结果是赵国失败，40万个降卒被秦军"坑杀"，从多种古籍对这事的记载看，这不应该是虚构的，应该是历史的真实事件。有人认为"40万"系"14万"之误，但学界多取40万之说。这次"坑杀"一直被理解为：活埋。因为这样，长平之战就更血腥了。但是细究此事，活埋之说，却极不合理。

"坑杀"赵卒40万个实在是了不得的大事，许多古籍对这事有记载，叙述大同小异。《廉颇蔺相如列传》："括军败，数十万之众遂降秦，秦悉坑之。赵前后所亡凡四十五万。"

《白起王翦列传》："括军败，卒四十万人降武安君。武安君计曰：'前秦已拔上党，上党民不乐为秦而归赵。赵卒反覆。非尽杀之，恐为乱。'乃挟诈而尽坑杀之，遗其小者二百四十人归赵。前后斩首虏四十五万人。赵人大震。"

白起之后，又出现一次大的"坑杀"，那就是项羽"坑杀"秦降卒。

《项羽本纪》："章邯使人见项羽，欲约。项羽召军吏谋曰：'粮少，欲听其约。'军吏皆曰：'善。'项羽乃与期洹水南殷虚上。已盟，章邯见项羽而流涕，为言赵高。项羽乃立章邯为雍王，置楚军中。使长史欣为上将军，将秦军为前行。到新安。诸侯吏卒异时故繇使屯戍过秦中，秦中吏卒遇之多无状，及秦军降诸侯，诸侯吏卒乘胜多奴虏使之，轻折辱秦吏卒。秦吏卒多窃言曰：'章将军等诈吾属降诸侯，今能入关破秦，大善；即不能，诸侯虏吾属而东，秦必尽诛吾父母妻子。'诸侯微闻其计，以告项羽。项羽乃召黥布、蒲将军计曰：'秦吏卒尚众，其心不服，至关中不听，事必危，不如击杀之，而独与章邯、长史欣、都尉翳入秦。'于是楚军夜击坑秦卒二十余万人新安城南。"

又是坑杀，又是20万人。

战争中，只要条件允许，不管是哪一方的死者，都是要埋的，除去道德之外，主要是防止瘟病。而活埋则是又一回事。以活埋的方式处死人，历代皆有。抗日战争期间，日本鬼子也常用活埋的方式杀害中国抗日军民。活埋多数并不是挖个大坑将人埋进去完事，而是将人埋入土中，却把头露在外面。不论是冷兵器时代还是现代，活埋都是最麻烦的处死方式，但是活埋最有震慑作用，对人的心理打击最大。于是历史上活埋不断。

活埋是一种威慑手段，一般是要给敌方看的，处理时也多不隐蔽。而长平之战"坑杀"后，"遗其小者二百四十人归赵"，赵军基本被杀光，其威慑作用与一般的杀头没有两样。如果效果一样，大战后疲惫不堪的秦军就没有必要活埋赵人了。

越是武器简陋的时代，军人与平民的区别越小，武装与非武装的区别越小。在只有冷兵器的时代，树枝、石块与刀剑的差距，远远不是树枝、石块与机关枪的差距，40万人知道自己即将被活埋，知道必死，动上拳脚，操起石头、树枝，没个十万八万人是难以抵挡的。再说了，将40万个大活人埋了，光土方就不得了，况且是置之死地的40万个战士，不加绑缚是很难埋的，而要绑上40万次，谈何容易？埋人家时，就得放下武器，操起锹镐，一锹一锹往下填，埋了这个，上来了那个，40万人闹了起来，可是了不得的事。大将军白起为嘛要做这样的傻事？项羽黑更半夜地挖坑埋人，岂不更傻？

周作人在《苦竹杂记》中说："掘了很大很大的坑，把二十万以至四十万人都推下去，再盖上土，这也不大像吧。正如《镜花缘》的林之洋常说的'坑死俺也'。"

"坑杀"的"坑"《史记》作"阬"。《说文》有"阬"无"坑"解释："阬，门也。从阜，亢声。"徐铉说："今俗作坑，非是。"可见，先有"阬"，后有"坑"，本不是一个字。《玉篇》："阬，陷也。""阬"《辞源》有解释："坑陷，杀害。《史记·秦始皇本纪》：秦王之邯郸，诸尝与王生赵时母家有仇怨皆阬之。"可见，"坑杀"有的时候是活埋，有的时候是"害死"。

从几次大规模的"坑杀"看，长平之战是"挟诈而尽阬杀之"，项羽是"夜击"。"诈坑杀秦降卒"，"挟诈"就是使用骗术，采用不光彩的军事手段。

长平之战"坑杀"的正解应该是，用欺骗的手段杀害。

白起说："上党民不乐秦而归赵，赵卒反复，非尽杀之，恐为乱。"这被杀的40万人中，应该包括大量的上党百姓。

因为是用了损招，"坑杀"对军事家白起心理压力极大，白起临死说："我固当死。长平之战，赵卒降者数十万，我诈而尽阬之，是足以死。"如果只是一般的杀降，白起是不会心中有愧的，他是愧在"诈"上。

白起坑人用的是什么"诈"，没有记载。估计也就是放出谎言，乘人不备，杀进赵军降兵营中。

【破解秦始皇生父之谜】

李开元

层层加码的糊涂账

秦始皇姓嬴名政，出生于战国时代的赵国首都邯郸（今河北邯郸市）。他的父亲子异（后改名为子楚），是在邯郸做人质的秦国公子。他的母亲是出生于邯郸豪门大户的舞姬，史书上没有留下她的名字，只称她为赵姬。子异和赵姬的相遇结合，其间有一位第三者介入。这位第三者，就是吕不韦，在邯郸经商的大富豪。正是由于吕不韦介入子异和赵姬之间的缘故，嬴政出生以后，他的生父究竟是谁，是子异还是吕不韦，也就成为一桩说不明白的事情。生父不明，对于一般的庶民百姓而言，是一桩难言的家事；对于家天下的皇室而言，可就是一桩关系王朝命运的国事了。这关系到600余年世代承继的秦国政权，究竟还姓不姓嬴，秦国是否在秦王嬴政即位时，就已易姓革了命？因为如此事关重大，秦始皇的生父究竟是谁的问题，不但成为秦国历史上一个迷雾重重的谜，也成为历史学上一桩千古聚讼的公案，更成为两千年来人们茶余饭后的谈资。

考究事情的来龙去脉，这桩公案起源于《史记》，换句话说，都是司马迁惹的祸。司马迁在《史记·秦始皇本纪》中叙述秦始皇的身世说，秦始皇是秦庄襄王子异的儿子。庄襄王作为人质在赵国时，在吕不韦家遇到赵姬，一见钟情，娶以为妻，生下了秦始皇。出生的时间是秦昭王四十八年（259）正月，出生地是邯郸。

然而，司马迁在《史记·吕不韦列传》里叙秦始皇的出生时说，吕不韦与绝色善舞的邯郸美人赵姬同居，知道赵姬有了身孕。子异到吕不韦家做客宴饮，见到赵姬而一见钟情，起身敬酒，请求吕不韦将赵姬送与自己。吕不韦开始非常生气，后来考虑到自己已经为子异的政治前途投入了大部分财产，为了"钓奇"获取投资的成功，他不得不顺水推舟，将赵姬送与子异。赵姬隐瞒了自己已有身孕，嫁与子异如期生下了嬴政。子异于是立赵姬为自己的夫人。

同一《史记》的不同篇章当中，对于同一事情有不同的记事，这就是谁是秦始皇父亲之问题的由来，宛若司马迁为我们布下的迷魂阵。那么，这两种不同的记事，究竟哪一个对，哪一个错？哪一个是历史的真相，哪一个是人为的虚构呢？

父亲子异的态度

从嬴政出生开始，一直到嬴政继承王位为止，子异从来没有对嬴政是自己的儿子有过任何怀疑。他始终一贯地承认他是自己的长子。

我们暂时将断定秦始皇的生父究竟是子异还是吕不韦的问题放下，先来搜寻旁证，着眼于事件的当事人。

我们首先来考察子异。子异是秦国第32代王孝文王的儿子，名子异。子异出生于他的祖父秦昭王在位的第27年，即公元前280年。他后来继承王位，做了秦国第33代王，谥号庄襄王。大概是在子异18岁时，也就是秦昭王四十三年（前264）左右，秦国和赵国定约和好，互相交换王室子弟以为人质，子异以王孙的身份来到赵国首都邯郸做人质，被称为质子。子异在邯郸时，正是长平之战爆发前夜，秦赵两国为了争夺一统天下的主导权，表面定约言和，背地里扩军备战，准备决一死战，因而，子异在邯郸的处境非常窘困。子异与吕不韦结识，是在到邯郸后的两三年间，他从吕不韦那里得到赵姬并同居，是在秦昭王四十七年（前260）三月以前。秦昭王四十八年正月，嬴政出生。当时，子异23岁。

就在赵姬怀嬴政的当年，也就是秦昭王四十七年（前260），秦赵长平之战爆发，赵国大败，40万个赵国降军被秦将白起活埋，邯郸恐慌震惊。次年，秦军乘胜攻入赵国境内。秦昭王四十九年，秦军开始长期围困邯郸。嬴政在战乱中出生以后，子异一家陷入赵人仇恨的汪洋大海中，随时有不测的危险。秦昭王五十年，吕不韦和子异冒险逃出邯郸，回到秦国，赵姬和三岁的嬴政留在邯郸，被赵人仇恨追捕，九死一生，依靠赵姬家人的掩藏，得以幸免于难。回到秦国的子异，正式做了王太子安国君的继承人，另外娶妻生子。当时，嬴政4岁，与母亲一道隐藏在邯郸，音信不明。

昭王五十六年（前251），秦昭王去世，嬴政的祖父安国君即位做了秦王，是为孝文王。以此为契机，秦国与赵国和解，赵国将赵姬和嬴政送还秦国。子异与赵姬和嬴政母子离别六年重逢，夫妻父子间生离死别的感动，依人情不难想见。已经正式做了王太子的子异，以赵姬为太子正妻，以嬴政为太子继承人，对发妻和长子，作了不忘本的交代。当时，嬴政9岁。

孝文王即位时已经50多岁，正式即位三天就去世了。子异接替王位做了秦王，是为庄襄王。庄襄王即位以后，赵姬成为王后，11岁的嬴政成为王太子，吕不韦被任命为丞相。三年以后，庄襄王死去，13岁的嬴政继承王位，赵姬成为王太后，吕不韦继续留任丞相。由于嬴政尚未成年，政权由母后和吕不韦摄理。

通过以上的简单梳理，我们可以清楚地看到，从嬴政的出生开始，一直到嬴政继承王位为止，子异从来没有对嬴政是自己的儿子有过任何怀疑，反倒是在历经了长期的生离死别，另外娶妻生子以后，对赵姬和嬴政厚爱有加，始终一贯地承认他们是自己的正妻和长子。在复杂的秦国王室和政府内部，在王室联姻的敌友各国之间，也都不见有任何质疑的动静，听不到任何流言飞语。至此时为止，秦国的国事、秦王的家事，一切井井有条，顺理成章。也就是说，如果我们从秦国王政和父亲子异的角度来加以考察的话，直到嬴政即位成为第34代秦王为止，谁是秦始皇的父亲的问题，在历史上根本就不存在。

仲父吕不韦的动机

吕不韦不但没有作案的动机，只有避嫌唯恐不及的谨慎。所谓献有孕之姬以钓奇的风闻，只能是坊间流言、后世添加的花絮。

吕不韦被秦始皇尊为仲父，也就是仅次于父亲的父辈，他是涉嫌谁是秦始皇生父的另一位嫌疑人。如果我们历史地考察吕不韦的一生，并不难看出他与嬴政的关系。吕不韦是濮阳人，濮阳是当时卫国的首都，故址在现在的河南省濮阳市南。吕不韦出身商贾世家，从事国际贸易大获成功，被称为阳翟大贾。阳翟在今天的河南省禹县，是韩国的旧都。所谓阳翟大贾，用我们今天的话来说，就是总部在阳翟的商界大鳄。吕不韦到赵国首都邯郸做生意遇见子异，马上以商人精明的眼光，敏锐地察觉出子异特殊的商品价值，以为奇货可居。经过深思熟虑和周密计划，吕不韦大胆地作了事业和人生转型的决断。他毅然决然将生意清盘兑现，整个地投资于子异的政治前途，他包装打造子异、公关游说安国君的正妻华阳夫人，目的在于使子异成为王太子安国君的继承人，将来继承王位，可谓是最高风险的投资。

如果说吕不韦视子异为奇货可居的金蛋，在他那无与伦比的商业眼光里，华阳夫人就是孵蛋器。吕不韦投资子异以后，华阳夫人成为他的公关对象。华阳夫人出生于秦国最有权势的芈氏外戚家族，她的祖父，是秦昭王的舅舅，被封为华阳君的权臣芈戎，华阳夫人的称号就是直接从华阳君继承下来的。华阳君芈戎的姐姐是秦昭王的母亲，安国君的祖母，也就是多年秉持秦国国政的宣太后，一位秦国的慈禧太后。华阳夫人嫁于安国君，是亲上加亲的政治婚姻，安国君之所以能够立为王太子，多多仰仗了宣太后和芈氏家族的力量。以后的事态发展，一步步都在吕不韦的预计和操控当中。吕不韦以质子子异之使者的身份，携珠宝重金来到咸阳，首先买通说动华阳夫人的兄弟姐妹，通过他们的协作疏通，游说华阳夫人成功。华阳夫人认领子异为自己的养子，再在枕边吹风，使安国君正式立子异为王太子继承人。

可见，一、吕不韦成功地将互惠互补、双赢共利的商业原则运用于政治，通过连环套式的投资计划，促成了子异与华阳夫人联手合作，在王权争夺中胜出，最终取得秦国政权。二、吕不韦游说华阳夫人使子异成为王太子继承人的历史事件，表面上看来复杂而富有戏剧性，其实质是嬴姓某系王子与芈氏外戚之间再次缔结政治同盟。三、子异的王室血统问题，是整个事件的关键。在吕不韦看来，子异的投资价值，全在于他的王室血脉。吕不韦游说华阳夫人，他的卖点也全在子异的王室血统。

吕不韦可以说是中国历史上第一等的智慧人物。他将自己的所有财产和整个人生都投资到子异的政治前途上。吕不韦的行动，宛若孤注一掷的豪赌，全部赌注都压在子异所独有的秦王王室的血统之上。纯正的秦王血统，正是奇货可居的本质，也是决定吕不韦行动的根本利害所在。对于吕不韦来说，维护秦王血统的纯正和可信，是他不敢有稍许怠慢的死活问题。

历史人物的活动，自有其当时当地的动机。在我们将谁是秦始皇的父亲之问题作为一桩历史公案来审理的时候，如果我们视吕不韦为嫌疑人的话，可以说，他不但没有作案的动机，他只有避嫌唯恐不及的谨慎。所谓献有孕之姬以钓奇的风闻，只能是坊间的流言、后世添加的花絮，不但与一位大商人、大政治家的行为完全不符，而且毫无实现的可能。

以上，我们通过对于可能是秦始皇父亲的两位嫌疑人的审查，大体可以得到以下的结论：从嬴政的出生一直到他即位，从来没有人怀疑过他不是子异的儿子。也就是说，谁是秦始皇的父亲之谜，从秦始皇的出生一直到他即位，是不存在的。后世添加的流言不是历史的原貌。

【彻底揭开秦阿房宫的神秘面纱】

李毓芳

2000 多年以来，人们有一种较为普遍的认识，即被项羽焚毁的秦阿房宫堪称中国古代宫殿建筑的杰出代表。尤其是一经杜牧《阿房宫赋》的描绘和渲染，这一认识愈加根深蒂固、牢不可破，几乎成为一种共识。这一共识包含了较为复杂的思想文化内涵。一方面，阿房宫是"过秦论"一则绝好的历史佐证；另一方面，阿房宫是古代留给现代的一笔珍贵的物质文化遗存。然而，这一共识似乎建立在默证基础之上，阿房宫在所谓的"楚人一炬"中化为焦土，有关它的一切在历代诗人、学者、政论家的笔下以及人们的想象中，更像一座"记忆之城"、一个美丽而略带苦涩的传说。如果说历史上真的存在"覆压三百余里，隔离天日"的阿房宫，假如说项羽真的将其付之一炬，那么，为什么后来人始终都没有见到那片焦土或遗迹呢？历史上的阿房宫，究竟是什么模样，到底在哪里？

21 世纪初，一个破解谜团的契机终于出现了。2002 年 10 月至 2007 年 12 月，中国社会科学院考古研究所与西安文物保护考古所联合组成阿房宫考古队，对阿房宫遗址进行了详尽的调查、勘探和发掘工作，基本搞清了秦阿房宫的规模、范围、布局和结构，并且澄清了火烧阿房宫的说法，还原了秦阿房宫的本来面目。

"探秘阿房宫"：对阿房宫前殿遗址的勘探、发掘及阿房宫遗址范围的确定

早在 1994 年，西安市文物部门曾组织人力大致划定了阿房宫遗址的范围：东至沧河，西至纪阳寨，南至和平村，北至三桥镇，面积为 10.89 平方公里。据有关历史文献记载，

秦阿房宫建筑在战国时期秦国修建的上林苑中。到了汉代，这里又成为汉代上林苑的一部分（《汉书·东方朔传》）。前秦苻坚还曾在这里栽植梧桐数千。中古时期，唐高祖李渊曾命太宗李世民在这里屯过兵（《旧唐书·高祖本纪》）。因此，秦阿房宫所在地的遗存和堆积都不是单一的物质文化遗存，在这些不同时代的文化遗存中来确定秦阿房宫遗址的范围和形制结构，是一件非常艰难的工作。在五年的时间里，阿房宫考古队的工作主要分为两个阶段来进行。

第一阶段（2002 年 10 月 ~ 2004 年 10 月），考古队对阿房宫前殿遗址进行了全面的调查、勘探和发掘，主要在两个方面取得了突破性进展。

一、勘定了阿房宫前殿的基本规制。阿房宫前殿的夯土台基东西长 1270 米，南北宽 426 米，总面积达 54.102 万平方米，现存最大高度（距秦代地面）达 12 米以上。阿房宫前殿夯土台基的东、西、北边缘自外向里收缩，形成 2 ~ 3 个台面。台基上的东、西、北三面已有夯筑土墙，土墙顶部有瓦的铺设；其中北墙的东、西部宽 6.5 米，中部偏西部分宽 15 米。台基上南墙未建，台基南侧是呈斜坡状的踩踏路面。从路土分布的情况来看，人们是把夯筑台基用土，从南面运到北面，再从北面开始往南逐渐夯筑台基。

二、未发现火烧痕迹。考古队对前殿台基遗址进行了密集勘探和局部发掘，没有发现红烧土、木炭灰、炼渣等火烧痕迹。这一阶段的考古资料表明，秦阿房宫前殿尚未建成，也不存在毁于大火的迹象。

第二阶段（2004 年 11 月 ~ 2007 年 12 月），考古队在阿房宫前殿遗址西至沣河（6 公里）、北至渭河（11 公里）、东至漕河（2 公里）、南至汉代昆明池北岸（3.5 公里），面积达 135 平方公里的范围内进行了认真、艰苦、细致的考古工作，均没有发现与阿房宫前殿遗址同时期的建筑，而基本上都是属于秦汉上林苑的建筑，进而勘定了西界、东界、北界和南界，从而最终确定了阿房宫遗址的范围：西界、东界、北界和南界分别为阿房宫前殿遗址夯土台基的西边缘、东边缘、北边缘和南边缘。这一阶段的考古资料表明，秦阿房宫的范围与现认的阿房宫前殿遗址的范围是一致的，就是说阿房宫前殿遗址即后来人们所看到的和所认为的在秦统一以后秦始皇所修建的阿房宫遗址。

"二重证据法"新证：项羽并没有火烧阿房宫，阿房宫其实并没有建成

阿房宫考古最终成果公诸于世，不但对学术界产生了巨大的影响，而且在社会上引起了极大的震动。可以理解，面对考古发掘所得出的新成果，人们在惊讶之余难免略感遗憾，甚至有人还会怀疑：这不是真的吧，举世无双的阿房宫竟然是"半拉子"工程，2000 多年来我们一直被蒙在鼓里？……毋庸置疑，基于传世文献与考古资料所得出"项羽并没有火烧阿房宫，阿房宫其实并没有建成"的结论是科学的、客观的、符合历史事实的，是"二重证据法"在当今学术研究中又一次成功的运用和实践。能

够发现新材料以研究新问题，阿房宫考古队的工作不是改变了历史，而是还历史以原貌。

阿房宫考古工作已经尘埃落定。对相关工作及阶段性成果，《文史知识》一直密切关注并及时刊布，这里不再赘述。但面对新的结论与历史真相，还是有值得我们深思的地方。

首先，"火烧阿房宫"实属误读。两千年来，项羽火烧阿房宫之所以成为一种共识，是因为许多人愿意相信历史上存在过"覆压三百余里，隔离天日"的阿房宫，尽管它是暴政与奢华的象征，却由于人们出于"过秦"的需要抑或某种"崇古"心态作祟，因而总能从一些陈陈相因的历史文献中找到相关依据，而带有明显倾向性的解读及无视其他客观材料的存在，使得"火烧阿房宫"这一论断久难撼动。客观地讲，传世文献难免有不实记载，但更大的失误在于许多人在阿房宫问题上，对传世文献进行了误读，甚或不读。贾山《至言》和杜牧《阿房宫赋》所描绘的阿房宫的恢弘盛况，是取历史之材、行文学之文、讽政治之喻，极尽铺陈夸饰的辞句华章寄寓了彻骨三分的反思讽喻。只是在辞句华章与反思讽喻之间，贾山、杜牧画龙点睛，得鱼忘筌，落脚点在于讽喻"秦爱纷奢"是亡秦的祸根；而有的读者买椟还珠，不以真味，流连在虚无缥缈的海市蜃楼中。这是误读之害，使并未建成的阿房宫在人们的想象和憧憬中拔地而起，丽天摩云。而更有甚者，对于《史记·秦始皇本纪》中"阿房宫未成；成，欲更择令名名之"和《汉书·五行志》中"复起阿房，未成而亡"的实录熟视无睹，以致后来有如《三辅黄图》、宋敏求《长安志》有关记载、清人朱骏声"宫未成而秦亡"（《说文通训定声遗补》）的解说都隐没在一片"挺阿"派的辞句华章中了。这是不读之害，有意回避反证与对"史源"不求甚解，便意味着对历史事实的扭曲与篡改。有鉴于此，以实事求是为基本原则，结合多种学科，合理运用"二重证据法"，才能真正纠正误读与不读的问题，从而不断接近历史之真。

其次，即使是"半拉子"工程也很伟大。考古资料表明，当年的阿房宫工程只完成了阿房前殿建筑基址和部分宫墙的建设，这与杜牧笔下所描绘的阿房宫相差甚远，似乎不值一提。但是，这一"半拉子"工程在当时也是一个奇迹。据有关历史文献记载，从秦国到秦朝，营建阿房宫是一项规模浩大的工程。秦惠文王时就曾在上林苑营造新宫，秦始皇统一中国后便决意在此基础上进行扩建。在秦始皇的胸中有一个宏伟的规划，他要以阿房宫为中心建筑宫殿群，作阁道和复道，从阿房到咸阳将绵延三百余里的离宫别馆相连，从而构成一幅鼎盛帝都的画卷。然而，这一规划由于秦朝的短祚而最终搁浅。从秦始皇三十五年（前212）到秦始皇三十七年（前210）七月，再从秦二世元年（前209）四月到秦二世三年（前207），营建工程大约只进行了不到四年的时间。从阿房宫考古队已勘定的阿房宫前殿遗址的基本规制来看，在当时的技术水平和条件下，已经算是个奇迹了。如果暂时不讲秦始皇、二世的横征暴敛、大兴土木，换个角度来说，阿房宫这个"半拉子"工程堪称中国古代建筑史上的一个杰作，这其中所体现的建筑智慧和技巧，以及饱含了几十万刑徒和工隶的辛劳和血泪，也足以令人钦敬、引人痛思。

【虞姬到底是怎么死的】

胡　弦

说到霸王别姬，大多中国人都是知道的，故事的悲壮凄恻和虞姬的美艳刚烈，打动着一代又一代人。但我近来读史，却觉得其中似乎另有蹊跷。

霸王别姬的故事，最早见于司马迁的《史记·项羽本纪》，原文是：项王军壁垓下，兵少食尽，汉军及诸侯兵围之数重……项王则夜起，饮帐中。有美人名虞，常幸从；骏马名骓，常骑之。于是项王乃悲歌慷慨，自为诗曰："力拔山兮气盖世，时不利兮骓不逝。骓不逝兮可奈何，虞兮虞兮奈若何！"歌数阕，美人和之。项王泣数行下，左右皆泣，莫能仰视。

"有美人名虞，常幸从"和"美人和之"，史记中对虞姬的记述就这么多，可以说面目相当模糊，我们从中能得到的信息有二：虞姬很美丽，颇得项羽宠爱；项羽作垓下歌后，自唱，虞姬也跟着唱。

那么虞姬又是怎么自杀的呢？

虞姬自杀之说，较早的记载见于唐代张守节《正义》，其中引《楚汉春秋》记录虞姬所和的歌是"汉兵已略地，四方楚歌声。大王意气尽，贱妾何聊生"。这里还挺复杂的，需要分说的是：《楚汉春秋》是汉初陆贾所撰，到唐代据说还能见到，后只能从别的著作里看到它的一些片段；是对"和"的理解。和有二义，一为跟着别人唱，二为依照别人的诗词作诗词。从《史记》描述看，似乎跟唱更确切些，但《楚汉春秋》无疑采取了第二种意思。和诗一出，虞姬不但刚烈美丽，还变成了一位才女；就是这首诗中的"贱妾何聊生"句透露出一个信息，虞姬仿佛有自杀的打算。

但关于虞姬的死，还有另外一个版本。《太平寰宇记》卷一二八"濠州钟离县"条说，"虞姬冢在县南六十里，高六丈，即项羽败，杀姬葬此。"其中"项羽败，杀姬"的说法，值得注意。

虞姬到底是怎么死的呢？自杀、他（项羽）杀，还是根本就没有死？不管怎样，那夜，项羽和虞姬诀别了，因为他突围的时候已只有壮士相随。

即便在《楚汉春秋》中，对虞姬自杀也只是一种暗示，但后世虞姬自刎别霸王的悲壮故事却从此出，并被演绎得丰富多彩。但我们在各种诗文和戏剧中看到的虞姬，可能跟历史上真实的虞姬，根本就不是一个人了。

虞姬的形象和她在诗文戏剧中的遭际到底透露出了什么信息呢？我觉得，它透露了我们一直以来对女性生命的轻视，为了某种社会价值取向，可以毫不犹豫地让她死去。愈是要把她塑造得完美，让她拔剑自刎，我们思想深处草菅人命的气息就愈浓郁。

一个弱女子，虽然贵为楚霸王的"家人"，却无法掌握自己的命运，不管她当时是否自杀，在后世，她都已被论定为一个全节全义的自杀者。至于《太平寰宇记》中项羽杀姬说，也就是项羽才是杀虞姬的真正凶手的说法，却从没有人再提及。

虞姬，这个美丽的女子，她在两千年前死去了一次，死得不明不白；在后世，却还要服从一切牵强附会者的安排，一次次挥起宝剑自刎。她在舞台上令人感叹唏嘘、荡气回肠的故事和形象，却只是为了成全贯穿在中国历史中的某种低劣的道德和价值观。

【皇帝为什么要杀功臣】

刘　伟

"飞鸟尽，良弓藏"，在中华帝国几千年的历史上，周而复始地上演着这出闹剧。整个历史陷入一个怪圈，无论你如何挣扎，终究不能走出循环，就如齐天大圣跳不出如来佛的手掌心一般。由于每朝每代都发生了此类事情，因此从逻辑上、直觉上来说这都不应该是某个皇帝的个人素质问题，而是一个结构性问题。

借用经济理论，我们可将皇帝与功臣间的关系看作一种委托代理关系。皇帝作为帝国的所有者，控制着帝国的产权，但他不可能直接治理国家，必须委托一个或数个代理人来帮助他管理国家。在这样一个委托代理关系下，皇帝给功臣们高官厚禄，对他们的要求是勤奋工作，为皇帝效命。不过皇帝最主要、最关心的还是要求功臣们不得造反。

对任何一个皇帝来说，确保江山万代是至关重要的。因此，功臣们造反就顺理成章地成为皇帝们绞尽脑汁来解决的问题。解决功臣们造反的问题的关键在于识别到底谁会造反，但这是一个信息不对称的格局：大臣们自己知道自己造不造反，皇帝却不知道谁是奸臣、谁是忠臣。宋太宗有一段名言，大意是国家要么有外患，要么有内忧。外患是有形的，而内忧则无法察觉（原文是奸邪无状）。一个"奸邪无状"的自白道出了皇帝们的无奈、他必须有什么方法可以鉴别出谁是奸臣、谁是忠臣。

那有什么信号又能让皇帝识别出奸臣呢？

人们首先想到的就是加强惩罚威胁力度，诸如灭九族、凌迟等处罚手段，这样有风险规避行为的人会选择不造反。不过当皇帝的收益是如此之高，风险爱好者在有机会时总是会去尝试一下的。而功臣，尤其是开国功臣本身就意味着他们是风险爱好者，若不然谁会去"提着脑袋干革命"呢？所以，事后惩罚的威胁对以冒险为业的功臣们来说不会有太大的震慑意义。

　　那么以亲戚关系来识别呢？从吕后到李世民，从多尔衮到雍正，亲戚的血缘、亲情约束对争夺帝位来说只是很小的成本，成大事者从不会将其放在心上，"分我一杯羹"更是千古名言。

　　那能否根据对皇帝是否恭顺这个信号来识别奸臣呢？毫无疑问，真正要造反的人对皇帝也照样毕恭毕敬，安禄山对唐明皇的肚里只有一颗赤心的绝对服从令人记忆犹新，这个信号没有任何意义。那能否逆向思维，认为敢和皇帝争辩的就是忠臣，不敢争的就是奸臣呢？可惜，历史上的权臣是敢和皇帝争辩的，不敢争的依然是忠奸难辨。

　　每个开国皇帝都面临着这样的困境：他无法从功臣集团中分离出忠臣和奸臣，但他又必须想尽办法保证自己的儿孙能顺利继承皇位。为此，皇帝们自然有自己的分离信号来进行分离，将可能造反的人清除出去，确保江山永固。"宁可错杀三千，不可放过一个"，在不能辨别忠奸时，皇帝们选择了实际上也只能是这样的一个分离信号：有能力造反的和没有能力造反的。对于皇帝来说，只要把有能力造反的杀掉，剩下的人即使有造反之心，也无造反之力了。每一代皇帝都面临着同样的困境，面临着同样唯一的选择，最后都做出了同样的选择，让后人见识了一幕幕闹剧。不要问你想做什么，而要问你能做什么，功臣们天然有罪，谁让他们有能力造反呢。

　　功臣们仅做出不造反的承诺是不够的。为了使自己的承诺可信，功臣们应该交出兵权，在这种行动的承诺下，功臣们丧失发动政变的能力，这样皇帝们可高枕无忧，大家也就相安无事，历史上"杯酒释兵权"就是这一方案的经典案例。应该承认，这一方案是极好的，让很大一部分功臣丧失发动政变的能力。但对一个掌握过权力的人来说，这种政治生命的自杀却不是一件容易选择的事情。而且，对那些有极高威望的开国功臣来说，只是交出兵权仍然不可能让上头放心。比如韩信，汉朝建国之初他就被废为淮阴侯，兵权尽无，待在长安无所事事。即使这样，韩信最后也被灭三族。又如李世民，由于唐朝实行府兵制，李世民平定天下后回到长安其实也没有什么兵权，他在长安的实力不如李建成。在李建成被杀后，李建成的人马差点把秦王府攻破，后来靠扔出李建成的人头破坏对方的军心才奠定胜局。但是，李建成可没有因为这样放松对李世民的警惕。为何功臣交出了兵权还要被清洗呢？

　　其实用经济学理论很容易解释这个现象。功臣们的资产除了官位、兵权这些有形资产外，还有不可与其肉体分离的威望、才干、人际关系和势力集团这些无形资产。功臣们交出了兵权，但这些无形资产无法一起上交。可口可乐的总裁宣称，即使可口可乐的所有工厂被毁，可口可乐凭借其无形资产也能迅速东山再起。同样，韩信、李世民等的无形资产足够让上头睡不安枕了。比如韩信，虽然赋闲在家，类似软禁，但他到刘邦的另一大功臣樊哙家做客时，樊哙还是毕恭毕敬，说"大王乃肯临臣"。樊哙在刘邦功臣中位列第五，又是吕后的妹夫、刘邦的老相识，对韩信如此态度，足见韩信在刘邦集团中的威望了。

在历史上，交出兵权应该说抬高了造反的门槛，使皇帝们使用能造反和不能造反信号进行甄别时只能分离出一小部分威望极高如韩信、李世民之类的功臣，大部分功臣在没有兵权后倒真的丧失发动政变的能力，也就能保住自己的性命。像刘邦，他杀的就是韩信、彭越、英布等曾经独当一面的功臣，还囚禁过独自镇守过后方的萧何，而周勃等战将就逃过了清洗，因为刘邦很明白没有独当过一面是很难形成自己的势力集团的。

对于韩信、李世民这类级别的开国功臣来说，没有任何信号可以让上头放心，除非上交自己的无形资产，当然这就意味着消灭自己的肉体。如果韩信自杀的话，相信刘邦不会灭他的三族，相反会到韩信的墓前掉下几滴眼泪，说不定还会给韩信的儿子封官，并招为驸马。李世民就很聪明，没有任何幻想，果断地发动了军事政变，杀了自己的哥哥、弟弟和侄子，囚禁了自己的父亲，霸占了自己的弟妹，成为中国历史上开国功臣夺取天下的唯一例证。不过李世民能成功恐怕也因为他是皇族的缘故，遇到的反抗较小，异姓的开国功臣做此事成功的机会就小得多，像英布就失败了。

只要是家天下，屠杀功臣就是一个走不出的死结。只有在现代民主制度下，才能走出这死结。

【历史谜团：赤壁之战的四大悬疑】

淡墨青衫

公元 208 年的四大新闻

如果让时光整整倒流 1800 年，那就是汉献帝建安十三年（208），也就是赤壁战火从此闪耀于史册、破曹英雄开始传诵于人间的年头。这一年确实不同寻常。它不仅长达 13 个月（十二月份之后还有一个闰月）；而且每个季度都有轰动天下的新闻：一是春正月曹操开始在邺城训练水军；二是夏六月曹操成了汉朝的丞相；三是秋九月曹军占领荆州，追击刘备；四是冬十二月刘备与孙权的联军在赤壁大破曹军。新年伊始，曹操就忙于水师的操练，显然是准备对江汉地区采取大规模的军事行动。后来的事实表明，这实际上是赤壁大战的前奏；曹操的水军这一年年底覆灭于赤壁，可谓首尾呼应。

时值炎夏，曹操让汉天子任命他为丞相，其意图也是不言而喻的。这一举措犹如公然亮出了特大的政治标语："我已具有取代汉天子的合法地位！"因为世人都了解这样的背景：早在西汉后期，汉家即将改朝换姓的谶言就流行开来，例如《西狩获麟谶》说，汉朝灭亡的时候，接班人就是当朝的丞相。丞相，汉朝又称"相国"。针对这种神学预言，不但汉哀帝元寿二年（前 2 年）把"丞相"改称为"大司徒"，而且东汉从光武帝到汉灵帝（25～189年）都不再设置丞相，最高的职官只称"三公"，即太尉、司徒、司空。东汉末年,第一个让汉朝重设丞相的,是一心想登上皇帝宝座的董卓。《后汉书·孝献帝纪》在永汉元年（189）大事记中说："十一月癸酉，董卓自为相国。"曹操是以讨伐董卓起家的，当他在建安元年把汉献帝这张"政治牌"掌握在手的时候，鉴于袁绍拥有最强大的军事实力，于是让天子任命自己为"司空"，而把班次最高的"太尉"让给袁绍。可是，到了建安十三年，曹操自以为具备了天下无敌的资本，就让汉献帝"罢三公官，置丞相、御史大夫"。由此我们也不难看出，在上述背景下，曹操继董卓之后设置丞相并自任其职,实质上就是在代汉自立的道路上迈出了最关键一步。下面的事情，无疑是进一步扩大地盘、消灭政敌。刘备作为曹操的头号政敌，此时寄寓于荆州牧刘表，屯于樊城，樊城在襄阳（今湖北襄阳市）附近，跟襄阳隔着一条汉水。七月，曹操以奉行天子之命的名义"南征刘表"。八月，刘表病死，他的小儿子刘琮嗣位，屯襄阳；九月，曹军到达新野（今河南新野县），刘琮举州投降。刘备得知这个消息后，只得率众南奔，往江陵（今湖北江陵县）方向转移。由于刘备一向以仁德著称，当他路过襄阳时，襄阳城里的士民大多拥出城来跟随转移队伍。这支兵民同行的队伍从樊城撤出时，虽然不过数万，但一路上不断有人自动加入，到当阳（今湖北当阳县）时人数已多达十余万。江陵是个富有军用物资的要地，曹操为了争夺江陵，亲自率领五千精骑昼夜兼程，终于在当阳长坂追上刘备。刘备在长坂败得很惨，只得从斜路奔往汉津（今湖北荆门市），与刘表长子江夏太守刘琦等会合，同往夏口（今湖北武汉市汉口地区）。这时，密切关注战局的江东首领孙权屯驻于柴桑（今江西九江市）。当曹军将顺江东下之际，刘备与孙权便达成了联合抗曹的协议，孙权派周瑜等率领三万水军前往夏口，赤壁之战的序幕就此拉开。

至于冬季上演的赤壁鏖兵，则是三国形成之前的一场大规模的群英会战。孙、刘联军在赤壁燃起的冲天大火，把曹军烧得焦头烂额，不仅烧醒了曹操急于代汉的美梦，还烧出了三国鼎立的雏形。当年，这肯定是特别激动人心的大事；当今，这也无疑是历史上格外引人瞩目的一页。

赤壁之战的四个悬疑

赤壁之战结束以后，曹、刘、孙三家的发言人站在不同的立场上各执一词，其新闻报道及时事评论尽管有所不同甚至互相矛盾，但在明眼人看来，通过这些内容的互相印证，还是不难弄清历史的真相。陈寿在《三国志》的《魏志》《吴志》《蜀志》中，就分别录入了三方之声。《吴志·吴主传》说，孙权任命周瑜、程普为左、右督，各领万人，与刘备共同迎击曹操，结果是"遇于赤壁，大破曹公军。公烧其余船引退，士卒饥疫，死者大半"。至于赤壁破曹的战略、战术及主要过程，《周瑜传》的记载更加具体。与此大致相同的记载是，《蜀志·先主传》说，孙权派遣周瑜、程普等水军数万与刘备并力，起先，联军"与曹公战于赤壁，大破之，焚其舟船"。接着，刘备"与吴军水陆并进，追到南郡。时又疾疫，北军多死，曹公引归"。然而，曹操一方的说法则与孙、刘两家出入很大。《魏志·武帝纪》说："公至赤壁，与备战，不利。于是大疫，吏士多死者，乃引军还。"这种说法不但隐瞒了曹军惨败的真相，而且对周瑜所代表的一方竟然只字不提，似乎赤壁之战只不过是曹、刘之间一场小小的遭遇战，跟孙权毫无关系。如果孤立地阅读这么一段，读者就难免发生这样那样的疑问。例如清代学者姚范在《援鹑堂笔记》中问道："此不言吴人使周瑜，何也？"当然，这一类问题，今天已不难解决，因为我们只需了解《三国志》"互文见义"的笔法，进而参考常璩《华阳国志》、袁宏《后汉纪》、范晔《后汉书》、许嵩《建康实录》等有关内容，就不会被某些历史人物的政治烟幕所迷惑。

不过，由于《三国志》等历史文献只能勾勒史事的梗概，而小说《三国演义》对赤壁之战的描述又大量采用虚构的艺术手法，再加上自然地理的演变及历代传说的歧异，有关赤壁之战的地点、时间、规模及战争的诸多细节，历来众说纷纭。最近半个世纪以来，随着学术事业的发展，在三国历史和三国文化的研究上出现了一系列著述，例如卢弼《三国志集解》（1957年），谭其骧《中国历史地图集》（1990年），李纯蛟《三国志研究》（2002年），张大可《三国史研究》（2003年），张靖龙《赤壁之战研究》（2004年），天行健《正品三国》（2006年），于涛《三国前传》（2006年），盛巽昌《三国演义补证本》（2007年），沈伯俊《三国演义大辞典》（2007年）等。参考上述论著，我们至少在讨论以下四个问题时，能够从最新的起点出发。

第一，赤壁是一座山的名称，还是某一地段的名称？传说赤壁的遗址现有五处，哪一处跟真迹更为接近？在历史研究与旅游事业与时俱进的今天，人们对此特别关心，是可以理解的。其实，赤壁遗址早在宋代已有五处，即南朝宋盛弘之《荆州记》所谓"薄圻"（后来写作"蒲圻"，今湖北赤壁市）、北魏郦道元《水经注》所谓"嘉鱼"、唐《汉阳图经》所谓"汉川"、宋苏轼所游"黄州"及宋代传说的"江夏"。现在看来，最接近三国时代的《荆州记》和《水经注》可信度较高，唐《汉阳图经》以下的三种传说均与事实不符。关于这一点，卢弼在《三国志集解》里对前人的论述作了很好的总结。最值得参考的是，近年出版的《赤壁之战研究》论证了《荆州记》"蒲圻"之说的可信性，并说明"赤壁"绝不是一座山的名称，因为它所指的范围是沿江百里的南岸地区。

第二，火烧赤壁的具体时间，究竟是十月，还是十二月？过去也有不同的说法。《中外历史年表》（翦伯赞主编）的著录是："十月，曹操以舟师攻孙权，权将周瑜大破之于乌林、赤壁，操败退南郡，留兵守江陵而还。十二月，刘备攻占武陵、长沙、桂阳、零陵诸郡。"这个著录是误解南朝宋范晔所撰《后汉书》的结果。《后汉书·孝献帝纪》在建安十三年的末尾记了两件大事，一件是"冬十月癸未朔，日有食之"。另一件是"曹操以舟师伐孙权，权将周瑜败之于乌林、赤壁"。如果参考比《后汉书》撰写时间更早的《三国志》《后汉纪》等书，就可以断定，《后汉书》在根据旧史记录第二件大事时省略了"十二月"等文字。在这方面，《后汉纪·孝献皇帝纪》的记载最为详细，今摘录如下："九月，刘琮降曹操……时孙权军于柴桑，刘备使诸葛亮说权，权大悦，即遣周瑜将水军三万，随亮诣备，并力拒操。冬十月癸未，日有食之。十二月壬午，征前将军马腾为卫尉。是月，曹操与周瑜战于赤壁，操师大败。"这段记载跟《魏志·武帝纪》相合，可见孙、刘联军早在九月份已经备战，而赤壁交锋及曹军败退的时间是两个多月以后的十二月份。

第三，关于三方投入赤壁之战的兵力，特别是曹操一方的人数，《三国志》或《三国演义》的读者一向有多种猜测。对此，《三国史研究》在《赤壁之战考辨》中有比较平实的分析，大意如下：曹操号称"八十万"，是虚张声势，他南下率三十万众，并荆州兵约十万，总计四十万。但曹操驻防新得的荆州，分散了兵势，用在赤壁之战的第一线兵力只有一半，且又是"以疲病之卒御狐疑之众"，故周瑜说"众数虽多，甚未足畏"。联军方面，刘备有2万人驻夏口，孙权有十万之众屯柴桑。联军用于第一线的兵力，刘、关、张率2000人助阵，共3.2万人。孙、刘双方都留有大军为后援。总之，三方动员总兵力五十余万，而在第一线阵地上，联军以3.2万之众，对抗了二十余万曹军。

第四，或者把小说虚构的故事当成历史的真实，或者用正史《三国志》来校正小说《三国演义》，这种现象的不时出现，说明我们有必要弄清史书和小说的区别：史书的价值在于"实"，史家所追求的是"实录"；小说的精彩在于"虚"，作家的着力点是"虚构"。所以，当我们为《三国演义》"草船借箭""借东风"等情节鼓掌时，所赞赏的是小说家的虚构能力。

【千里走单骑是个谜】

卢盛江

关羽降曹，虽受赏识和厚遇，但仍难忘桃园兄弟结义主臣之情。在杀颜良、文丑立下战功报答曹操之后，挂印封金，辞别曹操，单骑匹马，保护二夫人，辗转千里北上寻找刘备，一路上过东岭斩孔秀，过洛阳斩孟阳、韩福，过沂水关斩卞喜，过荥阳斩王植，过滑州黄河渡口斩秦琪，历尽艰辛，终于在古城先后与张飞、刘备相聚。这是《三国演义》描写的关羽千里走单骑、过五关斩六将的故事。

这段故事，《三国志平话》和元杂剧也有描写，但情节略有不同，都只有千里走单骑，没有过五关斩六将。《平话》写关羽走后，曹操用张辽的计策，先在霸陵桥埋伏军兵，再假装送行敬酒，赠送锦袍，想趁关羽下马受礼时一举抓获，不料关羽并不下马，使曹操之计落空。关羽到冀州见袁绍，不料刘备已和赵云投荆州去了。于是关羽又往南经太行山，过千山万水，终于找到刘备、张飞。元杂剧《关云长千里独行》情节与《平话》相似，只是曹操与张辽定了三条计：假装送行，骗关羽下马，让许褚抱住，众将擒之；不成，则敬上一杯酒，酒里下毒药；再不成，则假借送锦袍骗关羽下马。但关羽不下马，递酒不喝，用刀挑袍，三条计都落空。杂剧没有关羽到冀州又经太行山往荆州的情节，而是直接到古城与刘、张相聚。

小说描写的关羽一生中，这是很值得炫耀的一段经历。历史上，关羽挂印封金，亡归先主，实有其事，但是否如小说描写的那样过五关斩六将，由许都北上经洛阳、荥阳而过黄河，又折向汝南，辗转千里？这一经历的具体情形如何？却是个谜。

《三国志·蜀书·先主传》："曹化与袁绍相拒于官渡，汝南黄巾刘辟等叛曹公应绍。绍遣先主将兵与辟等略许下。关羽亡归先主。"一般根据这个记载，认为当时关羽是直接从许都往汝南投奔刘备，路途并不远，更无须经过洛阳、荥阳北渡黄河；历史上也没有被关羽斩掉的六位守将。因此，《三国演义》写这些情节纯属虚构。

但问题并不那么简单。一、《三国志·魏书·武帝纪》和《资治通鉴》都记载，关羽斩颜良之后，袁绍遣刘备、文丑攻曹，被曹操击破，杀了文丑。尔后曹操还军官渡，袁绍进保阳武，关羽逃归刘备。这时的刘备当随袁绍在阳武，关羽当是在曹操击败刘备、文丑一战中知道刘备下落的，既如此，他自许都出发投奔刘备，就应该是北上，而不是南下。二、《资治通鉴》记袁绍遣刘备将兵往汝南助刘辟一事在七月，而关羽亡归刘备一事系在此前的四月，既如此，关羽也不可能预知3个月后刘备的行踪而预先直接去汝南找他。三、刘备这一时间奔走不定，先与文丑一起在官渡击曹操，随又往汝南助刘辟攻许，曹仁败刘备于汝南后，刘备又往袁绍处，旋又复至汝南，与袭都合兵，击杀了曹操部将蔡阳。这样，关羽奔刘备，也很可能先辗转北上，扑空后又折而南下，如此往复，千里之远是不为夸张的。四、史书自记关羽在文丑被杀后奔刘备，直到一年后刘备依刘表，才出现关羽的事迹，那么，这么长时间关羽为什么没有露面？如果径往汝南很快找到了刘备，为什么几次重要战斗都不见他一显身手？这种情况，比较合理的解释，就是关羽一直在四处奔走寻找行踪不定的刘备。这样辗转往返，又都在曹操的地盘，虽然曹操放行，但其部下加以阻拦，被关羽斩掉是可能的，虽然现在《三国演义》写的被斩的六将都不见史载。

不过，这两种看法，推测的因素都比较多。不论肯定还是否定关羽有过千里走单骑、过五关斩六将这段经历，都还需要寻找更确凿的证据，在找到证据之前，这段经历只能是个谜。

【三国鼎立形成的历史原因】

张大可

三国的话题，是千百年来人们谈论的话题，不过首先要探寻的问题是，历史何以三分？

多因素的历史原因

汉末历史何以形成三分，这是一个复杂的问题，用一个简单的公式是不能够回答的。学术界所流行的经济均衡论导致了三分，即北方经济遭破坏、南方经济发展形成南北均衡而成为三分的立国基础的说法，只是历史的原因之一，而绝非必然的决定性因素。因为封建的自然经济以独立的小农经济为基础，无须均衡也可成割据态势。早在春秋战国之际，长江流域就有巴、蜀、楚、吴、越的割据。至汉末，割据长江上游和中游的刘璋、刘表，甲兵资实，不弱于孙吴，更不减于刘备，何以要待刘备来建立蜀汉而与曹、孙成鼎立之势呢？可见三分有着复杂的历史原因。

从中国封建社会两千年历史发展的轨迹看，王朝兴衰、军阀混战、群雄割据、南北对峙迭次出现，而三国鼎立却是唯一的历史存在，可见这一局面是历史上的一个特例。特例是历史发展中的变异，而导致变异的历史原因，就不是常规的必然性，这是简单明了的逻辑。

"合久必分，分久必合。"这是中国封建专制制度发展的必然规律。当然也可以将此看作封建地主经济发展的一种周期性运动。因为自给自足的封建经济，即使在统一的中央集权政治下，在某种程度上仍旧保留着封建割据的状态，中央集权力量一旦削弱或解体，就要出现群雄割据的局面。而割据混战破坏生产力，给人民带来无穷无尽的灾难，所以它是不能持久的。天无二日，人无二王，人心思统一。所以秦、西汉、隋、元、明等封建王朝解体后，很快就走向统一。但中国历史上有东晋与北方十六国之对峙，有南北朝之对峙，有北宋与辽之对峙，有南宋与金之对峙。这些现象都有比较复杂的原因，而不能单纯用"经济均衡"加以解释，更何况三国鼎立。

三国鼎立有着多因素的历史原因，是经过极其复杂的历史演变才形成的。概略地说，在东汉末年军阀混战走向统一的过程中，出现了三分鼎立的局面，这是由于三分的人才均势、地理均势、政治均势等多种历史原因的交叉作用才形成的。在这些历史原因的形成中，"人谋"起了主导的作用。

汉末人才三分

三分的奠定，首先是军阀混战使汉末人才分散，形成了曹、孙、刘三个坚强的领导集团。

汉末军阀，像穷凶极恶的董卓、顽悍乐杀的公孙瓒、贪利恃宠的陶谦、倏彼倏此而横的吕布、狂愚而逞的袁术、雍容论道的刘表、昏庸懦弱的刘璋，都无戡乱之才，他们在群雄角逐中注定要被歼灭。而志大才疏的袁绍、文武兼资的曹操、弘毅宽厚的刘备、任才尚计的孙权，都有统一天下之志，任人有方，驭才有术。而后袁绍败亡，遂演成了三分之局。

东汉末军阀混战，为何人才三分，这有着复杂的历史原因，是一系列偶然事变的分合所形成的必然之势。在乱世之中，局势未明朗之时，际遇交合带有较大的偶然性。但是人往高处走，水往低处流，天下扰攘，君择臣，臣亦择君，又是必然之势。荀彧、郭嘉、董昭，初投袁绍，后归曹操。鲁肃与刘晔友善，最初欲依巢湖郑宝，而后两人分道扬镳。诸葛瑾、诸葛亮，同胞兄弟，一个辅孙权，一个佐刘备。所以，东汉末年的人才形成三分而未若江河之归大海，有客观的原因，也有主观的原因。试分析如下：

客观原因。主要有两个方面。一是汉朝还没有完全失去其继续存在的合理性，刘姓皇帝仍是一面旗帜。两汉儒学昌盛，它所宣传的君权正统观念深入人心，士大夫多尚气节，袁绍在反对董卓废立时就说："汉朝统治天下四百年，恩泽深厚，赢得全天下人民的拥护。如今皇帝虽然年幼，但没有什么不良行为，董公想要废掉合法的嫡长子，换立一个庶出兄弟，恐怕满朝公卿是不会答应的。"二是东汉世家大族正处于上升时期，多名节之士。尤其是两次党锢之祸，士大夫反对宦官专政，赢得了天下人的归心。这两个客观因素，对曹操有得有失。他挟天子以令诸侯，在政治上占了优势，四方人才多归往之，这是得。但曹操出身于宦官集团的庶族，初起时不敌袁绍，不仅使得一部分北方士人流归了袁绍，如沮授、田丰、审配等；而且延迟了他统一北方的时日，眼看孙权坐大，刘备寄居荆州而不能及早消灭，这是失。关东联军讨董卓，孙坚力战第一，义动天下，也赢得了一部分人才的归心。张昭、周瑜、程普、黄盖等倾心辅佐孙氏兄弟，这是孙吴之得，反之则是曹操之失。刘备以帝室之胄，"受左将军之命，躬膺天子之宠任，而又承密诏以首事，先主于是乎始得乘权而正告天下以兴师"（王夫之语，《读通鉴论》卷九），露布衣带诏讨曹，使曹操蒙受"托名汉相，其实汉贼"（周瑜语，见《周瑜传》）的恶名，刘备则以正统自居。诸葛亮辅刘备，不仅是报三顾之恩，而且是扶持正统。这是刘备之得，亦是曹操之失。

主观原因。也有两个方面。一是曹操的对手刘备、孙权都是人中之杰，总揽英雄有很大的号召力。二是曹操品德不济，奸险诈伪，暴虐无比，使得一部分智士远离了他，像诸葛亮、庞统等人宁肯归隐待时，也决不北投曹操。陈宫、张邈之叛，就是鄙薄曹操的为人。曹操傲慢，把蜀中使者张松推给了刘备，这是最大之失。曹操不仁爱士民，多次屠城，滥杀无辜，并在征战中颁布了"围而后降者杀无赦"的反动军令，所以他始终未能获得"天命攸归"的舆论。曹操兵围汉献帝，失人臣礼，始终带着"汉贼"

的帽子打天下。曹操的这些弱点为孙、刘所利用。因此，曹操不能像他的先辈汉高祖、汉光武那样囊括天下英雄，也就不能统一天下，只好做了个半壁河山的"周文王"而遗恨九泉。

三大战役改变历史航向

袁曹官渡之战、曹孙刘赤壁之战、吴蜀彝陵之战，是三国鼎立形成过程中的三大战役。三大战役的发生和胜败结局出人意料，特别是前两次大战，改变了历史统一的航向，仿佛有一种冥冥的力量在支配和导向历史步入三分之局。

官渡之战，奠定了北方的统一，消除了一个争天下的强手；赤壁之战曹操受挫，孙刘之势渐强，于是奠定了三分之势。本来这两次战役都有统一天下的可能。袁绍鹰扬河朔，雄视天下，设若官渡之战袁胜曹败，袁绍君临天下的可能性是很大的；曹操统一北方，"奉辞伐罪，旌麾南指，刘琮束手"（《吴主传》裴注《江表传》），若赤壁战胜，称孤道寡乃必然之势。但这两次战役都是强者败、弱者胜，出现了戏剧性的变化，从而改变了历史的天平，使偶然因素变成了必然之势。这里的"偶然"，是指曹操官渡告捷、孙刘赤壁战胜，带有偶然性；但已然胜利之后，使形势逆转，弱者成为强者，这就是必然之势。反过来说，叱咤风云的袁绍和曹操，不听谋臣劝谏，丧失了取胜之道，只是"偶然"的一着失计，造成了"失之毫厘，差以千里"的"必然"后果。

彝陵之战，终止了孙刘结盟东西夹击曹魏所取得的战略优势，结局蜀弱吴孤，但它确立了三分的地理均势，鼎立之局不可逆转。

兵家胜败，乃事理之常，为何三大战役，一战之得失改变了历史的航向呢？一是因为交战双方拼尽了全力大决战，可以说失败的一方输了老本，形势逆转无可挽回。二是三大战役的发生，总是强势的一方在错误的时间发动了一场错误的战争，交战双方均为人杰，一方错误则给对方带来机遇，于是人谋起了至关重要的作用。

五次荆州争夺，形成三分地理均势

何为地理均势？所谓地理均势，是指割据集团利用地理条件抗衡对方的一种策略。在生产力不发达的古代，使用戈矛盾牌作战，因此占有险固地利的一方在争雄角逐中明显地具有优势。中国的地理形胜是西北高，东南低，东面、南面都濒临大海。所以王朝更替，割据争雄，一再演出北方战胜南方的历史现象。"周之王也，以丰镐伐殷；秦之帝，用雍州兴；汉之兴自蜀汉"（《史记·六国年表序》）。隋唐统一，兴于西北；明清战略，重在西北。南北朝对峙，五代十国战乱，两宋与辽金之对峙，总是北方战胜南方，其中地理形胜是一大因素。这是因为，偏安东南的割据政权，被大海封闭，没有回旋余地；又处于低地，攻守不利。占有中原的北方政权，不仅占有居高临下的地理优势，而且是传统文化的正统所在，政治上也占优势。再看区域形胜，从南北看，横贯东西的长江把中国地理划分为南北两大区，南北对峙，南方政权总是依赖长江为天堑。从东西看，以华山、秦岭为界，劈成西北、西南两个闭锁地区，险固便，形势利，中原有事，这两个区域常为割据之境。在三国以前的西汉末年，就有隗嚣据陇、公孙述据蜀的先例。东汉末年的军阀混战，陇蜀也是最先成为割据之地。

荆州形胜，兵家必争。荆州地理位置的重要性，还可以从三国以后南北对峙政权的攻守中得到证明。南北朝对峙，荆州之重，终六朝之世，系举国之安危。南朝宋齐梁陈，荆襄镇将，资实甲兵，占全国之半。北宋覆亡，宋高宗南渡，由于荆襄固守，得以保守半壁河山一百余年。北方统一南方，总是用兵荆襄。南方政权，丢失荆襄，也就随之灭亡。所以顾祖禹总结说："盖江陵之得失，南北之分合判焉，东西之强弱系焉，此有识者所必争也（《读史方舆纪要》卷七十八）。"所以，袁术据淮南，首先就是争荆州，孙坚为之丧身襄阳。曹操挟献帝都许昌以后，连年进攻荆州，因北方未平而未得手。诸葛亮的《隆中对》，劝刘备据荆益，就是着眼于三分的地理均势。诸葛亮说："荆州北据汉沔，利尽南海，东连吴会，西通巴蜀，此用武之国。"鲁肃说："夫荆楚与国邻接，水流顺北，外带江汉，内阻山陵，有金城之固，沃野万里，士民殷富，若据而有之，此帝王之资也。"（鲁肃语，见《三国志·鲁肃传》）荆州如此重要，其势为曹孙刘三家所必争。因为曹孙刘三方，谁占领荆州，谁就在实力上可以得到很大的增强。曹操占领荆州，逼降孙权以统一天下；孙权占领荆州，要全据长江与曹操抗衡；对于刘备来说，荆州是立身之地，借此而居以待天下之变。荆州成了曹孙刘三家逐鹿中原的冲要，它的归属将影响历史步伐的节奏。三方军事斗争从公元 208 年曹操南下起到公元 222 年彝陵之战画上句号为止，前后十五年，发生过五次大战役，即五次争荆州。三国时期的三大战役中的两大战役赤壁之战和彝陵之战皆在其中，使荆州三易其主，由此可见争夺荆州的激烈。

第一回合，曹操南下，兵不血刃下荆州。建安十二年（207）十一月，诸葛亮发表隆中对策，替刘备制定的战略方针，首要的目标就是夺取荆州，然后西进益州，东联孙吴，北拒曹操。刘备长期驻屯荆州，"总揽英雄，思贤若渴"，有诸葛亮、关羽、张飞、赵云等文武相助，加之近水楼台，最有利于夺取荆州。但以兴复汉室为己任的刘备，从有大恩于己的同姓手中夺地盘，名不正言不顺，最为天下之忌，刘备需要等待时机。但曹、孙两方岂容枭雄刘备从容得荆州，他们都积极准备抢夺荆州。建安十三年（208）春，孙权建柴桑行营，亲自统兵抢先发动荆州之战，一举歼灭江夏黄祖，打开了荆州的东大门。与此同时，曹操做了充分的备战，也于公元 208 年春在邺城作玄武湖训练水军。七月，他率三十万大军南下，是他征战以来最大的一次军事行动，志欲一举定江南。刘表也预感到荆州继袁氏灭亡之后次当受兵，二子又不睦，军中各有彼此。刘备从新野移驻樊城，伺机而动。刘表面临内忧外患而束手无策，忧愤成疾。曹军南下，声势浩大，刘表被吓死，其次子刘琮继任荆州牧，不战而降。曹操只用了三个月的时间，兵不血刃下荆州，在争夺荆州的第一个回合中，强势的曹操占了头筹。

第二回合，赤壁之战，曹孙刘三分荆州，拉开了鼎立的序幕。公元208年，赤壁之战是曹孙刘三方争夺荆州的第二个回合。此役孙刘结盟，挫败了曹操南下的势头，三家瓜分了荆州，初步形成三分鼎立之局。曹操占据南阳郡和江夏郡北部，以襄阳为重镇，阻止联军北上。孙权占据了南郡和江夏郡南部，全据长江形势，打通了西进益州的大道。刘备奄有江南四郡：武陵、长沙、零陵、桂阳，有了立足之地。按照战前诸葛亮使吴所订双边协定，赤壁战后荆州归刘成鼎足之形（事详《三国志·诸葛亮传》）。所以刘琦死后，孙权表荐刘备为荆州牧，并把自己的妹妹嫁给刘备，巩固联盟。刘备则表荐孙权为车骑将军，领徐州牧。孙刘双方互相推荐，达成了势力范围的默契。从荆州北上宛洛，是刘备发展的方向；从扬州北上徐州，是孙权发展的方向。当时长江上游有刘璋，汉中有张鲁，关中有马超、韩遂。这是三个互不统属，而又均无远略的割据集团。曹操占有大江以北的整个中原地区，兵强马壮，仍有力量时时卷土南下。与曹操争天下的刘备和孙权，处在长江中、下游，无论地利和人力，均不能单独与曹操相抗。为求生存与发展，孙刘联盟抗曹，唇齿相依，形势使然。

第三回合，孙刘两家争荆州江南三郡，联盟发生裂痕。公元214年，刘备得益州，势力壮大，荆州居吴国上流，孙权感到西强东弱，因而向刘提出索还荆州的要求。关羽坐镇南郡，兵力盛强，孙权不敢强求而仅讨江南三郡。刘备关羽不允，孙权派吕蒙强夺江南三郡，刘备引兵东下。曹操趁势夺取汉中，益州震恐，成都一日数十惊。大敌当前，此次孙刘两家没有大动干戈，通过外交谈判达成协议：两家中分荆州，以湘水为界，南郡、武陵、零陵西属，江夏、长沙、桂阳东属。孙权退出了强夺的零陵郡，只得到长沙、桂阳两郡，心中实不平，联盟发生裂痕。

第四回合，孙权袭杀关羽，夺取荆州，联盟破裂。孙刘中分荆州，刘备认为自己已用长沙、桂阳郡换了孙权的南郡，问题已经解决，从而放松了警惕，到公元219年，刘备夺得了曹魏的汉中、上庸两地，关羽又威震荆襄，势力迅猛发展，再次打破了东西均势，孙权震恐而偷袭荆州。这时，曹魏采取了挑动吴蜀相仇的策略，拉拢孙权，创造了孙权放胆进攻的条件。孙权派吕蒙偷袭南郡，擒杀关羽，是荆州争夺的第四个回合。此役之后，孙刘联盟破裂，两家敌对，曹丕趁此称帝篡汉。

第五回合，彝陵之战，荆州归吴，三分地理均势形成。孙权破坏了联盟，心惊胆战。他为抵御刘备复仇，避免两线作战，向曹魏称臣。这就是发生彝陵之战的背景。彝陵之战，是荆州争夺的第五个回合。刘备失守荆州，也就丧失了隆中路线所规划的北伐条件，被困于四塞之地的益州，他决不甘心。刘备认为，伐魏，力量不足；讨吴，自谓可胜；加之为关羽报仇，可以激扬士气。因之，彝陵之战，不可避免。结果是一败涂地，战后蜀弱，吴孤，后来吴蜀虽然重新修好，也只能自存，曹魏强于吴蜀的形势不可逆转。诸葛亮的隆中路线，伴随彝陵之战的发生而中道夭折。

综上所述，荆州争夺的五个回合，有三个回合发生在联盟内部，而且一次比一次升级，最终以吴胜蜀败、荆州归吴而结束。设若彝陵之战胜败易主，局势难以预料，若果还是三足鼎立，则荆州争夺仍不会结束，不达均势则不停止。

葛鲁外交显神威

葛鲁外交是三国外交的前奏，是指赤壁之战前夕诸葛亮和鲁肃两人根据当时形势不约而同提出的孙刘两家联合共拒曹操的构想，史称葛鲁之谋，即葛鲁外交。赤壁之战，正是由于孙刘两家的联合，才挫败了曹操，拉开了三国鼎立的序幕。

赤壁之战前的统一形势。东汉末年，军阀混战，形成了群雄割据的局面。曹操在北方经过了十二年的征战，先后荡除了陶谦、吕布、袁术、袁绍等军阀集团，基本上统一了北方。建安十二年（207），曹操北征乌桓凯旋，清除了南下的后顾之忧，全国统一的趋势日渐明朗。当时全国还有六大军事集团。北方三大集团：曹操雄踞中原，关西有马腾、韩遂，汉中有张鲁。南方三大集团：长江上游益州有刘璋，中游荆州有刘表，下游江东有孙权。这六大军事集团中，曹操最强，已占有天下之半，"拥百万之众，挟天子而令诸侯"，其他任何一个集团都不足与之单独对抗，曹操具有统一全国的势头。

葛鲁外交的提出与实现。公元207年诸葛亮在"隆中对策"中替刘备规划三分天下的蓝图，东联孙权，北拒曹操，夺取荆益的战略方针。当时孙权正按鲁肃、周瑜、甘宁等人提出的全据长江、北抗曹操的战略方针积极备战西征。公元208年，孙权移行营于柴桑，发动了讨伐刘表的荆州之战，一举歼灭了江夏的黄祖。刘孙两家都要夺取荆州，发生战略矛盾，因此，诸葛亮规划的孙刘联盟，只是一厢情愿的构想，没有实现的条件。

公元208年七月，曹操大举南下，形势急转，鲁肃锐敏地看到刘表不足以抗衡曹操，他立即向孙权提出修正全据长江的战略方针，调整为联合荆州，共拒曹操的战略方针。鲁肃对孙权说："荆州内部矛盾重重，刘表的两个儿子刘琦、刘琮一向不合，军中诸将分成两派，各自拥护一方。刘备一世英雄，寄居荆州，若刘备能与荆州方面同心协力，上下一致，就应当支持他们，和我们结盟交好；如果不能，就应当相机行事，另想办法。"八月，曹操兵临荆州，刘表惊吓而死，形势危急，鲁肃主动要求以吊丧为名，出使荆州，慰问军中诸将，并劝说刘备，安抚刘表旧部，齐心协力，对付曹操。孙权完全采纳了鲁肃的建议，当即命他启程前往荆州。鲁肃昼夜兼程，等赶到南郡（治江陵，故城在今湖北江陵东北），形势又发生突变。刘琮投降曹操，刘备战败南逃，正是千钧一发之际。鲁肃临危不惧，毅然亲赴前线，在当阳（今属湖北）长坂坡遇见刘备，转达孙权旨意，劝说刘备与孙权联合。刘备处在败军之际，正待有人支援，自是欣然同意，于是率领残部向东退走，驻扎鄂城，靠拢孙权。孙权采纳鲁肃联荆抗曹的策略，至此出现了孙刘联合的条件。但孙权的战略修正是曹操大举南下逼出来的，诸葛亮奉命随鲁肃过江，在柴桑行营舌战群儒，驳倒投降派，在鲁肃推动下，孙权让步，答应两家联合，打败曹操，荆州归刘。用诸葛亮的话说，就是两家联合抵抗曹操，曹操一定会战败，退回北方。这样一来，"则荆、吴之势强，鼎足之形成矣"。这就是赤壁之战拉开鼎立序幕的来历，孙刘两家在战前的双边谈判中就确定了。这完全是曹操急于东进发动赤壁之战带来的后果。也就是说，是曹操推动了孙刘结盟，发动赤壁之战是一个战略性的错误。

葛鲁外交显神威。葛鲁外交实现了孙刘联盟，取得了赤壁之战的胜利。赤壁战后，孙刘互为犄角，呈现出一派勃勃生机。公元212年，孙权坐镇濡须坞，公元214年又攻下皖城，筑起了巩固的江北边防，尽有长江之险。公元214年刘备得益州，有了立国根基。215年刘孙争荆州南三郡，蜀兵东下。曹操趁机进兵汉中，占了便宜。但是这一次曹操仍未掌握好火候，又失之于早，成全了两家和解。孙刘中分荆州，又协同作战，孙权围合肥，刘备取汉中，曹操东奔西突，疲于奔命，只好临江而叹，逾秦岭而生畏。公元219年，关羽北伐，威震荆襄，是孙刘联盟达于巅峰的表现。假如此时，孙权在东，全力向北，一支出合肥，一支取徐州，刘备在西，率益州之众出秦川，曹操是无法应付的。再假如吴蜀取得全线胜利，蜀得关中、襄阳；吴破合肥、徐州，或者这四个方向只取得一半的胜利，都将使中原震动，人心倒向，从而打破平衡，使曹魏陷于危局，三国的历史就要重写了。

吴蜀重结盟好成鼎足。历史不能假设，葛鲁外交中途夭折，结果是孙权背谋，夺得荆州，演成鼎立之势。但小国自相残杀，大国渔利，吴蜀均不免灭亡。这一总体形势，决定了吴蜀联盟才能生存，所以金戈铁马之后，仍能握手言和。公元223年，邓芝使吴，吴蜀通好，葛鲁外交进入了三国外交阶段。公元229年，孙权称帝，吴蜀订立中分天下的盟约，三国鼎立的政治均势形成，三分对峙之局不可逆转。

三国鼎立之谜

三国鼎立之谜，就是人们经常提出的问题：是"时势造英雄"，还是"英雄造时势"？综上各节所述，三国鼎立形成的历史原因是极其复杂的。就根本性的历史原因来说，东汉末年军阀混战所形成的三分人才均势和三分地理均势是两个最重要的因素。汉末战乱形成的"人才三分"是"时势造英雄"；如何平乱世，人谋规划了三分之局，则是"英雄造时势"。两者相辅相成，互为因果，而总趋势，则是前者为因，后者为果。即三国鼎立是人谋所结之果。也就是说，人谋在三国鼎立形成中起了决定性的作用。

人谋规划三分的核心是谋求地理均势，同时又谋求政治均势，而地理均势是政治均势的前提条件。所以，三国形成时期曹、孙、刘三方的军事斗争和外交斗争都是围绕荆州的争夺而展开的，随着荆州归属的解决才形成了三分地理均势，而后出现了三分的政治均势。至此，三国鼎立的对峙就成为必然之势，也就是不以人的意志为转移了，曹孙刘三方都无力统一天下。陈寿撰《三国志》，只有纪传，而无表志，着重记载三国形成时期的人物，可以说是生动形象地体现了这一历史演变的主旋律，即"人谋"在形成三分过程中的决定性作用。一部《三国志》，共载了四百四十一人的传记，最耀眼的是谋略人物而不是军事人物。三国人物传记的分合排列以类别与时序相结合，重心突出的是政治谋略人物。如曹魏的五虎上将张辽、乐进、于禁、张郃、徐晃按类为一传，他们排在程昱、郭嘉等谋士传之后。蜀国的五虎将关羽、张飞、马超、黄忠、赵云为合传，列在诸葛亮传之后。吴国以张昭、顾雍、诸葛瑾、步骘等政治人物合传居前，程普等十二员虎将合传在后，文武双全的周瑜、鲁肃、吕蒙等人合传在二者之中。陈寿论人，重在人物器识的发挥，不时作比较。如将刘备与曹操相较，认为刘备"机权干略，不逮魏武，是以基宇亦狭"。又将蜀汉的庞统和法正与曹操谋臣比较，认为庞统可与荀彧为仲叔，法正与程昱、郭嘉相俦并。从陈寿所写《三国志》的重心和对人物传记的布局、品评来看，用意重在探索三国鼎立形成的历史原因和"人谋"的作用。三国人物的这一特点，给我们留下了宝贵的经验和财富。研究三国人物，可增长才智，吸取他们的教训，可避免犯错误；运用三国谋略，可增加事业的成功概率。三国人物，可歌可泣；三国历史，应当敬畏。

【诸葛亮是如何"借"来东风的】

冯立鳌

赤壁大战中诸葛亮借东风的故事，至今仍广为流传。他在南屏山七星坛上披发仗剑、踏罡步斗、施法术借东风的场面，使人们几乎无法分辨诸葛亮到底是人还是神仙妖怪。难怪鲁迅先生在《中国小说史略》中批评作家罗贯中"至于写人，亦颇有失，以致欲显刘备之长厚而似伪，状诸葛亮之多智而近妖"。

《三国演义》对诸葛亮借东风的描写，到底是凭空杜撰、神化夸张之辞，还是事有所本、言之有据？当时是隆冬季节只有西北风，那么如何解开这一千古之谜呢？

赤壁大战时，孙刘联军指挥部决定对曹操实行火攻，但隆冬季节只有西北风，曹兵隔江在西北方，联军在东南方，曹兵在上风头的位置，联军若放火去烧，只会伤了自家战船，当时真是"万事俱备，只欠东风"。这时，孔明愿为联军凭天借到三日上夜东南大风，以应战争急需，并约定十一月二十日甲子之时。周瑜为之拨兵筑坛，等候动静，在约定日子的当夜三更时分，果然东南风大起，联军乘风出击，火烧赤壁，大败曹兵。还在孔明随周瑜刚出兵时，他就告诉刘备说："但看东南风起，亮必还矣。"（《三国演义》第四十五回），并请刘备于十一月二十日甲子派赵云驾船在约定的地点等候他。

时逢冬至，阳气生长

十一月二十日是什么日子呢？原来那天是冬至之日。地球在围绕太阳公转的轨道上有"得到日光照最多"和"得到日光照最少"的两个日子，这会引起地球表面各种气候的变化，古人虽不了解这样深层的道理，但发现了这两个转折性日子的存在，分别命之为"夏至"和"冬至"，并用"夏至一阴生""冬至一阳生"来概括这两个日子后的气候变化规律。按照这个规律，冬至之前，如果阴气旺盛，在长江沿岸表现为西北风，那么冬至之后，阳气生长，风向则要发生变化，表现为东南风。诸葛亮正是在随季节而生的气候变化规律上大做文章，贪天之功，神乎其神，迷惑了周瑜。其实，即使在起风的当天，诸葛亮对是否有风尚无绝对的把握。他对身边的鲁肃说："子敬自往军中相助公瑾调兵，倘亮所祈无用，不可有怪。"（《三国演义》第四十九回）有人认为，诸葛亮能知道起东南风的日子，是他事先在江岸渔民中了解当地气候变化的特点而知道的。当然不能排除这一可能，孔明若能这样做就更好。然而，孔明若是知道了"冬至一阳生"的气候变化规律，就可以准确地把握起东风的时间了。赤壁东南风大起时，程昱提醒曹操加以提防，曹操笑着回答："冬至一阳生，来复之时，安得无东南风？何足为怪！"（《三国演义》第四十九回）既然曹操也知道这种气候变化的规律，那孔明当然就更可能掌握和运用这一规律了。

故弄玄虚，诈称借风

时逢冬至，自有东南风起于江岸，孔明所以向周瑜诈称自己借风，一是要故弄玄虚，贪天之功为己有，在破曹战役中"争"得一份大功，作为日后占有荆州的重要借口。例如一次鲁肃来索要荆州，他就提出："若非我借东南风，周郎安能展半筹之功？"（《三国演义》第五十四回）诈称借风的第二个原因是他要摆脱周瑜，迅速回到自己军中，调兵遣将，与周瑜争夺曹操失地。事实上，孔明为他离开周瑜营寨，事先做了许多准备工作：第一，请刘备在甲子日东南风起时派赵云在指定地点接应；第二，以祭坛借风为名离开周瑜营寨，既摆脱了周瑜的直接监视，又造成了对他的麻痹；第三，起风的当天寻找借口打发走了身边的鲁肃；第四，起风前对周瑜派来的守坛将士下令："不许擅离方位、不许交头接耳、不许失口乱言、不许失惊打怪，如违令者斩！"（《三国演义》第四十九回）他利用兵士对祭坛借风的神秘感剥夺了他们的一切自由，直到周瑜派兵来捉他时，守坛将士仍在执定旗子、当风而立。这为他的行动自由创造了极大的方便条件。

诸葛亮的高明之处

这里出现了两个问题：第一，既然"冬至一阳生"的谚语揭示了气候变化的规律，那么周瑜等将领为什么要为无东南风而苦苦犯愁呢？其实，许多将领在战争中往往忽视气候因素的作用，尤其会忽视气候随季节的转折性变化，他们没有养成在战争中对未来各种因素通盘考虑的思维模式，而诸葛亮善于作这样的考虑，这正是他作为军事领导人的异常高明之处，也正是我们所要指出并给予充分肯定的一点。第二，既然曹操也知道"冬至一阳生，来复之时，安得无东南风"的道理。那么为什么他在接受庞统的建议，用铁环连锁船只时，还给众人解除疑虑说："凡用火攻，必借风力。方今隆冬之际，但有西风北风，安得有东风南风耶？"（《三国演义》第四十八回）我们认为，曹操这里出现了一个漏洞，"隆冬之际，但有西风北风"，是对一个时期内气候情况的判断；"冬至一阳生"是指气候在一个时间点上的转折，而冬至这一点是包含于隆冬这一时期内的。曹操在作"但有西风北风"的判断时，是处在 P 点上，其判断在当时是正确的，但由于 P 点处于隆冬之际，他就做出了"隆冬之际，但有西风北风"的结论，这就出了问题。事实上，他只能说，隆冬之际的前段时间只有西风北风，他的结论是把特称判断换成了全称判断，思维上出现这个漏洞，使他不恰当地延长了判断的时间期限，忽视了冬至这一点上的气候变化。冬至之时，风向转折。当第一场东南风骤起时，曹操还没来得及对他关于"隆冬之际,但有西风北风"的错误判断做出反应并纠正过来，就被大火烧败。曹操考虑的是一个时间区间，却忽视了其中的一个特殊点。诸葛亮则抓住这个特殊点大做文章，不给曹操以纠正的机会。孔明利用大雾天气"草船借箭"，也是与"借风"事件相类似的。

【驰名三国的道德偶像为何羞愧而死】

王建华

一

建安二年（197）正月,刚刚招降了张绣的曹操,将张绣叔叔张济的老婆也纳为己有。这一行为让张绣很不满，而更让他感到心惊的是，曹操好像对他手下的大将胡车儿表现出了浓厚的兴趣，送给了胡车儿不少金银。抢女人可以理解成好色，拉拢手下的大将，这不是明摆着要置自己于死地吗？着急的张绣决定先下手为强，他对曹操说想把军队调动一下，曹操一时大意，竟然同意了张绣从自己军营借道的请求。结果，张绣突然发动攻击，让曹操措手不及，不仅军队被打散了，其长子曹昂和爱将典韦都在战乱中被杀。曹操自己也被流箭射中，狼狈地逃到舞阴（今河南泌阳西北）。曹操逃得狼狈，他的手下也好不到哪里去。乱军之中，大家纷纷抄小路逃命。可有一名将领显得相当镇定，这个人就是于禁。

于禁，字文则，泰山钜平（今山东泰安）人。献帝初平三年（192）时，由王朗推荐给曹操。之后的几年，于禁跟随着曹操东征西讨，立下了不少功劳。总而言之，于禁算是个见过世面的人物，在张绣搞的这场偷袭战中并没有乱了阵脚，他从容地指挥着自己的几百名士兵，一边战斗一边撤退。虽然在战斗中不断有人伤亡，但这支几百人的队伍始终有序地撤退着。由此可以看出于禁平时治军有方并且战时指挥也很得当，不然这么几百号人要么早就作鸟兽散，要么早就被张绣军消灭了。

于禁一行人在撤退中遇到了十几个被剥光了衣服的伤员，他心中大异。待于禁将他们叫来一问才知道，这群士兵是被人给抢了，而抢他们的竟然是由曹操收编的黄巾军组建起来的青州军。于禁很生气，他来不及细想为什么青州军要抢人家的衣服，便带着队伍打了过去，之后还非常严肃地列数青州军的罪状，并对他们进行了思想教育。可青州军不吃于禁这一套，他们先于禁一步见到了曹操，在曹操面前不住地说于禁的坏话。而此时的于禁正抓紧时间挖深战壕，加高营垒，一心一意地防备着张绣的追兵，对青州兵的行动并不知情。当有人告诉他情况时，于禁仍不慌不忙地说："敌兵都还没退走，不赶快修筑工事，敌人来了怎么办呀？再说以曹公的智商，能这么容易就被人给骗了吗？没事！"

面对追击的敌人，能镇定指挥；面对诬告的小人，能从容分析形势，注重事情的轻重缓急。于禁，无愧为一名优秀的将领。曹操在得知事情的真相后赞道："将军在乱能整，讨暴坚垒，有不可动之节，虽古名将，何以加之。"为了表彰于禁，曹操封他为益寿亭侯。曹军的一场大败却成全了于禁，让他达到了人生的一个小高潮。

只是无论是曹操还是于禁都没有想到，这句"有不可动之节"的评价将会在日后成为于禁沉重的包袱。因为这句话，失节的于禁便多了一条不可原谅的罪状。

二

建安十年，曾经归附曹操的昌豨又反叛了，曹操便让于禁去攻打昌豨。接到命令的于禁二话没说，带着部队就急速攻了过去。面对着彪悍的于禁，昌豨没作多大的抵抗便投降了。当然，昌豨投降还有另一个原因，那就是于禁是他的旧友。老朋友了，投降后自然可以平安无事。然而很快，昌豨就发现自己错了，当于禁面带愁容、含着泪花来到他面前时，昌豨惊讶地发现这个老朋友并不是来救自己的，而是来杀自己的。相信昌豨至死也不明白，为什么他和于禁多年的交情，却没能换回自己一条命。于禁为什么就一定要杀死老友昌豨呢？答案是法律。昌豨投降后，诸将都提议把昌豨送给曹操处置，于禁却认为没有必要，他严肃地对诸将说："诸君不知公常令乎！围而后降者不赦。夫奉法行令，事上之节也。豨虽旧友，禁可失节乎！"这就是说，曹操早就有令，遇上被围困之后没办法才投降的人是不能赦免的。我于禁只是依法办事，决不会为了一个朋友失去自己的节操，一番话说得诸将哑口无言。

事后，曹操得知此事，感叹道："昌豨呀，谁让你不到我这儿来投降，却要去向于禁投降呢？你这不是自己找死吗？"此事之后，曹操更加看重于禁了。曹操虽然赞赏于禁，可为《三国志》作注的裴松之却指出："禁曾不为旧交希冀万一，而肆其好杀之心，以戾众人之议。所以卒为降虏，死加恶谥，宜哉。"这里，就一针见血地指出，于禁以法律节操严格要求别人，所以到最后当他自己失节之时，他就又多了一条不可原谅的罪状。

可是这一点曹操没有想到，于禁没有想到，诸将也没有想到。在大家的眼中，于禁成了一个为守护法律和节操可以放弃友情和生命的道德典范。在之后多年的征战中，于禁又是屡立战功，他的封邑也达到了 1200 户。于禁的人生，又达到了一个高潮。如果没有后来发生的那件事，于禁也许就会以这样一个无比光辉的形象，出现在历史的画卷里。可是历史就像是一个调皮的孩子，大人们永远猜不到它下一步想干什么。建安二十四年，于禁迎来了改变他命运的那场战役……

三

建安二十四年，蜀军对曹操发动进攻，当时关羽带着大军进攻樊城，守将曹仁向曹操求救，曹操派了于禁、庞德两员大将率领 7 支人马前去增援。出征之前还有个小插曲，人们忽然对将领的忠诚度表示了担忧，于禁作为老将，自然是可以信任的。但庞德就不好说了，因为庞德原是马超的部下，而此时马超已经是蜀国的将领，而且庞德的哥哥也在蜀国任职。庞德会不会借这个出征的机会，重新投入到马超的麾下呢？庞德听了后，马上表态了："吾受国恩，义在效死。吾欲身自击羽。今吾不杀羽，羽当杀吾。"庞德用掷地有声的誓言打消了人们的顾虑。只是后面发生的事，却让所有人都大跌眼镜。

于禁和庞德带着部队安心地驻扎在樊城的北面平地上，等着和关羽一决生死。可关羽却并不急着与他们交战。关羽把军队移于高处，差人堵住各处水口，耐心地等着。八月的一个夜里，关羽让士兵打开水口，将蓄积已久的洪水放出来。一瞬间，于禁和庞德的七军便被大水吞没。在这个兵败如山倒的时候，庞德先是处了两名要投降的将领，接着身穿铠甲，手挽弓箭，一箭一箭地射向蜀军。箭射完了，就贴身过去，与蜀军进行肉搏战。直到最后，庞德手下或死或降，他只身一人坐着小船向曹仁军中行去，谁知，一个大浪将船打翻，庞德成了关羽的俘虏。被俘后的庞德并不理会关羽的劝降，他始终立而不跪，并对关羽大骂不止，直到最后被杀。庞德用自己的行动向那些曾经怀疑过他的人证明了自己的节操。而同样被俘的于禁，却做出了一个让曹军想都想不到的举动——他投降了。对于于禁的投降，《三国志》和《资治通鉴》上都只有"遂降"的字眼。显然，于禁是在无人劝降的情况下主动投降的。

消息传回曹操那里，所有人都惊呆了。之前备受怀疑的庞德宁死不屈，之前备受尊崇的于禁却主动投降了。于禁呀，你怎么能投降呢？你没看见你的部下都宁死不降吗？你忘了你曾经被曹操称赞"有不可动之节"吗？你忘了你曾经为了维护法律节操而毫不手软地杀死了自己的老友昌豨吗？你难道不知道你在曹军中早已经是一个道德偶像了吗？为什么关键时候你自己却失节了呢？道德偶像的不道德行为让人们对他彻底失望了，大家都有一种上当受骗的感觉。而这种彻底的失望，在于禁重返曹营后，便化为巨大的愤怒，让于禁永无翻身之日。

对于这件事，曹操感叹了许久，他想破了头也没有想出个所以然来，只好说了一句："我和于禁相识三十年，怎料在危难之处，于禁反而不如庞德呢！"是呀，到底是什么原因让于禁投降呢？答案很简单：于禁老了。经过了几十年的征战，时间不仅带走了于禁强壮的身体，也带走了他那颗坚毅的心。老当益壮，曹操可以，于禁却不行。当冰冷的刀锋贴在他脖子上时，节操、法律都显得那么微不足道。此时的于禁只有一个想法：无论如何，要活下去……

<h2 style="text-align:center">四</h2>

建安二十四年十一月，还没心情享受"水淹七军"胜利喜悦的关羽被吴将吕蒙用计击败，并且他本人和儿子关平都被孙权杀死。于禁便又成了吴军的俘虏。

孙权对于禁还是不错的。史书上说，孙权允许他和自己骑马并行，由此可见，于禁不仅行动比较自由，而且地位还是有一点的。可是孙权大度，不等于他的手下也一样大度。毕竟，像于禁为活命而主动乞降的人是为人所不齿的。所以当孙权的手下虞翻看到于禁与孙权骑马并行时，就训斥于禁说："你这个投降的俘虏，怎么敢和我们的主公并行！"虞翻的话像锥子一样，扎得于禁心里直滴血。然而虞翻对于禁的刁难并没停止。后来孙权和众人在楼船上与群臣宴饮，于禁听到当时演奏的音乐，忍不住流下泪来，虞翻见状，起身骂道："你想用眼泪来换取大家的同情吗？你以为这样就可以免去你犯下的罪行吗？"于禁无语，原来，作为降虏的他，连流泪的权利都没有了。

吴国是待不下去了，在这里虽然有吃有住，可是于禁觉得自己活得毫无尊严。任何人都可以拿他投降的事来挖苦他、取笑他。那么，哪里才是他的安身之所呢？家，于禁想家了，他想回到他离开已久的曹营中去。他认为在那里，他才可以有尊严地活着。很快，于禁如愿以偿了。

献帝延康元年（220），曹丕称帝，国号魏，都洛阳，建元黄初。第二年八月，孙权派使者向魏称臣，于禁作为被俘的曹营将军，也将被送回魏国。听到这个消息的于禁非常高兴，他终于看到了生活的曙光，他并不认为自己会因投降的事而受到故国同仁的歧视。在这样一个叛主投降如家常便饭的时代，自己这么点儿事算得了什么？

果然，当曹丕看到头发胡须全都白了且面容憔悴的于禁时，他不但没有怪罪于禁，反而用孟明视和荀林父的故事来安慰他。孟明视和荀林父是秦、晋两国的大将，虽曾兵败，但未受处罚，后来将功折罪，立下大功。这一下，于禁更对曹丕感激涕零，到底是自己的领导关心自己呀！有一个如此有气度的领导，自己的苦日子应该结束了吧？被喜悦包围的于禁并没注意到曹丕话语中那一丝冷漠和周围大臣充满愤怒的目光。

于禁回来后不久，接到了曹丕的一项指示，去给曹操上炷香。于禁当时并没有太在意，他只把这当成了一次普通的拜祭。而当于禁来到曹操陵园时，他发现陵园的屋子上方竟然有一幅壁画，壁画中显示的是关羽得胜、庞德发怒、于禁投降。

一瞬间，于禁的心碎了，原以为众人早已原谅了他，原以为自己将重新开始自己的生活。不料，到头来，一切的一切只是"原以为"。一种充满绝望的羞愧感涌上于禁心头，也许直到这一刻，他才真正发觉自己错了，他的命运从投降的那一刻起就已注定。回到家中的于禁很快就在羞愧中病死。然而，那些曾把于禁当成道德偶像崇拜的人不会原谅他，那些曾被于禁以维护法律和名节为由处罚过的人也不会就此原谅他，那些为庞德慷慨赴死而叹息不已的人更不会就此原谅他，积蓄多年的怒火并不会就此而熄灭。于禁死后，朝廷给了他一个谥号"厉侯"。

一代名将于禁，用一时的苟且偷生，毁了自己的半世英名，可悲可叹！

【曹操缘何笼络文人又兴起"文字狱"】

刘秉光

曹操的大度

广泛地吸收和笼络文人名士，是曹操在用人机制上的一项重要举措，哪怕这个人曾经把他骂得狗血喷头、体无完肤、一无是处。陈琳在那篇慷慨激愤、极富煽动力的讨曹檄文中，历数了曹操"饕餮放横，伤化虐民""窃盗鼎司，倾覆重器"的种种罪行，怒斥了曹操的祖宗，甚至把曹操骂为"豺虎"和"人鬼"，可算是把曹操得罪透了。

曹操看到这篇檄文时，不禁被陈琳一针见血、入木三分的笔锋所震惊，当时虽然卧病在床，但还是忍不住一跃而起，连连称赞陈琳的文才绝佳。袁绍败亡后，陈琳被抓去见曹操，表示愿意归顺，曹操因"爱怜其才"，所以赦之不咎，命为从事，署为司空军师祭酒，后又徙为丞相门下督。曹操在重用陈琳的同时，也经常与他在文学方面交流和探讨，对他的作品，曹操竟不能为之增减一字。

对于像陈琳这样的"仇人"，曹操都可以不计前嫌，为己所用，那么，对于手下其他声名远播的文人名士，曹操应该倍加珍惜，极力推崇才是。然而，曹操却表现出了让人惊讶的言行举动，先后辱祢衡、诛孔融、杀崔琰、灭杨修，上演了一场场侮辱、屠杀文人名士的惨剧，让人不可思议。

借刀杀祢衡

祢衡是一个纯粹的文人。作为一名文坛新秀，祢衡自恃其才，不知天高地厚，甚至目中无人，粪土一切，似乎带有一些狂悖型精神病症。尤其是在被孔融吹捧为"不可多得"的"非常之宝"后，祢衡更加狂妄失常，甚至有了许都城内除"大儿孔文举，小儿杨德祖，余子碌碌，莫足数也"的感觉。

令人想不到的是，这位丝毫不懂政治的文学青年，竟然在曹操面前出言不逊、大放厥词，引起了曹操的强烈愤恨和不满。对付这样一个不识时务、自命清高、蔑视权贵的酸腐文人，曹操有自己独特的一套办法，那就是通过"不命坐""令为鼓吏"和"不起身相送"等方式，在礼法上有意怠慢，在人格上极力羞辱。曹操并不是不想杀祢衡，只是想到祢衡不过是一个狂傻之徒，顶多会恶语中伤、胡说八道，不会危及自己的统治；再者自己霸业未成，如果杀掉祢衡就会冷了人心。于是一条"借刀杀人"的毒计油然而生，何不借刘表之手除掉眼中钉、肉中刺，果然祢衡到了荆州后出言不逊，结果被一介武夫黄祖砍下脑袋。曹操知道后得意地笑着说："腐儒舌剑，反自杀矣！"

诬告除孔融

与三国"愤青"祢衡不同的是，孔融不仅仅是文学家，更是一位政治家。作为孔子的 20 世孙，孔融官高名远，众望所归，顺理成章地成为知识分子的一代领袖。

名士出身的孔融向来看不起曹操，丧失地盘来到许都后，孔融认为自己是在为汉献帝做事，而不是为曹操效劳，不买曹操的账，这让大权在握的曹操觉得很窝火。孔融学问很大，但政治上不够成熟；勇气不小，但缺乏斗争经验；过于自信，以致对时局经常错误估价。

他与"高级俘虏"汉献帝来往过于亲密，甚至动不动就瞒着曹操上表，遭到了曹操的猜忌。不仅如此，他还多次借机嘲讽和指责曹操。他用"武王伐纣，以妲己赐周公"的比喻，来讽刺曹操把自己喜欢的甄氏让给儿子曹丕；用"肃慎氏不贡矢，丁零盗苏武牛羊"的话语，来嘲弄曹操不值得大动干戈远征乌桓；用"尧非千钟，无以建太平；孔非百觚，无以堪上圣"的怪论，来反对曹操禁酒，等等，这让自以为是的曹操觉得很难堪。

思想领域的不同和政治见解的分歧，以及孔融在大政方针上再三地公开与自己唱反调，使曹操心怀嫉恨，杀孔融的念头早已萌生。但由于北方局势还不稳定，加上孔融的名声远播，曹操不便对他怎样。到了建安十三年（208），北方局面已定，曹操在着手实施他的统一大业的前夕，为了排除内部干扰，便授意部下诬告孔融"欲规不轨"，又曾与祢衡"跌宕放言"，将孔融杀害弃市，其两个儿子也未能幸免。正所谓："覆巢之下，焉有完卵？"

贵族代表崔琰与"文字狱"

与祢衡和孔融相比，崔琰算不上是一个完全的文人，但他代表着当时整个贵族集团，也代表着聚集文化精英的士大夫阶层。崔琰虽然表面上归顺曹操，但打心眼里不服，尤其是对曹操自封魏王这种僭越行为更是义愤填膺。对于经自己举荐却赞同曹操称王的门生杨训，崔琰忍无可忍，有话要说，索性以前辈的口气给杨训写了一封义正词严的书信，里面竟有"时乎，时乎，会当有变时"的"反句"。

曹操知道后，勃然大怒，于是将其关押。可崔琰在被关押期间并不老实，竟然还"通宾客，门若市人"，这是让曹操无论如何也不能原谅的。想到崔琰平日里的阳奉阴违和关键时候的节外生枝，曹操杀心顿起，于是利用"文字狱"的方式除掉了这位爱出风头的名流。

杀杨修防患于未然

不少人认为杨修是因为他的才华外露，被曹操出于嫉妒而杀害，其实不尽然。曹操不但欣赏杨修的才华，而且对其"委以钱粮重任"，早晚"多有教诲"。如果单纯地因为嫉妒，曹操决不会把这个多次扫自己面子的人留在身边近20年。曹操之所以在死的前一年杀掉杨修，是因为杨修作为文人，已经深深地卷进了宫廷政治斗争的旋涡之中。

杀掉杨修，不过是曹操为了身后接班人的安全所采取的一种必要手段。在曹操比较欣赏的两个儿子中，杨修是站在曹植这一边的。他在为曹植能够继承王位的问题上出谋划策，纠集势力，成为反对曹丕的政治共同体。

曹植因为"华而不实"，并不被曹操喜欢。再者，杨修作为曹植的嫡系党羽，为其在谋取王位上出的一些馊主意，多次被曹操拆穿，是曹操对杨修由厌恶而逐渐起杀心的重要因素。为了保证自己死后权力的顺利交接，为了避免曹丕、曹植兄弟二人日后的明争暗斗，所以曹操随便找了个"泄密"和"扰乱军心"的理由，便果断地砍下了杨修的头颅，防患于未然。

"唯才是举"与灭才

曹操一方面实行"唯才是举"，吸收、笼络和重用知识分子，一方面又坚持"宁教我负天下人，休教天下人负我"的用人原则。对于愿意臣服归顺于自己的文人，曹操可以给他们高官厚禄，可以与他们推心置腹，尊重爱护；可对于那些不肯服膺、不愿与自己合作，甚至别有用心的知识阶层精英，曹操却不惜背上屠杀知识分子的千古骂名，也要对他们下狠手、下毒手，这是他对文人惯用的一种统治手段。曹操是位大文人，他重视文化、理解文化，更知道文人是不能随便杀的，但当他的政治统治受到知识分子的攻击和威胁时，文学家曹操自然就会让位于政治家曹操，只有通过政治手段，利用"铁血政策"，才能扫清口舌和文字障碍，实现"以曹代刘"的政治目的。对于曹操来说，杀掉几个不识时务的异己文人，是一项投资小、见效快的高压统治捷径，既能肃清耳根，又能杀一儆百，何乐而不为呢？

【李世民为什么不杀武则天】

蒙曼

武则天见李世民岂知非祸

自古以来美丽就是女人改变命运的重要资本。杨夫人看着女儿丰丽的小脸，也不禁开始动起重振家声的念头。她一有这个念头，整个杨氏家族就开始行动了。当时，杨氏一族至少有两三个姑娘都正当着太宗的妃嫔，这些人就开始在宫里宣传起武则天的美貌来。一来二去，当然就传到了唐太宗的耳朵里。唐太宗当时正是后宫寂寞，决定征召她进宫当才人。那正是：武家有女初长成，一朝选在君王侧。这"才人"是个什么称号呢？古代普通男子有妻有妾，皇宫里呢，当然也有高下贵贱之分。皇帝的嫡妻，也就是大老婆，叫皇后。在皇后之下，皇帝的小老婆们也就是妃嫔，也是分等级的，并且每个等级都有固定的员额。第一等叫妃，有四人，为一品；妃之下是二品的嫔，共九人；嫔之下，第三等是婕妤，九人；婕妤之下是四品的美人，也是九人；再往下就是五品的才人，还是九个人。

进宫是好事还是坏事？这很难说清楚。一方面，14岁的小姑娘，进宫就封为五品才人，确实是很荣耀的事情。另一方面，"后宫佳丽三千人"，皇帝身边的女人很多，可是真正能够得宠的人寥寥无几。大部分妃嫔都是寂寥一生，出头的指望很小，所以一般的父母都不舍得让女儿去冒险。杨夫人虽有心让女儿改变命运，但事到临头还是难以割舍，听到这个消息后，日夜啼哭。但是武则天不是这么想，她觉得家里的生活前景很暗淡，如果进了宫，也许会有新的机会。大概是她父亲武士彟喜欢冒险的基因遗传给了她吧，她愿意去冒险。

就这样，贞观十一年（637），武则天带着改变命运的梦想，正式进入了宏伟壮丽的大唐宫殿。刚进宫的时候，唐太宗确实喜欢过她，还给她起了个名字叫"武媚娘"。通过这个名字，我们也可以看出，武则天在唐太宗心目中，就是可以随玩随丢的一个小玩意儿。喜欢了一段时间以后，军国大事一忙，太宗就把她丢到脑后去了。

狮子骢事件

狮子骢是一匹马的名字，由于鬃毛像狮子似的，所以叫作狮子骢。这匹马长得高大威猛，神骏异常，但是性子暴烈，没有人能驯得了它。唐太宗是个爱马之人，为此很是着急。

有一天，风和日丽的，唐太宗在一群妃嫔的拥簇之下来看马。这之中就有武则天，她进宫许久，还没引起皇帝的格外关注呢。太宗围着狮子骢转了一圈，不由得叹息：这真是一匹好马呀，可惜就是没人能驯得了。其他的妃嫔都默不作声，一片寂静。突然，武才人挺身而出，说：陛下，我能治服它！唐太宗吃了一惊。武则天款款地说道：不过，我需要三样东西。第一，铁鞭；第二，铁锤；第三，匕首。唐太宗说：这可不是驯马的东西啊，你要这些东西干什么啊？武则天笑道：陛下，这马如此暴烈，必须用特殊手段。我先用铁鞭抽它，如果它不服，我就用铁锤锤它脑袋，如果它还不服，我就一匕首捅了它。哎呀！唐太宗听了心里是哇凉哇凉的：面前这个娇弱如花的小姑娘，怎么说起话来这么狠呢！一时半会儿他都不知道该说什么好，过了好一会儿，太宗终于讷讷地说了一句：你真了不起。说完之后呢？这事儿就没了下文，既没有封官，也没有赏赐。可见，武则天在太宗面前的第一次表现以失败而告终。

李淳风预言女主武王

李淳风，陕西岐山人，公元602年生，公元670年卒。李淳风是个神秘人物，但是历史上实有其人。李淳风以《推背图》闻名，但他更是一个天文学家和数学家。李淳风家世也神秘，《旧唐书》上说："（李淳风）父播，隋高唐尉，以秩卑不得志，弃官而为道士。颇有文学，自号黄冠子。"

公元622年，李淳风任秘阁郎中，奏请编新历，公元644年编成《甲子元历》，对后世天文、历法和数学的发展贡献很大。他还著有《法象志》，共七卷，论"前代浑天仪得失之差"，对后世产生重大影响。公元641年担负了编写《梁书》《陈书》《北齐书》《周书》《隋书》总指导的责任，为《晋书》亲自撰写了《天文志》《律历志》《五行志》，保存了古代天象变化及自然灾害史料。

唐太宗晚年的时候，宫外忽然开始流传"女主武王"的预言，说唐三代之后，当有女主武王代有天下。

这本来是一个民间的流言，后来就传到宫廷里了，李世民听了这个话很难受。他秘密地把李淳风（时任太史令）召到宫里，问他有没有这回事。李淳风说，臣夜观天象，发现有太白经天，这意味着有女主要兴起。又说，我经过一番推算，发现这个女人已经在陛下的宫里，是陛下的眷属。不出30年，她就要取代陛下，代掌陛下的大好河山，还要诛杀李唐皇室的子孙。李世民听了非常紧张，说，那怎么办呢，既然预言和天象都一致了，就这样吧，宁可错杀三千，不可使一人漏网。我要在宫里头清理清理，凡是姓武的、跟武沾边的我们都杀了算了。李淳风说，这可不大好啊，有一句话叫王者不死。上天既然派这么一个人下来，就会保护她，您恐怕轻易杀她不得，而且会殃及众多无辜，上天会怪罪的。退一步说，就算您把她杀了，上天的意思如果没有改变的话，他还会再派一个人来。这个人我刚刚说是陛下的眷属，已经在陛下的宫里了，现在是个成年人了，30年之后就是老年人了。老年人心地比较仁慈，可能对陛下的子孙会留有余地。如果您现在把她杀了，上天又生出一个新的人来，那这个人30年之后可是年轻人啊，年轻人心狠，杀起陛下的子孙恐怕就毫不留情了，所以您还是别杀了吧。这是一个说法。

谁当了武则天的替死鬼？

《太平广记》还记载了一个更离奇的说法，说唐太宗在李淳风观星象之后，曾经让他到宫里指认一下这传言中的武王。

李淳风说，陛下后宫的女人太多了，臣怕老眼昏花看不准。唐太宗说，这还不容易吗？马上就把宫人一百人编成一队，先让李淳风看这个人在哪一队中。李淳风就指了一队。太宗说，这目标也太多啦，再细化一下！于是，又把这100人分成两组，各50人，李淳风又指出了一组。武则天就在这一组里。唐太宗觉得50人也还是太多了，让李淳风再明确一些，李淳风却说天机不可泄露，让唐太宗自己猜。唐太宗说这怎么猜呀！再说，也用不着那么费事，干脆，把这50人都杀掉算了。可是李淳风说这样违反天意，恐怕后果更加严重。最后唐太宗没有动手，但是他由此存了一份防范之心。

他这一存杀心不要紧，有个人就当了替死鬼。谁呢？此人姓李名君羡，是玄武门的一员守将。玄武门是唐代长安城的正北门，扼守皇帝居住的大内，位置相当重要。唐太宗当年就是在玄武门设下伏兵，杀死了哥哥李建成、弟弟李元吉，再用武力逼迫父皇李渊退位，自己当上了皇帝。这个事情就是历史上著名的玄武门之变。所以玄武门历来为人所重，它的守将都非常骁勇。

李君羡的岗位在玄武门，他的职位则是左武卫将军，这是唐代府兵制十六卫中左武卫的一员大将。有官有职，李君羡还有爵位，他的爵位是武连郡公。而他本人又是武安人，也就是今天的河北武安市人。玄武门守将、左武卫将军、武连郡公、武安人，已经四个"武"字了。这还不算，真正要他命的是他自己说的一句话。有一天，唐太宗很高兴，在宫内宴请武将。酒酣耳热之际，太宗想活跃一下气氛，说，我们别这么闷头坐着，说说笑话，各自报上自己的小名，博大家一笑嘛。武将纷纷响应，报上小名，说得是千奇百怪。比如有的武将站起来说，臣小名和尚。再有的武将呢？说臣小名秃子。大家哈哈大笑。到了李君羡这儿，他说："臣小名五娘子。"这下爆发出哄堂大笑。一个牛高马大、胡子拉碴的将军，小名竟叫五娘子，这可是个小女人的名字啊，太不协调了。

大家都笑，可是有一个人怎么也笑不起来。这人是谁呢？唐太宗啊。他心里打了一个激灵，突然想起了"女主武王"的预言。玄武门守将、左武卫将军、武连郡公、武安人五娘子，而且是武将！他觉得这个人可能要谋反。所以没过多久，他就找了一个借口，把李君羡给杀了。这下，唐太宗松了一口气，觉得这事儿就算完了，没有再追究下去，武则天因此躲过了一劫。这事儿是真是假呢？我个人认为，这恐怕是武则天当皇帝前后造神运动的一个产物。她要宣传自己：我就是受命于天，王者不死。即便在这样的危急关头，我的名字都要呼之欲出了，还有人出来为我做替死鬼。为了证实这件事，武则天当了皇帝以后，还煞有介事地替李君羡平反。经过这么一番努力，神话终于流传开来，百姓也相信了武则天天生就是皇帝，这时候，武则天的目的也就达到了。那么，我们今天回顾历史，抛开这些神话不说，武则天在唐太宗一朝，处境究竟是怎样的呢？一言以蔽之，她在太宗一朝郁郁不得志。从贞观十一年进宫当才人，到贞观二十三年，漫漫 12 年过去了，武则天已经由 14 岁的青涩少女长成了 26 岁的成熟少妇，她的职位还是才人，没有得到任何升迁。

【李白与杨贵妃到底是啥关系】

桂　昉

天宝元年（742）八月，唐玄宗下令征召李白进京。李白接到命令，以为可以从此仕途通达，不再灰头土脸地生活在蓬蒿之间，"仰天大笑出门去"，从山东兖州起程奔赴长安。到达长安不久，在金銮殿受到了玄宗的隆重接见。虽然李隆基并没有给李白安排什么官职，只是让他待诏翰林，但是，这个临时、候补的身份，却让李白有了接近玄宗、接近杨贵妃的机会。

"谪仙人"李白进宫

从李白的诗歌中可以看到，玄宗每次携杨贵妃游玩，都喜欢让李白跟随左右，吟诗佐兴。天宝元年十月，玄宗携杨贵妃往骊山泡温泉，李白跟着去了，完后写了《侍从游宿温泉宫作》等诗；次年初春，玄宗在宫中娱乐，李白奉旨作《宫中行乐词十首》（今天只能看到其中的八首）；仲春，玄宗游宜春苑，李白也去了，奉诏作《龙池柳色初青听新莺百啭歌》；暮春，玄宗与杨贵妃于兴庆宫沉香亭赏牡丹，玄宗想要听新词入曲的演唱，命李白作《清平调词三首》；入夏，玄宗泛舟白莲池，李白作了《白莲花开序》；此外，《春日行》《阳春歌》等诗，大约也是陪侍应制之作。不难想见，"谪仙人"李白进宫，给奢侈而沉闷的宫廷生活吹进了一股清新的空气，玄宗见到李白，一定是觉得新鲜有趣的。一时之间，玄宗对李白优礼异常，也完全是可能的事情。史书记载的"御手调羹""贵妃捧砚""力士脱靴"，未必是后人的凭空杜撰。

但是，好景不长。天宝二年春夏之际，李白开始在《望终南山寄紫阁隐者》《下终南山过斛斯山人宿置酒》《题东溪公隐居》等诗歌里流露出怅惘之情。当年秋天开始，写了多首表现忧谗畏讥、怨尤失望的作品，例如《玉阶怨》《古风四十四·绿萝纷葳蕤》《怨歌行》《妾薄命》《长门怨二首》等。到了天宝三载春天，李白就离开了朝廷，离开了长安——李白不是主动离开长安的，他是被放逐的。

李白与杨贵妃的关系

李白在朝廷充当文学侍从的一年多里，陪着玄宗和杨贵妃到处游玩。据此可以推测，李白是见识过杨贵妃的美貌与歌舞才艺的——史书上说，杨贵妃是"资质天挺""善歌舞，邃晓音律"，琵琶弹得非常好。天宝二年暮春，玄宗与杨贵妃在兴庆宫沉香亭赏牡丹，李白奉诏作《清平调词三首》，"云想衣裳花想容""可怜飞燕倚新妆""名花倾国两相欢，长得君王带笑看"，很可能写的就是杨贵妃，就是李隆基、杨贵妃相亲相爱的情景。倘若说，擅长歌舞、精通音律的美人杨贵妃对诗歌才华卓著的李白无动于衷，恐怕也不合情理。才子与佳人相遇，虽然没有传出任何绯闻（杨贵妃当时的绯闻男友是安禄山），但是，合理想象一下，惺惺相惜之情应该是有的。

李白被"赐金放还"之因

因此，对于《新唐书·李白传》所说，李白没有得到玄宗的任用、被逐出长安，根源在于杨贵妃的屡次"沮止"，令人深表怀疑。那时李白的身份不过是"翰林供奉"，说白了就是"娱乐人士"，用诗词娱乐皇帝及后妃，高力士、杨贵妃还犯不着跟他计较。再者，高力士是一个对玄宗十分忠诚、言听计从的宦官，为了玄宗的游玩高兴，他竭力操办唯恐不及，哪里还会去拆墙脚呢？说高力士因为一次李白酒醉后在玄宗等人面前写诗，让他脱靴，他便引以为耻辱，然后在杨贵妃面前说李白坏话，排挤李白，这未免也太小看高力士的度量，而太高看高力士的胆量了——这点娱乐度量都没有，怎么能在玄宗身边做弄臣？李白当时不啻是玄宗的开心果，竟然要排挤他？一个宦官，难道他吃了熊心豹子胆？更为重要的是，当时的玄宗李隆基，虽然沉溺于爱情之中，但是，他在治国上仍不失其铁腕风格，他是不允许臣属在他面前替人说情或诋毁他人的。《明皇杂录》（辑佚）有一条，安禄山暗地里贿赂杨贵妃，希望"带平章事"，即挂一个宰相之职，玄宗没有答应；驸马张垍以为玄宗在一次造访他的私宅之后会任命自己为宰相，可是迟迟没有得到任命，私底下向安禄山说过抱怨的话，安禄山又告诉了玄宗。结果，玄宗大怒。玄宗宠爱杨贵妃，"三千宠爱在一身"，堪称千古佳话，但是，他并没有允许杨贵妃干政。杨贵妃两度被逐出后宫，贵妃身份几乎被废掉，也可以说明玄宗并没有被爱情冲昏头脑。杨贵妃大概也不敢随便在他面前说李白的坏话，阻止李白的仕途。

宋人洪迈根据《新唐书》记载的高力士摘出李白诗中以赵飞燕影射杨贵妃的句子，以挑拨杨贵妃这一情节，举出李白讽刺历史上的乱政妇人的《雪谗诗》作为例证，说李白是在影射和揭发杨贵妃跟安禄山的淫乱秘密（《容斋随笔》卷三）。这种说法也难以置信。李白尽管对自己的遭遇很不满意，但是，他不至于在诗歌中进行如此直接、露骨的影射和揭露。如果真是这样，李白得到的恐怕就不是"赐金放还"的待遇了。

李白被"赐金放还"的原因，还有其他的一些说法。魏颢《李翰林集序》说"（玄宗）许中书舍人，以张垍谗逐，游海岱间"；李阳冰《草堂集序》说"丑正同列，害能成谤，格言不入，帝用疏之"；刘全白《唐故翰林学士李君碣记》说"同列所谤，诏令归山"。这些人虽然都是李白生前有过交往的亲友，但是，所说的理由未必全然可信——他们都有所顾忌。李白的供奉翰林，还不是正式的公务员，对驸马张垍没有多大威胁，他用不着冒风险"谗逐"李白；同列之人，也许有嫉妒李白才华和皇帝隆遇的，但是，按照玄宗的性格和处事手法，他们未必敢在他面前说李白多少坏话。比较可信的是范传正《唐左拾遗翰林学士李公新墓碑序》所说的："……玄宗甚爱其才，或虑乘醉出入省中，不能不言温室树，恐掇后患，惜而逐之。"也就是说，李白离开朝廷、离开长安，主要原因在唐玄宗本人：他担心经常喝醉酒的李白在外边泄露宫闱秘闻。这是玄宗最忌讳的事情。唐朝皇帝在许多方面学习汉朝，这是众所周知的事情。汉朝法律，外传朝中言语是大罪。例如，著名西汉学者夏侯胜一次出了朝廷，告诉外人宣帝跟他说过的话，遭到了宣帝的严厉斥责，从此不敢再说；京房（前77～前37，西汉学者），把汉元帝跟他说的话跟御史大夫郑君说了，郑君又跟张博说了，张博悄悄记了下来，后来因此被杀了头。其实，恐怕不独汉朝、唐朝如此，任何朝代都会对朝廷内幕严加保密的。玄宗之所以打消了一度有过的任命李白为中书舍人的念头，主要原因应该是李白太爱喝酒、太容易喝醉，喝醉后嘴上又缺少把门的。

【"烛影斧声"赵光义登基疑案】

文裁缝

中国古代社会自夏禹传位于子启，即开始了帝王子承父业、世代为君的先河。从此在数千年的历史长河中，"社稷永存，福绵子孙"成为历代封建帝王恪守的信条，很少发生既有子嗣而拱手将皇位传与他人的事件。但是宋朝开国之君宋太祖赵匡胤，自己有儿子，却将皇位传给了自己的弟弟赵光义。

宋开宝九年（976），赵匡胤年方五十，正当年富力强的年龄，就在国家需要他大展宏图时，赵匡胤却病倒了。十月二十日晚上，卧床不久的宋朝开国皇帝宋太祖赵匡胤突然去世。赵匡胤有子嗣，按照前朝的皇位继承制度，皇帝之位传给儿子理所当然。可是赵光义最终继承了皇位，巧合的是，赵匡胤驾崩的那天夜里，只有赵光义一个人在场。

宋太祖赵匡胤（927～976），宋朝开国君主，涿州人。后周时任殿前都点检，武艺高强，创太祖长拳，领宋州归德军节度使，掌握兵权。后发动陈桥兵变，即帝位，国号宋，结束五代扰攘的局面。天下既定，务农兴学，慎刑薄敛，与百姓休息，但过度重文轻武、偏重防内，造成宋朝长期的积弱不振。公元976年赵匡胤离奇死于宫中，葬于宋陵之永昌陵，庙号太祖，谥号"启运立极英武睿文神德圣功至明大孝皇帝"。

关于赵匡胤之死，官修的《宋史》均是语焉不详，原因可能是自宋太宗赵光义以后北宋皇帝均是由太宗一支人继承有关。直到南宋才在孝宗朝史官李焘所编录的国史《续资治通鉴长编》里简单地记录了一下，不过说法也是极为简单模糊，后人根本看不明白。野史倒有不少这方面的记载，然而记载说法不一，不经推敲。赵光义即位，成了历史上一宗离奇的悬案。

在宋朝僧人文莹的《湘山野录》中曾经记载了关于宋太宗即位的"烛影斧声"的故事。宋代有个叫文莹的老僧写了一本书，名叫《湘山野录》，其中提到了赵匡胤之死。说赵匡胤听信了一个术士的话，知道自己气数已尽，便召赵光义入宫安排后事。当时赵匡胤患病已久，他把宦官和宫女撤走，自己与赵光义对酌饮酒。喝完酒已经是深夜了，赵匡胤用玉斧在雪地上刺，同时说："好做！好做！"当夜赵光义留宿寝宫，第二天天刚刚亮，赵匡胤不明不白地死了。赵光义受遗诏，于灵前即位。这种说法是最传统的观点，但也是最受非议的观点。按照宋朝的宫廷礼仪，赵光义是不可以在宫里睡觉的，他却居然在宫里睡觉。太监、宫女不该离开皇帝，却居然都离开了。也许这是一场事先策划的血腥谋杀，"烛影斧声"只不过是宋太宗登位的一种粉饰。

《烬余录》对"烛影斧声"的故事又进行了深化，说赵光义对赵匡胤的妃子花蕊夫人垂涎之久，趁赵匡胤病中昏睡不醒时，半夜起身调戏花蕊夫人，但惊醒了赵匡胤，并用玉斧砍他，但力不从心，砍到了地上。于是赵光义一不做二不休，杀了赵匡胤，逃回府中。这一记载好似赵光义杀死其兄是迫不得已的，事实上掩盖了他蓄谋已久的篡位野心。

《涑水纪闻》里记载：太祖去世时已是四鼓。宋皇后叫内侍王继恩把皇子德芳叫来。王继恩考虑到太祖早就打算传位于晋王光义，就找来了赵光义，进宫后，宋皇后问："是德芳来了吗？"王继恩回答："晋王来了。"宋皇后惊诧莫名，后来突然醒悟，哭着对赵光义说："官家，我母子的性命，都托付给你了。"这一记录也存在疑点，王继恩有何胆量，敢违背宋皇后的旨意，本该传赵德芳，却传来赵光义？倘若事败，不是杀身之祸吗？这种说法，只不过把篡位的罪过加在一个太监身上而已，同时掩盖了杀兄的罪行。

那么事情的真相到底是什么呢？史学家们通过这些当时的野史记录，大致认为太宗与太祖积怨深久，太宗篡位夺权的事情是属实的。当时太祖在后周做武将，东征西战，功绩极大，受到了将士们的广泛拥护，所以太祖做皇帝，也是无可厚非的事情。只是在太祖"龙袍加身"的事件中，宋太宗与赵普是主谋，功劳确实很大。当太祖临终想把皇位传给自己的儿子时，野心很大的宋太宗一想到自己跟着太祖南征北战，对宋朝的建立立下了汗马功劳，心里便有一万个不愿意和不甘心。尽管传说杜太后临终有遗言命太祖先传位太宗，再传位弟廷美、皇子德昭，并立下"金匮之盟"，在正史中也记载着太祖说赵光义"龙行虎步，他日必为太平天子，福德非吾所及"。不管这些说法是真是假，史学家们分析当时的情况可能是太祖不愿从母愿立弟，但是没有果断立子，并且就在这种矛盾心理的支配下单独召见赵光义，于是使得赵光义夺权称帝，也给后人留下了"烛影斧声"的疑案。

宋太宗在即位做了皇帝之后，马上就施展伎俩逼死了弟弟廷美，侄子德昭、德芳（太祖第四子），为自己皇位的稳固免除了后顾之忧。另外宋太宗为了防止前朝大臣怨恨激愤，就下令让他们去修《册府元龟》《太平广记》《文苑英华》等书，让他们天天沉没在纸堆中，不让他们有时间发牢骚；对于范质、王溥等朝廷重臣，太宗采取了威逼利诱的策略，牵着这些老臣的鼻子走。另外他还发动了两次对辽战争，将朝野内外的注意力转移到边防上去，同时乘机巩固了兵权。宋太宗在不用旧臣的情况下，不断地通过科举考试选拔官吏，他在位20余年，常常几天几夜地亲自阅卷选拔官吏，先后选士达到数万人之多。在选拔的这些士人之中，宋太宗还比较喜欢重用那些善于阿谀奉承的人，苏轼就曾在《东坡志林》卷三中尖锐地指出"西汉风俗谄媚，太宗朝也有谄媚之风"。在旧臣修书、新臣谄媚的情况之下，那些五代遗臣入宋任史官的沈伦、李穆、扈蒙等人时时刻刻谨慎言行，平日里那些著述的文章也大都销毁，连腹诽都不敢，哪里又敢提到太宗的不是。所以太宗的"烛影斧声"的原委在朝野没有人敢议论半句，正史中也没有记载。

为什么太祖时期的起居注没有提到"烛影斧声"的事件呢？按理说从周代产生史官记录皇帝日常言行的起居注以来，历朝历代的皇帝都遵守着天子不看起居注的规定。当年宋太祖在世时，与其弟赵光义的斗争十分激烈，怕有些内容泄露出去被居心不良的人利用，对宋朝的统治不利，于是议事常常回避史官，史官也就不能记录到什么实际的内容，只记一些君臣见面辞谢等无关痛痒的事情。到太宗朝时恢复了正常的起居注和时政记制（它是唐高宗时设下的由宰相记录的皇帝与君臣的奏对即时政记），可是偏偏在宋太宗朝时，太宗一反皇帝不看起居注的规定，命令参知政事记下的时政记必须先送太宗审阅，然后再送史官。还有当时的起居注院所编著的起居注也必须先送太宗审阅后再交给史官，如此一来，在太宗与大臣的对话中，凡是不利于太宗的，宰相和史官都必须回避粉饰，以免惹来杀身之祸。太宗后，宋朝历代所修的时政记、起居注都要先拿给皇帝看再送交史官，这样皇帝的言行就无法保证全部如实记录，所以宋代的正史是有很多疑点的。

太宗还亲自挑选了一批官员来修《太祖实录》（皇帝实录是撰修一代国史的基础材

料），虽然《太祖实录》今天已经不存在了，不过从后代所撰修的《宋史》来看，《太祖实录》并没有提供充足的事实，不是一部信史的素材。

所以说宋太宗是用权势来治史，虽然这样使得宋朝正史对太宗夺权一事记载不多且多有隐讳，使我们不可尽知太宗的篡位之事，但是太宗皇帝毕竟有他鞭长莫及的地方，当时辽国的史官就在《辽史》中记载了宋太宗篡位的事。而在北宋的正史中也做过曲折的表述，太宗晚年想传皇位给他所钟爱的长子楚王元佐，元佐却要父王遵守那个"金匮之盟"来成全叔父，以免陷君父于不义，可是太宗不听，元佐一气之下假装发疯，来表明自己不做皇帝的决心，这实际上也在暗示着宫中的昔日往事。而宋高宗赵构由于无子，传位给太祖的七世孙，即宋孝宗，之后，孝宗朝的史家李焘马上就在他所编著的《续资治通鉴长编》中提到了"烛影斧声"这件事，孝宗还赞扬他记事真实可靠。不过这些记史由于缺乏当时的史料，所以都终究只是含含糊糊，因此后人对太宗篡位的事情无法完全明了。

赵匡胤之死和赵光义上台，二者之间太多的巧合和离奇，史学家只能根据已有记载进行推理，但是尚无确凿史料推翻以前观点。赵光义登基至今是个谜，以后也很难说清楚。

【范仲淹的改革是怎样失败的】

马立诚

"先天下之忧而忧，后天下之乐而乐"，早已成为激励志士仁人的千古名句。但范仲淹的主要事业并不是写散文，而是北宋中期轰轰烈烈的"庆历新政"。

总的来说，宋仁宗赵祯在 1022 年登基之后，还不算坏皇帝，可他的日子并不好过。内外交困的仁宗在巨大压力下不得不考虑改革了，此际，他想起了范仲淹。

本来范仲淹还有动摇，也许仁宗求治心切，没有充分考虑改革的艰难吧，但皇上的信任已达极致，臣子还有什么可说的？几天之后，他写出了《答手诏条陈十事》上交仁宗。在这个奏折中，范仲淹说出一个真理："历代之政，久皆有弊，弊而不救，祸乱必生。"

范仲淹这个奏折在中国改革史上大大有名。仁宗接到范仲淹的报告，极为高兴。经研究，除第七条军事建议之外，其余九条，补充细则，陆续下诏，全国执行。时人称为"新政"，即后来所谓的"庆历新政"。其重点是吏制改革。

宋代冗官太多，历史有名。当官的路子五花八门，科举考试当然最正宗，除此之外，还有"门荫""纳粟"等途径。人人谋官，千军万马挤独木桥。

首先，宋代科举取士名额出奇地多。就取士人数来看，是唐代的 5 倍，是元代的 30 倍，是明代的 4 倍，是清代的 3～4 倍，可谓空前绝后。官员数量当然大大增加。

但是，科举出身好歹要考一考，还算公正合理。更多的问题，出在"门荫"制度上。

"门荫"又称"恩荫""荫补"，就是俗话说的"大树底下好乘凉""朝中有人好做官"。皇帝宗室子弟以及外戚后裔封官封爵，是历朝通例，且不细表。

除此之外，还有"纳粟"，即买官。政府扩充军备、疏浚河流乃至赈济救灾，富人出来交钱交粮，可以封个一官半职，慢慢成了制度，越来越多。

以上因素叠加起来，自然冗官太多，素质下降。时任谏官的欧阳修在湖北钟祥调研时发现，当地第一把手王昌运又老又病，连路都走不了，要两个人搀扶着办公。3年下来，州政荒芜衰败。替换他的刘依，也已经70多岁，耳聋眼花，连当朝宰相的名字都不知道。欧阳修给仁宗写报告说：陛下想一想，这样的人，能够治理好地方吗？

范仲淹对此深恶痛绝，他认为最关键的，首先是削弱"门荫"集团。在递交《答手诏条陈十事》之后，他又主持起草《任子诏》等重要文件下发，限制官宦子弟世袭当官；同时还打击了"门荫"的变种。就是一些大太监仗着大内威势，违反规定，私自占据首都一些地区和很多肥缺单位的一把手位子，颐指气使，而且十几年不让位。范仲淹、富弼和韩琦商量改革，第一步是把这些地区领导人的任期定为三年，不得私自请求连任，任期超过三年的，请皇帝下诏罢免，另择合格官员担任。

同时，范仲淹派王鼎、杨纮、王绰三个能干的官员明察暗访各级各地官员，发现和提拔有才干的官员，处分庸吏贪官。范仲淹撤职不合格的官员毫不客气，每看到据实调查的报告，他就大笔一挥，把贪腐官员的名字抹掉。富弼说："一笔勾了他容易，可你知道不知道他全家都在哭！"范仲淹的回答成了历史名言："一家哭总比一个地区都哭要好！"

一旦动真格重新进行利益分配，称范仲淹为圣人的就越来越少了，这就是人性。结果是相当一批大官僚、地方官和大太监暗中开始串通，组织力量策划铲除范仲淹。

一个办法是从经济问题入手。新政开始不久，监察御史梁坚就上书弹劾陕西地方官滕子京和西部边将张亢贪污挪用公款。这两个人一向为范仲淹器重，是新政的坚决支持者。范仲淹见此，不惜辞职，起而为他俩辩护。但对方也以辞职要挟，有一个与范仲淹作对的叫王拱辰的御史中丞也闹辞职，而且真的不来上班了。早先，滕子京曾经批评仁宗好吃好喝，语词有点夸大，闹得仁宗下不来台，很是不快。这会儿，仁宗不免有点儿记旧仇，倒向了王拱辰，将滕、张二人贬官。

再就是栽赃诬陷。前朝老臣夏竦曾遭欧阳修等人弹劾而被贬官，对范仲淹、欧阳修等十分痛恨。夏竦喜欢书法，精于字形字体的研究，他还培养身边一个丫鬟也迷上了这一道。庆历四年（1044），他唆使这个丫鬟模仿名士石介的笔迹，渐渐以假乱真。石介是坚决支持范仲淹的大名士，经常写文章和诗赋议论朝政，十分大胆。夏竦真够黑的，竟让丫鬟模仿石介的笔迹，篡改了石介给富弼写的一封信，篡改添加的内容暗含着要发动政变把仁宗拉下马。夏竦把这封信上交仁宗，算是重大举报。仁宗看了这封信，不太相信，可内心也起了嘀咕。

特殊利益集团还有一个致命的阴招，就是告范仲淹等人暗中结党。

当朝宰相贾昌朝、前朝老臣夏竦等大官僚以及王拱辰等人，暗中串通，指使谏官钱明逸向皇帝告状说，范仲淹拉帮结派，结党营私，扰乱朝廷。他们推荐的人，多是自己的朋党。凡是他们一党的，竭力保护张扬；不是他们一党的，一概加以排斥，置之死地。

这一告，触到了北宋建立以来最敏感的政治痛点。

宋太祖赵匡胤在夺取政权之后第三年（963）九月，以唐朝牛、李党争造成许多后患为鉴，曾下诏书说：凡是及第的举人，严禁称主考官为恩师、老师，也不许自称为门生。宋朝最高统治者最害怕的，是大臣之间结合成派系或朋党，发展成皇权的离心力量。他们要把互相牵制的原则充分运用到官僚人际关系中。太祖之后，太宗、真宗及仁宗都在这方面表示了决绝的态度，决不让步。仁宗就曾多次下诏指示朝官"戒朋党"。所以，这实际上成了宋初以来一条家法、一道底线。

收到指控结党的小报告之后，仁宗想听听范仲淹的说法。庆历四年（1044）四月的一天，仁宗向各位大臣问道："过去小人多为朋党，君子难道也结党吗？"胸怀坦诚的范仲淹竟回答说："我在边防的时候，见到能打仗、会打仗的人聚在一起，自称一党，怯懦的人也自为一党。在朝廷上，正、邪两党也是一样。陛下只要用心体察，就可以分辨忠奸。假如结党做好事，那对国家有什么害处呢？"仁宗对这个回答当然很不以为然。

未承想，就在朝廷中朋党之争甚嚣尘上、范仲淹因此逐渐失去仁宗信任的情况下，37岁的欧阳修直抒胸臆，一不做、二不休，在四月份干脆写了一篇《朋党论》的政论呈交仁宗，并在朝官中传阅。

欧阳修的文章，对派别问题不但不加避忌，反而承认大伙的确都在结党。有小人以利益相交的"伪朋"，有君子以"同道"结成的"真朋"。欧阳修提出，做皇帝的，应当辨别君子之党与小人之党，"退小人之伪朋，用君子之真朋"。

这就等于向仁宗宣布，我们已经结成了一个朋党派系。这是向仁宗的家法和底线挑战。从北宋皇帝极深的避讳和忧虑来看，如此理直气壮地宣告结为朋党，对于"庆历新政"，等于自杀。

果然，此文一出，特殊利益集团弹冠相庆（他们是绝不承认自己结为朋党的），政治局势急转直下。此文成为"庆历新政"决定性的转折点。因为对于宋仁宗来说，这是一个极为敏感极其严重的政治问题，再加上朝内外反对改革之声连成一片，仁宗为了维护皇帝的专权统治，下决心将"气锐不可折"的范仲淹逐出中央政府。

这一年六月，宋仁宗任命范仲淹为陕西、山西宣抚使（处理地方军政事务的高级官员），范仲淹被迫离开京师。朝廷中的反改革势力趁机猛攻范仲淹，仁宗全面动摇。

十一月，仁宗下诏强调"至治之世，不为朋党"。

庆历五年（1045）正月，罢免了范仲淹参知政事职务，贬官到陕西彬县。罢免富弼枢密副使职务，贬官到山东郓城。罢免韩琦枢密副使职务，贬官到扬州。罢免积极支持改革的宰相杜衍的职务，贬官到山东兖州，理由是杜衍"支持朋党之风"。接着，又找理由将杜衍的女婿、支持新政的大文学家苏舜钦罢官，并永远削职为民。欧阳修则贬官到安徽滁州。

之后不久，新政大部分措施陆续停止执行，幸亏包拯等人还尽力为抑制"门荫"等措施说了一点好话，否定新政的步子才延缓了一点。"庆历新政"仅一年多就失败了。要等到二十几年之后王安石变法，"庆历新政"的部分建策才又以新的面目出现。

后来王夫之总结"庆历新政"得失，说仁宗性格上有毛病，耳根子太软，从善如流，从恶也如流。开始时对范仲淹的确很信任，但对改革阻力估计不足，遇到滔滔反对之声就缩回去了。首鼠两端，终致无所建树。在这一点上，仁宗不如他的孙子神宗，始终坚定不移地支持王安石。

其实，还有重要的一条，如果改革触到了皇帝所守的底线，就会中道失败。

"先天下之忧而忧，后天下之乐而乐。"范仲淹无愧地做到了。不过，在漫长的传统社会中，这样的志士仁人总笼罩着悲剧的色彩。

【岳飞为什么必须死】

李亚平

文韬武略属岳飞

说岳飞必须死，并不意味着赵构与秦桧合谋冤杀岳飞是可以原谅的。这是中国历史上最令人寒心的一桩罪行。

岳飞可能是中国历史上最杰出的军事统帅。今天杭州西湖边上的岳王庙里，那一幅"还我河山"，据说就是出自岳飞的手笔。而那首壮怀激烈的《满江红》词，人们也普遍愿意相信是岳飞所填。800年后，在面临国破家亡的岁月里，许多中国青年就是吟唱着这首词，走上抗击日寇的战场的。

据说，有一本以岳飞的名义撰写的军事著作，名叫《武穆遗书》，是一本可以让人攻无不克、战无不胜的军事圣经。在中国的传奇文学中，为了得到这本书，江湖上的各种人物展开了令人眼花缭乱的争斗，掀起一阵阵血雨腥风。最后，终于由代表正义的一方得到了它，并通过学习它，将邪恶势力一网打尽。

与此相关，中国人以很高的频率挂在嘴边的一句话是"善有善报，恶有恶报"，然而，在长达4000年的漫长岁月里，始终没有能够建立起一套实现它的机制。于是，这个民族中那些最优秀的人物，便常常面临极端悲惨的命运。

后来居上遭人忌

在南宋初年的"中兴四将"里，岳飞出身农家，年纪最轻，资历最浅。他比张俊小17岁，比刘光世和韩世忠小14岁。

由于在一系列军事行动中，岳飞艺高胆大敢打会拼，且治军严谨身先士卒，富有军事洞察力，从而数次创下以少胜多、以弱胜强的辉煌战例。因此，他的声望后来居上，已经远远超过了其他几位。

这一切，大约使上述几位的心头相当不舒服。

为此，岳飞曾经给他们写了数十封信，殷勤致意，联络感情，均没有得到响应。平定杨幺之后，岳飞特别将缴获的大型战船配备好全套人员和装备，赠送给韩世忠和张俊。韩世忠毕竟是一个坦荡磊落的人，他相当高兴，与岳飞尽释前嫌。而张俊则认为岳飞是在向自己炫耀，反而更加嫌恶起来。

假如用今天的语言形容，很有可能人们会说岳飞是个性情中人。若用民间的说法形容，大概会说他相当"一根筋儿"。

莽撞进言惹龙颜

大约就在1137年，有一天，岳飞与皇帝赵构谈话。君臣二人十分投机。可能是谈得兴起，岳飞突然相当莽撞地提出，希望皇帝早日解决皇位继承人的问题。此言一出，谈话的气氛立即急转直下。赵构呵斥道："你虽然出于忠心，但是，手握重兵在外，这种事情不是你所应当干预的。"岳飞的脸色当时就变了，十分尴尬。岳飞触犯了皇家最大的忌讳：手握重兵的武将对皇位继承感兴趣。我们知道，皇权继承问题，在历朝历代都是一个绝对核心的敏感问题，人们历来特别容易把这个问题和那些手握重权、重兵的文臣武将们的政治野心联系起来。

谁知，后来，岳飞在一封密奏中，又一次谈到这个问题，希望皇帝尽快确定过继皇子的继承名分。这就表明他并不是谈得高兴一时口滑所致。

事实上，这件事情确实是岳飞的一块心病。1127年，遭遇"靖康之耻"后，金人扣住宋徽宗、宋钦宗不放，有着相当重要的政治原因。赵构称帝以后，金人就曾经考虑将宋徽宗放回去，用以削弱赵构的影响。后来一直存在着一种可能，就是金人以武力扶植一个宋钦宗嫡系的傀儡皇帝，这位傀儡皇帝具有赵宋帝国先天的大宗正统地位，将使南宋政权相当难堪、被动，甚至对其存在的合法性都可能形成挑战。当时，部分地为了对抗这种可能，赵构从太祖赵匡胤一系挑选了两位皇室子孙，过继到自己名下，但还没有确定究竟由哪一位继承皇位。岳飞的提议，从抗金斗争的现实出发，显然是好意。这种好意是否能被皇帝愉快地接受，却大成疑问。

陷入险恶旋涡

岳飞的做法，显然在政治上是不可取的。这位天才的军事统帅，富有军事上的洞察力，在政治上却表现出了十足的幼稚。

事实上，当皇帝想要岳飞死时，岳飞到底是不是想要谋反之类的争论就已经变得并不重要了。重要的是，岳飞必须死。诚如宰相秦桧所说，这些罪名是否成立并不重要，重要的是，"此乃上意也"——这是皇帝的意思。

在秦桧们提供给皇帝的岳飞罪证里，有几条相当骇人听闻。

其一，他们告诉皇帝，淮西战败之后，岳飞曾经当众骂道：国家了不得了，皇帝又不修德。这句话，今天听不出什么了不得的意思，然而，放在当时，已经足以让一个人家破人亡了。

其二，朱仙镇班师之后，岳飞和他的主要助手张宪，曾经当着不少人的面，有过这样一段对话。

岳飞问张宪：天下事该怎么办？张宪回答说：就看您想怎么办。

其三，据说，岳飞曾经说，自己与太祖赵匡胤都是 30 岁就当上了节度使。

当时，这样三句话连起来，的确可以要了岳飞的命了。

1141 年，即绍兴十一年十月，岳飞被正式逮捕入狱。岳飞拒绝自救。他说："上苍有眼，就不会陷忠臣于不义。否则，能往哪里逃呢？"

宋太祖赵匡胤曾经立过一个誓约，禁止杀大臣和上书言事的人。因此，那时流放到岭南炎荒之地已经算是最重的惩罚了。没想到，一件"莫须有"的罪名，竟然愣是被秦桧及其属下们问成了"大逆不道"之罪。

绍兴十一年十二月，皇帝批准赐岳飞死，并将判徒刑两年的岳云亲手改判为处死。

史书记载说，判决公布后，"天下冤之"，众多士民为之泪下。

据说，行刑当日，1141 年，即宋高宗绍兴十一年，阴历大年除夕，杭州城凄风苦雨，整日不绝。

【《满江红》遭质疑：是岳飞的杰作吗】

李梦然

岳飞的《满江红》词从明代中叶开始流布，400 多年来广为流传，妇孺皆知，从未有人对它的著作权产生过怀疑。直到 20 世纪 30 年代末，余嘉锡先生的《四库提要辨证》印行出来，其中有辨证四库馆臣对明人徐阶编《岳武穆遗文》提要的一篇，首次断言徐阶收入《岳武穆遗文》(《岳集》)的这首《满江红》词并非岳飞所作。那么，先看看岳飞的人生经历：

岳飞（1103～1142），字鹏举，南宋军事家，相州汤阴（今属河南）人。少时勤奋好学，练就一身好武艺。19岁时投军抗辽。不久因丧父，退伍还乡守孝。1126年金兵大举入侵中原，岳飞再次投军，开始了他抗击金军的戎马生涯。传说岳飞临走时，其母在他背上刺了"尽忠报国"四字。

岳飞投军后，很快因作战勇敢升秉义郎。不久金军攻破开封，俘获了徽、钦二帝，北宋王朝灭亡。次年，赵构建立南宋王朝。1129年，金将兀术率金军渡江南侵，攻陷建康（今江苏南京）。岳飞坚持抵抗，攻击金军后防。第二年，岳飞在牛头山设伏，大破金将兀术，收复建康，金军被迫北撤。之后，岳飞升任通州镇抚使，拥有人马万余，建立起一支纪律严明、作战骁勇的抗金劲旅"岳家军"。

1139年，高宗、秦桧与金议和，岳飞上表反对。次年，兀术进兵河南。岳飞奉命出兵反击，相继收复大批失地，在郾城大破金军精锐铁骑兵"铁浮图"和"拐子马"，乘胜进占朱仙镇，距开封仅45里。兀术被迫退守开封，金军士气沮丧，发出"撼山易，撼岳家军难"的哀叹，不敢出战。在朱仙镇，岳飞招兵买马，积极准备渡过黄河收复失地，直捣黄龙府。这时高宗、秦桧却一心求和，连发12道金字牌，命令岳飞退兵。岳飞壮志难酬，只好挥泪班师。岳飞回临安后，即被解除兵权，不久被诬谋反下狱。1142年除夕，以"莫须有"的罪名与其子岳云及部将张宪同被害于临安风波亭，年仅39岁。孝宗即位后，追谥"武穆"，宁宗时被追封"鄂王"。

岳飞善于谋略，治军严明，在其戎马生涯中，亲自参与指挥了126仗，没有一次败绩，是名副其实的常胜将军。再从岳飞的戎马生涯来分析这首词：

一、从"三十功名尘与土"这一句，说明这首词是岳飞30岁或30岁前后有感而作。岳飞30岁时（1133年）受到朝廷的恩宠，开始执掌指挥大权，因责任重大，身受殊荣，感动深切，于是作此壮怀述志之《满江红》词。

二、岳飞从20岁离开家乡，转战南北，到30岁由九江奉召入朝，计其行程，足逾八千里。所以词中有"八千里路云和月"之句。

三、岳飞30岁置司江州时，适逢秋季，当地多雨，所以词中有"潇潇雨歇"之句。

从以上三点可以看出：《满江红》词是岳飞表达其本人真实感受的，岳飞于宋绍兴三年（1133）九月下旬，作于九江。

关于词中"驾长车，踏破贺兰山缺"的贺兰山，应是"长安""天山"一类地名，词中是用作比喻性的泛称。岳飞是把贺兰山比作黄龙府。那时，西夏与北宋向来都有战事，派范仲淹经略延安，就是守边陲、防西夏的。这种局面直至真宗、仁宗贿赂求和，才暂告安定。岳飞对这一发生在前朝的历史当然十分熟悉，《满江红》一词提到的贺兰山，是借指敌境也未尝不可。另外，文学史上也有过作品历久始彰的先例，如唐末韦庄的《秦妇吟》湮没900多年才看到全文；《满江红》不见于宋、元人著录，直到明代才发现，也不足为怪，且词中"还我河山"义正词严。综上，《满江红》是千古绝唱，是岳飞的杰作，为世代传颂。

【风云国师刘伯温之死】

郭　梅　毛晓青

胡惟庸毒死说

关于刘伯温在大明建国后应该何去何从的问题，民间有个传说颇有意思——缙云船埠头有个郑汝壁，他的本事比刘国师还强。朱元璋听说郑汝壁本事很好，一心想请他出山为自己效力。这天，朱元璋和国师刘伯温来到船埠头，见桥东头的一个山岙里正在竖屋，一班人正在竖闾门。刘伯温看后吃惊地问：

"是什么人拣的日子？今天是火德星君值日，怎么可以竖屋？"

这时一个人回答说："不要紧，今天有紫薇星过转，不会烧的。"

刘伯温听后大吃一惊，紫微星就是朱元璋过转呀，他赶忙和答话人施礼相见，不料，这个人就是他们要找的郑汝壁。

后来，经过各朝历代，果然这座闾门经过多少次火烧，都没有被烧掉。一直到"文化大革命"之前，那座闾门都还在那里。后来因为建供电站，才平掉了。这是后话。

朱元璋、刘伯温找到郑汝壁后，谈话很投机，成为好朋友。那天夜里，郑汝壁请朱元璋和刘伯温一起到县城里去看戏。刘伯温说："还是不去了吧，今天夜里要下雨的。"

郑汝壁说："没关系，雨是子时来，戏是亥时结束。"

于是，3人去看了戏，果然是回家后天才下雨，刘伯温方知郑汝壁本事胜过自己。就这样，郑汝壁也做了国师，后人都称他为郑国师。

明朝建立后，郑汝壁马上告老还乡，同时劝刘伯温也及早告老还乡，因为伴君如伴虎，很快有杀身之祸。刘伯温不信，仍然在朝中效力。不料后来朱元璋真的要杀他，刘伯温这才很后悔。亏得刘伯温机灵，故意对朱元璋说"赦"字不会写，伸手要朱元璋教他。朱元璋就在刘伯温的手掌上写了个"赦"字。于是刘伯温就高擎着手，说是朱元璋赦了他，急急逃出宫去。朱元璋醒悟过来后勃然大怒，派兵去追杀。追兵追到刘伯温家，只见一口棺材靠在屋柱上，上面写着"在生靠主，死后靠柱"几个字，是讨好皇帝的。但追兵仍不罢休，就将棺材锯下了一段，想把刘伯温的头锯下来，让他死无完尸。不料棺材头锯下来却是一段空的木头。原来，这是刘伯温女儿的主意——她等到父亲逃回家自尽后，故意把棺材做长了一个头。后来，朱元璋看到那8个字，也就不再追究了，让刘伯温有个完尸。

据传刘伯温病后，胡惟庸曾派太医为其诊治，并为其开药方。但刘伯温服食后，腹内有大如拳头的异物囤积，由此病势加剧，3个月后就撒手人寰。因此后世多有传言说是胡惟庸毒杀了刘伯温，与此说并存的观点是——胡惟庸在朱元璋的授权示意下毒杀刘伯温，真正的幕后黑手其实是朱元璋。当然还有一个说法是刘伯温属于自然死亡，怨不得任何人。

这三种说法中比较有争议的自然是前两种了，毕竟刘伯温仅仅归乡1月就去世了，这实在耐人寻味。那么如果假设这两种说法分别成立，胡惟庸或者朱元璋的杀人动机是什么呢？

深究下来，刘伯温与胡惟庸是有过节。当年刘伯温与朱元璋论相之时曾将胡惟庸比作小马，喻其不能担当丞相重任，导致胡怀恨在心。但是洪武八年（1375）刘伯温就已远离朝政，为人低调，谨言慎行，完全像个山野村夫一样生活了。若不是朱元璋还时常致书山中与其讨论国事，只怕刘国师早就湮没在历史的长河中了。胡惟庸难道真的连这样的刘伯温也容不下吗？

非也，非也！朱元璋亲口承认胡惟庸毒杀刘伯温一事是在15年后，也就是洪武二十三年（1390）在与刘伯温的次子刘璟谈话时数次提及时，而那时胡惟庸早已问斩，死无对证，朱元璋想怎么说都行了。

其实当年胡惟庸挟医往候，刘伯温自己是有警觉的，因为黄鼠狼不会给鸡拜年，也曾上表给皇帝，但朱元璋当时并不予理睬，甚至在刘伯温死后4年中也没有任何人提及他死因蹊跷，要求实查云云。直到洪武十二年（1380）十二月，御史中丞涂节状告左丞相胡惟庸及御史大夫陈宁等谋反时，才一并道出了胡惟庸令御医毒杀刘伯温一事。

朱元璋主谋说

所以，真正的答案恐怕是朱元璋自己不想"有动于衷"吧！让我们来看看朱元璋为刘伯温一事翻案所带来的后果和影响吧：左丞相胡惟庸以谋反罪被问斩甚至被灭族；右丞相汪广洋因包庇和知情不报等罪被诛。这简直就是延续了4年的缓慢版的"二桃杀三士"——刘伯温、胡惟庸、汪广洋这三大巨头功臣被——诛灭，最大的赢家自然就是朱元璋了——完成了一次政治清洗，为保大明江山代代相传而铲除异己，将他所忌讳的人一网打尽。

传说就连太子朱标也看不过父皇的大开杀戒，便婉言劝诫父亲不要再滥杀无辜，这样恐有伤和气，朱元璋当时并没有做出反应。翌日，太祖故意将一根荆杖扔在地上，然后命太子捡起来。太子面露难色。朱元璋道："你怕刺不敢拿，为父帮你把刺拔掉，再交给你，岂不更好？"这虽只是一个传说，但无风不起浪，这个传说更能形象地说明太祖的真实意图。其实刘伯温对朱元璋的这种心态早有了解，而且为了自身的安全，他曾数次固辞不愿受爵，后来无奈被封为诚意伯后，又马上急流勇退，这已经是他最明智的选择了。只可惜他还是没有能够完全全身而退，至死朱元璋都要利用他——一方面密令胡惟庸毒杀刘伯温，再在适当的时候揭发胡的罪行，这就迫使胡惟庸有口难辩，难道还能向天下人申辩"是皇上命令我毒杀刘伯温"的吗？说不定胡的谋反也许只是自保而已呢。以此推断，告密者涂节也被赐死就不会太令人费解了——杀人灭口嘛！刘伯温的死是朱元璋亲手编结的导火索，再亲手点燃引爆，将想杀的人全部炸得血肉模糊，永绝后患。

所以与其说刘伯温是死于胡惟庸之手，倒不如说他是死于朱元璋之手——若无朱元璋的允许，胡惟庸又怎敢大胆对刘伯温下蛊？君要臣死，臣不得不死！恐怕在朱元璋对自己的奏表置之不理之时，刘伯温就已经明白了朱元璋处心积虑要他的性命了。哀莫大于心死，最后的刘伯温能够选择的，只能是慷慨赴死，从容离世。

【朱元璋何须除去"小明王"】

杨 军

后人论史，每提及"小明王"韩林儿之死，大多认定是朱元璋下的毒手，似乎已成定论。元至正二十六年（1366），韩林儿应朱元璋之请南下，途中舟覆而死。在《明史》中多处有相关记载，如《明史·韩林儿传》说："太祖命廖永忠迎林儿归应天，至瓜步，覆舟沉于江。"联系朱元璋后来大肆屠戮功臣的毒辣和残忍，如此推论看来也顺理成章，夏燮《明通鉴》就是如是判断的。

朱元璋出自郭子兴麾下，自属红巾一系，名义上确算韩林儿部下。不过天下大乱之际，群雄并起，"众各数万，并置将帅，杀吏，侵略郡县"，称王称帝者有徐寿辉、张士诚、赵均用等，不乏其人，这种名分上的归属并没有太大的意义。元至正十五年（1355），刘福通立韩林儿为帝，国号宋，建元龙凤。"檄子兴子天叙为都元帅，张天祐、太祖为左右副元帅。太祖慨然曰：'大丈夫宁能受制于人耶？'遂不受。然念林儿势盛，可倚藉，乃用其年号以令军中。"（《明史·太祖本纪》）当时郭子兴已死，正是朱元璋自立门户、独自打天下的开始，此举无非留一条避免将来可能孤军作战的后路而已，是一种战略上的考虑。

十二年来，朱元璋并没有对韩林儿称臣，也更不曾依仗过他，除了共用一个"龙凤"年号，二者不过遥遥有政治上的呼应而已，连军事上的同盟都谈不到。当然，客观而言，也正因为刘福通"横据中原，纵兵蹂躏，蔽遮江、淮十有余年"。让元朝疲于应对，才给了朱元璋壮大实力、从容平定东南的机会。

乱世有乱世的生存方式，依附归属完全处于利益上的考虑或政治上的便宜。朱元璋势力强盛之后，元帝也遣使招安，只不过朱元璋未曾表态而已。其他如陈友谅出自弥勒教，该算徐寿辉的臣下，也打徐寿辉的旗号，但徐兵败来投，他即杀之，兼并其部。张士诚、方国珍对元时叛时服，尽管曾被封为太尉和行省左丞相这样的高官，一看局势改变就变卦。至于年号，那更是有如城头变换大王旗，韩林儿称"龙凤"（宋），徐寿辉号"天完"，张士诚建"天佑"（大周），陈友谅立"大义"（汉），一般人等谁会在意这个？和陈友谅、张士诚、方国珍这些军阀的反复无常相比，尽管有足够的资本，不过基于政治上的低调，朱元璋能把"龙凤"这个空招牌扛了十二年，算比较有始终的一个了。

正当朱元璋稳扎稳打、事业蒸蒸日上的时候，曾经风光一时的韩宋却是江河日下。刘福通胃口太大，又是北伐，又是西进，有一路人马甚至横扫辽东，一直打到了高丽。然兵力分散之后"兵虽盛，威令不行。数攻下城邑，元兵亦数从其后复之，不能守"。被元军反击之后，连根据地都难保了。元至正二十三年（1363），张士诚遣部将吕珍来袭，围攻安丰，刘福通已是势单力孤，岌岌可危，只得向朱元璋求援。其实朱元璋要摆脱这个空头上司，坐而不救是最佳策略，但朱元璋却不顾刘伯温劝阻，执意援救，"太祖曰：'安丰破则士诚益强。'遂亲师师往救，而珍已入城杀福通。太祖击走珍，以林儿归，居之滁州。"（《明史·韩林儿传》）

朱元璋此举究竟是出于什么样的心理？因为从至正二十年（1360），刘福通部就或败或乱或降，已经显示出唯能自保、无力逐鹿的颓势了，任其自生自灭不会对朱元璋产生太大的影响，而当时朱元璋最大的劲敌并非张士诚，而是陈友谅。"安丰破则士诚益强"这个理由有点勉强，事后朱元璋自己也承认了这一点，"先是，太祖救安丰，刘基谏不听。至是谓基曰：'我不当有安丰之行。使友谅乘虚直捣应天，大事去矣。乃顿兵南昌，不亡何待。友谅亡，天下不难定也。'"（《明史·太祖本纪》）若非当时陈友谅战略失策，也许争霸天下的局面还会延续更长时间。不过，这种为义所使、不避利害的举动说明朱元璋的江湖豪气尚在，还未被赤裸裸的利己思维和功利权术意识完全湮灭。

成功者必有非凡之处，朱元璋能从一个默默无闻的小卒成为逐鹿天下的人物，继而成为时代风云际会的宠儿，不会仅仅是一种历史巧合。朱元璋和同时代的众多枭雄相比，更少以个人名利为出发点进行冒险的政治赌博；其能力、信念、人格更禁得起乱世考验。因而更具众望所归的个人魅力，能整合出一个同心同德、令将士用命的集团。这是如陈友谅、张士诚、方国珍等辈做不到的，此类枭雄虽能横行一时，但完全拘于眼前利益和个人虚荣，最终不免众叛亲离，难成大业。

刘福通既亡，韩林儿则只是一个普通人，只会慢慢被人淡忘。既无政治上的影响力，更谈不上军事上的号召力，战乱之后，教众各奔东西，或各自有所归属，也已丧失了宗教上的凝聚力。何况这个"张无忌"既没有绝顶武功，身边更无高手环绕。"林儿本起盗贼，无大志，又听命福通，徒拥虚名"。那时的朱元璋，方国珍降后"授广西行省左丞，食禄不之官"。尚且能容，这样的一个韩林儿，随时可以让他"禅让"，所以在这个时候除去他，既无必要，也毫无意义。至正二十五年（1365），陈友谅败亡，朱元璋进吴王位，又两年，张士诚、方国珍、明玉珍相继败服，朱元璋即帝位，这一切都顺势而行，如同水到渠成。

关于韩林儿之死，据《明史·廖永忠传》："初，韩林儿在滁州，太祖遣永忠迎归应天，至瓜步覆其舟死，帝以咎永忠。及大封功臣，谕诸将曰：'永忠战鄱阳时，忘躯拒敌，可谓奇男子。然使所善儒生窥朕意，徼封爵，故止封侯而不公。'"此举真如朱元璋所言，是廖永忠为邀功的擅自行动吗？可能性应该大于出自朱元璋的授意，因为除了廖永忠，连同赵庸兄弟"后亦有过不得封公，与永忠类"。若为朱元璋授意，要么早早灭口，要么授以公位稳其心，这样的做法实不合情理。韩林儿之于朱元璋的妨碍，仅仅就是一个名分和"龙凤"年号，这对于乱世而言，构不成登基的阻力。只要威逼利诱一下，就可让韩林儿屈服，或不予理睬，直接将其撇到一边，随便封个王养起来也无不可，毕竟韩林儿连方国珍都不如，根本没有翻身之术。真的要除去他，也是很简单的事情，完全可以做到不露痕迹，制造如此张扬的翻船"事故"实为画蛇添足。后人的猜度，多为书生之言，春秋笔法，似不足为凭。

【曹雪芹祖父竟然是康熙的密探】

杨东晓

在康熙年间，康熙帝非常重视他赋予曹寅及其大舅子苏州织造李煦、后代曹颙、曹頫 等人的这项特殊的政治任务，允许他们"专折密奏"江南地区的官风民情，并"亲手写奏帖来"。这种千里眼加耳报神的职责的确超出了江宁织造的权限范围，对于曹家，可说是一项特殊待遇。

曹雪芹的祖父曾是康熙的密奏使，他的密奏中有区域性的天气、粮食价格以及盗匪等问题，这种密奏方式也是康熙管理农业国家辽阔疆域的手段之一。

江宁织造曹寅熟练地将一方写过字的纸折成复杂的六角形，上面的"报告"是除了皇上康熙以外任何人也不允许看的。这张纸在康熙的手中打开后，是一张10厘米宽、20厘米高的密奏。

这种纸从江宁到北京，骑马传递大约要20天。这项在曹寅和康熙皇帝之间的秘密传送，一直进行了20年。因此，美国耶鲁大学历史学家史景迁称曹寅为"康熙的密探"。

康熙的密探们

曹寅将他折成六角形的密报，放在一个用封条封好了的小信封里，封条的上面写"固"，下面写"封"，信封上写着"奏折"，他又拿出一只大信封，套住这只小信封，在外面用一个白纸条扎住，他在纸条上写上自己的全部衔阶和名字，然后小心翼翼地用白纸包好，同样在白纸的包装口下方写上自己的全部衔阶和名字，最后用来封箴的几个字是"臣寅叩首谨封"。

这封信康熙皇帝看完后，也许会加御批，也许只写3个字"知道了"。但最后都会用一个朱红的"封"字封过以后，重新传到曹寅的手中。

在曹寅、李煦给康熙的密奏中，天气问题如雨水、冰灾，粮食问题如收成、米价，社情民意如疫病、民情、官吏贪廉，都是康熙所关心的。在没有各种地方性媒体的时代，这些秘密渠道传输的情报，也算是一种内参了，通过这些内参，康熙皇帝可以对各地实情明察秋毫。

在古代，天气、天象信息事关国家前途，所以这些情况被认为不应该由更多的人所掌握。尤其是在自然灾害频度过高的康熙年间，皇帝一定要对各种自然现象了然于心。

中国社会科学院重大课题《中国历代自然灾害及其对策研究》课题第一主持人赫治清说，康熙年间旱灾尤为突出，在历史的长河中百年不遇的旱情就出现过12次；康熙四年、康熙三十五年的风暴潮灾，风助浪势，冲入沿海一带长达数百里，这样巨大的风暴潮不仅淹了江浙沿海地区，把今天的上海和苏州也淹了。

赫治清说，在曹寅密报给康熙的奏折里，就雨雪分寸的测量、雨水入土几分、冰雪凝结几寸都有清楚的记载，这对于位居北国的帝王了解长江流域和沿海农耕情况至关重要。

康熙重视天气状况

康熙在位的61年间，水灾与旱灾持续侵犯，旱灾和蝗灾又总是相伴而生，所以康熙非常重视各地传来的有关天气正常和异常的报告。

在康熙初年，他已经接触到一些西方来的传教士。康熙是一位善于学习的君王，他从这些传教士那里学到一些观察天气的常识，并懂得了记录天气形势的重要性，于是在全国各地都安排亲信帮他观察与记录。尽管那时还不能做出天气预报，但是记录天气成为康熙非常重视的一项工作，他希望能从已记载的文献中找出气候的规律来。

康熙三十二年（1693）夏季，淮徐及至江南地区大旱，到了阴历六月中才降雨，李煦奏报收成和米价后，康熙御批道："五月间听闻得淮徐以南时旸舛候，夏泽愆期，民心慌慌，两浙尤甚。朕夙夜焦思，寝食不安，但有南来者，必问详细，闻尔所奏，少解宵旰之劳。秋收之后，还写奏帖奏来。”因为天气总是和粮食收成及米的价格紧密相关，五月间听说江南大旱，直到六月才下雨，所以康熙凡见到南方来人都要询问详情，他还命李煦到了秋季收成统计出来以后，再报上粮米情况。

康熙不仅要求各地报上天气形势，本人也对天气有所研究。他从清代逐日按时辰记载的降水记录《晴明风雨录》中摘抄下有规律的现象来，认为通过其中的规律可以做出天气预报。

《晴明风雨录》现存的只有雍正二年（1724）以后至光绪二十九年（1903）间的天气现象。当时康熙将能够看到的规律大致总结为阴历每月初八、十八、二十、二十二、二十四这些日子下雨；在初九到十五这几天能看到月光；如果出现了云挡月，则将有一场持续几天的暴风雨。康熙不仅摸索旱涝规律，他还观察过风向：康熙曾记录过中国北方在所有季节中西南风是很罕见的；被人们称为客风的西北风出现时，将会在三四天内改变风向；而一旦刮起东北风和东南风，就是要下雨的象征。为了能够准确地判断风向，康熙在他的住所还竖起一竿小旗子。非但醉心于观察和学习，康熙还把自己的观察和思路记录下来，与来自各地的天气密报作比较。这也应该算是农业大国国君一种特殊的勤政方式了。

科学种田赐“御稻”

作为农业大国的一国之君，康熙对于粮食问题称得上煞费苦心。来自鱼米之乡苏州的密件里，有很一大部分是关于科学种植稻米的。这种优良稻种是康熙命人在丰泽园的多块稻田中培育出来，再命人拿到全国各地去试种的。

其中一种新品种名叫“御苑胭脂米”，是一种绯红的香米，有人考证出《红楼梦》中庄头乌进孝给贾府送的，就是这种“御米”。康熙五十八年时，李煦写给康熙的密报中就有某官绅种了多少亩、亩产几石几斗；某商人种了几亩、亩产几石几斗。其实这些人的实验任务也不过是两三亩，只有李煦自己家种得最多，他甘愿冒这种试验性的风险，种了100亩。李煦向康熙报告了自己家那块水稻实验田的收获情况：奴才种了您的御稻100亩，6月15日收割，每亩约得稻子四石二斗三升，谨砻新米一斗进呈。而所种原田，赶紧收拾，6月23日以前，又插完第二次秧苗。至于苏州乡绅所种御稻，亦都开始收割了。他们的详细账目，我给您另写一个奏折，请您御览。

康熙在京城搞试验田，也是四处取长补短，有次下江南看到老百姓存有猪毛、鸡毛等不值钱却又污秽的东西，便着人询问，听说当地人用这些东西做农家肥后，他便也做起了试验，结果收效显著。

密报管理的性质问题

尽管康熙吩咐亲信定期或逢到值得注意的事情向他密报解决了不少问题，但是对于这种密报的性质，他心里一直存在着一个有关职业伦理的困惑。即使是为了天气、农业这样关系到国计民生的问题，康熙自己也走不出心理阴影。

李煦在康熙四十七年正月十九日的密件中向康熙如实交代了自己在去年差人送奏折时，所差之人曾经弄丢了密信的问题。他感到自己实在是罪该万死，并求万岁爷惩处自己。康熙得知此情后，说你奏的那些都是密报，这是与地方官不同之处，将你的家人一并宽免好了，这种事让外人知道了，也不好听。

由此可见，康熙本人也认为自己派人在各地暗访、密报是与他头上那块"正大光明"的匾额不太相符的事，让别人知道了是不名誉的。正是在这种心态下，所有密件均由他本人阅读、回复。这种心态与他的儿子雍正公然建立自己的特务组织和强化密折制度截然相反，也可以看作政治清明与独裁的一项分野。

【吴三桂缘何令儿媳痛苦一生】

李景屏

建宁公主，《鹿鼎记》里那个刁蛮、霸道，让人爱不起来的十四公主，在真实的历史上原来是清太宗皇太极的小女儿。顺治十年（1653），从一统海内的大局出发，兄长顺治挑选平西王吴三桂的儿子吴应熊为十四额驸，并为十四公主与吴应熊举行了隆重的婚礼。十四公主逃离了戏说里与其他女子共侍一夫的结局，但实际上，她的人生结局更为不幸，这一切的根源在于她的公公——吴三桂，这究竟是为什么呢？

公公大权在握，皇帝坐立难安

康熙十年（1671）是吴三桂的六十大寿。此时，十四公主与吴应熊缔结连理已经18年。在这18年中，国家结束了战乱，额驸的父亲也已经位及人臣，称得上国兴家和。对平西王来说，此次为六十大寿锦上添花的寿礼莫过于朝廷恩准公主、额驸以及他们的儿子吴世霖不远数千里来云南祝寿。公主的云南之行，把吴三桂推上了人生的巅峰。但身在其中的十四公主所感受到的是朝廷与吴三桂之间猜忌日深，她深知，自己南下拜寿就包含了为皇帝和公公消除猜忌、立志言和的使命，而要消除猜忌，又谈何容易！

早在几年前，十四公主就已经听闻她的侄子——康熙皇帝在宫中的柱子上书写了要集中精力解决的"漕运、河务、三藩"三件大事，而驻防云贵的吴三桂是三藩之首。十四公主非常了解兄长顺治与侄子康熙的用心。尽管吴三桂坐镇云南已经十二三年，对云贵两省的管辖也将近十年，但云贵两省毕竟是朝廷的辖地，不是平西王的封地。然而长时间的驻防，已经使吴三桂产生一种错觉——云贵两省就是他的藩邸。这种错觉还能维系多久？一旦这种幻觉被打破又将产生怎样的后果？

公主此次昆明之行，已经把国事与家事连到了一起，这是她最不愿看见的事情。其实，婚后的十四公主和额驸严格恪守夫妻之间不议论朝政的准则。他们清醒地意识到，他们解决不了朝政。虽然一个是皇帝的姑姑，一个是平西王的儿子，但真正的权力掌控者并不会因为一段利益联姻的婚姻而改变自己的权力地位。而且，皇帝与平西王的利益不是简单的组合就可以解决的，这中间的是是非非他们也无法梳理清楚，一旦把朝政掺和进来，家也就不像家了。

但掌心是肉，掌背也是肉，说不掺和很难。十四公主虽然不同额驸谈论朝政，她却一直都非常关心朝廷对平西王的态度以及平西王在数千里之外的动向，这是她的家庭能否稳定的关键。伴随着海内一统的实现，平西王已经开始失去大显身手的舞台，在朝廷中的地位也今非昔比。但他的地位不是一纸诏书就可以削弱的。而且皇帝年幼，根基尚不稳固，对于朝中老臣不敢轻举妄动，更何况是重臣吴三桂。

就连顺治皇帝也要适时地让他三分。顺治十七年（1660）十一月，四川道御史杨素蕴就对吴三桂所享有的用人之权提出异议，明确提出用人乃"国家之大权，惟朝廷得主之"。尽管杨素蕴之疏一语破的，但当时的清朝统治者还要依赖吴三桂绥靖云贵，受到降处的反而是有先见之明的御史。

皇帝羽翼渐丰，双方剑拔弩张

可到了康熙二年（1663），情况就大不一样了，一名内大臣甚至公开质问额驸吴应熊：以前边疆多事，朝廷才赐给你父亲"大将军印"，便于集中号令；如今天下太平了，你父亲为何还不把"大将军印"归还朝廷？内大臣是直接为皇室办事的官员，同皇帝关系非同一般，此人如此直言，已经在一定程度上反映出朝廷的意向。颇为识相的额驸立即修书昆明，劝父亲主动上交顺治帝所赐予的"大将军印"。平西王对此有何感受，十四公主不得而知，但额驸在言行上愈加小心翼翼。

交出"大将军印"仅仅是开始，平西王的用人权也愈来愈受到制约，凡是吴三桂所题补的官员，多被朝廷否决，疑虑重重的平西王便以"精力日减"为名，请辞总管云贵两省军政大务，以此来试探朝廷对自己的态度。吴三桂的呈请在1667年5月送抵御前，康熙立即批准，并令吏部对两省事务的管理进行议奏。康熙如此处置，不仅出乎吴三桂的意料，也令额驸感到有些突然。可在公主看来，交出总管云贵事务的权力只是时间问题，早一点交出可以省去许多的麻烦，也免得夹在朝廷与家庭之间的额驸两头为难。一念及此，十四公主反而如释重负。

事情并不像十四公主所想象得那样简单，即使在吴三桂辞去总管云贵两省事务后，朝廷上下依然对平西王疑虑甚深，康熙七年，甘肃庆阳知府傅弘烈疏言吴三桂"必有异志，宜早防备"。尽管傅弘烈之疏见微知著，也点到了清朝统治者的心病，但在当时吴氏握有 53 个佐领的军队，在三藩中实力最为雄厚，触动吴三桂的时机还不成熟，康熙遂以傅弘烈"越职言事"为名将他发配到广西梧州。康熙对平西王在昆明的状况依然放心不下，为此特派御前侍卫以颁赏为名前往昆明察看虚实，已经摸透皇帝脉的吴三桂在校场比武时专挑老兵上阵……

公主与额驸一行人等一进入昆明城，就感受到喜庆的气氛。在距王府还有几十米远的道路两旁已经跪满了迎接公主的人，为首的两个银发的老人就是平西王与王妃，公主立即下车，大礼参拜公婆。

平西王府位于昆明城西北角的五华山，因山就水构建亭廊馆阁，其规制仅次于紫禁城。蜿蜒数十里、临泉而建的亭阁更是名甲天下，即使在皇宫内院长大的十四公主，也是前所未见。

王府西侧还有一处园子，名曰"安福园"，是平西王的休憩之处，也是他金屋藏娇之所，那些从苏州买来的少女住在园中，或弹曲，或轻吟，朝夕歌舞，颇有安享福禄之意，倒也名副其实。平西王耗费 3 年的时间修建一处如此奢华的园子，是"安福"享乐，还是韬光养晦？下车伊始的十四公主，又焉能说得清。

平西王在云南经营着太多的不动产——豪华的王府、占有前明黔国公沐氏家族的庄田七百顷……这些都是带不走的，他能心甘情愿地离开这里吗？一旦——十四公主实在不敢往下想，她的心比来的时候要沉重得多。

妥协？公公以退为进的"将军棋"

1673 年 7 月，忐忑不安的十四公主终于得到吴三桂疏请撤藩的信息。她很清楚这不过是平西王迫于压力在政治上所做的一个姿态，言不由衷，其实他心里所期望的是朝廷下旨挽留，平西王之心堪称路人皆知。

年轻的皇帝虽然猜透了吴三桂的心思，但绝不会放弃这个难得的机会，他决定假戏真唱，毅然批准了吴三桂的撤藩请求，并在该年的 8 月 15 日派遣礼部侍郎折尔肯、翰林院学士傅达礼前往云南办理撤藩事宜。

撤藩的戏已经开幕，而且两位主角都有自己设计的脚本……十四公主最担心的就是这场戏如何唱下去。她实在拿不准：平西王吴三桂能否按照康熙的安排舍弃经营多年的驻防地？能否在经历了一个令世人羡慕的波峰之后，再回到波谷？

吴三桂以标下人口日增，请求增加安插地方官兵为题的奏折在十月初送到京城后，十四公主紧绷着的心才稍许放松，只要平西王能按照朝廷的安排把家眷、部下带回锦州就万事大吉了。公主遥望南天，急切地盼望着平西王从云南起程的那一天——11 月 21 日的到来。在将近一个月的时间里，十四公主得不到任何消息，惴惴不安，度日如年。

12 月 21 日，云贵总督甘文焜从贵州发出一份驰递到京的急报，把十四公主惊得目瞪口呆，吴三桂扣留朝廷派去的折尔肯与傅达礼，执杀云南巡抚朱国治，据云南叛，自称天下都招讨兵马大元帅，蓄发易服，国号"周"，以来年为周王昭武元年。云南提督张国柱、贵州提督李本深俱从逆。

十四公主已经心乱如麻，她极力从少得可怜的信息中去捕捉事变的真相。吴三桂的野心到底有多大？难道他的权欲真的膨胀到要君临天下的地步？

婆家、娘家，保不了公主的一个家

吴应熊从顺治五年（1648）留侍京师到吴三桂据云南叛，已经在京城生活了 25 年，其间只有极少的时间去云南探望过父母。虽然他是以人质的身份留在北京，但清朝统治者对吴家的种种恩宠——尤其是得尚帝女的殊荣，使得吴应熊同顺治父子结下了很深的君臣之情。而婚后的琴瑟甚笃，愈加令额驸沉浸在幸福之中。尽管吴三桂颇有利用儿子了解朝廷动向的意图，可多年来额驸除了通过各种方式规劝自己的父亲安分守己、恪守臣子之道外，根本未提供任何有价值的信息。为此，吴三桂特把女婿胡国柱的叔叔以照顾吴应熊的名义安插在额驸府，以打探消息。在涉及父亲同朝廷的关系上，吴应熊本能地站在朝廷的立场上。在他看来，征战多年之后能撤藩回关外，也算是衣锦还乡了，云南再好终非久居之地，总得要落叶归根。

吴应熊实在想不通：父亲周围的那帮人怎么一个个都那么不安分，非得撺掇父亲同朝廷对着来？但愿事态不要闹得太大，要不然可就真的到了难以收场的地步了。然而不要说吴应熊，就是康熙也不具备控制事态的能力，康熙十三年二月底，广西将军孙延龄叛应吴三桂，到了四月中旬，耿精忠据福州叛，云南、贵州、广西、四川、江西、湖南、福建等省均已落入叛军之手。就连京城也发生了打着朱三太子旗号的聚众谋反，吴三桂已经成为引起波及数省骚乱的罪魁祸首，一切都无法挽回了。

为了打击吴三桂的气焰，康熙在十三年四月十三日下令处死吴应熊及其子吴世霖。吴三桂在起兵反叛前，曾派人到京城去秘密接吴应熊及其子吴世霖去昆明，虽然吴应熊不可能劝说自己的父亲放弃起兵反叛的罪恶之念，但他也绝不会为了苟全性命而犯下从逆之罪。他很清楚，按照大清的律例，谋反大逆是要株连亲属的，作为吴三桂的儿子将被处以极刑，但他宁愿留在京城接受朝廷的惩处，也不会逃到云南。只要活一天，身为额驸的吴应熊就要做一天大清的子民。

"为叛寇所累"的额驸及其子吴世霖为三藩之乱付出了生命的代价，顷刻之间十四公主失去了亲人、失去了家庭，这一年她 33 岁。都说人生苦短，可对十四公主来说人生苦长。在失去丈夫和儿子后独自支撑的 30 年岁月中，虽然康熙多次下诏安慰在三藩之乱中受到巨大伤害的姑母，然而这对于十四公主又能起多大的作用呢？

三个男人——兄长顺治、公公吴三桂、侄子康熙决定了十四公主一生的命运；而中央与地方在利益格局上的激烈争夺、中央集权与地方割据较量的白热化，则决定了她一生的主旋律……

【雍正为何诏令驱逐传教士】

读书三昧

明末清初，西方天主教在中国的活动相当频繁。到康熙末年，各省教徒已达 30 多万人，拥有教堂 300 座以上。雍正元年（1723），在福建省福安县，有一个生员教徒宣布弃教，与其他人联合向官府指控教士敛聚地方民财，修建教堂，并且男女混杂，败坏风气。

此事引起了雍正的高度重视，并最终诏令全国驱逐西方传教士。

雍正下达谕旨后，在京传教士上奏，吁请缓行驱逐教士行动。为此，1727 年 7 月 21 日，雍正皇帝在圆明园接见了巴多明、戴进贤、雷孝思等传教士，发表了一番很长的讲话。这番讲话非常有意思，现摘录如下：

伊请朕下令归还所有的教堂，并允许传播尔等的教义，就像父皇在世时那样。请尔等听朕之言：尔等要转告在这里和广州的所有欧洲人，并且要尽快转告他们。即使罗马教皇和各国国王亲临吾朝，尔等提出的要求也会遭到拒绝的。因为这些要求没有道理。假如有道理，尔等一经提出，朕即会赞同。请不要让尔等的国王也卷到这件事中来吧！

朕允许尔等留住京城和广州，允许尔等从这里到广州，又从广州往欧洲通信，这已足够了。不是有好多人控告尔等吗？不过，朕了解尔等是好人。倘若是一位比朕修养差的君主，早就将尔等驱逐出境了。朕会惩罚恶人，会认识谁是好人的。但是，朕不需要传教士，倘若朕派和尚到尔等欧洲各国去，尔等的国王也是不会允许的嘛。

先皇（指康熙）让尔等在各省建立教堂，亦有损圣誉。对此，朕作为一个满洲人，曾竭力反对。朕岂能容许这些有损于先皇声誉的教堂存在？朕岂能帮助尔等引入那种谴责中国教义之教义？岂能像他人一样让此种教义得以推广？尔等错了。尔等人众不过二十，却要攻击其他一切教义。须知尔等所具有的好的东西，中国人的身上也都具有，然尔等也有和中国各种教派一样的荒唐可笑之处。和我们一样，尔等有十诫，这是好的，可是尔等有一个成为人的神（指耶稣），还有什么永恒的苦和永恒的乐，这是神话，是再荒唐不过的了。

佛像是用来纪念佛，以便敬佛的。人们既不是拜佛，也不是拜木头偶像。佛就是天，或者用尔等的话说，佛就是天主。难道尔等的天主像不也是尔等自己画的吗？佛也有化身，也有转世，这是荒唐的。大多数欧洲人大谈什么天主呀，大谈天主无时不在、无所不在呀，大谈什么天堂、地狱呀，等等，其实他们也不明白他们所讲的究竟是什么。有谁见过这些？又有谁看不出来这一套只不过是为了欺骗小民的？以后尔等可常来朕前，朕要开导开导尔等。

你看，雍正给人的印象，俨然一位无神论者。尽管他的语气显得和蔼可亲，但柔中带刚、刚柔相济之中所流露出的毅然决然，则是显而易见的。

这就不免让人产生一个疑问：雍正如此坚定地驱逐这些传教士，仅仅因为他们的所作所为一如雍正所说是"欺骗小民"的"荒唐"事吗？或者说，如果仅仅因为某些传教士"敛聚地方民财"的不法行为，何至于把所有的传教士都驱逐呢？

分析雍正的讲话，我们会感到，雍正的话里，有很多弦外之音。也就是说，雍正驱逐西方传教士还有着更为复杂的原因。

原来，在康熙的晚年，因为选择接班人问题，皇子之间曾发生过一场夺位之争。一些传教士卷入其中，并支持雍正的政敌允禩。现在，雍正上台了，能不趁机收拾他们吗？再一个原因就是，在1715年，罗马教皇发布禁约，严禁中国教徒尊孔祭天，康熙也针锋相对地颁发内务府信票，只准承认中国礼仪的教士留在中国。在这个"礼尚往来"关乎国家尊严的问题上，雍正当然也不会含糊。他发起的这场驱逐行动，也可以说是康熙后期清政府与罗马教廷"礼仪之争"的继续。

还有一个原因似乎也很关键，那就是基督教宣传人人平等，对君权提出了挑战，而且，这一思想被一些民间秘密反清结社组织所借用，这涉及政权的稳定，对此雍正当然要予以打击和取缔。

显然，在这个时候，雍正接见传教士，可谓正当其时。雍正的讲话无疑就是一场新闻发布会，它表明了清朝政府处理这一问题的立场和态度。有趣的是，了解了这些历史背景，如果你再回过头来看，雍正驱逐西方传教士这些复杂的原因在雍正的讲话里，其实若隐若现地都有所流露，而且，你越品，就越觉得他的话好玩儿。

那么，雍正驱逐西方传教士有没有道理呢？当然有道理。不过，这种对待所有传教士"一刀切"的做法，到鸦片战争前，一直被雍正的子孙们所承袭，客观上无疑也加剧了清朝社会闭关自守的封闭状态，这就难免有些矫枉过正了。

【乾隆惩贪缘何愈惩愈贪】

冯佐哲

乾隆帝弘历25岁登基，在清朝诸帝中不失为一个有政治抱负和有所作为的皇帝。在他统治时期，以其祖康熙为榜样，并吸取了其父雍正的一些统治经验，乾纲独断，事必躬亲，勤于政事，励精图治，在各方面都取得了相当的成就。当时的中国空前统一，社会相对和平安定，经济繁荣发展。可是随着经济的发展、国力的增强，乾隆帝好大喜功、穷兵黩武、生活奢靡的一面也逐渐滋长和暴露出来。整个社会从上到下，日益奢侈成风，达官贵人追求享乐，竞相豪华，纸醉金迷，灯红酒绿，在这种情况下，腐败滋长、泛滥，贪官污吏比比皆是。"督抚藩臬，朋比为奸"；"上下关通，营私欺罔"。到了乾隆晚年，他自己也不得不承认："各省督抚中，廉洁自爱者谅不过十之二三，而防闲不悛者，亦恐不一而足。"

乾隆朝的腐败与清政权的中衰，首先是从吏治败坏开始的，而官吏间的贿赂公行，则是吏治败坏的集中表现。当时人们做官的主要目的就是追求获得名利与更多、更好的物质享受和各种特权。以督抚为首的地方官吏要想在地方发财，就不得不向中央的京官进行贿通、贡献，而京官平日薪俸较少，要想发财就不得不包庇地方官吏，听任其为所欲为、鱼肉百姓。于是，彼此上下其手，便形成了"无官不贪""无吏不盗"的官僚体系。

一般说来，当腐败局面不可收拾，官吏的贪污行为引起了公愤，以致百姓骚动，造成统治不稳时，皇帝也会不惜采取惩处手段，对贪官污吏加以惩罚，希图起到"杀一儆百"的警世作用。据不完全统计，整个清朝二品以上的高官，因贪污、受贿，或数罪并罚而被处以斩刑、绞刑，或被赐自尽者，共计有41人，而在乾隆一朝就有27人之多，几乎占了全部人数的67%左右。至于因贪赃枉法而受到"抄家没产""充军发配""降职罚薪"的官员，为数就更多得多。不能不说乾隆"惩贪"手段是十分严厉的。可是当时情况是"诛殛愈众，而贪风愈甚"。

从乾隆三十七年（1772）至嘉庆四年（1799）的27年间，几乎没有一年不"惩贪"，被揭发出来的地方贪污官员主要有：广西巡抚钱度，四川总督阿尔泰，云贵总督李侍尧，陕甘总督勒尔谨，浙江巡抚王昌吉望、陈辉祖、福崧，山东巡抚国泰、布政使于易简，江西巡抚郝硕、布政使郑源等。

值得注意的是在乾隆统治的中晚期，贪污大案一个接着一个，层出不穷。最显著的就是浙江省的贪污案件，几乎从没有中断过。旧的贪污案件还没处理完毕，新的贪污案件又出来了。个中原因是由于清朝最高统治者乾隆帝的"惩贪"，其心中有一定的尺度。应该惩谁、不惩谁，惩到什么程度，他心里有数。他绝对不会因为"惩贪"、整顿吏治而动摇其自身的统治利益。因此，他只能把"惩贪"限制在他的统治权所需要的范围之内，他不可能触及当时贪污体制的总根子。这个总根子不是别人，就是绝对专制的封建皇帝自己。当然这许许多多的贪污案件也未必全部直接与乾隆以及其得力助手和珅有关。但从本质上又与封建的专制体制有着千丝万缕、无法分割的联系。也可以说，在乾隆统治的后半期，已经形成了一个以和珅为中心的"贪污网"。长期以来，乾隆只把眼睛对准个别的地方官吏，而没有可能涉及形成贪污腐败的政治体制本身。对于整天伴随在他身边的宠爱和佞幸的嬖臣则存心包庇或回护，自己则实际上乃是腐败的总根源。

例如，乾隆帝与和珅为了多捞钱财，曾一起制定了故意对贪官采用"先纵后惩"的办法，即明知某地方官有贪污行为，先不动声色，任其发展，当其贪污数量达到一定程度时，再进行惩治、查抄，籍没其家产，美其名为："宰肥鸭"。

再如，乾隆与和珅共同制定了一个"议罪银"制度，规定官员有"错"或"罪"，可以通过"自愿"交纳一定银两免去惩罚。有鉴于此，许多地方官吏学会了不贪白不贪。如果贪赃罪行未被发现，那就算自己赚了，如果被发现则自认倒霉，于是索性更加肆无忌惮地大肆贪污行贿。这其实就是哄抢行为中的一种从众心理。当官的认为不贪白不贪，所以上行下效。因此，在这种氛围下的所谓"惩贪"与贪风并存，而且愈演愈烈也就不足为怪。和珅之所以能在20多年中为所欲为，恣意贪婪，正是乾隆培养的结果。

乾隆帝本人也知道要教化百姓，稳定民心，必须首先端正官风，要用严猛手段惩治贪官蠹吏。必须要求各级官吏"端己率属"，吏治不清，人心不古，社会风气败坏的根源在于高官大吏贪腐不廉。孔圣人早就说过："君子之整风，小人之德草，风行草上必偃。"看来道理也并不难懂。然而毕竟是存在决定意识，而不是意识决定存在。毕竟是社会存在左右着人们的意识。这或许是乾隆反贪，所留给我们的教训。

【洪秀全为何仇视知识分子】

潘旭澜

读太平军资料，有个现象引人注意：有文化的人很少参加，极少数参加的几乎没有贯穿始终。这既归根于首要领导人洪秀全，也符合太平军兴亡的历史逻辑。

兴兵初期　少有文人跟从

洪秀全和冯云山，虽然在家乡广东竭力宣传，但在比较开放、比较有文化的广东，他那些只能蒙骗小孩甚至莫名其妙、不知所云的"天话"不会有什么市场。更何况，洪秀全此时为人怪诞、名声很差，不可能赢得多少同乡的信从。因为无法立足，最后洪秀全只好转到广西深山。由于冯云山多年锲而不舍、艰苦细致的努力，才吸收了一批信徒，结果，"读书明白之士子不从，从者俱是农夫之家，寒苦之家"。

公开造反初期，读书人参与的，除共同策划"立国"的冯云山、石达开外，还有其他很少的几个人：卢贤拔、曾钊扬、黄玉昆、赖汉英、何震川、曾水源、黄再兴等。他们有的是主动参加，有的是因亲戚牵连而参加，有的是被裹胁而不得不参加。读书人一则有传统文化的正负面影响，二则有基本的人生社会常识，难于无保留地信从荒诞胡说。这正是洪秀全所讨厌、所忌讳的。他不但要成为政治、宗教的权威，还要成为文化上的权威。于是，有文化者的命运就可想而知了。

从宗教和功劳而言，明明应当成为第二号人物的冯云山，被压到第四号，原因固然很多，但洪秀全的偏见是决定性因素。不然，即使因现实需要而提杨秀清于冯云山之上，也不应再让萧朝贵也居于冯云山之上。作为参与策划"立国"的石达开，如果讲能力，可以排在第二三位，结果被排在第六位。

洪秀全在排座次中明显地贬抑有文化者的思想意识，当然会得到杨秀清等无文化之人的赞同。于是，这成了太平军的用人原则。这样一来杨秀清当然也大力实行蒙昧主义。他要所有部下绝对服从、盲目服从，不要你明白的不可明白，不要你知道的不可知道，以便他提高权势和实行种种暗箱操作。于是，最初参加造反的其他几个通文墨的人，在太平军攻占南京之后不几年里，要么逃之夭夭，要么被杀掉。下面分别说说。

军中文人难有善终

卢贤拔。造反之初，人们称之为卢先生。他与杨秀清是亲戚，又为洪秀全写过不少东西，重要典章制度也由他奏请施行。到南京不久，调到东王府任职，提升很快。在调东王府之前，曾请杨秀清假借"天父下凡"，阻止洪秀全焚烧四书五经。进东王府后，又用老办法，说是"千古流传之书不可毁弃"，制止洪秀全毁尽古书。这时，他已被封为镇国侯，第九号人物。

就在制止洪秀全毁尽古书之后不久，因与妻子同宿，犯了"天条"当斩。由于杨秀清力保，"革职戴罪立功"。"天父下凡"说古书不可尽毁，但洪秀全又不甘心让"妖言"流传，就成立删书衙并且亲自抓，并让卢到删书衙删改五经，并且主持编纂"太平天国"史。因此，卢没有卷入后来的太平军最高层内讧，也就没有被作为杨党而被消灭。随后，他还是尽快出城逃离南京，不知去向。当然是鉴于内讧的残酷，自身全无安全感，同时也是对太平军的绝望。

曾钊扬。乡村私塾教师，随其叔父曾水源参加造反。参与太平军早期檄文的写作，后来改为记述天王言行。1853年底，升到天官副丞相。在东王府理事。他对杨秀清的心腹侯谦芳很看不惯，所以删书衙成立后，主动要求从东王府调去这个无实权单位。

曾钊扬对诸王的品性比较了解，也有清醒的看法。在韦昌辉被杨秀清打了数百大板却十分恭顺逢迎的表演结束后，他明确向熟人说："北王阴恶而残刻，今扶之而不怒，其心叵测。"非议的是韦昌辉，却犯了杨秀清的忌。杨秀清极忌有人道破最高层矛盾的真相，尤其是诸王中貌服心不满的底蕴，于是在1855年3月，假托"天父"名义，给他一个"不杀为奴"的惩处。三个月后，又杀了他叔父曾水源，他因不在东王府了，逃过一劫。

他对石达开较尊敬，两人关系较好。洪杨内讧、石达开被逼出走后，他向洪秀全要求去劝说石达开回南京。得到洪准许后，根本没有去找石达开，而是借机跑得不知去向。他是深受杨秀清迫害之人，洪杨内讧后不存在个人安全问题，出走全然是对洪秀全和太平军不抱任何幻想。

何震川。与前两人同为太平军中主要笔杆子，而只有他是秀才。他去应北闱乡试时，写了文章到处送给两广籍京官看，文中多有不满清廷之言，人家看了都怕。没有中举人，就更加愤懑。太平军造反时，一家二十几口都参加了，不多久，家人大多死于战争中。他起初为洪秀全写诏旨，后来专门记录洪起居。太平军攻下南京时，他知道洪、杨的真实心思，带头写《建天京于金陵论》，很是风光。洪杨内讧之后，对太平军前途完全丧失信心，借口到安徽帮助陈玉成，逃得不知去向。

曾水源。造反前是私塾教师，写文章小有名气。金田起义之初，一直在洪秀全、杨秀清身边，代拟诏书，批答奏章。进南京后，一直在东王府理事，一年里几次升官，做到天官正丞相。1855年，看到东府里的女官"极为仓促"，也就是行动或神态很紧张、很不正常；又听到女官说"东王若升天，你们为官的都难了"。这是可能了解到杨秀清"金体违和"——生病的底蕴。杨就假托"天父下凡"，将他杀掉，尽管他并没有扩散。曾水源这么一个笔杆子，就这样飞来横祸，成为权力斗争的牺牲品，罪名竟是什么"敢在府门用眼看"！尤其骇人听闻的，连他儿子曾启彬也一起被杀了。要是他侄儿曾钊扬仍在东王府理事，就会多一个枉死鬼。

除上面几人外，赖汉英、黄玉昆、黄再兴等为太平天国的发展壮大做出重大贡献的人，也同样非死即逃，无一善终。

屡试不中　造成洪心理变态

洪秀全对待有文化者的态度，决定了太平军的人员构成。他自己和太平军的方针和行为，明显地将有文化者置于对立乃至你死我活的位置。所以，公开造反之后，只有少数读书人参加。太平军即将或者刚刚占领某地之时，读书人便设法逃走。有些无法逃走的，宁愿自杀，也不为之效劳。当太平军需要一些识字的人做统治工具，在南京初次招考时，告示竟说，通文墨而不应考者斩首不留。然而，纵然出了这种极为凶暴的公告，偌大南京，被屠刀赶进考场的，也只有30多人。其中几个，如郑之侨、夏宗铣等人，特意借试卷痛骂或发泄敌对情绪，他们明知这样做会被杀被磔也在所不顾，比不应考更决绝更勇烈。后来，为庆祝诸王生日，也再举办过几次文、武会试，湖北、安徽、福建、苏福（江苏）、浙江还举办过乡试。武科中试者一律回原衙听候调用，文科则更不当一回事，诱骗或胁迫一些人去热闹一阵，也就作罢。

洪秀全对有文化者的态度，是他性格、经历和地位造成的。一个极端自负、十分狂妄的人，从14岁到30岁，先后4次，考不上区区秀才。第三次没考上就已经心力交瘁，半真半假病了一场。第四次还考不上，在冯云山促动下决心造反。这样的老童生，这样的造反者，对科举、对读书人的心理反弹之猛烈，是一般人所难以想象的。他的造反宣传，"读书明白"之人绝大多数又嗤之以鼻，对他更是火上浇油。从这个事实，他更深切体会到，不读书不识字的贫民和游民，才是他造反可以利用的最好又最广泛的资源。

一些共同策划"立国"或较早参加拜上帝会的读书人，有一些基本的是非标准，有各种各样的想法和看法，总是要表达或流露出来，教规教条虽多且严也难以禁绝，妨碍他成为思想文化的绝对权威，所以，意识和潜意识中总或多或少地将这些人视为异己。冯云山之被排名第四，石达开之不能封义王，卢贤拔等人要安排到删书衙用其一技之长，原因固然很多，但其中一条就是他们是读过书的人，很难甚至不可能成为纯粹的奴才或没有思想的工具。

少数有文化的人参加了太平军，没有一个有好下场。

他们喝下自身参与酿成的苦酒。这不但是他们少数人的悲剧，更是恶质文化毁灭太平军占领区原有文化的历史灾难。随着诸子百家之被禁绝，极少数有文化的人或死或走，广袤的大地上只有一片混沌。

【曾国藩与"刺马案"的瓜葛】

杨东晓

两江总督兼南洋通商大臣马新贻自同治九年（1870）上任总督后查了不少大案，但是他绝对想不到自己也会成了一桩奇案的主角。这一发生在江宁府的"大案要案"，一直到谋刺朝廷命官的凶手张文祥被凌迟处死，也没有追出幕后指使者，尽管清廷给马新贻追封了一大堆名号，但是他的家人还是不能认可最后的判决。

即便如此，幕后的疑凶还是动不得的，朝廷要考虑的是各方面的制衡。

一刀毙命刺马

"马新贻是被一刀毙命的，显然杀手受过职业训练。"对晚清奇闻曾作过研究的中国人民大学教授张鸣说，"历史上有一种说法，张文祥应该是马新贻淮军时的旧部，但马新贻也只是李鸿章组建的淮军的旁支，而不是正宗。张文祥是他收编的一股捻军。"

张鸣说，刺客张文祥在很多记载中被记为"张汶祥"，左边的水是蔑视他的意思，暗指其为江洋大盗。这个说法与南京市第一中学高级教师郭东辉的说法不谋而合，郭东辉说有些记载认为张文祥早年做过海盗，因马新贻做浙江巡抚时镇压过海盗，所以他为了给兄弟们报仇，追到南京将马新贻刺死。

但是有一点是相同的，那就是张文祥手执尖刀，直刺马新贻胸膛令其一刀毙命。

其时是 1870 年 8 月 22 日，马新贻正在校场检阅新兵射击技术训练，而张文祥冷不丁冲出人群，直取马新贻。

两堂会审张文祥

张文祥刺了朝廷命官，案子审了又审就是结不了案，舞台上已经开始唱《刺马》这出新戏了。耐人寻味的是，从那时的剧目起，杀手张文祥似乎就是一位"风萧萧兮易水寒，壮士一去兮不复还"的义士。

虽然在紫禁城同治皇帝给他的这位命官亲赐祭文、碑文，特赠太子太保，予骑都尉兼云骑尉世袭，还封了谥号"端敏"。但是对于地方上的风传丝毫没有影响，人们还是想怎么传就怎么传，于是死者马新贻成了"渔色负友"的绯闻男主角，好像无论哪朝哪代，死者一旦有了绯闻，他的故事及其演绎就令人更加愿意相信。

马新贻死得不明不白，直到 20 世纪 70 年代，新编的各种历史剧中，他还被当作统治阶级的走狗受到批判，而张文祥则是斩杀帝王走狗的义士。郭东辉说："原始资料都不统一，在比较左的时代，江苏一家出版社出过一本晚清大案要案秘闻之类的书，还把马新贻写成统治阶级的代言人，他怎么会被当作好人记载下来呢？"

马新贻之死惊动了同治和他的母后慈禧。因此审讯力度也一步步加大，审讯过程拖了很久。刺客张文祥被江宁将军审讯过，但始终没有供出幕后指使，移给漕营总督审讯，依旧没有结果，后来又交以处事果断、为人刚直而著称的刑部尚书郑敦谨，但是由于这次是刑部尚书郑敦谨会同新任两江总督曾国藩复审，所以在曾国藩的一再阻挠下，只能维持原判，以"张文祥潜通海盗图谋报复"定案，只处死了张文祥一人。后台是谁，仍是无人知晓。

"有一种说法是，这件事由曾国荃幕后指使。江宁府是湘军的地盘，他不容外部势力插足，这个案子最后也没有一个定案，因为张文祥什么都不说。但是派系之争的可能性大一些。"张鸣说。

张文祥被处以极刑，朝廷也维护了马新贻的正面形象，但是他的家人和亲信对判决结果非常不满，因为并没有拿到幕后真凶。

"所有这一切都引起猜疑，于是戏剧表演也令人感觉到幕后有人操纵这个事件。事实上朝廷也不相信上报的结论。"郭东辉说："刑部尚书都亲审了，总不能让皇上或慈禧来审了吧。"

曾氏获利

为什么有人一定要置马新贻死地，他死后谁是受益者？

郭东辉认为，既然查不到元凶，那就看谁是后来的得利者、谁是审讯的阻挠者。"这个问题简直不查自明。"

马新贻 1868 年就任两江总督时，从这个位子上离开的是剿杀太平军的"功臣"曾国藩，而江宁府南京城是曾国藩的九弟曾国荃从李玉成的手中拿下的。

"这一事件很可能是因政治矛盾引发的，应该说湘军和曾国藩是得利者。"郭东辉说。

事实上这一矛盾并不始自曾马之间，早在马到位之前，朝廷对曾氏家族的巨大能量已心存芥蒂。

南京是湘军打下来的，曾国荃打南京用了两年时间，朝廷对他很不满，认为他打得不卖力，为此还训斥过他。然而曾国荃在 1864 年进了天京（太平天国时南京旧称）以后，太平天国的主要头目一个也没活捉到，洪秀全的儿子也跑掉了，而曾国藩报功心切说他们已被剿亡。左宗棠当时就提出不同意见，后来在江西果然发现了幼天王洪天贵福的踪影，最后经核实，确实是左宗棠所言不虚。为这事曾国藩和左宗棠还打过很多年官司。

郭东辉说，还有一件事令皇上不快，湘军缴获太平天国的金银和财富并没有全部上缴国库，太平天国十多年间，的确积累了不少财富。但是曾氏上报数目离想象中的巨额相差太大，而湘军打下天京后大车小车向自己家乡日夜运输也是事实，当时湖北、湖南还掀起过抢购田地的热潮。这些从军政到经济的各种消息，无不使慈禧反感和起疑。

"因此，对于湘军在此后被清廷千方百计地压制，一时间凡是与曾氏有矛盾的就能提拔，造成了矛盾的进一步激化。朝廷派马新贻任两江总督坐镇江宁府就是削弱曾氏势力的一步棋。"郭东辉说。

而马新贻还真的着手整顿社会秩序、调查财富分配，深深地触犯了湘军的利益，但他无论用何种强有力的手段也无法撼动湘军多年来在两江打下的基础。张鸣说，不仅马新贻不能，孤儿寡母的同治母子也不能，于是曾国藩又回到他两江总督的位子上去，以制衡 1862 年从江苏巡抚起家后署理两江总督、湖广总督的重臣李鸿章等人。

【谁埋葬了北洋水师】

余岳桐

真正的战争，永远发生在战争开始之前

在中国，人们都知道，是日本的联合舰队打败了北洋水师，是慈禧太后挪用海军经费造园子，致使邓世昌的炮弹打不响！可是，金一南的军事随笔《军人生来为战胜》告诉我们：

就经费方面来讲，清政府投入海军的经费一点也不比当时日本投入得少！日本政府从 1868 年到 1894 年 26 年间每年投入海军的经费合计白银 230 万两，相当于同期清

政府对海军经费投入的60%！

就硬件装备方面来讲，北洋舰队的装甲数量和质量都超过了日本联合舰队。北洋舰队的定远、镇远两艘铁甲舰堪称当时亚洲最令人生畏的铁甲堡式铁甲军舰，在世界也处于领先水平。清朝政府正是基于这种力量对比，才毅然对日宣战。

因此，仅从武器装备、经费投入等方面来看，日本联合舰队要战胜中国北洋舰队是困难的。结果却是，庞大的北洋舰队全军覆没，日本联合舰队却一艘未沉！"巨额军饷堆砌起来的一流的海军不经一战，原因何在？到底是谁埋葬了北洋舰队？"金一南先生发问了。

一、真正的战争，永远发生在战争开始之前！失败往往首先从内部开始。

清政府的专制体制必然带来政治和经济的腐败。从身居要位的历届海军大臣，到北洋舰队普通的一员，大家首先考虑的不是民族、国家和军队的利益，而是个人的利害。再强大的部队，也难以抵御这种腐败的侵蚀。随着满族贵族中央政权的衰弱，汉族官僚李鸿章等人纷纷崛起。他们办洋务、兴局厂、练新军，轰轰烈烈。在相当一部分清朝权贵们看来，北洋水师就是李鸿章的个人资本。因此，朝臣们为了削弱李鸿章，不惜削弱北洋海军！限制北洋海军就是限制李鸿章，打击北洋海军就是打击李鸿章。户部尚书翁同龢以太后修园为借口，连续两年停止发放海军装备购置费，以限制李鸿章。后来恭亲王失势，李鸿章失去台柱，更加势单力薄。他不得不与醇亲王以及各位满族朝臣和好，满足醇亲王挪用海军经费（实际上削减海军实力）的要求。而李鸿章实则欲借海军重新获得一片政治庇荫。就是这样一些人在掌握着北洋海军的命运。1888年北洋水师成军以后，军费投入就越来越少。海军只是他们各自政治角逐中的筹码，谁还真正为海军的发展考虑？

金一南大声感叹：将如此之多的精力、财力用于内耗的民族，怎么去迎接外敌发出的强悍挑战！

二、上行下效，鼓励奴才的体制中必然包含着排斥英才的事实。在这种体制中的民族、国家和军队，纵有铜墙铁壁，最终也会被摧毁；纵有匹夫之勇，终究无力回天。

多种资料证明，北洋水师1888年成军以来，军风被各种习气严重毒化。当时，北洋军舰上实行"责任承包制"，公费包干，管带负责，节余归己。因此，各船管带平时把经费用在个人前途的"经营"和享乐，无暇对船只进行保养和维修。打仗用的舰船不但不保养备战，反而为了个人私利挪作他用。军队参与走私，舰船常年不作训练，这已不是海军的个别现象。

由于只对上、对个别掌握着自己升迁的权势负责，而无须对下、对民族国家负责，因此，欺上瞒下蔚然成风。平日演练炮靶、雷靶，唯船动而靶不动。每次演习打靶，总是预先量号码数，设置浮标，遵标行驶，码数已知，百发百中。不明真相者还以为自己强大无比、不可战胜呢！

还有一件事情令作者金一南先生无法解释：北洋水师发展到 1894 年大阅海军时，定、镇两艘铁甲舰主炮战时用弹仅存 3 枚（定远 1 枚，镇远 2 枚），只有练习用弹库藏尚丰。对此，李鸿章不是不知："鸿章已从汉纳根之议，令制巨弹，备战斗舰用。"但最终因为他"个人"内外交困，忙于政治周旋，因此正事一直没有落实。

这样一支军队，这样一种军纪和作风，这样腐败和糜烂，一旦打起仗来，如何不败？

三、不败才是奇怪的。先看布阵。当战场不再是操演场时，面对逼近的敌舰，北洋舰队首先布阵就陷入混乱。丁汝昌的命令是各舰分段纵列，摆成"犄角鱼贯之阵"。而到刘步蟾那里竟然变成了"一字雁行阵"。而实际战斗时的队形却又变成了"单行两翼雁行阵"。短时间内阵形如此变乱，说明了什么？即使如此勉强的阵形也没有维持多久，待日舰绕至背后时，清军阵列始乱，此后即不复能成形。

再看开战。战争一开始，平日缺乏现代素质的官兵在有效射距外慌忙开炮，定远舰刘步蟾指挥首先发炮，首炮非但未击中目标，反而震塌前部搭于主炮上的飞桥，丁汝昌和英员泰莱皆从桥上摔下，严重受伤。从第一炮开始，北洋舰队就失去了总指挥。再勇敢的士兵，无人指挥，又有何用？这就是平日严阵以待、训练有素的舰队？

再看战场厮杀。激战中落伍的日舰"比睿"号冒险从我舰群中穿过，我定远舰在相距 400 米距离上发射鱼雷，未中。日本武装商船"西京丸"经过定远舰时，定远向其发四炮，又有两炮未中。战场上只有由硬件和软件联合构成的实力，没有虚假和侥幸。黄海海战中，日舰火炮命中率高出北洋舰队 9 倍以上。

对军人来说，很多东西仅凭战场上的豪壮是不能获得的。往往最为辉煌的胜利，孕育在最为琐碎枯燥、最为清淡无味的平日训练之中。金一南意味深长地说。

四、军队平日腐败，战时必然要付出高昂代价。力图隐瞒这一代价，就要借助谎报军情。这也是北洋海军的一个特点。

黄海海战，丁汝昌跌伤，舰队失去指挥，本因我方在有效射距外仓促开炮，震塌飞桥，奏报却成为"日船排炮将定远望台打坏，丁脚夹于铁木之中，身不能动"。此战北洋海军损失致远、经远、扬威、超勇、广甲等五舰，日舰一艘未沉。李鸿章却电军机处："我失四船，日沉三船。"

一时间除参战知情者外，上上下下多跌进自我安慰的虚假光环之中。不能战，以为能战；本已败，以为平，或以为胜。北洋报沉的日舰，后来又出现在围攻威海的日舰行列中。但直至全军覆灭那一天，清军谎报军情未曾中止。1895 年 2 月，左一鱼雷艇管带王平驾艇带头出逃，至烟台后先谎称丁汝昌令其率军冲出，再谎称威海已失。陆路援兵得讯，撤销对威海的增援。陆路撤援，成为威海防卫战失败的直接原因。

艰难的处境最考验军队。北洋海军在威海围困战后期，军纪更是荡然无存。金一南先生写道：

首先部分人员不告而别。"北洋海军医务人员，以文官不属于提督，临战先逃。

洋员院长，反而服务至最后。相形之下殊为可耻。"

其次是有组织携船艇的大规模逃遁。1895 年 2 月 7 日，日舰总攻刘公岛。交战之中，北洋海军十艘鱼雷艇及两只小汽船在管带毛平、蔡廷干率领下结伙逃遁，结果"逃艇同时受我方各舰岸上之火炮及日军舰炮之轰击，一艇跨触横档而碎，余沿汀而窜，日舰追之。或弃艇登岸，或随艇搁浅，为日军所掳"。一支完整无损的鱼雷艇支队，在战争中毫无建树，就这样丢尽脸面地毁灭了。

最后更发展到集体投降。"刘公岛兵士水手聚党噪出，鸣枪过市，声言向提督觅生路"，众洋员皆请降。面对这样一个全军崩溃的局面，万般无奈的丁汝昌"乃令诸将候令，同时沉船。诸将不应。汝昌复议命诸舰突围出，亦不奉命。军士露刃挟汝昌，汝昌入舱仰药死"。

只敢露刃向己，不敢露刃向敌。北洋军风至此，军纪至此，不由不亡。亲历战斗全过程的洋员泰莱，对这支舰队评论如下："如大树然，虫蛀入根，观其外特一小孔耳，岂知腹已半腐。"

到底是谁打败了北洋水师？

军人生来为战胜。不错。但要战胜敌人，首先必须战胜自己！

【当皇帝，还是当终身总统】

朱宗震

杨度在前清是个君主立宪派人士，后来加入了共产党，他同孙中山的关系也不错，但在 1915 年时，他是筹安会六君子之一，积极为袁世凯谋划称帝，是个帝制派。杨度的表现在中国政界也算是个异数，但说到底还是个书呆子的缘故吧。

梁启超在前清是君主立宪派的领袖，他的名言是"开明专制"，他为在中国实现开明专制奋斗了大半生，对袁世凯寄托了很大的希望，但结果一直没有着落。在袁世凯准备称帝的时候，他坚决反对帝制，甚至不惜与袁世凯决裂，策动了护国战争，成为再造共和的英雄。

我们以往把袁世凯称帝简单地归结为他的政治野心，其实野心固然是有的，但野心也要有形势的驱动、利害的权衡。那么，在 1914 年到 1915 年间，杨度和梁启超为袁世凯谋划国家体制的理由是什么呢？当终身总统就能得善果吗？

袁世凯走向独裁

中国自古以来就有权臣篡位的传统。据传，在辛亥革命过程中，袁世凯重新出山之前，也曾考虑过自己称帝的问题，但他毕竟羽毛不丰，未敢贸然从事。最后，以逼清帝退位、出任共和国总统的方式掌握国家大权。从实质上说，袁世凯乃是借着辛亥革命的冲击力，达成了权臣篡位的结果。

当然，一时间袁世凯的权力没有巩固，他也需要梁启超一派做他政治上的盟友，来对付孙中山一派的革命党人。毕竟，他是由南京临时参议院选举产生的临时总统，他需要用欺骗和暴力的两手来对付革命党人，以便逐步巩固他的权力。因此，在清帝退位后相当长的一段时间内，袁世凯一直信誓旦旦，效忠共和。例如，在清帝宣布退位后的第二天，即1912年2月13日，袁世凯即宣布"共和为最良国体，世界之公认"，"从此努力进行，务令达到圆满地位，永不使君主政体再行于中国"。3月10日，袁世凯在北京宣誓就任临时大总统职务："发扬共和之精神，涤荡专制之瑕秽，谨守宪法。"全国统一的民国政府在北京成立后，南方革命党中的激进派，一直在揭发袁世凯"帝制自为"的图谋。为此，袁世凯多次予以澄清，例如他于1912年6月24日发表公开电，声明说，他从小就羡慕上古天下为公的风气，认为共和的好办法，是和古训一样的。他自己原来是想退休回老家的，只是因为国民的委托，才担任这样的重任。所以，"当共和宣布之日，即经通告天下，谓当永不使君主政体再见于中国。就职之初，又复沥忱宣誓，皇天后土，实闻此言"。他认为外界怀疑他正在效法拿破仑图谋称帝，一半是出于误解，一半是出于故意的毁谤。

1912年8月，孙中山到北京与袁世凯会谈时，有记者问到袁世凯是否有帝制自为的野心时，孙中山的回答很肯定，主要意思就是不可能。他认为，袁世凯如果要称帝，不是说他想称帝就能称帝的，要有国民心理来决定，就是说要有国民的拥护。拿破仑称帝就是国民拥护的结果。再者，就是袁世凯的权威性不够。袁世凯已经宣誓效忠共和，他如果称帝，就是背信，他还能有威信吗？而且，他除非能建立强大的武功，不仅战胜全国，而且战胜外国，才能树立他的权威，而这是他做不到的。现在，许多地方都不服从他的命令，他要称帝对他有什么好处？孙中山的分析很有道理，后来袁世凯称帝失败的事实也证明了他的分析。不过，孙中山当时还是忽视了袁世凯在没有国民拥护的前提下也会利令智昏。

尽管袁世凯信誓旦旦效忠宪法，但民初实施《临时约法》的结果，政局纷扰十分严重。虽然宋教仁和国民党方面一直在坚持《临时约法》的原则，但袁世凯方面以及共和党方面也一直在批评《临时约法》，束缚总统行政权力，影响行政效率，谋求修改宪法，向强化总统权力的方向发展。在1913年正式国会开幕之前，各派纷纷发表自己的宪法主张，梁启超发表了《宪法之三大精神》一文，强调国权与民权调和，实际上重申了开明专制的主张。也就是要建立总统独裁体制，让共和制名存实亡。

袁世凯政府收买上海流氓暗杀了宋教仁之后，孙中山发动了二次革命。在镇压二次革命的过程中，北洋军队抵达了长江流域，控制了湖北、江西、安徽、江苏四省，其他各省也在镇压了革命势力之后，宣布效忠袁世凯。袁世凯的权力大大强化了。袁世凯在击败了他的头号敌人孙中山的革命党人之后，一次又一次地控诉《临时约法》对总统权力的限制，控诉共和政治变成了所谓的"暴民政治"，在梁启超一派进步党人（由共和、民主、统一三党合并而来）的支持下，一步步地强化独裁的政治体制。

镇压二次革命胜利之后，袁世凯开始骄狂起来，越来越趋向于独揽权力。结果，他的统治基础却日益萎缩。1913年10月，袁世凯强迫国会先行选举他当上了正式大总统。11月，又宣布取缔国民党，无论参加还是没有参加二次革命的国民党议员，都被取消资格。这样一来，由于国会达不到开会的法定人数，等于解散了国会。袁世凯摆脱了国会这个累赘，进步党人也就失去了政治上的存身之地。梁启超和进步党作为袁世凯对付革命党的同盟军，开始感到被冷落。而所谓制定宪法，也从此停摆。12月，袁世凯召集政治会议作为总统的咨询机构。根据政治会议决议，于1914年1月下令停止全体国会议员职务。

这个解散国会的命令，由国务总理熊希龄副署生效。熊是进步党员，1913年7月由袁世凯任命，组成了所谓的人才内阁。国会解散，这个人才内阁也就被袁世凯一脚踢开，梁启超一派落入了兔死狐悲的境地，为以后发动护国运动落下了伏笔。但他们对袁世凯仍然抱有希望。3月，袁世凯又召开约法会议，60名议员实际上由袁世凯遴选，制定了《中华民国约法》，袁记约法规定，总统"总揽统治权"，"行政以大总统为首长，置国务卿一人赞襄之"。总统"对于国民全体负责"，也就是不对任何民意机关负责。建立起总统独裁体制。袁记约法规定成立参政会，作为总统的咨询机构，参政员由总统遴选；同时由参政会起草宪法，由大总统召集国民会议决定。而所谓宪法和国民会议，事实上一直为袁世凯搁置，没有推行。袁记约法完成了总统独裁的政治体制。但是，梁启超所期望的袁世凯的开明性在哪里呢？

杨度和梁启超看到的危机

从1913年10月袁世凯当选为正式大总统，到1914年5月1日袁记约法公布，袁世凯完成了总统独裁体制，中华民国的共和体制已经名存实亡。除了一些毫无权力的咨询机构，袁世凯实际上已经与皇帝无异。他为什么还不满足呢？是虚荣心作怪，还是为了确保子孙的权力继承？如果说袁世凯只是为了个人的野心，那么大好人杨度为什么也要袁世凯称帝？事情恐怕有它自己的道理和逻辑。

袁世凯的美国政治顾问古德诺，就认为中国采用君主制比较好。他写道："民智低下之国，其人民平日未尝与知政事，绝无政治之智慧，则率行共和制，断无善果。"孙中山也主张通过训政时期来提高人民参与政治的能力，才能真正实现宪政。国民党在统治大陆时期，一直实行训政和独裁制。当然，古德诺提倡君主制的理论前提，不是要搞什么封建复辟，而是希望逐步推进现代民主。他认为，中国要生存和发展，一定要实行立宪制，而在中国君主立宪制比共和立宪制的可行性比较大。也就是说，中国只有在君主制之下，才能慢慢地推进民主（开明专制）。古德诺也只是一种理论推理，并不敢肯定在当时形势下，确实具备了由共和制改为君主制的足够条件。他最担心的问题是，在落后国家实行共和制，"元首既非世袭，大总统承继之问题，必不能善为解决"。其结果是军阀野心家们为了争夺权位引起战争，社会祸乱不可收拾。

杨度也赞成古德诺的观点和忧虑。他认为，多数人民根本不知道共和是怎么回事，野心家人人都想当大总统，如果选不上就会用武力来争夺。而且，清帝废除后，"中央威信，远不如前，遍地散沙，不可收拾"。

梁启超并不反对他们的观点，他用一句话就塞了他们的嘴：我在10年前早就说过了。他从来就反对共和而赞成开明专制的。民国以后，他也一直在为袁世凯出谋划策，取消议会民主制，实行开明专制。

当然，上面说的还只是理论上的推理，实际情况其实更加可怕。杨度描写了军队的情况：过去的军队知道要为皇家出力，现在没有皇帝了，但他们不知道国家是什么东西，军心涣散。南方的高级军官要听从下级军官的，下级军官要听从士兵的。被人讥笑为"共和兵"。北方军队虽然问题没有这样严重，但要他们绝对服从命令，不避艰难险阻，也做不到了。所以，现在民国的兵，只求他们不发生内乱就谢天谢地了，要他们能够平定内乱，抵抗列强，就根本做不到。

梁启超也描写了国家面临的危机：灾难刚刚平复，人民还喘息未定，列强一直在威胁我们，到处都有自然灾害发生，饥饿的人民等待救济，深山老林处处潜伏着土匪。国家亟须安定和治理。

杨度更预测了军阀混战的恐怖前景："乱世以兵为先，无论何种德望学识，一至彼时，均不足为资格，唯有兵权乃为资格，然使兵力仅足迫压议会文士，而无统一全国之势力，则虽被选，仍无效也。诸将资格等夷，彼此不能相下，军人、游士又从而挑拨推排，以求他日之富贵，终必兵戎相见，相与角逐于中原。"袁世凯死后中国出现的军阀纷争的局面，印证了杨度的预测。

《三国演义》上说，天下大势，分久必合，合久必分。古人早已总结了中国的传统规律。可是，进入近代以后，有了民主、共和思想，人们就把这个中国古老的规律给忘记了。正像杨度所说，中国人都还不懂共和。那么，我们又怎么能去责怪他呢？国家分崩的局面，本来就是王朝末世社会解体的结果。

无论是袁世凯，还是杨度，或者是梁启超都很清楚，袁世凯对北洋军人的控制力越来越弱，独裁制虽然恢复了，但袁世凯这个总统在事实上并没有足够的权威性。从曾国藩的湘军开始，中国有战斗力的军队是招募来的，"兵归将有"，形成军权下移、派系林立的局面，无法统一指挥。清王朝的解体，袁世凯的篡位，都削弱了军事领袖的权威性。当时所谓"北洋三杰"王士珍、段祺瑞、冯国璋，除王士珍已经没有兵权、退居闲散之外，段祺瑞长期担任陆军总长要职，羽毛逐渐丰满，提拔亲信，自成派系，正像当年的袁世凯对清廷构成威胁一样，段祺瑞也对袁世凯的权威构成威胁。冯国璋坐镇南京，拥有重兵，也就能各霸一方，与段形成两虎相争的局面。袁世凯不仅对他手下的两员大将统驭日益困难，对北洋诸将和各地骄兵悍将更是控制为难。段芝贵为袁世凯亲信，二次革命时任北洋第一军军长，南下作战，进驻武汉后，把副总统、湖北都督黎元洪逼出湖北，长住北京。但他手下的第二师师长王占元，坐拥实际兵权，开始排挤段芝贵。袁世凯竟然对王占元没有办法。奉天将军张锡銮辖下第二十七师师长张作霖，原是由张锡銮在前清时收编的胡匪，这时羽毛渐丰，也不愿意再受张锡銮的管辖，而想独霸一方。

袁世凯对于这些骄兵悍将竟然只能迁就，无法处置。至于南北各地非北洋系的军事将领，更是鞭长莫及，时时都有叛离的危险。

杨度和梁启超如何为袁世凯策划？

古德诺可能不知道，中国的君主权力虽大，但并没有西方君主的不可动摇性和稳定性，"彼可取而代也"是中国的思维，所以希望称王称帝的人非常多。无论是共和制、君主制、君主立宪制，制度只能是一纸空文，在没有什么社会势力能够推进共和制的历史条件下，"真命天子"出来以前，都会引发争斗。

杨度虽然对国情了解得比较多，但也单纯地把军事权威丧失的局面归咎于辛亥革命实行的共和制，打破了当时中国的稳定，结果连立宪制也没有了，而无视清王朝的解体过程，忘记了中国的传统。因此，他很简单地看重名号的作用。他说："非先除此竞争元首之弊，国家永无安宁之日。计唯有易大总统为君主，使一国元首，立于绝对不可竞争之地位，庶几足以止乱。"

他相信袁世凯是一位英主，能够像德国皇帝威廉一世、日本明治天皇，"以专制之权，成立宪之业"。他盲目地相信，君主制可以提高袁世凯的权威性，袁世凯为了子孙的安全，也一定会实施立宪民主制，并且能够建立丰功伟绩，解决清王朝崩溃造成的权威失落的问题。

梁启超对局势的认识比杨度明白一点。他认为无论是君主制改为共和制，还是共和制改为君主制，"国体"的变更都是革命，都会引起社会的动荡，所以，不希望袁世凯违背自己忠于共和、不恢复帝制的承诺。但他认为，在共和国名义不变的前提下，一个独裁（开明专制）的总统，自由决定传子还是传贤是保持社会稳定最好的制度。

袁世凯于 1914 年 6 月召集了参政会，这个袁世凯遴选的参政会一直开得冷冷清清，却制定了修正的《大总统选举法》，于 12 月 29 日由袁世凯公布。根据这个选举法，大总统任期 10 年，连任没有限制，由参政院议决，即可连任。实际上让袁世凯成了终身总统。总统继承人由现任总统推荐候补者 3 人，书于嘉禾金简，藏之金匮石室。现任大总统出缺，由大总统选举会在这 3 人中选举一人。

梁启超当时就写了《读〈中华民国大总统选举法〉》一文，认为修正的选举法，足以"定分而息争"，符合中国目前事势的要求。他强调指出，如果大总统去世，在前大总统推荐的 3 人中选举一个人继位，而全国军队及至其他各方面人物之有政治上势力者，都能够予以遵守服从，那么，这样的继承办法，则"岂唯今日之良法而已，虽谓 10 年以后之良法，谓为永久之良法，谁曰不宜"。杨度提出《君宪救国论》之后，梁启超在《异哉所谓国体问题者》一文中，再次重申《大总统选举法》足以解决权力继承问题。但梁启超毕竟是个明白人，他提出了一些条件，第一，就是大总统要通过良好的政绩来巩固自己的威信。第二，要有办法预防野心家。第三，要选择和培养好接班人。依照《大总统选举法》，无论传贤传子纯属前任大总统之自由。

有了上述 3 项政治措施，就可以安全地解决继承问题："金匮中则以其名衰然居首，而随举不足重之二人以为之副而已。如是则当启匮投票之时，岂复有丝毫纷争之余地？代代总统能如是，虽行之数百年不敝可也。"看来这个制度是中国的创造。可惜，在当时未能成功地予以实践。

杨度看到了这个制度缺乏实践的可行性。他认为，现在面临的继承问题不是制度问题，而是实际的政治局面问题。因此，这个制度靠不住："总之，实际理由仅有一焉，曰：无唯一适当之人是也，因无一人，故拟三人，名为一人，实无一人。夫人之资格势力，果能统一全国，为继任之大总统否，此事实问题，非法律所能解决者也。国中果有此人与否，尤为事实问题，非法律所能解决者也。今中国无适当之继任大总统，乃事实上无可解决之问题，而欲以法律之空文勉强解决之，如何而能有效也？"也就是说，袁世凯以后，没有一个权威的继承人，中国必然分裂，这是事实，而不是依靠法律就能解决的。为什么一定要改为君主制？就是要利用传统的家天下的血缘继承观念。他举了个例子："前清左宗棠之平定回疆也，特刘松山为大将，独统一军，刘松山没，继统无人，用其偏裨，则其余不肯相下，分为数军，则兵力必薄，刘锦堂为松山犹子，一无战绩之少年也，左宗棠拔之，继统其军，一军皆服，未必其聪明才力遂出诸将之上也，其天然资格，无人与之比较耳。"

当然，杨度也知道，软弱的君主是很难镇服强悍的军阀权臣的。所以，他的理论逻辑就是希望袁世凯在改成君主制以后，为了后代的利益，实行君主立宪制。他盲目地相信袁世凯能成为这样的"英主"。

所以，杨度和梁启超争过来、争过去，实际上都没有办法解决北洋系统未来的分裂问题。梁启超只是意识到，你袁世凯越折腾，政治局面只会更混乱。如果袁世凯依靠现在的一点威信，在政治上有所作为，那么，或许还有希望。所以他甚至这样说："是故中国将来乱与不乱，全视乎今大总统之寿命，与其御宇期内之所设施，而国体无论为君主为共和，其结果殊无择也。"否则，中国社会必然分崩解体。

但是，袁世凯在政治上已经没有能力有所作为，他只有把强化权力的希望寄托在称帝上。梁启超看到袁世凯执意称帝，大势已去，率先策动了护国运动。一个和平的改革派，也不得不走上了武装斗争的道路。

是谁逼死了袁世凯

在二次革命以后，孙中山和黄兴意见分歧，他们对袁世凯的统治已经构不成威胁。袁世凯准备称帝后，孙中山的主要助手陈其美于1915年12月5日在上海策动肇和舰起义，因孤立无援失败，但打响了反帝制的第一枪。然而，孙中山的中华革命党始终未能集结起有震撼力的力量。辛亥革命时，上海商界曾全力支持陈其美，而在护国运动中，他们不希望陈其美再在上海策动革命，而是希望南京冯国璋宣布独立，维持东南一带的秩序。

上海绅商致函冯国璋说："上海为通商重地，又为党人渊薮，尤多激烈分子，数日来设法间接劝阻，谓下游举动，总当静候高峰。各派崇拜虎威，企以俟今。时机急迫，势难遏抑，万一暴动，则全局均为破裂，而地方之糜烂，交涉之困难，实属不堪设想。绅商等目击情形，惊慌失措，今晨邀集南北商界筹议，皆谓非上游立刻发表（指南京宣布独立——编者注），万不能镇定下游。"梁启超与蔡锷策动云南军队发动护国运动，力量也很有限。护国军甚至到不了长江一线。这小小的一点冲击力，就把洪宪王朝冲击得七零八落。这并不是说，北洋军队已经完全没有战斗力了，而是因为北洋系统已经分裂。

北洋大将段祺瑞、冯国璋的心目中，袁世凯的天下是他们帮着打下来的，野心勃勃地等着继承袁世凯的遗产。袁世凯和杨度以为，有了君臣名分，就可以抑制他们的野心。而事实上，他们羽毛渐丰，既不愿意向袁世凯称臣，更不愿意向袁的子孙称臣，阻断了自己的发展之路。

因此，袁世凯越是想强化自己的权力，他们就越来越离心离德。军阀势力的形成和消解，在中国有自己的特殊规律。一个真正有力量的新的权威的形成，是在社会动员过程中实现的，甚至是经过了残酷的血战才能涌现。袁世凯依靠区区北洋六镇兵力，对社会政治、经济建设的贡献也非常有限，他在事实上并不拥有个人权威的强大基础。只是当时中国人才凋零，才给了他一个虚誉和机会。仅仅依靠一个制度的设计，是解决不了社会政治力量的实际格局的。

在王朝末世，权臣篡位总是为新的权臣树立榜样。为了控制军队，防止新的权臣的出现，袁世凯于1914年5月8日成立陆海军大元帅统率办事处，以削弱段的军权，段暂时只能消极抵制。至1915年5月，段称病退居西山，8月29日，袁世凯免去了段的陆军总长职务，由王士珍接任。冯国璋于6月间特地赶到北京探听帝制消息，没有得到袁的一句真话。袁世凯骗他说，他已经在英国买了房子，如果"国民"一定要他当皇帝,他就只好跑到英国去养老了。冯国璋深知自己不被信任,便对帝制敷衍搪塞,不肯出力。12 月 18 日,袁世凯下令调冯进京担任参谋总长,企图使其脱离江苏地盘。冯以有病为名,拒不进京,同时,开始与梁启超秘密接洽,反对帝制,以稳固和强化他在长江一线的势力。

从旧体制内衍生出来的领袖,如袁世凯这样的人,以及他后来的继承人,在加强权力集中的过程中,因为没有社会力量的动员和支持,他的社会基础反而越来越窄小,领袖的度量也越来越窄小,最后成为孤家寡人。这成了辛亥革命后中国政治史上的一个规律。"其兴也勃焉","其亡也忽焉",飙起飙落。

1915 年 8 月 14 日,杨度等成立筹安会,正式登场筹备帝制,12 月 12 日,袁世凯宣布接受帝制,实行所谓君主立宪制,后又改民国五年为洪宪元年。但 12 月 25 日云南宣布独立讨袁,护国运动爆发。袁世凯惊惧之余,组织征滇军,但段祺瑞、冯国璋都拒绝担任总司令一职,北洋军士气低落,战事不利。而贵州、广西、广东、浙江、陕西、四川、湖南等地相继宣布独立。

在各省离叛的过程中,冯国璋于 3 月间联合江西将军李纯、山东将军靳云鹏、浙江将军朱瑞、长江巡阅使张勋(一说为湖南将军汤芗铭),五将军密电请求"取消帝制,以安人心"。袁世凯在内外交困之下,于 3 月 22 日被迫宣布撤销承认帝制,23 日废除洪宪年号。以年号计算,他只做了 83 天皇帝梦,还没有来得及举行登基大礼,就梦想破灭。

然而,袁世凯还迷恋着权位,企图继续做他的大总统。他希望段祺瑞来帮他收拾残局。但是,段祺瑞完全仿效袁世凯在晚清时的故技,要袁世凯交出行政权力,恢复责任内阁制,同时要袁世凯向他交出兵权。

而另一大将冯国璋则以中立者的姿态,于 5 月间组织南京会议,与护国军方面和谈,要袁世凯退位。袁世凯本来一向身体很好,这时在内外交困之下,于 6 月 6 日忧惧病死,年仅 57 岁。

在护国运动中,孙中山系统、梁启超系统的现代观念和现代社会力量的动员,是非常微弱的。中国社会中的现代性社会势力本来就很微弱,还没有发育起来。因此,他们不可能用现代政治的组织方式来获得社会力量的支持,完成国家的整合。护国运动的主流,也不是辛亥革命时的民间动员,而是各派军事力量的离叛。先是非北洋系军阀离叛,然后是北洋系地方军阀离叛,最后是原先的亲信大将公然分割他的权力,迫他退位。

因此,真正逼死袁世凯的是野心勃勃的各路军阀。袁世凯死后,段祺瑞、冯国璋分割了袁世凯的遗产,形成了皖系和直系的对立。非北洋系的地方军阀,则割据一方。中国进入了军阀混战的时代。孙中山系统、梁启超系统都在护国运动中得不到他们所期望的成果。从主流上说,这种局面的形成,是中国传统王朝解体之后的必然结果。中国社会的重新整合不可避免地走上从基层动员着手的艰难的道路。

【从梁启超家书看王国维之死】

黄　波

王国维之死，曾被称为"中国文化史世纪之谜"，解读者众，以至有人还专门编了一本《王国维之死》的专著。但迄今也没有一个以足够的证据和雄辩的推理作支撑，让所有关心、讨论这一事件的人都心悦诚服的看法。不过，在 20 世纪至 21 世纪的转换年头，蔡仲德先生连续写了 4 篇文章，论定王国维之死是为了"殉清"，他说："我并不否认王国维的死因中含有其他因素。但我认为，生活不幸（长子之丧、挚友之绝等）、悲剧人生观、性格矛盾、思想冲突等也许都对其死不无影响，却都不是促使他非死不可的现实的、直接的、决定性的原因；陈寅恪提出的'殉文化'说可谓言之成理，却无法说明王国维为何经此'数十年'（指中国文化之消沉沦丧已数十年）不死而到1927 年才死？又为何遗书有'再辱'之语？唯有'殉清'说才足以回答这些问题，才是促使他自沉的现实的、直接的、决定性的原因。"

"殉清说"并不新鲜，罗继祖教授（罗振玉之孙）主编的那本《王国维之死》，在罗列诸家之说时，就曾以"编者按"的形式，对这些解读逐一批驳，而申明己论：王国维之死系"殉清"。不过，相形之下，蔡仲德先生的 4 篇文章显得更为有力更有声势，所以，蔡文一出，关于王国维之死的议论遽然消歇，仿佛这个"中国文化史的世纪之谜"已经被解开，王国维铁定是为"殉清"而死无疑了。

细读蔡先生的 4 篇大作，个人觉得，其有力处在于用反证的形式，指出了"殉清说"以外的各种论点之难以自圆其说处，但是对自己的论点并未提出非常有力的论据。所以，"殉清说"恐怕也很难经得住和蔡先生文章类似的追问：如果王国维之死确是为了殉清，他为什么不在清王朝覆亡之日死？如果是因为在 1927 年自感复辟无望才绝望自杀，那么 1924 年冯玉祥发动兵变，逼清室出宫，当此之际王国维的这种绝望应该是最深的，那时他为什么不自杀？

应该承认，王国维与清室有着某种精神维系，他的死也肯定与清室有关，但把"殉清"认定为"促使他自沉的现实的、直接的、决定性的原因"，实在难以服人。很难想象，一个对中国历代王朝更替史烂熟于心，而又曾接受西方哲学美学洗礼的人，会对一个他眼中的又一轮历史循环寄寓生命之重。

考究这么多年来关于王国维之死的争论，一个很大的问题是，几乎都局限于就王国维论王国维，其他的旁证却被忽略了，而由于王国维本人留下的资料不足征，众说纷纭就毫不足怪了。我们为什么不考察一下在王国维自杀前后的背景里，和王国维相似的知识分子的境遇和心态变化呢？近读丁文江、赵丰田编的《梁启超年谱》（上海人民出版社 1983 年版），书中收录了 1927 年梁启超给女儿梁令娴的家书多封，家书中既有对时局的分析，更有心境的流露。梁启超和王国维同属于一代知识分子，在多方面都有相似之处。梁启超的这几封直陈心境的家书，也许对我们了解包括王国维在内的那一代知识分子的心态不无助益吧。

下面引用梁启超家书中的原文（括弧内为梁氏自加），不下是非对错之判断。

1927 年 1 月 2 日，"时局变迁极可忧，北军阀末日已到，不成问题了。北京政府命运谁也不敢作半年的保险，但一党专制的局面谁也不能往光明上看。尤其可怕者是利用工人鼓动工潮，现在汉口、九江大大小小铺子十有九不能开张，车夫要和主人同桌吃饭，结果闹到中产阶级不能自存，（我想他们到了北京时，我除了为党派观念所逼不能不亡命外，大约还可以勉强住下去，因为我们家里的工人老郭、老吴、唐五三位，大约还不至和我们捣乱。你二叔那边只怕非二叔亲自买菜，二婶亲自煮饭不可了。）而正当的工人也全部失业。放火容易救火难，党人们正不知何以善其后也。现在军阀游魂尚在，我们殊不愿对党人宣战，待彼辈统一后，终不能不为多数人自由与彼辈一拼耳。"

1 月 18 日，"思永来信所讲的政治谭，这种心理无怪其然，连我都有点如此，何况你们青年呢？打倒万恶的军阀，不能不算他们的功劳，我们想做而做不到，人家做了当然赞成，但前途有光明没有呢？还是绝对的没有。他们最糟的是鼓动工潮，将社会上最坏的地痞流氓一翻，翻过来做政治上的支配者，安分守己的工人们的饭碗都被那些不做工的流氓打烂了。商业更不用说，现在汉口、武昌的商店，几乎全部倒闭。失业工人骤增数万，而所谓总工会者每月抽勒十余万元供宣传费（养党人），有业工人之怨恨日增一日，一般商民更不用说。"

3 月 21 日，"今日下午消息很紧，恐怕北京的变化意外迅速，朋友多劝我早为避地之计（上海那边如黄炎培及东南大学稳健教授都要逃难），因为暴烈分子定要和我过不去，是显而易见的。更恐北京有变后，京、津交通断绝，那时便欲避不能。我现在正在斟酌中。"

5 月 5 日，"受病的总根源，在把社会上最下层的人翻过来，握最高主权。我所谓上层下层者，并非指富贵贫贱等阶级而言，乃指人的品格而言。贫贱而好的人，当然我们该极端欢迎他。今也不然，握权者都是向来最凶恶阴险龌龊的分子，质言之，强盗、小偷、土棍、流氓之类，个个得意，善良之人都变了俎上肉……总而言之，所谓工会、农会等等，整天价任意宣告人的死刑，其他没收财产等更是家常茶饭。而在这种会中（完全拿来报私怨，他们打的是'打倒土豪劣绅'旗号，其实真的土豪劣绅，早已变作党人了，被打者只是无告的良民。）主持的人，都是社会上最恶劣分子，（报上所说几次妇女裸体游行，的确的确是真的，诸如此类之举动，真举不胜举。）半年以来的两湖，最近两个月的江西（今年年底两湖人非全数饿死不可，因为田已全部没有人耕，工商业更连根拔尽。）凡是稍为安分守己的人，简直是不容有生存之余地。"

6月15日，也就是王国维自沉后13天，梁启超致书梁令娴，谈及王国维，"静安先生自杀的动机，如他遗嘱上所说：'五十之年，只欠一死，遭此世变，义无再辱。'他平日对于时局的悲观，本极深刻。最近的刺激，则由两湖学才叶德辉、王葆心之被枪毙。叶平日为人本不自爱（学问却甚好），也还可说是有自取之道。王葆心是七十岁的老先生，在乡里德望甚重，只因通信有'此间是地狱'一语，被暴徒拽出，极端捶辱，卒致之死地。静公深痛之，故效屈子沉渊，一瞑不复视。"

细研梁启超写于1927年的这几封家书，窃以为，其中至少透出了三个耐人寻味的消息：一是对时局的悲观和绝望。像梁启超这样的知识分子本来对北洋军阀不抱好感，可是对北洋政府倒台后的时局走向很不乐观；二是深刻地预感到了一个在他们以往经验之外的新的社会即将到来；三是对个人命运的深深的忧惧。回头看王国维的遗书，"五十之年，只欠一死，经此世变，义无再辱"，寥寥十六字，其中意味不正和梁启超家书中透出的相同吗？其实这毫不奇怪，梁启超、王国维那一代知识分子，本来就有着大致相似的文化背景。

前人论述王国维之死，也看到了从遗书中透出的"内心的恐惧"，但是，王国维所感到恐惧的究竟是什么呢？值得探究。是因为眼看清室覆亡而且复辟无望而恐惧吗？笔者以为，这种论调未免过于看低了王国维，这样一个学贯中西的人，他会把一个王朝的存亡兴废看得如此重要吗？但他的确又充满了忧惧，个人以为，他所忧惧的并不是政治之变革，而是社会之变革。政治变革只是朝政之变化，政权之更替，很多时候只与"肉食者"有关，而社会变革显然更为深广，它不仅是政治的、经济的，也是社会的、文化的，而且一旦飓风飙起，所有人将无所逃于天地之间。上引梁启超家书中，已经把这种社会变革的"乱象"和影响描述得淋漓尽致了。对梁启超等人来说，谁来当总统、谁接掌政权，也许都还可以忍受，和他抗争，但"车夫要和主人同桌吃饭"，"社会上最坏的地痞流氓一翻，翻过来做政治上的支配者"，"整天价任意宣告人的死刑，其他没收财产等更是家常茶饭"，等等，却无疑是逸出他们经验之外的，他们不仅不能接受，甚至有一种欲抗争而不能的感觉——两种文化系统的人，差不多等于"秀才遇见兵"了。对即将刮起的社会变革飓风，连久经战阵、政治阅历丰厚的梁启超都要仓皇"走避"，何况一介书生王国维？

随着时局的一天天变化，梁启超、王国维已经意识到一个为他们所全然陌生的社会将不可抗拒地降临，他们在其中会居于何种位置呢？不幸的是，1927年，又发生了湖南著名学者叶德辉被处死的事件。梁启超家书中提到了两位学者，其实湖北籍学者王葆心的死是误传，他死于1944年，但包括王葆心在内的不少学者在那个时代曾遭受折辱，则是无可怀疑之事实，所以才会有王葆心被难的误传。梁启超家书中还遗漏了一个人，1927年，章太炎在国民党上海特别市党部的通缉"著名学阀"的呈文中，名列第一，其家产也被浙江军政府籍没。以章太炎的声望和地位，这显然是更加轰传士林、更加刺激人心的事件。过去人们讨论类似事件对王国维的影响的时候，因为叶德辉其人名誉向来不好，用梁启超的话说，"有自取之道"，而王国维因为没有劣迹，所以本来应该没有恐惧的理由。但如果能对那一时代的社会状况有了较深的体察，在叶德辉、章太炎等学者的遭际之下，王国维的"物伤其类"之情就有了一个合理的落脚点。从叶德辉、章太炎等事件中，王国维是否以为，即将到来的社会不仅为自己所陌生，而且带有某种反文化的性质？

导致王国维最终决定自沉的原因颇多，如蔡仲德先生所说，生活不幸、悲剧人生观、性格矛盾、思想冲突，等等都可能是细故之一，和清室的精神维系也不容否认。说到他和清室的关系，仔细体味王国维诗词，他之所以从情感上倾向于清室，毋宁说更多出于一个人道主义者的同情和关怀，因为袁世凯从清室手中取得政权的手段不正，复由于北京政变推翻优待条件，王国维都认为这是对"弱小者"的欺凌，为他这样的笃实君子所不取。但这些林林总总，都不应该是最致命的。套用蔡仲德先生的句式，我关于王国维之死的结论是："我并不否认王国维的死因中含有其他因素。但我认为，生活不幸（长子之丧、挚友之绝等）、悲剧人生观、性格矛盾、思想冲突，等等也许都对其死不无影响，却都不是促使他非死不可的现实的、直接的、决定性的原因。唯有'忧惧社会变革'说才足以回答这些问题，才是促使他自沉的现实的、直接的、决定性的原因。"

其实，这种"忧惧社会变革说"也是卑之无甚高论，因为如果取"文化"的广义，从本质上讲，它和陈寅恪先生的"殉文化说"、叶嘉莹教授的"新旧文化激变中的悲剧人物说"并无区别。

"看花终古少年多，只恐少年非属我。"性格忧郁而又深受叔本华哲学影响的王国维在一个新的社会即将来临之时选择了自沉，这总让人想起奥地利作家茨威格。也许这有些比拟不伦，但我禁不住总要这么想，想起茨威格夫妇自杀前写下的那段震撼人心的遗言：

在我自己的语言所通行的世界对我来说业已沦亡和我精神上的故乡欧洲业已自我毁灭之后，我再也没有地方可以从头开始重建我的生活了……

【为秦始皇平反：秦始皇焚书时留有完整备份】

曹 昇

天下读书人都知道"焚书坑儒"，这是秦始皇统一六国后为统治思想文化而采取的两项重大措施，而后世多持恶评。这次事件是一个转折点，此后，秦朝的社会矛盾日益显现，不稳定因素开始增多。对秦始皇而言，这次事件之后，他由一个比较开明的君主开始变为专制暴君。那么，有关此事的种种细节和实际后果是什么呢？对于这件事秦始皇有什么苦衷吗？

焚书令

针对淳于越封建诸侯的提议，李斯上疏嬴政作答。书曰：

五帝不相复，三代不相袭，各以治，非其相反，时变异也。今陛下创大业，建万世之功，固非愚儒所知。且淳于越所言，乃三代之事，何足法哉？异时诸侯并争，厚招游学。今天下已定，法令出一，百姓当家则力农工，士则学习法令辟禁。今诸生不师今而学古，以非当世，惑乱黔首。

丞相臣斯昧死言：古者天下散乱，莫之能一，是以诸侯并作，语皆道古以害今，饰虚言以乱实，人善其所私学，以非上之所建立。今皇帝并有天下，别黑白而定一尊。私学而相与非法教，人闻令下，则各以其学议之，入则心非，出则巷议，夸主以为名，异取以为高，率群下以造谤。如此弗禁，则主势降乎上，党与成乎下。禁之便。

至于如何禁止，书中再道：

臣请史官非秦记皆烧之。非博士官所职，天下敢有藏诗、书、百家语者，悉诣守、尉杂烧之。有敢偶语诗书者弃市。以古非今者族。吏见知不举者与同罪。令下三十日不烧，黥为城旦。所不去者，医药卜筮种树之书。若欲有学者，以吏为师。

疏上嬴政，嬴政批道：可。意思就是，我看行。

这便是历史上著名的秦火焚书了。对于此举，后世多持恶评。然而，在附和过往那些骂声之前，我们有必要详细了解有关焚书的种种细节和实际后果。夸人要夸到痒处，骂人则要骂到痛处。知己知彼，方能百骂不殆。倘一闻"焚书"二字，也不深究，便即拍案而起，破口大骂，作激愤声讨状，窃以为不免"操"之过急。

首先，从李斯的视角看去，焚书有它的逻辑必然性。在李斯的上疏中，对淳于越请求分封之事，只用了"三代之事，何足法哉"8个字，便已驳斥一尽。随即，将淳于越之流定性为"不师今而学古，以非当世，惑乱黔首"。而像淳于越这样的人，所在多有，"人闻令下，则各以其学议之，人则心非，出则巷议"。人之所学，则是源于书本，因此，禁书乃至焚书便是斩草除根的应有之义了。

古人竹简刀笔，著书匪易。不比今日，每年都有数十万种著做出版面世，借用叔本华的话来说，还都是些"内容丰富、见解独到而且全是少不得"的著作。这也就决定了秦帝国焚书的品种不可能太多，大致为：

一、史官非秦记者，即六国之史记，以其多讥讽于秦。

二、诗书、百家语。尤其诗书，乃是淳于越之流以古非今的武器仓库。烧之等于缴械，看尔等还怎么援引过去。

需要特加注意的是，从李斯的上疏可知，当时秦帝国所有的书籍，包括明令烧毁的在内，在政府中都留有完整的备份。朱熹也云：秦焚书也只是教天下焚之，他朝廷依旧留得；如说"非秦记及博士所掌者，尽焚之"，则六经之类，他依旧留得，但天下人无有。

焚书辩

对秦帝国的这一举措，清人刘大魁的解释是，"其所以若此者，将以愚民，而固不欲以自愚也"。而在我看来，秦帝国将这些禁书善加备份收藏，并不以悉数销毁为快，除去不欲自愚外，也应存有一种责任心和长远考虑。好比我们都知道，天花病毒曾经肆虐了几个世纪，夺去了数千万人的生命，给人类带来巨大而深重的灾难。尽管如此，人类也并没有将天花病毒彻底销毁，让它永远消失于地球，而是分别在莫斯科和亚特兰大的两个实验室里保存了少量样本，以备研究，或应对任何人力无法预测的不时之需。

至于民间，如果私藏禁书，抗拒不交，后果又会如何？答曰："令下三十日不烧，黥为城旦。"也就是说，将接受黥面和戍边筑长城的处罚。在今天看来，这样的后果无疑是严重的，但在刑罚严酷的秦国，这算得上轻罚了，并不严厉。而且，这样的处罚还是在藏书被官府发现的前提之下，如果未被发现，自然也就不用追究。

由此可见，在当时的禁令中，焚书并非第一要务。"夜半桥边呼孺子，人间犹有未烧书。"李斯和嬴政自然也明白得很，焚书哪能焚得尽！焚书只是一种手段而已。且看：

> 有敢偶语诗书者，弃市。以古非今者，族。

我们会很奇怪地发现，偶语诗书的罪罚，居然远比私藏诗书的罪罚还重。私藏诗书不过黥为城旦，偶语诗书却要弃市掉脑袋。再加上罪罚更重的"以古非今者，族"这一条，可以判断，禁令的最大目的是禁止民众议论当今政治，其次是禁止民众讨论古代政治。归结为一句话：禁止议论政治。庶人不议，然后天下有道，这大概就是禁令背后的逻辑依据吧。

焚书自然是不对的，不好的。对秦帝国而言，言论窒息、万马齐喑才是最恐怖的。防民之口，甚于防川。自古以来，防川有两种方法。一是封堵，鲧便是采用此一方法，结果洪水越发肆虐，自己则被帝尧派来的祝融杀于羽郊；二是疏导，鲧的儿子大禹，则是采用此一方法，最终治水成功。

为秦帝国之久远计，理应保持一定程度上的言论自由，从而有疏导之效，收善治之功。以我所见，当以北宋朱弁《续骫骳说》中士气一条，倡此论最为精妙，姑录于下：

> 一身之盛衰在于元气，天下之盛衰在乎士气。元气壮则肤革充盈，士气伸则朝廷安强。故善养生者使元气不耗，善治国者使士气不沮。欲元气不耗，则必调饮食以助之，而咽喉者，所以纳授饮食也。欲士气不沮，则必防壅蔽以达之，而言路者，所以开导壅蔽也。近取诸身，远取诸物，远近虽殊，治道无二。

再回到焚书，其对古籍造成的损失究竟有多严重？时至今日，已经很难做出确切判断。《史记·六国年表》云："诗书所以复见者，多藏人家。"王充《论衡·书解篇》云："秦虽无道，不燔诸子，诸子尺书文篇具在。"这两条记载表明，至少在汉代，古籍中的精华部分——诗书诸子，都还完整地保存了下来。

另外，由于所有的古籍都在宫廷留有备份，只要秦国不灭，可想而知，这些古籍便将一直完好地留存下去。然而，诸多古籍湮灭无踪，后世永不得复见，这却要特别感谢我们的项羽先生。

众所周知，项羽先生不爱读书，生性暴戾，伊攻入咸阳之后，首先是屠城，然后搜刮金钱妇女。临去再是一把大火，烧秦宫室，火三月不灭。秦帝国的珍贵藏书，就此付之一炬。可怜唐、虞、三代之法制，古先圣人之微言，最终只化为若干焦耳的热量而已。

所以，刘大魁作《焚书辨》，毫不客气地指出："书之焚，非李斯之罪，实项羽之罪也。"

单就秦国焚书而言，其所引起的实际损失，可能并没有像想象的那样严重。《汉书·艺文志》所载 677 种著作，其中约有 524 种，即 77%，现在已不复存在。这个事实说明，汉以后的几个世纪，特别在印刷术流行前，文献损坏所造成的总的损失，也许大于秦代的焚书。因此，可以想象，即使没有焚书之事发生，传下的周代的残简也不可能大大多于现在实际存在的数量。

历代焚书简史

关于焚书，李斯并非始作俑者。前此，孟子有云："诸侯恶周礼害己，而皆去其典籍。"《韩非子》也云："商君教孝公燔诗、书而明法令。"

到了后世，焚书更是屡见不鲜。

隋人牛弘作《上表请开献书之路》，历数书之五厄（不知何故，漏却项羽）：

秦皇驭宇，下焚书之令。此则书之一厄也。王莽之末，长安兵起，宫室图书，并从焚烬。此则书之二厄也。孝献移都，吏民扰乱，图书嫌帛，皆取为帷囊。所收而西，载七十余乘，属西京大乱，一时燔荡。此则书之三厄也。刘、石凭陵，京华覆灭，朝章国典，从而失坠。此则书之四厄也。周师入郢，萧绎收文德之书，及公私典籍，重本七万余卷，悉焚之于外城，所存十才一二。此则书之五厄也。

明人胡应麟著《少室山房笔丛》，在牛弘所论五厄之外，再增补五厄，列为"十厄"：

隋开皇之盛极矣，未几皆烬于广陵；唐开元之盛极矣，俄顷悉灰于安史；肃代二宗洊加鸠集，黄巢之乱复致荡然；宋世图史一盛于庆历，再盛于宣和，而金人之祸成矣；三盛于淳熙，四盛于嘉定，而元季之师至矣。然则书自六朝之后，复有五厄。

到了清代，大兴文字狱，倒霉的便不仅是书，更包括著书者和藏书者。因触犯忌讳，生者凌迟杖毙，诛灭三族，死者剖棺戮尸，挫骨扬灰，如此案例已是不胜枚举。仓颉造字而鬼神哭，莫非鬼神早有先见，知有清代之劫，故而预为号恸乎？

文字狱之兴起，正值所谓的康乾盛世，持续近百年，时间之长，祸害之烈，株连之多，处罚之惨，力度之大，实属空前。

仅 1772 年至 1788 年的乾隆文字狱，所列的 2320 种禁书和其他 345 种部分取缔的书中，只有 476 种幸存，不到所列数的 18%，而这还是发生在印刷术业已普及的情况之下。

清代在焚书禁书之余，却也修书，即《四库全书》。然而，这其中又有猫腻。说起来，他们用的也是春秋笔法，寓褒贬于字里行间。但他们褒的都是谁呢？不仅他们自己，连过去的契丹、女真、蒙古、辽、金、元等，也一并褒赞在内。八竿子都打不着的关系，他们何必做这份人情？原因很简单，他们有一个最大的共同点，那就是对汉而言是异族。而在编纂过程之中，对那些反映民族之间矛盾、压迫和汉民族战斗精神的作品，则是尽量摒弃和抽毁，对于不能不收录的名家名作，则大肆篡改。比如，岳飞《满江红》的名句"壮志饥餐胡虏肉，笑谈渴饮匈奴血"，经过删改之后，变成了"壮志饥餐飞食肉，笑谈欲洒盈腔血"。

对此，鲁迅先生曾评价道："单看雍正乾隆两朝的对于中国人著作的手段，就足够令人惊心动魄。全毁、抽毁、剜去之类也且不说，最阴险的是删改了古书的内容。乾隆朝的纂修《四库全书》，是许多人颂为一代之盛业的，但他们不但捣乱了古书的格式，还修改了古人的文章；不但藏之内廷，还颁之文风较盛之处，使天下士子阅读，永不会觉得我们中国的作者里面，也曾经有过很有些骨气的人。"于是有叹："清人纂修《四库全书》而古书亡。"

相对于原始的火烧而言，这岂不是更高层次上的焚书吗？

如契诃夫所言，别人的罪孽，并不会使你变成圣人。尽管干过焚书之事的远非李斯一人，但这并不足以成为给李斯开脱的借口。李斯的焚书，开了皇权赤裸裸地扼杀民众思想的先河，不仅在当时酿下了严重后果，也对后世产生了深刻的心理影响。

坑儒的由来

说到焚书，人们马上就会联想到坑儒。坑儒发生在焚书的次年，即秦始皇三十五年（前212），其由来是这样的：

且说六年之前，嬴政狂热地迷上了仙人和不死神药，四处笼络和招揽术士，酬以重金，资助他们为自己去寻访仙人和不死神药。前后几次寻访，都以失败告终。嬴政并不气馁，资助的规模和力度反而越发加大。

于是乎，在术士的小圈子内，交口传递着这样的消息：此处皇帝人傻，钱多，速来。一时间，满世界的术士云集咸阳。嬴政倒也是多多益善，来者不拒，只要术士提出一个主意，马上就能圈到一笔庞大的经费。嬴政心中清楚，这四方奔来的术士，大半都是南郭先生，可是没关系，他不在乎这些钱。路漫漫其修远兮，吾将广种而薄收。

然而，一晃6年时间过去了，连仙人和不死神药的影儿也没见着。术士们不免心虚起来，事已至此，不管好赖，总得给嬴政一个交代。术士们也不傻，自然不会老实承认，世上本没有仙人和不死神药，因为我们术士多了，所以就有了。他们可不想砸了自己的饭碗，他们还想继续从事这份无本万利的职业，于是行起缓兵之计，将失败的责任推到嬴政身上。

术士卢生向嬴政汇报说，臣等之所以屡次求仙人和不死神药而不得，是因为有恶鬼从中作祟。陛下应该忘记皇帝的身份，将自己打扮成普通人，以避开恶鬼。避开了恶鬼，则真人自至。陛下也不能处理国事，不能接触朝中大臣，否则就不能恬淡，为真人不喜。陛下所居之宫，亦不可让任何人得知。陛下做到了这些，就一定可以得到不死之药。

卢生这一番堂皇的理论，未尝不是一种自脱之术。让嬴政放弃权力，远离国事，与世隔绝起来，这个要求未免高得有些离谱。按卢生的想法，最好就是嬴政知难而退，不愿配合，然后求仙这事就这么自然而然地黄掉。无奈，嬴政已是走火入魔，真信了卢生的话。为了成仙不死，这点代价算得了什么！

嬴政诚意十足。他首先放弃了"朕"这一皇帝的专用自称，改而自称真人。又按照卢生的建议，将咸阳 200 里之内的宫观，以复道和甬道相连，每个宫观之内，皆充以帷帐钟鼓美人，以乱人视听。行踪所到之处，胆敢泄漏者，死罪。

秦帝国的政务处理，照旧在咸阳宫内进行，只是嬴政不再出席。群臣奏事，则对着空空的皇帝宝座，仿佛是在对着蓝幕表演，煞是考验他们的演技。

某日，嬴政驾幸梁山宫，从山上见丞相李斯车骑甚众，心中大为不快。有中人悄悄转告李斯，李斯于是轻车简从。嬴政知道后大怒，道："此中人泄吾语。"寻找泄密者，无人应承。于是诏捕当时所有在身边的人，一律杀之。从此之后，再无外人得知嬴政的行踪。

嬴政此举，虽未必是冲着李斯去的，却也让李斯的面子上很不好看。而在那些术士们看来，嬴政为了成仙，连丞相李斯，他最亲密的战友，都不惜翻脸，可见其对成仙的认真和执着。

嬴政越执迷不悟，给术士的压力则越大。如果一旦嬴政意识到自己被骗，则他将展开怎样的报复！要知道，嬴政可不是《皇帝的新衣》里面那个笨蛋皇帝，他是绝不会吃哑巴亏的。

那些先知先觉的术士，开始惶惶不可终日。这次是蒙混过关了，可下次呢？再这么欺骗下去，迟早要出事，而且一出必是大事。富贵诚可贵，性命价更高，三十六计，走为上策。

所坑实为术士

最早开溜的术士是侯生和卢生。荒谬的是，临走之前，两人还煞有介事地来了一场技术探讨，得出嬴政求仙必然不能成功的结论。而这段谈话，也不可思议地被史册记载了下来：

侯生和卢生相与谋曰："始皇为人，天性刚戾自用，起诸侯，并天下，意得欲从，以为自古莫及己。专任狱吏，狱吏得亲幸。博士虽七十人，特备员弗用。丞相诸大臣皆受成事，倚辨于上。上乐以刑杀为威，天下畏罪持禄，莫敢尽忠。上不闻过而日骄，下慑伏谩欺以取容。秦法，不得兼方，不验，辄赐死。然候星气者至三百人，皆良士，畏忌讳谀，不敢端言其过。天下之事无小大皆决于上。每日批复表笺奏请，重达 120 斤，不满不休息。贪于权势至如此，未可为求仙药。"

且说侯生和卢生二人亡命而去，嬴政的愤怒是可想而知：别人逃跑也就罢了，可偏偏是你们两个！要知道，我豢养的术士虽多，却独独对你二人最寄厚望。凡你们所求，无不应允；凡你们所欲，无不得到。我何曾亏欠过你们？我何曾让你们作难？试问，我还需要做些什么，才能让你们更加满意？可是没用，可是你们还是要逃！你们当我是什么，一个可以愚弄在股掌之间的冤大头吗？

说起来，侯生和卢生这两人也确实不地道，光顾着自己逃命，却浑然不顾那些还留在咸阳的同行们的死活。果不其然，他们刚逃走没几天，一场灾难就开始降临在他们的同行身上。

嬴政一声令下，还没来得及逃离咸阳的术士们被悉数缉拿归案，关押一处，先由御史宣读诏书。诏书曰：

吾前收天下书不中用者尽去之。悉召文学方术士甚众，欲以兴太平，方士欲练以求奇药。然而，韩众入海求仙，一去再无音讯。徐市等费以巨万计，终不得药。卢生等吾尊赐之甚厚，冀望极深，数年来却毫无所献，徒奸利相告日闻，欺吾仁厚而不忍责罚也。今卢生等不思图报，乃亡命而去，又复诽谤于我，以重吾不德。诸生在咸阳者，吾使人廉问，或为妖言以乱黔首。

诏书宣读完毕，接着就是要老实交代问题了。严刑拷打之下，诸生为求自免，互相揭发，乃至不惜编造，牵引诬告。审理下来，得犯禁者460余人，皆坑于咸阳，使天下知之，以为警戒。

此一事件，后世往往和焚书并列，合称为焚书坑儒。但究其原委，所谓坑儒，本只是对良莠不齐的术士队伍的一次清理整顿而已。这被活埋的460余人，乃是候星气、炼丹药的术士，并非儒生。司马迁在《史记·儒林列传》中也有明言："及至秦之季世，焚诗书，坑术士。"可见，根本就没儒生什么事。

那么，坑术士又是在何时开始被误传为坑儒的呢？

坑儒考

首先提出坑儒的，是在东晋年间。梅颐献《古文尚书》，附有孔安国所作的《尚书序》，其中有云："及秦始皇灭先代典籍，焚书坑儒，天下学士，逃难解散。我先人用藏其家书于屋壁。"这时，坑术士第一次被变性为坑儒。后来，随着《古文尚书》被定为官书，坑儒的说法于是沿袭下来，遂成定论。

对于梅颐所献的《古文尚书》及孔安国所作《尚书序》，前人多有辨疑，到了清代，其伪书的身份已成盖棺定论。伪造者虽千差万别，心态却完全一致，那就是莫不希望以假当真，成功蒙蔽世人。譬如，造假书画的人，在造假完毕之后，总会不辞辛苦，再伪造出名家的印章和题跋，以标榜名家品鉴，流传有绪。《古文尚书》的伪造者虽已不能得知，但其心态也同样如此，所以才会多伪造出《尚书序》来，并假托在孔安国名下，以形其真。

伪造者将坑术士改为坑儒，其实也只是为了引出下句"我先人用藏其家书于屋壁"，从而表示《古文尚书》其来有自。考其最初用意，大概也只是欲售其伪，并无心向嬴政泼脏水。后世却据此将坑儒判为铁案，想必是大大出乎其意料之外的了。

作为掌握了主流话语权的儒者，他们也无意纠正这一错误。一方面，他们高唱复古师古之调；另一方面，他们却又深谙一切历史都是当代史的道理。只要历史有利于当下，则其真伪又有什么要紧的呢？从理智上，他们也许怀疑坑儒是否确有，但从利益和感情上，他们却宁愿相信坑儒是为必有。

坑术士变成了坑儒，对他们无疑是有利的。这样一来，嬴政就成了一个负面典型，可以被他们经常拿来念叨，他们念叨的目的，还是不外乎给当时的帝王听。你看，嬴政就因为坑了儒生，秦帝国迅速土崩瓦解不说，还落下了千古骂名。所以，陛下英明，不用微臣再多提醒……

坑术士变成了坑儒，也可以满足他们的感情需求。这倒不是说他们患有"被迫害妄想症"，而是他们作为一个群体，要维持自己的团结和信仰，除了圣贤经典之外，同样需要一些殉道者、一些圣徒。而话语权在握，自然可以为本群体追认烈士，即使这些烈士并不存在，那也可以通过修改史料创造出来。而有了这些殉道者的存在，他们这一儒家群体也就添加了无限的荣耀和光辉。

儒者将坑术士揽到自己头上，心安理得地将自己打扮成受害者，并从中得到了莫大的安慰。如果你说坑的其实不是他们，他们一准得跟你急，你干吗不坑我们儒生，你瞧不起我们还是怎么的？

然而，在当时嬴政的心目中，儒生的地位的确远不如术士高。儒生只会以古非今，而术士却可以让他成仙不死，两者的重要性自然不可同日而语。以儒生当时的地位，也根本不可能引得嬴政如此大动肝火，痛下杀手。

当然，自汉以来，儒家的地位迅速提高。时至今日，"儒"依然作为一个褒义词而存在。比如说儒商，虽实际是商，却也得把儒摆在商前面，以便附庸风雅。

【项羽究竟死于何地】

敬元勋

早在 23 年前，《光明日报》史学版曾发表安徽定远县一位中学教师的文章，题为《项羽究竟死于何地？》（1985.2.13）。文章征引《史记》《汉书》等史籍记载，联系当地的一些历史遗迹，对项羽慷慨悲歌、乌江自刎这一历史悲剧提出了不同观点，认为项羽应是战死在安徽定远东城。文章发表后曾有过几家报刊转载，反响并不大。1992 年，《南京社会科学》杂志第二期刊发了知名学者呼安泰先生的文章《也谈项羽殉难于何地》，对前文提出了驳议，认为项羽自刎乌江信而有征，无可置疑。争议虽然有了开端，似乎也并未引起史学界的关注。

这番争议一度冷却了下来。直到 16 年后的 2007 年，上海古籍出版社主编的《中华文史论丛》（总第八十六辑）刊发了著名国学教授冯其庸先生长文《项羽不死于乌江考》（下称冯文），作者经过长期实地调查和史料梳理，并"从司马迁对项羽自垓下至东城的战斗历程的叙述"中，论证项羽是死于（定远）东城而不是死于乌江。接着，协同冯教授调查考证的定远县文化局长计正山先生，又在《江淮时报》（2007.7.10）著文《项羽并非死于乌江》（下称计文），继续论证项羽乃战死在定远东城。不久，娄彦刚先生以《项羽"乌江自刎"有依据》为题，在《新安晚报》（2007.9.30）发表文章（下称娄文），对项羽战死定远东城一说提出商榷。今年初，呼安泰先生再次著文《无鱼作罟习非成是——再谈项羽殉难于何地》（《南通大学学报》2008 年第一期），坚持认为项羽自刎乌江的史实不能凭臆度和推测改变（下称呼文）。这场争议终于再起波澜。

争议的起因

这场争议的起因，源自对司马迁《史记·项羽本纪》有关项羽之死记述的不同理解。《史记·项羽本纪》云：

> 项王军壁垓下，兵少食尽，汉军及诸侯兵围之数重……

> 于是项王乃上马骑，麾下壮士骑从者八百余人，直夜溃围南出，驰走。平明，汉军乃觉之，令骑将灌婴以五千骑追之。项王渡淮，骑能属者百余人耳。项王至阴陵，迷失道，问一田父，田父绐曰"左"。左，乃陷大泽中。以故汉追及之。项王乃复引兵而东，至东城，乃有二十八骑。汉骑追者数千人。项王自度不得脱。谓其骑曰："吾起兵至今八岁矣，身七十余战，所当者破，所击者服，未尝败北，遂霸有天下。然今卒困于此，此天之亡我，非战之罪也。今日固决死，愿为诸君快战，必三胜之，为诸君溃围，斩将，刈旗，令诸君知天亡我，非战之罪也。"

> ……

> 于是项王乃欲东渡乌江。乌江亭长舣船待，谓项王曰："江东虽小，地方千里，众数十万人，亦足王也。愿大王急渡。今独臣有船，汉军至，无以渡。"项王笑曰："天之亡我，我何渡为！且籍与江东子弟八千人渡江而西，今无一人还，纵江东父兄怜而王我，我何面目见之？纵彼不言，籍独不愧于心乎？"乃谓亭长曰："吾知公长者。吾骑此马五岁，所当无敌，尝一日行千里，不忍杀之，以赐公。"乃令骑皆下马步行，持短兵接战。独籍所杀汉军数百人。项王亦身被十余创。顾见汉骑司马吕马童，曰："若非吾故人乎？"马童面之，指王翳曰："此项王也。"项王乃曰："吾闻汉购我头千金，邑万户，吾为若德。"乃自刎而死……太史公曰：自矜功伐，奋其私智而不师古，谓霸王之业，欲以力征经营天下，五年卒亡其国，身死东城，尚不觉寤而不自责，过矣。

在以上这段文字中，引发争议的焦点就是太史公所说的"身死东城"四字。按冯其庸先生的说法，"如项羽真死在乌江，则司马迁的论赞就应该说'身死历阳'或者径说'身死乌江'，而不应该说'身死东城'。"冯文还进一步指出："因《史记》原文叙述上的矛盾，引起各家疏解上的矛盾。"就是说，一些《史记》疏解文本也因原著的矛盾而存在矛盾，不可不加考核、分析地作为论证史实的依据。

司马迁记述项羽之死究竟有无矛盾

持"身死东城"（定远）说者认为，《项羽本纪》中有关项羽之死的文字确有矛盾，比如，既说项羽"乃欲东渡乌江"，后又说项羽"天之亡我，我何渡为"，坚持不肯渡江；既写项羽在东城"自度不得脱"，走不出东城，又写"乌江亭长舣船待"，似乎项羽已经从定远东城来到了乌江渡口，这些都是前后矛盾。冯文写道："太史公的文章会有矛盾纰漏吗？有。这种矛盾纰漏前人早已指出。"为此，冯文列举了《汉书·司马迁传》《史记集解序》（六朝裴骃著）等史籍，以及近人李长之的有关著作，指证司马迁撰写《史记》广泛采用了多种史书材料，难免有"疏略"或者"抵牾"之处。如《项羽本纪》的最后一段文字，就完全有可能是采自《楚汉春秋》（此书已佚，今有辑逸本，载《丛书集成续编》）。此外，竹木简书在世代流传中也会有脱漏、错简。王国维、罗振玉考释的《流沙坠简》中有一简是《史记·滑稽列传》的文字，与今本就颇有异同。

持"乌江自刎"说者认为，《史记》中有关项羽之死的叙述并不存在矛盾。司马迁出生（约公元前145年或前135年）离项羽殉难不过六七十年，他同其父司马谈俱为史官，搜集和保存有关楚汉相争的史料应该是充分的可靠的。呼文指出：司马迁"治史精神之严谨，逻辑思维之缜密，向为历代史学家所共识。司马迁怎么可能疏忽到在同一篇文章中的末尾相隔不到500字的篇幅里，前写项羽于乌江'乃自刎而死'，后写其'身死东城'？［注：呼文、娄文皆认为，西汉时乌江在东城县境内，不属于今天的和县（旧称历阳），与定远东城并非一地。］出现这样明显的矛盾而未发觉，这是不可思议的。再说班固亦是汉代的杰出史学家，离项羽之死也只有200余年……如果太史公在记述上确实存在着这种前后不一的明显错误，难道班固也如此疏忽，不予订正竟至于留到2000余年后，才被人发觉进而提出质疑？这是不可理喻的"。

阴陵：是阴陵古城还是阴陵山

楚汉相争之时，今安徽定远县西北60余华里有座阴陵城（今名古城村），而安徽历阳（和县）东北56华里有座同名的阴陵山。《项羽本纪》中"项王至阴陵，迷失道"，此"阴陵"究竟是阴陵城还是阴陵山？因为阴陵的位置直接关系到后文的"东城"位置，于是双方各执一词，争议不下。

冯文指出：项羽过淮河以后，继续向南奔逃，但这时方向已偏向西南，因为阴陵城在西南向。"项王至阴陵，迷失道，问一田父，田父绐曰'左'。左，乃陷大泽中"。

项羽是自北向南奔逃的，项羽的左，应是东边；只有田父的左，才是西边，才是大泽。冯先生曾两次到阴陵（古城村）调查，今阴陵城旧址尚在，已立有文物保护碑。如今从古城村向西，便是一片大泽，其最低洼处至今仍是一片茫茫无际的湖泊，水面上有长数公里的窑河大桥。冯先生还查阅了一部分近现代人关于《史记》的笺注，对于《项羽本纪》"垓下之围"以下一段文字的地理注释，一般都证实了前面的判断，如"阴陵"，即注"秦县名，县治在今安徽定远西北"。

呼文对冯文观点提出质疑，认为项羽退却路线是东南方向，不会偏向西南而绕其路。呼文写道："项羽自吴中起事，转战大江南北，身经70余战，前后长达8年之久，对江淮之间的地理形势了如指掌，为尽快争取时间东渡，他不可能舍近求远绕道今定远西北60余华里的阴陵城，然后再折向乌江东渡。"至于"大泽"，他认为，由青洛河再流经一段很长的路程一直西到炉桥北转成窑河汇入高塘湖方形成积水洼地。这里离阴陵城很远，也不能算作"阴陵大泽"。

呼文认为，"阴陵"应是阴陵山。《史记》中写山，将"山"字省却的例子很多（略）。至于"阴陵大泽"，《历阳典录·山川》有明确记载："阴陵山，州北八十里（现制56华里），旁有泽名红草湖，春夏之交，潦水涨发，弥漫无际，所谓阴陵大泽者也。"红草湖即今和县绰庙境内离乌江很近之裕民圩。说阴陵山是项羽迷道处，还可以从众多史籍中得到印证。宋《读史方舆纪要》云："阴陵山，在全椒东南二十五里，项羽东渡乌江，道经此山……项羽迷道陷大泽处也。"《纲鉴易知录》卷十亦云："阴陵山，在今安徽和县北，接江苏江浦县界。"江浦与乌江一桥之隔，可见阴陵山与乌江相距甚近。此外，古代诗文亦可作为佐证：唐代诗人刘禹锡被贬为和州（南梁、北齐在历阳议和后，改历阳为和州）刺史，在其《历阳书事七十四韵》里，就有"一夕为湖地，千年列郡名，霸王迷道处，亚父所封城"这样的诗句。收入《全唐诗》中的张祜一首《过阴陵山》，亦有"壮士凄惶到山下，行人惆怅到山头。生前此路已迷失，寂寞孤魂何处游"的喟叹。这里明确项羽是过阴陵山，而不是过阴陵城。

项羽"身死东城"之东城位于何地

争议双方分歧的焦点在于项羽"身死东城"之东城，是在今定远东城，还是在东城乌江？

计正山先生依据《史记》《汉书》中的《灌婴传》，认为项羽并非在乌江"自刎而死"，而是在定远东城就被"搏杀而死"。东城即定远东南50华里、项羽葬虞姬首级处。冯文指出，只有在项羽被杀、汉军"尽得其军将吏"之后，才是"下东城、历阳"（《史记·灌婴列传》），如果项羽不灭，则东城还不能"下"，接着是下历阳。历阳离定远东城240华里，要走这么多路才能到达历阳（乌江所在地）。由此可见，项羽不可能在"自度不得脱""今日固决死"的险恶情况下，步行200余华里，由定远东城来到乌江"自刎而死"。而娄文则认为此一说不能成立，"项羽从阴陵至东城，也绝不是进驻和坚守东城，而是沿着东城县的道路，拼命向东边的乌江方向奔逃。其中，不存在 240 华里远的'无能为力'。双方就是这样逃着杀、追着杀。这一点，司马迁在《项羽本纪》中已经写得很清楚……"

呼安泰先生也不认同冯文和计文的这种推测，他首先历述了东城县的历史沿革。呼文写道："两汉时期的东城县，是江淮之间的一个辖境广阔的大县。从今定远东南境的池河上中游地区，越过江淮分水岭，包括今滁县西南境、肥东东境、全椒西南境，直到今和县乌江的沿江一带。三国时，江淮战事频仍，'其间不居者有数百里'，大都'虚其地，无复民户'。直到'晋太康六年始于东城县界置乌江县'（见《太平寰宇记》）。由于长期争夺、战乱，郡县侨置变易繁杂，社会紊乱严重，为顺应这种形势，东晋于历阳置郡，梁时改为和州，乌江方为其属县。到梁武帝时，才以江淮分水岭北侧原东城县之部分地区及秦置阴陵县之南部地区初置定远县。明确了这些，细心查阅、分析一下有关史籍的记载，便能对项羽'身死东城'之东城有一个比较准确的结论。"为此，呼文举出了一些史籍记载，以证实项羽死于东城乌江。据《太平寰宇记》载："乌江本秦乌江亭，汉东城县地，项羽败于垓下，东走至乌江，亭长舣舟待羽处也。"唐朝宰相李吉甫在其《元和郡县图志》中也持如是说。宋元之际史学家马端临所著《文献通考》载："乌江本乌江亭，汉东城县。"方志学奠基人章学诚在《和州志补沿革》末篇中说得很明确："秦为九江郡之历阳及东城乌江亭地……晋太康元年属淮郡，其历阳及东城乌江亭地如故。"明代《和州志·城域》篇中记载更直截了当："东城即乌江城，项羽败至东城乃有二十八骑即此。"这在古代诗文中也同样能找到旁证。北宋著名词人秦观在《汤泉赋》中开头就写道："大江之滨，东城之野，有泉出焉。"这里说的汤泉即今与和县乌江毗连的江浦汤泉。曾任和州巡检之宋代诗人贺铸，在《迁家历阳江行夜泊》诗中写道："黄泥潭口权征蓬，回首东城只眼中。""黄泥潭口"即今离乌江很近的石跋河的一叉江口。东城即乌江，句意十分明白。北宋姑熟（今安徽当涂）进士郭祥正《姑熟乘月泛鱼艇至东城访耿天骘》的诗句，也印证东城即乌江，"姑熟皇东城，长江八十里。"按《康熙字典》注："皇为往返也。"当涂至乌江来回水程正好 80 华里。再早如家住乌江之唐代著名诗人张籍，在《闲居》诗中云："东城南陌尘，紫幌与朱轮"，描绘东城南区风情，繁华如绘。东城即指乌江，毋庸置疑。太史公笔下项羽之死，前说乌江自刎，后说"身死东城"，实际上是一回事，无非是修辞上的"变文避复"，并无矛盾可言。

因争议涉及《太平寰宇记》中的史实记载，冯其庸先生经考证指出，此书未必可靠。"按《太平寰宇记》为乐史著。乐史，五代宋初人，成书于北宋太平兴国间，'所载政区，主要太平兴国后期制度'，宋乐史故世以后，出于'后人改补'（《宋版太平寰宇记·王文楚前言》）。故所载政区，离秦汉已甚远。只要读读《灌婴传》里的'下东城、历阳'一句就可以明白。如果当时东城辖地包括乌江在内，则司马迁只要说'下东城'就够了，没有必要再说'历阳'。正因为当时的和县是在'历阳'境内，不属东城，所以要说'下东城、历阳'。表明连下两城。查谭其骧先生的《中国历史地图集》第二册'秦'、'淮汉以南诸郡'图，明确标着'阴陵'、'东城'、'历阳'。可见在秦时这是并列的三个县。再看'西汉'、'扬州刺史部'则明确标着'阴陵'、'东城'、'全椒'、'历阳'四个县。可见到西汉'东城'与'历阳'之间又新增一个'全椒县'，'东城'与'历阳'已经完全不接壤了。而项羽自刎东城的时候，当然还是'秦'的建制。由此可见《太平寰宇记》的记载，已非秦汉旧制。其所说'乌江县，本秦乌江亭。汉东城县地'，实不可信。"

娄文不同意冯文的说法，他认为："一部书，不论是一人所著，还是伴有后人增补，这与内容的真实性没有关系。如果说后人增补，改补，就不可信，那么《汉书》不也是由班彪、班固、班昭等四人，经历两代才最后完成的吗？司马迁的《史记》，不也是在其父司马谈已有重要积累的基础上撰写而成的吗？难道我们能否定《史记》《汉书》内容的真实性？"

"乌江自刎"是民间传说还是历史真相

冯其庸先生将《史记》中有关项羽之死的全部文字，以及《汉书》《资治通鉴》《通鉴纪事本末》等史籍中有关部分都尽行检阅，除《项羽本纪》中有"于是项王乃欲东渡乌江，乌江亭长舣船待"涉及乌江外，其余无一处写到乌江。相反，却是明确说"身死东城"，"使骑将灌婴追杀项羽东城""婴以御史大夫受诏将车骑别追项籍至东城，破之，所将率五人共斩项籍""破籍至东城""击斩项羽"等。由此观之，项羽确是"身死东城"（今定远）而不是自刎于乌江。

至于《项羽本纪》中涉及乌江的文字，冯文认为可否作一些合理推断。如"项王乃欲东渡乌江"的"欲"字是表明意向，并非已经到达乌江；再从后文项王不肯渡江来看，前后互为矛盾，据此可以推测，前句"项王"之后是否可能脱漏"之众"（大意）二字。"乌江亭长舣船待"确实让人产生错觉。但是，项羽既然未到达乌江，乌江亭长不可能从天而降，如果要勉强解释，这个亭长就是项羽身边残剩的将士28人之一，他也许原是乌江亭长，是当年跟随项羽从征的八千子弟之一，现转战至此，熟知吴中情况，也熟知乌江渡口的渡船，故劝说项羽东渡。

冯文指出，项羽"乌江自刎"之说，现在所能查到的最早资料，是晋人虞溥撰写的《江表传》。此书已逸，《玉函山房辑逸书补编》已辑入。《史记正义》转引《江表传》云："项羽败至乌江，汉兵追羽至此。"这是"项羽败至乌江"的最早的文字，但并无"自刎"之说。其次是《史记正义》引《括地志》的说法。《括地志》是唐人萧德言、顾胤等所著，已逸，清孙星衍有辑本。《正义》所引《括地志》文云："乌江亭，即和州乌江县是也……《汉书》所谓乌江亭长舣船以待项羽，即此也。"文中也未及"自刎"之类的说法。所以，项羽乌江自刎之说，到唐代似乎还未有文字可稽。现在看到最早的项羽乌江自刎的文字资料是元代中期剧作家金仁杰的《萧何月夜追韩信》杂剧，其中形象地描写了项羽乌江自刎。也可能正是戏剧的作用，"乌江自刎"的传说才得以广泛传播。

计正山先生依据史料进一步推论，项羽只可能被汉军斩杀而不会自刎。他认为，项羽在垓下突围选择去江东是非常正确的。因为长江以南东楚会稽是项羽自己的地盘，又是他的发祥地。此时衡山王吴芮、临江王共尉都还臣服项王，尤其是南楚临江王共氏，直到项羽死后仍忠于项王，抗拒刘邦。江南完全可使项羽重振旗鼓、卷土重来，再一次击败刘邦。说到击败刘邦，项羽也是有信心的，因为3年前，他就曾以三万轻骑大败刘邦五十六万大军，彭城大捷至今他还历历在目。这就是项羽眼看大势已去，仍毅然挟裹起虞姬首级突围南驰，一往无前的原因。再者，虞姬之死也是为汉王刘邦所逼，项羽为虞姬报仇的决心也足以使他不会自杀。假如说，项羽到了乌江反而有船不渡却自刎而死，那么，他死后才真的无颜去见虞姬和死去的江东子弟哩。

对冯、计二位上述论点，呼安泰先生认为考据和推论不当。项羽"自刎而死"是太史公的记述，不是后人的臆度。说元代金仁杰把项羽之死戏剧化之后才使得"乌江自刎"的传说得以广泛传播，更是有违史实。金仁杰这出杂剧即使影响再大，也只能影响元代中期以下的历朝历代，元以上有关项羽自刎乌江的文字记述，当作何解释？这里有史可稽的就有：唐开成元年（836）宰相李德裕的《项王亭赋并序》云："……舣舟不渡，留骓报德（指项羽赠乌骓予乌江亭长），亦可谓知命矣。自汤武以干戈创业，后之英雄莫高项氏。感其伏剑此地（自刎乌江）……尚识舣舟之岸焉，知系马之树（即遗址项王之系马桩）。望牛渚（对江之采石矶）以怅然，叹乌江之不渡……谢亭长而怅然，愧父兄兮不渡，既伏剑而已矣……周视陈迹（项王亭周围之古迹），缅然如素……追昔四聏（今驷马山，在和州北50华里左右）之下，风烟将暮，大咤雷奋，重瞳电注，叱汉千骑，如猎狐兔……"唐朝著名诗人杜牧，慨叹、惋惜项羽不渡江纠合江东子弟卷土重来，作《乌江亭》一首绝句云："胜败兵家事不期，包羞忍耻是男儿。江东子弟多才俊，卷土重来未可知。"宋朝宰相、文学家王安石在其《题乌江霸王庙》诗中云："百战疲劳壮士哀，中原一致势难回。江东子弟今犹在，肯为君王卷土来？"提出与杜牧观点相左的看法。宋乌江县令龚相，在其《项王亭并叙》中云："……慷慨悲歌，溃围南出，临江不渡，留骓报德。"宋朝诗人陆游，在其一首七绝《项羽》中云："八尺将军千里骓，拔山扛鼎不妨奇。范增力尽无施处，路到乌江君自知。"对项羽只凭勇武，奋其私智，败亡在乌江，理当反躬自省。类此散见于历代的诗文还有不少，都是认定项羽自刎于乌江。元代杂剧"讹传"，怎么也不会"讹传"上至唐宋诸代。再检阅清人梁玉绳《史记志疑》，近人张森楷《史记新校注》，日人泷川资言《史记汇注考评》诸书，也都对项羽自刎于乌江的史实未有异议。

历史是一场永无休止的辩论。有关历史问题的争鸣，旨在发掘、征引史料，论证、交流不同观点，并不谋求"一锤定音"，息议论定，"永无休止"此之谓也？

【项羽失败的新发现】

胖萝卜

关于项羽失败的原因，众说并不纷纭，主要不外乎两种：一是项羽性格使然，所谓"匹夫之勇，妇人之仁"，喜欢杀戮以致丧失天下民心，吝于赏赐而不获将士拥戴；另一种观点则认为是历史必然，秦王朝已经实现大一统了，项羽却逆流而行，分封天下，必然为潮流所抛弃。

那么，这两种说法是否能站得住脚？项羽之死还有没有更直接的原因呢？

关于性格之说，从《史记》的记载来看，项羽确实表现出了凶狠残忍的一面，但这并不能说是项羽性格使然。一方面古代战争本身就比较残忍，坑杀事件在先秦屡见不鲜。另一方面，只要有人劝解，且道理中肯，项羽一般也不会大开杀戒。

据《汉书·陈胜项籍传》记载，项羽攻打外黄（今河南民权西北）十分艰苦，取胜之后，将15岁以上的男人赶往城东，想集体屠杀。当时一个12岁的少年劝说项羽不要屠城，不然以后其他城市的人肯定抗争到底，绝不投降。项羽认为有理，赦免了众人。

而"匹夫之勇，妇人之仁"不过是韩信的一面之词。韩信乃一介贫民，穷困潦倒，又自恃能力超群，所以一直期望出人头地。他被萧何月下追回来之后，刘邦立马召见，在这次会见时，韩信为了展现自己的才能，很有故意吹捧刘邦、贬低项羽的可能。

关于项羽的性格，陈平的评价较为中肯："项王为人，恭敬爱人，士之廉节好礼者多归之。至于行功爵邑，重之，士亦以此不附。"（《史记·陈丞相世家》）可见，就性格而言，项羽、刘邦，各有长短。

直到秦灭六国之前，中国人一直习惯于裂土分侯的封建分封制。秦朝建立中央集权之后，天下百姓并没有发现中央集权的好处，反而更见其害。所以，一旦陈胜、吴广揭竿而起，"天下景从"，除了故秦地之外，原来六国所在地的豪杰百姓纷纷杀死郡长、县令，以图恢复六国故地，回到以前的七雄并存的状态。

关于这一点，唐朝著名杂家唐蕤在《长短要术》中有过比较明确的评论，他认为秦朝之所以很快就灭亡，根本的原因在于没有分封诸王而一味实行郡县制。由此可见，逆"大统一"潮流之说似乎也是后人妄断。

其实楚汉之争，并不是项羽与刘邦两个人之间的决斗，而是以项羽8000名子弟为代表的吴越集团与以刘邦、萧何、韩信等人为代表的苏北集团的决战，说到底是吴越文化与中原文化的较量。

项羽的亲信是会稽起义时的8000名江东子弟，次亲信是原楚国故地的造反军团如英布等，最外围的则是各地投降将士。项羽的各项军政大计都由亲信制定，因此，这一部分人的判断、谋划直接影响了项羽的各项决定。其中，谋断能力最强的是范增（安徽巢湖人）。项羽一直尊称范增为亚父，且范增已经 70 岁高龄，不可能在最后关头叛项羽而去，而项羽却轻而易举地中了陈平的离间计，原因就在于范增不过是项羽的次亲信。项羽真正披肝沥胆、深信不疑的，只有江东的 8000 名子弟。这 8000 名子弟中，现在有姓名可考并且可以确认籍贯的是故吴令郑昌、壮士桓武，另外名见《史记》的还有钟离昧、龙且、季布等。但这些人勇武有余，智谋不足，在关键时候不仅没有帮助项羽，反而拖了项羽的后腿。

首先，江东子弟才智能力水平欠佳。《史记·项羽本纪》记载，项梁杀人，避仇于吴中，"吴中贤士大夫皆出项梁下，每吴中有大徭役及丧，项梁常为主办"。不唯智谋如此，勇武亦是如此，"籍长八尺余，力能扛鼎，才气过人，虽吴中子弟皆已惮籍矣"。所以在楚汉相争过程之中，凡项羽亲自指挥作战的，无不取胜，而一旦需要分兵拒敌，吴中子弟却没有一人可堪大任。其中最要命的就是龙且被韩信打得惨败，可以说，龙且的全军覆没是楚汉相争的转折点，从此项羽、刘邦攻守转换，形势大变。

其次，江东子弟向来尚武少文。吴越本来僻处江东，难得接受中原先进文化的熏陶，偶尔出现的伍员、孙武、范蠡、文种等人也不能得以长久，更兼吴越连年征伐，所以吴越一带，子弟们只知斗勇，不知有文，更不知道收买人心、播撒仁义。项羽分封诸王之后，一部分江东子弟无德无能，将自己的王国搞得鸡飞狗跳，没有给项羽提供一个稳定的后方保障。

对于项羽取得胜利之后，在选择政治制度上，但凡通晓一点历史的，就应当劝告项羽取长补短，将分封制与郡县制结合起来。其亲信中无人有此才识，自然无人进谏；而那些非亲信将领则巴不得立即裂土封王，自成一国。黥布被封到九江国后，就非常珍惜自己的力量，关键时刻不仅没有出兵援助项羽，被项羽逼急了反而投靠了刘邦。反观刘邦，西汉建立后立即借鉴秦朝和项羽的经验教训，分封王侯，郡县并举，才终于稳定了政治局面。

所以，项羽的失败，不是其个人的原因，而是江东的文化底蕴不足以支撑整个国家的治理，才导致整个江东集团的失败。

曹植《感甄赋》为谁而作

佚名

人称"才高八斗"的曹植，是魏文帝曹丕的弟弟。其人风流倜傥，文思敏捷，是建安文坛上一位叱咤风云的人物。然而他的任性纵酒，使其父曹操对他颇为失望，他的才华又遭到了其兄长曹丕的妒忌，终被一贬再贬，终身备受迫害。

曹植一生留下了很多千古名篇，公元 223 年所作的《洛神赋》尤其情采风流，被后人广泛传诵。该赋用浪漫主义的笔调抒写了作者对洛水之神的爱慕之情。写作这篇赋时，曹植正处于政治苦闷之中。传统看法认为，此赋是借人神恋爱的悲剧，来抒发作者自己对君王的一腔衷情和怀才不遇的感慨，是"托辞宓妃以寄心文帝"。所谓"虽潜处于太阴，长寄心于君王"，也正是借洛神之口说出了曹植自己的心声。

然而，唐代人李善在为《文选》作注时却说，这篇赋是曹植为了感念他的嫂子甄后而写的。该赋的原名是《感甄赋》，后来曹丕的儿子魏明帝读后，才为之改名为《洛神赋》。这种说法犹如激起了千层浪，舆论哗然。曹植爱上了他的嫂子了吗？这篇《洛神赋》真的是为了甄后而作吗？这无疑是不忠不义的违逆之举啊。千百年来，人们一直对此争论不一。

李善认为《感甄赋》乃是曹植为甄后所作，这种说法只有李善为《洛神赋》作注解时叙述的"赍枕"一事可以作为旁证。他说："（曹植）黄初中入朝，帝示植甄后玉缕金带枕，植见之不觉泣。时甄后已经被郭后谗死，帝已寻悟，因令太子留宴，仍以枕赍植。"曹丕乃为皇帝，为什么要将自己妻子用过的枕头送给弟弟？其居心是耐人寻味的。看来，曹丕应该知道他的弟弟曹植倾心于甄后，至少是暗恋甄后，所以才故意刺激曹植，让他"一辈子抱着枕头空悲切"。李善在注解中还说，曹植离开京城返回封国，途经洛水，想起了甄后，并与之相见，得到甄后以珠玉相赠，悲喜不能自胜，于是作了《感甄赋》。

但是翻开所有史籍，人们并不能找到曹植与甄后有私情的记载。因此对于《洛神赋》的寓意问题，历来有两种对立的看法。

第一种看法是为曹植的"不忠不义"辩护，否认《洛神赋》为感甄之作。唐宋明清的一些文人学者认为，甄后本是曹丕的妃子，小叔爱慕嫂子，臣子暗恋国母，这是不成体统大逆不道的事情，必须辨伪正本，口诛笔伐。他们提出了《洛神赋》非感甄之作的诸多理由。其一，李善本无此注，是宋人刊刻时误引的。其二，图谋自己的嫂子，这是"禽兽之恶行"，讲究操行的曹植断然不会那么做。其三，即使曹植真的爱上他的嫂嫂，在这样的社会条件下，他也绝对没有那么大的胆量写《感甄赋》以表达自己的情感。其四，"赍枕"的说法是不合情理的，纯属无稽之谈。曹丕乃君主，怎么可能做出如此荒诞的事情来？毕竟自己的弟弟对自己的妻子有所图谋不是什么好事，于己于人都是不应声张的。其五，曹植时年14岁，甄妃已经24岁，在年龄上是不合情理的。

进而他们提出了自己的看法。他们认为，《感甄赋》的甄，并不是是"甄后"的"甄"，而是"鄄城"的"鄄"，"鄄"与"甄"通，遂讹为"感甄"。《洛神赋》实乃"托辞宓妃以寄心文帝"，是"长寄心于君王"，是向曹丕表达自己的忠君之情，以求任用。

尽管这些理由和推论很充分，但是仍然有人认定《洛神赋》是感甄之作。尤其是一些文人，如李商隐、蒲松龄等人，往往是抱着宁可信其有，不可信其无的态度。李商隐在诗文中曾经多次提到曹植"感甄"的情节，甚至还认为"君王不得为天子，半为当时赋洛神"。一些小说传奇对这一情节更是渲染有加。现代学者郭沫若在《论曹植》这篇文章中，也直言不讳地说："子建（曹植）对这位比自己大 10 岁的嫂子曾经发生过爱慕的情绪，大约是无可否认的事实吧。"他认为魏晋时期的男女关系比较浪漫，那么曹植对自己美丽嫂子产生爱慕之情并不奇怪。当然，碍于礼教名分，曹植不会做出非分之举动，不过是通过诗词歌赋顽强地表现而已。甄氏与曹植都比较高雅、清高，两人从气质上是相和的，所以，甄氏的心中也不一定就不明白曹植的感情。至于之后两人命运的相似、情感的相通，更让两人有惺惺相惜之感。曹植以甄氏为自己文学作品的写作模特，"应当是情理当中的事"。曹植写《洛神赋》，很可能就是为了寄托身不由己、好梦难圆的惆怅和愤怒。

还有人分析说曹植的"感甄"是甄后被杀、曹氏兄弟关系紧张等事件发生的重要原因之一。也有人说所谓的"长寄心于君王"中之君王是指曹植，这是宓妃对其表达心迹之语，并不是向君主寄托忠臣之心。

上述两种观点，或言是，或言非，都提出了很多理由。但是无论是哪种理由都不过是推论而已，并且没有直接的证据去推翻对方的观点。不知道这场笔墨官司要几时见出结果。

【诸葛亮自荐失败，自编自演"三顾茅庐"】

韩春鸣

"毛遂自荐"的最早版本

《三国志》与《三国演义》所写的"三顾茅庐"，可谓是诸葛亮决定出山的关键一节。说刘备刘玄德太看重诸葛亮的才华了，一而再，再而三，不管是吃了闭门羹，还是被小书童奚落，更不顾风雪寒天，执意要见诸葛亮，不请出诸葛亮决不罢休。

不过在比这两本书更早的史家著作之中，却有一种截然不同的说法，叫作"毛遂自荐"说。

据《魏略》记载，曹操统一中国北方以后，荆州成为众矢之的，直接面临曹操、孙权两方面的军事威胁，荆州牧刘表则缺乏应对之策。被曹操赶出中原地区的刘备此时驻扎在樊城，引起了诸葛亮的关注。

这时的诸葛亮在隆中闷了快 10 年了，学成了一身本事，"八阵图"也大功告成，眼看自己已经是奔 30 岁的人了，是该施展自己本事的时候了。在老师和朋友的建议下，诸葛亮决定亲赴樊城会会刘备。

诸葛亮见到刘备的时候，刘备正在会客。刘备见诸葛亮非常年轻，又素不相识，也没把诸葛亮放在眼里，将他晾在一边。等到会客结束，只剩下诸葛亮一人的时候，刘备还是不理不睬。正好有人送来了一支牦牛尾，刘备只顾自己用牦牛尾编织饰物。诸葛亮见此情景，不禁正色而言道："我以为将军必定胸怀大志，想不到原来却只知道编织而已。"这才把刘备的注意力集中到自己的身上。经过一番交谈，刘备发现眼前的年轻人的确与众不同，是一位难得的人才，便把诸葛亮留为己用。这就是最早的"毛遂自荐"的版本。

司马徽与诸葛亮的对话

《魏略》一书与后来西晋司马彪的著作《九州春秋》中均提到了与这个大致内容差不多的故事。

这里，我们来完全复原一下毛遂自荐——

当时，诸葛亮的老师司马徽分析天下大势：如今曹操挟天子以令诸侯，已经平定了中原，势必要将荆州作为他的下一个进攻目标。而江东孙权，这几年养精蓄锐，兵强马壮，也虎视眈眈将目光转移到了荆襄八郡。可以说，荆州直接面临曹操、孙权这两方面的威胁。荆州牧刘表缺乏应对之策，荆州的战事一触即发，荆州的安定局面就要结束了。

司马徽说，刘玄德这时来到荆州，肯定是有所图谋。刘玄德与刘景升都是大汉贵胄，刘玄德眼下没有立身之地，他是指望刘景升给他一个安身之处，同时，也在观时待变。

诸葛亮问："刘备与刘表相比，论才学是在刘表之上，还是旗鼓相当？"

司马徽笑道："刘表当年也曾是洛阳'八俊'才子，才学当在刘备之上，如今又是八郡之主，权势更不是刘备可同日而语的。然而刘表不习军事，完全依靠蔡氏家族支撑荆州局面，其子刘琮又劣，势必一事无成，恐一朝众散，并受其祸。"

"那刘备呢？"诸葛亮催促老师讲下去。

"刘备这个人，看似平庸，无什么才学，据说成名之前不过是织席贩履之人，然而天下英雄无不对其刮目相看。刘备天生就有一种作为领袖的气质，他这个没有什么本事的人，就是能够让有本领的人心悦诚服，甘心情愿听从他的调遣，受他的驱使，为他而去拼命。就说他手下的几员战将，比如关羽、张飞，皆有万夫不当之勇，可谓盖世英豪，对刘备忠心耿耿，言听计从。"

"刘备身边有这样的英雄辅佐，应该能够成就一番伟业，可这些年来，刘备纵横天下，东奔西杀，何以没有多大成就，成为一方霸主呢？"

"这正是问题的关键所在，就是他身边没有能够给他出奇谋划良策之人，为他调度使用将领之干才。刘备本身的学识和能力如果让他直接指挥三军，调度千军万马，即使不是一无是处，至少也不是他之所长。但他善于相人，且善于用人，有用人不疑、疑人不用的气度。如果你愿意辅佐刘备，或许能够得到一个施展你平生所学的机会，一个指挥千军万马、创造千秋伟业的机会，你何不去试一试呢？"

诸葛亮对刘备这个人虽然有所耳闻，却从没有引起注意。毕竟没有机会接触，也不知道这人有多么大的潜质。诸葛亮便想去实地见一见这个人，他还是相信"眼见为实，耳听为虚"的古训。

就像刘表吧，公众的口碑不错，却让自己感到并不适合自己，并不是能够依靠的人。他要看一看刘备对他这个青年的态度，要看一看刘备是不是真如人们所讲的具有领袖的气质，还是徒有虚名，打着皇叔招牌的江湖骗子。

司马徽说："你若打算见一见刘玄德，那么事不宜迟。据我所知，刘备现在驻扎在樊城。军队行踪扑朔迷离，今天在樊城，明日说不准拔寨转移了。"

诸葛亮对老师说："我今晚就奔樊城。"

被晾在一边的诸葛亮

刘备有个习惯，不论是在哪里驻扎，总要拜访一下当地名流，安抚当地商贾百姓，接待各路人士来访。如今在樊城刚刚安民已毕，不免鞍马劳顿，身体有些疲乏，本想到寝室休息片刻，不想又有客人来访，便又强打精神，出面接待。这位客人祖籍为河北涿州，以贩卖牲畜为营生，经常来往于凉州与中原乃至塞外，自称与刘备同乡。

刘备久别家乡，很想了解家乡的一些情况。两人谈兴正浓时，忽报有客人来访，刘备随口说道："一个不少，两个不多，凡是来访的客人尽请到客房来吧！"说罢，站起来，走进房门迎接客人。

来客是位年轻人，身材高大，彬彬有礼，进门就是深深一长揖。刘备连忙执手回礼，对来客上下打量，此人身高八尺有余，浓眉亮眼，鼻直口端，仪表堂堂，看上去虽然显得老成，却也超不过30岁年纪，但就是想不起此人姓甚名谁……不禁问道："恕刘备眼拙，阁下与刘备在何处有过交往？""在下与将军素昧平生，今日乃初次来访，不速之客，还望恕冒昧唐突。""哦，请稍坐片刻，我房中还有客人……"诸葛亮连忙表示："不急不急，我可在这里等候。"

刘备朝诸葛亮点点头，心想：这个年轻人找我能有什么事情？该不是想见一见刘备是不是双耳垂肩、两手过膝的模样吧？这几日，已经有不少无聊之人跑来一睹刘备的容颜。想到这里，他便不再说什么，转身回到里面房中，与涿州老乡继续攀谈起来。

心不在焉的刘备

诸葛亮对刘备的第一印象不错，为人谦和，却又不失皇叔风度。既然已经有客人在堂上，要等候一下也在情理之中，诸葛亮毫无怨言，坐在客堂的一隅，默想着将如何与刘备交谈。

刘备对一个青年的唐突来访，虽然不大介意，但对来人也不很重视，他猜想：这个年轻人，看其谨言慎行的样子，该不是有什么事情有求于我吧？要不然则是想来我的帐下谋个差使干干。

涿州的老乡看看天色不早，便起身告辞，刘备也不挽留，送至大门之外。转身回到房中，随手拿起来客送与他的凉州牦牛尾摆弄起来。老乡的到来让他回想起在家乡的日子，不由得将手中的牛尾像编苇席一样编织起来，全然忘记了客堂里还在等待的年轻人。

被冷落的诸葛亮见此情景，不禁言道："我以为将军是一位胸怀大志之人，没想到却只知道编织。"说罢，起身告辞。刘备这才意识到慢待了这位年轻的客人，连忙放下手中的牦牛尾起身挽留，询问诸葛亮找他是不是有什么事情。

"我是为荆州的安危而来。"刘备闻言，心说好大的口气，口中却说："哦，那你为什么不去找荆州牧刘景升？我不过是荆州牧手下的一个将士。"诸葛亮此时已经放弃了来时所准备的一番言论，随口应付一句："我原是想与将军谈治军理国的方略，现在已经不想谈什么了。"

失败的毛遂自荐

刘备暗想，现在的年轻人目空一切，志大才疏，小小年纪居然要与我谈什么治军方略，真有点不知天高地厚，但转念一想，萍水相逢，人家既然来了，也是看得起你，总不能不与之聊上几句吧？

为了表现自己的雍容大度，刘备劝诸葛亮坐下，心想："我不妨考一考他，让他知道什么是治军理国方略。"于是，以对待朋友的态度对诸葛亮说："刘备以为治国治军也没有什么，不过是两条，一是以德安民，教化百姓；一是依法执政，刑罚昭示。你认为我说得对不对？"

诸葛亮有备而来，不假思索，随口回答："将军说得不错，只是二者不能孤立运用。大凡治国者纯德治，不能使社会秩序井然，纯用刑不教，而谓之虐；只有儒法合一，先礼后兵，教之以德，严之以刑，才能上下有节，左右有序。"

诸葛亮见刘备在听，就继续讲道："明君治其纲纪，政治当有先后，先理纲，后理纪，先理令，后理罚，先理身，后理人。是以理纲则纪张，理令则罚行。"

刘备听到此处，便有了一些兴趣，心说：这小伙子肚子里还有点货色，看来是有备而来。就继续发问：

"你认为为政之道主要应当做些什么？"

诸葛亮回答："我认为，为政之道务于多闻，是以听察，采纳众下之言，谋及术士，则为物当其目，众音佐其耳；大凡人君以多见为智，多闻为神……怨声不闻，则枉者不得伸，进善不纳，则忠者不得信，邪者容其奸……"

诸葛亮虽然回答刘备的问话，但他从刘备的眼色里看出刘备有点心不在焉，因而将话头停住了。他已经不打算在这里多耽搁，即起身告辞。刘备这时觉得，这个年轻人还真有一点才学，便有挽留之意，正犹豫间，看诸葛亮去意已定，也就作罢。

故事讲到这儿，毛遂自荐的说法看来是真实的，只不过诸葛亮这次的毛遂自荐是失败的。

三人会谈

诸葛亮亲自到刘备驻兵处探营，毛遂自荐失败了。但在历史上，这只是诸葛亮和刘备建立关系的开始。他们之间关系进一步的发展，得益于诸葛亮的老师、岳父的共同施谋。

诸葛亮见到岳父黄承彦，讲述了自己在樊城的遭遇，不由长叹一声："一个人若想出人头地，不是自己就能够左右的呀！不知道天下有多少人空有满腹经纶，而无施展机遇。"黄承彦望着诸葛亮，说道："好啊，刚刚遇到这么一点挫折就心灰意冷了吗？依我所见，这不过是唱大戏前的一个小小的序曲而已。"黄承彦点拨道："凡事预则立，不预则废。人的才学本领就是为了有机会施展而准备的，但在机会没来时，要耐得住寂寞才好。"诸葛亮点头，说："孔子曰：天下有道则现，无道则隐。如果生不逢时，等不到明君，那就继续在隆中当山野村夫，也是不错的选择。"黄承彦点头，喝了一口茶，接着说道："不过，机会也不完全是等来的，有时还要争取，还可以想办法让机遇来找你。"翁婿二人正在谈论，家人来报，有客人来访。诸葛亮说："肯定是水镜先生，且让我到大门迎接。"话音未落，司马徽已经进了大堂，一边走一边说："也不是外人，不必那么多的礼数。"转身又对孔明说："樊城一行，我料不大顺心，对吗？"诸葛亮点头。

司马徽说："这个怨为师欠考虑。既然有了一个目标，那么要想实现，就必须认真筹划一番，如果不假思索，贸然而动，自然是欲速则不达。""学生自认学业不精，蒂未落，只怨瓜还未熟；渠虽修成，水未到，尚缺引水之道。"

"好啊，我却以为瓜已熟，为何蒂不落？尚欠一阵风，风到瓜自落。"黄承彦捻须说道。"那么渠已修成，何谓引水之道乎？"司马徽问。"今日水不是已经来了吗？水镜水镜，无水何以成镜？"这时，黄丑丫笑吟吟地走入大堂，对父亲说："酒已经烫热，宴席已经备好，您快与司马老师畅饮，请水镜先生酒后吐真言！"

游历山川

酒席宴上，司马徽道："徐庶徐元直前些日子找我要主意，我告诉他，即使隐姓埋名也要显山露水。他原打算北上洛阳从军，投靠曹孟德。我对他讲，你现在的身份如果投军，不过当个士卒，什么时候混出模样来？倒不如去投刘玄德，打击曹军，让曹孟德吃你几次苦头，对你刮目相看，你的名声远播，自然就会有个好前程。"

诸葛亮马上悟道："您是让徐庶先行，为我探探刘玄德到底是不是可以辅佐之主？"司马徽不置可否，说道："总之，要先看一看刘玄德的人品究竟如何。"黄承彦点头说道："好啊，毛遂自荐总不如名士推荐。"

诸葛亮说："我看刘玄德还没有意识到身边无人。他大约还认为自己身边有文臣、有武将，人才济济，完全可以依靠现在他身边的人马驰骋天下、创建伟业的。所以我还是想继续留在隆中，钻研战法，完善八阵图。"

司马徽连连摇头，说："前日，我与庞德公谈起你的学业，觉得你现在最急需的事情，是游历山川，徜徉山水之间。特别是西川五十四州，你还没有游历，对那里的风土人情，你也只是在前人的著述中略知一二。依我所见，你应当亲身体验一番，纸上谈兵容易，也容易误事。地形地貌与人为所画图形毕竟还有区别，误差也是不少的。所以真正的将才，务必要亲自查勘地形地势的。"

诸葛亮遵照老师司马徽的教导，开始有目的地游历山川江河。哪处可伏兵、何方易守难攻，他都一一记录在案，并找到一张西川五十四州的地图。他按图索骥，将所观地形地势的心得也都在图上有所标示。更为重要的是，他在游历山川的同时，访贤拜友，扩大了自己的资讯网络，获取了不少信息资源。

推荐诸葛亮

此时，司马徽与黄承彦等人已经开始全方位研究刘玄德，对刘玄德的相貌、行踪、爱好、特点，以及身边随行人员的情况，逐一分析，安排对策。对于刘玄德本身的优缺点和生活习惯更可谓了如指掌，以致水镜山庄的书童对刘玄德都耳熟能详，一见到刘备马上就能够认出。

司马徽在水镜山庄不露痕迹地推荐了诸葛亮。他对刘备说："伏龙凤雏，二者得一可安天下。"但是，他并没有说破"伏龙"就是诸葛亮，原因很简单，司马徽知道刘备对诸葛亮有过一面的交往，他担心刘备对诸葛亮最初的印象会影响他下一步的安排。

司马徽不愧是老谋深算，为了弟子的前程煞费苦心，在刘备面前推荐了"伏龙"还不算完，当天晚上，他又招来徐庶徐元直，安排徐元直隐姓埋名到刘备驻扎的樊城应聘。

刘玄德以为徐庶就是"伏龙"，随即拜徐庶为军师。这徐庶，一出手就将曹操军队打得落花流水，一败涂地。于是曹操设计，诓徐元直进许都。徐庶明知是套，却偏偏要往里钻。在去许都的路上，他对有知遇之恩的刘玄德推荐了胜过自己多少倍的诸葛亮。

此时，刘玄德还纳闷哪，水镜先生讲匡扶天下的人杰是伏龙和凤雏，二者得一可安天下,怎么没有听说这个诸葛亮是那么大的角儿啊?当徐庶说诸葛亮就是"伏龙"时,这才让刘备恍然大悟。

徐庶告诉刘备,"伏龙"不可屈致,使君可亲往求之。刘备为了得到帮助自己得天下的大才,也豁出去了,一次登门不行,就两次,两次不行就三次,哪一位架得住一而再,再而三的上门请求呢?

史上最经典剧本

刘备这一手固然奏效了,其实还是在司马徽与黄承彦的筹划之中。当刘备还没有动身去隆中时,司马徽担心刘备还在犹豫,又亲自登门找到刘备,强调诸葛亮那是"兴周八百年的姜子牙、旺汉四百年的张子房"啊。就这一句,催得刘备赶紧备马,请求诸葛亮出山!

"刘备已经决定要聘请诸葛亮了。"司马徽将情报迅速传达给了黄承彦。黄承彦又一次来到卧龙岗,告诉诸葛亮:"机会来了,就看你能不能把握住。"诸葛亮问:"莫不是刘玄德要来登门拜访?"黄承彦问:"你怎么猜到的?"

"前几天,徐元直从我这里走的。""你如何打算?""正在思考,没有想到这么快。""为师的,已经为你设计好了一场'三顾茅庐'的大戏。""这场戏大约就是以隆中卧龙岗作为场景吧?"诸葛亮猜不透岳父大人是如何筹划的。"那您安排我干什么呢?"

"你没有见小孩做游戏所唱的吗?一网不捞鱼,二网不捞鱼,三网捞个小尾巴鱼……哈哈!你不妨先躲起来,找一个没人打扰的地方去做作业。题目叫'隆中如何作对',副标题是:'为刘备指条明路'。前面的三出戏你就别管了,自然有人唱的。"黄承彦不慌不忙地说出了自己的计划。

"第一出戏,请隆中的乡邻和在稻田里的帮工出演。你平时不是教他们吟诗作对吗?就让他们待贵客来到隆中时,在稻田里即席吟诵,让来客看一看,隆中的农夫都是这么大的学问,可想而知伏龙该有多大的道行。

"第二出戏,昨日崔州平、孟公威回家探亲,到我家来问候,我就请他们二位也帮一下忙,友情客串,与刘玄德见个面,谈上一席话,看一看伏龙的同窗好友的才学,从而为伏龙出场作一个陪衬。诸葛均要负责穿针引线,书童也要有几句台词,来客时也好应付一下。

"第三出戏,老夫我也客串一把,为你作一个陪衬吧。刘玄德既然来到隆中,就不能让他空手而归,还没有见到伏龙,就感到不虚此行,就感到大有斩获,也让他更加迫切地想见到伏龙。"

诸葛亮脸上觉得挂不住了,有点难为情地说:"我看大可不必兴师动众吧?水镜先生已经把我介绍给了刘豫州,还有徐庶,他把自己比喻为寒鸦、驽马,把我孔明说成是麒麟和凤凰,简直是把我放在火上烤,让我脸上发烧。"

"这件事你就听老夫的安排吧！别的你不要管，认真做好你的作业就行了。"

要说黄老先生运筹帷幄，一而再，再而三，策划了一幕刘玄德"三顾茅庐"的千古绝唱，目的是为诸葛亮亮相烘托场面。

至于"三顾茅庐"的演出效果如何、三顾茅庐之后诸葛亮的表现如何，罗贯中先生在《三国演义》中已经表述得淋漓尽致，无须赘述了。

【三国毁于关羽】

吴稼祥

《三国演义》我读过两遍。上初中时读过第一遍。最近，为配合看《三国演义》电视剧，我看了第二遍。读第一遍时，书中人物只给我留下了漫画式印象。书中只有两种人：好人和坏人，忠臣与奸臣。关羽是好人与忠臣的完美典型，而曹操则是坏人和奸贼的集中代表。黑白分明的幼稚，抵挡不住岁月的磨砺。这次再读《三国演义》，对这两个人的印象差不多完全颠倒了过来。

且不说曹操，只说关羽。关羽过五关斩六将给人的快感，远远不能抵补大意失荆州给人的痛感。由于降曹，桃园兄弟之义令人生疑；而由于辱吴，他成了孙刘联盟的一个分裂因素，则可以肯定。

有人说，诸葛亮最怕的人不是曹操，不是司马懿，而是关羽，这很耐人寻味。诸葛亮怕关羽什么？是怕他身在汉营心在曹？证据不足。他虽在华容道放走了曹操，但据此认为他通敌，恐怕不妥。是怕他武艺不精，不能在两军阵前斩将夺旗？也不是。他在百万军中取上将首级，如探囊取物。是怕他轻举妄动，不堪军国大任？还不是。不能谋而后动，并不是他的主要缺点。到底怕他什么？怕他成事不足，败事有余。怕他使自己的《隆中对》毁于一旦。怕他终究会变成一块暗礁，撞沉联吴抗曹的联合舰队。而联吴抗曹，则是诸葛亮三国鼎立的根本大计。此计不成，蜀国难保，诸葛孔明的殷殷心血将付诸东流。

说到底，是怕他搞不好与东吴的关系。荆州与东吴接壤，又是一块借而未还的有争议的地方。作为这个地方的守臣，最难处理的是保住荆州与维护孙刘联盟这二者之间的关系。上策是既不伤害吴蜀联盟，又长借荆州不还。这正是诸葛亮处理这个难题的一贯方针。

但诸葛亮害怕关羽不能贯彻这个方针。他深知关羽其人，识小义而未必明大义，尽小忠而可能害大忠，逞小勇而未必能奋大勇。

关羽看重桃园之义，却淡泊天下大义。否则，他不会再三阻挠刘备三顾茅庐，也不会刁难诸葛亮初行军令。他只知道诸葛避见乃兄，使三兄弟失了面子，不知道乃兄如果见不到诸葛，会失去争夺天下的机会，会在瓜分国土的军事竞赛中被淘汰出局。

马超不懂规矩，口称玄德，而不称陛下。关羽和张飞都很恼怒，两人要出的招数却不相同。关羽要处死马超，张飞则要做个样子给马超看。第二天上朝，马超不见关张两人在班，正自纳闷，一抬头，看见二公正站在蜀帝身后，垂手而立，甚是恭敬。马超深自惭愧，从此对玄德再不敢失礼。可见，张飞识大体而关羽执小义。张飞比关公更懂得：得人和，是刘备与曹操、孙权分庭抗礼的最大资本。如果因失礼而失人，刘备就会失去这个资本。况且蜀国偏居一隅，人才凋零，得失一员身经百战的虎将，关系军国大计。

关羽降曹，曹操善待于他，此"义"（其实是计）不忘，故有华容放曹，遗祸国家之举。联吴抗曹，对关羽来说，似乎是联疏（吴）抗亲（曹），此"义"（国家大义）不记，故有拒亲辱吴、丧盟失地之举。

这正是诸葛亮最怕的。

怕关公守荆州，荆州与孙刘联盟不可兼得，却可能俱失。既如此，换个人守荆州行不行？不行。荆州重地，非至亲之人，非文武双全之臣不能守。刘备至亲之人唯关张，关张之中，文武兼备是关公。

在刘备看来，非关公不能守荆州；而在诸葛亮看来，关公最不能守荆州。但疏不间亲，此话怎好对刘备直说？

为了让关公心悦诚服地执行他亲手制订的联吴抗曹之基本路线，诸葛亮可谓煞费苦心。他智算华容，阳算曹操，阴算关公。他料定关公的曹操情结不解，不能真心联吴抗曹。所以，故意给关公一个放走曹操的机会，同时又要他立下军令状。

其目的有四：一是杀杀他的傲气，赢了他的脑袋，又还给他，是要折服他的心；二是抓抓他的把柄，提醒他注意，他的历史并不清白，正因为这个原因，才不让他执行重要军事任务，如果放走曹操，则又有了现行问题；三是解除他的曹操情结，放曹操一条生路，足以报答曹操所给他的一切，此后抗曹不会背不义的名声；四是晓以大义，让他体会守小义（报曹）而损大义（误国）的真实后果。

尽管诸葛费尽心机，但关公有他自己的行为逻辑。逻辑的结果是腹背受敌：腹受国家之敌曹军，背受自己制造的敌人吴军。结局是丧师失地，败走麦城，穷途末路，军没身死。

这就造成了刘备的大不幸，逼着他面对自己一生最困难的选择：要顾孙刘联盟的大局，就不能为关羽报仇。不报仇，结义誓言（不能同日生，但愿同日死）便不能遵守，便会失去自己的立身之本——人和；要报仇，就要伤害自己的立国之本——孙刘联盟。也许比较好的选择是做做样子的报仇。

刘备一生，也是个好演员，而且是个相当本色的演员，其主要演技是哭。痛哭了几场，便决定为义弟报仇。也许开始是演戏，但开场的精彩误了他。连胜过几战之后，真的进入了角色，以为甩掉军师这根拐杖，也能顺水推舟地灭了吴国。结果自然是自误误国。

有了诸葛，才有联吴抗曹；有了孙刘联盟，才有赤壁之胜，才有吴国转危为安蜀国从无到有，才有三国鼎立之势。

因为关公，才有荆州之失：有荆州之失义弟之死，才有蜀国伤筋动骨大流血，从此一蹶不振，卒为司马氏所灭。

有诸葛，才有三国，所以说三国成于诸葛；因关公，盟友相攻，蜀国败亡，所以说三国毁于关羽。

三国之成，成于两弱相加攻一强；三国之败，败于两弱相减养一强。

联吴抗曹，就是加一（吴）减一（曹）的战略，这是正确的加减法。诸葛与鲁肃正确地使用这种方法，使国家从无到有转危为安。周瑜与关羽不懂这种方法，以一（己方）减二（敌方），都没有好结果。

这是我第一次想到加减法，想到它在国家战略上的运用。

【天才诗人白居易的生活秘闻】

王青笠

白居易，唐代诗人，字乐天，号香山居士、醉吟先生，祖籍太原，于唐代宗大历七年（772）正月二十生于河南新郑县东郭宅，武宗会昌六年（846）八月卒于洛阳，享年75岁。晚年官至太子少傅，谥号"文"，世称白傅、白文公，是我国文学史上相当重要的诗人。

白居易在他那个时代就是偶像级人物，他的文字的影响力不仅在文化圈子里流传，同时也风靡娱乐界。他的《长恨歌》《琵琶行》等流传之广，即使到今天大概都不比《双截棍》差。

同时，也有很多人对白居易的一些作为很不以为然。

少年得名，被人当作偶像追捧

在众多名家当中，白居易大概属于天才那一类。

他出生不过六七个月的时候，家里人指着"之"和"无"两个字逗他玩。他竟然就此记住，以后每次有人问还不会说话的白居易这两个字，他都能准确指出来。这样的天才儿童要是放在20世纪末，没准就读上那些著名高校的少年神童班了。

难得的是，白居易没有像那些高校神童班的孩子们那样流星一现，他五六岁就学作诗，9岁就熟悉了声韵。而且白居易读书很用功，以致口舌生疮、手肘长茧，这样，他16岁的时候已经写出了"春风吹又生"这样的佳句。

白居易初到长安拜见前辈寻求提携，文名赫赫的顾况素来目下无尘，就跟白居易摆起了老资格，说："京城米价很贵，想要居住在这里大概不太容易。"等看了"春风吹又生"之后，马上改口说："以你这样的才华，在京城肯定能混得很好。"想来当时的首都只是米价高，房价还不怎么吓人，否则任春风怎么吹，也吹不出广厦华堂。

后来白居易诗名日盛，在全国的学校、旅舍、码头、妓馆这些公共场所，男女老少都在吟诵白居易的诗歌。

当时有个军官想招个歌伎，有个歌伎为了自抬身价，就说自己能够背诵白学士的《长恨歌》。果然这招奏效，这名歌伎的身价真的被抬起来了。白居易对此多少有点得意，在给朋友的信上特意炫耀了一下。

唐朝流行文身，社会上也不完全把文身和不良青年画等号。一位狂热的超级"白迷"，浑身三十多处文上了白居易的诗句，经常洋洋自得地在街头袒胸露臂，放声高唱。

政坛失意，与歌伎同病相怜

文学上的成就固然值得自负，但那不是白居易心目中的目标，建功立业才是永恒的主题。白居易生活在唐朝的衰落时期，面对军阀割据、政局动荡的混乱局势，白居易积极向皇帝进言，希望能够得到采用。

这个时期的白居易是坦荡刚直、勇于任事的，但无论什么时代，这样的人总是显得很不"懂事"，他管闲事甚至管到了皇帝的后宫。时值大旱，白居易居然斗胆请求皇帝遣散一部分宫女，一则缩减开销，二则减少社会上的旷男怨女。结果谁都能料到，他这分明是去找骂。

壮年气盛、直言无忌的白居易并没有实现他的目标，反倒给自己招惹了不少强大的敌人。事实上，他那过于急切直率的作风，让提拔他的皇帝都受不了，有时皇帝老子话还没说完，白居易就直愣愣地顶嘴："陛下错了。"皇帝当场变了脸色，事后对人说："这小子是我提拔的，居然敢这样，多半是不想混了。"

虽然皇帝没有马上拿白居易怎么样，但祸根已经埋下。后来宰相被刺杀，白居易第一个建议追捕主谋，政敌们趁机指摘他越权，照例再加上些谣言，就把他贬为江州司马。白居易的第一个政治高峰结束了。

江州司马白居易虽然失意，在著名的《琵琶行》中，和偶然相遇的长安歌伎大起同病相怜之叹，但他还在等待机会，他仍旧怀着希望。

再次回到京城，一开始，白居易行事的风格依然不改，为了坚持立场，甚至不惜和多年好友元稹翻脸。然而政治集团之间激烈的倾轧斗争终于让他渐渐"懂事"了，白居易从忧虑到失望，再到逃离。他承认自己的失败，为了躲避政治旋涡，甘心外放，做地方官去了。

个人的意愿在庞大的命运车轮前显得实在太渺小，只有少数人一生都是斗士，白居易不是那种政治需求特别强烈、个人意志特别坚定的人，诗人早年的理想已经在现实中渐渐消磨。

老来享乐，几多荒唐几多愁

白居易也有老的那一天。

到那个时候，他开始享受生活了。

他人是老了，却开始蓄养大量家姬，还亲自指点她们学习乐舞。拜他的诗歌流传之赐，白居易的家姬非常有名，其中最有名的是小蛮和樊素，"素口蛮腰"这个香艳的说法，就来自白居易。

不仅如此，白居易似乎还很喜新厌旧，他10年内换了3批家姬，只是因为过了几年就觉得原来的家姬老了不中看，而这个时候他自己已经67岁了。

当然，不能用现代的标准去生硬地评判一千多年前的古人，在那个时代，白居易的行为不论在法律上还是道德上，都没有什么不妥。不过，以白居易当时的年龄，怎么说也不够自重。当青春不再时，人往往会遇到精神上的危机，白居易在这个时刻再一次显示出了自己意志上薄弱的一面。

一场大病之后，白居易大约也感觉到了自己来日无多，虽然恋恋不舍，还是把他最钟爱的小蛮和樊素都遣散了，算是为她们的前途作了一点打算。当初吟唱出"江州司马青衫湿"的那个悲天悯人的白居易，此刻多少又有点回魂了。

然而白居易对待女性的态度一直被质疑，后来就有了他逼死朋友侍妾的传闻。关盼盼是白居易好友的姬室，好友死后，关盼盼独居10年没有再嫁。白居易听说后，写诗一首送给关盼盼，大意是感慨好友一死，好友当年在关盼盼身上的心思全白费了。本来人死万事空，这种感叹可说是很正常。但也可以理解为谴责关盼盼不够意思，没有以死殉夫。关盼盼看了这首诗，不久绝食而死。

这段公案后来就成了白居易的罪状。不过在漫长的时间流逝中，传说的可信度不免要打个折扣。白居易虽然晚年沉迷于声色，但也不至于非把别人的老婆逼死，他好歹没那么糊涂吧。

没有人是完人，白居易当然也不是。他会退缩，会消沉，但他自有掩盖不了的光彩，我们记住他，最终还是因为他的诗篇。

【千年名画竟然是"特工"的情报】

晶　妍

在北京故宫博物院馆藏珍品中，名画《韩熙载夜宴图》以它用笔细润圆劲、色彩浓丽，人物形象清俊、娟秀、栩栩如生而名闻中外。是今存五代时期人物画中最杰出的代表作。

《韩熙载夜宴图》全长 3 米，共分 5 段，每一段画面以屏风相隔。第一段描绘韩熙载在宴会进行中与宾客们听歌女弹琵琶的情景，生动地表现了韩熙载和他的宾客们全神贯注侧耳倾听的神态。第二段描绘韩熙载亲自为舞女击鼓，所有的宾客都以赞赏的神色注视着韩熙载击鼓的动作，似乎都陶醉在美妙的鼓声中。第三段描绘宴会进行中间的休息场面。韩熙载坐在床边，一面洗手，一面和几个女子谈话。第四段是描绘韩熙载坐听管乐的场面。韩熙载盘膝坐在椅子上，好像在跟一个女子说话，另有 5 个女子做吹奏的准备，她们虽然坐在一排，但各有各的动作，毫不呆板。第五段是描绘韩熙载的众宾客与歌女们谈话的情景。

此画中的主人翁韩熙载（902 ~ 970），五代时潍州北海人（今山东潍坊），字叔言，后唐同光年举进士，文章书画，名震一时。因父亲光嗣因事坐诛，韩熙载逃奔江南，投顺南唐，历事李昇、李璟（中主）、李煜（后主）三主，官至中书侍郎、光政殿学士。韩熙载定居南京后的寓所,也即此画的发生地在今南京中华门一带。《同治上江志》载："戚家山，在江宁城南聚宝门外，南唐韩熙载居此。"

韩为人放荡不羁，养有姬妾 40 余人。朝廷给他的俸禄，全被姬妾分去，他就穿上破衣，背起竹筐，扮成乞丐，走到各姬妾住的地方去乞食，以为笑乐。

韩熙载投顺南唐后，初深受南唐中主李璟的宠信。后主李煜继位后，因对北方籍官员的猜忌，屡借故毒杀不少北方籍大臣。在后周对南唐日益紧逼的形势下，李煜却愈加刚愎自用，整个南唐统治集团内斗激化，朝不保夕。在此不利的环境中，官居高职的韩熙载采取了疏狂自放、装癫卖傻的态度，以求自保。但李煜仍对他不放心，派画院的"待诏"顾闳中和周文矩到他家里去，暗地窥探韩熙载的活动，命令他们把所看到的一切如实地画下来交给他看。

顾闳中和周文矩到了韩熙载家以后，正碰上韩熙载在家夜宴，大智若愚的韩熙载当然明白他们的来意。整个夜宴中，韩熙载将那种不问时事、沉湎歌舞、醉乐其中的形态来了个酣畅淋漓的表演……

顾闳中凭借着他那敏捷的洞察力和惊人的记忆力，把韩熙载家中整个夜宴过程默记在心，回去后即刻挥笔作画，李煜看了此画后，暂时放过了韩熙载等人。一幅传世精品却因此而流传下来。

顾闳中后来画成一个长手卷，共有 5 段。以画人物来论，这幅画达到了极高度艺术水准。所以千年以来，凡有此画著录的各书，都对它有极高度的评价。画很旧，无款印也无清宫鉴藏玺。此卷现藏北京故宫博物院。

【流传千古的谎言："半部《论语》治天下"】

蒋非非

"半部《论语》治天下"一语流传甚久，相传出北宋宰相赵普，《辞源》（商务印书馆）引用南宋罗大经《鹤林玉露》解释"半部《论语》"，称"典出于此"。《辞海》（上海辞书出版社）"赵普"条称："他少时为吏，读书不多，相传有半部《论语》治天下的说法。"

近年来，随着"国学"热的不断升温，"半部《论语》治天下"一语经常出现在各类文章著作中，这句话真是因赵普而出吗？

宰相原本寡学术

赵普（922～992），五代后周至北宋时人，参与策划宋太祖、太宗兄弟建立宋朝的陈桥兵变，太祖在位时任过十年宰相。他建议太祖逐步削夺地方将领的财权、兵权，选拔各地精兵到中央作禁军以削弱藩镇武力；实行更戍法，军队经常变换驻地，使兵卒和将领互不认识；又"杯酒释兵权"，解除石守信等大将兵权，防止他们率军谋反。

史称赵普"少习吏事、寡学术"，但太祖称其为"书生"，赵普也自称"书生"。

宋太祖于乾德三年（965）灭蜀后，见蜀宫女持有乾德四年铸造的铜镜，问身边大臣何故，无人知晓究竟，叫来学士窦仪，才知蜀王衍曾用乾德年号，太祖遂有"宰相须用读书人"之语。当时赵普恰在朝为相，可见太祖并不将他看作读书人，否则不应出此言。

至太祖晚年，赵普因挑拨赵匡胤兄弟关系、违法经商牟利、包庇犯法属下等劣迹被罢相职，离开京城。太宗时，赵普又两度短暂入朝为相，一手策划了除掉太宗弟秦王廷美和政敌卢多逊的大狱，迫死多人。公元992年去世前封魏国公，真宗时封韩王。

朱熹撰《五朝名臣言行录》以赵普居首，李焘《续资治通鉴长编》亦详载赵普言行，二书均无赵普"半部《论语》"或读《论语》的记载。据考证，目前可知最早记载赵普"半部《论语》"事迹的书籍是南宋李衡弟子龚昱1178年所编《乐庵语录》，该书《附录》提到李先生对弟子说：

"太宗欲相赵普，或谮之曰：普山东学究，唯能读《论语》耳，太宗疑之，以告普。普曰：臣实不知书，但能读《论语》，佐太祖定天下，才用得半部，尚有一半，可以辅陛下。太宗释然，卒相之。"

书中记载的赵普回答是"定天下""致太平"各用半部，不是仅用半部，后人截取半段略成熟语"半部《论语》治天下"，已不是宋人记载原貌。

赵匡胤兄弟虽是武将出身，但绝非目不识丁的草莽。宋初沿用唐制以科举取士，考试内容包括儒家《九经》及史书诗赋法律等，宋太祖曾亲自出题，开此后殿试先例；

又致力征求散亡书籍，扩大皇家藏书。太祖曾说"欲武臣尽令读书"，也经常劝赵普读书。若论统治国家的儒学知识水平，"书生"赵普在太祖面前无任何优势可言，而且他为太祖谋划的计策都是法家申不害、商鞅以法术势驾驭臣下一类，无关儒家"君君臣臣"的统治理念。

史载太宗也"性喜读书"，公元990年，太宗赐各路官员《九经》，令众官诵读。宋初又印佛经，至太平兴国八年（983），已刻印佛经五千多卷。太宗对佛教颇有兴趣，曾对赵普说"方外之说亦有可观"，要他读来看看。试想，面对孜孜不倦的读书皇帝，臣下赵普哪有可能狂妄到声称以"半部"书就能辅佐天子致太平的道理？

太宗与赵普少年相识，共同策划篡夺后周天下，到太宗欲以为相时，赵普已年近花甲。共事多年，太宗应深知赵普为人，不会因旁人的片言诋毁便生疑窦。李衡所述"臣实不知书，但能读《论语》"这类话更非两百年前赵普本人口吻。

《宋史·赵普传》载，雍熙三年（986），赵普上疏太宗："臣载披典籍，颇识前言，窃见汉武时主父偃、徐乐、严安所上书及唐相姚元崇献明皇十事。"又引《汉书》"兵久生变"之言谏太宗退兵，可知他到太宗时已经自诩熟悉汉唐历史，读过《汉书》及唐人著作。

宋太宗所撰赵普《神道碑》称其"及至晚岁，酷爱读书，经史百家常存几案，强记默识，经目谙心，硕学老儒，宛有不及"。赵普早年为吏时确曾"寡学术"，经数十年学习，到晚年经常阅读儒家经书史书，某些学问甚至超过硕学老儒，这应是宋太宗对赵普的真实评价。

考述至此，大致可以断言，赵普不是"半部《论语》"的发明人。然而，我们更感兴趣的是，是何人因何目的要编造荒诞不经的"半部《论语》"之说？这一谎言为何能从南宋以来流传千载，且每每让人深信不疑？

为何关门读《论语》

南宋时记载赵普读《论语》事迹的一部史书是王偁《东都事略》，其文云：

当其（赵普）为相，每朝廷遇一大事、定一大议，才归第，则亟阖户，自启箧取一书而读之，有终日者，虽家人不测也。及翌日出，则事决矣，用是为常。后普薨，家人始得开其箧而见之，则《论语》二十篇。

元朝所修《宋史·赵普传》也有相同记载：

少习吏事，寡学术。及为相，太祖常劝以读书，晚年手不释卷。每归私第，阖户启箧取书，诵之竟日。及次日临政，处决如流。既薨，家人发箧视之，则《论语》二十篇也。

两则记载都显示了一个主题，赵普每天回家后关闭房门打开箱子取书读，到他死后，家人打开箱子，才知道他终日读的书是《论语》。北宋东京开封府人文荟萃，《论语》非珍本又非禁书，"闭户私读"不近情理，"反似奚奴婢女闲谈藻绘之辞"，不可置信。然而，"奚奴婢女"为何要拿主人家一部平常书籍作谈资？元人又为何将"奚奴婢女闲谈"郑重写入国史？

其实，《宋史》"阖户启箧"四字也是一句谎言。赵普"阖户"之后，凭何确认一定"启箧取书"？唐朝以降，雕版印刷业发达，五代时已经刻版印制儒学《九经》。公元990年太宗遍赐各路官员《九经》，加上佛经和前朝史书子书，赵普书房内放置的各种书籍至少千卷，太宗说他"经史百家常存几案"盖非虚美。

即便赵普死后家人发现他箧内有《论语》20篇，也不能证实《宋史》"阖户启箧"之说。那么，《东都事略》与《宋史》记载这么一个一戳就破的谎言理由何在？在北宋，《论语》因何不能与"经史百家"一并"常存几案"，必须藏于箧内？而宰相赵普读《论语》必须"阖户"，不愿为人所知的理由又何在？南宋罗大经《鹤林玉露》为后人道出了个中秘密。

杜少陵（杜甫）诗云"小儿学问只《论语》，大儿结束随商贾"，盖以《论语》为儿童之书也。赵普再相，人言普山东人，所读者只《论语》，盖亦少陵之说也。

原来《论语》在唐宋时代只是儿童读物，赵普官至当朝宰相，再读《论语》有悖常理，只好躲起来看，所以《东都事略》与《宋史》有"阖户启箧"之说。

从儒学发展史看，汉代儒家以《诗》《尚书》《易》《周礼》《春秋》为"五经"，朝廷设五经博士，弟子学经考试合格可以入仕，《论语》在汉代并不具经书地位。

汉魏至唐，儿童启蒙先学《孝经》《论语》，其后才学《诗经》等儒家经典。所以，杜甫诗云"小儿学问只《论语》"，意为读过《论语》只是小孩学问，算不得什么，离儒家经典的堂奥还远着呢。

至南宋，朱熹将《大学》《中庸》《论语》《孟子》合编一书并作注，即《四书章句集注》。

元朝开科举，规定《四书》成为儒家重要经典，形成理学著作一统天下的局面。元明清科举考试中的乡试、会试与唐宋时期大为不同，以朱熹《四书注》为考试内容，首场考《四书》以定举人名次高下。

在古代社会，"学而优则仕"是士子最普遍的人生理想，元明以来《论语》关乎仕途，600年间扶摇直上，终于脱弃它在上古时代儿童读物的本来面目，明清士人著作屡引"半部《论语》治天下"之说以自抬身价，也就不足为怪了。

宋太祖慨叹"宰相须用读书人"，劝赵普读书。赵普手不释卷，到晚年已能谈经论史。这么一个模范宰相，缘何在150年后形象大变，被士人称为只能读童蒙之书《论语》。

"半部《论语》"的传说，实际上映射出中国古代政治思想史上一场巨变。

【豆腐渣战舰坏事——忽必烈两次出征日本失败】

朱 翔

日本广泛流传着这样的传奇故事："神风"在元朝时期曾两度施威摧毁蒙古族人入侵者的船舰，将日本从危难之中解救出来。此后数百年中，日本人一直对"神风"顶礼膜拜，兴起了大规模拜神的活动。然而，最新的科学发现却否定了这个传奇故事。近期发表在英国《新科学家》周刊的一项考古新发现指出，拙劣的造船工艺和船体设计是导致蒙古族人舰队葬身大海的主要原因。

1274年，忽必烈第一次远征日本，遇上台风，日本人称是"神风"救了他们。

历史记载，至元十一年（1274），元世祖忽必烈命凤州经略使忻都、高丽军民总管洪茶丘，以900艘战船、1.5万名士兵，远征日本。元军在战争开始阶段取得了很多辉煌战果。

井上靖这样记载：元军于"1274年10月初，占领了对马、壹岐两岛，继而侵入肥前松浦郡……使日军处于不利，不得不暂时退却到大宰府附近。元军虽然赶走了日军，但不在陆地宿营，夜间仍回船舰。当元军回到船舰后，恰遇当夜有暴风雨，元舰沉没两百余只，所余元军撤退，日本才免于难。"

台风乍起之时，当时由于不熟悉地形，元军停泊在博多湾口的舰队一片混乱，不是互相碰撞而倾翻，就是被大浪打沉。午夜后，台风渐停，但暴雨又降，加上漆黑一片，落海的兵卒根本无法相救。忻都怕日军乘机来袭，下令冒雨撤军回国。此役，元军死亡兵卒达1.35万人。日本史书则称之为"文水之役"。

第二天即10月22日早，日军在大宰府水城列阵，但不见元军进攻，派出侦察人员始知博多海面已无元军船只，元军撤退了。日本朝野对突如其来的台风赶走元军十分惊喜，在全国范围内展开了大规模拜神活动，称为"神风"。

至元十八年（1281），忽必烈第二次东征日本，两个月之后，又是一场巨大的台风让元军惨败。

当时，忽必烈"以日本杀使臣为由，结集南宋新附军10万人组成一支大军远征日本。兵分两路，洪茶丘、忻都率蒙古、高丽、汉军4万人，从高丽渡海；阿塔海、范文虎、李庭率新附军乘海船900艘，从庆元、定海起航"。高丽国王为元朝"提供了1万军队，1500名水手，900只船和大批粮食"。然而，日本守军已有前次抗击蒙古人的经验，他们在箱崎、今津等处沿岸构筑防御工事，并以精锐部队开进志贺岛，与东征元军进行激烈战斗。

元军因内部高丽、汉、蒙古统帅之间的矛盾而不能协调作战。这样，"蒙古军在毫无荫蔽的前提下，每前进一步都要付出沉重的代价。双方对峙达两个月之久，蒙古军队没有看到胜利的希望。两个月之后，一场巨大的台风袭击了库树海岸，蒙古军再次企图撤入海上，但他们的努力是徒劳的"。

"在此次台风袭击下，蒙古东路军损失 1/3，江南军损失一半，一些靠近海岸的士兵被日本人屠杀或溺死。"汉文史料也记载，由于元军战船"缚舰为城"，因而在"波如山"的台风袭击下"震撼击撞，舟坏且尽。军士号呼溺死海中如麻"。蒙古族人第二次东征日本又以惨败而告终。

美国考古学家对打捞上来的元军战舰残骸进行了仔细研究，发现元军战舰粗制滥造，质量低劣。

虽然，在古代文献中确实能够找到关于那两场日本沿海台风的记载，然而根据现存证据，研究人员并无法判断出那场风暴的具体强度，以及风暴与元军舰队的沉没究竟有多大关系。美国得克萨斯州农业机械大学的考古学家兰德尔·佐佐木对 1981 年从高岛附近海底打捞上来的 700 多块元军战舰残骸进行了仔细研究和分析。

佐佐木表示："很多元军战舰龙骨上的铆钉过于密集，甚至有时在同一个地方有五六个铆钉。这说明，这些肋材在造船时曾反复使用，而且很多龙骨本身质量就很低劣。"

据汉文史料记载，至元十一年（1274）正月，忽必烈命令高丽王造舰 900 艘，其中大舰可载千石或四千石者 300 艘，由金方庆负责建造；拔都鲁轻疾舟（快速舰）300 艘，汲水小船 300 艘，由洪茶丘负责建造。并规定于正月十五日动工，限期完成。六月，900 艘军舰完工。

当时，造船业发达的中国江南及沿海地区尚未被忽必烈完全征服，部分地区仍在南宋军队的控制之下。所以，忽必烈不得不将造船的任务交给技术较为落后的高丽人。一方面，高丽人对于造船很反感，认为元朝出兵日本肯定会要求高丽参战，这必将给高丽人带来沉重的负担。另一方面，让造船技术落后的高丽人在如此短的时间内完成如此艰巨的任务实属难事。高丽人只得在匆忙间敷衍了事，这些舰船的质量也就可想而知了。

至元十八年（1281），元军的大多数战舰都是平底河船，采用了当时较为流行的水密隔舱设计，而此种战舰的结构并不适于航海作战。所谓水密隔舱，就是用隔舱板把船舱分成互不相通的一个一个舱区，舱数一般为或个。它大约发明于唐代，宋以后被普遍采用。虽然该结构便于船上分舱，有利于元军在航海途中进行军需品的管理和装卸，但是舱板结构取代了加设肋骨的工艺，简化了主体结构，削弱了船舶整体的横向强度。佐佐木指出："迄今为止，我们还没有在高岛附近海域发现 V 字形远洋船的龙骨，我们可以想象那种为内河航运而设计的船遭遇海中大风浪时将会出现何种混乱的情形。"

佐佐木还发现，战舰残骸的碎片没有一块超过一米，大多数碎片都在厘米到米之间。他据此推测，元军战船可能采用了类似新安古船的一种"鱼鳞式"船壳结构形式。其船壳板之间不是平接，而是搭接的。这种结构在巨浪的拍击之下容易碎裂。佐佐木表示，对沉船遗址的现有研究只是冰山一角，他希望能够借助声呐和雷达，得以更深入地了解当时元军的造船技艺，进而破解沉船真相。

还有研究认为，除了舰队拖后腿之外，元军的后勤和装备也比不上日本人。

若论吃苦耐劳，当时的蒙古族战士无人可敌，必要时他们可以靠吃生马肉、喝马血维持生命。蒙古族战士作战时机动性第一，一般只带很少的给养，军队的给养主要通过掠夺战争地区的平民解决。可是在这两次战争中蒙古人偏偏无法发挥自己的特长，他们一直未能突入内地居民区，自不可能有平民供他们掠夺。

此外，日本人的武器也优于元军。当时日本的冶炼和刀具制作技术世界一流，日本战刀的性能只有北印度和西亚出产的大马士革钢刀可以媲美。古代最优良的钢按性能排列依次为：大马士革钢（铸造花纹钢）、日本钢（暗光花纹钢）、马来钢（焊接花纹钢）。中国最好的钢（镔铁）其实也是一种焊接花纹钢，不过性能没有马来钢那样出色。日本除了具有好钢之外，其战刀的优良性能还来自其独特的后期淬火工艺。日本刀制造成本低廉，使得普通民众都可拥有一把好刀，而元军使用的质量较差的镔铁刀，很多大刀在对砍时刀刃卷曲。

在两次战争中的八年间隙期间，日本人似乎还改进了他们的弓箭。第二次入侵时，元军发现日本人使用的弓箭的射程和穿透力都有很大的提高，已与蒙古强弓不相上下。从保留至今的图画看，日本人的长弓与当时最先进的英格兰长弓有几分相似，长约1.5米。由于日本人本来就很矮小，画面上的日本弓箭手看上去就好像比他们所持的弓还短。

【时势造"汉奸"】

李 零

以亚洲大陆游牧／狩猎型民族与农业型民族的长期对抗为背景，中国的南北之争或"胡汉之争"，一直贯穿于民国以前的历史。但它的高潮是宋元之际，特别是明清之际。中国的汉奸史，重头戏正在这一段。

最近，读李治亭先生的《吴三桂大传》，我发现吴三桂真是关键时刻的关键人物。他既不是寻常所见贪生怕死、寡廉鲜耻的末流汉奸，也不是如诗人所想象，"冲冠一怒为红颜"，全是为了一个女人才叛变。

吴三桂的一生（1612～1678）几乎是在马背上度过。前半生（1～32岁）在明末，是"旧朝之重镇"；后半生（33～67岁）在清初，是"新朝之勋臣"。这个人，事明背明，降清叛清，就连本阶级视为寇雠的李自成，他也考虑过投降。以气节论，似一无足取，从过程看，则震撼人心。荣也人所不及，辱亦人所不及。

李先生把吴三桂的一生分为三段："明末悍将""清初藩王"和"独树一帜"，正好是三部曲。其变形之迹耐人寻味。

夹缝中求生存的"明末悍将"

作为"明末悍将"，吴三桂有点像汉陇西李氏。他出身辽东豪族、武功世家，不但弓马娴熟，以力战名；还世受皇恩，幼承庭训，满脑子全是忠孝节义（他16岁时曾闯围救父，有忠孝之名）。手下的子弟兵也是明军中的王牌，战斗力最强。可是当明清鼎革之际，官军同流寇交攻，外患与内忧俱来，他所处环境太微妙。当时明、闯、清成三角之势，螳螂捕蝉，雀在其后，他非联闯不足以抗清，非联清不足以平闯。况以兵力计，闯兵号称百万，清兵也有十万，三桂之兵则仅四万，无论与谁联合，都势必受制于人。吴三桂置身其间，实无两全之策。再者，从名节讲，他投闯则背主，降清则负明，也是横竖当不成好人。这样的困境，我想大概只有张学良、马占山一类人才能体会得到。

在历史的紧要关头，吴三桂别无选择又必须选择。事实上，但凡人能想到的，他都一一试过。最初，闯围京师，崇祯决定弃宁远而召吴入卫（"先安内而后攘外"），他卷甲赴关，事已后期，想救明而明已亡。接着，他也考虑过投降李自成，但农民军穷疯恨极，入城后到处抓捕拷打明降官，专以抢掠金帛女子为事，令他望而却步。当他得知老父遭刑讯、爱妾被霸占、亲属备受凌辱之后，只好断息此念。然后，死他也想过，但被众将吏劝阻。对道学家来讲，自杀不但是保存名节之上策，还兼有正气浩然的美感，但对一个统率三军的将帅来说，往往是最不负责的表现。只是在所有的路都走不通，并且面临李自成大军叩关的千钧一发之际，他才毅然决定接引清兵。

情况更复杂的是，据学者考证，即使吴三桂的接引清兵，最初也并不是降清而只是联清。现在我们知道，他在威远台与满族人盟誓，完全是效申包胥救楚，实际上只是以明不能有的京畿地区换取清出兵平闯，达成分河而治的南北朝局面。这与南明弘光政权的立场其实完全一致，也是"阶级仇"超过"民族恨"，"安内"胜于"攘外"。因此以王朝的正统观念来看，非但无可指责，还受到普遍赞扬，以为"克复神京，功在唐郭（子仪）、李（光弼）之上"，是一位了不起的救国大英雄。

吴三桂做出其最后的选择，内心一定非常痛苦。因为我们知道，吴三桂早就是满族人物色已久、必欲得之的将才。在此之前，他的舅父、姨父、兄弟、朋友，很多人早已降清，皇太极本人和他的亲友曾去信劝降，许以高官厚禄，他都没有降。后来闯陷京师，他宁肯考虑降闯，也没有打算降清。我推测，这中间固有利害之权衡，但也不乏名节的考虑。因为他的家属，包括老父、继母、弟妹共30余人，俱困北京，于明于闯都是人质，如果当初弃土降清，不但全家遇害，还得落个"不忠不孝"。而现在情况却有所不同。它的代价虽仍然很大，为此他不惜挥泪作书，与父诀别，忍看全家被杀，但至少名节无亏（为明平闯是"忠"，舍父讨贼是"义"）。

然而吴三桂的悲剧在于，虽然从愿望上讲，他本人想做申包胥，南明也把他视为申包胥，但多尔衮却不是秦哀公。满族人夺取北京后并没有打算就此罢手，而是长驱直入，席卷天下。多尔衮的主意很清楚：你吴三桂不是想报"君父大仇"吗？好，我就让你去报。正好让他"为王前驱"。吴三桂既然选定了这条险道，"马行在夹道内我难以回马"，当然也就身不由己，越滑越远，从剃发为号到拒见南使，从追杀李闯到进军西南，终于一步步变成最大的汉族降臣。闯是平了，仇是报了，但明也灭了，节也毁了。实际上当了个伍子胥。

对明朝的灭亡，吴三桂当然起了关键作用。但我们与其说它亡于清，不如说它亡于闯；与其说它亡于闯，不如说它亡于己。明朝上下，从廷吏到边将，从流寇到遗臣，叛服无定，内讧不已，乃自取灭亡。吴三桂本想救明却导致覆明，正说明了它的不可救药。

"清初藩王"被逼"独树一帜"

吴三桂的后半生约有30年是属于"清初藩王"，只有最后6年是属于"独树一帜"，死后并有两年是属于"三藩之乱"的尾声。康熙平定三藩，是效汉高祖诛韩信、彭越、英布，乃改朝换代的例行节目。"逼"有"逼"的道理，"反"有"反"的道理，我们可以不去管。问题是吴三桂替清朝卖了30年的命，现在起兵造反，何以号召天下？在吴三桂的讨清檄文中，我们可以读到：

> 本镇独居关外，矢尽兵穷，泪干有血，心痛无声。不得已歃血定盟，许虏藩封。暂借夷兵十万，身为前驱。斩将入关，李贼遁逃。痛心君父重仇，冤不共戴。誓必亲擒贼帅，斩首太庙，以谢先帝之灵。幸而贼遁冰消，渠魁授首。政（正）欲择立嗣君，更承宗社，封藩割地，以谢夷人，不意狡虏逆天背盟，乘我内虚，雄踞燕都，窃我先朝神器，变我中国冠裳。方知拒虎进狼之非，莫挽抱薪救火之误。本镇刺心呕血，追悔无及，将欲反戈北逐，扫荡腥气。适值周、田二皇亲，密会太监王奉，抱先皇三太子，年甫三岁，刺股为记，寄命托孤，宗社是赖。姑饮泣隐忍，未敢轻举。以故避居穷壤，养晦待时，选将练兵，密图恢复。枕戈听漏，束马瞻星，磨砺警惕者，盖三十年矣……

这段话，前半是真，后半是假。吴三桂为把自己的破碎人生璧和圆满，不惜编造离奇故事，但是他的解释有个时间上的麻烦：30年的委屈心酸（如李陵），30年的卧薪尝胆（如勾践），现在还有人相信吗？

当吴三桂举事时，有个叫谢四新的人写过一首诗，表示拒绝合作。诗云：

> 李陵心事久风尘，
> 三十年来讵卧薪？
> 复楚未能先覆楚，
> 帝秦何必又亡秦。

丹心早为红颜改，

青史难宽白发人。

永夜角声应不寐，

那堪思子又思亲。

这首诗除过于强调"红颜"，余皆平实之论。它不仅概括了吴三桂的一生，也揭露了他的人格矛盾。特别是诗中用典正好集合了各种相似的历史角色，还浓缩了"汉奸发生学"的曲折微妙。

吴三桂为他的后半生付出的代价也很惨重，不仅自己的儿孙妻妾被凌迟处死，还使多年追随的部下、副将以上几乎都被杀头。他一生两叛，兼取其辱，并非昏君奸臣所逼，乃是环境所迫。这在汉奸史上是又一种典型。

现在，因"胡汉之争"的消亡，"汉奸"的内涵已发生变化。这在于经过数千年的繁衍发展与融合，形成了今天的中华民族。

【郑成功被人毒死】

雷永春

郑成功是中国历史上家喻户晓的民族英雄，他骁勇善战，令荷兰殖民者闻之丧胆。但郑成功在台湾收复后不久便去世了，年仅 38 岁。正值壮年，却突然暴病而亡。仔细推敲其死因，就会发现有许多疑点。

关于郑成功的死，同时代人如李光地、林时对、夏琳等人的笔记都很简单，一般是说"伤风寒""感冒风寒"，但一个正值壮年的人怎会轻易地被"风寒"夺去生命？

根据郑成功临终前的异常情况和当时郑氏集团内部斗争的背景，有人认为郑成功是被人投毒杀死的，这一说法目前最引人注目。此说主要的依据有：

第一，郑成功死前的情状与中毒后毒性发作的症状极似，另外，夏琳《闽海纪闻》中记载郑成功临终前都督洪秉诚调药以进，郑成功将药投之于地，然后"顿足扶膺，大呼而殂"。郑成功大概察觉出有人谋害自己，但为时已晚。

第二，郑氏集团内部暗藏着一些危险因素。生性暴烈的郑成功，用法严峻，郑氏部下，包括他的长辈亲族因过被处以极刑者很多，众将人心惶惶，其中很多人在清廷高官厚禄诱惑下叛逃，郑氏集团内部关系极其紧张。伍远贤所编《郑成功传说》一书中记述，清廷收买内奸刺杀郑成功，因此，如果说台湾岛上一直有人企图谋害郑成功，极有可能是以清廷作为背景。

第三，一个重大疑点是马信神秘地死去。马信是清降将，后来成为郑成功的亲信，郑成功去世当天，由他荐一医师投药一帖，夜里郑成功死去，他本人也突然无病而卒。

照李光地的说法，马信在郑成功去世的第二天就死去，江日升《台湾外纪》中记载，其死期距郑成功去世仅仅 5 天。因此马信可能直接参与谋害郑成功的活动，但后来又被人杀害以灭口。

那么，这起谋杀案的主谋究竟是谁呢？人们把怀疑的目光投到了郑成功兄弟辈的郑泰、郑鸣骏、郑袭等人的身上，特别是郑泰。

郑泰长期操纵郑氏集团的东西洋贸易，掌握财政大权，对郑成功早存异心，对郑成功出兵收复台湾曾极力反对。复台初期的郑氏政权财政面临困境，郑泰却暗地里在日本存银 30 多万两以备他用。等到郑成功去世，郑泰等人迫不及待地伪造郑成功的遗命对郑经诛讨，并抬出有野心但无才干的郑袭来承兄续统。最后，他们的阴谋被郑经挫败，郑泰入狱而死，郑鸣骏等率部众携亲眷投清。

据此分析，策划谋害郑成功的很可能就是郑泰等人。他们早存夺权之心，还可能和清廷有勾结。他们乘郑成功患感冒的时候开始实施他们的计划。夏琳和江日升的记载中说，郑成功病情开始并不严重，常常登台观望、看书，有时还饮酒，甚至拒绝服药。他们极可能在酒中下毒，但这期间郑成功饮酒较少，因此七八天毒性才发作。最后他们又在医生开的凉剂中下毒，郑成功终于被毒死。郑成功死后，郑经先是忙于对付郑泰的叛乱，后发现郑泰在日本银行的巨款，又集中注意力追回这笔款子。他本人又曾因犯奸险些被郑成功杀死，对郑成功之死也许心存侥幸，因此郑成功的死因在当时没有被深究。海天茫茫，也许这永远是个解不开的谜了。

【大清朝的仁政报告】

鄢烈山

大清王朝的仁政记录怎么样？

不怎么样，我一向这么认为。再来一百卷《鹿鼎记》《康熙大帝》，再播一千集《雍正王朝》《还珠格格》也改变不了我的印象。

对于大清王朝的"仁政"，我的认知来自清代人记录，当然是非官方记录，从清初的野史笔记到清末民初的谴责小说。《扬州十日记》《嘉定县乙酉纪事》，都是幸存者蘸着血泪写的清兵入关之初的屠城始末，伤心惨目惊千古。"康乾盛世"史无前例之惨烈的"文字狱"，桩桩件件也有迹可寻。康熙朝的庄廷鑨明史案、戴名世《南山集》和方孝标《滇黔纪闻》案；雍正朝的吕留良案、汪景祺《西征随笔》案、查嗣庭试题案、谢济世注《大学》案等；乾隆朝的王锡侯所编字典《字贯》案……剖棺戮尸、"瓜蔓抄"式的株连、雷厉风行地查禁焚毁图书，剖心挖肝似的删削编纂历代典籍，直欲箝天下亿万臣民之口。受戴名世《南山集》案牵连而一度入狱的著名文人方苞有一篇《狱中杂记》，以亲身经历描写刑部狱政的黑暗，该是十分可信的。此翁受康、雍、乾三代皇帝的青睐，曾入值南书房（皇帝的政治秘书），官至礼部右侍郎。

至于后来的《官场现形记》《老残游记》等描绘文武官员之暴虐，诸如杀良民当强盗以邀功、严刑逼供草菅民命，虽系小说家言，亦绝非丑化现实的恶毒虚构。正是这些历历如绘的事件、场景，形成了本人关于大清朝仁政记录"不怎么样"的印象和观念。

不难想象，大清朝官方的报告书不会是这样的。朝廷宣恩示德的文告不会提及这些血淋淋的事实；颂圣如仪的文武官员、邀宠求仕的文人学士，他们上的奏章、献的歌赋自然也不会触这种霉头。我曾猜想，这些官样文章和御用文章，一定是些空空洞洞、华而不实的套话、门面话——他们能堂堂正正地向天下昭告什么可以核查的东西呢？我的想法大谬不然。这是我读了张之洞的《劝学篇》之后才意识到的。

光绪二十四年三月，即戊戌变法前两个月，主张"中学为体、西学为用"的"洋务派"后期主将湖广总督张之洞著《劝学篇》二十四篇，以期既"务本以正人心"，又"务通以开风气"。此书第二篇"曰教忠，陈述本朝德泽深厚，使薄海（海内）臣民咸（都）怀忠良，以保国也"。这个《教忠》篇虽然是以张之洞个人的名义撰写的，但他进呈给慈禧太后和光绪皇帝御览后得到认可，朱批"持论平正通达，于学术、人心大有裨益"，下旨颁发各省，广为刊布，因此它可以看作大清王朝昭告中外的仁政白皮书。

书曰："自汉唐以来，国家爱民之厚，未有过于我圣清者也。"大清王朝是怎样爱护、保护、维护亿万人民群众利益的呢？良法善政，大清的恩情说不完，举其最大者，仁政就有 15 条之多：曰薄赋、曰宽民、曰救灾、曰惠工、曰恤商……报告书与历朝历代的政策相对比，言之凿凿，不由你对大清列祖列宗不心悦诚服。

以仁政之十"慎刑"为例，报告书写道："自暴秦以后，刑法滥酷，两汉及隋，相去无几，宋稍和缓，明复严苛。本朝立法平允，其仁如天……一、无灭族之法；二、无肉刑；三、问刑衙门不准用非刑拷讯，犯者革黜；四、死罪中又分情实缓决，情实中稍有一线可矜者，刑部夹签声明请旨，大率从轻比者居多；五、杖一百者折责实杖四十，夏日有热，审减刑之令，又减为三十二；六、老幼从宽；七、孤子留养；八、死罪系狱，不绝其嗣（当是指允许配偶探监同居）；九、军流（充军流放）徒犯，不过移徙远方，非如汉法令为城旦、鬼薪（做苦役），亦不比宋代流配（大海中的）沙门岛，额满则投之大海；十、职官妇女收赎，绝无汉输织室、唐没掖庭（后宫）、明发教坊诸虐政……"

这些仁政并非撰稿人张之洞向壁捏造，皆不欺不诬有根有据，"具于《大清律》一书"。

大清王朝为保障臣民的基本人权，不仅制定了法律文书，严禁刑讯逼供之类执法犯法行为，而且还有一系列司法、行政程序规定和行政违纪处罚条例以及官员考核奖惩规章。诸如"凡死罪，必经三法司（主管司法行政的刑部、中央审判机关大理寺和主管纠察奏劾的御史台）会核"，若"失入死罪（罪不应死而拟死）一人，臬司、巡抚，兼管巡抚事之总督，降一级调用，不准抵销"；若"失出（应死而拟轻判）者一案至五案，止降级留用，十案以上始降调，仍声明请旨"。也就是说，宁可轻判十人，不可冤杀一个。这些都是有"历朝圣训"可供查阅的。

对天大地大不如大清朝恩情大的这般仁义德泽，"固当各抒忠爱"以报之。可是有些人不但不心怀感激，反而鼓吹邪说，拾洋人之牙慧，要效番邦之乱政，立什么"议院"，倡导什么"民权"，确实是毫无心肝！

怎么办，我们是相信稗官野史民间记录，还是相信总督大人代朝廷撰写的这份仁政白皮书呢？答案是不言自明的。在当时恐怕也没有几个人相信张之洞的文稿所言是实，包括张之洞本人和光绪皇帝，否则，皇帝也不会主张变法维新了。那么，结论应当是：法律文书与官方训令这些纸面上的东西，只是一种承诺，往往是镜花水月，若把它们当作生活现实，当作表白什么的证词，不是自欺，就是欺人。

【鸦片战争武器真相】

刘润堂

糟糕的滑膛枪

鸦片战争时期，英军装备的标准轻武器是前装燧发滑膛枪。说实话，这不是先进武器。近代步枪武器技术的几个重要发明，比如起爆药、火帽、圆锥弹丸、击发枪机刚刚发明出来，来不及用在这种枪上。带有膛线、射程远、准确率高的线膛枪，就是俗称的来复枪，造价高，一直没有成为欧洲士兵的制式武器。

前装燧发滑膛枪的最大射程不超过300码（1码约合0.9米），可以对人体进行瞄准射击的距离为100码。1814年，英国陆军的汉格上校写下一段话："如果一个士兵的枪膛不是很糟的话（许多都很糟），可以打中80码外的人形靶，甚至是100码；如果一个士兵在150码外，被敌人用一支平常的枪打伤，那么，他真的非常倒霉；至于想用一支平常的枪，射击200码外的人，你不如改为射击月亮，命中的机会都是一样的。"

前装燧发滑膛枪发射的速度不快，发射一次，需要经过12个步骤，即使是技术纯熟的士兵，每分钟射速不过3发。实战时，能够维持每分钟2发就不错了。

在战场上，士兵非常容易出错。常见的错误之一就是装填后，忘了将通条抽出枪管，一扣扳机，通条不知道飞到哪里去了，自然无法再装填。另外，常见的错误是在忙乱之间，误将弹头而非火药塞入枪口，造成不发弹。士兵只能退出行列，站到后面，使出吃奶的力气，慢慢地把弹头挖出来。更麻烦的是，火枪是队列齐发的，那么多枪一齐发射，许多士兵根本不知道自己有没有开枪，有没有哑火，往往多次装弹，把枪管塞得满满的。

1863年，美国内战的战场上，人们发现有上万支步枪里塞了2颗以上的子弹，最多的一支塞了 23 颗弹头。

清军武器不算差

这时候，清军虽然没有完全放弃冷兵器，也有一半的士兵使用火器，主要是鸟枪和抬枪，数量最多的是鸟枪，属于滑膛枪，是用火绳发射，潮湿的时候不大方便。

总体来说，鸟枪射程稍小于英军滑膛枪，抬枪射程要超过英军滑膛枪。鸟枪的射击速度，较之滑膛枪，可能不会相差很多，大约为每分钟 2 发。不过，清军鸟枪、抬枪的命中精确度，较英军燧发枪为低。主要原因在于，鸟枪、抬枪都是手工打造，较之英军燧发枪工艺粗糙，枪膛精度不高。

我们可以得出一个结论，英军燧发枪每分钟发射 3 发，命中率 90%；清军鸟枪每分钟发射两发，命中率 70%。假设两军士兵各 10 名，射击同样距离的若干目标，在一分钟内，英军士兵可以发射 30 发子弹，击中 27 个目标；清军士兵可以发射 20 发子弹，击中 14 个目标。燧发枪效能约为鸟枪的 2 倍。这样的差距，完全可以利用清军的人数优势来弥补。

相比之下，双方火炮性能差距可能更大。清军火炮的主要问题是，侵彻力不够和命中精度不高。侵彻力不够，主要是因为中国火药不好；命中精度不高，主要是火炮机动性差造成的。同样口径的火炮，清军火炮要重得多。那些重达三五吨的大口径火炮，要在英军猛烈的炮火下，一点一点地瞄准是不可能的。然而，对英国军舰威胁最大的，恰恰是这些重炮。英军对清军火炮颇为畏惧，屡屡惊呼"猛烈""厉害"。

弓箭赛过枪

一半的清军使用火器，为什么不是全部使用火器？原来，清军不愿意放弃自己的看家本领——弩弓，他们的弩弓在作战效能上，可能不比当时的火枪差。

一般说来，古代弩弓的最大射程为 300 米，宋代的神臂弓最大射程达到 500 余米，清朝雍正皇帝更是自诩清军的弓箭为历代最强。弩弓的准确率很高，可以精确瞄准。一个训练有素的弩手，可以准确命中 200 码外一个人型大小的靶子。

中学课本里，瑞典著名神射手威廉退尔射中自己儿子头上的苹果，用的就是弩弓。如果总督使坏，让他用滑膛枪射，估计他儿子的脑袋就要开花。

弩弓的射速大约是每分钟三四发，操作十分简便，大家很难想象有人会装错。唯一的问题是，需要人手拉弦，发射次数太多，容易疲劳，速度减低。可是，火枪连续发射后，一样会因枪管发热，造成炸膛，或者子弹威力减弱的情况。

弓的穿透力甚至比火枪子弹更强，神臂弓的箭可以穿透两层铁甲，普通火枪子弹未必能够做到。并且箭还有个优点，就是可以涂毒药，或者加装炸药。

所以说，这时的弩弓威力超过火枪，甚至在英国军队中，常常有人提出恢复传统的长弓，拒绝使用糟糕的滑膛枪。

刺刀改变战术

清军火枪火炮跟英国相差不多，弓箭还要厉害一些，怎么输得那么惨呢？

首先说说英军装备的一样不太起眼的武器——刺刀。滑膛枪是一种射程近、射速低的武器，战斗中，白刃战常常是不可避免的。在刺刀发明前，滑膛枪兵必须有长矛兵保护。刺刀发明后，一个使用装有枪刺的滑膛枪的士兵就是一个长矛兵，使用冷兵器的士兵不再是必需，从而带来战法和战术的进步。

英军作战时，一般排成两列横队，队列中的士兵，不能做单兵机动，站立装弹，立姿或跪姿齐射。横队周围有由散兵组成强有力的屏障，与敌保持接触，骚扰、杀伤敌军，并分散敌方火力，使己方队列不致过分暴露在敌人火力下。清军作战也须排成队列，又由队列组成各种不同阵式。列阵时，通常是重火器在前，其次轻火器，再次冷兵器。临敌时，在远距离上，以火炮轰击，稍近，开放抬枪；再近，则以鸟枪击打。三击不中，继之以冷兵器肉搏拼杀。结果，清军打仗恨不得排出十几列队伍。这种阵形，作战效能很低。由于清军只有半数多一点的士兵装备火器，英军全部装备火器，且枪支装有枪刺，当清军与同样数量的英军对阵时，实际是先用大约一半的火器兵对抗全部英军，再用大约另一半冷兵器兵对抗全部英军。

为了协调冷兵器和火器部队的步调，清军整个阵列只能以缓慢的速度移动，战术机动性相当差，很难运动到能最大限度发挥火力的有利位置。灵活的英军队形，往往能够成功地通过迂回等机动动作，对清军最薄弱处实施攻击。

而在镇江战役的几次战斗中，英军受到清军的袭击，遭到大量伤亡。

以逸待劳的英军

当时，清军的总兵力在80万人左右（包括八旗、绿营兵），在鸦片战争中，先后投入战争的有10万人左右。英军最初派出大约海陆军7000多人，最高增至2万人。从数字上看，中方占绝对优势，在具体的战役中，这种兵力上的优势未能显现。英方利用船坚炮利的优势，牢牢掌握制海权，也掌握着进攻的主动权。

为了防御英军可能的入侵，清政府在从盛京到广东的7个省，几十个海口都得设防，分到每个重镇，驻守的部队就在4000人至1万人。如此分兵，在每处都难以集合优势兵力，中英间的多次战役，中方投入的部队往往与英军相当，甚至处于劣势。

交通不便、调兵速度的缓慢，加重中方的困境。1841年10月10日，英军攻占宁波，道光帝调四川建昌、松潘两镇精兵2000名，前往浙江征剿，等到该部风尘仆仆、历经2000余公里赶至前线，英军已经在宁波休整近半年，以逸待劳，清军怎么能不输呢？

在这场鸦片战争中，中英双方武器杀伤效果的差距，远比武器性能悬殊得多。清朝的失败，首先是制度上的失败，然后是技术上的失败。

【逼慈禧向全世界宣战的一份假情报】

幸　实

1900 年 6 月 21 日，农历五月廿五，当时中国的实际统治者慈禧太后做了一件空前绝后的大事——向全世界宣战。这是一件令史学界匪夷所思的事情，因为 40 年前，英法联军攻入北京的时候，慈禧太后的丈夫咸丰皇帝就是被洋鬼子们逼着一路小跑到了热河承德避暑山庄，然后一命呜呼的。记忆犹新的慈禧不会不记得洋人的厉害，更不会忘记仅仅发生在 5 年前的甲午惨败。难道年逾花甲的她真的疯了，或是老年痴呆？

作为一个已统驭中国 40 年的老太婆，慈禧当然没疯，也没痴呆，而且从她后来的一系列行为来看，当时她老人家的脑子还灵光着呢。那么到底是什么原因促使她做出这个不计后果的疯狂举动的呢？据唐德刚先生在《晚清七十年》里的说法，慈禧的忽然发飙，是因为一封假情报所引起的。

那这是怎样的一封假情报呢？事情还得从她最信任的荣禄说起。在 5 月 20 日这天的深夜，一个黑影急匆匆地敲开荣禄家的大门，荣禄起来一看，原来是自己的心腹江苏粮道罗嘉杰的儿子，奉父亲之命星夜赶来告密。

罗公子带来一个坏消息，说各国公使已经联合决定，"勒令皇太后归政"。荣禄听后大惊失色，手足无措——他很清楚自己在戊戌政变里所发挥的作用，如果十一国勒令皇太后归政，光绪帝复出，自己就是 10 个脑袋，也得搬家了！

这可真是个难熬的夜晚啊！荣大人彷徨终夜，天刚蒙蒙亮，就紧急入宫禀告老太后。这一下，轮到老太后魂飞魄散了！慈禧太后是知道洋人厉害的，当年她的丈夫咸丰帝可不就是给洋人逼死的？现在老太后终于明白，洋人不肯朝贺大阿哥的原因，原来是要逼她归政，拥光绪帝复出！如今一切都明白了，老太后最担心的这个可能，想不到如今竟然要成为事实。

老太后老泪纵横，悲愤交集。洋人这是在要她的老命！如今的一条路，只能是和洋人拼了！要毁灭就大家一起去死吧！在自尽之前，老太婆哪里还管得了什么大清江山和亿万黎民百姓！

在翌晨的御前会议上，老太后泣不成声，语无伦次。当她把这个消息公布后，全场惊愕。据说端王以下的亲贵 20 余人，竟相拥哭成一片！激动之余，这些北京的当权派们发誓要效忠皇太后，不惜一切和洋人拼了。慈禧太后也说，既然战亦亡，不战亦亡，"等亡也，一战而亡不犹愈乎？"

这样，第二次御前会议，居然变成了"战前总动员"，于是乎，京师九门大开，义和团大批进京，日夜不绝。

回头想想，慈禧太后好歹也从政近40年，何至于这次如此冲动呢？美国历史学家摩尔斯（费正清的老师）也说，"太后一向做事是留有余地的，但只有这次她这个政治家却只剩下女人家了"。也许，迫其归政，是打中了她——也是一切独裁者的要害了。

各位，我们就要问问了，这个弄得宫中鸡飞狗跳的假情报是哪里来的呢？后来查此来源，原来是在上海英商所办的英文报纸《北华捷报》（North China Dairy News）上发表的一篇社论，主张慈禧归政光绪，后来此文又转载在《字林西报》上。可能是在此文刊登前，被报社华裔职工获悉，辗转被粮道罗嘉杰所悉，结果被添油加醋当成情报给汇报了。

历史往往是无数的偶然性构成的，一念之差，生灵涂炭，夫庸何言？也许有人要问了，既然打算和洋人拼命，那进攻使馆又为何屡攻不下？

事实上，老太后虽然一时被愤怒冲昏了头脑，但还是留有余地的。下令进攻使馆，也许只是想胁迫各国公使撤回归政要求。何况，即使把洋公使给拼掉，到时候她也可以"将在外，君命有所不受"的借口推托，把责任往诸将身上一推——后来证明她就是这么干的。但问题是，各国公使们哪里知道有什么要求归政的要求，在清兵的进攻之下，他们也只能选择抵抗待援了！

身为国防军的头头，荣禄也不是傻瓜，万一到时把使馆夷为平地，杀死公使，洋人要是追究起来，那可不是好玩的。于是乎，从一开始他就装病，把袁世凯的武卫右军调开，上面逼得紧了，就让董福祥的甘军去拼命打。在广州观战的李鸿章听说后，哈哈大笑，告诉外面的媒体朋友说，"使馆无恙，大家尽管放心！"原来，以董福祥土匪军的能力，是不可能攻下使馆的。理由很简单，董福祥的军队没有西洋大炮，有的都是些土制大炮，只听炮声轰轰响，却不见弹下来！

到后来，八国联军攻入北京，再到后来，仗打完了，慈禧也乐了，因为她非但没有被当作挑起战争的罪魁祸首被洋人惩办，反而继续做中国的最高统治者。一份捕风捉影的假情报，带给慈禧的只是流亡的日子，带给中国人民的却是深重的苦难。

【杨乃武与小白菜案的背后】

陈华胜

杨乃武与小白菜案是清末著名的一桩奇案，发生在我的家乡杭州府治下的余杭县。原本是一桩普通的刑事案件，但因为有了慈禧的亲自干预，而变得非同一般起来。现在想来，这个案件还真的非同一般。

我们先把这个案件交代一下，再来看它背后的文章。

杨乃武是浙江余杭人，同治癸酉（1873）科的举人；"小白菜"本名毕秀姑，因为长得面貌白净秀气，身材轻盈苗条，又喜欢穿绿色的衣裳，系白色的围裙，故而被轻浮之人称作"小白菜"。

就在杨乃武中举的前一年，18岁的毕秀姑嫁给了余杭仓前镇附近的葛品连。葛品连是一名豆腐坊的伙计，当时的人对于这桩婚姻不免有一种鲜花插在牛粪上的遗憾。婚后不久，葛品连带着妻子租住到了杨乃武家的一间房子里。因为葛品连常常在豆腐作坊宿夜，毕秀姑又常请杨乃武教她识字、读书，外间遂流传开二人的闲言碎语。久而久之，葛品连也怀疑毕秀姑与杨乃武有奸情。于是，葛带着妻子次年就搬出了杨家，在县城另外找房子租住。同治十二年（1873），就在杨乃武中举不久后，葛品连突然暴病身亡。其时适值天气较热，停尸到第二天的晚上，葛品连的尸体口鼻内有淡淡的血水流出。按照中国人的习惯思维，口鼻流血必是中毒身亡，《水浒传》里的武松就此证明了兄长武大是被人谋杀的，葛品连的家人见状也大呼小叫起来。

余杭知县刘锡彤的儿子刘子翰曾经强奸过毕秀姑，毕秀姑虽然忍气吞声但此后总是躲避着他，这让觊觎毕秀姑美色、总想占为己有的刘衙内好不郁闷。此刻，他趁机兴风作浪，唆使葛品连的母亲葛喻氏去告官，称葛品连系被人毒死。在当时的仵作，也就是今天的验尸官沈祥草率验尸后，刘锡彤断定葛品连之死系毕秀姑下毒所致，于是对毕秀姑严刑逼供。可怜一朵娇柔的小白菜哪里受得住大刑伺候，屈打成招，伪供自己与杨乃武有奸情，合谋毒杀葛品连。

当杨乃武被传到余杭县衙大堂时，他还沉浸在中举的喜悦之中，丝毫没有想到飞来横祸。按照清朝尊重读书人的旧制，秀才、举人出庭应诉应该享受看座的待遇，并且不能施加刑讯。但刘锡彤一则在儿子的挑唆下，二则已经拿到了小白菜的单方供词，哪里还管这许多规矩。照样对杨举人严刑审讯。杨乃武可不比小白菜，知道事情的厉害，严词否认，但刘知县仍以杨、毕通奸谋杀亲夫案上报杭州府。杭州知府陈鲁下令将一干人犯解押至杭州，仍旧对杨酷刑逼供，一连几堂，杨乃武被迫诬供自己曾将砒霜交给小白菜，嘱其杀夫。陈知府拿到供词以为万事大吉，遂上报浙江省。浙江省的最高长官、浙江巡抚杨昌濬据此上报刑部。

在此期间，杨乃武的姐姐杨菊贞、妻子詹彩凤到处奔走营救。她们到省里喊冤告状，但杨巡抚不予理会，于是两个女人又二次上京告状。光绪元年（1875），京城的言官给事中边宝泉奏请将此案提交刑部仔细审讯。浙江籍的京官夏同善、汪树棠、张家骧等以及大学士兼光绪帝的老师翁同龢都主张重新审理。浙江地方士绅30多人也联名上票帖给都察院，认为此案不仅关系杨、毕两条人命，且关系到浙江读书人的面子。一个举人如果都不能依法保护自己，那浙江士人的斯文何在？多方的吁请居然惊动了垂帘听政的慈禧，她阅读了案宗后下令交刑部彻底根查。刑部得了懿旨岂敢怠慢，立即命浙江巡抚将全案人犯解京。

经刑部与都察院、大理寺三法司会审，并重新开棺验尸，终于确定葛品连系因病暴亡，杨乃武与小白菜并未合谋下毒。冤案平反，杨乃武从此心灰意冷，出狱后以种桑养蚕为业；毕秀姑则割断红尘情愫，削发为尼，法名慧定。杨昌濬以下各审办官吏累计牵连300余人，均受到处分。这一历时两年多的奇案，后来被编成戏曲，在民间广为传播。

有一天，我在《清史稿》里读到杨昌濬的传记，突然发现了慈禧为什么对这么一桩刑事案件如此关注的原因。说到底，这桩刑事案件的背后其实还是一桩政治案件。

先来看看杨昌濬的来历。

杨昌濬，字石泉，湖南湘乡人，湘军将领出身，因战功做到浙江巡抚。洪秀全太平军起来的时候，杨昌濬跟从湘军早期领袖之一的罗泽南办团练起家。同治元年，又跟从左宗棠入浙与太平军作战，大败太平军李世贤部，屡立战功。同治九年，在曾国藩、左宗棠等人的保荐下升任浙江巡抚，成为地方大员。

我们有理由相信，如果杨昌濬不是湘军将领出身的巡抚，慈禧恐怕还未必对杨乃武案有如此的关心。因为同治、光绪年间，"长毛"既已平定，而在战争中迅速壮大的湘军势力，已经严重改变了清朝传统的权力结构，出现了"尾大不掉"的局面。早在咸丰八年（1858），湘军将领胡林翼就当上了湖北巡抚，成为湘军中第一个地方大吏。两年后，曾国藩当上了两江总督并节制江南军务，他随即又保荐了湘系将领李续宜、沈葆桢、左宗棠、李鸿章分别担任安徽、江西、浙江、江苏四省巡抚，这四省巡抚又保荐自己的部下充任布政使、按察使。当时的朝廷为了让他们全力对付洪秀全，请无不准。到同治三年（1864），在全国8名总督中，已有3名是湘系出身，他们是两江总督曾国藩、直隶总督刘长佑、闽浙总督左宗棠，此外四川总督骆秉章和两广总督毛鸿宾也与湘军关系密切；在全国15名巡抚中有7名出自湘军或与湘军渊源颇深，至于担任府道一级的官员中湘军将领就更多了。

这是慈禧不得不担忧的。

这不仅是对祖制的破坏，更有威胁到满族统治的潜在危险。按照清初制度，多以汉军旗人出任督抚。汉军旗人是较早与满族合作的汉人，清廷对他们比较放心，而且由他们出任督抚也可以缓解满汉矛盾。到了乾隆朝时，满族人统治既已稳固，于是一概任用满族人为督抚，以维护统治民族的特殊地位。嘉庆、道光两朝基本沿袭乾隆朝制度。

但这一切到了咸丰朝太平天国起事后，都发生了变化。由于汉族官员的作用无可替代，督抚重职也只得向汉人开放了。开放是开放了，但放心仍旧是不放心的。咸丰四年春，曾国藩率领刚刚练成的湘军一战攻克武昌，这是清政府对太平军作战以来最大的一次胜利。捷报传到北京，咸丰帝喜形于色，对军机大臣们说："不意曾国藩一书生，乃能建此奇功。"满族的首席军机大臣就从旁提醒说："曾国藩以侍郎在籍，犹匹夫耳。匹夫居闾里，一呼蹶起，从之者万人，恐非国家福也。"咸丰听后，"默然变色久之"，立即收回了任命曾国藩为湖北巡抚的成命，只赏了他一个兵部侍郎衔。

应该说满族统治者对汉人掌权实在是出于被动，并且一向有所防范的。事实上，湘军将领也曾有过不臣的念头，太平天国刚刚被平定后，朝廷下诏要曾国藩和湘军将领从速办理军费报销，曾国荃、彭玉麟、左宗棠、鲍超等人为此极为不满，在玄武湖开会，秘密活动要拥戴曾国藩出面，反抗清廷。彭玉麟更是直露地手写12个字给曾国藩："东南半壁无主，老师岂有意乎？"但由于曾国藩以道统为任，抱定"终身委曲为官"的宗旨，才没有酿成激变。

慈禧当政后，面对一大批因军功得官的湘系将领，如何处置委实是一道难题。要想像汉高祖、明太祖那般"烹走狗"，此时的清朝实在已经没有了这样的实力，弄不好还会物极必反。借杨乃武、小白菜这样一个刑事案件不露山不显水地削除湘军势力，正是一个好机会，而且浙江也正好是湘系力量相对集中的省份。于是杨昌濬等浙江300多名官吏终于尝到了苦头，巡抚被免职，知府、知县入狱的入狱，削官的削官，甚至有人不堪忍受巨大的心理压力，自杀了事。

作为湘军的领袖，如履薄冰的曾国藩也看到了朝廷的态度，他连忙配合着以"湘军作战年久，暮气已深"为理由奏请裁湘军归乡里。他也不得不自削党羽了。

慈禧的政治手腕终于使她顺利地排除了军人政治对传统文官政治的冲占，而她的继任者就没有这么大本事了，于是袁世凯终于得势。

当然，杨乃武、小白菜们是不会想到这么多的。

【光绪之死与袁世凯告密真相】

戴　逸

光绪三十四年十月二十一日（1908年11月14日）傍晚，38岁的光绪皇帝，躺在冰凉寂静的中南海瀛台涵元殿，满含悲愤离开了人间。第二天下午，操纵晚清政权达半个世纪之久的慈禧太后，也死在中南海仪鸾殿内，终年74岁。光绪皇帝和慈禧太后去世的消息一传出，就震惊了海内外。人们普遍认为，年纪轻轻的光绪反而死在了74岁的慈禧的前面，而且只是差一天，这不是巧合，而是处心积虑的谋害。于是，光绪被人谋害致死的种种说法也就由此产生了。

光绪临终病情

那么，光绪究竟是怎么死的呢？让我们看看中国第一历史档案馆当年光绪病情档案是如何记载的吧。

光绪37岁时写的《病原》中说：遗精已经将近20年，前几年每月遗精十几次，近几年每月二三次，经常是无梦不举就自行遗泄，冬天较为严重。腰腿肩背经常感觉酸沉，稍遇风寒必定头疼，耳鸣现象也近十年。光绪二十六年以后，光绪的病不断恶化，从未好转。从现代医学角度来分析，光绪已患有严重的神经官能症、关节炎和骨结核以及血液系统的疾病，这是导致光绪壮年夭亡的直接原因。

光绪二十四年三月初九，御医曹元恒在《脉案》中写道，皇上肝肾阴虚，脾阳不足，气血亏损，病势十分严重，在治疗上不论是寒凉药还是温燥药都不能用，处于无药可用的严重局面。五月初十，御医陈秉钧写的《脉案》上有"调理多时，全无寸效"的话。七月十六日，江苏名医杜钟骏为皇帝看过病后说："我此次进京，满以为能够治好皇上的病，博得微名。今天看来，徒劳无益。不求有功，只求不出差错。"拖到九月，光绪的病状更加复杂多变，脏腑功能已经全部失调，死亡只是早一天晚一天的事了。

十月中旬，光绪的病情已经进入危急阶段，他出现肺炎及心肺衰竭的临床症状。十月十七日，周景涛、吕川宾等三名御医会诊，一致认为光绪皇帝已是极度虚弱，元气大伤，已处于病危状态，并私下对朝臣说："此病不出四日，必有危险。"十月十九日，光绪已出现胸闷气短，咳嗽不断，大便不通，清气不生，浊气下降，全身疲倦乏力的症状。到二十日，光绪已经是眼皮微睁，流着口水的嘴角轻轻颤抖。当天夜里，光绪开始进入弥留状态，肢体发冷，白眼上翻，牙关紧闭，神志不清。到了二十一日的中午，光绪的脉搏似有似无，眼睛直视，张嘴倒气。拖到傍晚，光绪怀着满腔的怨恨与世长辞了。

近些年来，经医学专家对光绪的头发进行分析检验，已确定光绪临死时体内有超量的砒霜，为砒霜中毒而亡，但究竟是如何中毒而死的，尚待进一步的史料挖掘。

帝后之争

同治十三年（1874）十二月初五的深夜，同治皇帝因为患天花病突然去世。临终没有留下由谁来继位的遗命，而国家又不能一天没有君主。在第二天召开大政会议，讨论究竟由谁来继位，慈禧太后压制了其他一切意见，坚持由4岁的载湉，入宫来继承皇帝大位。载湉之所以能够当上皇帝，一方面是因为慈禧亲生之子同治皇帝去世后，没有留下儿子继承皇位；另一方面，更重要的还是慈禧权欲熏心，想找个儿皇帝，创造再次垂帘听政的机会。光绪元年正月二十日，4岁的载湉在太和殿正式即位。从这一天起，光绪就被慈禧牢牢抓在手里。光绪虽然当了皇帝，是一国之君，但是自从他入宫以后，陪伴他的只有孤独，他是在烦琐的宫中礼节、慈禧经常不断的严词训斥中长大的，他从小就心情抑郁，精神不快，身体积弱，难以抵挡疾病的侵袭，留下了难以治愈的病根。

光绪十五年正月二十日，19岁的光绪皇帝举行大婚典礼。光绪的一位皇后两个妃子都是慈禧做主选的，皇后不是别人，正是慈禧亲弟弟桂祥的女儿叶赫那拉氏。慈禧选自己的侄女为皇后，为的是在把朝政交给光绪后，还能利用皇后来控制和操纵皇帝，起码可以监视和掌握皇帝的一举一动。

光绪的两位妃子是瑾妃和珍妃，二人是亲姐妹，但相貌性格大不相同。瑾妃相貌一般，而且性格懦弱；珍妃貌美端庄，性情机敏。珍妃对光绪的同情和体贴，激起了光绪对未来的憧憬和热情，同时，也引发了他要在政治上摆脱束缚有所作为的欲望。大婚后的数年间，他与珍妃共同度过了一生中显得较为轻松的时光。

光绪临朝亲政后，53 岁的慈禧表面退居颐和园颐养天年，实际上权势依旧，一如既往地把握着国家政务。她一方面处处限制光绪的权力，国家重要大事都要秉承她的懿旨去办理；另一方面又通过自己的侄女隆裕皇后及亲信太监李莲英等人，暗中监视光绪的行踪。

光绪二十四年四月二十三日，光绪皇帝颁布"明定国是"诏书，宣布变法，强调博采西学，推行新政，授予康有为"专折奏事"特权。那些守旧的权贵重臣害怕光绪皇帝的改革会触动他们的地位，纷纷投靠慈禧并竭力挑拨他们"母子"的关系。慈禧也深恐光绪改革的成功会影响到她的独裁。这样朝廷大臣里出现了"后党"与"帝党"，双方展开了激烈的斗争。光绪亲政的十年，是与慈禧进行政治和权力斗争的十年，从中日甲午战争到戊戌变法运动，双方矛盾日益尖锐。

重创：戊戌变法失败

光绪二十四年八月，在以慈禧为首的守旧势力的反对和镇压下，变法运动最终失败，康有为、梁启超出逃，谭嗣同等"戊戌六君子"遇害，光绪本人也被囚禁在中南海瀛台，他的政治生活到此结束。此后，光绪度过了 10 年没有人身自由的囚徒生活。

光绪也深知慈禧的险恶用心，日夜担惊受怕，提心吊胆，对天长叹：我连汉献帝都不如啊！被囚禁在瀛台的光绪，心情抑郁，病情日益加重，体质直线下降。

光绪二十六年七月二十一日，八国联军入侵北京。慈禧带着光绪皇帝仓皇出逃，相传她临行前还不忘处置珍妃，命令太监崔玉贵把珍妃推到宁寿宫外的井中害死了。当光绪得知珍妃的死讯以后，精神就更加崩溃了，旧病复发，日趋严重，再也无法康复。

由此可见，从光绪自幼多病，到青年以后的病情逐步加重，都与他的政治处境和精神生活密切相关。慈禧的长期压制和打击，是光绪得病的重要原因。从这一点看来，民间传说是慈禧把光绪害死的，并非全无道理。

传统说法留下重重疑团

戊戌变法中袁世凯的告密是关键情节，传统的说法是，因袁世凯告密而导致慈禧政变，究竟袁世凯怎样告密？至今众说纷纭，留下重重疑团。

戊戌年七月三十日，光绪帝颁密诏给杨锐，嘱维新派妥筹良策，推进变法。密诏中说："朕位且不能保，何况其他？"光绪帝意识到将有变故，自己处在危险地位，流露出焦急心情，要维新派筹商对策。八月初二又由林旭带出第二次密诏，令康有为"汝可迅速出外，不可迟延"。康有为、梁启超、林旭、谭嗣同等维新派的核心人物跪诵密诏，痛哭失声，誓死搭救皇帝，不得已铤而走险，决定实行兵变，包围颐和园，迫使慈禧太后交权。八月初三，谭嗣同夜访法华寺，会见袁世凯，劝袁举兵杀荣禄，围颐和园，对慈禧太后则或囚或杀。此后事情的发展有不同说法，传统说法是，袁世凯是个两面派，一面假意和维新派周旋，骗得光绪帝封他为侍郎；另一面看到慈禧的势力根深蒂固，决定投靠旧党。他用假话哄走了谭嗣同。八月初五，向皇帝请训，当天乘火车回天津，向荣禄告密，出卖光绪帝和维新派。当夜，荣禄赶回北京告变。八月初六，晨，慈禧临朝训政，囚禁光绪，捕拿维新派，杀六君子，百日维新遂告失败。

一个谜：政变之初，慈禧为何不捉拿谭嗣同

以上传统说法长期流行于史学界，但近几十年史学家对此提出疑问，否定了因袁世凯告密导致慈禧政变之说，其理由如下：八月初六慈禧实行政变，如果是袁世凯告密导致政变，则政变上谕中必定指名捕拿谭嗣同，因谭是劝说袁世凯围园劫持太后的人，属于"逆首"。慈禧太后绝不会放过他。何以上谕中只命捉拿康有为、康广仁兄弟，没有谭嗣同在内？而且上谕中康的罪名是"结党营私，莠言乱政"，罪名较轻。如果有围园劫太后之谋，则是大逆不道，罪在不赦，上谕中，何以轻轻放过？

又一个谜：荣禄不可能乘火车连夜赶回北京

还有，袁世凯在八月初五上午觐见光绪后，即乘火车回天津，"抵津，日已落"（袁世凯《戊戌日记》）。袁赶到荣禄处告密，已在夜间，荣禄得知围园消息后，万难在当夜赶去北京，把消息反馈给太后。因为，当时北京、天津之间的火车通行不久，只有白天行车，没有夜车，也缺乏夜间行车的设备、经验与技术。即使荣禄以直隶总督之尊也不可能下令加开一次夜车。荣禄于八月初五夜间万万赶不到北京，而慈禧太后实行训政却在初六上午，可见太后的政变并非由袁世凯告密所引起，政变时还不知道康有为等有围园劫太后之谋。政变是新旧两党长期矛盾积累的结果，守旧大臣杨崇伊等认为维新派乱政妄行，请求慈禧太后出面训政，这是守旧派的一个既定步骤，与袁世凯告密无关。

疑点重重的袁世凯《戊戌日记》

袁世凯在《戊戌日记》中说，谭嗣同深夜来访，再三要求袁世凯举兵杀荣禄，包围颐和园，并说："不除此老朽（指慈禧太后），国不能保。"袁世凯闻言大惊，推辞敷衍，不肯答应。可是《戊戌日记》存在几个疑点。第一，包围颐和园，杀西太后，这是何等重大而紧急的事件，袁世凯告密如果是积极的、主动的，可以在第二天，即初四在北京找到北京的大臣告密，何必一定要回天津向荣禄告密？初三夜，谭嗣同找他密谈，提出围园杀太后之谋，初四一天何以袁无所动作，没有在北京告密？第二，据袁世凯说，

初五返津见荣禄，即要告密，"略述内情"，忽有客人入座，因此欲言又止，只好等明天再说。此是何等大事，谭嗣同已募勇士数十人在京，事态一触即发，慈禧有旦夕之祸，却因为座上有客人，把此事延宕一天，难道袁世凯不能禀明荣禄有要事相告，设法把客人支走？袁世凯是何等精明人，办事却何其拖沓、糊涂？

袁世凯与维新党的关系

应该说，慈禧把袁世凯认作维新党人是有道理的。事实上袁世凯与维新党人联系密切，不但与闻兵变之事，而且参与密谋，做出投向维新派的承诺。他在维新变法问题上和康有为的思想十分接近。甲午战争以后，他即和康有为结交。1895 年，在康有为发动公车上书以后，袁世凯时在督办军务处当差，他曾向光绪帝上书，条陈变法事宜，他当时的思想观点和康有为很接近。

1895 年夏，康有为第四次上书，都察院、工部不肯代递，袁世凯曾帮助向督办军务处要求代递。不久，强学会成立，袁世凯积极参加，是发起人之一。后来袁世凯奉派赴小站募新建陆军，康有为等为袁设酒饯行。康有为对袁的印象也极好，认为："袁倾向我甚至，谓吾为悲天悯人之心，经天纬地之才……"

袁世凯通过维新派的荐举，越级提升。袁对维新派感激不尽，他们之间的关系拉得更近了。维新派内部议论的机密事，也不避着袁，而且袁表示支持。不管怎样，光绪帝是合法的君主，袁世凯除了思想上与维新派有一致之处，无论从忠于君主的伦理观念说，或是为个人名利地位计，他也会向维新派靠拢。

八月初三，当光绪帝的密诏带到康有为那里，维新派的几位核心人物聚在一起，捧诏痛哭，商议救光绪的办法，其中竟有袁世凯的心腹徐世昌。如果不是袁已对维新派做出全力支持的承诺，维新派是不会让徐世昌参加这一秘密活动的。

袁世凯虽早已参与维新派的谋划，并承诺要支持维新派，但八月初三谭嗣同夜访，提出了杀荣禄、调兵入京围颐和园劫持太后之谋，袁世凯犹豫了。因为执行此计划极其冒险且难度很大。袁军虽精锐，但周围有聂士成、董福祥的军队牵制。聂、董的军队人数远在袁军之上。且袁军驻扎小站，离北京二三百里，要长途行军，突破聂、董二军的阻拦，奔袭颐和园，成功的把握实在太小了。

荣禄一直在窥测事态的发展，袁世凯被召进京，封为侍郎。荣禄很紧张，谎称英俄在海参崴开战，大沽口外，战舰云集。故调动军队，把聂士成军调到天津，把董福祥军调到长辛店，以防不测。并写信给袁世凯，催他赶快离京返津。袁世凯回到天津，并没有发生像他在《戊戌日记》中所说与荣禄的谈话，而荣禄只是把他留在天津，未让他回小站营中，并对袁世凯严密防范。袁世凯听说北京发生政变,慈禧太后再出训政，捉拿康有为，吓得魂飞天外，以为密谋已经败露，故"大哭失声，长跪不起"，向荣禄表示忏悔，并将谭嗣同夜访之事，和盘托出，为保全自己，出卖了光绪帝和维新派。

人物新考

【夏姬与四大美女】

何 申

书上给中国古代"四大美女"的排序是西施、王昭君、貂蝉、杨玉环。这既符合她们的年代先后，还把"沉鱼、落雁、闭月、羞花"这八个字与每个人对上了。

若论她们四位谁最漂亮、分打得最高，一般还是公推西施。据说西施漂亮到在河边浣纱，河里的鱼被她的美貌所吸引，都忘了游动，以至沉到水底。当然其他三位也不得了：王昭君北上和亲，汉元帝一见真人这么漂亮，气坏了，回去就把画师毛延寿杀了，只因他提供的"玉照"（画像）既失真又添堵；貂蝉就更不用说了，让吕布与董卓反目，一副娇容挽救了汉朝；杨贵妃令三千粉黛无颜色，没事就洗澡，把那唐玄宗弄得神魂颠倒，人都死在马嵬坡了，日后却还演绎出那么多绝唱。说来各有千秋，然西施的名气终归还是比其他三人大，以至连鲁迅小说里都用"豆腐西施"，来形容平民对美的标准之界定。

其实中国历史上还有一个女人，叫夏姬，按理说她才应该是第一美女。夏姬是春秋时期郑国郑穆公的女儿，名叫素娥。这素娥长到15岁时，就已经美得无与伦比了。在此之前但凡有名有姓的美女如骊姬、褒姒、妲己、文姜，已全被她"拿下"。什么玉骨冰肌、花容月貌，轻移莲步、恍如飞燕之舞……凡是能用得上的最好的词，都给她用上也不算多。假如那时有选"世界小姐"的活动，看来桂冠是非她莫属。

如此这般的美女，可为何登不上中国古代美人排行榜呢？莫非自有了四大发明，往下就只能有"四大美女""四大须生""四大名旦"，就不许有"五大""六大"，现今不是都搞十大杰出人物了吗？说来都不是。原因就在于夏姬的本人"档案"中（素娥后嫁夏御叔，人称夏姬）有不良的品行记录。不过，记录中有关贪污盗窃骗婚行贿利用色相腐蚀官员承揽工程这类问题皆无，她的问题主要是生活作风不好。她先后嫁人数次（七次），累死男人若干（九人），为争她还弄出了区域战争。既然有这等历史问题，那你夏姬长得再好也不行了，你年近四十容颜还像十六七一样也不能算美女。评美女你就失去了资格。

本来是评论古代长得漂亮的美女，但实际上还得讲政治。西施为救越国献身吴王，把敌国给毁了；王昭君为了民族和睦，把自己给毁了；貂蝉为报答王允，把董卓、吕布爷儿俩都毁了；杨玉环为了唐玄宗能逃命，把老杨家满门都毁了。这些都是能摆到大面上的。于是她们在评美时就不断得高分，尤其是西施，上升的档次比旁人高得多，进而荣登榜首。王昭君就有点冤，其实她在这四人当中命最苦。进宫三年皇上没召见，等见面了也该出塞了。也怪她自己，自恃漂亮，又讲原则，不肯向毛画师行贿，结果毛在她的像上点了丧夫落泪痣（不知在何部位），让皇上一看就撇到一边。哎呀，可叹这一江南美女子哟，秋风阵阵，看着天上南翔的大雁，自己却朝北走。她就在马上当当弹琴，弹得大雁都哗哗掉下来了，跟她一块儿伤心。往下更可怜，她先嫁单于，单于死了又嫁单于的儿子，还生了儿女。结果，尽管她所承担的担子很重，命比苏武还苦，可由于嫁得有点乱（尽管从胡人习俗，可理解），在评美的得分上还是打了折扣。

貂蝉呢，漂亮是漂亮，但她身世可疑。貂蝉是《三国演义》中唯一不知姓什么原籍在哪日后又落到哪的人。电视剧还挺能琢磨，最后让她坐一小车顺着青草地走远了。尽管她舍己救了汉朝，但一想曾委身董卓，还是令人难忍。加上吕布也朝三暮四没个准主意。于是给她块铜牌，评委也算开恩了。

最不能让人容忍的，则是杨玉环。她很肥胖不说，还让大她十多岁的安禄山当干儿子。安禄山过生日，这干娘还给他"洗三"，用婴儿筐装着。"安史之乱"，有很大程度上就是她杨家一门惹的祸，否则也不能出了马嵬坡军变，硬逼皇上杀了杨国忠和他的贵妃。"安史之乱"死了多少人！如此，比起夏姬的问题，不知要严重多少。故让杨玉环并列季军，夏姬肯定是不服气。但不服气也得服气，这就是选美。美不美，靠评委。评委内部的事，外人谁说得清。

同样的女学生，是糖衣炮弹还是给英雄配的美女，就看编剧背后站着的是谁，比编剧更厉害的又是谁。

【商鞅：为强秦奠基，为自己掘墓】

徐 畅

商鞅的悲剧充满了历史的浓重感和宿命感。

他执掌秦国朝政19年，这才有了繁华富庶、气势如虹的强秦；才有了始皇帝"续六世之余烈，振长策而御宇内，吞二周而亡诸侯，履至尊而制六合"的统一大业；才有了历代王朝沿用的秦汉制度、霸道王道并存的治国传统。而他死于自己制定的法律下，也是以生命维护了变法的尊严。

公元前 361 年，商鞅入秦。这是一个年仅 29 岁的年轻人。然而发布"求贤令"的秦孝公比他还年轻，22 岁，刚刚登基为君。此时，七国争雄，秦国只能算二流国家。

但 23 年后，当秦孝公和商鞅去世时，秦国已一跃成为"超级大国"。这对君臣的相遇，开启了轰轰烈烈的变法时代。如果没有他们，140 年后中国历史上的第一次统一，也许难以实现。

在魏国兜售自己

商鞅是卫国公族的后裔。他所置身的战国时代，是一个饱学之士周游列国、到处兜售自己的时代。他们不需要祖国，朝思暮想的都是知遇之恩。

商鞅也不例外。他从小研读刑名之学，摸索出一套变法理论。尽管对法律、军事的研究已超出前辈吴起、李悝，但他的这套办法，在本国毫无兜售希望。

第一个机会来自魏国。魏国国相公叔痤，对商鞅的奇谋十分欣赏。不知道是商鞅的不幸，还是魏国的不幸，就在公叔痤决定向魏惠王推荐商鞅时，公叔痤已被病魔夺走了大半条命。他只能竭尽余力，告诉前来探病的魏惠王："我死之后，希望您能以举国之事，听候商鞅的调遣。"

魏惠王估计被公叔痤这句话吓到了：商鞅？他才 20 出头，乳臭未干！当然，他尊敬老臣，没有当面说国相老糊涂。

公叔痤非但没有老糊涂，反而姜是老的辣。他看懂了魏惠王的表情，无奈，狠了狠心说："既然您不用商鞅，那一定要杀了商鞅。"人才如战略物资，自己不用也不能资敌。

等魏惠王走后，公叔痤越想越不是滋味，一个青年才俊将因自己而死？不知是不是人之将死，其心也善，他派人叫来了商鞅，告诉他事情的经过："你赶快逃走吧。"

公叔痤的急切溢于言表。看来，他一生最后的努力就是保全商鞅的性命了。然而，面对一个垂垂老者，商鞅的表现告诉大家，姜不一定老的辣："大王既然不能听您的话而信任臣下，又怎么会听您的话杀臣下呢？"

果然，魏惠王没有杀商鞅。

既然公叔痤死了，商鞅在魏国的前景也就等于零。下一步去哪里？他把战国七雄一字儿排开，思索哪个国家会成为自己的买家。

恰在此时，秦孝公的"求贤令"发布了。

商鞅的目光越过了函谷关，他决定入秦。

三见秦孝公

商鞅见到秦孝公，是宠臣景监引荐的。

第一次见面,商鞅还弄不清秦孝公的想法。他试探性地从三皇五帝讲起,还没说完,秦孝公已经打起了瞌睡。事后,秦孝公怒斥景监:"你推荐的什么朋友,就知道夸夸其谈。"

见到秦孝公的这个反应,商鞅反而高兴了:"原来秦公的志向不在帝道。"第二次见面,他又从王道仁义讲起,秦孝公的兴致比前一次好点了,但还是觉得不着边际,哈欠连天。商鞅更高兴了:"秦公志不在王道。"

于是,第三次见面,商鞅劈头就问:"当今天下四分五裂,您难道不想开疆拓土、成就霸业吗?"

秦孝公立刻精神了,他要的就是霸道!听着听着,他不由自主地向商鞅靠拢。最后,秦孝公不再矜持,激动地握住商鞅的手:"请先生教我。"

说服了秦孝公,商鞅的强国大计只是销售了一大半。秦国的重臣还对变法有所保留,甘龙、杜挚等人,就对商鞅的一套毫不买账:"商鞅来自外国,他根本不了解秦国的实际情况,国君不过是被他的花言巧语迷惑而已。"

聪明的秦孝公并不急于表态,他要看看商鞅如何应付——如果你的变法政策连大臣都说服不了,还如何推行全国? 商鞅站了出来,和群臣展开了一场著名的"答辩会"。甘龙说,要效仿先圣。商鞅就历数那些成败君主,凡是有作为的必有所创造、有所超越,陈陈相因导致衰亡,顺应时势才能大展宏图。一番滔滔雄辩,把对方驳斥得哑口无言。

说服了大臣,商鞅的变法政策还只在朝廷站稳了脚跟。但是,老百姓会相信你的新政策吗? 商鞅想到了一个办法。

一天,商鞅亲自来到国都的南门,令人竖起一根 3 丈高的木头,百姓不知所以,纷纷前来围观。商鞅宣布,能把这个木头扛到北门,即赏 10 金。"这可是重赏啊!"人群中一阵惊叫,却没有人相信这是真的。商鞅果断地把赏金提高到 50 金。终于,有个年轻人出来试试运气了,他轻松地把木头搬到北门。众目睽睽之下,商鞅当场付款。

举国轰动了：商鞅是信守承诺的!

公元前 356 年,商鞅在秦国开始了彻底而系统的改革。土地制度变化了,开阡陌,除井田;治安管理加强了,什伍连坐,互相监督;贵族特权取消了,奖励农耕,生产的粮食多也可以立功,优秀的农民可以扬眉吐气;爵位等级秩序建立了,不分平民贵族,以战功授奖,只要立功多,就可以富甲一方。秦国的军队从此变成虎狼之师。既然杀敌取胜可以带来财富和地位,何乐而不为呢?

十几年里,"秦民大悦,道不拾遗;山无盗贼,家给人足;民勇于公战,怯于私斗,乡邑大治"。公元前 350 年,在商鞅的主持下,秦国迁都咸阳,以郡县制划分行政区域。接着,秦国夺取魏国河西之地,迫使魏国迁都大梁。甚至,那个名义上的天下共主周天子,也要如同诸侯一样向秦国祝贺。普天之下,秦国之外,已无强国。

秦孝公兑现了他在"求贤令"中的诺言："与之分土。"商鞅被封为大良造，因战功封於、商十五邑，号商君。巨大的荣誉与权力倾覆朝野，商鞅达到了人生的巅峰。

死在自己的法律下

但是，秦国的强大并不符合所有秦国人的利益，首当其冲的是旧贵族。在特权被取消之后，他们变成了商鞅的死敌。

早在变法之初，太子就指责过商鞅："新法严峻。"按照商鞅的政策，敢说新法的坏话，这还了得？罚不了太子，也要罚教导太子的两位师傅——公子虔被割了鼻子，公孙贾脸上被刺了字。

法律的权威虽然得以保障，未来的国君却得罪了。有人劝商鞅急流勇退。但是身在权力的顶峰，又有几个人懂得退？大概商鞅以为自己仍可以逢凶化吉。他对政治的瞬息万变，对君主的自私一面，估计不足。他对平民生活，毫无兴趣。于是，在秦孝公后期，商鞅有太多的机会为自己留退路，但都被他放弃了。

公元前338年，秦孝公去世。这是很多人潜心等待的一个时刻——时势会因为一个人的存在与否而发生巨变。太子驷继位，为惠文王。公子虔等人终于有了报复的机会，他们告发商君谋反，发吏追捕。商鞅有口难辩，唯有逃亡。

在一个月色初上的黄昏，商鞅逃到了函谷关，关守尚不知咸阳城中的变故。但商鞅万万料想不到的是，他出逃太急，忘了带验证身份的凭证，而每一家店主都告诉他："我们商鞅大人制定的法律，留宿没有证件的旅客，店主要受连坐之罪！"

商鞅喟然叹曰："嗟乎，为法之弊，一至此哉！"自己当日颁布连坐令时，又何曾想到以亲身陷此令？商鞅走投无路，只好回到封地，仓促地组织了一支人马，起兵造反，战败。秦惠文王对他实行了严酷的车裂之刑，告诫世人"莫如商君反者"。

1000多年后，又一位力排众议、走在时代风口浪尖的改革家王安石，在月色朦胧、清风拂面的夜晚，在隐隐半山掩映的书斋中，面对商君一生事迹，泪湿衣衫，挥笔写下诗句：

自古驱民在信诚，一言为重百金轻。

今人未可非商鞅，商鞅能令政必行。

商鞅以他的变法，开秦扫天下的先声。

【"风险投资家"吕不韦】

王 丹

公元前 265 年，秦昭王和他的大将白起吸引住了六国恐慌的目光，人们惴惴不安——谁会第一个被秦灭亡？当时没有人注意到，一个对秦统一中国至关重要的人，这时刚刚来到赵国邯郸的街头。他既非商鞅那样的改革家，也不是白起这样的常胜将军，他只是一个商人。他叫吕不韦。

潦倒的人质

吕不韦在赵国遇到了一个对他一生影响深远的人：秦昭王的孙子异人。

只怕连秦昭王自己都快忘了还有个叫异人的孙子。他的太子安国君，替他生了 20 多个孙子，异人不是长孙，生母夏姬也不是太子宠妃。继承君位的事，怎么也轮不到异人。去赵国做人质的事，倒有他的份儿。吕不韦来到邯郸，遇到的正是潦倒的人质异人。

身为商人，吕不韦却对政局一向关心。吕不韦非常清楚：哪里的资源和利润最丰厚？政坛。什么样的投资最容易升值？人弃我取。吕不韦一眼就看中了异人。他回家和父亲商量："耕田能获几倍的利？"

父亲答："10 倍的利。"

吕不韦又问："经营珠玉能赢几倍的利？"

"百倍的利。"

吕不韦再问："帮助立一国之主，能赢几倍的利？"

"无数的利。"

既然有这么大的利可图，吕不韦决心放手一搏。于是，他专程拜访异人，游说道："我能光大您的门庭。"异人不以为然："你姑且先光大自己的门庭，再来光大我的门庭吧！"吕不韦说："您不懂啊，我的门庭要等待您的门庭光大了才能光大。"一场双赢的交易就此在两人之间展开——吕不韦辅助异人成为秦国国君，异人则承诺和吕不韦分享秦国土地。

让异人答应这场交易并不难，难在怎么让异人成为秦国合法的继承者。吕不韦把筹码押在一个女人身上——华阳夫人。

年轻貌美的华阳夫人，深受异人父亲、太子安国君的宠爱，已经被立为正夫人。一旦太子登基，她便是秦国王后。然而，华阳夫人无子，对未来的担忧成了她最大的心病。

聪明的商人和好大夫一样，都擅长对症下药。吕不韦自掏腰包，拿出 500 金，搜罗了珍奇玩物，来到咸阳，找到了华阳夫人的姐姐，以异人的名义进献珠宝。华阳夫人的姐姐便劝说妹妹："我听说用美色来侍奉别人的，一旦色衰，宠爱也就随之减少。现在你正受宠，不如趁早在太子的儿子中找到一个有才能而孝顺的人，立为继承人。丈夫死后，就不会失势了。否则，一旦容貌衰老，你想和太子说上一句话，都很难了。"

见华阳夫人有些动心，姐姐又继续劝道："公子异人排行居中，按次序是不能被立为继承人的，他的生母又不受宠爱，所以他才会主动依附于你，况且他有贤能，你若提拔他为继承人，一定安享尊荣。"

这一席话正中华阳夫人的下怀。不久，远在邯郸的异人改名子楚，被立为秦国继承人。

说不清的儿子

大手笔的生意正在顺利进行，吕不韦却遇到了麻烦：子楚在一次宴会上，看上了他的爱妾赵姬。给，还是不给？

最初，吕不韦十分生气。但是，他很快意识到，他已经为辅佐子楚献出了大量家财，现在正是等待盈利的关键时刻，不给，岂不浪费了前期投资？于是，赵姬改嫁子楚。有意思的是，据说赵姬改嫁时已经有孕在身，而这个孩子，整整怀胎 12 个月后才出生。

谁也说不清，这是谁的儿子。谁也不知道，给子楚一个"现成的儿子"，是不是吕不韦设计好的投资之一。但可以肯定的是，正是这一笔投资，决定了吕不韦的终局——因为这个儿子不是普通人，正是未来的始皇帝嬴政。

嬴政出生仅仅两年，秦昭王就发起了声势浩大的"邯郸之围"，希望一战剿灭赵国。赵国大怒，打算杀掉人质子楚。吕不韦连忙又拿出 600 金，买通了邯郸城的守军，把子楚送到秦军大营中。而逃不出去的赵姬和小嬴政，吕不韦也早有准备。赵姬出身于赵国的富贵家庭，有了这层身份，母子二人在赵国躲藏，并不是难事。

过了 6 年，秦昭王去世，安国君继位。吕不韦的好运开始降临——安国君才当了 3 天秦王，就一命呜呼，子楚成为国君，即秦庄襄王。庄襄王当然懂得"吕不韦"这 3 个字对他一生的意义，他兑现诺言，任命吕不韦为丞相，封为文信侯，河南洛阳十万户成为吕不韦的食邑。

但庄襄王的命运仅仅比父亲好一点而已，他在即位 3 年后也去世了。12 岁的嬴政登上了王位。吕不韦的大笔投资进入了收益期——年幼的嬴政尊重他，称他为"仲父"。

对于吕不韦来说，自己的儿子成为秦国的国王，他是应该高兴，还是忧愁？这局棋，他其实一直没有算清楚。

嬴政继位后，吕不韦和太后赵姬又恢复了早期的关系。私通太后，显然是危险的。为了自己脱身，吕不韦又下了一着棋。他找到了一个名叫嫪毐的门客，冒充宦官，献给太后。而太后竟也照单全收，和嫪毐如鱼得水，还躲到别处生下两个儿子，吕不韦很得意：他的相国之位可以保住了。

但事与愿违。9年后，太后和嫪毐东窗事发，这让已经成年的嬴政颜面扫地。嬴政把嫪毐家三族人全部杀死，还杀了太后所生的两个儿子，把太后迁到雍地居住。第二年，他又免去了吕不韦的相国职务。

后来，嬴政为了表示孝道，特地把太后迎接回咸阳，但对于吕不韦，嬴政谈不上应尽的孝道。他把吕不韦赶出京城，驱往河南的封地。

12 年相国

吕不韦预想自己可能老死在河南封地，一生的波澜即将成为往事。

从公元前 249 年庄襄王即位，到秦王嬴政十年即公元前 238 年被罢相，吕不韦作为相国把持秦国朝政 12 年之久，在政治、经济、军事、文化等各方面都颇有建树。吕不韦入秦之初，4 年之间，秦国连丧三王，国内政局混乱，叛乱迭起，蝗灾瘟疫不断，外部还有强敌趁机猛烈进攻。面对内忧外患，吕不韦充分调动全国的物力，顺利渡过严重的自然灾害，平定了各地的叛乱，稳定了国内的政局；又有效地组织人力，击退外敌的入侵。在吕不韦居相位期间，秦国取得的土地至少有 15 个郡以上，占统一后全国总郡数近 1/2，为秦国统一打下了很好的基础。

在文治方面，吕不韦招来文人学士，写成了一部《吕氏春秋》，共有八览、六论、十二纪，20 多万字。书刻好后，他命人将书立于咸阳城门，上面悬挂着 1000 金的赏金：谁能增删一字，就可取走千金。《吕氏春秋》这部历史巨著，为即将诞生的封建大一统王朝，在政治理论上做好了充分的准备。

机关算尽

迁居洛阳后，吕不韦也并未赋闲，凡有事，大臣们就过来请教吕不韦，门庭若市的吕不韦让秦王嬴政对他很不放心。此外，秦王嬴政更担心的是自己身世的秘密，几乎人人都知道他是吕不韦的亲生儿子。很难说到底是担心吕不韦功高震主，还是为了表明自己与吕不韦没有血缘关系，或者两方面的原因都存在，秦王嬴政向洛阳发布了一纸命令，要他立刻举家移民到蜀地。

到这时候，吕不韦终于明白自己寿终正寝的想法无法实现了。

在秦王嬴政的书信前，吕不韦喝下毒酒自杀——这最后的结局，无论如何不在吕不韦的算计之内，他决不会想到，从他开始把风险投资投到秦国继承人身上时，他自己也成为这个庞大项目中的一粒棋子。随着这个项目的一步步推进，他的命运已经完全不掌握在自己手中了。

吕不韦作为一名由商人跃上政治舞台的政治家，他对秦统一事业的贡献是巨大的，他可以称得上中国古代一位杰出的政治家、思想家。同时，我们今天更要承认，他也是一位杰出的"风险投资家"。

【换个角度看吕后】

孙 杰

曾经，那个叫娥姁的女子也是家境阔绰的大户闺秀。为躲避仇家，随父亲吕公从单父（今山东单县）南迁到沛县。如果门当户对出阁，娥姁本可以安安生生做她的贤妻良母。但一件偶然的事情改变了她的一生。在吕家举办的与当地乡绅见面宴会上，混进一个蹭吃蹭喝的人，他就是刘邦。

刘邦出身于本分的农家，他本人却并不本分，既不喜读书，也不愿务农，整天呼朋唤友、喝酒泡妞。以他这样的身份，是没资格傍吕家这样的大款的。

可刘邦运气实在好。吕公有给人相面的嗜好，在他眼里，这位浪荡穷鬼的面相却是贵不可言。吕公不仅容忍刘邦白吃一顿，而且不顾老婆的强烈反对，执意要把家里的黄花大闺女娥姁白送刘邦。

娥姁，她的大名叫吕雉，嫁给刘邦以后便开始了嫁鸡随鸡、嫁狗随狗的生活。她已经不是富家的大小姐，而是地道的农妇，屋内养儿育女，户外除草种地，都是她的本分。这时的吕雉十分善良，史书记载，一天她在田里劳作时，有一个过路老人来讨水喝。吕雉不仅送喝的，还送老人吃的。

公元前208年，在陈胜吴广起义后，刘邦也率领沛县子弟兴兵反秦，被拥为沛公，吕雉则由一个普通农妇被尊为夫人。两年后，刘邦攻入咸阳，立为汉王，吕雉又晋级成了王后，希望来得快，绝望也跟得紧。随后，刘邦与项羽开始了长达四年的楚汉争霸，项羽在睢水大败刘邦。乱军之中，吕雉和一双儿女被冲散，她与公公刘太公一起成了项羽的俘虏。在被楚军扣押了近两年半之后，吕雉才回到了刘邦身边，这时她已经年近四旬。

吕雉就这样在充满着希望却又时常面临着绝望的境遇中活着，活得比一般女人更艰难坎坷。当她和公公成为项羽俘虏时，刘邦不仅不想办法搭救，反而成了缩头乌龟，死不出战。急性子的项羽将刘邦的爸爸拉到阵前，摆出一副要把他煮了的架势，想激刘邦做个血性汉子。哪知刘邦却满不在乎，说："你我是拜把子的兄弟，我的爹也是你的爹，如果你想把爹爹煮了，别忘了分我一杯羹！"在那个年代，爹的地位远比老婆高。对爹态度尚且如此，如果项羽要拿吕雉作威胁，刘邦说不定会跑过去抱柴火帮忙一块儿煮。

刘邦不需要贤妻，也不需要良母。当吕雉和她的儿女失散后，姐弟俩侥幸遇到了奔逃的父亲。刘邦因为追兵迫近，人多车慢，竟然将亲生儿女推下车去。这等行为连"司机"夏侯婴都看不过去，将姐弟俩又抱回车上。刘邦再推，夏侯婴就再抱上来。刘邦大怒，斥喝道："你竟敢违抗我的意愿吗？"又将儿女推下去。夏侯婴大吼一声，跳下车将两个孩子挟在腋下狂奔，才算救下他们的性命。

这番磨难加上与刘邦共同生活二十年的经历，使吕雉彻底明白了自己要成为一个什么样的人——不是女人，因为她已经没有了资本，而是一个政治家，一个丈夫事业上的得力帮手。吕雉的转型不仅快，而且十分成功。在刘邦夺取和稳固天子地位的过程中，吕雉（这时应该称吕后了）功不可没。

像所有帝王一样，刘邦夺取天下之后，也开始一个个收拾身边的功臣。功劳最大的三人中，谋士张良是个明白人，对主子溜须拍马处处讨好，已无威胁；能臣萧何是个老实人，只会踏踏实实做事，没有野心；只有大将韩信，不仅有历史污点——在楚汉之争中刘邦最危急的时刻讨官要官——而且一直居功自傲，让刘邦难以放心。刘邦先把韩信由齐王改封为楚王，又由楚王贬为淮阴侯，并用计谋把韩信带回京城，以便能牢牢看着他。后来，韩信真的被逼出了反叛之心，他趁刘邦外出平乱，准备在京城动手，袭击吕后和太子。谁知消息走漏，吕后和萧何将韩信骗进宫中，把他绑起来砍了脑袋。吕后杀韩信，完全是你死我活的政治斗争的需要，与他们的品德毫无关系。相反，吕后在如此危急时刻，勉力支撑局面，果断行动，表现出了超人的政治勇气和智慧。其时，她心里何尝不明白，老公早就想干掉韩信，只是怕天下人指责，才不敢动手。如今借己之手除掉后患，是对老公绝大的政治支援。所以，刘邦闻讯后的心情是："且喜且怜之"，首先是高兴，然后才有些惋惜。吕后是多么了解自己的丈夫！

公元前195年，刘邦去世，吕后这时是四十六七岁。她开始以更大的热情来操持打理这个"家"——在她眼里，家早已不是小家，而是国家。她先是扶持时年十六七岁的亲儿子刘盈接班。为了保证天下永远在自己人手里，她甚至把刘盈亲姐姐鲁元公主生的女儿嫁给了刘盈，这等于是外甥女与亲舅舅成亲，不仅乱伦，而且绝不可能优生。也许是遗传规律在起作用，刘盈和他的外甥女皇后始终生不出后代。吕后只好让自己这个外孙女假装怀孕，然后把刘盈和一个嫔妃生的孩子抱过来，硬说是皇后生的，取名刘恭。而刘恭的亲妈则被吕后杀掉。

刘盈十分短命，只做了7年的皇上就病死了。年幼的刘恭即位。50多岁的吕后以太皇太后的身份继续支撑着大汉的家业。

吕后虽然只有刘盈一子，但刘邦与其他妃妾还生了7个儿子。而刘恭又并非刘盈的嫡子。那么，刘盈死后，他的弟兄们就存在争夺皇位的可能。这显然是吕后最担心的事情。所以，在刘盈的葬礼上，吕后只干号却没有眼泪。聪明的下级当然明白主子的心思，一方面为让吕后安心，一方面为保住自己脑袋，他们纷纷向吕后建言献策，推举吕家的人担任要职。吕后顺坡下驴，不仅趁机让自己的娘家人掌握了军机大权，而且大肆为吕氏封王。

历史上一直诟病吕后扶持吕家党羽的行为，这其实是站在所谓的正统观念，也就是刘家的角度来看问题。事实上，持这种观点的人忽视了当时严重的政治危机。

刘邦是大汉的开国君主，他死时，与他一起打江山的开国功臣们大多健在。其中很多人的出身与刘邦一样，都是农民或底层小吏。这些人没受过正统教育，缺乏道统观念，同时又功勋卓著，那可是说反就反的呀。刘邦在世还能镇得住，刘邦的亲儿子刘盈即位也还说得过去。而刘盈之后，面对这么强大的"反动势力"，一切都很难说了。

所以，在指望不上刘家人的情况下（别说帮忙，不添乱就谢天谢地了），吕后转而寻求娘家人的协助，并没有说不过去的地方。

从吕后苦心孤诣给刘盈找老婆，我们也能看出吕后是想把江山牢牢控制在纯正的刘家血统人手里的。但没想到，吕后不得已扶持的孙子刘恭却不买账。他长到七八岁时，知道了自己的身世，而且放出狠话："吕后把我亲娘杀了。当初她怎么对待我亲娘，我以后就怎么对待她！"

吕后自酿的苦果只能自己吞。她借口刘恭已经神经错乱，不能再当皇帝了，又立了新君刘弘，据称他是刘恭同父异母的兄弟，是刘盈与另外一个嫔妃生的，但也有人认为这是个冒牌货。刘恭不久之后就被吕后杀了。

如果说晚年的吕后表面上杀人如麻，一点都不过分。刘邦与其他嫔妃生的儿子刘友、刘恢、刘建，都是被她逼死的。吕后掌权期间，薄税赋、废苛政、正民风、举孝悌，尤以停行"三族罪"和"妖言令"为史称道。史书也不得不说："高后女主，制政不出闺阁，而天下晏然，刑法罕用，罪人是希，民务稼穑，衣食滋殖。"这俨然是一幅盛世景象。对于吕后的评价，已经足够。

【副手中的高手】

牟丕志

萧何、张良、韩信，被称为"汉初三杰"。三人在创建汉室江山的过程中，立下了盖世功勋。令人感慨不已的是，他们三人的命运大不相同，韩信被杀，张良退隐，只有萧何做了刘邦的副手，与刘邦和平共处几十年，虽然也有过一些波折，总算有始有终，终老天年。

翻遍二十五史，一同打江山的副手大多是白忙活，最后不但没有好处，就连性命也难保。萧何能够当刘邦的副手，在官场上风光几十年，不能不说他是一个当副手的高手。

萧何是一个人才，用现在的话说，是司法专家、民政专家、后勤专家。刘邦当平民、当无赖的时候，人家萧何已经在沛县当小吏，在政绩考核中曾名列榜首，说明他是一个很有水平、很能干的官。但萧何没有官架子，看得起平民刘邦，把他当朋友看待。这时，刘邦常常巴结人家萧何。萧何为人忠厚，待人诚恳，处处帮助刘邦，对他日后起家起到了不可低估的作用。后来，刘邦起兵造反，想到萧何，让他当县丞，这是萧何当副手的开始。

萧何是文官，负责处理财税、安抚百姓、颁布政令、为军队供应粮草等后勤工作，做得极为出色。在多次战役中，当刘邦处在最危急的时刻，多亏萧何前来支援，才化险为夷。特别是夺取秦都咸阳后，众将都在争抢金银财宝，只有萧何保护了秦朝的文书档案、律令图书等，所以刘邦才能对全国的军事要塞、地形地貌、人口多少、经济现状了如指掌。

打下江山，萧何在评功中获得了第一名，为此，刘邦恩赐他上朝时可穿鞋带剑，不必遵循常礼。可是，萧何处处遵守礼仪，他知道，皇上可以让你放肆，那是对你的恩赐，你铭记在心就是。你要真的放肆，就是对皇上的大不敬，那是要倒霉的。所以，他把分寸掌握得极为得体，没有因为细节问题为自己惹是生非。这是萧何的明智之处。

萧何能够平安地当刘邦的副手，最重要的不是他能干，而是性格温顺，凡事听命于刘邦，有好事全让给刘邦，能够委曲求全。

所以，刘邦平定天下后，对萧何网开一面。《史记》上记载，萧何做事好请示，无论是制定法令制度，还是建宗庙、社稷、宫室、县邑，总是尽快向刘邦报告，得到同意后，他才开始实施，从不自作主张。看上去好像是没有主见，其实，这是最为高明的主见。

刘邦是个大老粗，痞子出身，对治国之道一窍不通，萧何想怎么办，他一般都会同意。萧何凡事等刘邦同意才办，这样，效率可能低一些，但确实保险。他的这一做法使刘邦极为高兴，最后，论功行赏时，把功劳的第一名给了萧何。

在刘邦看来，这个副手既能干，又没有野心，是靠得住的，所以，刘邦破例没有铲除萧何，君臣得以相安无事几十年。

萧何老谋深算，懂得克制自己就是保护自己。他和吕后一同诛杀了韩信，又得到封赏，被拜为相国，刘邦还给他配备500名士卒的卫队。萧何知道，表面上这是对他的赏赐，实际上刘邦已经产生了怀疑，自己得到的好处太多，刘邦觉得很不舒服。

他深知月满则亏、水满则溢的道理。于是，他果断地把全部的家产捐出来当军费。这样一来，刘邦自然十分高兴，没有任何推辞，就收下了。

可见，萧何的家产早就让刘邦惦记上了。如果萧何不主动交出来，说不定哪一天刘邦就找一个借口抄了萧何的家。那样，大家就得撕破脸皮，肯定不会愉快。

然而，萧何再老练，也有想不到的地方。萧何的思路是全心全意为刘邦效忠，做到尽心尽力，安抚好百姓，忠于职守。可这样一来，他会深得民心，得到更多百姓的爱戴，更让皇帝害怕和担心。

此时，一个门客警告萧何："你离灭族不远了，这样孜孜不倦地做事，老百姓越来越爱戴你。皇帝多次派人询问你在干什么，其实，是害怕你占有关中地区啊。你为什么不多买一些田地，用低价赊借，败坏自己的名声呢？只有这样做，皇帝才安心。"萧何听从了门客的建议。为此，刘邦大为高兴。想想看，萧何如果不这样做，就凭刘邦心狠手辣、极爱猜疑的性格，能放过萧何吗？

萧何的一生，大部分时间是给刘邦做副手，没有大起大落，但过得十分辛苦。他忍辱负重，任劳任怨，克勤克俭，安抚天下，用心之良苦，鲜有与之比肩者。他用尽一生心思，总算"找准了位置"，在危机四伏的封建社会官场中，成为一个幸运者。

【东方朔：汉朝的撒娇派教主】

郭灿金

东方朔保持了很多项个人纪录：

他是第一个以东方为姓的人。据说东方朔的父亲姓张，在他出世前就死了，母亲生下他3天后也去世了。因为他出生之时，东方刚亮，所以就被兄嫂命名为东方朔。因此，他是东方姓氏的第一人。

大隐隐于朝，这是后人经常挂在嘴边的一句话，但真正对这话拥有完整知识产权的也是东方朔。当时他和别人辩论，一不留神就说出了这句流传千古的经典名言。后人对这句话推崇备至，尤其是那些腆颜拿着俸禄，却又标榜自己拥有高尚情怀的人。后人甚至还将这句话延伸为："大隐隐于朝，中隐隐于市，小隐隐于野。"

"谪仙"这个名字最早也属于他，只是李白后来居上，将这个名字独占了。

东方朔是以一种特别个性的方式让皇帝记住的。

他本来是齐地人，酷爱读书，为了有更大的发展，就兴冲冲地来到了首都长安。到了长安之后才知道，长安人才济济，想搏个出人头地还须恶搞才行。于是，他决定直接给皇帝上书。当时汉武帝提倡读书人通过上书的方式来表现自我，所以给皇帝上书算不上多有创意的举动。东方朔的伟大之处就在于只给皇帝写了一封信就让皇帝彻底记住了。他采用的方式我们今天才明白过来，那就是恶搞。

东方朔刚到长安时，到公车府那里上书给皇帝，这封信那可是写得汪洋恣肆、轰轰烈烈，他一口气用了3000个木简才把这封信写完。3000个木简是个什么概念？就是公车府的两个年轻人刚刚好抬得起来。

于是，武帝在宫内开始阅读东方朔的上书，一连读了两个月才读完。我们不知道这封需要两个月才能读完的信水平如何，反正读完了信之后，汉武帝就下令任命东方朔为郎官，让他经常在皇上身边侍奉。东方朔这人很机智，经常让汉武帝高兴得大笑不已。他最著名的段子是对下面两个词语的"考证"。

在去甘泉宫的路上，汉武帝看到了一只红色的虫子，头目牙齿耳鼻都有，随从都不知道它是什么东西。武帝就让东方朔来辨认。东方朔回答："这虫名叫'怪哉'。从前秦朝时拘系无辜，平民百姓都愁怨不已，仰首叹息道：'怪哉！怪哉！'百姓的叹息感动了上天，上天愤怒了，就生出了这种虫子，名叫'怪哉'。此地必定是秦朝的监狱所在地。"武帝就叫人查对地图，果然。武帝又问："那怎么除去这种虫子呢？"东方朔回答："凡是忧愁得酒就解，故以酒浸这种虫子，它就会消亡。"武帝叫人把虫放在酒中，一会儿，虫子果然靡散了。

汉武帝曾到上林苑游玩，看到了一棵好树，问东方朔这是什么树。东方朔回答："这树名善哉。"汉武帝暗地里叫人识别了这棵树。几年后汉武帝又问东方朔这是什么树，可这次东方朔却回答："这树名瞿所。"汉武帝立即说："东方朔欺骗我好久了。树名前后不同，这是何故？"东方朔说："大的叫马，小的叫驹；大的叫鸡，小的叫雏；大的叫牛，小的叫犊；人小时候叫儿，长大后就叫老。这棵树过去叫它善哉，现在叫它瞿所。长少死生，万物败成，岂有定数？"

东方朔习惯于以自己奇怪的行为方式给大家惊喜。由于汉武帝时常下诏赐他御前用饭，饭后，他便把剩下的肉全都揣在怀里带走，把衣服都弄脏了。皇上屡次赐给他绸绢，他都是肩挑手提地拿走。然后，他就用这些赐来的钱财绸绢，娶长安城中年轻漂亮的少女为妻。然而，他又是一个喜新厌旧的人，娶来的美女他最多保持一年的兴趣，之后就再娶，因此，他的钱财和精力都用在了物色小美女、迎娶大美女、抛弃老美女的工作上，弄得同僚们半是嘲弄半是嫉妒地称呼他为"疯子"。他却反唇相讥："笨蛋，你们没有明白我这样的人是在朝廷里隐居吗？"

他喜欢撒娇，尤其是在汉武帝的背后向汉武帝撒娇。有一天，东方朔又在为自己的满腹才华自吹自擂，公开扬言在大汉王朝，学问的前三名一定是东方、东方、东方！同僚一起发难："你如果说苏秦、张仪水平高我们承认，因为他们偶然遇到了大国的君主，便能混个卿相。至于您，我们却不敢恭维，因为我们已经清清楚楚地看到您在朝廷里奋斗了数十年，官衔不过是个侍郎，这难道没有您自己的原因吗？"东方朔的回答堪称经典："不要乱说什么张仪、苏秦的往事，时代不同了，高低都一样。周朝十分衰败，诸侯王得到士人的帮助就能强大，失掉士人的帮助只能自取灭亡，所以士人可以身居高位，子孙长享荣华。那显然是非正常年代的非正常事件。在如今正常的年代，贤与不贤，凭什么来辨别呢？古书上常说：'天下无害灾，虽有圣人，无所施其才；上下和同，虽有贤者，无所立功。'我做小官本来是极平常的事情，你们有什么不理解的呢？"

这段话说得滴水不漏，既打击了他人，又抬高了自己，同时还拍了朝廷的马屁，这娇撒得绝对空前绝后。依仗自己的智力，东方朔成了隐居在朝廷中的撒娇派教主，弄得汉武帝一天不见东方，就会觉得哪里不舒服。面前无人撒娇岂不是空有江山？于是汉武帝也不时地给东方朔提供表演的舞台。

一天，建章宫后阁的双重栏杆中，有一只动物跑了出来，它的形状像麋鹿。消息传到宫中，汉武帝亲自到那里观看，问身边群臣中熟悉事物而又通晓经学的人，没有一个人知道它是什么动物。汉武帝就兴奋地下诏叫东方朔过来。

东方朔果然不负众望，马上开始撒娇："博学如我，怎会不知道这个东西的名字，但只有让我吃好喝好之后，我才愿意说出来。"吃饱喝足之后，东方朔又开始撒娇："我知道某处有公田、鱼池和苇塘好几顷，只有陛下将这块公田赏赐给我，我才愿意说出来。"得到汉武帝肯定的答复后，东方朔突然大叫道："恭喜皇上，恭喜皇上！我认得这种动物叫驺牙。它的出现，预示着不久的将来必然有人过来归降！"过了不长不短的一年多，匈奴浑邪王"果然"带人来归降汉朝。东方朔料事真如神！

因为料事如神，东方朔再次得到了赏赐，这些赏赐又够他娶几个美女的了。

到了晚年。东方朔临终时，规劝汉武帝说："《诗经》上说'飞来飞去的苍蝇，落在篱笆上面。慈祥善良的君子，不要听信谗言'。'谗言没有止境，四方邻国不得安宁'。希望陛下远离巧言谄媚的人，斥退他们的谗言。"汉武帝说："如今回过头来看东方朔，仅仅是善于言谈吗？"对此感到惊奇。过了不久，东方朔果然病死了。古书上说："鸟到临死时，它的叫声特别悲哀；人到临终时，它的言语非常善良。"说的就是这个意思吧。

东方朔是当之无愧的杰出人才，在专制的年代里，他学会了如何调节个人与社会的紧张关系，学会了如何最大限度地用知识换取物质利益，并学会了用这些东西去换取其他方面的享受。因此，他看透了做官的虚妄，看透了金钱的虚妄，看透了知识的虚妄，看透了人生的虚妄，于是，他利用虚妄的知识，换取虚妄的官职，换取虚妄的金钱，再用金钱换取实实在在的肉体享受，以此度过虚妄的人生。

知识就是力量，这话难道是骗我们的吗？

【孔融之死乃性格悲剧】

魏风华

东汉孔融。汉献帝建安元年即公元196年，在袁绍的骚扰下，孔融从青州逃跑到许昌。

来到许昌后，孔融发现朝廷已完全被曹丞相架空了，皇帝成为彻底的傀儡。许昌的政局，中心人物是曹操。但由于孔融是孔子后代，又是建安七子的大佬，所以影响也很大，他的寓所成了当时许昌最热闹的沙龙，每天都会聚集着一大批人，讲谈文学、品评人物、议论政治、推荐新人。这让曹操很烦恼。

说起来，曹操和孔融之间是互相轻视的。孔融是孔子的后代，曹孟德不在乎；建安七子的首领，曹孟德不承认。孔融写的东西，让曹操不屑。当然，对于曹操，孔融更看不上，这里面不仅包括曹操的出身，还包括曹操的为人。许昌时代，孔融对曹操的政治多有责难，比如反对进攻荆州的刘表和刘备，反对禁酒，反对恢复包括宫刑、黥刑、刖刑等在内的肉刑，还有就是干涉曹操父子的私生活，给曹操写了一封信讽刺其子曹丕纳袁绍的儿媳为妾。

自然，除了最后一条外，其余三条均是用正常的手段表达自己的观点，并无不妥；至于最后一条，虽有干涉曹家私生活的嫌疑，但也不至于死罪。让曹操憋着一口气的，不是孔融多次以书信形式责难当朝丞相，而是为什么我一有个风吹草动，你孔融就在一边窃窃私语、叽叽喳喳，真把我烦死了！

这期间还发生了我们所知的"祢衡事件"，祢衡是孔融所推荐的，但在一次夜宴上当场辱骂了曹操。不过曹操没对祢衡下毒手，曹操的目标是孔融。他无法容忍在首都有一个人，四海青年才俊皆以其为师。这个人的家里，每天宾客盈门，议论朝政，而且总和自己唱反调，连自己的儿子找个姑娘，也跳出来点评两句。你以为你是谁？事儿麻烦了。许昌是曹操的，也是孔融的，但归根结底是曹操的。建安十三年即公元208年秋，有人网罗孔融的罪名，当然也可以被认为是在曹操的指使下干的。于是，借此机会，曹操把孔融满门处死。

处死了？对，处死了。在被逮捕之前，孔融听到了四条指责：A. 在北海为太守时，见皇室有难，招募兵丁，举动可疑；B. 曾诽谤朝廷；C. 虽为孔子之后，但不遵守礼仪，打扮不修边幅，嗜酒昏狂；D. 曾口出狂言，说"父之于子，当有何亲？论其本意，实为情欲发耳。子之于母，亦复奚为？譬如寄物缶中，出则离矣"。意思是说，孩子的诞生是父母情欲爆发的结果，所以当父母的没有恩于孩子。

这最后一条一经公布，孔融便死定了。"父母于子无恩论"实在让人难以相信是孔子的后代孔融说的。

孔融的言论"激进"，他直接否定了"孝"的意义。中国古代王朝都标榜"以孝治天下"，由此观之，他实在是"大逆不道"了。如果放到现在，即使曹操不杀他，孔融也会被大众的唾沫淹死。

当然，也有另一种可能，孔融之所以说出这样的话，是因为对当时险诈的世道与人心不古的失望，更可能被人断章取义了。不管出于何种目的，孔融说了那话，于是他便在劫难逃了。

生不逢时！这是我对孔融悲剧的最大感怀。"负其高气，志在靖难，而才疏意广，迄无成功"，这是历史的评价。若在清平的治世，孔融想必干得更好；但逢三国乱世，并无政治、军事与谋略之长的孔融，在不与当权者合作的同时，又喜欢坐在一旁议论时政，自然不为曹操所容。说到底，孔融之死是性格酿成的悲剧。这危险的性格来自曹操，更来自孔融自己。

【诸葛亮五次北伐中的军事失误】

宋祖兵

诸葛亮，字孔明，三国时期曾任蜀国军师、丞相，受封为武乡侯。东汉建安十二年（207），27岁的诸葛亮经司马徽和徐庶的推荐，又经刘备"三顾茅庐"的一番"隆中对策"后，被恳请出山，投身于错综复杂的政治、军事斗争中，从而成为中国历史上著名的政治家、军事家。他足智多谋：用激将法说服孙权，实现孙、刘结盟，赤壁败曹，形成三国鼎立之势；施以"占据险要，徐图发展"的战略，使刘备称雄西蜀；采用"攻心为上"的方略，七擒七纵孟获，一举平定南中；以及奉行"治戎讲武，足食足兵，出师有名"统一中国的军事战略方针，以至于在中国人的心目中，他是谋略与智慧的化身。然而他也一再失误，为实现"隆中对策"中的"图取中原"的方略，连续实施了长达8年之久的5次北伐，次次都不克而还，终至积劳成疾，病亡五丈原。

错用将　街亭失守

蜀汉建兴六年（228）1月，诸葛亮领兵北上，丞相司马魏延建议兵分两路：即一路由精兵取子午道（从关中直达南通汉中的通道）袭击长安；另一路大部队从斜谷道（今陕西眉县西南，为秦岭太白山170里长狭谷的北端部分）出击咸阳。诸葛亮认为魏延傲才不驯未采纳，坚持采取"稳扎稳打，先夺取陇石，再相机进图关中"的战略方针。为实现此方针，他采用声东击西的战术：扬言出兵斜谷，进攻关中，并使镇东将军赵云、扬武将军邓芝为疑兵进驻斜谷，吸引魏军；亲率主力六万出祁山（今甘肃东南部西汉水北岸地区）。诸葛亮出其不意，达到了一举掠取天水、南安、安定三郡等陇西广大地区的第一中间目标，取得了下一步发展进攻的战略据点。蜀军的行动大出魏军所料。曹睿急忙坐镇长安，并调张郃督步骑五万西拒诸葛亮，调大将曹真守陈仓（今陕西宝鸡东南）。

2月，诸葛亮在西城（今甘肃西和县）得知魏军五万前来拒战，乃遣参军马谡、裨将军王平、督将军李盛和黄袭等为前锋，疾趋街亭（今陕西清水县北）以堵塞陇坻西方隘口，另以将军高翔屯柳城（今陕西清水县北）为其翼。大将军魏延曾自告奋勇请当先锋，但诸葛亮对魏存有戒心，"违人拔谡"。

街亭，位于渭河与麦积山（今甘肃天水东南）之间，是由陕入陇的要隘，地位极为重要。马谡等率军到达后没有贯彻诸葛亮的意图，认为街亭是山僻之险，魏军不会前来攻取，只有街亭侧面的一个高地才是天赐之险，"居高视下，势如破竹"。对马谡违背主帅意图的决策，王平进行了多次劝说，依然无效，只得请马谡分拨部分人马另立据点，成犄角之势。

马谡拨给王平千余人马后，自率大军安营扎寨。张郃大军一到，便直逼山下，把马谡层层围住，马谡多次冲击无效，军中断水，军心浮动，在魏军的威胁下，有的开始投降，马谡控制不住局面，只好突围逃跑。王平鸣鼓自恃，张郃恐有伏兵，不敢相逼，王平才得以收拢残兵退回。

魏大将军曹真见诸葛亮败退，随后收复天水、南安、安定三郡。同时估计诸葛亮可能会改从陈仓方向进攻，便令郝昭等率兵在陈仓抢修城郭，准备坚守。

街亭失守表现了诸葛亮在用人上的重大失误。他不使用既有作战经验、有胆有识又有勇有谋的魏延，却用了一个长期从事地方行政事务、从未带兵打过仗、空有一套书本理论、连最起码的军旅实践和作战经验都没有的马谡，"好论军计""言过其实"，且刘备早已对其存有戒心。诸葛亮事后也认为："街亭之败不在其他，而在选人不当。"

误料敌　陈仓受挫

诸葛亮败回汉中后，及时对军队进行了整顿，厉兵讲武，以为后图，半年多后，即建兴六年（228）11 月，诸葛亮得知魏发动三路大军东下攻吴，认为关中虚弱，便决定再次举兵击魏。

当时，蜀群臣大多数认为要吸取街亭失败的教训，魏不可伐。诸葛亮却极力阐明攻魏是先帝之托，王业不可偏安，强调"臣鞠躬尽瘁，死而后已，至于成败利钝，非臣之明所能逆睹"。于是 12 月 3 日，诸葛亮率兵沿故道（今陕西凤县）、散关路线进攻陈仓。

陈仓地形险要，是蜀军伐魏的必经咽喉要道。正如诸葛亮所说："陈仓西北是街亭，必得此城方可进兵。"魏将郝昭依托陈仓天险，构筑了坚固的防御工事；还在陈仓口筑起一城，深沟高垒，遍排鹿角，十分严谨。先锋魏延率军猛攻数日，仍不能破城。

为打破僵局，诸葛亮采取政治诱降与军事打击相结合的方针，曾派郝昭的同乡两次向其喊话劝降，均遭拒绝。诸葛亮自恃拥有数万精兵，而郝昭只不过千余人马。且援军又不可能很快赶到，于是便决定对陈仓展开强攻。

蜀军起初用云梯攻城。郝昭发射火箭。烧毁云梯，登城士兵均被烧死或摔死。蜀军继而用载重冲车攻城，郝昭令士兵运石凿眼，用绳子拴着石盘上下飞打，冲车皆被打坏。

蜀军又在城外搭起高架向城内射箭，用土填堑，企图直接登城，郝昭则在城墙内加修一道城墙防护。蜀军改挖地道攻城，郝昭也在城内挖地道截击。这样昼夜不停，针锋相对激战了 20 余天，郝昭的援军赶到，蜀军弹尽粮绝，只好退兵。

拒纳谏　首阳败归

诸葛亮围攻陈仓不克，兵退汉中，魏大将曹真则急欲伐蜀，上表魏明帝，建议兵分3路进攻汉中。建兴七年（229）8月，诸葛亮得知魏军分数路进攻汉中，乃移兵城固（今陕西固县）及赤坂（今陕西洋县东龙亭山南）待战。令将军魏延与吴壹率轻骑部队自河池（今甘肃徽县）出祁山（今甘肃孔县东），向西穿插到羌中（今甘肃临夏与青海循化一带），以扰乱魏军后方为主要任务，并联合羌族，招兵买马，以牵制魏军进攻。

魏军在进攻途中，遇淫雨30余日不止，山洪暴发，道路阻绝，战士多死，军资大失，被迫还师。期间魏延与吴壹率军到羌中后，在洮水之西辗转，招兵买马成一劲旅，与羌人相处得很好，于是魏延派人回汉中，请示诸葛亮下一步行动方案以及归期归途。11月，魏延与吴壹率万骑自羌中返回汉中，与魏将费瑶、郭淮激战于首阳（今甘肃渭源县东南首阳镇）南面的阳溪。费瑶、郭淮迅速堵塞要道，部署兵力于谷底，并于夜间在魏延营地四周设置障碍。恰在此时，诸葛亮接应大军赶到，与魏延、吴壹的部队相配合，对费瑶、郭淮部队实施夹击。几乎与此同时，魏大将张郃也率部前来增援。此时魏延向诸葛亮建议："请得万人，与丞相异道出征，约期会师潼关，一如韩信与汉王的故事。"

诸葛亮认为此次入羌中招兵买马的成功，在于出敌不意，可一不可再：魏延虽智勇，但终非张郃的对手，因而否定了魏延"异道出兵，约期会师"的建议，仍率军退还汉中。

诸葛亮一退兵，郭淮随即率军突入羌中，攻斩与汉有盟约的羌人酋长，使羌人区重新得以控制。

遭计谋　祁山无功

建兴九年（231），诸葛亮想试用他的新发明"木牛"运输车，企图通过这种新制造的能"载一岁粮"（一人一年用的粮数）的四轮人力推拉木车的大量投入使用，把嘉陵江上游之西汉水与渭水上游的天水两河道，连成一条水陆等量联运的军粮运输通道。于是他又亲率八万余兵力，自汉中往攻祁山。

魏明帝闻诸葛亮率大军急至，忙令大将军司马懿从南阳疾驰长安，统领张郃等诸将抗拒蜀军。

诸葛亮鉴于司马懿远道来救祁山，为求"至人而不至于人"，决定避实击虚，即分兵三万，亲自率兵进攻天水。司马懿方至祁山，获悉天水告急，急忙回师天水，故而祁山仍处在蜀军围攻之中。司马懿回师途中，天水已失，只好依天水之东山，持险据守。诸葛亮乃自天水移兵攻之，司马懿坚守不出。诸葛亮让部队在周围割收小麦，司马懿仍坚守不出战；诸葛亮见麦子快割完了，司马懿还无动于衷，乃移军南行实施退兵引诱之计。果然司马懿在部将的强烈要求下，率兵出击，被诸葛亮回军打败。然后两军成对峙状态。

到了秋天，诸葛亮的中都护李严假传圣旨，说运粮跟不上，召其还军汉中。诸葛亮在退兵过程中在尾后分兵埋伏，以防追兵。司马懿闻诸葛亮退撤兵，急遣张郃引军追击。当张郃率万余骑兵追至木门山（今甘肃西和县东南）时，诸葛亮回军攻之，待张郃部一退，蜀军伏兵齐起夹击，万箭齐发，张郃中箭身亡。

诸葛亮回到汉中，上表问故，军粮并未难以为继，方知中了李严的奸计。李严被削职为民。

心力瘁　五丈原病亡

诸葛亮经过 3 年休养生息后，再次准备北伐攻魏。这次他发明了一种能在水小、流急、滩险的河道中运输军粮的"流马"，即一种既能划行又能拖行的窄长小船。通过"木牛""流马"的配合使用，可解决在秦岭山脉沿谷道进军的军粮水陆兼备的运输问题。在大举攻魏之前，遣使至吴，约孙权同时大举伐魏。

建兴十二年（234），诸葛亮集中十二万大军出斜，后至渭水之南。此时魏大将军司马懿督诸军屯渭水以北。当诸葛亮率军进至眉县时，司马懿遂引诸军连夜渡渭水，背水为垒拒战。同时司马懿判断诸葛亮可能沿渭水南至西上五丈原（眉县以北，东连武功，西接岐山），把战略前进基地从汉中前移至祁山、天水，而使渭水为其后方交通线，并利用陇西之资料增强军力，削弱魏之抵抗力。于是司马懿速遣郭淮率军赶往北原（今积石原，离五丈原 20 余里）设防。

结果诸葛亮东进道路受阻，西进渭水又为郭淮所阻，蜀军十二万兵马对峙于渭水两岸。诸葛亮针对每次出兵都受粮秣不足的制约，且魏军坚守不出，乃决定分兵屯田，做长期进攻打算。

魏军针对蜀吴结盟相约进攻的局势，决定采取"西守东攻"的战略。6 月曹睿亲督水师东击吴军，孙权探魏东下，不战而退。

诸葛亮与司马懿对峙数月之后，急于决战，但司马懿无论如何都坚守不出。为使魏军出战，诸葛亮采用了各种方法进行挑衅，包括遣使至魏军，送上一些女装来侮辱他们。司马懿盛怒，上表请求出战。魏明帝派辛毗至司马懿军中担任军师，以制止魏军出战。当诸葛亮再次遣使到魏军约战时，司马懿令将出兵迎战，又被辛毗持杖节立在军门挡住。此后司马懿则不再考虑出战，只专心防守，以待蜀军粮尽自退，然后乘其弊而追击之。

时至 8 月，诸葛亮心瘁力竭，在弥留之际，与杨仪等商量身没之后退军节度。决定由魏延断后，姜维次之；若魏延不从命，军便自发。数日后诸葛亮死于帐中，时年54 岁，于是长史杨仪、将军姜维等秘不发丧，整军后撤。

【曹、刘、孙三家都是悲剧人物】

文　雪

　　三国人物和事件千百年来在百姓群众中被广泛地传颂着，人们津津乐道。三国话题常说常新。

　　三国时期是我国古代历史发展的一个重要时期，也是一个英雄辈出的时代。三国时期在我国历史上非常短暂，却影响着后世直至今天。可以说三国时期在我国历史上描绘了一个波澜壮阔的画卷，这个画卷给人们带来深深的思考，充满了丰富的内涵，启迪着人们的智慧。三国时期，曹操、刘备、孙权乃至诸葛亮等都有统一华夏的志愿，因此，三国的历史向人们诉说了分裂只是短暂的，中华民族统一的趋势是任何力量都阻挡不住的。

　　三国的产生有着深刻的历史原因。东汉后期，王朝中央政府其政治现象最突出的是宦官、外戚势力轮流控制皇权。由于皇权受到了极大的削弱，致使地方豪强——士族地主势力日益膨胀，他们兼并土地，掌控朝政。由于封建统治阶级的残酷剥削以及连年的自然灾害，引发了黄巾军农民起义。东汉封建王朝只能依靠豪强势力的军队去镇压起义。豪强地主们在镇压黄巾军农民起义中，借机发展自己的军事势力，形成一个个封建割据的军阀。他们互相争夺，都力图控制皇权，这就引发了天下大乱。

　　东汉时期，黄河流域中原地区的生产力最为发达，是成熟的农耕文化区，南方仍保留了刀耕火种和渔猎经济。中原地区的生产总值占全国生产总值的一大半，甚至三分之二以上。谁占领了中原，谁就控制了全国的经济命脉，因此，豪强之间的争斗从一开始就一直围绕着中原地区展开。由于残酷的战争，人口锐减，百姓流离失所，中原地区的生产力遭受到极大的破坏。所谓"乱世出英雄"，在军阀之间的相互争斗和残杀中，凡是运用较正确的策略的都取得了成功。北方的割据者，曹操取得胜利后要恢复经济；南方的孙权、刘备要发展经济与北方抗衡，于是形成三分鼎立，互相角力，各方的政治策略、军事策略、人才策略、经济策略等都各自发挥到淋漓尽致的地步，曹、孙、刘三家对历史都做出了卓越的贡献，于是产生了三国鼎立时代。

　　自秦朝以皇权为核心的中央集权的封建政治制度建立到东汉末年，已经长达四百多年。皇权已在中国的政治制度格局中占有至高无上的地位。曹操制定了"挟天子以令诸侯"的战略，控制皇权，形成了以他为首的强大的政治势力，这是他取得成功的第一要素。自西汉中期以来，儒家思想作为封建统治的精神支柱到东汉末年已历经三百年，儒家思想的首要点是维护正统。刘备打着"衣带诏"和维护汉王朝正统的旗号，得到了天下的"人和"，形成了以他为核心的儒家集团。诸葛亮投靠刘备，其中一个重要原因就是刘备曾是汉末名儒卢植的学生。孙权在父兄创业的基础上，在各军阀目光都集中在中原地区的时候，以北方南迁的豪强势力为依托，融合当地豪强势力，形成了自己的实力集团。

在曹操晚年被封为魏王后，魏国地域面积占全国三分之二，并控制着中原地区，汉王朝政府实际只剩下一个空架子。当时的魏国统治对魏境许多地区还只是一种军事占领，曹丕继位后，完成了由军事占领到政治、经济、文化实质性管理的过渡，并使魏国得到不断的强大。因此，在鼎立的三国中，魏国的经济和军事实力超过蜀汉和东吴的总和。这其中不仅因为魏国占据着中原，而且魏国前期在政治上皇权连续三代明主，即武帝曹操、文帝曹丕、明帝曹叡都是英武之君。曹操奠定立国基础，魏朝建立后连续两代继位者都励精图治，也就是说文帝和明帝这两朝皇帝得以实施自己的抱负，使魏国的实力得到不断的增长，因此具备了统一全国的条件。蜀国在刘备死后，刘禅暗弱，尽管有诸葛亮辅佐，并以汉正统自居，但由于国力太弱，经济实力无法与魏国抗衡。另外，荆州丢失后东边的出路被吴国阻挡，要想统一中原只有北出秦川一路，且道路艰险崎岖，后方支援牵扯极大，这就注定了蜀国不具备统一的条件。吴国凭借长江偏安一隅，且孙权晚年时政治上昏聩残暴，政局不稳，也注定了吴国国运不会长久。

既然魏国具备统一华夏的各方面条件，而最后完成统一的却是魏国的司马氏集团。曹、刘、孙三家都成了悲剧人物，司马氏成了最大摘桃派。三国归一于司马氏的结局，给三国历史带来了无尽遐思的花絮。汉末的三分，其实是一曲曲的挽歌，真是引人长思。曹氏政权为何败亡，这在史学界有很多不同的观点。观其原因，最重要的有两个因素：其一，汉末形成的世族地主集团正方兴未艾，司马氏是世族地主集团的代表，而曹氏是寒族（庶族）地主集团的代表，社会基础不稳，曹丕推行九品中正制其初衷就是迎合世族地主集团，以稳固曹魏的政权；其二，曹操"挟天子以令诸侯"，他的权奸色彩使曹氏皇权基础不牢固，人心不附。司马氏以其人之道还治其人之身，以阴谋的手段，夺了曹氏政权。从大环境来说，汉末三国仍处于中国封建专制的中前期，虽然从战国时代中国社会已步入封建社会，尤其是秦始皇统一中国建立封建专制制度，但奴隶制的影响几百年来并未彻底根除，人身依附关系非常严重，皇权的统治经验不如唐宋以后完善，所以曹氏、司马氏玩弄的禅代把戏一直持续到了隋文帝。南北朝改朝换代频繁，如同皮影戏走马灯式的禅让替换，这恐怕是始作俑者曹操所始料未及的。

从中华民族的发展史来看，统一的趋势是不可阻挡的，蜀汉、曹魏都有统一华夏的志向，而分裂毕竟是短暂的。在《三国志》中，只有魏国的皇帝被列入"纪"，而刘备、孙权等蜀、吴的皇帝都被列入"传"，这一史家的正统观念也说明了在封建时期"国无二主"的思想，也间接表明了"大一统"的意识。三国人物家喻户晓，三国的话题已历经千百年，三国的研究也远无止境，这对于以史为鉴、促进中华民族文化的不断发展是有益处的。

【一代明主——魏明帝曹叡】

张大可

魏明帝曹叡，字元仲，是文帝曹丕的太子。明帝天资聪颖，从小就受到太祖曹操的宠爱，经常带在身边陪伴自己。公元227年到公元339年，明帝在位。这一时期是三国鼎立三方争战最为活跃的时期，魏蜀吴三国都处在最鼎盛的阶段，吴蜀交好，联手北伐，曹魏陷入了两线作战。魏明帝西守东攻，瓦解了吴蜀的进攻，消耗了吴蜀的国力，为三分一统奠定了基础，不失为一代明主。可惜明帝在位日浅，只有13年，由于英年早逝，没能做出更大的贡献。

母亲受谴，险失太子位

明帝母亲是文帝曹丕的甄皇后，中山国无极县（今属河北）人。汉灵帝光和五年（182）生。初袁绍第二子袁熙娶甄后为妻。献帝建安九年（204）二月，曹操攻破冀州邺城，曹丕入袁氏后宫，见甄后长得非常漂亮，爱慕不已，曹操让曹丕娶她为妻。当时甄后23岁，长曹丕5岁，曹丕当年18岁。少府孔融看不惯曹操父子的行为，写信给曹操挖苦说："周武王伐纣，把妲己赏赐给周公。"妲己是殷纣王的夫人，武王伐纣，纣王自焚，妲己上吊自杀，周武王取了妲己的人头示众。史书是这样记载的，没听说周武王把妲己赏赐给周公。由于孔融是大学问家，曹操没有意识到孔融写信是讽刺他们父子，还认为孔融读书多，有什么根据。有一天，曹操认真地问孔融典故出在什么书上。孔融回答说："我是用当今发生的事，来推测古代的事，想当然的杜撰。"曹操遭到这顿抢白，怀恨孔融。建安十三年，即公元208年，曹操南下荆州，担心孔融扰乱后方，找借口把孔融杀了。

曹丕是一个风流人物，年少娶娇妻，志得意满，十分宠爱甄后。甄后是一个非常善良和孝顺的人。甄后在家作小姑时，她的二哥死了，二嫂带着一个孤儿守寡。甄后母亲待儿媳非常严厉。甄后劝母亲说："二嫂孤单一人抚育孤儿，很不容易。希望母亲把儿媳妇当作亲生闺女一样。"母亲非常感动，就让甄后与二嫂做伴，两人如同姐妹。甄后对丈夫曹丕的母亲卞皇后非常孝顺。卞皇后身体不适，甄后茶饭不思，悲伤流涕，卞皇后康复，甄后高兴请安，得到卞皇后的夸奖，说："这真是一个好儿媳妇。"甄后对待曹丕的众夫人很有礼仪，得到宠爱的，甄后劝她们好好珍惜；受到冷落的，甄后鼓励她们示好曹丕。自己不妒忌，还时常替嫔妃们说好话。曹丕称帝，留住许昌，这时已是姬妾成群。汉献帝把两个女儿献给曹丕做妃子，得到宠爱。还有郭贵人、李贵人都受到宠爱。曹丕和他的父亲曹操一样，也是一个好色之徒，喜新厌旧。甄后留在邺城，两地悬隔，曹丕有了新欢，忘了旧人，没有按约期派人到邺城迎接甄后，甄后免不了有怨言。于是，打小报告的人添油加醋，说了许多甄后的坏话。加上郭贵人耳边吹风，曹丕大怒，在黄初二年（222）六月，派人赐死甄后，立郭贵人为皇后。甄后死后，安葬在邺城。明帝即位后，追谥为文昭皇后。

后生明帝和东乡公主，甄后死时，明帝已19岁。曹丕命曹叡认郭皇后为养母，曹叡很不高兴，不听父命。曹丕也动了怒，打算立徐姬生的曹礼为太子。可是明帝聪慧，是太祖曹操属意的孙子，曹丕一时下不了决心，迟迟不立太子。

好汉不吃眼前亏。明帝见自己的地位不保，只好认了郭皇后为养母。郭皇后不生育，为了自己皇后的地位，也真心把明帝当作自己的亲生。明帝早晚问安，时间久了，也建立起了母子感情。曹丕还要考验，仍然迟迟不立太子。黄初七年五月，曹丕病重，临死前才正式册立明帝为太子，当月曹丕病逝，明帝即位。

三国对峙，各方战略

三国对峙，最激烈的战斗发生在魏明帝时期，蜀国有诸葛亮的六出祁山，吴国有孙权的三征合肥。三国对峙，各方战略，都为了本国的利益而形成了一套成熟的基本策略，演出了生动的活剧。吴蜀联手进攻，曹魏在两线作战中力争主动。魏明帝曹叡、蜀相诸葛亮、吴主孙权是这一时期的历史主角。

曹魏的防御战略。曹魏谋臣贾诩建言文帝曹丕，统一三分首要的条件是恢复经济，等待时机，基本国策是先文后武，建立相持战略的防御体系，以静制动，在相持中竞赛综合国力，竞赛经济恢复，拖垮吴蜀。防御战略的方针，就是在与吴蜀邻接的前沿地区，构筑纵深防线，点、线、面相结合，军力部署与经济恢复相结合。曹魏在防御中有进攻，基本方针是西守东攻，所以防御重点在东线。具体部署如下。

前沿重镇，进可攻，退可守，驻重兵防守，这是点的部署，有三大重镇，即南镇襄阳，西固祁山，东守合肥。祁山防蜀，襄阳、合肥两镇防吴。由于合肥直冲吴国心腹建业上流，又是重点中的重点，历来镇守为曹魏名将。

点、线、面的防御密切相连。曹魏把荆、扬、徐、豫四州划为一个联防的作战区，与吴国对抗。东西第一道防线，由西向东重镇为襄阳、江夏郡治安陆、西阳、合肥、居巢、广陵。襄阳南下攻吴江陵，安陆对吴夏口，合肥对吴皖城。西阳东西接应，居巢与合肥为犄角，直下吴国濡须口。夏口，即今湖北武汉，是吴江防之咽喉，濡须口在今安徽无为县南，是吴国江防之核心。曹魏第二道防线为南阳、豫州治所安城、扬州治所寿春。第二道防线与第一道防线构成三条南北纵深防线。由西向东，第一条为襄阳，向南阳、许昌纵深；第二条为江夏郡治安陆与豫州治所安城纵深；第三条为合肥与寿春纵深，徐州为后援。防区大，兵力厚，点线纵深，主次明确，名将守险，成为坚不可摧的防线。

吴国战略，构筑江防体系。鉴于曹魏之强，吴国战略也是立足于防御，伺机进攻。

所以吴魏相持时期的双方攻战，多数战役都是在长江防线上进行拉锯战，少数几次的深入作战，也如同足球场上的反击战术一样，抓住机会向前突进，机会丧失又立即收缩回到自己半场固守。曹魏固守襄阳和合肥，吴国固守长江。

长江，古称江水，三国时两名并称，中国古代的南北对峙，就靠长江天堑作屏障。中国古代军事家，在长江巨流上或攻或守，演出过不少威武雄壮的战争活剧，但成功地构建江防体系，取得最大成功的，无疑是孙权。三国鼎立，南北对峙半个多世纪，吴国的长江防御体系起了巨大的作用。

吴蜀通好后，吴国无西顾之忧，孙权称帝，从武昌移都建业，把防御重点放在下游。长江从鄱阳湖折而向北，然后又东向入海，于是在长江下游形成江东、江西的地界。建业在江东。淮南合肥在江西。曹魏占有淮南，以合肥为重镇，如同刺向孙吴腹心的一把尖刀。孙权要固有腹心，必须在江西建立一条护卫长江的江北防线。赤壁战后，孙权全力经营江北防线。夺回荆州后，向西延伸到夷陵，形成整体长江防线。

孙吴的长江防线，西起三峡，东到长江口，东西绵延 2000 余里，有战船数千艘，水、陆兵近二十万。上游荆州督从三峡到夏口一段常备兵七八万，夏口以东，建业以西的中游地段，以江北防线为前沿护固长江，常备兵十万以上。建业以东，以京口为重镇。

吴国的江防体系是积极的防御，战略上以长江为依托，对曹魏的进攻取守势，立足于固防；战术上主动出击，顽强地在江北建立前沿阵地，伺机进攻。布防上，也是点、线、面密切配合，形成进可攻、退可守的坚固防线。

点，是指沿江的军事重镇。由西向东，在两千余里的长江两岸，大的军事重镇有十九座。江北七座，是建平（今四川巫山县）、夷陵（今湖北宜昌）、江陵（今湖北江陵）、蕲春（在今湖北蕲春西南长江北岸）、皖口（今安徽安庆）、皖城（今安徽潜山）、濡须口（今安徽无为东南）。江南十二座，是夷道（今湖北宜都）、乐乡（今湖北松枝东北）、公安（今湖北公安西北）、巴丘（今湖南岳阳）、陆口（今湖北蒲圻）、夏口（今湖北武汉）、武昌（今湖北鄂县）、柴桑（今江西九江）、芜湖、牛诸（今安徽当涂北）、建业（今江苏南京）、京口（今江苏镇江）。沿江重镇三分之二在江南，这是自然的情势。最主要的重镇，江北为江陵，护长江中游，濡须口，护长江下游；江南为夏口、建业、京口。重兵设防的是江陵和濡须口，这也是曹魏南下进攻的两大目标，反之，是孙权北进的江北前沿基地。

皖口西北的皖城，既是孙权江北防线的陆上重镇，也是吴国北伐曹魏的前沿基地，庐江郡治所设此。皖城，西有蕲春，东有濡须，三点一线，是吴国防御曹魏淮南之敌的江北防线，与江南的武昌、柴桑、鄱阳、芜湖形成纵深。江防体系的纵深，江北基地具有举足轻重的战略地位。西起江陵，东到濡须，孙吴在江北推进，数十里乃至几百里，沿江形成一道护江的陆上军事带，这一纵深，有力地增强了江防系统的稳定性。曹魏南下，吴方首先在江北地面接战，容易洞察对方意图，便于江上运动。有利则进，无利则退。也就是说，吴国的江防体系，江北陆战为第一线，江上水军为第二线。江南腹地，只是后勤支援。一旦长江被突破，江南就无法战守了。

为了协调千里防线，把诸多的点连接起来成为整体防线，孙权在重点设防的基础上，分段联防。负责某一段的将领，有权节制段内各点守备将士，或协调支援，或集中御敌。大体上，夷陵督，负责三峡段，为江陵督左翼。江陵督负责夷陵以东至蒲圻。蒲圻督负责蒲圻至武昌。濡须督负责江北防线。芜湖督负责建业以西至皖口。丹阳督负责建业以东至海口。如公元216年，贺齐拜安东将军，出镇江上，督扶州（建业西）以上至皖。公元219年，吕范拜建威将军，领丹阳太守，治建业，督扶州以下至海。这种分段防务，随着时间与战局变化，不断调整。如陆逊死后，诸葛恪代陆逊督荆州，孙权分武昌为两部，以吕岱督右部，自武昌上至蒲圻。

孙权建立的江防体系，挡住了曹魏南下江南，锁住了魏文帝的临江脚步，有力地维护了三国鼎立的局面，使孙吴政权屹立江南，促进了江南的开发。

蜀国战略，蚕食雍凉。诸葛亮出师的汉中基地是一个地形险要的盆地。这里物产丰富，交通四达，进可"蚕食雍、凉，广拓境土"，退可"固守要害，为持久之计"，是蜀汉的北大门。汉中在关中正南，中间横着一道秦岭。从汉中北出秦岭，兵下秦川可夺取关中，这是汉高祖因之以成帝业的出兵方向。从汉中西出经武兴（今陕西略阳），向西北迂回祁山可断陇右。从汉中东出可直向宛、洛，或循汉水南下攻襄阳，或迂回武关取长安。但从汉中东出，被广袤的豫鄂山地所阻，道路险远，必须占领西城（今陕西安康）、上庸（今湖北竹山）、房陵（今湖北房县）等汉水中上游的名城重镇作为前进的基地。蜀国丢失了荆州，又丧失了上庸，东出汉中的通道被阻塞，北伐取胜也就没有了可能。

从汉中北入关中，跨越秦岭，主要有三条谷道，由西向东为褒斜道、傥骆道、子午道。东道子午道最险远，有660里的高山险谷。这条通道，南段叫午谷，北段叫子谷。子谷谷口在长安之南。所以子午道虽然险远，但可出其不意，直插长安。中道傥骆道最近，谷长420里。蜀军出中道，可陈兵武功，对长安的威胁也很大。西道褒斜道较为宽坦，有470里的山谷。南段叫褒谷，谷起褒城，在汉中郡治南郑北面。北段叫斜谷，谷口在陕西眉县西南30里。褒斜道中段有一条西出折而向北的支道叫箕谷，往北经散关即达陈仓。蜀军出褒斜道，前据雍眉，可屏断陇右。从总的地理形胜来看，关中有800里秦川，陈仓在川原之西，长安在川原之东，东西距离500余里，回旋余地大；而汉中只是一个狭小的盆地，三条通道如车辐之聚于车毂。因此，由北向南攻，可诸道并出，居高临下会聚汉中，任何一条通道都无被截断之虞。曹魏的几次攻蜀都是诸道并进。反之，由汉中北伐，三条通道呈辐射状，诸道并进，出谷后因分散在秦川东西川原上不易集中，而且诸葛亮北伐的东道全线在魏境。因此，诸葛亮北出秦岭只能走中道或西道。公元228年正月，诸葛亮在汉中誓师，发动了第一次北伐。出征前，诸葛亮召开军事会议，讨论进兵策略。当时的汉中督、先锋大将魏延建议，自己领兵万人由子午谷直抵长安；诸葛亮率大军出斜谷，趋长安会师。这样可一举平定长安以西。魏延的根据是，曹魏长安守将夏侯楙是魏明帝之婿，胆怯而无谋。他率精兵五千，负粮兵五千，循子午谷十日可达长安，突然进攻，夏侯楙必然弃城而逃。曹魏发兵来争要 20 天时间，诸葛亮大军也可赶到。但诸葛亮认为这样做有危险，决定稳扎稳打出陇右，先取凉州，次取关中。于是诸葛亮声东击西，扬言由斜谷取眉，而实际西出祁山，想一举夺取陇右。诸葛亮只派赵云、邓芝率领少量人马据守褒斜道中段的岔口箕谷，作为掩护大军的侧翼。此役由于马谡失街亭，蜀军败还。

诸葛亮不用魏延之策，表明蜀国战略，以弱抗强，不敢深入，而是蚕食雍凉，在边地打消耗战。蜀国丧失了仅有的一次出奇制胜的机会，此后的北伐也都劳而无功，蜀国疲困，加速了灭亡。

三方战略的得失。三国对峙，吴蜀夹攻曹魏。吴军争淮南，兵指合肥，蜀军蚕食雍凉，兵指祁山，东西悬隔数千里，起不到急迫的呼应作用。吴国控制荆州，不北出襄阳，蜀兵不直入关中，两国不靠拢作战，名为联盟，貌合神离，自私打算，战略失策，形成弱国与强国打消耗，蜀国最弱，疲困最甚。

曹魏的防御战略，始于文帝，收效于明帝。曹魏在沿边以逸待劳，消耗吴蜀。取得了极大的成功。曹魏在相持时期的几次南征，都旨在显示武力，试探进攻，或见好就收，或知难而退。公元 222 年，魏文帝曹丕怒孙权不入质子，发动三路大军征吴。公元 224 年、225 年，曹丕又两次南征，幸广陵实际是巡视江淮防线，耀武长江而已。公元 230 年，魏大司马曹真建言征蜀，九月，四路并出，众三十万。司马懿沿汉水向西城，张郃出子午谷，曹真出斜谷，郭淮出建威，时逢大雨绵延 30 余日不止，魏明帝下诏退军。实际这也只是一次扬威的行动。

曹魏的防御战略，不是消极应战，而是积极备战。曹魏在广大防区之内大开屯田，广储资粮，训练士马。江淮防区第一线淮南置有重兵，因此在淮河两岸推广军屯。江淮防区第二线，以许昌、汝南一带为重点，推广民屯。在与蜀国邻接的关中槐里、陈仓，以及凉州的上邽等地，也广置屯田。曹魏的军事防御区，农业、水利都有较快的恢复。随着时间的推移，曹魏优势日益明显。到三国后期，曹魏常备兵员有 50 万，吴蜀两国合并军力仅及曹魏之半。北方统一南方的形势不可逆转。

吴魏争淮南

三国对峙，主战场在东线，即魏吴对峙是三国鼎立的主线。而魏吴对峙的主战场在淮南。淮南争夺，大战役都是围绕合肥而展开。孙权赤壁战后在江淮抗曹，六次攻合肥不下，前三次是孙权与曹操的对抗，后三次是孙权在对峙时期的北进，尽管孙权拼尽全力，合肥仍牢牢地掌握在曹魏手中。孙权死后，诸葛恪辅政，倾全国之力发动淮南大战，仍不能得手。由此可见合肥在魏吴对峙中的战略地位。

这里只评说魏明帝时期孙权在公元230年、233年、234年的三围合肥。明帝时，曹魏的合肥守将是满宠。满宠是曹操在战阵中提拔的一位战将，他是继张辽之后扬威淮南的又一名将，孙吴将士闻之丧胆。

满宠（174～242），字伯宁，山阳郡昌邑县（今山东金乡县西北）人。18岁时，任高平县代理县长。高平县豪强张苞任郡督邮，贪污受贿，枉法乱政，满宠拍案而起，收审张苞，当天将其斩首，然后辞官离任。满宠在青年时就干出了这等大事，表现了他的非凡才能。

明帝太和四年（230），满宠任征东将军，镇守合肥。满宠巡视合肥旧城，见南临江湖，北远寿春，利于吴军进攻，不利魏军解围。公元230年，他在合肥旧城西30里的险要地势上另筑新城。护军将军蒋济不同意，认为这是魏军无敌自退，示人以弱。满宠认为示敌以弱，使敌骄堕，符合孙子兵法，并请示魏明帝，获得批准。同年孙权来攻新城，不克而还。公元233年，孙权派将军全琮征六安牵制魏军，并屏断豫州之敌东援，自率大军再攻合肥新城。这时新城已坚固，又离水较远，孙权逗留20多天不敢下船。满宠料定孙权要撤军，在撤退前将"上岸耀兵、以示有余"，暗中伏步骑六千袭击吴军。孙权果然上岸，遭满宠伏兵突袭，伤亡数百退走。

公元234年，吴蜀联合大举攻魏，诸葛亮由斜谷北进关中，孙权在东边北上，东西相应。吴兵三路北进。西路陆逊、诸葛瑾向襄阳；东路孙韶、张承向广陵、淮阳；孙权自率中路军为主力，三围合肥新城。满宠招募壮士数十人，以松树枝为火把，灌上麻油，乘夜顺风点火烧了孙权的攻城器械，又射杀了孙权的侄儿孙泰。这时魏明帝曹叡亲征，未至寿春，孙权退走。

公元235年八月，麦熟收割，满宠料定孙权江北军屯点的士兵出营割麦，可以乘虚偷袭。满宠派长史率领三军，摧破吴军江北屯田据点，焚烧麦场，得胜而还，魏明帝下诏嘉奖。公元238年，满宠年老，征还朝廷为太尉。5年后，公元242年，满宠病卒，谥曰景侯。

魏明帝果决应变，西守东攻

明帝果决应变。魏太和二年（228），蜀丞相诸葛亮率军大举北伐，关中震响，魏南安、天水、安定三郡叛魏应亮。明帝果决地做出了有力的反应。他派大将曹真为关右各军总指挥，迅速集中优势兵力入关。左将军张郃率领骑兵为先锋快速推进。张郃在街亭打败蜀将先锋马谡，诸葛亮全军败退，南安三郡全部收复。明帝随军入关，坐镇长安，魏军士气大增。

魏明帝快速果决的应变，大出诸葛亮的意外。曹魏孟达反叛，诸葛亮救援孟达落在了司马懿的后头，失去了一支策应自己的友军。诸葛亮过于谨慎，见事迟疑，这是一个例证。魏明帝决策入关中，当时他只有 25 岁。

青龙二年（234），吴蜀大举联合攻魏，诸葛亮进兵关中，孙权亲统大军三路北伐。曹魏合肥守将满宠上书，要求从合肥撤退到寿春，以避吴军锋芒。明帝致信满宠，要坚守合肥，他将亲征孙权，只怕大军未到，孙权就会撤走。魏明帝命司马懿抵御诸葛亮，派特使辛毗监军，严令司马懿坚壁不战，只是牵制蜀军。明帝还特地颁下诏书说："只须依据坚固的壁垒进行防守以挫折敌军锐气，使对方既前进不了，又无法和我军决战，等敌军停宿久了，耗尽军粮，只能撤走。趁其撤退，发动追击，以逸待劳，这是大获全胜的策略。"

对于东线却不是这样。明帝集中优势兵力东出，御驾亲征。孙权闻讯，胆战心惊，果如明帝所料，不战退走。明帝打破吴蜀的联合进攻，高屋建瓴的决策，对全局形势的把握与发展分析，超过了在第一线作战的名将。事实生动地体现了明帝果决地执行西守东攻战略所显示的威力。孙权退走，诸葛亮孤立无援，病逝五丈原而罢兵。从此以后，吴蜀再没有大规模的联合行动。

西守东攻，打破吴蜀的联合进攻。所谓西守东攻，是指曹魏主力用于防吴，取进攻姿态，而用次要力量防御蜀国进攻，不进行主力决战。在统一步骤上是先灭吴，后灭蜀。蜀国小弱，构不成对曹魏的最大威胁，而又偏于西陲，地形险阻，易守难攻。吴国较为强大，与魏国正面相持，战线最长，吴国北进将伤及魏国腹心。所以曹魏的防御战略，西守东攻，先灭吴，后灭蜀，是必然之势。三国统一，实际进程先灭蜀，后灭吴，那是形势变化，顺势制宜的结果。

西守东攻的战略，始于魏武帝曹操汉中败还，经文帝、明帝两代逐渐完善成为一项防御战略的基本国策。公元 220 年，吴蜀发动彝陵之战，侍中刘晔向魏文帝曹丕建言与蜀并力灭吴，明确地表明了曹魏谋臣先吴后蜀的战略步骤。魏明帝曹叡即位后，仍是重点防吴。

公元 229 年，在诸葛亮兴师北伐的情况下，曹叡咨问司马懿："二虏宜讨，何者为先？"司马懿明确回答用水陆两路大举伐吴。曹叡完全赞同司马懿的意见，还把司马懿从防蜀的前线关中东调屯于宛以御吴。公元 234 年，吴蜀联兵攻魏，魏明帝曹叡御驾亲征孙吴，而敕令司马懿在关中不与蜀军接战，坚壁相持。这一战略符合当时形势，吴强蜀弱，吴近蜀远，吴虽有长江之险，不如蜀国崇山之固，所以攻击战略是先吴后蜀，防御重点在东线。

公元 227 年，魏明帝新立，蜀相诸葛亮屯驻汉中，魏群臣纷纷上言要求发兵征讨。魏明帝咨问中书令孙资。孙资说："先前武皇帝兵争汉中，救出夏侯渊残部，多次说'南郑是一座天牢，去天牢途经 500 里长的斜谷，这简直是一条石洞'，说的是蜀道艰险。武皇帝用兵如神，也知难而退。我们现在去讨伐诸葛亮，要用十五六万人，加上后勤转运，东方四州的防守，必定还要征发更多的人，造成天下动乱，耗费太多，这是要认真考虑的。

进攻与防守，所需人力物力相差 3 倍。当今最好的战略就是分命大将，镇守险要，将士安睡，百姓无事，几年以后，中原力量日益增强，吴蜀两国必然衰败。"魏明帝深深赞许。公元 230 年，魏大将曹真固请伐蜀，明帝于是大举伐蜀，兵分四路，东路司马懿从宛城指向西城，西路雍州魏兵指向汉中阳平关，关中主力两路：东路张郃从子午谷进军，西路曹真从褒斜道进军。诸葛亮坐镇城固御敌，魏兵遇雨退回。此次伐蜀失利，明帝坚定的继续推行休兵息民的防御战略，养蓄国力。不久吴国鄱阳郡豪帅彭绮暴动，有众数万，请求曹魏接应。魏明帝再次咨问孙资，孙资说："彭绮举义江南，看起来响应的不少，实际上众弱寡谋，成不了大气候，我们还是以静观变为好。"魏明帝按兵不动，江南彭绮不久败亡。

三国对峙，吴蜀夹攻曹魏，但两国不靠拢作战，名为联盟，貌合神离，自私打算，战略失策，形成弱国与强国打消耗。蜀国最弱，疲困最甚。魏明帝对吴蜀两国心态的准确把握，果决地使用西守东攻的策略，打破了吴蜀的联合进攻。诸葛亮与孙权，两位英雄对这个青年后生无可奈何！

一代明主，英年早逝

明帝外御吴蜀，内修政治，发展和巩固了北方的优势。明帝优礼已废君主汉献帝。青龙二年，故汉献帝山阳公薨，明帝素服举哀，遣特使持节典护丧事。又约法省禁，减轻肉刑，下诏主管部门修改法律，减少死罪的条目。

明帝不是完人，他生活奢侈，爱好华丽，大修宫殿，妨害农时，但明帝能宽待谏臣，不妄诛一人。因此，他的过失也能得到及时的改正。

明帝曹叡即位，时年25岁，是一个涉世不深的青年。他的两位对手，一是蜀相诸葛亮，41 岁；二是吴主孙权，40 岁。诸葛亮和孙权，起于乱世，身经百战，而且是三国时代最顶尖的政治家，又是曹叡的前辈，阅历丰富，他们联手攻魏，携手北进，给魏明帝很大的压力。由于曹叡把握住了魏国的优势，坚持了"防御拒敌，西守东攻"的正确战略，加上个人的英明果决，挫败了吴蜀的进攻，说他是一代明主，一点也不过分。

【大乔和小乔】

沈伯俊

如果说起汉末三国时期的美女，不少人首先想到的可能是"江东二乔"了。史籍中有关江东二乔的记载极少。陈寿的《三国志》在《吴书·周瑜传》只有这样一句：

从攻皖，拔之。时得桥公两女，皆国色也。（孙）策自纳大乔，（周）瑜纳小乔。

裴松之注此传时引用了《江表传》，也只有一句：

（孙）策从容戏（周）瑜曰："桥公二女虽流离（按：流离，光彩焕发貌），得吾二人作婿，亦足为欢。"

这两句话告诉我们：第一，二乔的姓本作"桥"，至于她俩的芳名，史书失载，只好以"大乔""小乔"来区别。现代人对此会觉得奇怪，但在以男性为中心的封建社会里，这种现象是见惯不惊的。历史上许多皇后都没有留下名字，就是孙权的母亲吴夫人不也同样不知其名吗？

第二，二乔的籍贯是庐江郡皖县（今安徽潜山）。

第三，二乔长得很美，有倾国之色，顾盼生姿，明艳照人，堪称绝代佳丽。

第四，孙策、周瑜得到二乔是在建安四年（199）攻取皖县之后，当时，孙、周二人都是 25 岁（周瑜仅比孙策小一个月），因此，估计二乔的年龄不过 20 上下。

第五，孙策、周瑜对能娶二乔为妻感到非常满意。

从二乔方面来说，一对姐妹花，同时嫁给两个天下英杰，一个是雄略过人、威震江东的"孙郎"，一个是风流倜傥、文武双全的"周郎"。按照传统观点，堪称郎才女貌、姻缘美满了。

然而，二乔是否真的很幸福呢？史书上没有说。不过，从有关资料分析，至少可以肯定，大乔的命是很苦的。她嫁给孙策之后，孙策忙于开基创业，东征西讨，席不暇暖，夫妻相聚之时甚少。仅仅过了一年，孙策就因被前吴郡太守许贡的家客刺成重伤而死（《三国演义》第 29 回写到此事），年仅 26 岁。当时，大乔充其量 20 出头，青春守寡，身边只有襁褓中的儿子孙绍，真是何其凄惶！从此以后，她只有朝朝啼痕，夜夜孤衾，含辛茹苦，抚育遗孤。岁月悠悠，红颜暗消，一代佳人，竟不知何时凋零！

小乔的处境比姐姐好一些，她与周瑜琴瑟相谐，恩爱相处了 11 年。

在这 11 年中，周瑜作为东吴的统兵大将，江夏击黄祖，赤壁破曹操，南郡败曹仁，功勋赫赫，名扬天下；可惜年寿不永，建安十五年（210）在准备攻取益州时病死于巴丘，年仅 36 岁。这时，小乔也不过 30 岁左右，乍失佳偶，其悲苦可以想见。周瑜留下二子一女，是否皆为小乔所生，史无明文，但按照封建宗法制度，她终归是这二子一女的嫡母。由于周瑜的特殊功勋，孙权待其后人也特别优厚：其女（又是一个不知名字的！）嫁给孙权的太子孙登，若不是孙登死得早了一点（赤乌四年病卒，年仅 33 岁），当皇后是没有问题的；长子周循，"尚公主，拜骑都尉"，颇有周瑜弘雅潇洒的遗风，可惜"早殇"；次子周胤，亦娶宗室之女，后封都乡侯，但因"酗淫自恣"，屡次得罪，废爵迁徙，不过最终仍被孙权赦免。尽管如此，小乔本人却是琴瑟已断、欢愉难再，只好和姐姐一样，在无边寂寞、无穷追忆之中消磨余生了。在漫长的封建社会中，"自古红颜多薄命"，死于非命者何止万千；相对而言，二乔算不得太不幸，但她们同样也掌握不了自己的命运！

作为艳名倾动一时的美女，江东二乔很自然地成了文学艺术创作的素材。现存最早而且最著名的作品当推唐代诗人杜牧那首脍炙人口的《赤壁》诗：

> 折戟沉沙铁未消，
> 自将磨洗认前朝。
> 东风不与周郎便，
> 铜雀春深锁二乔。

严格地说，杜牧这首诗并非咏二乔，诗人只是即景抒情，因赤壁而想到历史上的赤壁之战，并进而产生联想：如果周瑜不是借助东风发动火攻而打败了曹操，东吴很有可能战败，那样的话，江东二乔也会被掳到铜雀台充当曹操的玩偶了。从奴隶社会到封建社会，在大大小小的战争中，战胜者把被征服者的妻室姐妹女儿掠为己有，似乎是天经地义。曹操灭袁绍之后，便毫不客气地把袁绍的媳妇甄氏纳为自己的儿媳；孙权也曾把袁术的女儿占为己有。

因此，如果曹操真的灭掉东吴，要掳走二乔也毫不奇怪。不过，如果把曹操南征的目的说成是夺取二乔，那就歪曲了赤壁之战的意义，也太贬低曹孟德了。事实上，写《赤壁》诗的杜牧也并不这样看。

然而，多情而又富有想象力的艺术家们却按照各自的美学观点去理解杜牧的诗，并大加引申，创做出形形色色有关二乔的绘画、诗词、戏曲、小说。其中，影响最大的自然是罗贯中在《三国演义》中的艺术虚构。罗贯中并没有模糊赤壁之战的重要政治意义，但出于"尊刘贬曹"的思想倾向，他有意突出曹操"好色之徒"的形象，渲染了曹操觊觎二乔美色的主观意图。在第44回《智激周瑜》一节里，他借诸葛亮之口，说曹操"曾发誓曰：'吾一愿扫清四海，以成帝业；一愿得江东二乔，置之铜雀台，以乐晚年，虽死无恨矣。'"并采用移花接木、颠倒时序、虚实杂糅等艺术手法，在曹植《铜雀台赋》中加进"揽二乔于东南兮，乐朝夕之与共"等句，证明曹操确有此意，遂使诸葛亮的激将法天衣无缝，立即奏效，激得周瑜说出了坚决抗曹的本意。在第48回《横槊赋诗》一节中，罗贯中照应前文，让志得意满的曹操直接出面，对众官说道："吾自起义兵以来，与国家除凶去害，誓愿扫清四海，削平天下；所未得者江南也。今吾有百万雄师，更赖诸公用命，何患不成功耶！收服江南之后，天下无事，与诸公共享富贵，以乐太平。""吾今新构铜雀台于漳水之上，如得江南，当娶二乔，置之台上，以娱暮年，吾愿足矣！"这样，既表现了曹操统一天下的雄心，又揭露了他垂涎二乔芳华的欲念。罗贯中写这两个篇章，都不是要写二乔，但无意之中从不同的侧面映衬出二乔惊人的美丽。

二乔究竟有多美？《三国志》没有写，杜牧没有写，罗贯中也没有写，这种美实在太模糊了。可是，千百年来，这"模糊美"一直动人心魄，并不断地被人们用想象丰富着、补充着。文学艺术的奥妙，真是难以尽述！

【知遇之恩害了姜维】

谈 歌

姜维，字伯约。他本是魏国的将领，是被诸葛亮招降过来的。往明白里说，姜维是魏国的叛徒。

为了收服姜维，诸葛亮的确付出了重大代价。如果按照《三国演义》上所讲述的，其实诸葛亮完全可以长驱直入攻进魏国。这正是千载难逢的机会啊，司马懿被免职了，魏军也失了士气，不乘胜前进还愣着干什么呢？可是诸葛亮放弃了这一个破魏的大好时机。诸葛亮想什么呢？得了一个姜维便喜气扬扬地回师了？连逃跑的夏侯楙他也不缉拿了？用诸葛亮的话讲："我放走了一只鸭子，却得到了一只凤凰（指姜维）。"

可见姜维的倒戈，对诸葛亮的意义重大。有人读《三国演义》到此处，心里总有些疑问，为了一个人才，而放弃了整个攻魏的计划，至少是在天水关的战役中耽搁了太多的时间，失去了作战的最佳时机，值得吗？姜维是个什么人才呢？诸葛亮为什么会如此看重姜维呢？这里边有诸葛亮的难言之隐，是关于接班人的问题。

刘备去世后，诸葛亮成了蜀国企业的总经理。董事长刘禅，只是一个聋子的耳朵——摆设。蜀国的一切事务，采取了总经理负责制，董事长一边晒着，养尊处优了。诸葛亮在西蜀治理多少年，他有一个致命的失误，即没有注意培养后备干部。简单地说，他没有给自己找到一个合适的接班人，即一个常务副总经理。我们可以分析，从诸葛亮出山之后，他身边的人才很多，他却一个也没有看中。为什么？这些人都不合他的心意。诸葛亮大概晚年的时候，也真是急眼了。不行啊，眼看着自己一天天上岁数了，三天两头闹毛病，总是吃药打针输液，动不动就得住院，我得赶快找一个接班儿的啊。谁合适呢？诸葛亮是一个认真的人，他不可能将就。

诸葛亮要认真选择，这个人必须在思想上、策略上跟他保持一致，而且在性格脾气上必须达到诸葛亮的满意。众里寻觅千百度，蓦然回首，那人就在魏国处。好呀，这人就是姜维啊。好容易遇到了，诸葛亮不得急了眼啊。一定得把他收降过来。由此说，天水关一战，没有扩大战果，没有宜将剩勇追穷寇，一定是诸葛亮收了姜维之后，高兴蒙了，什么也顾不上了。

在日常工作中，不注意培养后备干部，这似乎不是诸葛亮一个人犯的错误，纵观历史，一些大政治家和大企业家，临到自己身体快不行了的时候，才急急忙忙地找接班儿的。古往今来的政治家们和企业家们，并不是一开始就没有找过接班人，他们开始也有意识地培养一个半个的，可都不如意。

实事求是地说，诸葛亮也培养过接班人，马谡算不算？应该算是一个。至少我们可以说，诸葛亮开始是十分器重马谡的，把他放在身边当贴身参谋，军情大事都跟他商量，够重视的了，够感情的了，甚至可以说够哥们儿的了。可是这位马哥们儿理论上有一套，实践经验差得太多。他自己主动要求实践一回吧，还经不住实践考验，把街亭弄丢了，自己的脑袋也弄丢了。其实马谡太傻，你急着立什么功啊？这叫邀宠。或许马谡把请战当作为国增光的事儿。这为国增光或许自古就有，什么叫增光，其实就那点虚荣心罢了。一个国家都有虚荣心，何况个人呢。说到底，马谡是想为自己争光。想压压姜维，结果把身家性命都搭进去了。这都是虚荣心惹的祸。好像有谁讲过："虚荣心啊，你就是阿基米得想用来撬起地球的那根杠杆。"哦，莱蒙托夫讲的。可是你马谡撬得起来吗？你有那么大劲儿吗？你是吃几碗干饭的？你自己不知道自己的体重多少？这是闲话，打住。

除了马谡，还有谁被诸葛亮培养过？似乎没有了。翻遍《三国演义》，诸葛亮似乎没有再对谁有过培养之心、动过培养的念头。看起来，姜维真是幸运儿哟。

有了姜维，诸葛亮就很放心地死了，也很放心地把班儿交给了姜维。姜维的确不负诸葛亮多年的栽培，诸葛亮身后，他又对魏国发动了几次大动作的进攻。当然，不管效果如何，反正姜维的意思到了。什么叫意思到了？就是说，你诸葛亮作为我姜维的前任领导，你留下的大政方针，我姜维可都是不折不扣地继续执行了。至于执行得好不好、到位不到位、效果显著不显著，那就是我个人能力的问题了。

说到这里，总感觉姜维对魏国采取的几次军事行动，都有点敷衍了事，往脸上擦粉儿的感觉。北伐中原是个脑子活，更是个力气活。蜀国的军事力量和经济力量如何，你姜维未必不知道。为什么就这样一不怕苦二不怕死地硬干呢？就因为诸葛亮对你有知遇之恩，你就拿一个国家的命运穷折腾。凡是诸葛亮交代的就要执行，凡是诸葛亮说过的话就不能更改。如此说，姜维是个守旧派、凡是派。古今中外历史上，凡是守旧派、凡是派，注定是没有什么作为的。

由此说，姜维的失败是必然的了。

还可以猜测一下，姜维从骨子里未必就完全同意诸葛亮的既定方针，可是诸葛亮对他姜维有知遇之恩啊。姜维心里话：如果不是诸葛亮，我姜维现在是什么？大概什么也不是，顶多还是魏国里的一个普通将领，工资也不会太高，出息也不会太大。就算我当年投降过来，如果诸葛亮渐渐看不上我了，也不再重用我，我也不可能当上一人之下万人之上的蜀国的大将军啊。这里边的情分多大啊。没有诸葛亮先生，就没有我姜维的今天啊。我姜维要是改变了诸葛亮留下的方针政策，那世人会怎么看我呢？算了吧，诸葛亮先生怎么说的，我姜维就怎么办吧。办好办不好的，反正我是严格执行了；效果显著不显著的，那就另说了。如果是这样，那么姜维就是把工作与个人情感掺杂在一起了。

也别怪姜维，自古接班人这个角色，都不好演啊。你或者当改革派，或者当凡是派，可不管什么派，你都得被人指责。

姜维应该是一个彻头彻尾的铁杆儿凡是派，凡是诸葛亮先生既定的方针，他坚决执行。也不管形势变化不变化，也不管诸葛亮生前没有完成的尾巴工程是不是合理，也要继续把这尾巴工程搞完，劳民伤财，也在所不惜。他姜维倒是省事儿了，萧规曹随。可是整个蜀国真是费事儿了，诸葛亮死后，蜀国的物力财力都已经捉襟见肘，姜维还是一个劲儿地伐魏。这不是穷兵黩武吗？姜维伐魏，实在是有点儿"乏味"，真有点儿应付差事的味道了。

姜维的命运还不济，他跟司马师、司马昭兄弟打了多少年，后来还遇到了两个劲敌：邓艾与钟会。这二人出道儿虽然比姜维晚些，名气却与姜维在伯仲之间。最终，这两个人不负司马昭的期望，攻破了蜀国。邓艾受降了刘禅，钟会困住了姜维。邓艾大概用枪顶着刘禅的后腰，让刘禅给姜维下命令：让姜维投降。刘禅就下命令了：姜维啊，我都投降了，你还撑着个什么劲儿啊？快投降吧，咱们打不过人家。邓艾大概想得很轻松，刘禅都下命令了，你姜维敢不听吗？敢不降吗？

姜维降不降呢？这又成了一个问题。降，对不起当年诸葛亮一片刻意栽培之心；不降，就有了违抗命令的罪名。但这又不是问题，姜维肯定不降啊。我投降？笑话！我来蜀国是冲着诸葛亮先生的知遇之恩来的，我得继承诸葛亮的遗志啊。说实话，我还真不大承认你刘禅呢，我是诸葛亮先生的人。我就这样贪生怕死地投降了，后人怎么议论我呢？不降！古人似乎比今天的人要脸，那时好像还没有好死不如赖活着这句俗语流行。姜维偷偷地给刘禅写了封密信，意思是说：主子啊，您再忍忍，我这里再想想办法。

姜维能想什么办法呢？他先是口干舌燥地说服了钟会：哥们儿啊，你别再给司马昭卖命了。就算是你立了功，你也得不了什么好儿，司马昭也不会给你提高年薪。现在这天下的事儿，谁拳头硬就算谁的了。怎么样？咱哥俩儿合伙干吧。先把邓艾解决了，咱们再解决司马昭，这天下不就是咱哥们儿的了！

按说，姜维这套话不应该说动钟会。钟会是个聪明人啊，书读得多，脑子像转轴。可是聪明人往往昏了头，比傻子还笨。无论古代或者当代，利令智昏多数是发生在聪明人身上。钟会真让姜维说动了：老姜啊，你的话我想了一夜，你说得有理啊。司马昭这个人靠不住。反。这天下又不是谁们家的，皇帝轮流做，今年或许就到我家了。干！

可是姜维和钟会都忘记了他们的对手是司马昭，这人可不是个"雏儿"，钟会临出兵的时候，司马昭就料到了这一步。钟会的变化，是在他意料之中的事儿。他稍稍动了动心思，就让邓艾和钟会自相残杀起来，姜维也死于乱军之中。

胆大妄为的姜维啊，真是尽心尽力了。由此说，诸葛亮算是找对了接班人。可如果我们联想一下，如果诸葛亮没有看上姜维，姜先生继续在魏国工作，保不准将来也能被提拔起来，是金子总要发光嘛。你一个有本事的人，怕什么？急什么？你就在魏国先踏踏实实地工作着，就算当不到大将军这份上，也不至于最后惨死在乱军之中啊。

如此说，是诸葛亮把姜维给害了。

【天下谁人识君】

米奇诺娃

命运最是神奇，最是奈何不得。早年，杨忠帮助宇文氏建立了北周政权，立下赫赫战功，儿子杨坚却夺了宇文氏的帝位，即隋文帝。若干年后，杨坚的儿子杨广又在第三次巡游江南时被宇文化及活活勒死。历史在这里转了个弯，谁也不欠谁的了。

细细想来，隋炀帝杨广不是一般的冤屈。他只下了三次江南，就被后世多少代多少人说成骄奢淫逸、祸国殃民；而七下江南的乾隆皇帝却是风流倜傥的楷模，留下无数逸闻故事娱乐民间，更是影视作品的大热门，且屡演屡赢、屡赢屡演。当初，秦始皇和杨广都担着骂名，不惜一切地给后人留下了一样举世闻名的礼物。秦始皇留下了万里长城，杨广留下了京杭大运河。万里长城至今只有观赏作用，京杭大运河却一直在纵贯南北漕运，一刻也没停止过它繁忙的运输功能。人们上得岸来却口无遮拦、不遗余力地痛骂杨广，似乎不骂几句，就忠奸不辨。对于失败的皇帝，世人没有给予应有的理性认知，历史的公正常常是被道德或伪道德的标准埋葬了。

杨广开凿运河，是在修建洛阳的同一年。他先后开凿疏浚了四条主要河渠，南北连通，蜿蜒五千多里，成为水运大动脉，不仅加强了隋王朝对南方的军事与政治统治，而且使南方上好的棉丝和稻粟能够顺利地到达洛阳和长安，南北文化也得到很好的交流。不仅如此，大运河还对以后中国的历史产生了深远影响。以后的元朝、明朝和清朝之所以建都北京，从经济上来看，不能不说和大运河的物资供应有关系。那么从历史的角度来看，杨广则是具有远见卓识的战略家，是千古功臣。

在杨广的众多罪状当中，最严重的一条要数他的弑父杀兄。他本是二皇子，与宝座无缘，可是他心狠手辣地把病中的父亲及哥哥杀死，踏着血腥之路坐上了梦寐以求的皇帝宝座。其实这并不比李世民更过分，他们的事迹大同小异，只是人们给了李世民太多的理解和支持，因为他是成功的皇帝。

李世民与杨广相同的罪状被人轻描淡写一笔略过，杨广与李世民相同的盖世武功也被史学家有意遮掩。原因是他虽有过人的文武才能，但是太纨绔，太喜欢虚荣和寻欢作乐，连父亲宠幸的宣华夫人陈氏也敢调戏，可谓胆大妄为。这也怨不得杨广，隋朝毕竟在宋朝之前，没有经过朱熹的严规肃矩，孔子的纲常之道也鞭长莫及，怎会有那么多的拘束？也因此才有了后来李治宠幸父皇的武才人、李隆基抢来儿媳杨玉环受用。唐朝这两位皇帝可不仅仅是调戏，都是真刀真枪玩了命了，直到送了江山，下了宝座。这在当时不足为奇。相比之下，杨广的罪是很轻的，却被数罪并罚判了死刑。

回头再说杨广的奢靡。杨广虽然三下江南，也只是把当时只有六七米宽的瘦西湖作为自己的专用水道。到了唐朝，扬州人把瘦西湖开凿成护城河，为扬州历史上最辉煌的时刻显足气派。而到了清朝乾隆年间，扬州的阿谀盐商给皇帝献上了一份大礼，把护城河扩展成几十米宽的瘦西湖。"两堤花柳全依水，一路楼台直到山"，奢靡到了极限。于是清诗人汪沆有诗云：

> 垂杨不断接残芜，雁齿虹桥俨画图。
> 也是销金一锅子，故应唤作瘦西湖。

作为一个失败皇帝，杨广不仅不得好死，死后还被人折腾了好几次，先是埋在宫内，后改殡于扬州吴公台下。公元 620 年，唐高祖李渊以帝王礼遇把杨广葬在扬州西北 7 公里处的雷塘，墓地年久荒芜。1983 年后才陆续修葺，周围林木葱郁，游人纷至沓来。

李渊是隋文帝杨坚的外甥，和隋炀帝杨广是两姨表兄弟，并在杨广在位时做过刺史、太守和大将军。隋末农民起义军此起彼伏，共有 200 多支队伍。李渊领兵一一击败起义军，实力大增，索性推翻隋朝，自己坐了天下。从公从私，他都不得不厚葬表哥杨广。从公说，他抢了人家的江山，还不得给人家几亩葬身之地？从私说，血毕竟浓于水吧。

【魏徵：哪有胜利可言，挺住意味着一切】

郭灿金

唐太宗的朝堂之上可谓群星闪烁，人才济济：长孙无忌、杜如晦、房玄龄、尉迟敬德、秦叔宝……他们要么是李世民的创业班底，要么是李世民的长期合作伙伴，要么和李世民有姻亲关系，和他们相比，魏徵无法不自惭形秽。

虽然唐代并不十分讲究门第出身，但出身名门望族依然是可以傲视他人的原始资本。当然一个人的出身无法选择，退而求其次，那就要看一个人的"出处"，也就政治身份。所谓英雄不问出处，那是掌握话语权的人做贼心虚之时的自我安慰。所以一个人要想在风云变化的朝廷之上站稳脚跟，要么同时具备良好的出身和出处，要么二者居其一。但是，魏徵既无良好的出身，也无过硬的出处。而且，在和李世民相遇之前，魏徵的个人信用几乎丧失殆尽。

魏徵出身河北巨鹿魏氏，要说也算是北齐之名门望族，其父曾任北齐屯留令。只是魏徵时乖命蹇，在距他出生还有 3 年之时，北齐就被北周消灭了；在他刚满一周岁之时，北周又被杨坚的隋朝给取代了。连续的改朝换代，连续的政治洗牌，生生把原来勉强称得上望族的魏氏给弄成寒门。因此，对魏徵来说，所谓的名门望族只是一个可供自己精神胜利的温暖回忆而已，他从来没有从中得到过一丝一毫的实惠。反倒因为家贫，年纪轻轻的魏徵很早就出家做了道士。

魏徵亲身感受到了离乱之苦，所以他说"自古丧乱未有如隋世者"。"宁为太平犬，不为乱世人"，对此，魏徵算是有了深切体会。后来里尔克总结道："哪有什么胜利可言，挺住意味着一切！"

挺住挺住再挺住，是魏徵的生活信条。在这一信念支撑之下，魏徵先后或主动或被动地改变了 5 次主人：先投举兵反隋的武阳郡丞元宝藏；接着服侍瓦岗寨首领李密；后随李密降唐效力于李渊，不久因被俘开始效命于另一个起义军首领窦建德；窦兵败后，魏徵开始作为主要谋士奔走于李建成的鞍前马后，在此期间，他曾为李建成献出了及早动手除掉李世民的毒计。

辛苦了几十年，连个稳定的靠山都没有找到，每一次押宝都押错了地方，这就是魏徵在遇见李世民之前所有的政治履历。出身就不用说了，这样的政治履历让魏徵对自己的出处也无法说得清楚。可以这样说，在李世民的文臣武将之中，像魏徵这样一生几易其主、数跳其槽的人并不多见。我们无法想象魏徵将如何面对世人，面对新的主子李世民。

李世民干净利落地干掉李建成之后，所有的人都知道魏徵这次玩儿完了。果然，李世民刚坐稳位子，马上就把魏徵喊来痛骂："你个垃圾，当年为何明目张胆离间我兄弟情感？"可以想见，当时的场景多么恐怖——秋后算账的时间到了，魏徵似乎已在劫难逃！谁知魏徵却不卑不亢，慷慨自若，他从容说道："当日皇太子若听从我的劝告，哪会遭逢今日之祸？"在场的所有人都预测，这次魏徵已经走到了生命的尽头。面对作为胜利者出现的李世民，魏徵居然连一点悔过的表示都没有，反而在公共场合大放厥词，岂有此理！然而，出乎所有人的意料，面对死不悔改的魏徵，唐太宗居然"为之敛容，厚加礼异，擢拜谏议大夫。数引之卧内，访以政术"。

魏徵的回答看似狂傲、扯淡，却是当时情景之下他的唯一活路：他如果痛哭流涕地忏悔，或者无原则地自我贬低，反而会让唐太宗满怀厌恶地将他杀掉。于是，他反其道而行之，大肆标榜自己的先见之明，同时又巧妙地道出了李建成的不听良言、自己怀才不遇的基本事实，而这一切又都是为了衬托李世民的伟大，李世民胜利的必然。因此，在关键时候，魏徵以自己的才华保住了自己的性命，同时更赢得了李世民的青睐。

语言是一门艺术，魏徵的遭遇不正说明了这句话是真理吗？

这是最令人动容的一个历史场景，在这里，我们看到了魏徵作为一个纵横家的本色。《旧唐书·魏徵传》的开头曾这样说：魏徵"好读书，多所通涉，见天下渐乱，尤属意纵横之说"。

什么是"纵横之说"？"纵横之说"在秦汉之际又称"长短说"，是一种善于从不同角度、用不同观点去说服对方的一种方法。纵横家的特点就是从来不抱持一种主张或观点，而是根据实际定其取舍，故忽而用儒，忽而用道，忽而儒道合用，构成了所谓的可纵可横、亦纵亦横的局面。因此，纵横家以长于游说权谋著称，并且以此为主要特征。纵横家往往"无特操"，随时可能改变观点，所以纵横之术在后世很少为人所称扬，学者耻言"纵横"。

面对唐太宗的盛气凌人，背负原罪的魏徵只好拿出自己曾下过工夫的"纵横之说"来应对，瞬间就化解了杀机，并赢得了主动。即使如此，魏徵仍然不免遭人非议，时人曾经骂魏徵"有奶便是娘"。李世民面前的第一红人、朝臣中的当权派长孙无忌曾语带讥刺地对魏徵说："当年您可是李建成的心腹大将，和我们势不两立，没有想到今日居然同席饮酒。"可以想象，魏徵当年是面临着多大的道德和舆论压力。

虽然魏徵靠"纵横之说"保住了自己的性命，但是如果不能百尺竿头更进一步，他的人头仍然随时会被那帮虎视眈眈的前政敌们给砍掉当夜壶用。和那些自恃功勋卓著的同僚相比，魏徵的唯一优势就是"纵横之说"，否则他将被那些根正苗红的同事给挤对得无立足之地。怎么办？要知道此时的魏徵除了"纵横之说"外，几乎一无所有。既然一无所有，魏徵也只好一条道走到黑，充分发挥自己的特长，将"纵横之说"推演至极致。

挺住，除了挺住还是挺住！这才是魏徵能够成功的所有秘诀。魏徵将挺住发展成为自己的信念和生活信条，坚持了终生，并将之发展成为一种为官艺术。

魏徵先声夺人，他充分利用李世民对他刚建立起来的好感，利用自己的纵横特长，大大方方地和李世民来了个中国人最易误解的文史常识方面的词义辨析——"忠臣"与"良臣"的本质差别：能辅助君主获得尊贵的声誉、让自己获得美名、子孙相传、福禄无疆的臣子是"良臣"；而自身遭受杀戮之祸、又让君主背上陷害忠臣的恶名、使"小家"和"大家"都遭受损失，只留下空名的臣子是"忠臣"。这是中国古人最擅长的"正名"。魏徵以其精到的词义辨析，给李世民下了个大套——从今天开始，我将正式启动"纵横"程序——尽情进谏。因此，我的脑袋随时有可能搬家，你如果杀我呢，就是让我成为"忠臣"；你如果不杀我呢，就是让我成为"良臣"。让我成"良臣"，咱们双赢；让我成"忠臣"，咱们双输。魏徵这一定位将自己置于道德高地之上，从而让唐太宗处于守势。杀兄夺权的李世民如果还想笑着走进历史，只能老老实实地接受魏徵的进谏。

之后，魏徵更上层楼。他巧妙地说："陛下导臣使言，臣所以敢言。若陛下不受臣言，臣亦何敢犯龙鳞、触忌讳也？"你看，魏徵的应对总是如此得体！这难道不是所谓的巧言令色吗？

这就是魏徵的纵横术。在李世民的朝堂之上，魏徵以其纵横术开始了纵横驰骋。他把整个朝廷变成了自己唱独角戏的地方。于是，我们看到了一个成功的"持不同政见者"的形象：

后妃越礼，他犯颜直谏；太子越礼，他犯颜直谏；皇上想去泰山封禅，他依然犯颜直谏……直谏成了魏徵生存的武器，成了邀宠的法宝，以至于李世民有一天就情不自禁地说："人言魏徵举动疏慢，我但觉其妩媚。"魏徵终于以其纵横之术赢得了巨大的成功。李世民总结说，魏徵"所谏前后二百余事，皆称朕意。非卿忠诚奉国，何能若是"。玄武门之变后，才开始效忠唐太宗的魏徵，终于达到了事业的巅峰，唐太宗以皇帝的身份总结道：我当皇帝前，功劳最大的是房玄龄，而我做了皇帝之后，功劳最大的非魏徵莫属。魏徵终于可以在同僚面前挺直腰板了。

几十年光阴如白驹过隙，魏徵说老就老了，纵横终生的魏徵终于走到了生命的尽头。魏徵生命垂危，唐太宗前去探望，面对皇帝关切的目光，魏徵再次显出纵横家本色，他对身后之事没提任何要求，只是气若游丝般地说出了："嫠不恤纬，而忧宗周之亡。"

此话怎讲？翻译成现代汉语就是，寡妇不在意自己织布的进度和质量，而担忧国家的前途和命运。此话何来？这句话不是魏徵的原创，而是出自《左传·昭公二十四年》。因其中洋溢着强烈的"宏大叙事"色彩，这句话也经常被儒家引用。

魏徵临终前的这一句话让唐太宗声泪俱下，百感交集。之前，唐太宗就将自己的二女儿衡山公主许配给了魏徵的儿子魏叔玉，只是尚未正式举行大婚仪式，当唐太宗听到魏徵这句话后，他马上将自己的女儿，也就是魏徵尚未过门的儿媳妇衡山公主召到了魏徵的病榻前。唐太宗感伤地对魏徵说："亲家翁，请你最后看一眼你未来的儿媳妇吧！"只是此时的魏徵虚弱得连感谢皇上的话都无法说出了。皇上前脚刚刚离开，魏徵就驾鹤西游了。

魏徵死后，唐太宗一改惯例，亲临魏府向魏徵遗体告别。在魏徵的追悼会上，唐太宗即席发表重要讲话，高度评价了魏徵的一生，并将魏徵定位为伟大的忠君者和伟大的批评者，称赞他是帝国的骄傲，认为魏徵的死是帝国不可弥补的损失。官方所公布的唐太宗对魏徵的评价如下："以铜为镜，可以正衣冠；以古为镜，可以知兴替；以人为镜，可以明得失。朕尝宝此三镜，用防己过。今魏徵殂逝，遂亡一镜矣。"

魏徵可谓备享生荣死哀。

然而，一个人不可能将所有的一切都做得如此尽善尽美。

魏徵生前曾经力荐过杜正伦和侯君集，认为他们有宰相之才。因为魏徵的推荐，杜正伦被提拔为兵部员外郎，后又改任太子左庶子；侯君集也官至检校吏部尚书。魏徵死后，他们两人都因牵连到太子李承乾密谋造反事件之中，一个被流放，一个下狱被杀。

荐人失当，魏徵难辞其咎，世人甚至推测，魏徵此举有暗结同党之嫌。魏徵在唐太宗心中的高大形象，第一次打了折扣。让李世民更郁闷的还在后面：有人作证，魏徵谏诤唐太宗的奏章，都自己偷偷地录下副本，交给了史官褚遂良，以求录之国史——只顾自己名扬千载，却不顾此举会给君主抹黑。魏徵的形象因之轰然倒塌，盛怒之下的唐太宗不但令人毁掉了自己给魏徵题写的碑文，而且取消了衡山公主和魏叔玉的婚约。

李世民后来又下令重树魏徵墓碑。

【狄仁杰：唐室功臣外衣下的"官油子"】

郭灿金

狄仁杰生于公元 630 年，卒于公元 700 年；字怀英，唐代并州太原（今山西太原）人；经历了唐高宗与武则天两个时代；历任并州都督府法曹、大理丞、侍御史、宁州刺史、豫州刺史、地官侍郎等职。

中国有个成语叫作"唾面自干"，这个成语是说，别人往自己脸上吐唾沫，不能擦掉，而应该让它自己风干。人们往往用这个成语来形容一个人受了侮辱却能极度隐忍，从来不加以反抗。

不要以为这个成语是凭空捏造、文人虚构的，这个成语和一个人有关，这个人就是娄师德。

娄师德（630～699），字宗仁，郑州原武（今河南原阳西南）人，唐朝大臣、名将，曾任宰相。娄师德最大的特点是事事讲究忍让。据《新唐书》记载，娄师德的弟弟被任命为代州（今山西代县）刺史后，兴致勃勃地来向哥哥辞行。在兄弟二人就要分手的时候，弟弟问哥哥还有没有什么要交代的。娄师德语重心长地询问道："我坐在宰相的位置上，你现在又要去当州官，我们兄弟二人可以算得上是这个时代的佼佼者了。但是，我们荣宠过盛，必定有人暗自忌恨我们，对此你有什么对策吗？"听到哥哥这样问，弟弟马上跪在地上说："我是这样打算的，假如现在有人往我脸上吐唾沫，我一定会自己擦干净，决不为此和人计较。请哥哥指点，这样做行不行？"听完兄弟的话，娄师德神色忧虑地说："你的做法正是我所忧虑的！"弟弟本来想哥哥会表扬他几句，没想到哥哥竟不以为然，一下子不好意思起来："那应该怎么办呢？""怎么办？我的意思是不擦！你想啊，别人好不容易把唾沫吐在了你的脸上，你却一擦了之，别人的快感还从何而来？别人没有了快感，那他一定还会继续忌恨你的。我建议，别人往你脸上吐唾沫，你不应该自己擦掉，而应该等待自然风干。在这个过程中，你还应该保持微笑！"

娄师德到底做没做到唾面自干，我们不得而知，因为他贵为一朝宰相，敢往他脸上吐唾沫的人估计不会太多。但是娄师德的谦让是出了名的，除了谦让，娄师德的度量大也被广泛传颂，以至于后人经常说他是"宰相肚里能撑船"。

说了这么多，其实只是为了引出狄仁杰来。

那么娄师德和狄仁杰有什么关系呢？表面看起来很简单，娄师德和狄仁杰是同事——两个人一同做相国。

尽管同为相国，两个人的能力却有差别。狄仁杰出类拔萃，而娄师德却显得有些平庸。尽管娄师德是个谦谦君子，从来不会和任何人发生矛盾，但盛气凌人的狄仁杰就是看不惯娄师德和自己平起平坐，因此，平时挤对起娄师德来，狄仁杰都是不遗余力。

但是，娄师德是个信奉唾面自干的人，任凭狄仁杰怎么欺负，他似乎都不放在心上，而且似乎也没什么怨言。这样一来，反而让外人都看不过去了，他们认为狄仁杰连老娄都不放过有些太过火了。但大家都知道狄仁杰向来自高自大的秉性，所以也没有一个人敢出来调解此事。最后，连武则天也看不下去了，她只好亲自出面做狄仁杰的工作。

武则天是当时的最高统治者，掌握的材料当然比任何人都多。同时，武则天也特别善于做思想工作。

有一天，散朝的时候，武则天留下狄仁杰，聊了几句，武则天单刀直入地问狄仁杰："我这么重用你，你知道这是为什么吗？"狄仁杰答得也很干脆："我是一个从来不知道依靠别人的人，而皇上您最后居然重用了我，我想一定是因为我的文章出色外加品行端方。"尽管这样的回答在武则天意料之中，但是狄仁杰的口气还是令她有些小小的不快，她呷了一口茶，又咽了一口唾沫，尽量用平静的语气说道："国老啊，这你就只知其一，不知其二了。当年，我对你其实一点了解也没有，为什么想起来提拔你啊，全仗有人在我面前推荐你。"这次轮到狄仁杰吃惊了："真的啊？我怎么想不起来会是谁推荐了我呢？""给你三次机会，你猜一下吧？但我想，就是给你十次机会你也猜不出来！"狄仁杰是个聪明人，见皇上这么说，就顺口答道："那就请皇上您直接告诉我好了。""告诉你吧，你能有今天，靠的不是别人，而是娄师德，就是他在我面前三番五次地推荐你！"武则天似乎看出来了狄仁杰的惊诧和难以置信，她随即让侍从取来档案柜，笑着对狄仁杰说："你自己去打开看一下里面的东西吧。"档案柜打开了，十几封写给皇上的推荐信一一呈现在狄仁杰面前，这些推荐信的主题只有一个，那就是推荐狄仁杰担任重要职务。十几封推荐信的作者也只有一个，那就是娄师德。这一下轮到狄仁杰无地自容了，原来自己能有今天，靠的全是娄师德当年的大力推荐。自己不领情也就罢了，谁知自己还时时打击娄师德。而更令他惭愧的是，娄师德居然从来不居功自傲，居然一直默默承受冷嘲热讽而不作任何解释！

这件事对狄仁杰是个不大不小的讽刺，让他不由得反思自己走过来的岁月。

狄仁杰虽然时下升到了高位，但他的家世一点也不显赫，狄仁杰的父亲也只是做过夔州（今重庆奉节）长史而已。狄仁杰本人早年似乎也没什么出众之处，因为他仅仅是以明经出道。在唐朝以明经出道的人往往会很受人歧视。家庭背景一般，加上明经出身，似乎注定了狄仁杰很难出人头地。

但狄仁杰是一个有真功夫的人，唐高宗仪凤年间，狄仁杰升任大理丞。在任期间，他曾创造了一个不可思议的纪录：一年中判决了大量积压案件，涉及 17000 人，却没有一人喊冤。一时间，狄仁杰成为世人推崇的神探。

在唐高宗的时候，狄仁杰就是著名的"反对派"，他敢于反对一切他看不顺眼的事，对抗一切他看不顺眼的人。

譬如，唐高宗要到汾阳宫去视察，当地的长官为了讨好皇上，决定新开一条御道，但在狄仁杰的坚决反对之下，御道修建计划被迫中止。

譬如，左司郎中王本立恃宠用事，朝中大臣都很怕他。可是狄仁杰不以为然，经常抓住机会弹劾王本立，即使唐高宗有意偏袒，狄仁杰也不为所动。最后，他还真把王本立给扳了下来，一时朝廷肃然。

武则天当政时，久经江湖的狄仁杰已经慢慢变得老辣起来，即使心狠手毒的来俊臣也不是他的对手。

狄仁杰官居宰相，在朝廷慢慢走红之时，也正是阴谋家武承嗣踌躇满志之日。满朝之中，武承嗣谁也没放在眼内，他唯一顾忌的就是狄仁杰。他认为狄仁杰将来一定会成为自己被立为皇嗣的最大障碍。因此，他就指示酷吏来俊臣诬告狄仁杰等人谋反，并随即将狄仁杰逮捕下狱。当时法律中有一项条款："一问即承反者例得减死。"意即如果一个人主动承认自己有谋反罪可以减轻罪行。来俊臣逼迫狄仁杰承认"谋反"，狄仁杰随即予以完全承认："谋反是事实！"得到了狄仁杰的口供，来俊臣满心欢喜，也就放松了对狄仁杰的警惕。

谁知，老辣的狄仁杰只是用这招儿来麻痹来俊臣的。其后，狄仁杰趁狱吏不备，偷偷写下了上诉材料，悄悄放在了自己的棉衣之中，并请狱吏转告家人将棉衣取走。最后，狄仁杰的儿子将上诉材料转到了武则天的手中。于是，武则天亲自召见狄仁杰，并当面询问他："你当初为什么主动承认谋反？"狄仁杰平静地回答："假如我不承认谋反，估计我早就死在来俊臣的皮鞭之下了，又怎么能再见到皇上呢？"狄仁杰以自己的机智逃过了一劫，但从此他也就和武承嗣成了死对头。

为了和武承嗣斗争，狄仁杰利用武则天对自己的信任，在立储的过程中，发挥了独特而有决定性的作用。

在狄仁杰为相的几年中，武则天对他的信任令其他人望尘莫及。譬如，武则天常称狄仁杰为"国老"，而很少直呼其名。对于老年的狄仁杰，武则天更是显示出了温情的一面：朝堂之上，武则天特许狄仁杰不用跪拜；武则天还曾多次告诫朝中官吏："非军国大事，勿以烦公（指狄仁杰）。"对狄仁杰可谓优渥有加。在武则天的朝堂里，狄仁杰地位之崇高，无人可出其右。这让狄仁杰有机会对武则天之后的继任者做出从容安排。

武承嗣是武则天的侄子，一直渴望成为太子，而武则天则犹豫不决。狄仁杰抓住机会，以亲情打动武则天。

狄仁杰对武则天说，立太子之事，事关重大，有很多因素应该考虑进去，但第一要考虑的是自己。无疑，人都是要死的，因此，我们才需要选定接班人。如果接班人选得好，自己的路线方针政策将被执行，自己的灵位也能被后人供奉；如果接班人选得不好，那么自己生前所做的一切都有可能被推翻，自己将来的灵位也会被人抛弃。也是从这个意义上说，选择接班人首先应该选择在血缘上和自己最近的人——只有血缘最可靠。最现实的方法就是，您应该立您的亲生儿子为太子。如果您立了您的儿子，将来您就是皇帝的母亲，配享太庙也是理所当然；而您要是立了武氏的后人为太子，那么将来您只能是未来皇帝的姑母，让侄子为姑母立庙，这事似乎有些悬！很显然，狄仁杰的话对于武承嗣很有杀伤力，但最终打动了武则天。她决定立自己的儿子为太子，武承嗣最终失去了继承武则天皇位的可能。

这就从体制上保证了狄仁杰不会被武承嗣清算，作为副产品，李唐王朝也借此完成了复辟。

为了确保自己死后武承嗣不会死灰复燃，狄仁杰生前还精心挑选了自己的接班人，此人就是张柬之。

有一天，武则天向狄仁杰征求宰相人选，狄仁杰毫不犹豫地说："荆州长史张柬之是个难得的人选，这个人虽然老了些，却是真正的宰相之才。这个人一辈子没被人发现，如果您用他做宰相，他一定会为国家鞠躬尽瘁。"于是，武则天将张柬之的官职由长史升为司马。

过了一段时间，武则天又让狄仁杰推荐宰相人选，狄仁杰笑了一下，说道："我以前曾经推荐过张柬之，到现在也没见您用这个人啊。"武则天说道："怎么没用啊？我早就把他升为司马了。"狄仁杰不慌不忙地说："我给你推荐的是宰相人选，您却让他去做司马，当然算没有任用。"后来，张柬之果然被任命为宰相。

随着岁月的流逝，武则天已经是风烛残年，她已很难有效地控制局势，客观上看，李唐复辟的时机已经成熟。狄仁杰大力推荐的宰相张柬之果然没有辜负狄仁杰的期望，在国家生死存亡的危急关头，张柬之毅然决定起事，仅仅用了半个时辰，政变就宣告胜利。取得胜利后的张柬之，手里提着武则天所宠爱的两个面首——张宗昌、张易之的人头来见武则天，此时，武则天已经无力回天了。

不知当时的武则天，在盯着张柬之发呆的时候，有没有想起来张柬之的推荐人狄仁杰来。

其实，武则天想起想不起狄仁杰已经无关紧要了。因为，不久之后，唐中宗又要登上皇帝宝座，李氏将重掌乾坤。等这一切尘埃落定之时，狄仁杰生前所作的安排也被郑重表彰。狄仁杰先是被追封为司空，后又被追封为梁国公，也就在情理之中了。

【为宋仁宗画像】

萨 苏

皇上也是人，也有爱好，而且和咱普通人一样千奇百怪。有的皇上喜欢要饭，有的喜欢当木匠，有的喜欢研究怎么给人用刑——这就比较黑色了。这些个人爱好也常被当作亡国破家的原因来谈，比如倒霉的宋徽宗。我这儿还想起来一位爱好书画的皇帝——宋朝的第四任皇帝：宋仁宗赵祯。他擅长飞白书法。宋欧阳修云"仁宗万机之暇，无所玩好，惟亲翰墨，而飞白尤为神妙"。

如果对京剧熟悉，您大概知道有一出《狸猫换太子》，这位宋仁宗就是里面那个狸猫太子。据《宋史》载，其母李氏生他后，被刘德妃窃为己子，仁宗即位后，仍认刘后为生母，李氏临死也没敢母子相认。刘后死后，仁宗才知道内情，追封李氏为皇太后。后人根据这段历史编写了《狸猫换太子》。戏里的刘太后是个老刁婆，历史上她虽然夺人之子阴险狡诈，治国上倒是很有一手，宋仁宗早期就是她"垂帘听政"，天下太平得很。

要是翻《辞海》，发现对赵祯的描述并不太好，他一生没有多少像样的功绩，还比较好色。其实这种描写对仁宗比较不公平，大概是因为他手里范仲淹的"庆历新政"无疾而终吧？我们的历史学对新政这类"革命"性的事件总是比较青睐。此外就是偌大的大宋居然向少数民族政权送岁币，几十年没有改变，大伙儿觉得这位皇上窝囊了点儿。

其实仁宗是一位难得的好皇帝，更有趣的是他的很多事情被生动地记录下来，让我们能隔了上千年，观察一下这位皇帝是怎样的一个人——

仁宗馋：有一天早上起来，仁宗对亲信的太监说：昨天夜里想吃烤羊腿，馋得睡不着，给我烤点儿来吃。那太监笑道：皇上昨晚干吗不招我来办呢？仁宗道：假如让你去办，以后大家知道我晚上喜欢吃这口，就要每晚预备，那要杀多少羊呢？浪费。

又有一天，皇上吃饭，对手下说：这个蚝很好吃啊。手下的一高兴，就回道：当然啊皇上，这是海边送来的呢。皇上就问：那要不少钱吧。手下说：一个运过来要200钱呢。皇上当时脸就绿了，说我这儿有十个蚝，一吃就是两千钱，这个价钱，我吃不下。

仁宗好色：仁宗喜欢女色被写入史书，看来不假，奇怪的是却没有后代，生了三个儿子都早夭。他的飞白书法其实是和太太一起研究的，曹皇后是北宋大将曹彬的女儿，虽然出身将门，却熟读经史，也善飞白书，又和仁宗一样喜欢节俭，亲自带领宫嫔们在苑内种植谷物、采桑养蚕。两口子一起写写字谦谨节俭，是模范夫妻。可是仁宗确实好色，于是，有个大臣王德用就送来美女给皇上，皇上很受用。但是马上就有那种死羊眼的大臣来劝谏了，来的这位叫王素，他爸爸王旦也是宰相，父子都是敢于对皇上扔砖的，内容就是请皇上以国事为重，不要贪恋女色，等等。仁宗皱着眉头听着，很舍不得的样子，最后还是咬着牙同意了。王素虽然死羊眼却不是没情商，看皇上这个样儿，就说：皇上知道错也就罢了，这女子既然已经进宫，过几天再送出去也不晚。这一说，皇上就流下眼泪来了，说：我虽然是帝王，人情也是和大家一样的，若是让她留在我身边久了，有了感情，我也会舍不得赶她走啊。

仁宗好奇：有一天，仁宗宿于曹皇后宫中。半夜里忽然一片大乱，一般的皇上就吓趴下了，仁宗却要出去看看发生了什么事。那是有人造反啊，正找不到皇上呢，是看的时候吗？还好曹皇后不愧为将门之后，劝他不可轻动，免遭毒手。同时把身边手下召集起来把守宫门，并亲手为每人剪下一绺头发，宣布叛乱平息后，以发为记，论功行赏。结果杀退了叛逆者，仁宗大为佩服，试想照他的想法出去瞧热闹，只怕正把自己送过去，要让人射成刺猬的。

仁宗怕大臣：有一天，宫里做道场，皇上觉得热闹也去看，看完挺高兴，吩咐说：给每个和尚送一匹紫绸子。和尚们喜出望外，连忙谢恩。这位皇帝却顾不得是不是会丢份儿了，认认真真地布置说："明天你们从东华门出宫，把紫罗都藏在怀里，不能让人看见。"那原因，他也如实道来——"恐台谏有文字论列"。

仁宗爱和平：有一次，大臣报告，说高丽国最近越来越不像话了，送来的贡品越来越少，索要的回礼却越来越多，明摆着不把大宋当回事，请皇上派兵把它灭了吧。皇上回答得语重心长：这只是国王的罪过。现在出兵，国王不一定会被杀，反而要杀死无数百姓。

仁宗在位四十二年，统治期间国内富庶。1063年病逝于宫中福宁殿，终年54岁。死时讣告送到敌对国家辽国，那时辽国的皇帝是《天龙八部》里面萧峰的大哥耶律洪基，得知此讯握着使者的手号啕痛哭道："四十二年不识兵革矣。"一时竟然"燕境之人无远近皆哭"，可见受惠于他的不只是宋朝百姓。

看看仁宗，就忍不住叹息一声：这皇上，也是人啊。

【文字捕快沈括】

李万刚

在以立德、立言、立功为"三不朽"的传统中国，产生伟大科学家很难。不过宋代出现了一位百科全书式的科学家，他是地理学家、物理学家、数学家、化学家、医学家、天文学家，还是水利专家、兵器专家、军事家，写下了科学经典《梦溪笔谈》。他就是现代人熟知的沈括。

然而，在诸多伟大称誉之外，沈括还是一个检举揭发的"高手"，非常"小人"地干过文字狱的勾当。沈括的理性求实精神，到了政治生活中却消失了。他政治嗅觉异常灵敏，善于在别人的诗文中嗅出异味，捕风捉影，"上纲上线"。沈括检举揭发的对象，是中国文学的巅峰人物——苏轼。南宋初王铚《元祐补录》记载了沈括的这一丑事。

沈括生于 1031 年，大苏轼五岁，却晚他六年中进士。中国科学与人文的两位大师很有缘分，在"皇家图书馆"做过同事。1065 年，苏轼进入史馆，而沈括在前一年调入昭文馆工作。北宋沿唐制，以史馆、昭文馆、集贤院为三馆，通名崇文院。

短暂的同事经历后，苏轼于 1066 年父丧后回乡两年多，等他再返回东京，就与沈括走上了不同的政治道路。宋神宗熙宁二年（1069），王安石被任命做宰相，进行了激进的改革。沈括受到王安石的信任和器重，担任过管理全国财政的最高长官三司使等许多重要官职。苏轼也赞成改革，却是温和的"改革派"，与改革总设计师王安石意见相左，他与"保守党"领袖司马光一起，组成著名的反对派。

由于获得了皇上的信任，王安石的改革自是无人能挡。1071 年，作为反对派代表，苏轼下放到了杭州担任"二把手"的通判一职。当时，他已成了最著名的青年作家，连皇上的奶奶都是他的"粉丝"。其间，沈括作为"中央督察"，到杭州检查浙江农田水利建设。临行前，宋神宗告诉沈括："苏轼通判杭州，卿其善遇之。"

到了杭州，虽然政见不同，诗人苏轼还是把沈括当老同事、好朋友。年长的沈括表面上也该相当和善吧，"与轼论旧"，把苏轼的新作抄录了一通。但回到首都，他立即用附笺的方式，把认为是诽谤的诗句一一加以详细的"注释"，"发现""发明"这些诗句如何居心叵测，反对"改革"，讽刺皇上，等等，然后交给了最高领袖。

不久，苏轼因为在诗文中"愚弄朝廷""无君臣之义"而入狱，险些丧命。例如苏轼歌咏桧树的两句："根到九泉无曲处，世间唯有蛰龙知"——"皇帝如飞龙在天，苏轼却要向九泉之下寻蛰龙，不臣莫过于此！"这就是文字狱历史上著名的"乌台诗案"，牵连苏轼三十多位亲友，涉及他一百多首诗词。

当然，沈括不是苏轼入狱的主谋，主谋是王安石手下的李定、舒亶、何正臣、李宜等四人。但他是始作俑者，"乌台诗案"正是以沈括上呈的那些"发现"为基础的，"其后李定、舒亶论轼诗置狱，实本于括"。

沈括为何要陷害苏轼呢？按照余秋雨的说法，"这大概与皇帝在沈括面前说过苏东坡的好话有关，沈括心中产生了一种默默的对比，不想让苏东坡的文化地位高于自己。另一种可能是他深知王安石与苏东坡政见不同，他投注投到了王安石一边。"

嫉妒一般只在差距不大的人中发生。按照沈括在当时的文名，与苏轼 22 岁中进士，令文坛领袖欧阳修称"当避其一头地"，根本没有可比基础，"忌妒说"根据不足。"政见不同说"也不尽是，政治观点不同，人们还是可以君子式地互相争论，未必就要置人于死地。

笔者理解，沈括的政治选择确实决定了他与苏轼的对立，但是，他陷害苏轼是由于道德操守不够，进入政治旋涡后，随波逐流、耳濡目染的结果。很不幸，王安石改革大旗一挥，从者却多为李定、舒亶、何正臣、李宜等不讲"费厄泼赖"精神的投机政客，也是官场大酱缸中无所不为的高手。他们对不同政见者不择手段；但是，风向转的时候，对于自己的战友也同样残酷。

九百多年前王安石领导的改革，想一举改天换地，挽救宋朝。只可惜，这剂革命的药太猛，还把沈括这样的人裹挟进去，制造了文字狱的恶劣案例。而后，这样的恶的智慧和传统到了明清两朝被发扬光大。做过和尚的朱元璋对诸如僧、光、亮、秃之类的词语很是忌讳，常州府学训导蒋镇作《正旦贺表》中有"睿性生智"一句，因"生"与"僧"同，被斩。到了清朝，一句"清风不识字，何故乱翻书"，诗人丢了性命。

中国皇权专制在北宋毕竟还算宽松，如果在明清，苏轼早就没命了。结果，苏轼在监狱中被关押130天，被下放到湖北黄冈。在那里，历经囹圄、死里逃生的苏轼蝉蛹脱茧，写出了中国文学史上不朽作品——赤壁三咏，即《念奴娇·赤壁怀古》《前赤壁赋》《后赤壁赋》。沈括很幸运，他也算这些伟大作品的间接"助产士"。

【秦桧："我的秘密武器是反贪"】

周腊生

罪恶滔天者无罚

古人云：功盖天下者不赏。就宋代情形而言，可以来个对句：罪恶滔天者无罚；古人又云：大音希声，也可以对一句：巨贪非贪。宋代的巨奸有好几个：王钦若、丁渭、蔡京、秦桧、丁大全、贾似道，而其中最贪婪、最狡猾、罪恶最大的莫过于秦桧。

秦桧在高宗朝两居相位，前后独掌大权达19年。这19年间，他公开卖官鬻爵、敞开大门纳贿，以致富可敌国。其子秦熺，几乎每天都要请人打造金、银酒器，或搜集古董字画。这都是耗费巨资的事，秦熺当成日常功课，秦家生活之奢侈可想而知。

然而，奇怪的是，对于秦桧极为严重的贪污罪行，连前后冒死反对他的忠正之士也似乎不太注意，没有人专门就此进行弹劾。也许是其贪污罪行被倡和误国、残害忠良罪行掩盖了，反倒显得不值一提，真可谓"巨贪非贪"。

秦桧城府深似海，心眼特多。在高宗面前论事，往往用不着疾言厉色多加争辩，只用一两句就将对方置于被动地位。他陷人于罪都不要什么事实，随便找几句话，指为"诽谤朝廷"，或"指斥圣上"，或"心怀怨望"，或"结党营私"，或"沽名钓誉"，或"目无君上"，或"无人臣礼"，便可达到目的，反正高宗对他言听计从。因此，他得以挟天子以令诸侯，顺者昌，逆者亡，干尽了坏事而长期处于不败之地。

久而久之，忠臣良将，如岳飞、赵鼎、李光等被他诛锄殆尽。而被他重用的则多为毫无主见的卑鄙无耻之徒，这帮人又为虎作伥，以陷害善类为功。他们唯恐不能巴结讨好，谁还敢揭露他的贪污罪行？偶尔出现一两个忠义之士，如胡寅、张九成、张孝祥等，也只出面弹劾他害贤误国之罪，又很快被他打下去。

越是到晚年，他越是残忍毒辣，屡兴大狱，临死前还想置赵鼎、张浚、李光、胡寅等人于死地。赵鼎被迫害致死，他仍不放手，还要陷害其子孙，令其死党诬告他们"谋逆"，一时贤士大夫53人被关进监牢。不是他死得快，这些人都难免被害。

高宗晚年，虽然逐渐对秦桧的贪婪奸猾有所察觉，但始终没将他视为罪人。绍兴二十五年（1155），秦桧临死前，还加封为建康郡王，秦熺亦进位少师。秦桧死后，又谥为"忠献"，追赠为"申王"。秦熺被罢废后，秦桧的余党仍祖述其和议之策，前后有数人窃踞相位，而外国使臣还源源不断地往秦府送金珠宝贝，均被视为正常（《续通鉴》）。

孝宗朝，其余党逐步被清洗，却仍未将他当成罪人。到宁宗开禧二年（1206）四月，才稍稍清算其误国之罪：削其王爵，改谥"谬丑"。但是，嘉定元年（1208），史弥远当权，又恢其王爵与原谥。此时离秦桧之死已50余年。

总之，朝廷始终未曾追究其严重的贪污罪行，更不用说将其赃款赃物查抄籍没了。

利用"反贪"打击不听话者

秦桧本身贪污，其重要党羽也都是贪赃之徒，因此秦桧当政期间，从来不搞大型的反贪活动，只是偶尔利用惩贪为借口，打击不肯听他指挥的人。万俟卨也是个有名的奸臣，就是他于绍兴十一年（1141）下半年秉承秦桧的意旨，具体实施了对岳飞的迫害。这年七月，他还是个右谏议大夫，秦桧则早已当了太师。他们视岳飞为求和政策的大敌，决定首先除掉。万俟卨遂率先诬劾岳飞"荣禄已极，不思进取""违旨观望""按兵不动，沮丧士气"（《续通鉴》），要求罢去其枢密副使之职。此奏作用不大。八月，他又连上四章，极论岳飞之"罪"，还暗中鼓动御史中丞何铸、殿中侍御史罗汝楫等交章论劾。高宗终于动摇了，下令将岳飞由少保、枢密使贬为武胜定国军节度使，充万寿宫使，闲置起来。至十一月，何铸升为签书枢密院事，他则升为御史中丞。于是他继续诬告岳飞"谋反"，并一步步将岳飞置于死地。

万俟卨替秦桧办了件难办的事，该是秦桧的心腹了。但到了绍兴十四年初，他们却翻了脸。

此前，万俟卨以参知政事身份出使金回朝，秦桧硬要假捏一些话，让他当成金人的要求回奏高宗，以为要挟，进一步巩固求和政策，万俟卨没有照办，秦就很不高兴。过了几天，秦又假传圣旨要给几个亲信加官晋级，万俟卨说："好像皇上没有下过这样的圣旨。"并将秦递过来的"圣旨"扔在一边，看也不看，于是秦大怒，从此二人不交一言。

见二人交恶，御史中丞李文会、右谏大夫詹大方马上就出面弹劾万俟卨"黩货营私、贪婪无厌，窥摇国是"，要求将他罢免。万俟卨知是秦在指使，亦上章求去。高宗开初只让他以资政殿学士到地方当太守。

万俟卨上殿谢恩时，高宗还慰抚备至。秦桧在场，看了更不舒服，又唆使给事中杨愿封就万俟卨的贪污行为进行猛烈的弹劾。高宗只好迁就秦桧，于十四年二月重新下诏将万俟卨由左通奉大夫、参知政事贬为提举江州太平观。从此万俟卨就被赶下了政治舞台，再也没有翻身。

后来，秦桧打击郑刚中则更为残忍。

郑刚中，字亨仲，婺州金华（今浙江金华市）人，进士甲科及第，入仕不久即由秦桧推荐入朝任监察御史、殿中侍御史等职，以后又不断地予以提拔。他对秦桧的屈膝投降政策颇为不满，却始终未敢明言，只是屡次自请到地方任职。秦不肯放他走，但已对他有所警惕。

绍兴十四年，郑奉命到陕西与金使划定疆界，随即就地以端明殿学士任四川宣抚副使，治理四川颇有方略，经划调度军政事务井井有条，此前在划疆界时亦曾据理力争，面折金使。但秦桧恨郑刚中办事自作主张，或直接请示皇上而不是先经过自己，便于十七年九月令御史汪勃、余尧弼等人吹毛求疵，对他猛加弹劾，说他"妄用官钱""奢僭""贪婪""天资凶险""网罗死党"（《续通鉴》），列了许多罪状。于是郑被免职。这还不算，这年十二月，秦桧又让余尧弼继续弹劾他"为臣不忠""贿赂溢于私帑""暴敛困民，密遣爪牙，窥伺朝政"，结果郑被削职，提举江州太平兴国宫，桂阳监居住。

绍兴十九年七月，高宗想减轻对郑刚中的处罚，秦却不依不饶，要彻底查究其"贪污"罪行。他先命人逮捕其子右承务郎郑良嗣及其将佐宾客，将他们关押在江州狱中。再派大理寺丞汤允恭、太府寺丞宋仲堪等亲信前往审理，严刑拷打，硬要坐实郑刚中的贪污之罪。

汤、宋二人后来报告结案，说是"落实"了郑的罪行：违旨出卖度牒，收钱55万余缗；自设钱监铸钱，随意支用；违法领用厨食钱13000余缗入己；用公钱买通士人进京为他说项，将转运司并入宣抚司；违法使用公钱12万余缗……秦桧大喜，批下判决书曰："郑刚中罪大恶极，依法当死，特免死、免禁锢，移封州安置；郑良嗣免死，柳州。"与此案有连的僚佐赵士㒟、张汉之、张仲应等亦皆受了重惩。

郑刚中到了封州后，秦再指使其党羽、封州太守赵成之一步步将他窘辱、折磨致死。

秦桧的主要政敌、曾当过首相的赵鼎本已被秦攻下台多年，编管于潮州（治今广东潮安区），秦并不罢休，还想置之死地，派人监视其一举一动。在赵鼎身上找不到什么碴儿，便在跟他接触的人身上找。

潮州太守徐璋念赵鼎是个忠臣，且当过首辅，便为他修了房子，生活上也经常照顾。其下属、录事参军石恮与赵鼎见过几面。

绍兴十七年三月，徐璋去世，石恮也已离任，继任太守者左朝散大夫翁子龙是秦的爪牙，硬是诬告徐、石有贪赃行为。秦马上将此案当作重案。交大理寺审理。大理寺都是秦的打手，审理过程中根本不许石恮辩解，而徐璋又死无对证，最后便"落实"了赵鼎犯了罪仍不检点，请托州郡借人抄书；石恮为他安排抄书人，又大收百姓的盐钱供抄手的使费，还接受了徐璋的钱800余缗；而徐璋盗用官钱11万缗为赵鼎造宅第等罪行。

最后石恮被追毁出身以来的文字，除名勒停，送浔州（治今广西桂平县）编管，而赵鼎的处分最重，遇赦永不叙用。

此后，故吏门人再也不敢来看望赵鼎。秦桧还令当地守臣每月要上报一次赵鼎的存亡情形。赵鼎明白，秦桧是要逼他死，便将儿子赵汾召到跟前说："秦桧非要将我逼死不可，我若不死，还不知要连累多少人，恐怕连你们也要遭殃。"于是绝食而死。

利用"反贪"走马换将

秦桧当权期间，不仅仅只打击不听话的人与政敌，连听话的忠实喽啰也都是利用完了就打下去，再换一批。

当时，尽管朝中大小事都是他一个人说了算，但参知政事、知枢密院事等高级职位也不能老空着。士大夫中有名望者，都被他远贬于荒僻之地，然后再挑选一些卑鄙龌龊之徒，迅速由庶僚提拔进政府，谓之"伴拜"。而这帮人又像玩偶一般，走马灯似的换，长则一两年，短则几个月便一脚踢开，褫其职名，削其恩数，甚至也远贬他方，再听话的喽啰也别想幸免。

原因其实很简单，秦桧不想让任何人在政府里待长。其换人的规律是：让新提拔的人担任言官，随时替他弹劾他打算去掉的人，一个人弹劾不奏效就多安排几个，而弹劾的罪名总少不了一条——贪赃枉法。

绍兴十七年九月，余尧弼不过只是个侍御史，因在替秦桧打击郑刚中的事上出过大力，迅速破提为端明殿学士、签书枢密院事，成了副宰相了。到绍兴二十年（1150）三月，又被提为参知政事。

巫伋是秦桧的同乡，又帮秦干过不少坏事，绍兴二十年三月，余尧弼升参知政事后，他即由给事中兼侍讲升为端明殿学士、签书枢密院事。没过几天，秦安排余出使金，巫又兼权参知政事。

这两人对秦毕恭毕敬、小心谨慎，从来不敢有半点得罪。同年九月秦称病不想上朝，他们马上联名奏请今后朝见毕即退下，赴秦太师府议事，高宗当然照批。

但次年十一月，余尧弼即被罢，而且罢得颇不光彩：秦指使右谏议大夫章厦、殿中侍御史林大鼐轮番劾奏余"倾斜贪鄙，交通三衙，勾结州将，朝中有大议则缄默无言……"结果余被贬为资政殿学士，提举江州太平兴国宫。不久，又进一步被削职，贬得更远。

而巫伋的命运跟余差不多。看在同乡的份上，秦让他在政府多待了几天。

绍兴二十二年（1152）四月的一天，秦在都堂偶然问巫伋："家乡可有什么新鲜事？"巫伋小心得不知说什么好，半天才答曰："最近有个术士从乡里来，颇能论命。"巫伋是怕谈别的容易涉及政事，弄不好就得罪了秦桧，所以拿算命先生来搪塞。没想到秦桧脸色一沉，问："这个术士算你何时可以拜相？"巫伋被问得大汗淋漓，不知所措，赶紧溜走。

第二天，又是章厦、林大鼐出面弹劾巫伋："黩货营私，心怀异志，动摇国是。"于是巫伋以本职提举江州太平兴国宫。林、章二人继续攻击，很快，巫伋也被削职，走了余尧弼的老路。

余、巫二人被贬后，章厦由右谏议大夫试用为御史中丞，林则接替章的原职。由于章更卖力，没过几天，便升为端明殿学士、迁枢密院事，顶了巫伋的职位。

谁知，风水轮流转，同年九月，宋朴由殿中侍御史兼崇政殿栏书被秦桧提为侍御史。刚受命，马上上疏弹劾章厦"多纳贿赂，引市井小人为臂膀；平时备位充数，未见有害，一旦临大利害，其内怀奸邪，必致败事"。一向跟章厦并肩作战的林大鼐也弹劾章"背公营私，附下罔上，泄露机密，贪懦素餐，为斗筲之器"。于是章厦又走了余、巫的路子，先以本职提举江州太平兴国宫，宋、林二人再一弹劾，便被削职，他当执政官不足半年。

同年十月，宋朴又迅速升为试御史中丞，几天后即升端明殿学士、签出枢密院事。在位仅 1 年，绍兴二十三年（1153）十月，他又步了章厦的后尘，罪名仍不离"贪"。此后，史才、魏师逊、郑仲熊等莫不如此。在秦桧老贼的导演下，前后有 20 来人都是这样在执政官的位职上跑龙套。

反贪，本是极为严肃的政府行为，却被秦桧玩弄在股掌之上，成了他扫除障碍、实现个人政治野心的工具，实在令人慨叹！

【杨门女将：一段美丽的"假历史"】

张志君

许多传说非常美丽，比如有关杨门女将的一切，千百年来一直吸引着大家的兴趣，以至于我们对这段历史深信不疑。

但历史也常常跟我们开玩笑，往往我们深信不疑的"事实"，其实不过是几百年来被不断充实的一段美丽传说，并非真实的历史——杨门女将的故事就是这样一段美丽的"假历史"。

在人们的传统印象中，杨家将的谱系是这样的：

第一代,金刀令公杨继业,继业有 8 个儿子,其中第六个儿子名杨延昭,又名杨六郎,六郎生子名宗保,宗保之子名文广,文广生子名怀玉。这些印象都可靠吗?

我们的看法是:

一、杨业历史上真有其人,但民间盛传的他与潘仁美之间的恩恩怨怨却大多是假的。

杨业与潘美(小说家笔下作"潘仁美")并非有仇。陈家谷口逼杨业进军,后又将接应部队撤走的人是王侁而非潘美。按《宋史·王侁传》,王侁,字秘权,开封浚仪人,其父王朴,曾任后周枢密使,因上筹边之策而名噪一时。王侁虽系名门之后,本人也有战功,但其为人"性刚愎","以语激杨业,业因力战,陷于阵,侁坐除名,配隶金州"。

那位在小说家笔下坏透了顶的潘仁美(潘美)并没有那么坏,至少,他在陈家谷口并没有算计杨业,更没有像通俗小说或电视剧里所描写的那样按兵不动,射杀杨七郎。倘若说他在这次战役中有什么过失的话,那也仅因为他误信了王侁之言而已。

唯其如此,所以,宋太宗赵光义在事后处理参战人员时,仅把潘美降三级使用,而对负有主要责任的监军王侁则"除名,隶金州",刘文裕"除名,隶登州"。

二、杨业共有 7 个儿子,而不是 8 个。

小说《杨家将》和电视剧《杨家将》中,杨业共有 8 个儿子,这也不完全对。

据《宋史》记载,杨业共有 7 个儿子,他们是:杨延朗、杨延浦、杨延训、杨延环、杨延贵、杨延彬、杨延玉。

其中杨延玉随乃父征战,于陈家谷口一战殉宋,其余 6 子,延朗为崇仪副使,延浦、延训并为供奉官,延环、延贵、延彬并为殿直(官名)。这 7 个儿子除杨延玉战死外,余皆善终,并无流落番邦、身死奸臣之手一说。

三、杨六郎应为杨大郎,杨宗保应为杨文广。

在"杨家将"的传记中,杨府男性主角,除了老令公杨继业以外,最有名的就是杨六郎和杨宗保这父子二人了。这两个人物也非历史之本貌。

杨六郎者,杨大郎之谓也。他是杨业的儿子杨延朗(后改名为杨延昭),这没错,但他并非杨业的第六个儿子,而是长子。

他卒于北宋真宗大中祥符七年(1014),《宋史》上说他:"智勇善战。所得赏赐悉犒军,未尝问家事。出入骑从如小校。号令严明,与士卒同甘苦。通敌必身先行阵。克捷推功于下,故人乐为用。在边防二十余年,契丹惮之。"

杨宗保,应为杨文广。

《宋史》记载,文广系杨延昭之子。他字仲容,"以班行讨贼张海有功,授殿直",北宋赫赫有名的范仲淹宣抚陕西时"与语奇之",曾把他收为部下,后又随狄青南征,最后官至定州路副都总管,迁步军都虞侯。

"杨家将"既然半真半假,扑朔迷离,那么"杨门女将"呢?

十分遗憾的是,在小说和电视剧里轰轰烈烈的"杨门女将",正史中却一点影子都没有。

《宋史·杨业传》中只收录杨业及其子延昭等 7 人、其孙文广 1 人，并无一字提及女眷。倘若杨门女将确曾有过的话，那么，专收"义妇节妇"之事迹的《烈女传》也会记载。

但我们仔细地查找了《宋史·烈女传》，该传共收近 40 名"奇女子"，她们没有一个人出自杨门。

"杨门女将"纯属子虚乌有这一事实告诉我们，千万莫把文学当成历史。

【岳飞与狄青】

黄 波

"塞上长城空自许，镜中衰鬓已先斑"，陆游的这两句诗道尽了无数志士仁人的隐痛，他们有惊天动地之能，抱定国安邦之志，又恰逢边疆不靖国家动荡，正是所谓"沧海横流方显英雄本色"之大好时机也，可是，这些人却仿佛明珠暗投一般，时时受到压制，很难才尽其用。究竟是什么制约了他们？首先容易想到的是奸臣当道、上司颟顸。这当然是不错的，一个拥有更高权力而又品行才干俱劣的人处处掣肘，你是有力也没处使的，古人说"世未有权奸在内，而大将立功于外者"，讲的就是这个道理。岳飞不幸碰上秦桧，甚至招来了杀身之祸，更乃众人皆知的显例。

然而，平心而论，岳飞所以壮志难酬，遇上秦桧，还只能说是原因之一，我们还不能因此就下判断，以为仅仅是在上者的个人品行好坏，就足以决定岳飞们是否会有作为。不妨举一个相反的例子。北宋名将狄青的名字，因为央视播放了《大英雄狄青》的动画片，已家喻户晓。历史上的狄青，抗击西夏屡建奇功，被认为是和南宋岳飞并称的宋代两大名将。狄青似乎比岳飞走运多了，他碰上的不是秦桧这样的权奸，而是韩琦、欧阳修这样被称颂为一代名臣的人。然而其结局和岳飞同样不幸：正因为狄青功业太著、威望太高，韩琦、欧阳修等一般文臣要抑制他，终于说动皇帝将狄青放逐，一代名将竟抑郁而终！

必须说明，韩琦、欧阳修个人品行绝非秦桧一流，而是传统意义上的君子也，他们抑制狄青在很大程度上也并非出于私心。像欧阳修，还曾经专门写奏章对皇帝称赞狄青，然而仍是欧阳修，在狄青积功地位越来越高的时候，又表示了很深的疑虑，说："武臣掌国枢密，而得军情，此岂国家之福？"

岳飞们在奸相秦桧手下抑郁不得志，这也许尚可说主要是人事的原因；狄青在君子韩琦、欧阳修那里也受到了猜忌，未尽其才，这就不能仍说是人事的原因了，而应该归结到制度层面。因为制度立于人事之上，是决定性的。探究宋朝制度之源，则要推论到开国皇帝赵匡胤那里，他鉴于五代军人专权割据的纷乱局面，更由于自己本来就是因掌兵权而被部下拥戴当了皇帝，生怕被人效仿，所以其根本制度就是重文抑武，这一点正如钱穆先生在《国史大纲》里所分析，优待士大夫，永远让文人压在武人的头上，不让军人掌握政权，这是宋王室历世相传而不弃的一个家训。正是在皇室的大力推动和利益诱导下，蔑视武人成为宋朝社会的一大特征。在宋代的正史、野史中，我们几乎看不到军人被百姓尊重的场景，《水浒》中一个泼皮牛二居然敢在大街上寻军官杨志的开心，看似小说家言，何尝不是写实？由于骨子里蔑视军人，所以宋朝还有给士兵脸上刺金印以防其逃跑的虐政，于是我们在《水浒》中常常听到那个诅咒的声音："贼配军！"这也是有史实为证的：狄青已经升到高级将领的位置，但就因为他脸上也有金印，在一次宴会上，一个妓女也敢公然取笑，向他这般劝酒："奉斑儿一盏。"猜忌、抑制武人的制度，不尊重军人的社会氛围，再加上如秦桧之流的上司，在这三点的作用下，岳飞们还能有什么更好的命运呢？一切的一切，只有等到蒙元的铁蹄踏破金瓯时，宋遗民们去作深沉的喟叹了。

【朱熹的沉浮人生】

佚 名

一代大儒朱熹毫无疑问是中国的名人、世界的名人，是孔子、孟子以来最杰出的弘扬儒学的大师。人们用这样的话来赞美他："为天地立心，为生民立命，为往圣继绝学，为万世开太平。"确实是当之无愧的。"朱子学"在日本有着深远的影响，至今仍有不少学者在精心研读《朱子语类》，完全采用汉代"章句之学"的方法，从文字训诂入手，句读、注释、翻译，再诠释它的精义。那种崇拜和严谨的态度，决不逊色于任何一位中国学者。

这是完全可以理解的。国际学术界认为，朱熹是把孔孟儒学在新基础上建立哲学体系的最重要的人物，他的思想在15世纪影响朝鲜，16世纪影响日本，17世纪引起欧洲的注意，1714年在欧洲翻译出版了《朱子全书》。在西方汉学家看来，他的方法论基本上是经验主义的唯理论，他对儒教世界的影响，可与托马斯·阿奎那对基督教世界的影响相比。

然而，这样一位大师，在生前遭到了不公正的待遇，被当朝用莫须有的罪名——"伪学逆党"，打倒在地，弄得狼狈不堪，斯文扫地，含恨去世。这是善良的人们难以想象的。

何故？一言以蔽之，两个字：政治！

不妨从头说起。绍兴十八年（1148）朱熹考取进士，此后担任过一些地方官，但是主要精力用于研究儒学。他向程颢的再传弟子李侗学习程学，形成了与汉唐经学不同的儒学体系，后人称为理学、道学或新儒学，完成了儒学的复兴。他创办了白鹿洞书院、岳麓书院，培养学生，普及儒学。他的道德学问受到人们敬仰，流传、渗透社会每一个角落。

他对后世影响最大的并非关于"理"与"气"的深奥哲理，而是通俗的儒学教化。他把《大学》中的"格物致知，正心诚意，修身齐家，治国平天下"，加以具体化、通俗化，构建了一套周密的社会秩序。他编著《四书集注》，重新诠释《论语》《孟子》《大学》《中庸》，使得理学透过"四书"而深入人心。为此，他特别致力于编写童蒙读本，例如《小学集注》《论语训蒙口义》《童蒙须知》，对儿童的日常言行、生活习惯，提出道德规范。比如说：

——穿衣：要颈紧，腰紧，脚紧；

——说话：凡为人子弟，必须低声下气，语言详缓；

——读书：要端正身体，面对书册，详缓看字；

——饮食：在长辈面前，必须轻嚼缓咽，不可闻饮食之声。

这些规矩在今天的"新新人类"看来，似乎过于迂腐、苛刻，其实不然。如果连日常生活细节的良好习惯都难以养成，那还谈什么"修身齐家"，更遑论"治国平天下"了。

这样一位令人敬仰的大师，朝廷出于政治考虑，对他进行严厉的打压、禁锢，成为南宋文化思想界引人注目的咄咄怪事。在中国历史上，用行政命令手段禁锢一个学派、一种学说，屡见不鲜，它并非学术之争，而是排斥异己的政治斗争。

对朱熹的禁锢也是如此。因为他主张，南宋王朝以临安（杭州）为首都是不利于发展的，应该迁都到长江边上的南京，与上游的武昌遥相呼应，以便伺机光复中原。这就是他时常讲的"修政事，攘夷狄""复中原，灭仇虏"，这种激进主张得罪了那些习惯于偏安、妥协的当权派。朱熹疾恶如仇，看不惯当时官场的腐败，曾经连上6本奏疏，弹劾贪赃枉法的台州知府唐仲友。唐仲友的姻亲、宰相王淮授意吏部尚书郑丙攻击朱熹，说什么"近世士大夫所谓道学者，欺世盗名，不宜信用"。宋孝宗轻信此言，"道学"从此成为一个政治罪状，贻祸后世。宋宁宗即位后，朱熹提醒皇帝防止左右大臣窃权，引起专擅朝政的韩侂胄嫉恨，把朱熹的道学诬蔑为"伪学"。朝廷大臣忌惮社会舆论，不敢过分谴责朱熹。韩侂胄指使亲信、监察御史沈继祖捏造朱熹的罪状——霸占友人的家财、引诱两个尼姑作自己的小妾，诋毁朱熹的名誉，把一贯清正廉洁的朱熹搞得声名狼藉。从此以后，政坛上对朱熹的攻击一天比一天厉害，甚至有人公然叫嚣要处死朱熹。

如此沉重的政治高压之下，心力交瘁的朱老夫子不得不违心地向皇帝检讨，无可奈何地承认强加于他的罪状："私故人之财""纳其尼女"。为了显示认罪态度的诚恳，他被迫说了一句最不该说的话："深省昨非，细寻今是。"彻底否定自己的过去。

在政治风潮的席卷之下，他的门生、朋友惶惶不可终日，特立独行者隐居于山间林下；见风使舵者改换门庭，不再踏进朱熹家门；更有甚者，变易衣冠，狎游市肆，标榜自己并非朱熹一党。

朝廷竟然罗织了一个子虚乌有的"伪学逆党"，一共 59 人，朱熹便是这个"伪学逆党"的首领。

庆元六年（1200），朱老夫子在孤独、凄凉的病榻上与世长辞。

对于他的死，朝廷提心吊胆，严加防范，唯恐他的门生朋友在开追悼会的时候，"妄谈时人短长，谬议时政得失"。

这场冤案，终于在 9 年之后得到昭雪。朝廷为朱熹平反，恢复名誉，追赠官衔，公开声明他的学说并非"伪学"，他的门生、朋友并非"逆党"。后来，宋理宗发布诏书，追赠朱熹为太师、信国公，提倡学习他的《四书集注》。此后，朱熹学说作为官方学说，成为声势隆盛的显学，流传数百年而不衰。

变化之剧烈令人难以置信！正所谓此一时彼一时也，让人禁不住唏嘘叹息。

【童贯：阉割过的王爷不孤独】

李亚平一

在 1127 年上演的巨型历史悲剧中，有一个介乎喜剧与悲剧之间的角色特别引人注目。他就是童贯。

半年前，他已经被皇帝下令处死。当时和后来的人们普遍认为，他是 1127 年悲剧的主要制造者，即便死上一百次，也不足以赎回他的罪恶。因此，在后来的世代里，一提起他的名字，常常会让人不由自主地联想起舞台上的大花脸，或者鼻梁上涂抹着一大块白粉的角色们。

事实上，童贯的经历充满了传奇色彩。他的一生中，开创了几项中国历史之"最"，肯定已经成为中华民族历史上迄今无人能够打破的纪录，并且可能会永远保持下去。这几项纪录是：

中国历史上握兵时间最长的宦官；
中国历史上掌控军权最大的宦官；
中国历史上获得爵位最高的宦官；
中国历史上第一位代表国家出使的宦官；
中国历史上唯一被册封为王的宦官。

史书记载，此人身材高大魁伟，皮骨强劲如铁，双目炯炯有神，面色黢黑，颐下生着胡须，一眼望去，阳刚之气十足，不像是阉割后的宦官。这可能和他年近 20 岁才净身有关。据说，童贯为人有度量，能疏财，出手相当慷慨大方，很像《水浒传》上同时代那些仗义疏财的好汉。只是，他仗义与疏财的对象具有极强的选择性，后宫妃嫔、宦官、宫女、能够接近皇室的道士、天子近臣，等等，时不时可以从他那儿得到不少好处。因此，皇帝耳边经常可以听到关于他的好话，好评如潮。更重要的是，这样一个阳刚外形的人，却性情乖巧，心细如发，对皇帝的心理极具洞察力，每每能够事先预知皇帝的兴趣意图，于是说话做事很少荒腔野板，从而大得欢心。

童贯净身入宫时，是拜在同乡、前辈宦官李宪门下作徒弟。这位李宪是神宗朝的著名宦官，在西北边境上担任监军多年，颇有些战功。童贯读过4年私塾，有些经文根底，跟随李宪出入前线，又打下了军事上的根基，很有点能文能武的味道。加上他曾经十次深入西北，对当地的山川形势相当了解。这使他在宦官中很不寻常。不过，看起来李宪对他并没有什么特别的提拔照顾，致使童贯进宫20余年，始终没有出人头地。如果不是赵佶这种性情的人做了皇帝，或者换句话说，如果神宗皇帝能多活20年的话，他说不定会默默无闻地老死在皇宫里。

从时间上推算，徽宗入继大宝时，童贯已经48岁。这个年龄，正是人生经验、阅历、精力臻于巅峰之际。徽宗以内廷供奉官的名义，派他到杭州设明金局收罗文玩字画，第一次为他打开了上升的通道。一般说来，内廷供奉官大体相当于皇宫的采购供应处长，并不是一个多高的职位，却是一个很有油水的肥差。童贯没有满足于捞取好处，他对这次机会的利用，称得上老谋深算、意味深长。

在杭州，童贯与贬居此地的蔡京交往密切，朝夕相处。据说蔡京很巴结，将自己珍藏的王右军的字，给了童贯，又帮助他把杭州民间收藏的几件珍品字画器玩弄到了手。这些工作成绩，令皇帝十分惊喜，从而开始对童贯另眼相看。而且，更关键的是，蔡京与童贯结下了彼此援引的深厚友谊。

此次杭州之行，童贯特别热心地按照自己对皇帝的理解，指点蔡京创作了一批深受喜爱的书画作品，经过童贯源源不断地送到皇帝手中。回京后，他又出手极为豪爽地向宫中妃嫔、曾经预言赵佶能够当皇帝的道士、皇帝身边的近臣和另外深得皇帝信任的宦官梁师成之属馈赠厚礼，为蔡京回京打通了关节。

二

当时，据说童贯的几个心腹徒弟十分困惑，不明白师傅为何如此热心地帮助一个贬居外地的倒霉蛋儿。童贯告诉他们："现任的宰相没有人把我们放在眼里，巴结起来即便不是没有可能，也会极其费劲。如果看准了，通过我们自己的力量，扶起来一个宰相，那就完全不同了。"

事实证明，童贯烧冷灶的眼力与功力全部超一流。不到一年，蔡京便三级跳似的坐到宰相的位子上了。这一点对于童贯具有深远的意义。

　　蔡京主持国政之后的一项重大举措，就是推荐童贯监军西北，意在收复青海甘肃地区的四州之地。当时，发生了一件事情，颇能看出童贯的性情。

　　童贯担任监军后，随大军进发到湟川。他们在此地杀牲祭旗，召开誓师大会，然后，正在行将开战之际，突然接到皇帝手诏。原来皇宫失火，皇帝认为是不宜征战之兆，急令止兵。童贯看过手诏后，若无其事地折起来塞进靴筒。军中主将问他，皇帝写了些什么？童贯回答说：皇帝希望我们早日成功。在这次战争中，童贯表现低调，他支持、配合领军将领，打了一连串漂亮仗，平息了西北部族的叛乱。在收复四个州的庆功大会上，将领们兴高采烈地领功受赏，童贯则做了两件极为露脸的事儿。

　　第一件事是在庆功宴会上，他慢悠悠地拿出皇帝的那份手诏，传示军中将领观看。大家一看之下，无不大吃一惊。领军主将惶恐地问他为什么要这样做，童贯回答说："那时士气正盛，这样子止了兵，今后还怎么打？"主将问："那要是打败了可怎么办？"童贯说："这正是我当时不给你们看的原因。打败了，当然由我一人去领罪。"据说，当时众将领"呼啦"一下子跪了一地，大家无不感激佩服。

　　与此同时，童贯还做了另外一件相当打动人心的事情。开战后，阵亡了一位奋不顾身的将领。当时，这位将领的妻子已经去世，他战死后，他的独生儿子流落街头，成了乞儿。童贯下令将他找回来，当众认这孩子为义子。令在生死场上搏杀的将领们十分感动，认定童贯是一位值得为之卖命的上司。

　　这次胜仗，对于大宋帝国极其重要。帝国已经许久没有军事上的光荣与辉煌了，这令帝国君臣民众相当郁闷。是故，童贯成为帝国冉冉升起的一颗耀眼明星，英雄般受到京城朝野上下的热烈欢迎，并且长久地照耀在帝国黑沉沉的西北部上空。

　　嗣后，童贯常年出没西北，主持该地区军事。并率兵连打几次胜仗，相继收复了积石军（今天的甘肃贵德）和洮州（今天的甘肃临洮）。从此，童贯成为名副其实的帝国柱石，撑住了西北方曾经多次险些垮下来的天空。

　　当此时，大观二年即 1108 年，童贯与蔡京之间发生了一次严重的龃龉。起因是皇帝下令授童贯为"开府仪同三司"，时人称这一官职为"使相"，一般是在宰相外放为节度使时加官所用，极为尊贵，其含义是待遇、地位、荣耀已经相当于甚至于超过了宰相。过去，这一官职从来没有授给过宦官。蔡京说："童贯以一个宦官之身受封节度使已然过分，使相尊位哪里是他所应该得到的？"蔡京作为宰相拒绝奉诏委任，皇帝也就此不了了之。

　　实际上，蔡京对童贯的不满已经很长时间了。他认为童贯侵犯了自己作为宰相的尊严与权力。原因是相当长一段时间以来，童贯在选拔西北地区将校官吏时，已经不通过政府程序，而是直接从皇帝那里取旨任命。有的干脆就是他自作主张，先任命了再说。这使政府首脑蔡京宰相的自尊心大受伤害，因此，决定报之以颜色。

　　童贯当然也很恼火。不过，他不动声色，相当冷静地观察着情势。第二年，大观三年，即1109年，童贯三管齐下，一举将蔡京拉下相位。

这一次，他策动了三个方面的力量：宫中是内廷总管包括自己的徒弟为一路，工夫下在妃嫔和皇帝身上，将蔡京干的坏事在他们耳边不停地吹风；朝中是寻找与蔡京素有怨隙的官员为一路，工夫下在台谏官的身上，最后由中丞和殿中侍御史出面弹劾蔡京；第三路最是剑走偏锋，也杀伤力最大——由皇帝最为宠信的道士出面，密奏皇帝，说是太阳中出现黑子，主在斥退大臣，否则不祥。徽宗相当惊恐，蔡京屡次求见均被拒之门外。于是，蔡京上表求退，皇帝立即下旨，同意他以太师致仕，贬为太一宫使，并进而将其贬居杭州。

政和元年，即1111年，童贯晋升为检校太尉，获得武官最高职位。也是这一年的同一个时刻，童贯在皇帝的支持下，做了一件迄今为止前无古人的大事，他以副大使的身份，代表皇帝与大宋出使辽。

据说，这件事情是童贯策划的。原因是此阶段西线无战事，童贯静极思动，想到东北方的辽去看看是否有什么机会。

三

尽管此时童贯如日中天，然而，毕竟这是代表皇帝与大宋出使。因此，还是有大臣提出疑义，认为以一个生理不健全的人代表皇帝出使，实在有碍观瞻，会让人小看为偌大一个大宋无人可派。谁知，徽宗皇帝不作如是想，他相当以童贯为骄傲："契丹人听说我大宋有一个童贯，屡屡打胜仗，很想见识一下。正好就此派他去考察考察辽国的情形。"

于是，把他的官职加为检校太尉，以端明殿学士郑允中为正使，以太尉童贯为副使，前往辽进行国事访问。从中可以看出徽宗皇帝那浪漫而轻佻的性格，他不大会让自己被世俗的、传统的、刻板的东西所束缚。

然而徽宗皇帝的这一次浪漫，为帝国的灭顶之灾和千万人的家破人亡，埋下了意味深长的伏笔，那是后话。

不久，童贯终于得到了开府仪同三司这个崇高的职衔，这也是一项打破历史传统的安排，就是说，也是前不见古人的。又不久，童贯受命领枢密院事，成为全国仅次于皇帝的最高军事首长，开了宦官主持枢密院之先河。然后，拜太傅，封泾国公爵。就此，童贯位极人臣，辉煌灿烂。当时，人称蔡京为"公相"，称童贯为"媪相"。到了此时，至少蔡京心里肯定是明白了童贯的厉害，知道了自己与这个老宦官在皇帝心目中的分量是不同的。

【王阳明为何被人遗忘】

申公无忌

有一件事，我曾经疑惑不解。

王阳明死后数百年，影响巨大、世人敬仰，一直是后人推崇备至的伟大历史人物。从清代中兴名臣曾国藩，到维新派主要人物梁启超、国学大师胡适，对王阳明先生都是十分敬佩的。

比如，梁启超先生便著有《王阳明知行合一之教》，陈独秀也写下《王阳明先生训蒙大意的解释》一文。著名教育学家陶行知因受"知行合一"学说影响，毅然改名陶行知。郭沫若先生，也是王阳明的崇拜者，著有《伟大的精神生活者王阳明》和《王阳明礼赞》等文。

可是，1949年建国以后，王阳明的光环消失得无影无踪了。这或许就是现在的年轻人，不知王守仁为何人、王阳明有何思想的原因之一。

王阳明从天上摔到地上。原因何在？

其一，王阳明思想的唯心主义色彩。

王阳明自创阳明学派。建国之后，阳明学说被界定为主观唯心主义的学说。这就注定了该学说最终被无情批判。

所谓的唯心主义问题，一直是半个世纪来批判王阳明的主要理论依据。过去，我们一直以所谓的阶级分析观点，按照两条路线斗争的立场，以唯心和唯物的标准，划分历史上的人物和思想。这种方式，其实是简单化的做法。凡是唯物的都是好的，凡是唯心的都是坏的。因此，像王阳明这样的大思想家，尽管他在历史上影响很大，却也一巴掌被打倒了。

我对哲学，虽说存有敬畏之心，然而向来没有兴趣。王阳明的"心学"思想，我至今也没有弄明白是怎么回事。但是，他在《传习录》中的一些话，我是读过的，深受启发。比如，"人生大病，只是一傲字。为子而傲必不孝，为臣而傲必不忠，为父而傲必不慈，为友而傲必不信"，"谦者众善之基，傲者众恶之魁"，"破山中贼易，破心中贼难"，"心明便是天理"，等等，都是做人的大道理。又何错之有呢？可悲的是，在那些年代，我们的头脑里，缺少独立精神和自由思想。诚如王元化先生所说："你在认识真理以前，首先要解决'爱什么，恨什么，拥护什么，反对什么'的问题，以达到'凡是敌人赞成的，我们必须反对；凡是敌人反对的，我们必须赞成'。但是这样一来，你所认识的真理，已经带有既定意图的浓厚色彩了。"历史总是对文化人（尤其是文化巨人）开玩笑，一种残酷的政治玩笑。只是这种玩笑的代价实在太大了。

其二，王阳明曾经镇压农民运动。因此，王阳明一直被认为是"刽子手"。

读《王守仁传》，我们可以发现，王阳明极具军事才能，除了平息宁王叛乱之外，他的军事斗争的对象都是造反的农民或者边民。建国以来，我们的历史评价之中，也有一条简单的划分原则。凡是"农民革命"，都是好的，凡是镇压农民革命的都是坏的。这显然也是一个误区。它过分拔高了农民战争在历史上的地位和作用，当然也影响了一批历史人物的正确评价，包括后来的曾国藩。有专家说，这是历史研究的荒谬，同时也造成了荒谬历史的产儿。此言极是。于是，我们看到，当年李自成、张献忠、洪秀全也杀人如麻，但他们是农民革命，其罪过也一笔勾销了。但是，王阳明杀人（战争总要死人），却被记下深深的一笔。

其实，据史料记载，王阳明在处理农民暴动问题的时候，还是十分注重策略的。尽量不杀或者少杀，并努力解决善后问题，乃是他的一贯主张。比如，他解决广西少数民族之乱，便未曾动一兵一卒，也没有杀过一人。这一点，亦是无可争辩的。人的功绩，是存乎民众之中的。我们可以去打听历史，王阳明的口碑历来是不错的。

如此等等，王阳明被人批判，然后被人遗忘，也是合乎逻辑的事情了。

我小的时候，是读过《古文观止》的。其中，收有王守仁先生的3篇文章。这就是《尊经阁记》《象祠记》《瘗旅文》。特别是千古名篇《瘗旅文》，充满激情，一气呵成，如泣如诉，感人至深。撇开其他不说，单说王阳明先生去给那位素不相识的客死他乡的胥吏收尸（"念其暴骨无主，将二童子持畚、锸往瘗之"），亦足见其慈悲为怀之心。他是一个好人，似乎是不容争辩的。

王阳明一生"立德、立言、立功"，他将其视为不朽之境界。他显然做到了。

【海瑞奏折：让皇帝不忍杀之】

申公无忌

嘉靖不杀海瑞，眼下比较流行的说法，大致有三。一是海瑞的名声。其说官虽小，却有清正刚直之名。其居官清廉，刚直不阿，救济黎民，有"海青天"之称，深得百姓尊敬与爱戴。杀了海瑞，肯定天下震动。二是欣赏海瑞，以作治贪之利器。此说有一个依据，是说嘉靖临终前曾有诏给裕王（穆宗皇帝），其中便有关于海瑞的内容。他谈到海瑞有德，贤者方可得之，并将海瑞留给了裕王，将来或可用，并称海瑞是国之利器。三是嘉靖维护形象说。其说是嘉靖认为，杀了海瑞可消一时之气，但罪同桀纣；而放了海瑞，则可以给天下虚怀纳谏、宽宏大量的气量。因此，嘉靖权衡再三，给了海瑞一条生路。当然，也有人说，徐阶等人求情，也起到了作用，等等。这些说法，都是有一定道理的。但是，又不足以完全说明问题。毕竟，嘉靖皇帝的性格脾气，向来独断专行。他杀人无数，比如，杀杨继盛、杀沈炼，又何时考虑过名声的问题呢？再则，嘉靖晚期，一直忙于炼丹修道以求长生之术，天下政事之利弊，他是断然不会放在心里的。至于徐阶说情，更是附会之说。除道士之外，嘉靖何时听得进旁人的意见呢？

显然，嘉靖不杀海瑞，定有其他原因。我将海瑞给嘉靖皇帝的奏疏，反反复复地读了好几遍。每读一次，便会有一种感觉。海瑞的奏疏，虽说直言不讳，却很注意技巧。他骂皇上，语虽刻薄，却足以让人体味出"小骂大帮忙"的余韵。这家伙太有才了。碰上我，我甚至都不想骂他。何况杀乎？

海瑞的奏疏，开篇即将嘉靖皇帝比为汉文帝。《明史海瑞传》记载原文说："昔汉文帝贤主也，贾谊犹痛哭流涕而言"。很巧妙。海瑞自比贾谊。大家知道，汉朝有所谓的"文景之治"。即汉文帝与汉景帝两代父子皇帝。这两个皇帝，均有一位重要辅臣，即贾谊与晁错。两个人，结局是不同的。贾谊是忧伤而死，而那个晁错是被景帝杀掉的。尽管，景帝内心十分不愿意。但是没有办法。海瑞不比晁错，也是有心计的哦。这个贾谊，曾作《过秦论》《论积贮疏》《陈政事疏》。汉文帝是赏识的。于是，海瑞笔锋一转，给当今天子下了结论："陛下天资英断，过汉文远甚。"居然说嘉靖皇帝比汉文帝强多了。

有此前提，海瑞才列举当今朝政之弊端。有些话，也是不好听的。比如"一意修真，竭民脂膏，滥兴土木"；"二十余年不视朝，法纪弛矣。数年推广事例，名器滥矣"；"二王不相见，人以为薄于父子。以猜疑诽谤戮辱臣下，人以为薄于君臣。乐西苑而不返，人以为薄于夫妇"；"吏贪官横，民不聊生。水旱无时，盗贼滋炽"。最关键的，乃是这一句话："陛下试思今日天下，为何如何？"天下如此，是什么原因呢？

海瑞奏疏，也要自圆其说。他也要找原因的。既然嘉靖皇帝英明，比汉文帝"远甚"，为什么世道却不及汉文帝"远甚"？于是，他提出："陛下误举之，而诸侯误顺之，无一人肯为陛下正言者，诡之甚也。"皇帝是"误举之"，诸侯是"误顺之"，问题的关键是臣子们"愧心馁气"，不敢正言提醒，背后却怨声载道。这是大臣们的"欺君之罪"啊。得得，毛病明明是在上面，海瑞却将板子打到了臣子身上。海瑞还用了《礼记》的一句话："上人疑则百姓惑，下难知则君长劳。"意思是说，君主有疑则百姓易惑，可是下属的人，若人人奸诈难知其心，君主就要劳苦不堪了。我的理解，碰到如此群臣，你皇帝也真够苦的。至少这一点，海瑞是在睁眼说瞎话。嘉靖在位40余年，直谏的大臣还少吗？问题是，都被嘉靖皇帝杀净了，也贬光了。剩下的人，也都是敢怒不敢言，只好在背后瞎议论了。"英明皇帝"而罪在他人。这就是海瑞的骂贴之实质。

海瑞的奏疏，还提及一件事：斋醮求道长生。海瑞说："且陛下之误多矣，其大端在于斋醮。斋醮所以求长生也。"这件事，算是说到了嘉靖皇帝的痛处。但是，说得有道理。"自古圣贤垂训，修身立命曰'顺受其正'矣，未闻有所谓长生之说"。尧、舜、禹、汤、文、武，历朝历代，为政之圣，他们一个个都没有活到今天啊。因此，"长生不老"的说法是不存在的。另外，自汉唐以来，那些求道的方士，又有谁还活着呢？给您授长生之道术的陶仲文先生，连他自己都已经死了，又怎么能够帮助您长生不老呢？那些道士，经常说有天赐之物，可是，又有哪样东西是上天亲手交给你的呢？我估计在这个问题上，海瑞是个唯物主义者。他的结论是："此左右奸人，造为妄诞以欺陛下，而陛下误信之，以为实然，过矣。"他忠言相告嘉靖皇帝，这都是他们在骗你啊？对这一条，我估计嘉靖皇帝是有感慨的。是啊，炼丹几十年，身体不仅没有好起来，反而一天天烂下去。这一年，正好是嘉靖皇帝身体状况最差的一年。一个将死之人，其对生命的欲望和追求，显然已经力不从心了。他是不是也有上当受骗的感觉？

明史有说法，说严嵩常"微触"嘉靖之耻。点到为止，即有奇效。嘉靖毕竟是一个精明的皇帝，人不笨。只是爱面子，自信不凡。但是，凡有台阶可下之事，他都是会做的。海瑞虽说点得重了一点，毕竟还是给足了面子。这一点，是不可否认的。特别是奏疏的结尾，海瑞又将嘉靖皇帝与"尧、舜、禹、汤、文、武"并列，只要"陛下一振作间而已"，则"天下何忧不治"？话说得也太大了。依嘉靖之政迹，几无圈点之处耳。海瑞独不见？显然不是。他是在给自己留有余地，尽管他准备好了棺材、告别妻子、遣散家佣。但是，他认定，这份东西，是不足以让他进棺材的。这就是海瑞的过人之处。他的清正刚直，也是讲策略的。

这份奏疏，嘉靖的第一个反应是"大怒"。毕竟，一二十年间，已没有人敢同他这么说话、摆腔调了。于是，"抵之地，顾左右曰：趣执之，无使得遁"。可以想象，他当时的震怒之情景。这时，有一个叫黄锦的宦官说："此人素有痴名。闻其上疏时，自知触忤当死，市一棺，诀妻子，待罪于朝，童仆亦奔散无留者，是不遁也。"原来，海瑞是一个不怕死的人。我估计，这也是嘉靖一时冲动而已。本能反应，性格使然。但是事情过去之后，嘉靖皇帝"少顷复取读之，日再三，为感动太息，留中者数月"。显然，这份东西，他也是读了许多遍的，深感"言俱是"，且有感悟："此人可方比干，第朕非纣耳。"此时，嘉靖皇帝可能已下决定：不杀海瑞。然而，时此偏偏有一个叫何以尚的人，自作聪明，"揣帝无杀瑞意，疏请释之。帝怒，命锦衣卫杖之百，锢狱诏"。他不知道，皇帝最忌的，就是猜透自己的心思的人。白白挨了板子，书呆子而已。

嘉靖四十五年（1566），毕生追求长生不老的嘉靖皇帝死了。海瑞则仍蹲在大牢里。提牢主事认为海瑞的事情，很快了结，便款待海瑞。海瑞起初以为是"最后的晚餐"，恣情吃喝。最后，提牢主事告诉了实情。海瑞居然将吃下的东西全部吐出，晕倒在地，旋即大哭，且漏夜不断。这段故事，《明史海瑞传》有记载："即大恸，尽呕出所饮食，陨绝于地，终夜哭不绝声。"这说明，海瑞对嘉靖似乎是抱有莫大希望的。他写这份东西，对结局也是有信心的。他的内心，是不是希望以此奏疏而引起皇上关注呢？毕竟，他写了一份很好读的东西。可惜的是，这位皇上死了……虽说后任的皇帝对海瑞还算关照，却没有给他什么实职实权。徐阶、特别是张居正等首辅大臣，均没有真正喜欢过海瑞。是为何故乎？

上疏之事，让海瑞天下闻名，流芳千古。史说"上自九重，下及薄海内外，无不知有海主事也"。

万历十五年（1587），海瑞因病死于南京右佥都御史任上。虽说是顾问性质的闲职，他还是办了不少好事，替人出头，代人兴诉。有口碑存世。海瑞死后葬于家乡海南岛琼山，墓前正门石碑坊，有"粤东正气"四个大字。其墓园存有海瑞生前对联："三生不改冰霜操，万死常留社稷身。"仅就清廉而论，海瑞依然是无可争辩的。

【李贽：明朝第一思想犯】

彭　勇

明朝这一代，有趣得很。皇帝们嗜好奇特，大臣们倒声名卓著，就连思想界的"异端邪说"也令人瞠目结舌。若是走在明朝晚期的大街上，随口提到李贽这个名字，别说儒林学士了，就是贩夫走卒，都会双眼放光："李贽又出畅销书了？还是上讲坛品孔子了？"热烈之情溢于言表，连顾炎武都有点酸溜溜的，说是"一境如狂"啊。

思想家做到这个分上，成大众偶像了，肯定得受点争议。不过，李贽惹的争议实在太大，他一竿子捅到底，把深宫里的皇帝给惊动了。万历皇帝调来他的案子一看，出身没问题，履历很简单：先做官，后做和尚。正准备放他回老家算了，没料到李贽用一把剃刀在喉咙上轻轻一割，揭开了他狂放思想中最后的答案：做自由烈士。

做个傲慢清官又何妨

不管李贽是多么"离经叛道"，有何等"异端邪说"，他找到的第一份工作还是做官。

李贽祖上跟朝廷颇有渊源，曾奉命下西洋经商，虽不像郑和混得有头有脸，但总算富甲一方。可惜犟小子李贽1527年初冬在福建泉州出生时，明王朝已进入了嘉靖皇帝的第六个年头，"海禁"已起，家道中落。迫于生活压力，只好另谋出路，希望靠读书闯出一片天地。天才儿童李贽一鸣惊人，12岁就写出《老农老圃论》，把孔子视种田人为"小人"的言论大大挖苦了一番，轰动乡里。这下好了，特长一栏既然填上"写作"二字，只好锦绣文章卖于帝王家。很快，26岁的李贽考中举人；4年以后，谋得河南共城（今辉县）教谕之职，成为养家糊口的主力军。

他做官所具有的两个特点：一是傲慢，二是清贫。

首先来看看李贽怎么个傲慢法。第一，他非但不像范进中举一样，给左邻右舍来点喜剧，反而坚决不再考进士。所以打这以后，举人李贽，只能在八九品小官上接受锻炼、国子监博士、礼部司务、刑部员外郎……统统俸禄微薄，公务不多。第二，从当官第一天起，他就不齿于官场暗规则，更鄙视自己为五斗米而折腰，于是履行完公务就"闭门自若"，摆明了不与同事打交道。第三，他闭门是在钻研学问，一个12岁就敢把矛头指向孔子的人，那种天才般燃烧的自由思想、个人情怀日益成熟，处理公务自然处处与上级唱反调，典型的"刺儿头"一个。

长期的傲慢让李贽的工资单很难跟上明朝经济发展的形势。混自己的饭虽然够了，但他早不是一人吃饱全家不饿的单身贵族，他把家养得很不妙，未达到温饱水平。甚至在1564年，好不容易靠着祖父病故收了笔"赙仪"钱（赙仪是指长辈去世时，上司和同僚送的银两，是明代官场惯例），扣除自己奔丧的费用，其余留给妻女买了田地，他满心以为能过上安稳日子了。谁知从泉州回来一看：大旱，颗粒无收，两个女儿饿死了……

不过，傲慢和清贫绝不影响李贽做个好官。51岁时他得到一个正四品实职，云南姚安知府。这实在不是个美差，西部待遇不好，姚安又是少数民族聚居区，但这丝毫没有妨碍他建功立业。他迅速摸清民情，采用无为而治的方式，对民族纠纷，"无人告发，即可装聋作哑"，从不扩大事态；对民族上层人士，以礼待之，输以至诚。三年任期下来，工作抓得有声有色，令云南巡按御史刘维刮目相看，要向朝廷举荐他。

按说，这该是一辈子颠沛流离的李贽官场生涯的转折点。哪知道李贽听到消息，拔腿就跑，逃进了滇西鸡足山里。天上掉下来的馅饼他愣是不要，定要刘维替他交了辞职信，才肯从山里出来。25年的官场生涯啊，他实在累了，可他李贽，是永远熬不灭心里那把自由火、身上那股执拗劲的！

于是，李贽离姚安，士民拥车，遮道相送，车马不能前也。

"学术和尚"也疯狂

辞了官的李贽心里非常难过。首先，他没有完成养家糊口的最低奋斗目标；其次，他还为生计丢掉了最高奋斗目标——学术。他还记得多年以前，在北京补了礼部司务的缺，有人嘲笑他说，等了几年捞到一个穷得要命的闲职。他自己是怎么回答的："我心目中的穷，同一般人说的穷不一样。我觉得最穷是听不到真理，最快乐是过自己感兴趣的生活。十几年来我奔走南北，只是为了生活，把追求真理的念头遗忘了，如今我到了京师这种地方，能找到博学的人请教，就是快乐。"

言犹在耳，可岁月已蹉跎。你看那女儿坟茔旧，你看那老妻红颜改，你看我这一把老骨头还能做学问吗？

当然能。

李贽想到做到。55岁的他携妻从云南直奔湖北黄安的天台书院，白天讲学论道，夜宿好友耿定理家中，主业是门客，兼职是家庭教师。

不幸的是，他招收女弟子，以及个性要解放、个人要自由的"异端邪说"，与耿定理的哥哥、刑部左侍郎耿定向的正统观点激烈冲突，双方水火不容。耿家门人也分成了两派，彼此用拳脚来解决真理问题。耿定理一去世，李贽就从耿家搬出来，迁往麻城，投靠另一位知己周思敬，开始了孤寂的学术流浪。

这一回，李贽似乎吸取了教训，不住朋友家，住寺院。第一站，住维摩庵，算是半僧半俗的"流寓"生活；第二站，住龙湖芝佛院，在周思敬资助下读书参禅。

李贽一定想不到，他与寺院结下"孽缘"，顿时让耿定向得意地笑起来："小样！总算逮着你的把柄了。"李贽还以为得来全不费工夫，清净了，于是把妻子、女儿、女婿送回泉州老家，"既无家累，又断俗缘"，正式登记为芝佛院的常住客户。书写到高兴处，索性剃发留须，故意摆出一副"异端"面目，俨然是个搞学术的老和尚，如此便是 10 年。

结果，李贽火了！举国上下，满城尽是李贽"粉丝"。工部尚书刘东星亲自接他去山东写作；历史学家焦竑替他主持新书发布会；文坛巨子袁氏三兄弟跑到龙湖陪他一住三个月；意大利传教士利玛窦和他进行了三次友好的宗教交流。李贽一开坛讲学，管你是哪座寺庙，在什么深山老林，和尚、樵夫、农民，甚至连女子也勇敢地推开羞答答的闺门，几乎满城空巷，都跑来听李贽讲课。这下子，李贽成了横扫儒、释、民的学术明星，明朝竟出了个前所未有的大众偶像。

李贽学说，哪来如此魅力？

答案是不言而喻的。他流浪各地，对社会中下层生活深有体会；他执政多年，和学术精英有过思想的碰撞。两方面的经历，最大限度地激发了他自幼的反叛精神和个性思想，在几千年来"三纲五常"的"无我"教条下，喊出了人人皆圣人、可以有自我的心声。就冲着这一点，能不得到饱受压抑的儒学士子、平民百姓的欢迎吗？

剃刀下的亡魂才自由

表面上看起来，李贽生活形势大好。当然，这不是说他的物质生活。在物质上，李贽依然一贫如洗，而且脾病严重，身体日渐衰老；过分燃烧的思想也像水蛭一样，吸食了他虚弱的体力。但是，他的学术成就让他觉得幸福像花儿一样。

可是，李贽晚年的生活环境迅速恶化。

友人越是倾力相助，民众越是趋之若鹜，敌人就越是磨刀霍霍。

万历二十八年（1603），76 岁高龄的李贽回到了龙湖，打算结束多年流浪的生活，终老在此。此时，老对头耿定向终于发难了。而且，是一个李贽做梦都想不到的罪名：僧尼宣淫。

顽固的正统思想卫道士，指责李贽作为一个僧人，不节欲，倡乱伦，有伤风化，怂恿黄安、麻城一带的士大夫"逐游僧、毁淫寺"。顽固的地方官吏，以"维护风化"

为名，指使歹徒烧毁李贽寄寓的龙湖芝佛院，毁坏墓塔，搜捕李贽。

老头李贽只好再次出逃，躲到河南商城县的黄蘗山中。他终于意识到生活小节上的狂放不羁，也能带来百口莫辩的后果。其实，李贽剃发颇有苦衷。头一条，天热头痒，又写书无暇，干脆不梳不洗，剃掉省事；再一条，做官20多年，约束受够了，如今辞职做学术，竟然又被家人约束，不是催他回去，就是前来找他，还是没有自由，不如剃发明志：我就是不回家了；又一条，好不容易学问有成了，社会上又冒出许多闲人，指责他是"异端奇人"，还是不自由。说来说去，青丝诚可贵，长发蓄多年。若为自由故，为何不能剃？李贽剃发，表明了他对世俗的厌倦胜过了同情，他实在想让自己快乐一点。

但是，剃发虽真，出家却假。李贽从来没有受过戒、拜过师。佛祖门下，简直是平白无故多了个荣誉弟子。至于说李贽"宣淫"，已是"欲加之罪，何患无辞"，76岁垂老之人怎能在龙湖芝佛院"挟妓女""勾引士人妻女"？

其实，在中国历代王朝，畏惧思想者思想的火花，却又不敢以思想的名义逮捕，这种事情并不少见。皇帝们总是害怕，一旦思想的罪名写进诏书公告天下，那不是让老百姓都知道有种叫"星星之火"的东西？那还了得，他们一学会，立即可以烧掉这金灿灿的宫殿。于是，各位大臣、众位卿家，快快替朕想个可治其罪的罪名来。

万历皇帝的大臣们想出来了：桃色新闻。

大臣们声泪俱下地控诉着和尚与尼姑、妓女、淑女的故事，万历皇帝听得很满意，他在逮捕令上做出了批示："李贽敢倡乱道，惑世诬民。令下诏狱治罪。他的著作不论出版与否，一概查抄烧毁，凡收藏、保留者，严罚不贷！"

逮捕过程非常顺利。当时李贽就在北京通州的好友马经纶家里，他是应邀到此著书讲学的。听说抓他的锦衣卫到了，身体已经很羸弱的李贽竟快步走出来，大声道："是来逮捕我的吧，快给我抬来门板，让我躺上去。"锦衣卫目瞪口呆，只好按照吩咐，把他抬进了监狱。

对死，李贽无所谓得很："今年不死，明年不死，年年等死，等不来死，反等出祸。"然而，万历皇帝并不打算让他死，思想的传播已经扼杀，桃色新闻又不是什么死罪，皇恩浩荡其实也很容易。于是，李贽既没受什么刑，又可以读书写字，牢狱条件不可谓不好。最终的判决书下来了，李贽一看：送回老家，地方看管。他顿时失望了：一个自由的斗士，怎么能够被看管？

万历三十年（1602）三月十六日，李贽静坐于北京皇城监狱，一名侍者为他剃头。剃好以后，李贽抢过剃刀，朝自己的脖子割去，顿时鲜血淋漓。侍者大急，问年老的犯人："和尚痛否？"李贽不能出声，以指在侍者手心写："不痛。"侍者又问："和尚为何自割？"李贽写："七十老翁何所求？"辗转两日，终于断气……

他用一把剃刀追求到了他的自由。

从此，宣告了明末思想界的沉寂，宣告了自由时代的遥遥无期，也宣告了对封建朝廷无声的蔑视。

【李自成：寇性难改的"山大王"】

梅朝荣

杀星转世

1368 年朱元璋建立明朝，至万历时，已是第 13 个皇帝，明朝已经建立 200 多年。只是此时早已过了全盛期，整个社会正日趋衰败，各种问题也逐渐浮出水面。

最根本的是土地兼并问题。朱元璋本人十分重视土地问题，他从地主和农民两个方面着手解决这一难题。他用法律手段禁止地主的兼并行为，同时通过"路引制度"使农民不得四处流动。

土地兼并是每个朝代都面临的问题，明朝也是如此。随着时间推移，土地慢慢向地主集中，尤为严重的是，明朝中期开始出现了太监直接管理、收税的皇庄（皇室直接管辖的田庄），这样就出现了大规模强占土地现象。明孝宗年间，只有 4 处皇庄，官田不到 2000 顷。到了明武宗的时候，皇庄增加到了 36 处，占地 5.3 万多顷。其他皇亲国戚纷纷仿效。根据《明会要》记载，1393 年，田地总数是 850 多万顷，到了 1502年，减至 422 万顷。这减少的一半，就是被皇亲国戚们兼并了。

这样一来，无数农民无地可种，流离失所。又因为明朝路引制度，这些流亡到外地的农民受到官府追捕，成了所谓的"流民"。土地少了，朝廷的赋税反而增加了。有田地可种的农民要负担更沉重的苛捐杂税，于是有田地的农民也开始大规模地弃田出逃，加入了"流民"的队伍。逃亡农户的赋税分摊在未逃亡的人身上，于是又引起逃亡，如此循环下去，"流民"越来越多。

偏偏这时接连出了几个昏聩的皇帝。先有荒唐的正德皇帝，继有 20 多年不上朝的嘉靖皇帝，后有打破这个纪录的万历皇帝，以及热心做木匠、任由太监胡作非为的天启皇帝。当皇位传至崇祯时，国家已经糜烂，无法收拾。

陕西长期以来是社会矛盾的焦点。这里土地贫瘠，生产落后，赋税徭役严重，加之连年灾荒，农民生活尤为困苦，阶级矛盾尖锐，常成为爆发农民起义的地区。

李自成小时候是有机会读书的，但是天生尚武的他，似乎对学业不太感兴趣。8岁那年，李守忠送李自成和李过去私塾读书。但是这两个人都重武轻文，不喜欢读书。有一天，李自成对好友刘国龙说："吾辈须习武艺，成大事，读书何用？"这话说得很有气势，只是内里透着愚昧，想当初项羽也是这么说的。两人有着类似的品性，类似的经历，结局也有相似之处。

李自成如何走上了造反之路？史上说法迥异不一。不管真相是怎样的，官逼民反，应该是最根本的因素。纷争乱世，喜好武力的李自成自然不肯落于人后，动乱之中初显身手，而后积蓄力量，等待时机。

李自成最开始一无所有，只能依附于别人的势力，他前后共投奔了好几个领导者，但是都很快脱离了出来。毕竟，李自成想要自己成为一方之大，怎么能总是屈于别人之下。

王左挂起事较早，活动在陕北怀宁河一带，很快发展到三四千人。李自成觉得王左挂的势力较大，便投到他的军中，充当他手下的一个小头目，号称"八队闯将"。

崇祯三年（1630），王左挂率众南下劫掠韩城，总督杨鹤率兵来剿，王左挂损失过半，便接受了官军的招抚。李自成愤然而去，投到不沾泥（张存孟）军中。但是不沾泥胸无大志，不能容人，李自成在那里只待了两三个月，便领着李过和自己的一小队人马投靠高迎祥去了。

这位独眼闯王逐渐从明末造反大潮中脱颖而出，从屡遭围剿，几度诈降，险遭剿灭甚至身边只剩18个部下，到后来建立"大顺"，一路北上摧枯拉朽，"所过无坚城，所遇无劲敌"，最后埋葬朱明王朝。他却在辉煌的顶点上骤然陨落，空做了仓促的41天帝王梦。偶然吗？必然吗？李自成给后人留下的是一份值得深思的问卷。

闯王双刃

历经起落，辗转四方。李自成率领的农民军，无畏艰辛，一路杀过，常于绝处逢生机。但是，"破军星"的负面破坏力也不容忽视，"流寇"出身的军队，又会给贫苦百姓带来怎样的生死折磨呢？

崇祯九年（1636）正月，高迎祥联合张献忠等人围攻滁州，守军拼死守城，火炮连发，农民军伤亡惨重，滁州城数日攻不下。此时，援剿总兵官祖宽率领数千辽东兵赶到，冲击高迎祥、张献忠农民军，农民军大败。

高迎祥牺牲了，李自成被众人推举为闯王。这时各部农民军接连受挫，不少农民军首领还投降了明军。洪承畴、卢象升、孙传庭等人有勇有谋，在他们的协力围剿下，农民军的处境十分困难。上天会赐给李自成怎样的转机？

正当官军节节胜利之时，清兵却突破喜峰口，大举南下，接连攻占昌平、宝坻、房山等许多州县，直逼京师。这一年，清太宗皇太极正式称帝，改国号为"大清"，祭天地，受尊号，改元"崇德"，并遣兵内犯。崇祯皇帝急调卢象升等入援京师。这样，李自成等农民军身上的压力大大减轻。

崇祯十一年（1638）十月，李自成被迫向河南转移，却中了洪承畴、孙承宗在潼关南原设下的埋伏，李自成的队伍基本上全军覆没，只带着少数几个亲信逃入商洛山中，这就是著名的潼关原大战。在此后半年多的时间里，李自成不得不和亲信在陕南和川、鄂交界的山区中东躲西藏，躲避官军的追剿。直到第二年 5 月张献忠谷城复叛以后，才重新活跃起来。

从大局来看，熊文灿"先抚后剿"的政策取得了很大的成功。农民军大部分都被招抚，李自成也潜伏不出（外界传言李自成已死）。这时熊文灿正自我感觉良好，浑然不知大祸已经临头。熊文灿的大祸不在于李自成，恰恰在于已经接受招抚的张献忠。次年五月张献忠在谷城再次叛乱，接着率军联合罗汝才一起叛乱。"帝闻变，大惊，削文灿官，戴罪视事……十三年十月，文灿竟弃市"。弃市就是在闹市执行死刑并将犯人暴尸街头的一种刑法。这是一种很普遍的刑法，在闹市当众杀人可以威慑百姓。

李自成闻听张献忠复叛，立即赶去与张献忠、罗汝才会合，不久又被官军打败，被困于四川巴西鱼复诸山中，身边只剩下数十人。1640 年一月至四月间，李自成一直在这里躲避，这就是史书上常说的"鱼复山受困"。

此次受困鱼复山，其窘迫与潼关南原大战后蛰伏商洛山相差无几，李自成曾数次想要自杀，经养子李双喜劝说才打消了念头。当时他的手下有很多人出去投降了官军，连最骁勇善战的刘宗敏也有这种想法。

李自成觉得大概上天要灭亡自己，便对刘宗敏说：人们都说我将来能够成就帝业，你去占卜一下，如果不是吉卦，你就拿我的人头去向官军投降吧。刘宗敏连卜三卦，没想到竟然都是吉卦，他于是相信李自成确实是上承天命，这才死心塌地地追随李自成。

此次李自成可以说是危险至极，如果占卜的时候运气不好，三次中有一次不是吉卦，就不会有后来的进北京了。刘宗敏也迷信，三卜三吉，于是决定誓死追随李自成。关键是表示决心的方式很有问题，他的方式是杀死自己的两个妻子，更恐怖的是，"军中壮士闻之，亦多杀妻子愿从者"。这是《明史》清清楚楚记载的事情。

这一回被困鱼复山中，李自成破釜沉舟，准备拼个鱼死网破，不管怎样都要有个结果。

高歌猛进

崇祯十三年（1640）秋天，李自成从巴西鱼复诸山中突围而出，进入陕南。当年冬季，又率部挺进中原，在河南迅速发展壮大。此时的河南连年灾荒，官府除加征剿饷外，又加征练饷，民不聊生。农民纷纷加入农民军，李自成得以迅速发展到十余万人。

但此时的李自成碰到了李岩，有李岩相助，实在是他的福气。因为李岩的谋划，李自成得以进北京。同李岩一起投奔李自成的还有卢氏县举人牛金星，牛金星又推荐了宋献策。宋献策一来就向李自成献上谶语"十八子，主神器"，李自成听了非常高兴，以为宋献策说的"十八子"指的是他。其实这是 1000 年前沙陀人李存勖用过的招数。李存勖是李克用之子，因父子镇压黄巢起义有功，被赐姓李。后唐建立前，李存勖派人编写了这个拥戴自己登上皇位的图谶。如此显而易见的盗用，却正好糊弄李自成这样不喜欢读书的人。

接下来，李岩对李自成的劝告，对李自成的一生意义非常重大。李岩首先劝李自成少杀人，以收取人心。李自成接受了他的意见，"屠戮为减"。接着劝告李自成将掠夺来的财物赈济饥民，"民受饷者，不辨岩、自成也，杂呼曰：'李公子活我'"。

此外，李岩很重视宣传，他编了一首词"迎闯王，不纳粮"，让儿童四处传唱。经过这三件事后，"从自成者日众"。这三件事都切中要害，之后李自成才真正地迈出了从"流寇"向"皇帝"的第一步。

牛金星则建议李自成"禁淫杀，据中原，收人心"。为了做到这一点，"倡言大军所至，百姓给复一年"，也就是在新占领区内免除老百姓一年的徭役。为了收揽民心，牛金星还建议李自成在告示中宣布："杀一人如杀我父，淫一人如淫我母。"当时官军缺饷，所到之处公开抢掠，漫无纪律。李自成的这些措施口号极得民心。

崇祯十六年十月，李自成攻破潼关，占领陕西全省，督师孙传庭战死。洪承畴早已在崇祯十五年二月投降了清兵，孙传庭死后，明政府中再无李自成的敌手。

崇祯十六年（1643），李自成攻占西安。进入西安后，首先大掠三日，然后下令禁止。十七年正月，李自成称王于西安，定国号大顺，建元永昌，封功臣，定军制，开科取士。

二月，李自成率军强渡黄河，东进山西，连破汾州、太原。旋即兵分两路，遣部将刘芳亮率南路军攻大名（今属河北）、真定（今河北正定），李自成与刘宗敏率主力为北路，于宁武关（在今山西宁武境）与明军血战数日，击杀明总兵周遇吉。后相继进占大同、宣府（今河北宣化）、昌平（今属北京）。

三月十三日，农民军焚烧了昌平的明十三陵。明政府兵部派出的侦察骑兵，一个个地全都投降了，所以李自成的农民军已经逼近北京，崇祯和大臣们仍被蒙在鼓里。

三月十七日，崇祯召群臣议事，群臣束手无策，"有泣者"。局势败坏到这个地步，除了投降和战死外，再没有第三条道路可走。

崇祯在某种程度上与李自成有些相像，他们都忽略了民生问题。李自成尽管有过赈济灾民的行为，但是总观起来，他的军队对百姓的危害要占上风。他们都以为历史是由人民群众创造的，却是由英雄人物来推动的，因此历史就是英雄人物的历史。他们忘了，普通民众可能无力推动历史的进程，却是历史的亲历者，历史同时也是普通民众的历史。忽视民众的存在和感受，只去关注所谓英雄人物，结出的必将是暴力和权力的恶果。

自毁干城

骄奢淫逸，"流寇"作风，李自成得天下后，因缺少做帝王的才干，而至形势更为混乱。极短的时间内，农民军便为日后的灭亡打下了极厚的铺垫。非天欲亡他，自取灭亡而已。

李自成统治的天下，是何种颜色？

闯王进了北京，会是什么样的景象？他们能否脱尽"匪气"，蜕变为朝廷军？

李自成终于进入了承天门（今天安门），"登皇极殿，据御座"，这应该是他一生中最为快乐的时刻吧。他立刻下令搜索崇祯皇帝和周皇后，"活要见人，死要见尸"，只有这样，他的心才能安定下来。

不久李自成就得知崇祯和周皇后已经自缢。关于如何处理崇祯和周皇后的后事，李自成的表现实在不怎么高明。他让人用门板将崇祯和周皇后抬了出去，以柳棺装殓，停放在东华门外。三天后，百官入见李自成，太监王德化怒斥群臣不去殡葬先帝，反而在此等候召见，惹得一片哭声，"内侍数十人皆哭，藻德等亦哭"。顾君恩将情形告诉了李自成，这才改殓崇祯和周皇后，为他们换上衮冕和袆翟。

李自成将崇祯和周皇后的棺材停放在东华门三天，其用意大概是宣告天下，崇祯已死，从此天下就是他的了。但这三天里，"百姓过者皆掩泣"。

为什么？崇祯不是一个好皇帝，他屡下罪己昭，都是口惠而实不至，但是百姓没有想那么多，现在崇祯死了，以前有什么罪过也就一笔勾销了。人都是同情弱者的，所以这三天反倒让崇祯得到了他原本得不到的哀悼，这恐怕也是李自成始料未及的。

其实，这件事情最好的解决办法就是用帝王礼仪好好安葬崇祯，既显得光明正大，又可以得到人民和百官的信任和感激。类似的做法在历史上也是有的，只可惜李自成不喜欢读书。后来清廷进北京后，重新安葬了崇祯和周皇后，结果就大大减轻了汉人的敌意。

无可否认，在北京的官员投降的非常多，而为崇祯殉节的却只有文臣、勋戚40余人。以致史书上这样记载，"百官皆好降"。李自成在对待降官问题上，又不甚明智。

对群臣大肆侮辱之后，李自成仍不罢休，又将他们押到刘宗敏府里，拷打索要钱财，交不出的人要受到惩罚。为此，刘宗敏制作了5000具夹棍，"木皆生棱，用钉相连，以夹人无不骨碎"。

夹棍之下收获倒是很可观。"凡拷夹百官，大抵家资万金者，过逼二三万，数稍不满，再行严比，夹打炮烙，备极惨毒，不死不休"，哭号哀鸣之声响彻街坊。群臣不但没有在李自成那里获得官爵，反而备受荼毒，甚至家破人亡，自然人人心怀异志，只盼大顺政权垮台。李自成向富贵豪权追饷的同时，对富商居民也极刑追逼，酷刑之下死者千余。

大顺军挖空心思地搜索财物，中饱私囊。他们将各衙门衙役或长班抓来审问，让他们供出某官绅的金银密藏在哪里，随后就去掠夺一番。一时间，城内混乱不堪。"贼兵满路，手揣麻索，见面稍魁肥，即疑有财，系颈征贿"，甚至"青衿白户，稍立门墙，无幸脱者"。从3月22日开始行拷掠之刑起，不过十数日，在大顺占领区，京城内外，已经乱如鼎沸，无法收拾。

当初，大顺军每次想要攻下某个地方，就四处传唱自编歌谣，如"吃他娘，穿他娘，开了大门迎闯王，闯王来时不纳粮"。的确如此，大顺军文告中也写过"均田免粮"文字，但从未施行过均田、免粮政策或举措，大顺"建国"或进京后，更没有制定以农为本的国策，而是以乌托邦式口号来赚取民众的拥戴，所以，当人民最基本的愿望得不到满足时，必然会人心背离。

历史不可避免地成为过去，留下来的记忆甚微。1980年春，在北京永定门外沙子口一个建筑工地上。施工者掘得一枚古钱，拂去尘土，只见铜色金黄，宽轮光背，"永昌通宝"四个楷体字清晰可辨。闻讯而来的考古学者断定，此钱当为明末农民起义军领袖李自成所铸，在北京还属首次发现。这是李自成推翻明朝，居京一月的又一实物见证。

时光倒退到300多年前，李自成毡笠缥衣、乘乌驳马入承天门，他身后林立的刀枪剑戟和飘扬的大顺政权旗帜，宣告了一个王朝的终结，也预示着一个陌生时代的开端。据史书记载，李自成攻入北京前两个月，在西安建大顺政权时，就开始铸永昌通宝钱了。永昌通宝铜质优异，但铸造不甚精工，常见品钱文楷书直读，最明显的特征是"永"字的写法自上而下，由"二"与"水"组成，通称"二水永"；还有一种钱文含行书意的平钱，大概铸于李自成后期，现属罕见品，仅在中国历史博物馆藏有数枚。永昌通宝小平钱、折五大钱两种传世和出土颇丰，仅小平钱的版别就有约20种，可见当年铸行规模是十分可观的。

锈迹斑驳的永昌通宝印证着李自成起义军短暂的辉煌，也是甲申年留下的一份宝贵祭品。

心意不坚

帝王梦终于实现了，可又迅速梦醒，所谓江山瞬间成为幻影。李自成为什么如此迅速地丢掉了辛苦得来的天下？其实也很简单，民心是可怕又可爱的东西，忽略了它，一个王朝最终会走向灭亡，而李自成始终没有悟透其间的真理。

李自成的梦没有做多久。

在他向北京进发时，吴三桂奉诏从宁远入京支援。但因为随行百姓过多，每日行走路程不过几十里，等赶到山海关安置好百姓后，李自成已经攻下北京了。

吴三桂思量再三，决定投降李自成，三月二十二日率兵前往北京。这时李自成等人早已经飘飘然了，觉得天下都在自己的掌握中，他一边招吴三桂前来，一边又对吴府索要钱财，同时抢去吴三桂的爱姬陈沅（陈圆圆）。吴三桂终于"冲冠一怒为红颜"，随即回攻山海关。"冲冠一怒为红颜"应该是真实的，但是对吴三桂兵变以及后来投靠清廷的行为影响有多大，就不好说了。

接到吴三桂叛变的消息后，李自成大怒，"亲部贼十余万，执吴襄于军，东攻山海关"。李自成出兵时,是带着崇祯太子和吴三桂的父亲吴襄一同前往的。这说明李自成有招降吴三桂的意思,讨伐吴三桂的决心并不坚定。北京到山海关 400 余里,从四月十三日到二十日,大顺军竟走了 8 天,一天行军不过三四十里。等大顺军慢悠悠地走到山海关,吴三桂已经投降了清廷,清军正在快马加鞭向山海关奔来,于二十一日晚上到达山海关。此时李自成和吴三桂正打得激烈,李自成并不知道吴三桂有援兵。这一仗是他一生中最大的失策,足以致命。

四月二十一日,李自成与吴三桂双方激战一昼夜,吴三桂兵少,至二十二日上午已经不能坚持。这时,清兵突然杀出,"万马奔跃,飞矢雨堕,天大风,沙石飞走,击贼如雹"。

李自成正挟持着崇祯太子在山上观战,看见清兵突然出现,农民军无法抵挡,他骑马仓皇逃走。农民军一路奔逃,清兵和吴三桂紧追其后,"追奔 40 里,贼众大溃,自相践踏死者无算,僵尸遍野,沟水尽赤"。李自成胜算了那么多次,为什么功败垂成了?他真正想要的是什么?

李自成山海关大败,究其原因是多方面的。李自成没有想到清兵会突然杀了出来,农民军与吴三桂军血战良久,这时清军以逸待劳,万马冲击下,农民军自然难以抵挡。况且,吴三桂和清军的总兵力也超过农民军(约十三万对十万)。

另外,农民军自从进入北京后,安于享乐,均存有富贵回乡的念头,很多士兵带着掠夺来的银子,有的还带着女人到山海关打仗,怎么能不受影响?农民军习惯于流动作战,打得赢就打,打不赢就跑,这已经成了农民军的正常反应。李自成也是如此,在山顶上望见清兵杀过来,很快就骑马逃跑。

四月二十六日,李自成逃回北京。农民军纪律更加败坏,"大肆淫掠,无一家得免者"。逃回北京后,李自成开始准备向陕西转移,派人"悉镕所拷索金及宫中帑藏、器皿,铸为饼,每饼千金,约数万饼,骡车载归西安"。据说,败退西安时,清兵和吴三桂在后面追得很紧,农民军于是将这些金饼一路走一路埋在土里。后来这些金饼被人挖出很多,这才有了晋商的辉煌。

李自成本来做皇帝的心意就不坚决,从几件事情中都可以看出来。崇祯初年元旦,李自成与几个穷哥们儿在山中饮酒。兄弟们推李自成为首造反,李自成于是取一支箭插入雪中,曰:"若可作皇帝,雪与矢齐;不然,则否!"结果,漫天大雪飘然而下,雪没过箭羽。李自成大喜,所以起义了。

后来李自成被困鱼复山,就让刘宗敏用卜卦的方式来决定自己的生死。宋献策进谶语"十八子,主神器",李自成听了就很是高兴。进北京时,李自成指着承天门的门匾对丞相牛金星和军师宋献策说:"我如果射中天字,必一统天下。"随即弯弓搭箭,正好射在天字下面。牛金星忙解释说:"这箭射在天字下,必定会中分天下。"李自成听后很高兴,于是迈入皇宫。

如果当初雪小一点的话，估计李自成是不会造反的；如果当初刘宗敏卜的是凶卦的话，估计李自成就会将他的人头奉上；牛金星后来针对"十八子，主神器"这句话进谗言说，你要小心李岩，说不定"十八子，主神器"指的是他呢，李自成就把李岩杀了，因为他对自己没有信心；进北京时，他非要箭射承天门的门匾，也是对自己没有信心的表现。其实，这时三分之一个的中国都已经是他的了，称帝是顺理成章的事情，但是李自成就是没有信心。

灰飞烟灭

登上皇位，是李自成既向往同时又隐隐惧怕的事情。他向往皇帝的权力和荣耀，又惧怕夺取皇位后遭到他人的唾骂和谴责。他最大的梦想就是由朝廷封他为陕西王，走"造反、招安、藩镇割据"的路子。有人说，李自成从来就没有投降过，他的革命精神最坚强。其实不是他不想投降，而是他认为在当时情况下招安会被朝廷消灭，自己手中的砝码还不足以向朝廷叫板。

李自成看见崇祯的尸体时曾经叹息道："我来与汝共享江山，如何寻此短见？"因为崇祯一死，自己设想的道路就全被破坏了，这以后自己就要面对天下人的唾骂和谴责，所以才有当初杜勋与崇祯的谈判。

据《小腆纪年附考》记载，李自成提出的条件是"议割西北一带分国王并犒赏军百万，退守河南"作为交换，李自成答应"愿为朝廷内遏群寇，尤能以劲兵助剿辽藩。但不奉诏与觐耳"。可惜崇祯不答应。李自成没有办法，这才攻进北京。

即使进到北京，李自成也没有在北京称帝的打算，他说："陕，吾之故乡也。富贵必归故乡。即十燕京未足易一西安！"这时被清军和吴三桂打败，正好带着猎物打道回府，回西安做他的山大王。可见，李自成做的不是整个中国的皇帝梦，而是陕西的土皇帝梦。

李自成不登极，被从龙之臣叹为"我主马上天子"，登极则被明之旧臣视为"沐猴而冠"。因此，李自成始终处在极度矛盾与痛苦之中。他没有正式受命，始终没有取得皇帝应该具有的权威。因此，他只能是"寇"。

但是李自成最终还是称帝了，而且是在大败之后。29日，"追尊七代皆为帝后，立妻高氏为皇后。自成被冠冕，列仗受朝。金星代行郊天礼"。大败于山海关，李自成已经是元气大伤，清兵和吴三桂又在后面紧追不舍，这时称帝、追尊七代又有什么用呢？唯一的意义是李自成圆了自己的皇帝梦，有了心理上的满足。

李自成称帝完毕，便开始运柴草入宫及各城门。当夜二更纵火宫中，北京城内陷入火海，"止留大明门及正阳门、东西江米巷一带未烧，盖贼留一面出路也，其未出者，悉为百姓所杀，凡2000余人"。

当初进京时，北京百姓曾对李自成农民军寄予厚望。谁知不久农民军就开始烧杀抢掠，无恶不作。这时李自成退出北京，百姓便随后袭击，一雪前恨。不仅是北京，在河北、山东等大顺地区，百姓也是蜂拥而起，到处袭击大顺官兵。正是"水能载舟，亦能覆舟"，得民心者得天下，失民心者失天下。

四月三十日，李自成离京西撤。退回山西后，李自成不是积极组织防御和反攻，而是四处分兵，自己则一路撤往西安。随后，就有一些部将背叛了李自成，发动兵变。那些明朝降将原本就不是真心归附，这时见李自成兵败，于是相继叛乱。李自成当初竟没有想到这一点，他的锐气好像在进入北京之后就全部消失了。

1645 年二月，多铎率兵攻破潼关。李自成出战失败，于是放弃西安。离开时，李自成派人洗劫了西安，并将他旧日的宫殿焚毁，他最后还想将整个西安化为灰烬，幸好田见秀没有执行他的命令。

随后又是一路撤退，败仗连连。李自成自此下落不明。

李自成的生死，至今都是一个谜。《明史》给出了两个说法，一种是李自成率 20 来个人到山中掠食，被村民所困，李自成无法逃脱，于是自缢身亡。另一种说法是，李自成率 20 来个人外出，正好碰上村民筑堡防贼，村民见李自成人少，便上前围攻，李自成和坐骑陷在泥中，头部中锄而死。村民剥李自成的衣服时发现龙衣和金印，又注意到死者损伤一目，这才猜测是李自成。

【钱谦益："水太凉了"】

陈鲁民

蝼蚁尚且贪生，人更不愿意轻易去死，明末大文人兼大官僚钱谦益自然也不例外，不过他为苟活找的理由太可笑、太弱智，以至于今天还成为笑柄。

清兵入关，势如破竹，眼看就要打到南京城了。此时此刻，尚留在南京城内的明朝大臣们，大体可以有三种选择：一是抵抗而死，二是逃命而生，三是出降而荣。钱谦益的爱妾柳如是曾力劝钱以身殉明，钱也同意了，大张旗鼓地对外声明后，率家人故旧载酒常熟尚湖，声言欲效法屈原，投水自尽。

可是从日上三竿一直磨蹭到夕阳西下，钱谦益凝视着西山风景，探手摸了摸湖水，说："水太凉了，怎么办呢？"终究没有投湖。反倒是柳如是奋身跳入水中，不惜一死，后被人救起。

在明末清初的政治舞台上，钱谦益可是一个颇有影响的人物。他于万历三十八年（1610）中进士，直到崇祯十七年（1644）明亡，在前后长达 35 年的时间内，三起三落，旋进旋退；他还因出色的文才，被视为文坛巨擘、江左三大家之一；又因为他曾经参与了东林党人反对魏忠贤阉党的活动，还被视为士林领袖之一，德高望重。在众人眼里，只要明朝一亡，钱谦益不是抵抗而死，就是毅然殉明。"威武不能屈，富贵不能淫，贫贱不能移"几句话，好像就是孟子专门写给他的。

可是大伙把他看错了，他竟然连个昔日倚门卖笑的歌伎都不如，人家柳如是还真跳到水里扑腾了几下子。退一步说，人各有志，你不愿意殉明而死，别人也不能强迫你，但不要先说大话，否则覆水难收，一旦食言，是很尴尬的。即使原来你确实是准备死的，临时突然变卦，也可以找点能略微站得住脚的借口，譬如留得青山在、不怕没柴烧、来日方长，从长计议，大丈夫能屈能伸，君子报仇十年不晚等理由，也算是冠冕堂皇，尽管是自欺欺人。

不肯殉明也就罢了，那就当个隐士，也算是保住了晚节，他却不甘寂寞，不仅主动出城投降，给朋友写信劝降，还带头剃头示众，史载："豫王下江南，下令剃头，众皆汹汹。钱牧斋忽曰：'头皮痒甚。'遽起，人犹谓其篦头也。须臾，则髡辫而入矣！"（《恸馀杂记》）可是，他就这样拼命讨好，清廷也没把他当回事，只给了他个礼部侍郎的小官做。时人讥讽他是"两朝领袖"，乾隆更看不起他，专门写了一首五律羞辱他：

平生谈节义，两姓事君王。进退都无据，文章哪有光？

真堪覆酒瓮，屡见咏香囊。末路逃禅去，原是孟八郎。

更让人不齿的是，后来他被人指责大节有亏时，竟然颠倒黑白，信口雌黄，把责任全推给了小老婆："我本欲殉国，奈小妾不与可？"无怪乎连300多年后的大学者陈寅恪都看不过去了，竟然在晚年双目失明后，还不辞辛苦，专门写了40多万字的《柳如是别传》，为柳如是辩护，痛斥钱谦益。

屈指数来，明末的几个著名降臣，都够窝囊的，名声不好，下场更惨。吴三桂反复无常，兵败身亡，还落了个"冲冠一怒为红颜"的千秋骂名；洪承畴尽管为清兵平定江南立下汗马功劳，却被列入"贰臣录"，一家老小也因他投敌被明军杀得干干净净；钱谦益更是猪八戒照镜子——里外不是人，身败名裂，也没换来高官厚禄。当然，这多少也得怪清朝统治者太没有胸怀。

史学家历来喜欢做翻案文章，以标新立异，一旦成功，那就会名声大振。可是，为钱谦益做翻案文章的史学家，总觉得有些气短心虚，一想到他的气节比个歌伎出身的柳如是还差一大截子，一想到他在常熟尚湖"水太凉了"的借口托词，就立马像泄了气的皮球，没劲了。

"水太凉了"，钱谦益可能做梦都想不到，他这句"名言"比他任何一句诗文都要更加广为流传。

【崇祯：一个破产的帝王】

李洁非

围绕崇祯皇帝的末日，历来还有两个悬疑，值得说一说。一是崇祯之亡，是不是亡于吝啬？二是崇祯何以在煤山上吊殉明，除这结局，他有没有别的选择？如果有，为何竟不践行？

我们先说第一个。

亡于吝啬之说也算是源远流长了。在一些明遗民中间即已有此议论，杨士聪《甲申核真略》称，李自成攻下北京后，从宫中搜得3700万两银子。他感叹："呜呼！三千七百万！捐其奇零，即可代二年加派。"崇祯宁愿藏着这笔巨款，也舍不得拿出来用于剿讨，"其亦可悲也矣"。其实，杨士聪也是得自道听途说，但仍有很多人乐于相信。近世西方的明代研究者，则从他们的角度提供了一些材料，也增加了通往这种想象的可能性。例如美国人弗兰克在其名著《白银资本》中说，16世纪中叶到17世纪中叶，经欧亚贸易而流入中国的白银约占当时世界白银总产量三分之一，达7000吨至1万吨之多，置换成中国概念，略等于2.3亿两至3.2亿两白银。此论一出，明廷无法不给人以富得流油的印象。

有没有根据呢？有一点。应该说，万历年间，国库是相当充盈的。一则，张居正十年当政，经济搞得不错；二则，万历皇帝是有史以来最大财迷之一，爱钱如命，攫取无餍。然而，随后的天启七载，魏阉肆虐，政治坏极。崇祯接手时，国家已是一个烂摊子。不独如是，内乱外患也如影随形而至，且日甚一日，终崇祯朝的十几年，从头至尾同时在打内、外两场战争，国力再强也经不起这么折腾（且不说还有满朝上下蠹虫硕鼠之流或蛀或偷），只要这么折腾，钱没有不花得流水似的。我们不妨借清朝作为一个镜鉴。康雍乾时代，清朝也是强盛至极，然而道光、咸丰之后，连续遭遇外侵内乱，不过20来年工夫，便由鼎盛跌至衰落边缘，而若论自身的政治腐败程度，其实尚未达到明末水平。所以完全可依常理推想，以那情势，崇祯无富可藏、无财可吝。万历时代国家的腰包很鼓，确有其事；万历皇帝出了名的周扒皮加葛朗台式风格，令人记忆深刻，在大家脑中造成了宫内必定金银成堆的猜想，也可以理解。但问题是，没有人去计算一番，打了十几年的内外两场战争将耗费多少，极其严重而普遍的贪污侵吞又将减损多少。

闯军西归携去的3000余万两银子，当系对百官富绅大肆拷逼的结果；限于篇幅，对此暂不细说。重要的是没人相信崇祯皇帝——一位泱泱大国之君，几乎是一个破产的光棍。然而，也许这才是真相。

1643年十二月八日，一个年轻人奉调来京。他叫赵士锦，隆庆、万历间名臣赵用贤之孙。他由工部尚书范景文推荐，补工部营缮司员外郎一职，因此赶上了历史巨变一幕，在此后一百二三十天内，历经曲折，翌年四月中旬逃脱闯军控制，辗转南归。后来他将这离奇经历写成《甲申纪事》及《北归记》两篇文字，句句目击，不啻为描述1644年甲申之变的报告文学杰作。这里我们着重自其笔下了解朱由检最后时日的财政状况。

赵士锦到任后，先被分派去守阜成门，三月六日接到通知，接管国库之一、工部所属的节慎库，三月十五日——城破前三天——办理交割。他在《甲申纪事》和《北归记》重复录述了清点之后的库藏。

十五日，予以缮部员外郎管节慎库。主事缪沅、工科高翔汉、御史熊世懿同交盘……新库中止二千三百余金。老库中止贮籍没牙家资，金带犀衣服之类，只千余金；沅为予言，此项已准作巩驸马家公主造坟之用，待他具领状来，即应发去。外只有锦衣卫解来加纳校尉银六百两，宝元局易钱银三百两，贮书办处，为守城之用（《甲申纪事》）。

库藏止有二千三百余金。外有加纳校尉锒六百两、易钱银三百两，贮吴书办处；同年缪君沅云："此项应存外，为军兴之用。"子如是言（《北归记》）。

多年守卫国库的老军，对赵士锦说：万历年时，老库满，另置新库。新库复满，库厅及两廊俱贮足。今不及四千金。赵士锦感慨："国家之贫至此！"此即城破之前赵士锦以目击提供的证言。

以这点钱，不必说打仗，就算放放烟火怕也不够。关键在于，皇帝与其臣民之间完全失去信任。崇祯到处跟人讲国家已经无钱，所有人的理解，都是皇帝哭穷和敲诈。三月十日，最后关头，崇祯派太监徐高到周皇后之父、国丈周奎家劝捐助饷，先晋其爵为侯，然后才开口要钱，周奎死活不掏钱，徐高悲愤之下质问道："老皇亲如此鄙吝，大势去矣，广蓄多产何益？"徐高的问号，也是读这段历史的所有人的问号。周奎究竟何种心态？简直不可理喻。唯一可能的原因，就是他大概也和别人一样，认定崇祯自己藏着大把金银不用，还到处伸手索取。如果他并不怀疑内帑已尽之说，想必应该比较爽快地捐一些钱，让女婿拿去抵挡农民军的。否则，朝廷完蛋，他显然不会有好下场，这笔账他不至于算不过来。归根结底，他根本不信崇祯没钱打仗。

自二月中旬起，崇祯下达捐饷令，号召大臣、勋戚、缙绅以及各衙门各地方捐款应急，共赴国难。"以三万为上等"，但居然没有任何个人和地方捐款达到此数，最高一笔只两万，大多数"不过几百几十而已"，纯属敷衍。又谕每一大臣从故乡举出一位有能力捐款的富人，只有南直隶和浙江各举一人，"余省未及举也"。大家多半不觉得皇帝缺钱。

然而，不相信皇帝没钱，只是"信任危机"较为表层的一面；在最深层，不是钱的问题，是社会凝聚力出了大问题。危急时刻，若社会凝聚力还在，再大的难关仍有可能挺过。

一个政权，如果长久地虐害它的人民，那么在这样的国度中，爱国主义是不存在的。

爱国主义并非空洞的道德情怀，而是基于自豪和认同的现实感受。否则，就会像甲申年的明朝这样，在国家生死存亡之际，最需要爱国主义、同心同德之际，现实却无情地显示：根本没有人爱这个国家，这个国家的沉沦似乎跟任何人都没有关系，面对它的死亡每个人都无动于衷——不仅仅是那些被损害者，也包括曾经利用不公平和黑暗的现实捞取过大量好处的人。

崇祯所面对的，正是这种处境。当他向勋戚、宦官、大臣和富人们求援时，全部碰了软钉子，他们想尽办法不去帮助这个快要完蛋的政权。搪塞、撒谎、漠然。好像这政权的崩溃符合他们的利益；好像这政权不是曾经让他们飞黄腾达，反而最深地伤害过他们。

一再催迫下，国丈周奎抠抠搜搜捐了1万两，崇祯认为不够，让他再加1万两，周奎竟然恬不知耻地向女儿求援。周皇后把自己多年积攒的5000两私房钱暗暗交给父亲，后者却从中扣了2000两，只拿3000两当作自己的捐款上交崇祯。旬日之后，闯军拷逼的结果，周奎共献出家财计银子52万两、其他珍宝折合数10万两！

大太监王之心（东厂提督，受贿大户）如出一辙。捐饷时只肯出2万两，后经闯军用刑，从他嘴里掏出了现银15万两，以及与此价值相当的金银器玩。

捐饷令响应者寥寥，崇祯改以实物代替现钱，让前三门一带富商豪门输粮前线，或给士兵家属提供口粮，以为较易推行，但同样被消极对待，不了了之。

我们并不明白，这些巨室留着万贯家财打算做什么；但有一种内心活动他们表达得明白无误，即无论如何，他们不想为拯救明王朝出力。

连这群人都毫不惋惜明王朝的灭亡，遑论历来被盘剥、被压迫的百姓？

【和珅是一头圈养的兽】

刘诚龙

开国之君打仗，守成之君打猎，恐怕是皇帝们最爱玩的两种游戏。打仗不是人人都玩得起，而打猎却个个都可玩，所以几乎每个皇上都喜欢玩几把。兵荒马乱时节，都去人食人了，顾不上吃野兽，所以野兽放肆生息繁衍，极好打猎却没人去打，人都打不清，哪有机会去打猎？到了皇皇盛世呢，不好意思人食人了，因此爱上了山珍海味那一口，把天上飞的、海里游的、地上爬的都吃光了，哪来野兽？没有野兽，可是皇上又要享受捕猎的快感，怎么办呢？那就养些家兽吧，养得肥肥的胖胖的，然后放出来，直待皇帝盘马弯弓刀，亲射虎。

譬如乾隆皇帝，就养了和珅这头家兽，供其儿子嘉庆玩上一把。

大家都知道，乾隆皇帝是历史上"少见的明君"，据说是非常"英明干练"的。大家也都知道，和珅是历史上最大的贪官，据说贪起来是非常明目张胆的。和珅为乾隆朝第一权臣，骄横跋扈，天下皆知，岂以高宗之英明老练，而反不觉其奸。和珅建的是高堂大厦，穿的是绫罗绸缎，家里堆的是金、砌的是银，"衣服、车马，皆有逾制之处"。乾隆那双碌碌"龙眼"看不到吗？

地球人都知道了谁说乾隆不知道？乾隆什么都知道，只是没谁知道乾隆！"吾与汝有宿缘，故能如是，后之人将不容汝也。"这话是相当诡异的，一是说，放心吧，有我在，我会养肥你的；二是说，我死后，你恐怕得为我家做点贡献、做点牺牲。什么"牺牲"？猪牛马的"牺牲"嘛。

这里看来，乾隆是特地安排和珅作其崽正式"登基"的"祭礼"的，要不，以和珅之聪明与正受宠的良机，还不赶快叫乾隆颁布一条"保护老臣"的法律？和珅听了乾隆那话，没有生命的危机感吗？不会未雨绸缪吗？没用的！这是乾隆的安排，是乾隆特地给崽留下做打猎用的"猎物"的。乾隆心里是这么计算的：你贪吧，贪吧，反正你也吃不完，得留在那里，国门朕都是锁着的，围猎场的篱笆朕扎得铁紧。和珅这么贪，确实是在挖乾隆家的家产，乾隆知道。这家产给和珅，还是给崽？英明的乾隆皇帝对这事情绝对是不糊涂的，绝对是分得清的。但是，先放在和珅家里与放在国库里几乎没什么两样，随时可以把它弄到国库里来嘛。乾隆养和珅，就是替崽养肥猪。果然，"和珅跌倒，嘉庆吃饱"。把和珅那财产从和珅家里再搬到国库里，好家伙，可用 20 年啦。乾隆给嘉庆的物质遗产真是够丰厚的啊。

和珅仅是乾隆给嘉庆的物质遗产吗？非也，更是政治遗产。据说，如果没有天敌，老虎也会退化成猫。

也真是，看历代开国之君，都猛如恶虎，而到了末代之帝，几乎都如病猫。聪明的老皇上培养接班人，就是这样，要培养一些家兽，放到围猎场去，供崽试刀试锋试胆量试身手。嘉庆没有经历过战争的历练，也没有官场的"残酷斗争"，能不能看守住江山？人家乾隆是"打猎世家"出身，深深懂得打猎能够培养"战斗力"，他更深深地懂得，放纵真正的野兽，那是相当难对付的，也是相当危险的。但培养个把家兽供接班人"练练手脚"，以防真正的"野兽"来袭，是安全的，也是十分必要的。这样，乾隆就养了和珅这头家兽。这样我们也就不难理解，为什么乾隆刚死，尸骨未寒，嘉庆马上就下手了。乾隆一命呜呼，嘉庆第二天就给和珅办了，而且给办了个妥帖。乾隆死了，这是"举国悲痛"的"国葬"啊！放下老爸的丧事不办，先拿办老爸最爱的宠臣，这岂不是打老爸的"热耳巴子"吗，岂不是大不孝吗？合理的解释是：乾隆在要死的时节，给崽做了一个"政治交代"：崽啊，我送个政治礼物给你吧，爹给你养了一头大肥猪、一只大老虎，趁这机会给猎杀了吧。这样，你就不愧是咱们猎手的后代。所以嘉庆把"国葬"放一边，先办"国事"。

历史上的大腐败分子，在位时大腐大败，那是活得异常快活潇洒，过得异常招摇无忌，而最后被"反腐败"给反了，其中有一个"规律性"的东西在起作用，那就是家天下"交班之际"，比如宋之蔡京，在宋徽宗那里养肥，被宋钦宗宰杀；比如清之鳌拜，在顺治那里圈养，被康熙围猎。

有人说，皇帝崽杀皇帝爸的功臣大臣，这是一朝天子一朝人使然，上一朝天子与下一朝天子不是外人，都是一家人，干吗这么过不去？当然，在权力面前，有可能爹不认崽、崽也不认爹，但是更多的是爹为崽着想的，家天下要一世二世乃至万世而为君啊。皇帝爹把贪官养大，是给皇帝崽留下一份政治遗产，由皇帝崽来处置，其实啊，就是开国之君打仗、守成之君打猎。

可惜农民出身的朱元璋不太懂，最聪明的朱元璋犯了一件最蠢的事情，就是他在位时节，把贪官都杀尽了，他想，杀尽了贪官，子子孙孙可以高枕无忧睡大觉了，结果呢，其子孙没什么可试刀，就真的睡大觉去了。

【光绪的坏脾气与国事】

张宏杰

光绪二十年（1894）七月，一封来自异国的电报，如同崩在皮肤上的一粒火星，烧灼得已经松懈多年的清帝国政治神经猛一下收缩起来。这一年年初，大清属国朝鲜发生了内乱，请求中国出兵帮助平乱。日本人也借机出兵朝鲜，挑衅中国的宗主权。

听到这个消息，温文尔雅的皇帝拍了桌子。一个小小的日本，怎敢如此猖狂？

气愤的同时，皇帝又感到强烈的兴奋。振兴大清的机会终于来了！这简直是天赐良机。没有比战争更能振作一个民族的精神，而如果要进行战争，也没有比日本更合适的对手。如果打败了日本，那就是道光末期以来，中国对外战争中的第一场胜利。另外，如果他能抓住这个机会，在战争中充分展现自己的才干，自然会在朝野树立起巨大的威信，促使太后进一步放权。那么，他就有机会刷新政治，带领大清走上自己设计的自强之路。

并不是所有人都像皇帝那么乐观，比如北洋海军最高统帅李鸿章和他的部下们。

对国际事务颇有了解的李鸿章十分清楚日本这个小国20年来的发展变化。从军事实力上说，日本绝不居下风。特别是在成功的政治改革之后，日本的国家效率、战争动员能力等综合国力已经远远超过中国。基于这种判断，李鸿章提出了"避战求和"的建议，他建议皇帝主动从朝鲜撤军。如果避过此战，中国就可以获得一个战略机遇期。在实力充足之后，再与日本交锋不迟。

后来的事实证明，如果这一建议得以采纳，那么日本挑战中国的时间表就会被大大延后。

然而，对于这个建议，皇帝认为简直荒唐可笑。皇帝毫不留情地批驳了李鸿章。皇帝说，主动撤军，有失"大清"的体面，必不可行。他指示李鸿章抓紧一切时间，整军备战。

战争是一个放大器，它可以清晰地全面展示一个人的素质。

在亲政后的第一个重大决定中，光绪皇帝暴露了他知识储备的严重不足。精读过《孙子兵法》和《圣武记》并不证明皇帝就懂军事，特别是近代军事。虽然已亲政5年，然而他对国际事务，特别是对近在咫尺的这个邻居，仍然是惊人的无知。对于一个近代国家的领袖，这无疑是致命的缺陷。

果不其然，战争过程与他想象大相径庭。

清军与日军第一次交锋于朝鲜成欢驿，即遭惨败。及至9月平壤之战，朝廷寄予厚望的李鸿章嫡系精兵又一次全面溃败。此后不到半个月，清军全部被赶过鸭绿江，日本不费吹灰之力就占领了全朝鲜。

皇帝大为震怒，他认为这无疑是李鸿章指挥不力的结果。1894年10月，日本军队突破由三万中国重兵把守的鸭绿江，排闼直入，兵锋直指沈阳。把守鸭绿江的是以敢战闻名的悍将宋庆，他的部下也是中国军队中装备最好、最精锐的部分，中国军人在鸭绿江防卫战中的表现也堪称勇敢顽强，然而在日军的强大火力面前仍然不堪一击。直到这时，皇帝才发现不是清军不"敢于胜利"，而是中国的军事实力和日本根本不在同一水平线上。

圣旨雪片一样从京师飞来，每一道都口气急迫。慌了神的皇帝要求将领们竭尽全力把日本人截住，不得让他们前进一步。皇帝不知道，他这样指挥，正是犯了兵法的大忌。

日军侵入中国境内的那一刻，李鸿章就明白这场局部战争已经演变成一场决定国家生死存亡的命运之战。他给皇帝上了道长长的奏折，提出了"打持久战"的战略主张。他说，形势很明显，敌强我弱，日军利用速战速决，我军利用"持久拖延"。日本的国力无法支持它打一场漫长的战争，如果中国能以空间换时间，不争一城一地之得失，把日本拖住，就能把日本人拖垮。相反，如果我们急于争锋，那么就会在阵地战中迅速消耗自己的力量。

应该说，李鸿章是中国历史上"持久战"概念的首创者，这堪称对中国军事史的一个重大贡献。

然而皇帝根本听不进李鸿章的建议，甚至连那道奏折他都没有读完。他没有这个耐心。日军在中国境内越深入，皇帝就越惊惶。战前下的所有决心这时都不翼而飞，他所有的心思，都放在如何把日军阻止住。他一日不停地把各地最优秀的军队调上前线。在他的不断催促下，中国最精锐的部队不断被送上前线，不断被日军吞噬，这正中日本人的下怀。

中日战争中，光绪皇帝表现出了晚清统治者少有的血性。在战争中，年轻皇帝的性情急躁，缺乏耐心暴露无遗。他的急脾气实在不适合指挥战争。

还是在少年时期，翁同龢就已经发现皇帝脾气之暴烈非同一般。仅仅从光绪九年（1883）二月到六月不到半年间，《翁同龢日记》中记载了一个 12 岁的小皇帝六次大发脾气：二月十五日，小皇帝不知道什么原因，在后殿大发脾气，竟然"拍表上玻璃"，被碎玻璃扎得鲜血淋漓，"手尽血也"。动不动就摔东西，甚至有自残举动，对于一个 12 岁的孩子来讲，绝非寻常。翁同龢感觉到这个孩子的脾气十分不祥，在日记中写下了"圣性如此，令人恐惧"的担忧。

事实上，畸形的成长环境中，光绪的人格始终没有完全发育起来。在成年之后，皇帝仍然表现出幼儿一样的缺乏耐心、固执己见，每有所需就立即要求满足，缺乏等待延后满足的能力。

《宫女谈往录》中老宫女描述道："他性情急躁，喜怒无常，他手下的太监都不敢亲近他。他常常夜间不睡，半夜三更起来批阅奏折，遇到不顺心的事，就自己拍桌子，骂混账。"

这场战争与后来那场著名的改革之所以失败，很难说与皇帝性格中的这种缺陷毫无关系。

【李鸿章：夹缝中的悲情英雄】

老 末

吾敬李鸿章之才，吾惜李鸿章之识，吾悲李鸿章之遇。

——梁启超

翻开中国近代史，李鸿章是最绕不过去的人物之一，又是争议最大的人物之一。身处危机四伏、矛盾深重的时代，他的性格特征也不可避免地呈现复杂的矛盾性和多样性。

血性与忠诚

梁启超认为李鸿章"有才气而无学识，有阅历而无血性"，同他一样，许多人也都只看到李鸿章中年之后的窝窝囊囊，而不知道他年少时的血性偾张。李鸿章以书生带兵，留下的是"专以浪战为能"的记录。他敢爱敢恨、敢作敢为，曾因恩师曾国藩待友李元度不公而毅然脱离曾府，也曾因常胜军统领戈登不服管治而力除其军权。

但这样一种血性，慢慢地就被恩师曾国藩以儒学精神化解和消磨了。而曾国藩的利器只有一个字："诚"。

如李鸿章爱睡懒觉，曾国藩则每日清晨必等幕僚到齐后方肯用餐，逼李早起；李好讲虚夸大言以哗众取宠，曾国藩多次正言相诫。最为典型的是有一次曾国藩问李鸿章怎样与洋人交涉，李鸿章回答不管洋人说什么，只同他打"痞子腔"（就是说大话，先声夺人的意思）。曾国藩沉默了很久说："依我看来，还是在于一个'诚'字。诚能动人，洋人也是人，只要以诚相待，也一定会受感化的。"李鸿章顿表衷心接受，此后严加奉行。

如果说血性意味着对于自我、自身个性的忠诚，是"第一种忠诚"的话，那么曾国藩所说的"诚"，更多地意味着对于朝廷、群体和他人的忠诚，不妨视为"第二种忠诚"。李鸿章对清廷的忠心耿耿，自不待言；他还特别讲义气，"李一生中对于朋友的忠诚几乎具有传奇色彩"（英国学者福尔索姆语）；而对于洋人，李鸿章仍然是"诚"字当先。

例如，李鸿章在任北洋大臣时，一位德国海军将领到访天津，邀请他参观军舰，李鸿章欣然同意。不巧参观那天刮大风，海上航行不便，那位将领就建议取消约会。不料李鸿章为显诚意，毅然只带一名翻译登上小艇到达德舰，令那位德国将领感动不已。李鸿章的种种表现曾获得西方列强的广泛赞扬，美国南北战争中的名将、后来曾任总统的格兰特对李鸿章更是惺惺相惜，称他为"远东第一名相"。

在李鸿章身上，随着"第二种忠诚"取代了"第一种忠诚"，他逐渐丧失了血性和个性，成为庞大的政治机器上的一个忠实的零件，尽管这是一个最大最重要的零件。他是一个日薄西山的帝国谨小慎微的看门人；而在列强眼里，他诚信、可靠、甚至有几分迂腐——这样"温柔敦厚"的对手夫复何求？

重任与琐屑

李鸿章是有大抱负的，他曾留下这样的雄奇诗句："胸中自命真千古，世外浮沉只一沤。""一万年来谁著史？三千里外觅封侯。"现在读来，我们仍然会被其中充溢的豪情壮志所感染。可以说，这样的诗句放到龚自珍、李贺甚至李白的集子里，也毫不逊色。

李鸿章又是敢于担当的，福尔索姆指出："鉴于大多数中国官员逃避责任，李似乎是追求责任，他从不逃避不愉快的任务，并总能指望他采取主动。"从青年时代的投笔从戎，一直到年近半百之际接替曾国藩主持晚清对外军事、外交和经济大政，李鸿章每每"于危难之时显身手"，这显然是"天将降大任于斯人"的强大内驱力使然。在义和团运动时期，一名外国记者告诉李鸿章，普遍认为在中国他是唯一能对付这种局面的人，他回答说："我相信自己。"当仁不让之意溢于言表。

树大招风，李鸿章还要时刻面对官场的倾轧和仕途的险恶，"受尽天下百官气，养就胸中一段春"，正是他的自我写照。李鸿章有度量、有涵养，拥有比一般的封建官吏更为饱满、更为充沛的政治情怀；同时他也深谙官场权术，有相当的政治手腕，尽管在宦海中几度沉浮，但基本上可以看作一个"不倒翁"。

蒋廷黻有言：“一看李之全集，只见其做事，不见其为人。”但李鸿章的精力和才华，也都消耗在那些繁复的事务性工作中去了。这一方面是由于封建体制的“制度性内耗”，另一方面也由于他本身才干有余而见识不足。他一生做了无数的事，可那些最重要或最闪光的大事，却似乎都是别人做的。例如，镇压太平天国的事，主要是曾国藩做的；开办重工业和民用工业的事，主要是张之洞做的；收复新疆的事，则是左宗棠做的。有人甚至毫不留情地指出：“凡是只要阅读过李鸿章的奏稿、家书、朋僚信函达三十份以上的人，基本上就可以判断出李鸿章这个人实际上只具备典型的‘小公务员’素质……他的所有文稿几乎都表达出他非常在乎具体事件的拉杂算计和工于小心计，始终透出了一种对上和对外的个人猥琐人格气质。”话虽说得刻薄，但恰好是梁启超所谓“有才气而无学识”的注脚，也是对李鸿章本人巨大抱负和高昂责任感的强烈反讽。

改造与裱糊

李鸿章自有其因循守旧的一面，但他绝不是腐儒，他趋新求变，虚心向洋人学习，积极操办洋务，成为中国近代化的先行者之一。在推动中国经济与外交的近代化过程中，他既有想法，更有办法，是个身体力行的实干家。

曾国藩评价李鸿章“才大心细”，恰好可以用来形容他在对待西方文化上的双重性。在军事、经济、文教等方面，李鸿章敢于拿来、敢于创新，显示了“才大”的特点；在政治方面则显示了“心细”的特点，比较保守。

李鸿章一向是西方器物文明的崇拜者，直到自己的风烛残年，才意识到西方制度文明的重要性，但此时留给他的时间已经不多了。况且，即便他倾慕西方政治，他所能接受的极限也不过是半吊子的君主立宪而已。如果我们把对一个社会形态的变革分为修补、改良、改革、革命等四种层次的话，那么他所认同的只比修补高一点，还没达到改良的层次。

正如他自己所说，终其一生，他“只是一个裱糊匠，面对一个破屋只知修葺却不能改造”。既不能，也不愿，更不敢。

李鸿章这艘航船曾迎着朝阳，豪情万丈地张开风帆，但在处处受制、时时碰壁后，只好满怀惆怅地驶向夕阳，留下了孤独而凄凉的背影……

但艰难的航程中，毕竟留下了他务实的脚印。美国人曾这样评价李鸿章的事功：“以文人来说，他是卓越的；以军人来说，他在重要的战役中为国家作了有价值的贡献；以从政来说，他为这个地球上最古老、人口最多的国家的人民提供了公认的优良设施；以一个外交家来说，他的成就使他成为外交史上名列前茅的人。”

艰难的航程中，更留下了太多的悲情。李鸿章生逢大清国最黑暗、最动荡的年代，他的每一次“出场”无不是在国家存亡危急之时，清廷要他承担的无不是“人情所最难堪”

之事。

这样一个人物，一辈子在夹缝中生存，委曲求全，忍辱负重。中国政治文化和伦理文化历来推举忍辱负重者，甚至超过了那些决绝抗争者，所以，李鸿章也由此赢得了后人的同情和敬重。

李鸿章去世后两个月，梁启超即写出皇皇大作《李鸿章传》，其中说他"敬李鸿章之才，惜李鸿章之识，悲李鸿章之遇"。这句话，至今仍是许多人的共同心声。

【心不在焉的革命者】

张宏杰

从起义那天起，洪秀全就没把心思放在用兵打仗上。事实上，从传教那天起，他就一直远离最艰苦的最前线，与普通教众保持距离，以制造神秘感、神化自己。

刚刚进入广西传教之时，困难重重，事业开展得很不顺利，生活条件也非常艰苦。洪秀全不堪忍受，借故扔下冯云山，回广东老家继续当他的私塾老师去了。三年之后，当他得知冯云山没有离开广西，而是继续在那里传教，并且已经发展了3000多名教徒，大喜过望，立刻整好行囊，奔广西而来。

到了广西，他不听冯云山韬光养晦的劝告，执意大干一场，捣毁了当地百姓崇信的甘王庙，引起官府注意。官府逮捕了冯云山，洪秀全吓得失魂落魄，借口回广东找两广总督营救冯云山，又跑回广东老家待了一年半。等冯云山被别人营救出来，风头已经过去，他才又回到广西。

从创教之初，他就一直很少参与繁杂艰苦的具体事务，而是沉醉于制定规矩、讲究排场、编造神话、神化自己。所有政务，先是委之冯云山，后是委之杨秀清。他既没有操作具体事务的才能，也没有那种耐心和毅力。

作为一个从社会底层走来的落魄书生，洪秀全在革命过程中最关心的就是划分等级、明确身份、显示自己至高无上的权力。做这些事，他可以说是迫不及待、心醉神迷，完全不管军情紧急不紧急，形势允许不允许。号称平等的太平天国社会里，等级制比任何社会都严，天王的威严神圣不可侵犯。

进了天王府的洪秀全故技重演，高居垂拱，与外界隔离，数年不出天王府一步。他主要在忙两件事。第一件就是管理老婆。关于他的妻妾数量，有说88个，有说99个，还有说一百多个的。不管具体是多少，总之数量巨大，管理起来有一定难度。洪秀全一律废去她们的名字，给她们编了号，诸如第16妻、第32妻之类，以便于管理。他花费大量精力，写了近五百首"天父诗"，教导这些妻子怎么为自己服务。

第二件事就是研究神学，篡改《圣经》。

大凡英雄人物，都有一种迷信情结。因为，时势造英雄，英雄人物必然得益于机缘巧合，有时候运气好得不能再好，没法解释，只好归之于天。洪秀全起兵以来，两年时间，居然多次大难不死，打下了南京，到了"小天堂"，从一个人人看不起的落魄书生，居然成了"左脚踏银""右脚踏金"的"太平天子"，他不能不把这一切归之于"天意"，归之于"命运"。当局势越来越恶化，天京人心无主时，李秀成和他之间曾有过一次著名的谈话。

李秀成问："清军围困，天京眼看守不住了，怎么办？"

洪秀全说："朕承上帝圣旨、天兄耶稣圣旨下凡，作天下万国独一真主，何惧之有？不用尔奏，政事不用尔理。尔欲外去，欲在京，任由尔。朕铁桶江山，尔不扶，有人扶！"

李秀成问："天京城内兵微将少，怎么办？"

洪秀全答："尔说无兵，朕的天兵多于水，何惧曾妖者乎？尔怕死，便是会死，政事不与尔干。"

李秀成问："城内已经没有粮草，饿死了很多人，怎么办？"

洪秀全答："全城俱食甜露，可以养生。"

所谓甜露，就是野草煮水充饥。

李秀成说："这种东西吃不得！"

洪秀全说："取来做好，朕先食之！"

不久之后，洪秀全就因为吃这种"甜露"，很快得病。李秀成在自述中说："此人之病，不食药方，任病任好。"天王之病因食甜露而起，又不肯吃药因此而死。

其实，最后食甜露而死，应该被看成一种自杀的方式。虽然表面上振振有词，但内心深处，洪秀全并没有完全昏聩，他已经知道，一死不可避免。与其死于清军之手，不如体面地病死。至于死后洪水滔天，由它去吧！

一个人要一辈子保持头脑清醒，不容易。

第六篇

韵事追踪

【十大美女的最后归宿】

史宗义

苏妲己——毁社稷终成刀下鬼

苏妲己，生活在商朝后期，生年不详。

商王朝有个属国叫有苏（今河南武陟东），因地小人稀，物产也不丰富，进献纣王的贡赋总有欠缺。纣王认为有苏国故意反商，就派兵去征伐。有苏国无力抵抗，又深知纣王喜欢美女，就从族人中挑出一个叫妲己的美女献给纣王，纣王得了美女，才撤兵免贡。

苏妲己入宫后受到纣王宠爱，纣王整日与她淫乐，过着花天酒地的生活。为了夺得王后宝座，她设计陷害了姜王后，姜王后不服，妲己又怂恿纣王挖掉了姜王后的一只眼睛，并施以酷刑，姜王后被折磨致死，妲己被立为正宫。

比干是个正直的大臣，妲己又设下毒计，让纣王杀了比干。还有一个叫黄飞虎的武将，功高盖世，也是个忠臣，妲己视之为眼中钉肉中刺，设计害死了黄飞虎的夫人贾氏，惹恼了黄飞虎，黄飞虎反出朝歌，投奔西岐去了。

公元前1046年，纣王众叛亲离，周武王在姜子牙的辅助下，攻城略地，兵临朝歌城下，纣王在绝望中自焚而死。妲己被俘，被斩首示众，一代妖姬命丧刀下。

褒姒——美人一笑倾社稷

褒姒，出生于农家，幼时父母双亡，被一卖桑弓之人收养，后又转到村民姒大家中，得以长大。姒大夫妻给她取名为褒姒。

当时，周幽王无道，不理朝政，朝中很多人进谏，幽王不听。幽王的王后是申国国君申侯的女儿，申后生子叫宜臼，立为太子。申侯作为幽王的岳父，多次到宫中劝谏，幽王根本不听，申侯一气之下，回到自己的属地申国去了。褒国国君褒珦也入朝进谏，却被幽王关进大牢。公元前 780 年，褒珦的儿子褒洪德为了救父出狱，将褒姒从姒大家中买回，送给了幽王。由于褒姒美若天仙，受到幽王宠爱，不久为幽王生下一子，取名伯服，幽王爱如掌上明珠。入宫的第六年，22 岁的褒姒在宫廷斗争中取得胜利，终于成了幽王的王后，儿子伯服被立为太子。但是，褒姒天生不爱笑，这使得幽王十分烦恼。为了博得美人的一笑，幽王绞尽了脑汁，终于上演了"烽火戏诸侯"的闹剧，给后人留下了笑柄。

幽王无故废了原来的太子和申后，褒姒还是不放心，便鼓动幽王杀了太子，以绝后患。幽王对褒姒的话言听计从，于是下旨到申国，命令申侯亲手杀掉自己的外孙。申侯哪里能下得了手，遂写了劝谏书，派人送到镐京。幽王见了劝谏书，大怒，下令削了申侯的爵位，并发兵讨伐申国。

申侯得到密信，立即从西戎国借了 15000 精兵，自己也率领本国兵马，出其不意，杀奔镐京。幽王措手不及，镐京被攻破，幽王被杀，褒姒被戎主掠去。戎主盘踞北方，不断侵扰周朝，后来诸侯联合抗戎，戎主仓皇出逃，褒姒来不及随行，自知无颜再见周朝诸侯，遂自缢而死。

西施——浩渺烟波哭香魂

西施，原名施夷光，东周敬王十六年（前 503）出生于浙江诸暨苎萝村，天生丽质。时越国称臣于吴国，越王勾践卧薪尝胆，谋复国。在国难当头之际，西施忍辱负重，以身许国，与郑旦一起由越王勾践献给吴王夫差，成为吴王最宠爱的妃子，把吴王迷惑得众叛亲离，无心于国事，为勾践的东山再起起了掩护作用。

公元前 482 年 6 月，越王勾践亲统大军直捣吴国都城姑苏，吴王夫差不得不向越国求和。4 年后，越国再次伐吴，夫差兵败自杀，吴国灭亡。范蠡欲接西施归隐江湖，以乐余年。西施被骗回越国后，方知吴王夫差已死，西施大哭，对范蠡说："妾舍身入吴，是因报国仇、雪国耻，今国仇虽报，国耻虽雪，而我受吴王厚恩却已无从报答，将以何面对吴王呢？况且从一而终，乃是女子之义。虽蒙相国厚爱，妾身有何面目立于天地之间！当追吴王于地下，以报其生前之恩情，也让后世知道我亡吴，乃是报国家之耻辱，并非忘恩负义。"说罢，举袂蒙面，投江而死，亡年仅 25 岁。

卓文君——白头吟空闺诉哀怨

卓文君，西汉临邛（今四川邛崃）人，大约生活在公元前 2 世纪，正是大汉帝国蒸蒸日上的时候。她是卓王孙之女，貌美有才气，善鼓琴，家中富贵。可叹的是 17 岁年纪轻轻，便在娘家守寡。许多名流向她求婚，她却看中了穷书生司马相如。司马相如能弹琴作诗，卓文君从中领会到他的才华和情感，一心相爱。司马相如家里一无所有，卓文君随他私奔后，就开了个酒铺，亲自当掌柜，文君当垆卖酒，相如则作打杂，不怕人讥笑。后卓王孙碍于面子，接济二人，从此二人生活富足。后来司马相如终于成名天下，被举荐做官，久居京城，赏尽风尘美女，加上官场得意，竟然产生了弃妻纳妾之意。曾经患难与共、情深意笃的日子此刻早已忘却，哪里还记得千里之外还有一位日夜思念丈夫的妻子。文君独守空房，日复一日年复一年地过着寂寞的生活，于是作了一首《白头吟》，倾诉自己的哀怨。司马相如读了这首诗后，良心发现，终于打消了纳妾的念头。

汉武帝元狩六年（前117），司马相如病逝，留下了卓文君苦度光阴。至于她死于何年，历史上也没有记载，无从考证。但是，她与司马相如的婚姻成为世俗之上的爱情佳话。

王昭君——雁落塞北空遗恨

王昭君，名嫱，昭君是她入宫后改的字。大约出生于公元前1世纪初的南郡秭归（今湖北秭归县），年少即成为当地第一美人，汉元帝建昭元年（前38）被选入宫中。

汉元帝后宫佳丽三千，不可能一一临幸，他的办法是让画工毛延寿把后宫的美人画成像，他从中挑选自己喜欢的前来侍寝。所以，那些美人们为了能得到元帝的宠幸，纷纷给毛延寿送礼，希望把自己画得美些。王昭君生性耿直，不愿意给毛延寿行贿，毛延寿便故意在她的右眼角和左眉之上画了黑痣，因而五年之内未能见元帝一面。后来，元帝与匈奴"和亲"，宫里的美人都不愿意嫁到匈奴去，唯独王昭君自告奋勇，愿意"和亲"。临行前，元帝召见昭君，却发现昭君原来是个绝顶的大美人，有心反悔，但已经来不及了，只好眼睁睁地看着昭君远去。据说元帝因此愁绪无聊，恹恹成疾，不久就驾崩了，他的儿子刘骜即位，号成帝。

昭君嫁给了匈奴的单于呼韩邪，第一次结束了汉匈两族间的敌对状态，开创了两族团结合作的新局面。三年后，呼韩邪病死，他的大儿子雕陶莫皋继位，号为"复株累单于"。昭君上书成帝要求归汉，成帝不允，并敕令昭君"从胡俗"。这样，昭君只得遵照匈奴的习俗，下嫁复株累单于，并生了两个女儿。

昭君为民族团结做出了贡献，后来病死在匈奴。至于她死于何年何月，历史上没有记载。她的业绩深深刻在了汉匈两族人民心中。

赵飞燕——美颜狼心枉断肠

赵飞燕，出生年月不详，出生地无考，出生于社会最底层的官奴，生活在西汉末年。少年时与妹妹赵合德在长安宫里做婢女，后又被打发到阳阿公主府，演歌习舞，舞似燕行，技艺超群，在长安城里声名鹊起，阳阿公主赐名为"飞燕"。后被成帝秘密带入宫中，受到宠爱。成帝听说赵飞燕的妹妹赵合德更加漂亮，便把赵合德也召入宫中，从此与赵氏姐妹花朝夕缱绻，日夜快活。

为了夺取皇后宝座，赵飞燕设计陷害了许皇后。成帝欲立飞燕为后，遭到谏议大夫刘辅的极力反对。成帝大怒，将刘辅贬为鬼薪（苦工），册立赵飞燕为皇后，赵合德为昭仪。为了给成帝生下龙子，赵飞燕红杏出墙，给成帝戴了绿帽子，但始终未能怀孕。几年过后，赵飞燕生不出龙子，但也决不希望其他人生出龙子。后来，一个姓曹的宫女生了龙子，狠毒的赵飞燕又将其母子杀害。许美人生了龙子，赵飞燕又怂恿赵合德在成帝面前猛吹"枕边风"，迫使成帝杀害了许美人母子。成帝死后，赵飞燕苟且偷生，依附新皇哀帝，与太皇太后王政君争斗。哀帝死后，王莽掌握了大权，赵飞燕终于成了孤家寡人，不久被贬为庶人。赵飞燕难以接受这样的现实，于是在夜间上吊自杀，年37岁。

貂蝉——红颜命薄遁空门

貂蝉，任姓，小字红昌，出生在并州郡九原县（今山西忻州）木耳村，15岁被选入宫中，执掌朝臣戴的貂蝉冠（汉代侍从官员的帽饰），从此更名为貂蝉。汉末宫廷风云骤起，貂蝉出宫避难，被司徒王允收为义女。不久董卓专权，王允利用董、吕好色，遂使貂蝉施"连环计"，终于促使吕布杀了董卓，立下功勋。之后，貂蝉为吕布之妾。白门楼吕布殒命，曹操重演"连环计"于桃园兄弟，遂把貂蝉赐予关羽。关羽不受，亲自送貂蝉到附近的静慈庵当了尼姑。曹操得知后派4员大将抓捕貂蝉，貂蝉不从，毅然自刎身亡。

张丽华——青溪桥畔断幽魂

张丽华，生年不详，本为出身低微的平民女，天资聪敏，容色端丽，发长7尺，光彩照人。10岁时入东宫，成为孔贵嫔的侍女，后被陈后主看中，纳为妃。在宫中，张丽华深知民间的疾苦，并常常率先反映给皇帝，深得人们的好感。

南朝陈代末代皇帝陈后主（陈叔宝），终日荒于酒色，不恤政事。他最宠爱的妃子就是张丽华（张贵妃）。公元589年，隋兵攻占都城建康皇宫台城时，陈后主慌忙拉着张贵妃和孔贵嫔，三人一起躲进华林园（皇家园林）景阳宫旁的景阳井（位于今鸡鸣寺后东侧）中。后被隋兵发现，将他们三人从井中吊上来时，粉面黛目的张贵妃吓得涕泪俱下，胭脂沾满了石井栏，故民间称这口井为"胭脂井"，又名辱井。

当时，陈后主、孔贵嫔被隋兵放回宫中，而张丽华则被斩杀于夫子庙淮青桥畔。绝代佳人，就此香销玉殒。

杨贵妃——马嵬兵变命归阴

杨玉环，祖籍蒲州永乐（今山西永济），于唐开元七年（719）六月一日出生于蜀郡（四川成都）。10岁时，父亲亡，后寄养在洛阳的三叔家，有超群的姿色。

开元二十三年（735）七月，杨玉环结识唐玄宗的女儿咸宜公主和公主的胞弟寿王李瑁，当年十二月被纳为寿王妃，成为唐玄宗的儿媳妇。

开元二十八年（740）十月，杨玉环被唐玄宗占为己有，但一直没有明确的身份，直到五年以后，27岁的她才被册封为贵妃，受到唐玄宗的恩宠。天宝五载（746）和天宝九载，杨贵妃因与其他女人争宠，两次被玄宗逐出皇宫，但很快又被召回，两人的感情更加深厚。

杨贵妃本无政治野心，但杨氏外戚势力的崛起与她受宠有很大关系。她的哥哥杨国忠搞阴谋诡计，与李林甫明争暗斗，杨贵妃就受到了牵连。"安史之乱"爆发后，潼关失守，长安眼看难保，唐玄宗率王子大臣及杨贵妃南逃，准备到蜀地去。当队伍到达马嵬时，突然发生兵变，杨国忠被杀。手下人逼迫唐玄宗杀死杨贵妃，唐玄宗无奈，只得赐杨贵妃自尽。

年仅38岁的杨贵妃在享尽荣华富贵之后，自缢于马嵬驿佛堂前的一棵梨树上，一抔黄土掩埋了绝代佳人的遗体。

香妃——沙枣香溢紫禁城

香妃于雍正十二年（1734）九月出生，乾隆二十五年（1760）四月，香妃正式被迎纳进宫，封为和贵人，受到乾隆的宠爱。三年后升为容嫔，又过两年晋升为容妃，因她身上特有的香味，故又称她为"香妃"。由于生活习惯的不同，香妃对故乡常怀思念之情，常常闷闷不乐。乾隆知道后，特地在皇城外建了一座气势不小的"宝月楼"，以慰香妃的思乡之情。

乾隆三十一年（1766）正月，香妃随乾隆南巡江南；乾隆三十六年（1771）陪乾隆游泰山、曲阜；乾隆四十三年（1778）出游盛京，饱览了祖国的大好河山，享尽了荣华富贵。

自乾隆五十年（1785）起，香妃身体欠佳，乾隆五十二年（1787）一病不起，乾隆五十三年（1788）四月十九日病逝，年55岁。

【古代四大美男之死】

王来臣

潘安无疑是美男中的佼佼者，人们也常用"貌似潘安"来夸赞一个男人的美貌。那么他又美到什么程度呢？史书上直接说潘安长得漂亮的就三个字——"美姿仪"。《世说新语》中记载，潘安每次出去游玩的时候，总有大批少女追着他，那绝对就是个追星的架势。追着潘安的一批批少女又是给他献花，又是给他献果。潘安每次回家的时候，都能够满载而归，这也就成为了"掷果盈车"这个典故的由来。

潘安早年不被重用，后期投靠了贾南风和他的侄子贾谧为首的贾氏集团。贾南风想废掉太子，潘安不幸搅入了这场阴谋之中。一次太子喝醉了酒，潘安就被安排写了一篇祭神的文章，并让太子抄写。太子早已醉得神志不清，依葫芦画瓢地写了一通。潘安拿到太子写的文章以后，再勾勒几笔，把它变成了一篇谋逆的文章，导致太子被废，太子的生母被处死。虽然这次奸计得逞，潘安终也不得善果。八王之乱后，赵王司马伦夺权成功，他立刻抓了潘安，并判了他一个灭三族。

北朝时期的兰陵王也是给后世留下无限遐想的美男之一。他有着成为传奇所需要的一切必要条件，比如神秘的出身，比如骁勇善战，比如他那充满血腥和杀戮的家族，又比如盛年时的含冤而死。

史书上说他的美貌不是历来崇尚的力量之美，而是非常女性化的美。这样征战沙场，自是怕别人瞧不起他。所以戴上个面目狰狞的面具（或说以铁甲遮面），就能起到不战而胜的目的。

兰陵王貌美、勇猛、爱兵如子、私生活严谨，近乎完美，但就是这样一个绝世美男居然落了个冤死的结局。一次，皇帝召见兰陵王。皇帝关切地对他说，你作战的时候太勇猛，往往深入敌阵，很危险。兰陵王一时口误回答说，这是我的家事。听了这话皇帝就睡不着觉了，你和我还想分家不成？这不是要篡位夺权吗？一般人说错这话倒也未必会怎么样，但兰陵王是战将又有地位，皇帝是怎么也不能放过他的。于是皇帝就赐了毒酒送到他家。

卫玠大概是四大美男中死得最搞笑的一位。他是魏晋时期人士，长得极美，美如珠玉，粉丝多得可以组建一个正规师，这不是吹牛。有一次他外出，就被"粉丝"们包围了，"观者如堵墙"。卫玠可能当场就晕过去了，回到家后不久就死了，这就是典故"看杀卫玠"的由来。这场由美丽导致的悲剧真是让人叹为观止。

而宋玉可以说是4位中命运最好的。在《登徒子好色赋》中记载，登徒子跟楚王汇报说宋玉是个美男子，他能说会道，但是生性好色，所以千万不要让宋玉跑到后宫。听了这话，宋玉自要反击。他跑去跟楚王说，天下的美女莫过于楚国，楚国的美女又莫过于我的家乡，家乡的美女又莫过于我隔壁的一个邻居——东邻之女。

就是这样一个绝代佳人趴在墙上，看了我3年，我也毫不动心，我难道也算得上是好色之徒吗？相反登徒子不是个好东西。登徒子家有丑妻，他老婆一头乱发，两耳畸形，嘴唇外翻，又满身是疥疮。登徒子却很喜欢她，跟她一连生了五个孩子。你看只要是个女人，登徒子就会喜欢，所以他比我更好色。

被他这样一忽悠，楚王竟然给说晕了，判定登徒子是个好色之人。这一判竟然使登徒子从此以后就背上了好色的骂名，成了后世色狼的代名词。

宋玉并非徒有其表，他同样有着卓越的文学才能，在文坛有着宗师级的地位。他的代表作《九辩》在中国文学史上可以和屈原的《离骚》相媲美，堪称楚辞中的双璧。但宋玉这个人实际上不是做官的料，不合时宜，所以最后还是离开了朝廷，重归乡野，带着满腔的遗憾走完了人生。

【古时男人们在青楼里都干些什么】

黛琰

今天所说的青楼指的是妓院，其实古代高级的妓院才叫"青楼"。青楼原本指的是富贵人家豪华精致的青砖青瓦的楼房，后来，由于贵族之家的许多姬妾、家妓大多住于这些楼房之内，到了唐代的时候，就逐渐成了烟花之地的专称。大诗人杜牧的名句"十年一觉扬州梦，赢得青楼薄幸名"里面的青楼指的就是妓院。

其实，古时的青楼并不是我们平常以为的那样俗丽庸华，只不过是一栋楼房、几个房间而已。实际上，大多数的青楼是一个大的庭院的总称，里面的建筑一般都是比较讲究的，门前一般有杨、柳等树木，窗前一般也少不了流水之景，至于院子里的花卉、水池等也是必不可少的。姑娘们的雅阁内，陈设也不寒碜，琴棋书画、笔墨纸砚是必须有的，其他的如摆设的古董瓷器，床前的屏风等也都是很精致的。

古代青楼里的女子不乏极品，而极品的大多是艺伎，卖艺不卖身，她们大多数才貌双全。像苏小小、鱼玄机、严蕊、李香君等都是非同一般的女子。她们跳舞唱曲、吟诗诵词也是极为风雅的事情。

一般来说，要见青楼里面的头牌或红牌姑娘，并不是很容易的事情，也并不是有钱就能如愿的。这些花魁之类的青楼女子，一旦成名之后，背后大多都有权势富贵人物作为靠山，即使客人们见了这些女子，大多也是客客气气的，所以一般的色鬼饿狼也是不敢动手动脚的。

古时青楼女子也并非全然是无情的，也产生了一些可歌可泣的情爱故事，历史上如唐代的崔微、段东美，宋代的刘苏哥、陶顺儿等人都为了爱情身死。所幸，她们的恋人也都是深情之人。不过，尽管如此，青楼里面的女子和进入青楼里面的男子大多都是不容易动真感情的。

男人们进了青楼到底在干什么呢？由于青楼是比较高级的妓院，普通的人一般也进不来，客人的素养或者社会地位一般都很高，主要以文人士大夫、富商、江湖豪客为主，尤其以文人居多。他们中间有的人游戏人生、笑傲江湖，有的寄情于红粉知己，享受温香软玉。不过也不是每个上青楼的男子就会和那里面的女子们发生性关系，其实里面的许多人不过去坐一坐、喝几杯清茶、吃几块点心、听几首小曲，有的还下下棋、吟吟诗、喝点小酒，然后就离开了。

男子为何要去上青楼？首先，有的男子的家庭生活不是很温馨、浪漫。古时的女子大多信奉"女子无才便是德"，再加上大多不是自由恋爱，有感情的夫妻不多。还有古时的贤妻良母要端庄，做事不能不合体统，也就没什么风情可言了，而最好的夫妻关系是相敬如宾。"宾者"哪还有亲密感、浪漫感可言？青楼里面的女子就不一样了，相对而言，哪个更有诱惑力可想而知了。更何况有的妻子从来就没有和丈夫沟通的欲望和想法。

其次，有的男子上青楼是由于事业的关系。功名不成时，来青楼逃避现实，醉生梦死，获得一份或虚情或真意的安慰；功成名就时，则是为了来青楼寻求享乐和刺激，或者寻求一两个红粉知己，得到身心放松。有的男子上青楼，则是为了交际应酬，朋友聚会，或商人谈论合作事宜，进行信息的交流和交换。当然还有一类男子本来就花心好色，他们来青楼的目的就不言自明了。

虽然如今"青楼"这个词已经成了历史名词，它所有的风花雪月都成了昨日尘烟，但是，关于爱情的忠贞、家庭的和谐、知己的贴心，这些话题永远不会结束。

【帝王对糟糠之妻的情分】

十年砍柴

君主有糟糠之妻的，此人一般说来是开国皇帝，并且青年时处在困厄微末之中。那些从老爸那里继承皇位的人，娶妻时不管身为太子或者是已登九五，天下美女供他一人选择，何来糟糠之说。而晋、唐这些王朝的开国之君原来就是旧王朝的达官贵人，早有三妻四妾，妻无糟糠之实。

那么纵观历史，帝王有糟糠之妻的，汉高祖刘邦和明太祖朱元璋最典型，他们都出身穷困，在乱世中起事，最后得到了天下，他们的正妻吕后和马皇后是不折不扣的糟糠之妻。而且这两位糟糠嫁给两位穷小子都有相同的原因，是她们父亲或养父的一种投资行为。

两位父亲的投资

吕后的父亲是位避仇到沛县的大富豪，《史记》说他"善沛令"，属于那种与县长、市长在一起喝酒作乐、称兄道弟的民营企业家。沛县的小吏们都去吕公家送钱拍马屁，按照官场送礼的规则，礼越重在酒席上的坐席越尊。可刘邦在门口谎称"贺钱万"，实际上一分钱不拿，坐到上席。如果吕公是个一般的土财主，那么这刘邦估计会饱受侮辱，弄不好会让吕家叫来几个如狼似虎的保安，暴揍他一顿再拖出去。《水浒传》中的雷横便吃过这样的亏，他去看县令的二奶白秀英的演出时，大咧咧坐在 VIP 包厢中，却忘了带钱，解释说自己是本县的捕头，白秀英的老爸不但不给面子，还讽刺他是个"驴筋头"，最后惹出风波，雷横打死白秀英上了梁山。

吕公不像白秀英父亲那样目光短浅，他有着自己同宗吕不韦那种眼光开阔的大手笔。大凡乱世，能成事者一定是天不怕地不怕、有几分泼皮无赖劲头，而且能说大话忽悠别人的汉子，老老实实守规矩的人很难有大的出息。刘老三"身无分文，敢坐首席"，这一下就征服了阅世很深的吕公，连后来成为刘邦股肱大臣的萧何当时都没看出来刘邦会有多大的出息，他对吕公说"刘季固多大言，少成事"，而吕公不顾自己老伴儿的反对，坚决把女儿嫁给了这个整天不事产业、游手好闲的无赖。

朱元璋娶马氏时，情况差不多，他家父母兄弟都死光了，一人投奔郭子兴当了名亲兵，那样的大头兵有今天没明天的，苟全性命于乱世就不错了，哪还奢望娶妻生子呀！可这位朱元璋作战勇敢又有谋略，郭子兴觉得他超乎常人，想笼络他。战火纷飞中的军阀，身边的保镖绝对要可靠，于是将老朋友临死前托付给自己的女儿马氏嫁给了朱元璋。

郭子兴此时仅仅是希望让朱元璋死心塌地替自己打仗，肯定没有吕公对刘邦那种想法。他自己也有女儿，年龄比马氏小不了多少，只把养女而不把亲闺女嫁给朱元璋，看来他是认为这笔投资风险很大，养女是别人的，投资失败也就认了。谁承想后来真正得天下的是这位大头兵，朱元璋得势后收罗了郭子兴的部属，连他的亲生女儿也做了妃子。我估计马氏寄养于郭家时，基本上是郭家小姐丫鬟的角色。这下丫鬟成正宫，小姐变妃子，怪只怪她的父亲舍不得下注，让养女占了大便宜。

两位皇后的不同境遇

吕后和马后都等到了老公打下江山坐龙廷的那一天，享受了"母仪天下"的无比尊贵。史载马后和吕后都是不让须眉的奇女子，但马氏宽厚仁爱，吕后刚毅严酷。这大概可以套用一下曾风靡神州的"出身论"。这吕后出身于恶霸地主家庭，从小娇生惯养，对人颐指气使惯了；而马后很小就成了孤儿，寄人篱下，受够了生活的艰辛，能设身处地替人着想。

吕后在刘邦驾崩后，自己主政多年，让吕家的子弟裂土封侯、权倾一时，最终招来了灭门之祸。这马后，就贤德多了，朱元璋要去寻找马家的后人给高官，据《明史·后妃传》记载，马后劝阻道："爵禄私外家，非福。"朱元璋暴戾无常，好几次都是马后救了功臣的命。可惜她在洪武十五年（1382）就死了，否则的话也许能匡正一下朱元璋晚年的杀戮成性。

刘邦对吕后的感情如何，史书上没有明确的记载，但从一些事例中可看出他俩更像一对利益搭配。有一次刘邦被人追杀时，嫌马车载人太多、行走太慢，将自己和吕后生的孝惠帝、鲁元公主推到车下，幸亏当司机兼保镖的夏侯婴伸出援手。对自己的亲生儿女都这样，那么对儿女的妈妈可想而知。因此刘邦富贵以后不喜欢这个黄脸婆是自然的事情，他宠爱和戚夫人所生的儿子赵王如意，常常说如意像自己，和吕后所生的孝惠帝太懦弱，不像自己，几次想废嫡立庶，多亏留侯张良等人力争，惠帝才能顺利继位。

刘邦先吕后而去，吕后当然疯狂报复，把戚夫人挖掉眼睛，砍断手足，灌下哑药，放到厕所里，命之为"人彘"（人猪的意思）。仇恨会使人失去理智，甚至有几分滑稽，就如清代雍正皇帝登基后，把当年和自己争皇位的兄弟赐名为满族语的"猪""狗"，试想想，和自己同是一个爸爸所生的人是"猪"，那么自己是什么？刘邦得志后，对吕后情感应当是很淡了。吕后的仇恨难以罢休，自己的儿子孝惠帝先自己而死，又没有留下孙子，所以她想尽办法将刘家天下变成吕家，后来吕后一死，就引起了血雨腥风不是没有缘由的。

而朱元璋和马后，在患难中结下的夫妻之情没有随着地位的变化而变化，这和马后的为人很有关系。《明史·后妃传》中记载，朱元璋当年在郭子兴麾下，羽翼渐丰后，被郭子兴猜忌，马氏拍郭子兴老婆的马屁，朱元璋才能免祸。有一年军中粮食不足，老朱打仗回来又没饭吃，马氏从养父那里偷来刚出锅的炊饼，藏在怀里给朱元璋吃，热饼将自己的肉都烧焦了。

这是一位聪明女人的正确选择，女嫁从夫她必须如此。尤其这个仰人鼻息多少年的孤女，被养父送给一个志向远大、勇谋兼备的男人做老婆，当然是她一生的依靠，要想方设法维护老公。

朱元璋对大臣、子女都很横，而对马皇后非常尊重，马皇后死后，"帝恸哭，遂不复立后"。在皇位继承上，可看出朱元璋对马皇后的情分。他和皇后所生的太子朱标也很仁厚，不像刘邦和吕后所生的孝惠帝一样，子不类父，但朱元璋从来没想过找一个性格像自己的儿子接班（朱棣性格最像朱元璋）。当太子先自己而死后，太子还有一大串同父异母的弟弟，而且已成年，完全可以按长幼再选一个人做皇位继承人。而朱元璋偏不这样，立太子的儿子朱允炆为皇太孙，死后把皇位隔代传给孙子，而且怕那些如狼似虎的叔叔造反，遗诏他们留在封地别动，不要进京奔丧。朱元璋这样做，一个最合乎逻辑的解释就是，他一定要把皇位传给自己和马皇后所生的后裔。夺了侄儿皇位的燕王朱棣，也称自己是老爸和马皇后所生的儿子，《明史》中也是如此记载。而后来的史家如孟森等人，经过详细的考证，说这朱棣是朱元璋和其他妃子所生，甚至有人考证为俘虏来的高丽妃，朱棣得天下后，篡改了皇家档案。朱棣这样做正是因为心虚，从另一个角度证明马皇后的地位。

刘邦和朱元璋，都能让糟糠之妻享受到男人成功带来的富贵，不是因为他们两人品德多高尚，而是当时纳妾的制度和文化能给这些成功男人在情欲方面得到公开的补偿，如此反而保护了糟糠之妻的利益不受损害。

【丑女不愁嫁】

阿 零

近来流行丑女，《丑女贝蒂》《我叫金三顺》《丑女大翻身》等美剧、韩剧拥有一大批粉丝。趁着这股丑女热，隆重推出我国古代丑女。

横亘在丑女面前的最大人生问题，大抵应是嫁人吧。但中国古代的著名丑女们似乎都没有陷入出嫁难的困境，甚至一个个都轻松自如地钓上了金龟婿，嫁得随心所欲，嫁得心满意足。这在没有整容技术的时代，真让人刮目相看。

战国时的丑女钟离春，"凹头深目，长肚大节，昂鼻结喉，肥项少发"，40岁还没嫁出去，但最后嫁给了齐宣王。这段姻缘完全得益于她那特立独行的一次谏言。她一见面就对齐宣王说"殆哉殆哉"（坏事了，坏事了），一语惊四座。随后，她口若悬河地讲述了齐国所面临的四大问题，有理有据，让齐宣王刮目相看，遂娶之为后。看来，人不怕丑，就怕没个性。

齐国还有一名丑女也名垂青史，她没有名字，因为脖子上长了个大瘤，人称"宿瘤女"。她是一名采桑女，一次，齐湣王路过东郭，民众争相一睹国君风采，趋之若鹜，只有宿瘤女不为所动，依旧忙着采桑。这与众不同的举动，立刻引起了齐湣王的注意，便上前询问她其中原由。她说："父母教我采桑，没有教我去观看大王。"齐湣王视之为奇女子，想带她回去。宿瘤女却说："没有父母之命，和大王走，那不成了私奔吗？礼仪不到，虽死不从。"她要求齐湣王遵照礼仪，明媒正娶。宿瘤女超乎常人的言行，使齐湣王叹之为圣女，随后果真择良辰吉日，带着黄金来娶亲。齐国的两大丑女，都风风光光地嫁给了国君。丑女，本来就不是常人，所以她们获取幸福和出人头地的方式，更是要出奇制胜。

汉代的著名丑女当属孟光，孟光有多丑？史书说她"状肥丑而黑，力举石臼，择对不嫁，年至三十"。单凭外貌来看，孟光应算一般丑女，比钟离春和宿瘤女强，至少不在歪瓜裂枣之列，大抵比贝蒂、金三顺丑点。虽为丑女，孟光却心比天高，丝毫没有心理阴影，当然也有可能是从极度自卑转成了极度自大。30岁的她，还在左挑右选，不肯出嫁。就算在现在，也是大龄女青年了。她说："我希望得到像梁伯鸾那样贤良的人。"人人都想嫁白马王子，丑女也不例外。梁伯鸾即梁鸿，乃是当时的社会名流，有名的隐逸之士。孟光非梁鸿不嫁，野心实在不小。

梁鸿是当时的大众情人，想嫁他的人估计排了好几里，没想到，听到孟光的疯话后，他立马给孟家下了聘礼。典型的A男配D女，看来古代的红男绿女也逃不出这个择偶怪圈。

东晋名士许允也娶了个丑八怪妻子，后人称为阮氏女，据《世说新语》所记，阮氏女"奇丑"。婚礼之后，许允迟迟不肯入新房，在友人的劝说下他才不情愿地前去见新娘。可刚一见阮氏女，他就拔腿要跑，可见此女果然是丑得吓人。此时阮氏女伸手抓住了他，他便质问她："妇有四德，卿有其几？"阮氏女不慌不忙地回答："新妇所乏惟容尔。然士有百行，君有几？"

许允很自负地说："皆备。"阮氏女立马反唇相讥："夫百行以德为首。君好色不好德，何谓皆备？"此话让许允自惭形秽，也见识了丑老婆的智慧，敬重之情油然而生。

从这几位丑女钓上金龟婿的情节来看，要想成功，首先，最重要的是要自信，哪怕盲目一点、偏执一点也没关系，绝不能陷入自卑；其次，一定要大胆，要在心里抹掉阶级观念、美丑标准，坚信众生平等，爱谁就大胆地喊出来；最后，丑点没关系，重要的是一定要有属于自己的优点，要么像钟离春和阮氏女那样有胆识有见地，要么就像宿瘤女那样宠辱不惊、淡定从容，又或者像孟光那样"举案齐眉"，成为一名贤内助。

总之，绝不能从众，不能除了丑就没别的特点了。"虽然我很丑，但是我很个"，只有做一名特立独行的丑女，才能在追求幸福的路上险中求胜。

【西施与范蠡】

朱大可

与杨贵妃、王昭君、貂蝉并列为中国四大美女的西施，早在先秦就已经声名昭著。许多著述对她的美貌赞不绝口，可见不是个虚构的传说人物。但西施与吴越争霸战争的关系，实在是疑窦丛生，充满了难以捉摸的玄机。

西施与范蠡的隐秘爱情

当年吴国大兵侵入，即将灭绝越国时，越王勾践感到了深深的绝望，他本打算杀死妻子，焚毁财宝，然后用兵器自杀成仁。据官方的《史记·越王勾践世家》记载，大夫文种劝阻了他的自毁之举，并且劝告说："吴国的太宰伯嚭贪婪成性，不妨诱之以利。"勾践看见一线政治生机，便备下美女和大量珍宝，派文种带去交结伯嚭，结果吴王在伯嚭的劝说下收兵回国，给了越国休养生息、卷土重来的契机。司马迁的著述虽然提到了美女，却无姓无名，跟范蠡和夫差也没有直接关联。《越绝书》沿袭史记的说法，也认为献美是文种所为，却明确指出了被献者的姓名："越乃饰美女西施、郑旦，使大夫种献之于吴王。"

而东汉民间史学家赵晔的《吴越春秋》，其观点则与此截然不同，它暗示越国的相国范蠡才是该事件的主谋。他下令让两位村姑穿上罗缎锦衣，学习优雅步态和歌舞技巧，以期把她们改造成合乎宫廷礼仪的贵妇。但它也刻意疏漏了一个重大细节：在此期间曾经发生过一段危险的插曲，那就是主持训练的范蠡本人，不仅偷偷爱上西施，而且违反朝纲，擅自与之私通，两人双双坠入情网，差点酿成惊天大祸。

范蠡先是在"土城"和"都巷"两处宫台开设训练课程，对西施和郑旦进行"素质教育"，继而奉命把她们送往吴国。为了延宕日期，范蠡借口要对她们作进一步培训，大胆放慢了行程。据说从会稽到苏州，短短两三百里的路途，美女护送队竟然走了整整三年，却始终没有到达目的地。《汉唐地理书钞》所辑《吴地记》甚至揭露说，他们在路上还生了个儿子，到达现今嘉兴南部一百里处时，这个婴儿刚满周岁，能够开口说话，于是路边的亭子被当地民众叫作"语儿亭"，以见证这个秘密爱情的结晶。

范蠡与西施的私情无疑是在极度机密的情况下展开的。一旦走漏风声，他们将同时面临来自吴越两个方面的杀身之祸。在这段长达三年的浪漫时光里，范蠡的焦虑想必在与日俱增。他必须承受一个无法规避的事实——把心爱的女人献给仇敌夫差。他在最后期限的逼近中感到了绞索的抽紧。他的无奈和愁苦隐藏在历史的深处，仿佛在为这场雪耻复国的游戏增加价值筹码。

范蠡和西施的爱情终于走到了尽头。三年之后，在吴国的都城，范蠡隐忍着巨大的痛楚，心如刀割、面带微笑地把西施和郑旦一起交给夫差，美人西施心中也一样充满了生离死别的哀伤。她是一件美丽而轻盈的礼物，被国际外交阴谋和间谍战推到了前台。她的悲惨命运，从与范蠡相遇的那刻就已经注定。

夫差不顾伍子胥的警告和反对，狂喜地接受了这两个来自于越国的尤物，并且发出了心满意足的赞扬：越国进献这样的美女，是勾践对吴国尽忠的表现（《吴越春秋·勾践阴谋外传》）。他开始尽其可能地宠幸她们，表现出对女色的狂热爱好。所有这一切都没有出乎越国领导人的意料。当然，吴国最后被越国所灭，美人计并不是唯一主要的因素。

西施的生死之谜

吴国被灭之后，西施重新回到范蠡身边，两人一起泛舟五湖而去。这个以喜剧告终的传说，比较符合中国民众的心愿，因此成为蔓延最广的传说，飘浮在优美的历史风景之中。

西施的真切下落，应当与范蠡有密切关系。反观他的踪迹，倒是相当清晰，没有多少可怀疑的地方。《史记·越王勾践世家》记载，范蠡认为勾践的为人，可与之同赴患难，却无法共享安乐，因此向勾践辞职，在遭拒之后便收拾细软悄然逃走，乘舟浮海前往齐国领地，同时更改姓名，自称"鸱夷子皮"，在齐国海边开垦耕地，艰苦创业，父子俩治下大宗产业，没有多少时间，就积贮了数十万银两。接着，他又拒绝齐国人的高官厚禄，散尽家财，随身携带少量珍稀宝物，悠闲自在地离去，在一个叫作"陶"

的地方定居下来，自号"陶朱公"，过上了闲云野鹤的生活。但司马迁的叙述，只字未提包括西施在内的任何女人。人们只能假定西施就隐藏在他身后，成了他的空气和呼吸。

勾践后悔未能及时下手，放走了相国范蠡，便立即下令捕杀大夫文种，以免夜长梦多，由此彻底剪除了越国的两大功臣。而另外，他又在远郊封了一块名叫"苦竹城"的狭长土地，赐给流亡者范蠡的儿子，借此向世人摆出"公正无私"的姿态。勾践的伪善和心机，远在吴王夫差之上。

然而，随着疑古风气的蔓延，"西施被杀说"近年来变得甚嚣尘上。一些学者援引《吴越春秋》的记载"吴亡后，越浮西施于江，令随鸱夷以终"，来证明西施的悲剧下场。这里的"鸱夷"，指的是一种皮革制成的袋子，整句话的意思是，吴国灭亡后，越王把西施投入江里，让她随着装她的皮囊一起漂浮着消失。西施在吴亡后被自己的祖国所杀，乃是民间史学家的基本判断。

西施被杀害的情形，与伍子胥之死有着惊人的相似。《吴越春秋·夫差内传》记载说，吴王夫差赐死伍子胥之后，又"取子胥尸，盛以鸱夷之器，投之于江中。"所以民间给伍子胥起了一个"鸱夷子"的别名，借此暗示他的悲剧性归宿。

我们不知道范蠡此时所持的立场。我们只能假定他满腹隐衷而无法言说，无力为西施公开抗辩，更不敢动用权力展开营救，只好眼睁睁看着越国女英雄、自己的秘密情人惨遭杀害。有人认为范蠡之所以自号"鸱夷子皮"，乃是为了纪念壮烈蒙难的西施，的确是一种合乎情理的推断，而"子皮"很可能就是西施的本名，"皮囊里的子皮"这个名字，隐含着范蠡的无限伤痛和恨憾。在逃出勾践的势力范围之后，他才有了公开悼念西施的凛然勇气。

在西施被杀的铁幕后面

尽管西施被杀已经成为世人的共识，但对杀她的原因，很少有人问津。而这才是本文需要探查的真正核心。

《越绝卷第十二》记载，早在范蠡进献西施和郑旦的时刻，伍子胥就向吴王发出严厉警告，说万万不能接受这样的礼物，这两个女人就是危及社稷的妖女，与妹喜、妲己和褒姒一脉相承，必定给国家带来严重危害。而好色的夫差对此置若罔闻。

许多年后，越王反攻获胜，在余杭山逮捕了吴王及其部属，不无讽刺地当面数落夫差的三大过失，说他不该放越国一条生路，更不该杀害伍子胥，并听信"谗谀之徒"的鬼话，说完便赐宝剑给夫差，逼迫其在十天后刎颈自裁。耐人寻味的是，为了向世人表明自己憎恨一切"谗谀之徒"，勾践下令杀掉了曾经为他立下汗马功劳的伯嚭。基于同样的逻辑，我们可以这样推断，勾践秉承伍子胥的观点，认为西施是亡国妖姬，所以尽管她功勋卓著，仍须坚决执行死刑，彻底终结其生命，以免越国步了吴国的后尘。

这无疑是杀害西施的最冠冕堂皇的理由。但勾践之所以大开杀戒，还有一个更为隐秘的原因，那就是他可能已经得到范蠡与西施私通的情报，并且为此妒恨交集。西施之死是勾践向其旧部的一次血腥挑衅：虽然你已经逃走，但我可以轻易地杀掉你的女人！

与西施同时代的墨子，为此在《墨子·亲士》一文里发出了深切的感慨："西施之沈，其美也。"意思是说，西施之所以被淹死，只是因为她的美丽啊。墨子言犹未尽，在"美"的感叹背后隐藏着某种深长的意味。是的，这个为国捐躯的美人，第一次捐出了美艳的情色，第二次捐出了美艳的生命。她是男权专制主义的最美丽的祭品。

作为一位沉鱼落雁般的美人，西施生前是国家的工具和玩物，而后又被人以国家利益的名义处死，但死亡消解了一切道德难题。她在死后成了众口皆碑的人物。她的容貌掩盖了幕后的政治阴谋。在关于西施的叙事中，既没有关于她的悲剧，也没有关于她的喜剧。她的生命被世人抽空，成了一个纯粹的符码，高悬于中国大众美学的潮流之上，仿佛一面超越了所有意识形态的旗帜。

西施的"战友"郑旦，其下场或许更为可悲，除了一个似是而非的名字，没有留下任何可资查询的档案。我们只知道她跟西施一起被发现、训练和改造，并一起被送进姑苏台，成为越王的间谍和吴王的宠妃。她一直低调地生活在西施的阴影里。在这场波澜起伏的政治戏剧中，她扮演了一个卑微的配角，用以衬托西施的悲壮与伟大，她的结局却可能跟西施完全一样。尽管功勋卓著，却无法摆脱死亡的命运。她在西施叙事里的作用，应当跟小青在白蛇传里的作用相似，却比小青更加微小和卑贱。

中国第一美人及其女伴的传奇，就此拉上了沉重的帷幕。

【夏姬秘史：一个倾倒众生的人间尤物】

梦 子

"北方有佳人，绝世而独立。一顾倾人城，再顾倾人国"，夏姬就是这样一个倾国倾城的美人儿。没人能确切描述夏姬的美貌，但发生在她身上的一连串故事似乎可以表明，中国历史上，都难找出第二个像她这样吸引男人的女人。她兼具骊姬、西施的美貌和妲己、褒姒的狐媚。由于她与陈灵公等三位国君有不正当关系，人称"三代王后"；她曾先后7次结婚，史载"七为夫人"；有9个男人因她而死，又称"九为寡妇"。尽管如此，追求她的男人还是前仆后继、无怨无悔……

夏姬是郑穆公的女儿，自幼就生得杏脸桃腮、蛾眉凤眼，长大后更是体若春柳、步出莲花，一直是各国君臣追逐的对象。夏姬小时候由于母亲管教严格，对男女之事便没有私相授受的机会。但她异想天开地编织了不少绮丽的梦境。也许是幻想，或者是真有其事，在她及笄之年，曾经恍恍惚惚地与一个伟岸异人同尝禁果，从而得知了返老还童、青春永驻的采补之术。之后她曾多方找人试验，当事者无不对外宣扬，因而使她艳名四播，同时也让她声名狼藉。父母迫不得已，赶紧把她远嫁到陈国，成了夏御叔的妻子，夏姬的名字也就由此而来。

远嫁陈国

夏御叔是陈国君主的后代，有封地在株林。夏姬嫁给夏御叔不到 9 个月，便生下了一个白白胖胖的儿子，虽然夏御叔有些怀疑，但是惑于夏姬的美貌，也无暇深究。这个孩子取名夏南。夏南从小就喜欢舞枪弄棒，身体结实得活像一头小牛犊，10 多岁就能骑在高头大马上驰骋如飞，时常跟着父亲在森林中狩猎，有时也与父亲的至交孔宁、仪行父等人，一齐骑马出游。

夏南一边读书一边习武，十二三岁便显示出一股逼人的英爽之气，为了承袭父亲的爵位，他被送往郑国深造，以期将来能够更上一层楼。如果夏御叔能好好地活着，两人也是才子配佳人的一对儿，一家三口其乐融融。命运常常在我们不经意处转弯，夏御叔壮年而逝，夏姬成了小寡妇。她是散漫随意的女子，怎可能独自看花开花落，寂寞数月圆星稀呢？夏御叔去世没有多久，他生前的同事孔宁与仪行父，先后都成了夏姬的情人。

夏姬年近四十的时候，还像个二十来岁的少妇。孔宁、仪行父与夏御叔关系不错，到夏御叔家喝酒时，曾窥见夏姬的美色，心中念念不忘，却忘记了"朋友妻不可欺"的道理。孔宁与夏姬交欢之后，把从夏姬那里拿来的锦裆给仪行父看，以此夸耀。仪行父心中羡慕，也私交夏姬。夏姬见仪行父身材高大，鼻准丰隆，也有与之交好的心思。仪行父广求助战奇药以媚夏姬，夏姬对他越发倾心。这种三角关系一直持续了数年，孔宁终于在长时间的争风吃醋心态下，把当时的国君陈灵公也拉了进来，使得彼此的关系进入白热化的高潮。

灵公偷欢

大约是孔宁遭受了冷落，他为了抵制情敌仪行父，向陈灵公盛赞夏姬的美艳，并告诉陈灵公夏姬有娴熟的房中术，不可失之交臂。

陈灵公是个没有威仪的君主，他为人轻佻傲慢，沉于酒色，逐于游戏，对国家的政务不闻不问，专门研究女人的"技术"问题。灵公对孔宁说："寡人久闻她的大名，但她年龄已及四旬，恐怕是三月的桃花，未免改色了吧！"孔宁忙说："夏姬熟晓房中之术，容颜不老，常如十七八岁女子模样。且交接之妙，大非寻常，主公一试，自当魂销。"灵公一听，欲火中烧，恨不得立刻见到夏姬。

此时正值风调雨顺，国泰民安，政简刑清，闲来无事。于是陈灵公的车驾在陌上花开、阳春送暖的季节里来到了株林，一路游山玩水，薄暮时分到了夏姬的豪华别墅。

夏姬事先已经得到通知，她命令家人把里里外外打扫得干干净净，简单地清水泼街、黄土垫道，并预备了丰盛的酒馔，自己也精心梳洗，准备停当。等到陈灵公的车驾一到，夏姬婀娜出迎，招呼之声如黄莺啼鸣，委婉可人。灵公一看她的容貌，顿觉六宫粉黛全无颜色，哪个都比不上她。陈灵公见轩中筵席已经备好，就坐了下来。孔宁坐在左边，夏姬坐在右边，酒摆在中间，灵公目不转睛，夏姬也流波顾盼，两人真是心有灵犀一点通。陈灵公方寸大乱，酒不醉人人自醉，又有孔宁在旁敲边鼓，灵公喝得大醉。夏姬娇羞满面，频频敬酒，两人越靠越近。

当夜，灵公拥夏姬入帏，解衣共寝。灵公虽然喝得酩酊大醉，但怀抱夏姬，只觉肌肤柔腻，芬芳满怀，欢会之时，宛如处女。当然，伺候一国之君，夏姬使出了浑身解数——有少女的羞涩，表现出羞不胜情的模样；有少妇的温柔，展示出柔情万种的态势；有妖姬的媚荡，流露出分外的新鲜与刺激；有中年女人的成熟等。整夜风月无边，不觉东方既白。灵公领略到真正的房中之术，不由叹道："寡人遇天上神仙也不过如此而已！寡人得交爱卿，回视六宫犹如粪土。但不知爱卿是否有心于寡人？"夏姬猜想灵公已知她和孔、仪二大夫之事，于是回答说："贱妾不敢相欺，自丧先夫，不能自制，未免失身他人。今日得以侍候君主，从此当永远谢绝外交，如敢再有二心，当以重罪！"灵公欣然说："爱卿平日所交之人能告诉寡人吗？"夏姬说："孔、仪二大夫，因抚遗孤，遂及于乱，再没有其他人了。"灵公大笑说："难怪孔宁说卿交接之妙，大异寻常，若非亲试，怎么会知道？"灵公起身，夏姬再施心机，把自己贴身穿的汗衫给灵公穿上说："主公看见此衫，如看见贱妾。"陈灵公本是个没有廉耻的人，在表扬孔宁忠心耿耿、善解人意、荐举夏姬办事有利后，又佯装批评仪行父说："如此乐事，何不早让寡人知道？你二人占了先头，是什么道理？"孔、仪二大夫一听，他们与夏姬之事国君已知，但还不敢承认，说："臣等并无此事。"灵公说："美人亲口所言，你们也不必避讳。"孔宁回答说："这好比君有食物，臣先尝之；父有食物，子先尝之。倘若尝后觉得不美，不敢进君。"灵公笑着说："不对。比如熊掌，让寡人先尝也不妨。"三个人完全忘记了君臣礼仪，竟然会心地大笑。从此，陈灵公有事没事便经常跑到株林夏姬的豪华别墅中来，夏姬事实上已成了陈灵公的外室。

夏南弑君

时光荏苒，夏南已经学成归国，不但见多识广，而且精于骑射。陈灵公为了讨好夏姬，立刻让夏南承袭了他父亲生前的官职与爵位，夏南成为陈国的司马，执掌兵权。但是，夏南已经懂事了，不忍听到有人说母亲的脏话，但是碍于灵公，又无可奈何。每次听说灵公要到株林，就托词避开，落得眼中清静。

有次酒酣之后，君臣又互相调侃嘲谑。夏南因心生厌恶，便退入屏后，但是还能听到他们说话。就听灵公对仪行父说："夏南躯干魁伟，有些像你，是不是你做的？"

仪行父大笑："夏南两目炯炯，极像主公，估计还是主公所做。"孔宁从旁插嘴："主公与仪大夫年纪小，做他不出，他的爹爹极多，是个杂种，就是夏夫人自己也记不起了！"之后，三人狂笑。

夏南听到这里，羞恶之心再也难遏。是可忍孰不可忍！他暗将母亲夏姬锁于内室，从便门退出，命令随行军众，把府第团团围住，不许走了灵公和孔、仪二人。夏南戎装披挂，手执利刃弓箭，带着得力家丁数人，从大门杀进去，口中叫道："快拿淫贼！"一箭射中灵公胸口，陈灵公即刻归天。孔、仪二人，见灵公向东奔，知道夏南必然追赶，就往西跑，仓皇逃到楚国去了。

夏南弑君，然后谎称"陈灵公酒后急病归天"，他和大臣们立太子午为新君，就是陈成公，同时请陈成公朝见晋国，找个靠山。这时，陈国人倒没计较，但楚庄王偏听逃亡的孔宁与仪行父一面之词，起兵讨伐，杀了夏南，捉住夏姬。楚庄王见夏姬颜容妍丽，对答委婉，楚楚动人，不觉为之怦然心动，但楚庄王听说在她身旁的男人都会被诅咒身亡，便将这个女人赐给了连尹襄老。

不到一年，连尹襄老就战死沙场。夏姬假托迎丧之名回到郑国。此事原本可以就此结束，不料楚国大夫屈巫久慕夏姬美艳，于是借出使齐国的方便，绕道郑国，在驿站馆舍中与夏姬成亲。

欢乐过后，夏姬在枕头旁问屈巫："这事曾经禀告过楚王吗？"屈巫也算一个情种，说道："今日得谐鱼水之欢，大遂平生之愿。其他在所不计！"第二天就上了一道表章向楚王通报："蒙郑君以夏姬室臣，臣不肖，遂不能辞。恐君王见罪，暂适晋国，使齐之事，望君王别遣良臣，死罪！死罪！"屈巫带着夏姬投奔晋国的时候，也正是楚王派公子婴齐率兵抄没屈巫家族之时。夏姬以残花败柳之姿，还能使屈巫付出抄家灭族的代价，可见其能量之大，古往今来独此一人而已。

【刘备婚姻探秘】

华浊水

白手起家，事业生活两不误

刘备少年孤独贫困，与母亲以贩鞋子、织草席为生。他所住的草屋东南角篱笆边有一棵高五丈的桑树，遥望像个车盖，往来的人都奇怪此树非凡的姿态，有的就说此地当出贵人。刘备小时候与其他的小孩子在树下游戏时说："我将来必定乘这样的羽葆盖车。"羽葆盖车是皇帝才可以乘坐的，叔父刘子敬告诫刘备说："你这样胡说难道要灭我们全家吗？"

刘备才不理会别人的鼠目寸光，乡里的少年都依附他。他也自称汉景帝儿子中山靖王刘胜的后代，他自己反复这么说，见人就说，于是史书上也这么说了，至于真假没有人知道。我们十分熟悉刘备的那句开场白："在下刘备，中山靖王刘胜之后。"根本就没人问他是谁的后代，仔细一想刘备的举动，他应该是早就有所谋算了。中山大商人张世平、苏双可能被"中山靖王刘胜之后"的话打动，觉得刘备不同寻常，便给了他许多金银财宝，这样刘备召买了一批人马，开始实现他夺取天下的计划。

三国时代是个英雄辈出的年代，但刘备特殊之处就在于白手起家，不像曹操与孙权倚靠先辈打下的坚实的基础——众多的部曲与经济实力。他所倚靠的只是一个虚无缥缈的"中山靖王刘胜"。他后来能打下江山，自是了不得的人物，史书上都有记载。但孟子说过，"食、色性也"，意思是食和色都是人的本能，刘备也不例外，在婚姻上我们能够见到刘备更真实的另一面。

新人、旧人刘备一个不落

刘备的夫人沛国人甘氏是三国时代著名的美女之一。刘备起兵后在豫州小沛纳甘氏为妾。刘备好几个嫡妻先后丧生，甘夫人便以嫡妻的身份摄掌内事。后来随刘备到了荆州依附刘表，生下儿子阿斗（后来的蜀后主刘禅）。

曹操大军在当阳长阪追到刘备一行，刘备摆脱曹军的追兵后与老婆孩子又离散了，多亏赵云的保护，甘夫人才幸免于难。据说桃园结义的时候张飞与关羽都杀了自己的妻子跟随刘备，那句有名的"朋友如手足，妻子如衣服"的话就是刘备说的。可见在他眼里妻子不过是随时脱随时换的衣服鞋子一类的东西，所以此时抛下夫人一个人逃命，符合刘备的性格。这也说明在封建时代女人社会的低下。

在中原混战时，刘备从陶谦手里接管了徐州之后，用糜竺、陈登为辅佐。袁术自接邻的扬州起兵与刘备争夺徐州。建安元年（196），吕布袭取徐州的治所下邳，守将张飞嗜酒误事，刘备的家眷都陷落在城里。刘备溃退到广陵收集败兵散卒，以图后举。糜竺与陈登辗转找到了刘备，糜竺原来是一个商人，家产十分丰厚。糜竺在广陵遇到刘备，刘备问及自己的家眷，糜竺说还在下邳城里。刘备丢了城池失去了甘夫人，弄得两手空空，无奈只有叹息一番。

糜竺有一个年已及笄（及笄指古代女子一般到十五岁以后，就把头发盘起来，并用簪子绾住，表示已经成年，可以出嫁了）的妹妹，长得很美艳。为了安慰刘备，他便将妹妹送给了刘备，并将家产倾囊而出充作军资。刘备正是穷困潦倒的时候，好像天下掉下一个馅饼，不仅使危军复振，还得到一个美女相伴。他写信给吕布请他送还家眷，互释嫌疑。吕布只是为了得到徐州的地盘，与刘备本来没有什么个人恩怨，便得做个人情，将家眷送还了刘备，并且还格外开恩，让没有地方安身的刘备驻扎在徐州的小沛。

甘夫人回来后，却发现刘备战场失意情场得意，又娶了一个小妾。不过她没有表现出不快的神情，古代男子三妻四妾本来是很平常的。甘夫人与糜夫人相见后寒暄了一番，然后暗中彼此偷偷打量对方，再将自己与对方作了一番比较。不过这是妻妾心中的小波澜，外人不得而知。

做刘备的女人不容易

虽然吕布归还了甘夫人，但是刘备与吕布已经互生嫌怨。建安三年春，吕布派人去河内买马，半路上刘备将马匹都抢走了，吕布正好没有借口，便遣部将高顺、张辽率兵攻打小沛。刘备知道自己力量不支，飞书向许都的曹操求救。曹操立刻派遣夏侯惇领兵往援小沛。

夏侯惇来到小沛还没来得及安营，被高顺部下的锐骑冲得四散，急得他脚忙手乱。夏侯惇左目中了一箭，鲜血直流，多亏亲兵救护才逃出险境。刘备带着关羽、张飞前来接应夏侯惇，刘备正与高顺相遇，不料被张辽袭击背后，刘备全军陷落。他前后都没有了去路，不得已跑往梁地。小沛里只有孙干、糜竺等几个文士，甘糜二位夫人被吕布劫去。看来当刘备的老婆真是不容易，三天两头被人家抢走。

刘备跑到了梁地，正仓皇穷蹙的时候，曹操亲自督兵前来救他。救刘备是假，夺取地盘是真。曹军首先攻下了彭城，并将彭城的守兵平民全部杀戮一空，然后再引军进攻下邳。吕布作战失利，听信妻子严氏的话，又怀疑属下的谋士将领，导致将士离心，被部下侯成、宋宪、魏续出卖给曹操。这样刘备又找回了妻妾甘糜二位夫人。

建安五年曹操打败了刘备，甘糜二位夫人再一次被抢走，关羽也被擒。后来关羽听说了刘备流落到袁绍那里，遂带着二位夫人离开曹操回到刘备的身边。

曹操南取荆州以后，刘备从襄城跑到江陵。荆襄士民见刘备仁慈，害怕曹操的杀戮，便都携儿带女随刘备同行。到了当阳的时候，士民多到十余万，辎重也有好几千辆。走得速度很慢，每天只能走十余里。刘备每次大败的时候，妻子家眷都顾之不及，此时庇护十万百姓纯属沽名钓誉。曹操亲率大军长驱直追，刘备让张飞断后，赵云保护家眷。

曹军五千轻骑日夜追杀刘备，一日一夜行300多里，在当阳长阪追到了张飞的断后部队。张飞兵少抵挡不住，甘糜二夫人被乱兵冲散不知去向。赵云不见了二位夫人，急忙持枪又从乱军中杀进一条血路，好容易才找到了甘夫人，将她带到长阪。张飞见到赵云便问及婴儿阿斗，才知道阿斗被糜夫人抱着，却不知道糜夫人在什么地方。赵云只好又一次冲进曹军阵中救出了糜夫人。

此时糜夫人身体已受重伤，她奄奄一息地抱住阿斗。见了赵云后，为了让阿斗脱身，不连累赵云，她一跃跳入井中而死。赵云悲伤之余，推倒土墙掩盖水井，以免糜夫人的尸体受辱。

刘备见赵云救回甘氏母子心里大喜，听到糜夫人已死又不禁大悲，一时间百感交集，又落下许多泪。甘夫人因为受惊成疾，一年后22岁的她也离开了人世。可怜甘糜二位夫人一生跟随刘备东奔西走，被人抢来抢去，几乎没享过什么福。

敢给刘备颜色看的孙夫人

荆州地处西川与东吴之间，是历来的兵家必争之地。当初刘备没有立足的地方，向东吴借荆州暂时栖身，约定以后归还。赤壁之战后孙权想讨回荆州，刘备以各种理由再三推托。而且鲁肃一提起归还荆州的事，刘备就放声大哭。周瑜劝孙权将妹妹嫁给刘备，以婚姻关系羁绊住他。

孙权实在没有办法，就想趁刘备丧妻之机会，以其妹孙尚香送给刘备作继室为诱饵，借口吴国太夫人特别疼爱这个最小的女儿，不愿意远嫁，所以请刘备去东吴完成婚礼。名为东吴与刘备连亲，实则趁刘备过江之机加以拘禁，好逼诸葛亮拿荆州换回刘备。刘备有意联吴，便遵从了东吴的婚议，建安十四年冬天由赵云、孙乾陪同进入吴境。

不想孙权反弄巧成拙，吴国太是丈母娘看女婿，越看越喜欢，就真的招他为婿。结婚时刘备已年过半百，孙尚香也就20来岁。结婚的那一天，100多个侍婢簇拥着一位珠围翠绕的袅娜佳人与刘备参拜天地。待到入了洞房刘备不禁吃了一惊，洞房里面刀枪剑戟杀气腾腾，侍婢都佩剑侍立在一旁，好像要出兵打仗的样子。刘备忙哆嗦着问："这是做什么？"侍婢说："我们郡主从小喜欢练武，一向是随身不离兵器。"刘备说："今夜是洞房花烛的好日子，还是将这些暂时拿开的好。"孙夫人撇嘴说："你打打杀杀了大半生，难道还怕兵器吗？"

不满归不满，孙夫人还是脱下戎装，丢下兵器。这时刘备仔细端详，这个孙夫人神采奕奕，长得也很端正，于是紧张害怕的心情消失了一大半。孙夫人横眉立目的时候确实吓人，但温柔起来也是惊天动地的销魂。于是二人携手进入帏帐。

刘备一连住一个多月，这才从温柔乡中醒过来想起了荆州的部下。他对孙权说曹操眈视荆州不能不回去。孙权不好说不放的话，况且刘备早将吴国太哄得团团转。另外他也想让刘备在荆州作为曹魏和东吴之间的缓冲。

等到刘备携孙夫人回到了荆州以后，周瑜从江陵来见孙权，问起孙权为何放刘备回去，孙权说是防备曹操。周瑜只好无奈叹息。他给孙权分析了形势，孙权也很后悔，真是"赔了夫人又折兵"。

刘备取得益州后根本不想归还荆州，孙权便趁刘备西征入川的时候，悄悄给妹妹写信谎称吴国太病重，想将孙夫人和阿斗骗到东吴，然后用阿斗换回荆州。孙夫人不辨真伪，匆匆携阿斗登船回吴国，诸葛亮派赵云勒兵断江留住了阿斗，只放孙夫人一人回东吴。孙夫人到了东吴后才知吴国太根本没有病。从此以后，孙夫人留在了东吴，被迫还是自愿不得而知，只是与刘备再也没有见面，他们的夫妻生活大约就持续了三年。

当初孙夫人虽然也有温存的一面，但日常倚仗兄长的势力不把刘备放在眼里，一向说一不二，不仅左右大将都怕她三分，刘备也不敢违忤。而且孙夫人从东吴带来一批吏卒，在蜀地纵横不法，谁都无法约束，好像是闺中的敌国，还必须时刻防备孙夫人手中的刀剑。等孙夫人回到了东吴，刘备回想起的只有那些提心吊胆的感觉，所以也不派使者去东吴迎接孙夫人。

夫妻一场，刘备最念是谁

刘备最后一位夫人吴氏是陈留人，少年时失去双亲，她的父亲一向与益州牧刘焉有旧交，因此举家随刘焉进入蜀地。刘焉心有异志，他听看相者说吴氏以后会大贵，便想纳吴氏为妾，但是苦于自己与吴氏的父亲是莫逆之交，与吴氏的辈分不相当，就只好让自己的儿子刘瑁娶了吴氏。刘瑁死后吴氏寡居。

公元214年夏天刘备取得益州城，群臣劝刘备聘娶吴氏。刘备心疑自己与刘瑁同族在礼法上不妥。法正说："若论起亲疏，您与刘瑁比得上晋文公与子圉的关系吗？"于是刘备决定纳吴氏为夫人。吴氏虽然寡居再嫁，但艳丽不减当年，刘备重新领略了空旷已久的温柔滋味。

建安二十四年，刘备称汉中王，立吴夫人为汉中王后。章武元年（221）夏五月，刘备称帝立吴后为皇后。

孙权难以收回荆州，又想与关羽结为儿女亲家，但关羽不仅拒绝了孙权，还以"虎女焉配犬子"的话来鄙夷孙权。孙权出离愤怒，派吕蒙攻打荆州。关羽大意失荆州败走麦城，以致身首异处。

刘备一心要为关羽报仇，不顾诸葛亮等大臣的劝阻，倾全蜀的二十万兵力连营七百里进攻东吴。孙权提出"归还荆州，送还夫人"的讲和条件，孙夫人也附密札，叙述夫妻之情与相思之苦，都被报仇心切的刘备一口回绝了。东吴大将陆逊用计火烧刘备的连营，刘备与剩下的不到一万士兵溃逃回白帝城。在夷陵之战刘备被东吴一把火烧了连营之后，孙尚香听到传言以为刘备已经死了，她在长江边祭奠完刘备后投江殉情而死。

刘备听到噩耗不禁又想起了孙夫人的好处，加上这一仗使勤苦半生建立起来的蜀国元气大伤，于是他怏怏成病。63岁的刘备自知不起，将阿斗托付给诸葛亮等五个大臣后离开了人世。刘禅即位，谥刘备为汉昭烈皇帝，秋八月葬于惠陵。

【武则天三招俘获高宗心】

蒙 曼

病榻偷情

《唐会要》记载说："时，上在东宫，因入侍，悦之。"这是讲武则天和唐高宗二人初步建立关系的一段经典史料。"上在东宫"，表明是在李治当太子时期，"因入侍"，是说侍奉病中的唐太宗。有了这段史料，我们就能够把唐高宗李治和武则天建立感情联系的时间段给确定下来。因为唐太宗是贞观二十年得病，贞观二十三年去世，所以太子李治伺候唐太宗于病榻前，确定肯定是在这三年之间。"悦"是喜欢，但是放在男女之情上，就不是一般的喜欢，而是爱慕了。也就是说，在唐太宗的病榻之前，太子李治不可救药地爱上武则天了。

李治性格如此，武则天又是一个什么样的人呢？武则天坚强、独立、有表现欲。这样的两种性格有明显的互补性。所以李治一看到武则天英姿飒爽的形象，马上被深深吸引住了。这就是史料中所说的"悦之"，一见钟情。那么，武则天怎么处理和太子之间的感情呢？必须注意到，太子喜欢武则天的时候，唐太宗已步入晚年了。武则天明白，皇帝行将就木，要为自己的前途打算了。可以肯定，以武则天的性格，她必定积极促成这段感情进一步向前发展，主动去迎合太子、追求太子，把浅浅的"悦之"变成深深的两情相许。这样，武则天在进入感业寺之前已经走过了她和李治感情三部曲的第一步，我们可以称为"病榻偷情"。在唐太宗的病榻之前和太子偷情，这需要怎样的勇气啊，武则天做到了。

尼寺传情

但是，仅仅依靠感情特别是君主的感情是很不牢靠的。李治和武则天在唐太宗的病榻之前虽然就两情相悦了，但是，李治即位后，并没有对武则天作什么特殊安排，他还要忙着处理军国大事呢。因为是青年登位，面对整个大唐帝国，他很紧张，怕自己办不好，所以他父亲是三天一上朝，他是一天一上朝，每天都接见文武大臣，访察民情，想要当一个好皇帝。可以说，在皇帝的心里头，江山总比美人更重要一些。所以，他没有特殊照顾武则天，还是让她和别的妃嫔一起到感业寺去了。但是，武则天的非凡之处在于，她即使身处逆境也不放弃希望。而且，她也有足够的能力让希望变为现实。在感业寺中，武则天努力维持着不绝如缕的感情，让它继续牵动着李治的心。

有什么材料可以证明她在感业寺中还不甘寂寞，继续让高宗李治为她魂牵梦绕呢？这可是大内秘事，史料中确实不会留下记载，但是武则天创作的一首情诗，透露了一些重要信息。这首诗名字叫作《如意娘》：

> 看朱成碧思纷纷，憔悴支离为忆君。
>
> 不信比来常下泪，开箱验取石榴裙。

诗的大意是说：我心绪纷乱，精神恍惚，把红的都看成绿的了，要闯红灯了。为什么我如此憔悴呢？就是因为整天想着你。如果你不相信我每天因为思念你而默默落泪的话，你就打开箱子看看我的石榴红裙吧，那上面可是洒满了我斑驳的泪迹呢。这首诗写得情真意切，据说后来的大诗人李白看到之后，也不由得爽然若失，觉得自己不如武则天。

怎么能够证明，这首诗就是武则天在感业寺的时候写给李治的呢？武则天一生分为有限的几段。太宗才人，高宗皇后，大周皇帝。那么，这诗有没有可能是武则天当才人的时候写给唐太宗的呢？不会。为什么呢？作为才人，武则天天天围绕在太宗身边，掌管照料他的起居，她没有理由思念太宗，因为思念的产生需要距离。再说，我们也看不出这对老男少女之间还有这么强烈的爱情。有没有可能是武则天当皇后时写的呢？也不会。武则天和唐高宗形影不离，更没有思念的机会，而武则天在高宗时代私生活很检点，没有思念别人的可能。还有没有可能是在高宗死后，武则天写给那些面首的呢？也没有可能。因为无论是薛怀义还是张易之兄弟，武则天都可以招之即来、挥之即去，用不着思念，武则天对他们也不会有这么深的感情。这首诗所体现出的痛苦、恍惚的感情只能存在于武则天当尼姑的时候。尽管前途渺茫，但还存在着一线希望，这希望就是她和李治那段旧情。她把赌注全都押在李治身上，所以相思成疾，以至"看朱成碧"了。

这首诗写了之后是怎么处理的呢？是不是和石榴裙一起压箱底了呢？不可能。对于武则天来说，这还不是一封普通的情书，而是扣开李治心扉，也是扣开她自己命运之门的敲门砖。她怎么可能让敲门砖躺在箱子里呢？她必定得通过什么渠道把它交给李治，让他知道，此地有一个尼姑，过去和你有着那样一段感情，她现在还在每时每刻思念着你，真是"一寸相思一寸灰"啊。唐高宗面对这样的真挚告白，想想当日的心心相印，他还能放得下武则天吗？这就是武则天感情三部曲的第二步，我管它叫"尼寺传情"。

执手激情

我们为什么说这首诗或者其他类似的诗文一定发出去了呢？因为李治终于被打动，决定来看她了。永徽元年（650）五月二十六日，唐太宗周年忌这天，李治到感业寺行香来了。忌日行香，是唐朝社会的风俗。自从北朝以来，佛教流行，深深地影响了人们的日常行为，某些仪式后来又上升为国家礼典。根据当时的礼仪制度，皇帝死后的周年，继嗣的皇帝要到寺院上香，为先帝祈福，同时表达自己的思念之情。行香是固定仪式，但到哪个寺院行香就由皇帝决定了。李治放着长安城里那么多的名寺不去，偏偏选择武则天所在的感业寺，显然，他没有忘记她。进入感业寺后，两人干了些什么事情呢？根据《唐会要》记载："上因忌日行香见之，武氏泣，上亦潜然。"两个人面对面，潜然泪下。见一面不容易，那真是望眼欲穿啊。下次相逢，又不知是何年何月，怎不叫人泪眼婆娑呢？现代许多学者不太相信《唐会要》的记载，他们的理由是，忌日行香是国家礼典，李治的随员肯定不少，感业寺的尼姑当然也不止武则天一个。他们怎么可能在这样的场合激情对泣呢？但是我认为，这件事必定发生过，理由有三：

第一，文本的理由。《唐会要》是一本经得起推敲的史书，保存了唐朝大量的经济、政治等方面的原始资料，它和现在街头小报不一样，不是专讲绯闻的，没有必要制造这么一个谣言出来。

第二，人情的理由。武则天在感业寺待了一年，她盼什么？她就盼李治来呀，盼星星盼月亮，盼得深山出太阳，这太阳就是李治。现在李治真的来了，她怎么能不张开双臂拥抱光明？再说了，君心难测，他今年想着你，明年可能就想着别人了，所以皇帝好不容易来这么一次，怎么能不抓住这个千载难逢的机会？

第三，性格的理由。武则天是一个敢于冒险的人。她的父亲武士彠当年就肯冒身家性命之险，追随李渊造反，武则天本人在唐太宗时代，也有过出位之举。她不怕赌博，愿意赌上一把。所以这个时候，她是纵使身边有千军万马，我的心中只有你。两个人就这么执手相看泪眼，竟无语凝噎了。

这件事是武则天和李治感情三部曲的第三步，我管它叫"执手激情"。李治是一个温柔多情、有浪漫气质的青年，经过这么一番激情表演，李治的心被彻底俘虏了。

到此为止，武则天经过病榻偷情、尼寺传情、执手激情，已经走完了她和李治的感情三部曲，可以说"万紫千红安排就，只待春雷第一声"了。

【大唐才女上官婉儿：石榴裙下的极致风流】

佚 名

中国历史上，武则天是独一无二的女皇帝，追随女皇左右、深受信赖的上官婉儿，尽管没有明确的封号，实际属于手握实权的"女宰相"。翻翻中国历史，这种权倾朝野的铁腕女人，简直是凤毛麟角。一方面，她姿质绝佳，天赋灵犀，具有卓越的学识和文才；另一方面，她玩弄权术，驾驭政治，石榴裙下掩藏着极为淫荡的私生活。

和其他爬上权力巅峰的人物一样，上官婉儿也曾有过凄苦卑贱的出身。因为爷爷上官仪政治上排错了队，公元664年，他们全家获罪——杀！包括上官婉儿的父亲在内，很多亲人都掉了脑袋。这时候，可怜的小婉儿刚刚降生，还没吃几口奶，便随着母亲郑氏做了朝廷的"官奴"。虽说侥幸保全了性命，可是处境极为低贱。母亲拼死拼活地干苦力，跌跌撞撞地拉扯着小女儿。当然，败落的官宦人家也很有见识，母亲千方百计让婉儿接受全面而严格的正统教育，这可是将来安身立命的资本。小姑娘太聪明了，一点就透，刚四五岁，就作得一口漂亮的诗词。

《旧唐书》在列传中讲了一个半真半假的故事：郑氏怀孕期间，梦见一名巨人送来一杆秤，嘱咐说："持此，称量天下！"好大口气呀！称量天下，岂不就是皇帝身边说了算的人物？大概要生儿子吧？孰料呱呱坠地的却是个肥白的女婴。失望！做梦的事只能当姑妄一笑了。

武则天终于给了破败的上官家族一个翻身得解放的机会。她久闻上官婉儿的才学，便将那对可怜的母女召进了皇宫。现场考试，满意极了，于是除了她们母女的"贱籍"，还把婉儿留在身边，担任掌管诏书的贴身秘书。那年，上官婉儿刚刚14岁，从此涉足政坛，一步一步接近了当朝的权力核心。

新手总有拿不准的时候。上官婉儿也需要宦海沉浮，不断历练。因为不听话，武则天差一点儿宰了她，碍着根深蒂固的"爱才癖"，武则天只在姑娘粉嫩的额头上刺了一个乌黑的犯罪标志，这种近乎毁容的刑罚叫作"黥面"。虽说额头不完美了，上官婉儿依旧是光彩照人的大美女。她利用两种最厉害的东西在宫里混：一、头脑；二、姿色。

才华固然重要，干得好不如嫁得好。16岁，大约是念高中的年纪，上官婉儿妩媚地倒在皇太子李显怀里，她深知这种"政治投资"的重要意义。此后，李显被废，远成钧州、房州，上官婉儿又坐到了武则天亲侄子武三思的大腿上。她利用皇帝秘书的便利，替这位情人频开绿灯，大讲武三思的好话，甚至有意排斥李唐皇室。李家的人怎能不恨这个多事的娘们儿？

风水轮流转，李显咸鱼翻身了。公元705年，唐中宗李显又从衰老的武则天手里接过了皇权，"老相好"上官婉儿随即投靠。她被册封为"昭容"，其实就是皇帝的小老婆。按《旧唐书》的说法，她的地位仅次于皇后1人、妃子3人，属于"九嫔"的第二名。婉儿负责的具体事务，还是内阁秘书长。有了政治靠山，她仍觉不稳固，便在李显大老婆韦皇后身上押了宝。最奇妙的手段便是引荐情人。很快，细皮嫩肉的武三思顺着婉儿的牵引，爬进了皇后娘娘温暖、华丽的被窝。对此，天性懦弱的"妻管炎"李显总是睁一只眼、闭一只眼，他的原则就是：只要老婆快活就好。李显、韦后、婉儿、三思，经常关起门来，在皇帝的床上鬼混……

这一时期，是上官婉儿红得发紫的巅峰阶段。在她倡议下，天下大兴文学之风，各种各样的赛诗会像今天选拔"超级女声"一样，如火如荼地折腾起来。皇宫里更热闹，帝后王公率先垂范，文采飞扬的婉儿理所当然成了焦点人物。她当仁不让地支持会议，不但代帝后捉刀作诗，还充任考评裁判，并对文才绝佳者实施奖励。据说第一名可以荣获黄金铸造的"爵"一尊，这可比奥林匹克的冠军奖牌名贵多了。

女人成为炙手可热的人物，投机钻营的人便纷纷投靠。提拔个把行政官员，对于婉儿来说简直是小菜一碟。话又说回来，她毕竟是有七情六欲的健康女人，环顾人生，她美中不足的还是"私生活"。于是，婉儿秘密购买私宅，在宫外和一些风流倜傥的花花公子们勾勾搭搭。《新唐书》说："邪人秽夫，争候门下，肆狎昵……"要命的是婉儿还为这帮家伙谋求政治利益，很多人踩着她温柔的肩膀做了显官。

她最有名的情夫就是崔湜。小伙子模样好，两人初相识时他也就二十三四岁。那时，婉儿已不是情窦初开的小姑娘了，已经 40 多了。按年岁，徐娘半老，她差不多可以当小崔的姑姑、阿姨了。为了报答婉儿的垂青，小崔厚颜无耻地引荐了自己的 3 个亲哥哥：崔莅、崔液、崔涤。他们个个帅、个个花，自然成了婉儿床上的心肝宝贝。很快，崔湜被提官。即便崔湜犯错误也没关系，皇上跟前一嘀咕，随即豁免，而且一步一步升到了宰相的高位……

清朝有位诗人感叹："妻子岂应关大计？"其实，这与"红颜祸水"的说法遥遥相对，都是强调女人在政治问题上作用的大与小。在权力问题上，男女并无本质不同。人熬到"一言兴邦、一言丧邦"的显赫位置，任何性别都会起到改变历史进程的作用，尽管那只是一种千载难逢的偶然性。

上官婉儿总算闹到头了，她的克星就是政治新秀李隆基。毕竟树敌太多，一切哀求都无济于事了。景龙四年（710）夏天的一个晚上，李隆基操纵的宫廷政变爆发。夜幕中刀光一闪，上官婉儿惨叫着倒在了血泊里。那年她刚刚 47 岁。

【太平公主的丧夫之痛】

熊肖春

武则天的女儿太平公主本来是个热衷于爱情、渴望过甜蜜夫妻生活的可爱女孩，但是她后来为何角逐于政治，并落得个不得善终的下场呢？这恐怕要从她的丧夫之痛说起。

盛大的婚礼

从史书上的资料来看，太平公主的父亲唐高宗李治只有 4 个女儿。年长的两位公主称义阳、宣城。她们的生母是萧淑妃。萧淑妃因与武则天争宠而死于非命，她生的这两个女儿从此被幽闭在深宫里，直到三四十岁才因异母兄弟的关心而得到出嫁的机会，却也只能嫁给禁军侍卫。她们同母的兄弟李素节更在不久之后被武则天鸩杀。两位公主能保下活命，已是意外之喜，何谈富贵恩宠？剩下的，就是武则天为李治生的两个女儿了。长女还在襁褓中时，就被亲生母亲掐死，成为母亲用于争宠的牺牲品。在这样的情形下，李治和武则天的小女儿太平，自然就成了他们的心肝宝贝。

太平公主8岁的时候，武则天向李治请旨，要女儿出家为道士，为外祖母杨氏祈福。"太平"其实是她的道号。但是小公主并没有离开皇宫，还是一直住在父母的身边。直到她16岁这年，吐蕃向大唐求婚，要求迎娶唐帝的女儿太平公主，武则天才正式安排太平公主入住她的太平观，以此向吐蕃拒婚。

时间一久，李治和武后似乎对女儿"出家"的状况已看得眼熟，忘记了女儿已经不知不觉地长大、懂得儿女之情了。父母忘了，太平公主可没有忘，她决定提醒一下糊涂的爹妈。有一天，太平公主穿着紫袍，束着玉带，戴着巾帻，在父母面前既歌且舞。李治和武后一见之下，不禁大笑起来，说："孩子，你又不做武官，弄成这样子做什么？"太平公主趁机向父母撒娇："孩儿虽然不适合穿这样的衣衫，但是可以把它送给自己的驸马呀！"一语惊醒梦中人，李治和武则天这才发现女儿已经长大了，而吐蕃那边也不再来寻她的麻烦。于是立即大张旗鼓地着手为太平公主寻找佳婿。

就这么一耽搁，太平公主直到20岁（681年）的夏天，才得以顺利出嫁。她的第一位驸马是薛绍，光禄卿薛曜的小儿子。作为"二圣"的独女，太平公主的婚礼是空前的盛大。点燃在路两边照明的火炬，居然把一路的绿树都烤焦了。而装着嫁妆的车子规格超大，连县府的墙都被推倒了。不过，无论如何，这超豪华的婚礼倒也实至名归，薛绍与太平，应该是一对恩爱夫妻——短暂的7年姻缘生育了4个孩子，不恩爱恐怕不太可能。

但是这段本该美满的姻缘中途却夭折了。说起来，灾难的制造者还是身为母亲的武则天。

第二次婚姻

早在太平公主出嫁以前，武则天就对准驸马的两个哥哥的妻子大为不满，说这两个嫂子出身寒微，怎配做自己女儿的嫂子呢？便逼着薛绍的大哥、二哥休妻。幸亏有人力劝，说她们也是出身世家大族的，只是不够豪贵而已。武则天方才作罢。后来，武则天将冯小宝纳为男宠，为了给情人长些身份，又硬逼着薛绍认冯小宝为叔父。这个窝囊气就更让薛家的长子受不了了，于是他密谋造反，结果事泄。薛绍虽然没有参与此事，但是由于他认冯小宝为叔父很勉强，武则天早已对这个女婿心有怨气，此时趁机一并发泄出来。结果薛绍被关进大牢，活活饿死。太平公主被母亲关在宫里严密监视，只有每天以泪洗面。

事过之后，武则天也觉得自己有点过分了，于是把太平公主的封邑增了将近十倍，甚至超过了亲王的规格。但是即使如此，太平公主也不肯向母亲表示谢意。武则天知道女儿是哀伤驸马的惨死，为了弥补，她又大张旗鼓地为女儿重选丈夫。

选来选去，武则天看中了侄儿武攸嗣。在武氏男儿中，武攸嗣是才貌俱佳的人选，但是他是有妻子的。这对武则天来说根本不成问题：她派人把从前的侄媳毒死，强行把女儿嫁到了武攸嗣的身边。这样凄惨的初恋、初婚结局，这样荒唐无稽的第二次婚姻，处身其中的太平公主会如何想？

从前闭处深闺中陶醉于爱情的太平公主消失了，而热衷政治、沉湎色欲的太平公主从此出现在中国的历史舞台上。但是如果说驸马之死改变了太平的人生，还不如说她从此深切感受到了权势的利害，并沉迷于此，而她正好具有这方面的天赋，于是迷得一塌糊涂。

初试牛刀

大约在四五年后，那个间接造成薛绍惨死的假和尚薛怀义，终于失去了女皇的欢心，武则天想要除掉这个骄横放纵的旧情人，却又苦于这男人知道太多宫闱秘事，兼且耳目众多，一时不知如何下手。

太平公主听说要杀掉这个连累驸马的家伙，大力赞成，自告奋勇将这件事揽了下来。她在宫中选了几十个身强力壮的中年妇人，由专人领着训练了一段时间，然后又选了一批勇士，埋伏在瑶光殿。接着，太平公主让一个从前与薛怀义关系不错的心腹出马，去宣薛怀义入宫。薛怀义听说女皇宣召，大摇大摆地就入了宫。

刚刚踏入后宫，几十名壮硕的妇人就一拥而上，将这个假和尚按倒在地上，捆得动弹不得——唐时以丰腴为美，年轻时丰满的美女上了年纪，那可是加倍的身强力壮，早已被酒色掏虚了的薛怀义岂能是她们的对手？几名随从也被埋伏的勇士们制伏了。太平公主想到自己心爱的驸马，再看看面前这个狼狈的假和尚，不由冷冷一笑，下令将他乱棍打死，尸体烧灰之后，再混上泥烧砖造屋。如此干脆利索的处理手法、如此残忍的处置，显露出太平公主与她母亲如出一辙的手腕与毒辣。史书形容太平公主"广额方颐，多阴谋"，连武则天都经常喜滋滋地说："真像我！"

但是太平公主真正像母亲的，是她韬晦的本领。她从哥哥们的遭遇中，敏锐地感觉到，母亲的至高权威是不容侵犯的。因此，在武皇当权的时候，太平极少参与政事，绝不染指母亲手中的权力，所有的注意力都放在寻欢作乐、享受富贵上面了。尤其是对于才貌俱佳的男人，她更是乐此不疲。

薛怀义原是李渊幼女千金公主的男宠，由她推荐给武则天的。现在这个家伙死了，女皇枕边寂寞，太平公主自然看在眼里。于是她效仿姑母，把自己的男宠张昌宗推荐给了母亲。张昌宗为了巩固女皇的宠爱，再将自己的哥哥张易之推荐给了女皇。年已74岁的武则天，对这两兄弟百般宠爱，言听计从，不停地给他们加官晋爵。

太平公主很快就发现，由自己推荐上去的这两个小男人成了自己的劲敌。这两个家伙甚至杀害了她的情郎杨戬，令她伤心、头痛不已。无奈之下，太平公主只好和哥哥李显、李旦联名上书，请封张昌宗王爵。这个马屁正中武则天下怀，遂封张昌宗为"邺国公"。太平公主这一着棋果然高明，张氏兄弟立即对太平公主态度大为转变，对太平公主的话也不再多所违拗。后来，太平公主想要拥立哥哥李显复位太子，也是由二张办成的。

来俊臣是中国历史上少有的酷吏之一。他以"请君入瓮"的办法，消灭了另一位酷吏周兴之后，越发地忘乎所以，甚至想要诛杀太平公主及其兄长李显、李旦及诸武。这可惹毛了太平公主。在她的运作之下，诸武与诸李联起手来，联名上书女皇，揭发来俊臣的各种罪状。最终，想要杀掉太平公主的来俊臣先被太平公主干掉了，并被仇人们剥皮吃肉。

拥立皇帝

神龙元年（705）正月，发生了"五王政变"，五位异姓王合力，诛杀了张氏兄弟，放逐他们的党羽。在这件事情发生的前后，太平公主看清时势，对杀二张一事，采取参与、帮助的态度；并在二张被诛之后，亲自来到武则天的床前劝说母亲，得到了一张武则天认可的传位诏书，将皇位传给哥哥李显。中宗李显即位后，立即对妹妹的大力帮忙投桃报李，将她的采邑增加到一万户之多。

中宗李显是一个性格温和懦弱的人，因此造成妻子韦后、女儿安乐把持朝政的情况。本来太平公主和上官昭仪（上官婉儿）联手是可以制得住她们的，但是太平公主看上了上官婉儿的情夫崔湜。于是上官婉儿与太平公主反目成仇，反而成了韦氏的帮凶。

太平公主意识到韦家班是自己的死敌，于是大力培植亲信人马，想与韦后一分高下。但是韦后先出手了，她诬陷太平公主与相王李旦，说他们相互勾结，想要谋夺皇位。李显一时大惊失色，想要严办。幸亏御史中丞力谏，太平公主与李旦这才死里逃生。经此一役，太平公主更是与韦家势不两立。而此时，韦后与安乐的反谋已渐渐显露。

公元710年，欲为皇太女而不得的安乐公主与其母韦后，连同情夫，用毒饼杀死了中宗李显。5天后，傀儡李重茂登基为帝。太平公主派长子薛崇简与相王李旦的三儿子李隆基合谋，在12天后发动政变，一举诛灭了韦后与安乐公主。

韦家班垮台了，但是李重茂还坐在皇帝位上。谁都不甘心让他继续为皇，但是谁也不敢出头做这个主。结果，还是太平公主，在这天早朝时，走到李重茂面前，说："这不该是你这个娃娃的座位。"说完，抓着李重茂的衣领把他拎了下来，拥立哥哥相王李旦登基为帝。

李旦当上了皇帝，对这个妹妹更是感激涕零，不但大加封赏，而且许多政事都要由太平公主来参与决策。从此，太平公主越发权倾朝野。

后来甚至出现了这种局面：每当宰相有事要请皇帝盖印颁行时，李旦只问宰相："跟太平商量过没有？"如果商量过了，就再问一句："跟三郎（太子李隆基）商量过没有？"如果也商量过了，李旦连看都不看，便取出玉玺，一盖了事。

与李隆基争权

太平公主权势熏天，朝中官员，如果不在她的门下走动，官儿升不了还是小事，已有的职务做不做得长都要成问题。于是，大小官员都想方设法地想要和太平公主套近乎。别的不说，单是当时唐王朝的正副宰相7人，就有5人出自太平公主的门下。凡事没有经过太平的应允，没有人敢实施。假如她因为某些原因不能上朝的话，宰相们就拿着文书赶到她的公主府里去请教。渐渐地，朝廷里太平公主与太子李隆基两股势力便互不相容了。

当初，为了铲除韦家班，太平公主在侄儿中间选中了最为果断的李隆基，但是当李隆基因为这桩大功劳而被李旦立为太子，太平公主却十分震惊，她知道这个有胆有谋的侄儿，迟早要有和自己不相容的一天。

果然，李隆基成为太子后，朝中大臣们渐渐向他依附，太子党有了与公主党相抗衡的意识。不能容忍这种情形的太平想要哥哥更换皇储，但是李隆基的亲信大臣们都强烈抵制，甚至要求李旦放逐太平公主。太平公主怒不可遏，跑到太子府里，当面斥骂了李隆基一顿，指责他过河拆桥，不知感恩。李隆基只好赔罪道歉，并将自己的亲信姚崇、宋璟贬谪。

为了摆脱令自己烦扰不堪的国政，从家、政不分的状况中脱身，李旦不久就决定将帝位提前禅让给自己的儿子李隆基。这个决定自然更让太平公主难以接受。但是这一次，不管她怎么捣腾，李隆基还是提前当上了皇帝。太平公主受不了李隆基过于英明的表现，决定废了这个侄儿皇帝，还策划让宫女元氏在李隆基的补品里下毒。

当初与李隆基共同起兵的薛崇简对母亲的所作所为深感不安，力劝她放弃谋反的计划。太平公主见儿子不听话，怒火中烧，常常打骂他。但是太平公主的起兵计划，却因丈夫武攸暨逝世而耽搁了下来。事情就此发生转变。

公元713年，得到消息的李隆基突然出兵，擒获了太平公主的亲信及家人。太平公主逃入南山，躲藏了三天，请求侄儿放自己一条生路。太上皇李旦也为妹妹向儿子求情。但是李隆基不为所动，将太平公主赐死在公主府里。她的儿子们只有薛崇简一家被饶过。这一年，太平公主50出头。

相比之下，忍不住让人羡慕起萧淑妃的两个女儿来了。当初她们虽然下嫁低等禁军，却总算苦尽甘来。义阳公主下嫁权毅，早死，没有经历后来的风云变幻。

宣城公主后封高安公主，下嫁王勖。王勖颇有才干，一直官至颍州刺史。天授年间，王勖与薛绍一样，因为触怒武则天而被杀。宣城公主虽然失去了丈夫，却平平静静地一直生活下来。李显再次即帝位后，晋封姐姐为长公主，享邑千户，并赐居公主府，并设立自己的官员僚属。李旦即位后，再次给姐姐增加了1000户的封邑。

宣城公主一直平静地生活到开元盛世之时，年过70方才去世。玄宗对最后一位姑母的丧礼十分尽心，登上晖政门举哀哭泣，并派遣大鸿胪代表自己持节前去追悼，京兆尹摄鸿胪主持丧仪。

义阳和宣城公主虽然没有享受过太平公主那样的顶极权势，却能够寿终正寝，得以善终，这恐怕才是帝王之家最重要的福气吧。

【杨玉环与梅妃】

玉 涵

现在的福建省莆田市江东村，有座艺术品位非常高的宫殿建筑"浦口宫"。宫殿里不仅有名家精心绘制的莆田二十四景水墨画，还有近代大文豪郭沫若手书的"梅妃故里"，被誉为"莆阳第一宫"，宫里有一尊女子的塑像，容颜秀致，神情高雅，她就是被江东老百姓尊称为"祖姑皇妃"的梅妃——江采苹。

先声夺人，梅妃的"早一步"美

梅妃，莆田（今福建莆田县）人，生于医学世家，家中世代诗书。相传，江采苹出生时，她的母亲梦见漫江皆是绿色浮萍，一个灵秀的小女孩立在小舟上采撷。又因古乐府有"涉江采芙蓉"，父亲又姓江，所以给她取名"江采苹"。

江采苹的父亲江仲逊是当地有名的儒医，对女儿很是看重，自小就教她读书识字、吟诵诗文，让她接受了较好的教育。江采苹三岁能诵，五岁能诗，父母爱如珍宝，乡邻也多有夸赞。

潮起潮落，本来一生也可以这样慢慢度过，书香寒门，嫁与书香门第，相夫教子也就是一生了。只是有一天来了一个相士，看到她后惊喜地说："小姐骨骼清奇，怕将来命运非凡，只可惜闺名不是特别福气……浮萍嘛，总不如圆圆满满来得妥当。"

谁都没有当回事，谁也没想到"命运非凡"这四个字会传到高力士耳里，会让高力士在天下选秀的时候，听到传言竟亲自赶到莆田。相士的一句谶语，把她带进了皇宫，带到了唐玄宗的面前。

江采苹进宫后，她的如花容颜、优雅举止，曾让唐玄宗爱如至宝，大加宠幸，一度不复顾其他后宫佳丽。知道江采苹爱梅花，便命人在她所居住的宫中种满各式梅树，并亲笔题写院中楼台为"梅阁"、花间小亭为"梅亭"，封江采苹为梅妃。

天上人间，夜夜笙歌，梅妃以为和皇帝的恩爱就像凡俗的市井生活，可以长长久久一辈子。她记得相士说过她命运非凡，却忘了他说的后半句——凡事总要圆圆满满的才好。

美没有先后，爱却有别，杨玉环的"满"

开元二十二年（734）七月，唐玄宗的女儿咸宜公主在洛阳举行婚礼，一个圆圆满满的女子进入了唐玄宗的视线——杨玉环。"环"，圆满之事物；"满"，唐玄宗爱的完满……梅妃缓缓退去长殿，深知退出的绝不只是这悠长的殿堂，退出的还有那不复在的帝王的宠爱。

杨玉环入宫后，与江采苹之间势成水火，杨玉环称江采苹为"梅精"，讥讽她纤瘦；江采苹则称杨玉环为"肥婢"，嘲笑她肥胖。这使得两头为难的李隆基不得不舍弃其中之一：梅妃被迁往上阳东宫，从此远离了李隆基的生活。

江采苹曾写过这样一首诗："撇却巫山下楚云，南宫一夜玉楼春。冰肌月貌谁能似，锦绣江天半为君。"讽刺杨贵妃不顾人伦，原为唐玄宗儿媳，却从寿王府中转入皇宫钻进了公公的被窝，还讥嘲她如满月般的痴肥。

杨贵妃读罢则反击道："美艳何曾减却春，梅花雪里减清真。总教借得春风草，不与凡花斗色新。"讥笑梅妃骨瘦如柴，瘦弱不堪，且受宠受到了尽头，不能与新春的鲜花争奇斗艳。

即使自己宠冠于后宫，杨贵妃也还不放心，把她的大姐韩国夫人、三姐虢国夫人以及八姐秦国夫人全都招来了，像四只花蝴蝶一般把唐玄宗团团围住，不让唐玄宗有搭理江采苹的精力。

不过这个当初为了萧淑妃逝世而黯然伤神过的男人，确实是个比较重情的人——他偶尔还是会想起他的梅妃——江采苹。一天晚上，为了见江采苹一面，唐玄宗借口身体不适，没去杨贵妃宫中，独宿在翠华西阁，密遣一贴身小太监，用马把梅妃驮来叙旧。尽管如此偷偷摸摸，倍加小心，但还是被杨贵妃知道了。杨贵妃吃醋故意回了娘家。唐玄宗不堪思念，又派特使把杨贵妃接回了宫中，据说接了三次才接回来。

如果梅妃从来不知受宠的滋味，也许就不会对失宠有那么深的体会。与自己的夫君偷偷摸摸约一次会，还要遭受如此的波折，江采苹的心情可想而知。

争宠争出曲牌"一斛珠"

事过之后，玄宗也觉得自己做得有些过头，便派人去抚慰梅妃。梅妃想到自己的处境，对使者叹道："皇上是要永远抛弃我了。"使者当然要替顶头上司打掩护："皇上怎么会抛弃你，他只是不想惹贵妃生气罢了。"梅妃怒极反笑："怕因为怜惜我而惹动肥婢的怒火，不是抛弃我是什么？"

从此以后，寂守冷宫的梅妃再也看不到玄宗的身影，希望重获贵宠的她便赠与高力士千金重礼，希望他受人钱财代人消灾，为自己代寻名士，如司马相如为陈娇作《长门赋》那样，为自己也写一篇名赋，以挽回玄宗之情。然而这时的高力士哪里敢招惹杨贵妃呢，谎称无人能写，搪塞了事。

无可奈何的江采苹只得自己写下《楼东赋》，以发泄满怀怨恨。此赋见于《全唐文》：

玉鉴尘生，凤奁香珍。懒蝉鬓之巧梳，闲缕衣之轻练。苦寂寞于蕙宫，但凝思乎兰殿。信标落之梅花，隔长门而不见。况乃花心恨，柳眼弄愁。暖风习习，春鸟啾啾。楼上黄昏兮，听风吹而回首；碧云日暮兮，对素月而凝眸。温泉不到，忆拾翠之旧游；长门深闭，嗟青鸾之信修。

忆昔太液清波，水光荡浮，笙歌赏宴，陪从宸旒。奏舞鸾之妙曲，乘益鸟之仙舟。君情缱绻，深叙绸缪。誓山海而常在，似日月而亡休。

奈何嫉色庸庸，妒气冲冲。夺我之爱幸，斥我乎幽宫。思旧欢之莫得，想梦著乎朦胧。度花朝与月夕，羞懒对乎春风。欲相如之奏赋，奈世才之不工。属愁吟之未尽，已响动乎疏钟。空长叹而掩袂，踌躇步于楼东。

《楼东赋》很快就传遍皇宫，杨贵妃看了之后其怒可知，立即向玄宗发作："江妃庸贱，以谀词宣言怨望。愿赐死。"玄宗却默然无语。

听说皇帝的这个反应，梅妃对复宠满怀期望。然而事实狠狠地击倒了她。有一天她偶然看见驿使入宫，使者的模样也正是自己曾经非常熟悉的，于是她便向左右侍从询问："是梅使来了吗？"左右硬着头皮回答："那已经不是梅使了，而是给杨贵妃送荔枝的使者。"梅妃黯然泪下，终于对变心的丈夫彻底绝了望。

就在这个时候，玄宗对《楼东赋》的回应也终于来了：他将外夷进贡的上好珍珠选了一斛，秘密地送进了上阳宫赐予梅妃。玄宗的这个决定真是稀奇，梅妃又不是职业写手，又不需要她给稿费。这一斛珍珠算什么意思呢？分手礼物？赡养费？

梅妃拒绝接受珍珠，让使者带回了一首诗。这也是她留传于世的唯一一首诗："柳叶双眉久不描，残妆和泪湿红绡。长门自是无梳洗，何必珍珠慰寂寥。"

玄宗读诗之后，怅然不乐，但是他知道梅杨二妃绝不可能和睦相处，只能让人将梅妃的诗谱上新曲，时时吟唱，聊以自解而已了。这就是《一斛珠》的来历。

在杨贵妃的挑唆下，江采苹差点因此诗而丧命，幸好，唐玄宗心中始终对江采苹存留一点怜爱之心。江采苹与杨贵妃的争风吃醋也最终以江采苹败下阵来而告终。

【陆游终生牵挂的女人】

饶忠祥

陆游（1125～1210），字务观，号放翁。他一生主张驱逐金人，收复失地。其爱宋之思想情感在他的诗篇里熠熠生辉。一谈起陆游的诗篇，我们会不由自主地想起"夜阑卧听风吹雨，铁马冰河入梦来"的豪情壮志；我们会清晰地记得"死去原知万事空，但悲不见九州同。王师北定中原日，家祭无忘告乃翁"的殷殷期望。

其实，陆游不仅有铮铮的爱宋誓言，他的万般柔情也同样感天地泣鬼神。他用自己的亲身经历，给后世演绎了一段凄婉动人、感人肺腑的爱情故事，那就是他终生牵挂着一位女人——唐琬。

两小无猜　比翼双飞

陆游的父亲陆宰做临安知府，为人刚正。陆母是北宋名臣唐介的孙女，出身名门。陆氏在当时是一个显赫的家族。陆游从小就生活在父母严格的要求和殷切的期望之下。

唐琬是陆游的母舅唐诚的女儿，字蕙仙，自幼文静秀美，聪慧而才华横溢。二人青梅竹马，情意相投。花前月下，笑语盈盈；吟诗作赋，互相唱答。风华正茂的陆游与唐琬常借诗词表达对彼此的倾慕和对未来的憧憬。他们宛如一对翻跹于花丛中的彩蝶，翻飞于无忧无虑的蓝天之下，眉宇间洋溢着快乐与幸福。两个纯真的少年相伴着度过了一段纯洁无瑕的美好时光。

花开花落间，时间已悄悄地流逝。随着年龄的增长，陆游从一个懵懂少年变成一个风流倜傥的青年；唐琬也从一个天真少女变成一个亭亭玉立的姑娘。两家父母和众亲朋，看在眼中乐在心头，都认为他们是天设的一对、地造的一双。于是，在一个春和景明、阳光灿烂的日子里，陆家就以一只精美别致的家传凤钗作信物，订下了唐家这门亲上加亲的婚事。宋高宗绍兴十四年（1145），陆游20岁，唐琬17岁，这对青梅竹马、两小无猜的表兄妹在"钟鼓乐之"中结为伉俪，一对有情人终成眷属。

山盟虽在　锦书难托

新婚燕尔的陆游沉醉于温柔乡里，"两耳不闻窗外事"，把应试功课早已抛置于九霄云外。陆游的母亲一向对儿子要求严格，希望他刻苦攻读，通过应试来光耀门楣。但是，陆游与唐琬的缠绵，深深地刺痛了陆母——如此下去岂不断送了儿子的前程。于是，她要陆游休了妻子唐琬。陆游回天无力，只好忍痛与唐琬分离。目送着自己心爱的女人走出家门，陆游的心好痛；虽然希望表妹能有一个好的归宿，但看到唐琬真的走进赵家，走进别人的怀抱时，陆游的心彻底地碎了。

陆游曾一度消沉，随后，渐渐地从悲愤、无奈中苏醒过来，但得到的是会试失利（成绩因高于秦桧的孙子而遭罢黜）的结果。是年三月五日，心情沮丧的陆游到越州山阴城南禹迹寺旁的沈园游玩。陆游正徘徊在沈园的溪桥之上，与唐琬不期而遇。四目相望，惊讶之余，泪眼朦胧。陆游看着憔悴而黯然的表妹和站在她身旁的夫婿赵士程，万般滋味不禁涌上心头。

陆游目送着表妹走到一处凉亭下，看着她与夫婿把盏的情景，惆怅万般。唐琬征得丈夫的同意派人送来一些酒菜，以示关怀。陆游感伤至极，在沈园斑驳的粉墙之上奋笔写下《钗头凤》这一哀怨千古的爱情悲歌：

红酥手，黄滕酒，满城春色宫墙柳；东风恶，欢情薄，一怀愁绪，几年离索，错、错、错。

春如旧，人空瘦，泪痕红浥鲛绡透；桃花落，闲池阁，山盟虽在，锦书难托，莫、莫、莫。

独倚斜栏　随风逝去

唐琬走出陆府后，在宽厚重情的赵士程的同情与谅解下，饱受到创伤的心灵已渐渐愈合。三月五日与陆游的不期而遇，无疑将唐琬已经冰封的心灵又重新打开。

第二年春天，唐琬怀着一种莫名的感觉，不由自主地又来到沈园，徘徊在曲径回廊之间，踱步于溪桥之上，多想再回到从前。忽然瞥见粉墙之上陆游的题词，唐琬孤零零地站在那里，反复吟诵，想起往日二人耳鬓厮磨、诗词唱和的情景，不由得心潮起伏，泪流满面。提笔和词一首《钗头凤·世情薄》：

世情恶，人情薄，雨送黄昏花易落；晓风干，泪痕残，欲笺心事，独倚斜栏，难、难、难。

人成个，已非昨，病魂常似秋千索；角声寒，夜阑珊，怕人询问，咽泪装欢，瞒、瞒、瞒。

知心的人已经分离，现在已非昨日，我的伤感就像秋千绳子晃来荡去。角声悠悠让我心寒，长夜寂寞难以安眠。生怕别人寻问，只好咽下眼泪装出一副笑脸。我的苦衷，我的思念，只能隐藏在心中，只能隐瞒！

追忆似水的往昔，叹惜无奈的世事，感情的烈火煎熬着唐琬，使她日渐憔悴，郁闷成病。以后不久，唐琬在秋意萧瑟的季节就像一片落叶悄悄随风逝去，愁怨而死，只留下一阕多情的《钗头凤·世情薄》，令后人为之唏嘘叹息。

凭吊遗踪　难舍沈园

秦桧死后，朝中重新召用陆游，陆游奉命出任宁德县主簿，远远离开了故乡山阴。随后，北上抗金，又转川蜀任职。40年后的一天，陆游重游沈园，看到当年题《钗头凤》的半面墙壁已残损不堪。园中景色依然，但已物是人非，面对着荒草丛生略显破旧的沈园，他不禁泪落沾襟，67岁的陆游再次题诗以托情怀。诗中小序曰："禹迹寺南有沈氏小园，四十年前尝题小阕壁间，偶复一到，而园主已三易其主，读之怅然。"

枫叶初丹桷叶黄，河阳愁鬓怯新霜。
林亭感旧空回首，泉路凭谁说断肠？
坏壁醉题尘漠漠，断云幽梦事茫茫。
年来妄念消除尽，回向禅龛一炷香。

春去春又来，花开花又落。75岁的陆游第三次来到了沈园，久久徘徊在与唐琬第一次相逢的那座小桥上，迟迟不肯离去。于是又题下两首《沈园怀旧》诗：

其一

梦断香消四十年，沈园柳老不飞绵。

此身行作稽山土，犹吊遗踪一泫然。

其二

城上斜阳画角哀，沈园无复旧池台。

伤心桥下春波绿，疑是惊鸿照影来。

对唐琬的一往情深和无限思念，致使陆游在81岁老态龙钟、步履难移之际，仍时刻不忘与唐琬的情感，时时不忘与唐琬最后一次相见的沈园。陆游又写下了两首《十二月二日梦游沈氏园亭》诗：

其一

路近城南已怕行，沈家园里更伤情。

香穿客袖梅花在，绿蘸寺桥春水生。

其二

南城小陌又逢春，只见梅花不见人。

玉骨久成泉下土，墨痕犹锁壁间尘。

一年之后，82岁的陆游又作《城南》诗一首：

城南亭榭锁闲坊，孤鹤归来只自伤。

尘渍苔侵数行墨，尔来谁为指颓墙。

陆游85岁春日的一天，忽然感觉到身心爽适、轻快无比。原准备上山采药，因为体力不支就折往沈园。经过一番整理，景物大致恢复旧貌，陆游满怀深情地写下了最后一首沈园情诗：

沈家园里花如锦，半是当年识放翁。

也信美人终作土，不堪幽梦太匆匆。

这是一种深挚无告、令人窒息的爱情，听者伤心，闻者垂泪。60年的情感与思念，60年的无奈与愧疚，始终让陆游牵挂的美人已随沈园的落花作古于土下，只可叹幽梦太匆匆。作此诗后不久，陆游就在一生的牵挂与追恋中溘然长逝了。

【萧太后：铁血爱情与辽的兴盛】

张 乔

一个尊贵的姓氏

公元 953 年，辽开国皇帝的妻子述律平寂然去世了。但她的娘家传来了又一个女婴的啼哭，这个小名为燕燕的萧绰，把她开创的太后干政之路，走到登峰造极的地步。

一死一生，两个重量级的女人，在历史上擦肩而过。"萧"，是辽的一个显赫的姓氏。自从耶律阿保机娶了萧家的小女儿述律平之后，皇后必须出自萧家，成了辽政坛的"潜规则"。到萧绰出生时，辽已传了 4 位帝王，其父萧思温是"燕国公主"的驸马，立过军功，野心勃勃。这注定了萧绰无法过平平淡淡、游牧草原的生活。有一天，草原上漫天风沙，萧思温故意叫 3 个女儿去打扫庭院。萧绰最小，可偏偏只有她，把庭院的每个角落扫得一尘不染。萧思温暗暗点头："此女必能为萧家立下大业。"

这简直是东汉典故"一屋不扫，何以扫天下"的辽国版。在萧思温的安排下，萧绰嫁给了皇侄耶律贤。公元 969 年，这对翁婿陪着皇帝出游打猎，皇帝醉倒帐下，他们一个眼色，两名御厨就来"进膳"，拔出尖刀扎向皇帝心脏……

随即，耶律贤登基，称辽景宗，16 岁的萧绰被册立为后。萧思温十分高兴，给女儿女婿安排"蜜月出猎"。但他做梦也想不到，政敌的反扑如此之快，就在这一次暗杀了他。一夜之间，萧绰明白了权力的代价。她把失去亲人的悲痛和对宫廷生活的恐惧深埋心底，使尽浑身解数，获得皇帝专宠。两年后，她生下长子隆绪，皇后地位终于稳固了，命运再一次垂青了萧绰。辽景宗是个励精图治的皇帝，奈何身体太差，繁忙的政务加重了从小就有的心疾。到后来，连上朝听政也支持不住了。在这种情况下，他想到了聪慧过人的妻子。

萧绰以皇后的身份主持朝政，她处事井井有条，又不忘时时向景宗汇报。几年后，辽经济形势好转，军力日渐强大。朝野上下，对年轻的皇后刮目相看。病榻上的辽景宗，觉得十分欣慰。他把一个皇帝所能给予的最高嘉许给了妻子。他召来史官："从今以后，凡记录皇后说的话，也可以称'朕'。"

主政 12 年，天真烂漫的少女也成了成熟的政治家。当辽景宗病逝时，萧绰手握一纸"皇后长子隆绪继位"的遗诏，心如明镜——辽皇位交替一直处于无序状态，遗诏保护不了孤儿寡母。她牵着 11 岁的儿子，召来大臣耶律斜轸、韩德让，含泪问道："我该怎么办呢？"

帝王流泪，能叫臣子肝脑涂地。更何况，还是一个 29 岁、楚楚动人的太后。两位股肱之臣只觉一股热血涌上，当场盟誓："只要你信任我们，就没有什么可担心的。"这是公元982年，辽顺利进入萧太后时代。

辽太后，爱上汉族丞相

萧绰开始了对辽的大规模改革。释放奴隶、奖励农耕，厉行廉洁、治理冤狱、推行《唐律》……监狱渐渐清空，农田里的耕牛和牧场上的马匹多了，旧贵族的钱包也鼓了。

此时，她身边一个男人的身影日益清晰。韩德让是一个汉人，更确切地说，是皇家的奴隶。只不过，积祖父和父亲两代的功勋，韩家已能出将入相。有一年，他的父亲要去镇守幽州，带着他向辽景宗辞行，自然也就见到了代行权力的皇后萧绰。这是韩德让和萧绰第一次见面。他大她11岁，恪守君臣之礼。

两人的爱情如何开始，史无记载。也许，是公元979年的捷报，让萧绰心中一动。当时，宋太宗赵光义统一了中原和南方，决意北伐。韩德让代父镇守幽州，以分兵合围之术，赢得高梁河之战。赵光义坐上驴车，仓皇遁逃。及至后来，韩德让之父不慎犯下死罪时，已能看到萧绰亲自出面求情的身影。

辽景宗死后，太后和韩大人的绯闻，甚嚣尘上。一个宫廷侍卫喝醉了酒，大谈特谈"太后绯闻"，但萧绰只"杖责"了事。她敢爱，就敢认，索性任命韩德让为宫廷侍卫总管、南院枢密使，总理朝政，公开承认两人的关系。

能让萧绰如此倾心的男人，绝非等闲之辈。公元985年，韩德让统一辽的度量衡；公元988年，韩德让敦促萧绰开科举、兴儒学；公元990年，韩德让整顿农耕。在他的影响下，北方草原上不再只闻射骑声，也有了"鸟宿池边树，僧敲月下门"的琅琅书声。终韩德让一生，从未让萧绰失望。

爱情迸发出一个民族融合的盛世，这是萧、韩始料不及的。这段感情发展到最后，萧绰顶住了辽贵族的压力，赐韩德让国姓，改名耶律隆运，户籍由奴隶一跃成为皇族。她的儿子辽圣宗，对韩德让持父子之礼。韩德让病重时，圣宗亲临韩府，端茶送水，喂药问安。

在近年出土的一批辽的金银器上，人们发现了一些铭文，那是萧绰死后，大臣们对她在天之灵的祝福。和她名字连在一起的，则是臣民对病重的韩德让的祝祷。

与宋朝的较量

公元979年，为北汉效命的杨业，投降了宋朝。赵光义知人善用，继续让杨业参与北方边境的军事机密。朝廷里不乏担心杨业再度变节的人，赵光义自然收到一堆告密信。但是，他把这些信都给了杨业。对杨业的信任，可见一斑。

因此，当赵光义派三十万大军北伐，准备一雪被韩德让打得"驴车逃跑"的前耻时，杨业是西路军副帅。不幸的是，辽军箭伤杨业，活捉而去。三天后，杨业绝食而亡。

萧绰器重他是个英雄，但仍然割下了他的脑袋，传遍辽营，鼓舞士气。这一次，赵光义还是没能收复北方要塞幽云十六州。

辽宋之间，必有一战。这就是"澶渊之盟"。1004年，萧绰、韩德让和辽圣宗，举家亲征，一直逼近北宋都城开封。继位的宋真宗赵恒没有父亲赵光义的半分勇猛，惊恐之中打算迁都逃跑。"不行！"满堂重臣，只有寇准，坚决要求宋真宗亲征。

战战兢兢的宋真宗几乎是被寇准"押"到澶州的。寇准是对的，皇帝亲征，对前线将士的激励作用无法想象。顷刻之间，宋军士气大振，射死了萧绰的兄弟、辽大将萧挞凛。

督战的萧绰，看着残阳如血、尸横遍野，心里终于有些凉意了。与此同时，辽后院起火，部落叛乱。萧绰无心恋战，答应和谈。辽宋关系中最引人注目的"澶渊之盟"，就此签订。幽云十六州维持现状，北宋每年给辽"岁币"，银10万两，绢20万匹。

"澶渊之盟"是萧太后一生的巅峰。这是一次外交上的胜利，此后120年间，辽宋再未发生过大的战事。这也是一次军事上的胜利，宋真宗一步退让，导致了幽云十六州"合法"地归属辽。从此，收复幽云十六州成了北宋遥不可及的梦想。而萧绰的脸上，此刻也没有多少胜利的容光，连年征战，收入锐减，部落内乱。"澶渊之盟"过了五年，萧绰就长眠黄土。一年零三个月后，韩德让也追随她而去。

她手握江山和爱情，却最终没有想通：以战止战，错在哪里？

第七篇

海外纵横

【历史上真实的埃及艳后】

水 月

"埃及艳后"克丽奥佩特拉生于公元前 69 年，是亚历山大大帝征服埃及后托勒密王朝册封的君主之一。她的父亲托勒密十二世指定他的长子托勒密和她共同执政，统治埃及。公元前 51 年，克丽奥佩特拉登上王位。

克丽奥佩特拉在古埃及是一位焦点人物，在后人的记述里，这位埃及绝世佳人凭借其倾国倾城的姿色，不但暂时保全了一个王朝，而且使强大的罗马帝国的君王纷纷拜倒在其石榴裙下，心甘情愿地为其效力卖命。但丁的《地狱》、莎士比亚的《恺撒大帝》等，都将这位传奇女人描述为"旷世的肉感妖妇"，而萧伯纳也称她为"一个任性而不专情的女性"。

传闻塑造了一个美艳绝伦的艳后形象，她的神秘与手段自然成为世人关注的焦点。虽说野史、传说和文学作品总能见到这位"埃及艳后"神秘的影子，但有关她本人的文献资料少之又少。历史上真实的克丽奥佩特拉究竟是一个什么样的女人？她真的貌若天仙吗？这个问题的答案最好还是到从她那个年代流传至今的雕像中去寻找。可是，保存至今的雕像实在是凤毛麟角，好在德国柏林博物馆尚有一尊据称是全世界保存最好最完整的埃及艳后的雕像。

这尊雕像所展示的埃及艳后并不美艳，看上去她就是一个平平常常的女人，头发只是简简单单地打个髻，风格朴实，这样的装扮显然无法俘获罗马将领的爱情。她的鼻子应该属于鹰钩鼻，但她的嘴并不性感。她也没有戴任何珠宝，没有耳环，没有项链。

如果说保存在柏林博物馆里的这尊雕像说服力尚嫌不够的话，伦敦大英博物馆举行的"埃及艳后"展览则彻底揭开了这位传奇女人的面纱。这次展览同时展出了 11 座克丽奥佩特拉的雕像，而这批雕像过去一直被误认为其他王后。从这些雕像看，女王不过是个长相一般、脸上轮廓分明、看起来较为严厉的女人。她的个头矮小，身高只有 1.5 米，身材明显偏胖。她的衣着也相当朴素，甚至脖子上有很明显的赘肉，牙齿长得毫无美感。这就是所谓的"埃及艳后"。

难道这就是那位让恺撒大帝和安东尼神魂颠倒的女人？答案是肯定的，但恺撒大帝和安东尼之所以拜倒在她的石榴裙下，与克丽奥佩特拉的姿色并没有直接联系。这是英国一位学者的最新发现，其实在中世纪阿拉伯学者眼中，"埃及艳后"不是靠美色，而是凭卓越的思想和学识征服人心的。

克丽奥佩特拉在阿拉伯世界是备受尊崇的大学问家，她对炼金术、哲学以至数学和城市规划无一不晓。她聪明、诙谐、迷人，她还具有惊人的毅力。克丽奥佩特拉精通多种语言，她的第一语言是希腊语，她也会说拉丁语、希伯来语、亚拉姆语和埃及语。

英国伦敦大学学院埃及古物学者奥卡萨·艾尔·达利在一批从未被披露的中世纪阿拉伯文献中发现，克丽奥佩特拉并不像希腊传记中描写的那样只是一个美艳妖娆的风流女子，她可能是一个富有才华的数学家、化学家和哲学家。克丽奥佩特拉写过好几本关于科学的书，她的宫廷也绝非淫荡之所，而是知识分子聚会的地方，克丽奥佩特拉经常和一些科学家开会讨论科学难题。

至于克丽奥佩特拉的相貌，中世纪的阿拉伯学者从未提及，更没有提及她是靠美色将恺撒和安东尼搞得神魂颠倒。艾尔·达利表示："他们（阿拉伯学者）赞美她的学识和管理能力。"达利具体解释说，人们之所以只将埃及艳后看作一个风流女王，是因为后人对她的认知全都来自于她的敌人。我们当前所有有关埃及艳后的了解，全都来自她当年的敌人——罗马人。罗马人对她相当轻视，将她描绘成一个性感亡国的尤物。

达利在《埃及古物学：迷失世纪》一书中写道："阿拉伯人经常将克丽奥佩特拉称作'善良的学者'，经常引用她的科学著述。"她甚至是一个伟大的建筑师，将尼罗河的水引到亚历山大城，就是她的功劳。像艾尔·巴克里、亚库特等阿拉伯学者都曾在文章中谈到过埃及艳后克丽奥佩特拉，称克丽奥佩特拉当年在亚历山大城设计的建筑计划"史无前例的庞大"。

埃及远古史学家阿兰鲍曼在分析了近年来的考古发现后也表示："'埃及艳后'绝非只凭美色来保家卫国、捍卫王位，她运用的技巧跟我们现在处理国际关系时的做法并没有什么两样。这才是'埃及艳后'美丽与智慧的真正体现。"埃及哈勒旺大学的吉哈宰克教授也说，尽管克丽奥佩特拉不像她与罗马将军的爱情故事中描写的那么漂亮，但他确信她是极聪明的，她应付罗马用的不是美人计。埃及亚历山大希腊罗马博物馆馆长艾哈迈德博士持同样的观点：克丽奥佩特拉在 17 岁时就继承父位当政，她统治埃及是凭聪慧和丰厚的文化底蕴，她与罗马将领们相处的 3 件武器是泼辣、聪慧和温柔。

在克丽奥佩特拉执政期间发生了历史上有名的"亚历山大图书馆大火案"，这座当时世界首屈一指的图书馆毁于一旦。亚里士多德和柏拉图的手稿估计就在其中，有一个房间里放的全是荷马的作品，珍贵的《圣经旧约》的早期文稿也在这次大火中遗失。身为推崇科学的"埃及艳后"，克丽奥佩特拉的悲伤是不难想象的。不幸中的万幸是她最后找回了20万册文稿。克丽奥佩特拉以美貌蜚声当今天下，而智慧才是她最值得称道的资产。

【十二月党人的妻子们：风雪中那美丽的坚守】

刘利民

十二月党人和他们的妻子们的故事，对我们绝大多数人来说是那样陌生和遥远。但无论如何，这段发生在异域的往事，却演绎了人类历史上最崇高的情感故事。

坚贞不渝的爱情使生命得到了升华

1825年12月，趁着俄皇亚历山大一世突然逝世、继承者尼古拉一世尚未登基的空当，一批深受法国启蒙思想影响的俄国贵族知识分子先后在圣彼得堡和乌克兰举行武装起义，试图推翻沙皇统治，实行君主立宪。但由于没有发动广大的劳苦大众，势单力薄，两地的起义很快就被镇压下去了。1826年，彼斯捷尔等五位起义领导人被沙皇尼古拉一世处以绞刑，121人遭到流放。十二月党人发动的武装起义虽然失败了，但这次起义，却唤醒了饱受沙皇蹂躏的俄国大众，在广袤的俄国大地播撒了民主和自由的种子！

十二月党人起义失败后，沙皇尼古拉一世命令他们的妻子与"罪犯丈夫"断绝关系，为此他还专门修改了沙皇法律中不准贵族离婚的条文：只要哪一位贵妇提出离婚，法院立即给予批准。出人意料的是，绝大多数十二月党人的妻子坚决要求随同丈夫一起流放西伯利亚！迫于情势，尼古拉一世不得不答应了她们的要求。但政府紧接着又颁布了一项紧急法令，对她们做出了限制：凡愿意跟随丈夫流放西伯利亚的妻子，将不得携带子女，不得再返回家乡城市，并永久取消贵族特权。这一法令的颁行，无异于釜底抽薪，这就意味着这些端庄、雍容、高贵的女性将永远离开金碧辉煌的宫殿，离开襁褓中的孩子和亲人，告别昔日的富足与优裕！

叶尤杰琳娜·伊万诺夫娜·特鲁别茨卡娅是她们中第一个在西伯利亚监狱里与丈夫相会的。当她在前往西伯利亚的路上途经莫斯科时，人们为她举行了盛大的送行宴会，曾经深深地爱慕过她的普希金也在场。两年后，他将长诗《波尔塔瓦》献给特鲁别茨卡娅公爵夫人：

西伯利亚凄凉的荒原，

你的话语的最后声音，

便是我唯一的珍宝、圣物，

我心头唯一爱恋的幻梦。

后来，在著名的《致西伯利亚的囚徒》中，普希金饱含感情地歌颂十二月党人和他们的妻子：

在西伯利亚矿坑的深处，

望你们保持高傲的容忍，

你们悲惨的劳动，

崇高的志向不会消泯。

不幸的忠实姐妹——希望，

在阴暗的地窟之中，

会唤起锐气和欢欣，

憧憬的时辰即将来临。

穿过阴暗的牢门，

爱情和友谊会达到你们身边，

正像我那自由的声音，

来到你们苦役的洞穴一般。

沉重的镣铐会掉下，

牢狱会覆亡——而自由，

会愉快地在门口迎接你们，

弟兄们会把利剑交到你们手中。

是的，这些血统高贵、风流倜傥的贵族，因为理想而抗争、因为理想而流放，却因为坚贞不渝的爱情而使生命得到了升华！

亲吻镣铐的女性成为俄罗斯爱情的象征

特鲁别茨卡娅在后来的回忆中是这样描述她和丈夫相会时的情景："谢尔盖向我扑来，他衣衫褴褛，蓬头垢面，一阵脚镣的叮当响声使我惊呆了！他那双高贵的脚竟然上了镣铐！这种严酷的监禁使我立刻理解了他的痛苦、屈辱的程度。当时，谢尔盖的镣铐如此激动了我，以至我先跪下来吻他的镣铐，而后才吻他的身体……"这深深感动了俄国另一位著名诗人涅克拉索夫，他写道：

我在他的面前不禁双膝跪倒，

在拥抱我的丈夫以前，

我首先把镣铐贴近我的唇边！……

一霎时，便听不见谈话声和干活的轰隆声，

所有的动作也仿佛戛然停顿，

无论是外人还是自己——眼里都饱含着热泪，

四周围站着的人们，

是那么苍白、严肃，是那么激动。

……

好像这儿的每个人都同我们一起，

分享着我们会见的幸福和苦痛！

神圣的、神圣的寂静啊！

它充满着何等的忧伤，

它又洋溢着多么庄严的思想……

从此，亲吻镣铐的女性成为俄罗斯爱情的象征！人类爱情因为这冷酷、冰凉的镣铐而更加圣洁！

穆拉维约娃：第一个牺牲者

亚历山大拉·格利戈里耶芙娜·穆拉维约娃是在整整斗争了一个月，才争取到流放机会的。她的丈夫尼基塔·穆拉维约夫在从狱中寄给她的信中写道："亲爱的，自我们结婚以来，我没有向你隐瞒任何事情，唯有这次起义之事。我曾多次想对你说出这个不祥的秘密，可是我真怕你为我终日担惊受怕……现在，我给你带来了痛苦和惊吓，我的天使，我愿双膝跪在你的脚下，请饶恕我。"

美丽娇柔的穆拉维约娃虽然当时年仅 21 岁，但她已是两个孩子的母亲，并且正怀着第 3 个孩子。收到丈夫的信后，她悲痛欲绝，但她强忍痛苦，立即回信："亲爱的，请别对我说这样的话，这使我心碎。你没有什么可请求我宽恕的。亲爱的，我嫁给你将近 3 年时间，我觉得自己好像生活在天堂里，幸福无比。然而，幸福不可能是永恒的。爱情中有天堂，也有地狱。别悲伤、绝望，这是懦弱的表现。也别为我担忧，我能够经受住一切。你责备自己将我变成了罪犯的妻子，而我却认为自己是女人中最幸福的……请等着我。你的泪水和微笑，我都有权分享一半。把我的一份给我吧，我是你的妻。"

当尼基塔·穆拉维约夫在监狱里会见从莫斯科赶来的妻子时，他惊诧地发现，经历了千辛万苦的妻子依然略施粉黛，衣饰华贵，美丽娇艳，文雅雍容的仪态，飘逸温柔的举止，为她增添了些许矜持的神采。一朵象征纯洁爱情的白色星形小花别在她的头发上，更为她平添了几分妩媚。此情此景，令尼基塔眼中的泪水夺眶而出："我对不起你。你还是回莫斯科吧。我不愿你与我一同身受饥寒之苦。""为了我们的爱情，我要永远跟随你。让我失去一切吧：名誉、地位、富贵，甚至生命！"说到这里，淡淡的红晕已浮上穆拉维约娃那苍白的面颊。

穆拉维约娃命途多舛，就在她刚到达西伯利亚几个月，便传来了儿子夭折的噩耗，此后不久母亲也去世了，三年后父亲又离开了人间。她在西伯利亚生下的两个孩子，也因气候恶劣而体弱多病。更使她伤心的是，留在莫斯科的两个女儿也患了慢性病，她时常为自己不能亲手照料远在莫斯科的女儿而悲伤啜泣。她在给婆母的信中写道："亲爱的妈妈，我老了。我再也不是从前您'甜蜜的小姑娘'啦，您老人家简直想象不出我有多少白发。"她死后，36岁的丈夫一夜之间白发苍苍。

最勇敢、最温柔的穆拉维约娃成了第一个牺牲者。她临死前非常悲惨：她躺在病床上，先是为丈夫和孩子做祈祷，眼泪沿着苍白的脸颊滚下。最后，她又吻别了熟睡的女儿，才依依不舍地离去。在安葬着穆拉维约娃和她的两个孩子的墓上，人们树起了墓碑，装饰了电灯祭坛。灯亮了数十年，祭坛至今仍保存完好。

那些法兰西女性的浪漫和细腻

大约是许多十二月党人曾经有过在法国留学的经历，在这些流放在西伯利亚的十二月党人的妻子中，有许多法国女性。她们用义薄云天的壮举，她们用法兰西女性的浪漫和细腻，浇开了荒蛮的西伯利亚原野上绚烂的爱情之花！

法国姑娘唐狄在巴黎一听说昔日的情人伊瓦谢夫被判刑、流放到西伯利亚去的消息，立刻以最快的速度赶到俄国，并向当局要求批准她到西伯利亚去与情人结婚。有关官员不敢做主，将此事报告给沙皇。沙皇尼古拉一世叫人向她讲明她将会因此失去一切，甚至不能与别的到西伯利亚陪伴丈夫的十二月党人妻子那样享受某种宽大待遇。可她依然追寻着爱人的足迹来到西伯利亚。她在到处是流放犯人的小镇上打听爱人的消息。据说她曾遇见过一个被流放的强盗，这个强盗也为她的精神所感动，答应替这对忠贞的爱人传递书信，不顾风雪，不顾疲倦。终于，唐狄得到了许可证，他们结了婚，面对漫长而暗无天日的苦役犯生活，她始终没有后悔，也没有怨言。几年后，苦役改为永久流放，虽然处境稍好了些，可恶劣的气候和苦难的生活沉重地压垮了唐狄，她倒了下去。一年后，她的丈夫随她而去。一对异国情侣就这样长眠在西伯利亚的千古荒原！

法国女时装师波利娜·盖勃里的婚礼是在后贝加尔地区的监狱里举行的。她的丈夫伊万·安宁科夫被捕之前曾是一名前途辉煌的贵族军官。当伊万·安宁科夫入狱后，波利娜上呈沙皇尼古拉一世，要赴西伯利亚完婚。也许是当时沙皇尼古拉一世心绪很好，也许考虑到她是法国公民，很快就批准了她的请求！

十二月党人的妻子们，早已成为一座雕像，永远屹立在苍凉的西伯利亚大地。

【世界上第一艘航空母舰的诞生】

文 雪

航空母舰，英文叫作 Aircraft Carrier。我国引用日文的汉字称为航空母舰，简称"航母"。这是一种可以提供军用飞机起飞和降落的军舰，是一种以舰载机为主要作战武器的大型水面舰艇。依靠航空母舰，一个国家可以在远离国土或海空基地的情况下，对敌方进行军事打击。

航母是一支航母舰队中的核心舰船，有时也作为航母舰队的旗舰，舰队中的其他舰船为它提供战斗保护和保障供给。航母的主要任务是以其舰载机编队，夺取海陆战区的制空权和制海权。

战争历史上，水面舰队的威胁不仅来自水面和水下，更大的威胁来自空中。对于空中的威胁，只依靠舰艇上的防空火力，并不能做到有效的打击，没有制空权实际上也就意味着制海权的丧失。但是在茫茫大海，离陆地很远，如何取得空中的控制权，那么以空制空的"双刃"作战武器也就得到了人们的关注。

1910 年 11 月，在美国的东海岸的一个港湾里，静静地停泊着"伯明翰"号巡洋舰。在"伯明翰"号停泊的这些天里，水兵们却非常忙碌，军舰和岸上之间的运输艇往返穿梭，军舰上的敲打声日夜不停，他们似乎在做什么准备。其实，这是舰上的官兵们准备在做一个大胆的试验，让飞机从军舰上起飞。

试验这天，在军舰的头部甲板上已铺设完成了一条 26 米长的跑道，这条跑道是木制结构的，这些天水兵忙碌的工作就是在进行跑道的施工。在跑道的起飞端，停着一架民用单人双翼飞机。当驾驶员走向飞机时，周围的人们都为他提心吊胆地捏着一把汗。这位试飞的飞行员名叫尤金·伊利，他是被美国海军雇用的民间飞行员。

随着一声轰鸣，飞机 26 米长的跑道上冲出后，并没有呼啸上天，而是摇摇晃晃地向蔚蓝的大海里扎去，眼看一场灾难即将发生了。而就在飞机即将栽到海里的一瞬间，勇敢的尤金·伊利沉着、机敏地操纵着飞机尾部的水平舵，把飞机拉了起来。飞机接着向前飞行了 3000 米，在海湾的另一个广场上着陆了。

对这一次成功的试验，人们给予了热烈的掌声的欢呼声。后来经过分析，飞机飞离军舰后差点栽向大海的原因是飞机滑跑的距离太短，速度不够，升力不足。不过这的确是一次成功的试验，这次成功的试验也震惊了世界。

在这次试验后的两个月，美国海军又进行了一次飞机在军舰上降落的试验。水兵们在"宾夕法尼亚"号巡洋舰的后主甲板上，铺设了一条 36 米长的木制跑道。这条跑道一反常规，在平整的跑道上横着一条条绳索，每隔一米横一条绳索，绳索的两端都系着沙袋。进行降落试验的飞行员还是尤金·伊利。他从附近的机场起飞，当到达"宾夕法尼亚"号巡洋舰上空时，他操纵着飞机对准跑道，呼啸着俯冲下来。飞机在人们的惊叫声中，在舰上着落了，只见飞机着舰后的滑行中，机身下安装的一个钩子勾住了一道道绳索，拖着沙袋向前滑行。由于飞机勾着沙袋，增加了阻力，飞机很快就停下来了。通过一起、一落这两次成功的试验，证明了飞机是可以从军舰上特制的跑道上起飞、降落的。随后，美国国会同意拨款作为海军的事业费。

此后，英国、法国、日本等国家也相继进行试验，并且都先后试验成功了。研制航空母舰，它已不是一项孤立或单纯的行为，它是为了战争。从近代化的战争开始，在制海权与制空权上，有关国家都在进行探索与试验。因此，航空母舰的诞生是空战与海战发展的必然结果。

1903年，美国人莱特兄弟成功地研制出第一架飞机，接着各国争相研究和制造飞机。在战争中，飞机的出现显示了它的强大的生命力和广阔的发展前途。在当时的战争中，飞机只能在陆地机场起降，并且航程较短，无法参加海战。为使飞机能参加海战，1910年美国成功的试验证明，在大型舰船上设置飞行甲板，供飞机在舰船上起降直接攻击敌方是可行的。

英国是第一个制出航母的国家。1912年5月，英国飞行员查尔斯·萨姆森驾驶着飞机从一艘行驶中的战舰上起飞。英国第一艘航空母舰则是由"暴怒"号巡洋舰改装而成的。1917年，英国将一艘正在建造中的勇敢级大型轻巡洋舰"暴怒"号成功地改装为世界上最早的真正意义上的航空母舰。作为大型轻巡洋舰的"暴怒"号，原定设计为安装两门18英寸口径主炮，结果在仅仅安装了军舰尾部的主炮时，便改变了原定设计，舰首则安装了飞行甲板，在舰体中部上层建筑前半部铺设了69.5米长的木制的飞行跑道直达舰首。炮塔和弹药舱的位置留作容纳8架飞机的机库。"暴怒"号于1917年6月完工并开始服役。1917年8月2日，英国海军少校欧内斯特·邓宁驾驶战斗机用与军舰平行飞行侧滑着陆的方式，成功地降落到航行中的"暴怒"号前甲板上，这是世界上首次飞机在航行中的军舰上降落的尝试。几天之后，邓宁再次试验，结果飞机翻出军舰坠入海中，欧内斯特·邓宁不幸以身殉职。

1917年11月，"暴怒"号回船厂改装，舰尾的主炮被拆除掉了，使"暴怒"号彻底改装为航空母舰。改装中从烟囱和上层建筑后部一直延伸到舰尾后部加装了86.6米长的飞行甲板，同时安装了简单的降落拦阻装置，用于飞机降落。中部两侧舷各有一条通道与舰首起飞甲板相通，使飞机可以通过从左舷和右舷绕过上层建筑。改造于1918年4月完成，排水量近2万吨，航速为每小时31.5海里，可搭载20架飞机。由于这是改装的航母，因此原巡洋舰中部的舰桥、桅杆以及烟囱等建筑未拆除，甲板分别前后两块，烟囱排出的热气和上层建筑造成的气流令人捉摸不定，飞机起落既不方便又很危险，为此，飞行员们大多选择在水上降落。可以说，此时的"暴怒"号还是一艘很不完善的航空母舰。

1918 年 6 月，这已是第一次世界大战的后期。"暴怒"号和为它护航的轻巡洋舰、驱逐舰遭到了德国水上飞机的攻击。头两架骆驼式飞机，未能斗过德机。第二次抗击取得了成功，击落敌德国一架水上飞机。就在这年 7 月，从"暴怒"号起飞的飞机，成功地轰炸了德国的一个空军基地，这是第一次从航空母舰上起飞进行的战斗攻击。

不久，英国又把一艘正在建造中的"卡吉士"号客轮改装成真正的航空母舰，命名为"百眼巨人"号。"百眼巨人"号具有全通式的飞行甲板，也就是说飞机的起飞和降落甲板是连在一起的，而且飞行跑道更长了，这样使得飞机的起降更加安全和方便。

第一次世界大战之后，美国海军经过不懈的努力和成功的航空兵轰炸军舰的试验，证明了大型战舰必须有空中的掩护，这一掩护的最好角色就是航母。1921 年，美国设立了第一个海军航空局。1922 年美国将三艘舰船改装成航母，1927 年编入现役，同年美国又批准新设计建造了一艘万吨级的航母"漫游者"号。

1922 年底，日本新造了一艘"凤翔"号航空母舰。这是世界上第一艘非改装而是经专门设计后建造的航母。它已经初步具有现代航母的样子，不仅具有全通式飞行甲板，而且上层的建筑很小，位于舰的右侧，可携带 21 架飞机，只不过吨位较小，排水量只有 7000 多吨。

随着航母的诞生至今已有近百年的历史，目前现代航空母舰编队以及在航母上起降的舰载机已成为高技术密集的军事系统工程。现代航母编队已成为战略性攻击力量，尤其是海湾战争、伊拉克战争中，美国航母上起飞的飞机对伊拉克的本土进行打击，航母的作用凸显得淋漓尽致。

【敦刻尔克"败而不败"奇迹之谜】

马 骏

第二次世界大战西欧作战打响后，法军与英军几乎是一溃千里。几十万德军以每天进攻 30 到 40 公里的速度向法国纵深推进，直扑布列塔尼半岛，扑向了英吉利海峡。此时，几十万英法联军被包围在敦刻尔克，除非出现奇迹，只要德军再紧缩一下兵力，敦刻尔克包围圈内的联军可能就全军覆没。

然而，幸运女神真的在此时眷顾了一下曾经不堪一击的英法联军——不可思议的奇迹真的就发生了。

奇怪的命令

1940 年 5 月 23 日，德军古德里安上将的第 19 装甲军到达格拉夫林，这里离敦刻尔克还有 16 公里，而在其右翼的莱因哈特的第 41 装甲军，也已到达达艾尔—圣奥梅尔—

格拉夫林运河一线。两支劲旅只需再加把劲，就可以直取敦刻尔克，而后继的几十个步兵师也正源源不断地跟进。面对联军越来越顽强的抵抗，古德里安上将加紧了向敦刻尔克海港的进攻，决心率领他的装甲部队再打一个围歼战，将英法军队的数十万人马彻底消灭在滨海地区。5月24日，古德里安上将集结好进攻用的坦克群，准备突入敦刻尔克港，给英法联军最后一击以结束这场战役。但是，中午12时37分，他突然接到了希特勒的命令：就地停止前进，撤回先头部队，只准许执行侦察和警戒任务的部队继续前进。

当时，古德里安正在吃午饭。他接到这个命令之后大吃一惊，他第一个反应就是现在最希望得到这个命令的是英国人，而不是我们德国人！他马上询问总部这究竟是怎么回事。可是，他得到的回答是："元首的命令不可更改。"德国陆军总参谋长弗朗茨·哈尔德极其沮丧地在日记中写道："左翼，由装甲部队和摩托化部队组成，前面没有敌人，但在元首直接命令下，将就地停止前进。"

5月25日上午，德军陆军总司令海恩里希·瓦尔特·冯·布劳希奇元帅再次试图说服希特勒改变他的决定，命令德军继续收缩对敦刻尔克的包围圈。然而，希特勒回答："我已将西线作战的指挥权交给了A集团军群，而A集团军群司令龙德施泰特元帅也不同意这样做，坚持将装甲部队随时投入下一阶段的南方作战。"

生死时速——英法联军"胜利大逃亡"

直到48小时之后，希特勒才下达了重新恢复前进的命令。而这48小时对敦刻尔克包围圈内的联军来讲，简直是开了一条生路。

48小时的时间，让几十万英法联军有了绝好的逃生机会，联军在敦刻尔克加强了防御力量，布置了3个步兵师和大量的大炮，挡住了德军的进攻。英国指定海军中将伯特伦·拉姆齐担任"发电机计划"的总指挥，另外组成了一个16人的参谋班子，统筹指挥敦刻尔克的撤退。而这时，英法联军的唯一生路就是敦刻尔克40公里长的海岸线，从5月10日以来，两个星期里海岸线一直遭到德军的猛烈轰炸，船坞、码头全部被炸成废墟，唯一还可以供船只停泊的只有一条不足1200米长的东堤。就是这1200米的东堤，成为了几十万联军的生命线。5月26日18时57分，拉姆齐下令实施"发电机计划"，从而拉开了敦刻尔克大撤退的序幕。

从敦刻尔克到英国有3条航线，但由于德军的炮火封锁，唯一能够使用的只有Y航线，全程近76海里，需要6小时到达英国。Y航线航程是原计划的两倍多，要想撤出同样多的人，就得需要两倍以上的船只。兵多船少，成为大撤退行动中亟待解决的问题。

焦急的英国人顾不上保守秘密，在无线电广播里大声向全国呼吁，号召所有拥有船只的人都来加入撤运联军的舰队。数以千计的民众驾驶着各式各样的船只闻讯赶来——一支奇形怪状的舰队很快在英国东南部港口汇集起来。舰队中有政府征用的船只，但更多的则是自发前去运送部队的民众，他们没有登记过，也没有接到过任何命令。在这支"无敌舰队"中有：银行家、医生、出租汽车司机、码头工人、工程师、渔民、游艇驾驶员……许多人穿着破旧的衣衫，脚蹬破口的鞋子，浑身让风雨和海水弄得湿淋淋的，饥肠辘辘地坚守在彻骨的海风中。暗夜中，他们"边靠猜测边靠上帝"地航行着。

此时，在敦刻尔克海滩，撤退同时进行。成千上万的士兵排成一行行，50 人编为一组，他们站在沙滩上，站在没踝、没膝、齐胸的海水里，等候救援船只。

大撤退开始的当天，正在威斯敏斯特大教堂为大撤退祈祷的英国首相丘吉尔感动地说："我坐在唱诗班的位置上，能感觉到民众有害怕的心情，不是怕死，不是怕伤，或者怕物资损失，而是怕英国战败和最后灭亡。"

大撤退的航线尽管处于德国空军的空中威胁下，却没有德军炮火的封锁，相对比较安全。

在英国和法国民众的支持下，联军从敦刻尔克撤退的速度越来越快：5 月 28 日，撤走 17804 人；29 日，撤走 47310 人；30 日，撤走 53823 人；5 月 31 日与 6 月 1 日，两天撤走 132000 人。

至 6 月 4 日 14 时 23 分大撤退结束，联军共从敦刻尔克撤走了 338226 名官兵，为以后取得战争的胜利保存了巨大的有生力量。英法民众和联军共同创造了"敦刻尔克大撤退的奇迹"，也创造了人类战争史上的奇迹。

就这样，希特勒的一个奇怪的命令，让英国人创造了战争史上的一个奇迹。

希特勒下令动机何在

希特勒为什么违反军事常识，在最为关键的时刻，下达这样一个停止前进的命令呢？他没有对自己的命令做过多的解释。于是，战后人们一直在猜想答案，或许这就是这个问题的迷人之处吧。

可能有三种因素促使希特勒下达了这个命令。

第一个是军事上的因素。西线作战开始后，德军进攻速度快到不仅打乱了英法联军作战指挥的时间表，而且打乱了德国人自己作战指挥的时间表。德国人自己都没有想到进攻这么快，得手这么容易！A 集团军群 7 个装甲师像一把钢刀一样，一下就推向了布列塔尼半岛，直扑英吉利海峡，将法国境内的英法联军割裂开来。这样一来，希特勒与 A 集团军群总司令龙德施泰特特别担心部队大纵深推进后，后勤补给不能跟上，部队的两翼可能遭到法国境内的英法联军的南北夹击。而一旦遭到夹击，德军将腹背受敌。

战争期间，希特勒有一个习惯，每天晚上 7 点钟要听听轻音乐。可是，当他听到龙德施泰特汇报后，立即中断音乐。他意识到龙德施泰特的担心的严重性。

龙德施泰特是德国军事史上一个重要的人物，他的全名是卡尔·鲁道夫·格尔德·冯·龙德施泰特。他出身世代军人家庭，他的家族生生世世当军人，已有八百年历史。龙德施泰特是一个典型的职业军人，他深受德国作战思想的影响，先计算后冒险，三思而后行，作战非常稳重、沉着。希特勒对龙德施泰特非常尊重，在德军 26 个元帅中，龙德施泰特是唯一敢不摘手套与希特勒握手的人。所以，希特勒很快与龙德施泰特交换了意见，最后下命令让古德里安的部队停止前进。

第二个因素出自戈林。赫尔曼·戈林在纳粹德军中是仅次于希特勒的一个人物。希特勒 1941 年 6 月 29 日曾经颁布一个指示："如果我不在的时候，由戈林承担起我对国家的责任。"

第一次世界大战后，由于德国不允许拥有空军，所以戈林失业了。他十分痛恨《凡尔赛和约》中断了他的飞行事业。就在他最不得志的时候，他遇上了希特勒。1922 年11 月的一个星期六，他在慕尼黑参加一个集会时，顿时被正在演讲的希特勒所折服。他自己说："我终于找到了一个能够代替德国皇帝的人，这就是我们后来的元首。"而希特勒也非常喜欢戈林，很快让戈林担任自己的冲锋队队长。从那开始，戈林就成为希特勒和纳粹运动的忠实信徒。他拿出全部能力为希特勒和纳粹运动制造罪恶。

西线战役时，戈林担任纳粹德国空军总司令。这时，他提出要求，由他率领下的德国空军解决敦刻尔克包围圈的英法联军。而希特勒也愿意让戈林露一手，以巩固他在纳粹党中的副领袖的地位，于是，命令陆军停止前进，而指令戈林的空军向包围圈内的英法联军实施强大的航空火力突袭。对此，古德里安十分恼火地说："我想促使希特勒做出这个决定的主要因素之一就是为了戈林的虚荣心。"

戈林的空军部队整天在敦刻尔克的海滩上空盘旋俯冲，大批斯图卡式俯冲轰炸机不断地骚扰，但是，英国皇家空军把凡是可以动用的战斗机都投入到敦刻尔克上空，战斗机的飞行员有时一天出击四次，这使得戈林的空军不敢毫无顾忌地轰炸正在渡海的舰只。

但是，德国空军也没有发挥全部的力量，一些德国将领说希特勒如同制止地面部队一样制止了德国空军。所以希特勒除了军事目的之外一定还有什么原因导致他发出停止前进的命令。

第三个因素来自政治方面。希特勒一直想诱降英国。在纳粹的种族理论里面，英国人是高等人种，不是希特勒征服消灭的对象。希特勒曾强烈批评威廉二世，说如果不推行"世界政策"、不和英国为敌，德国在第一次世界大战就不会失败。在希特勒看来，英国最好就待在海岛上，别管欧洲大陆上的事儿。他直言不讳地说："英国人应该把黑暗与欧洲留给我。"

当然，他也考虑到登陆英伦三岛确实很困难。希特勒制定了一个代号为"海狮"

的登陆英伦三岛的作战计划。然而，他曾对部下说："英吉利海峡毕竟不是一条河！"既然登陆困难，莫不如放英国人一马，让英国人在"体面"的情况下，同自己恢复和平。于是，他下达了停止前进的命令。

然而，他万万没有料到，被他骂为"只知抽雪茄的乡巴佬"丘吉尔，根本不买这个账。大英帝国继续坚持与纳粹帝国战斗到底。不管希特勒出于什么因素考虑下达的那个命令，对于英法联军来说，奇迹是发生了。

这次大撤退对于英国人来说，是一次"败而不败"的会战。历史学家认为："敦刻尔克英勇而成功的大撤退，犹如在希特勒圣墙上楔进了第一个钉子。"一个 67 岁的英国老太太站在岸边欢迎英国军人说："我的孩子们，你们安全地回来了。你们回来了，希望就回来了。感谢主，你们还会回去的。"

然而，对希特勒来讲，这是一次"胜而不胜"的会战。希特勒的一个命令让 33.8 万多人在绝境中撤回了英伦三岛，进而为后来的盟军大反攻准备了有生力量。

【丘吉尔一度想除掉戴高乐】

李 兵

几乎全世界都知道，二战时的英国首相丘吉尔与法国抵抗运动领导人戴高乐是盟友。他们在各自国家也都被视为民族英雄。然而，这两位"二战"英雄之间却存在矛盾，丘吉尔甚至一度想搞掉戴高乐。

丘吉尔称戴高乐有法西斯主义倾向

1943 年 5 月 21 日，一份来自华盛顿的密码电报传到了英国政府，电报的署名是"英国人"。"英国人"是英国最后一位超级政治英雄温斯顿·丘吉尔的电报签名。当时丘吉尔在美国，正与美国总统罗斯福商讨重大战略。他在给内阁成员的密码电文中说："我现在必须严肃地提醒你们，事态很严重。我认为，如果对事态不加以控制，就会发展成真正的危险。"

丘吉尔发给副首相（克莱门特·阿特利）和外交大臣（安东尼·艾登）的绝密电报的内容在英国政府中引起了恐慌。丘吉尔屈从于美国的压力，建议将那个傲慢、固执、身材瘦长的法国人"作为一种政治力量来消灭"。他打算威逼在英国的"自由法国"的盟友们抛弃那个自认为法国救世主的戴高乐将军。

丘吉尔敦促英国内阁停止向"自由法国"提供一切资金援助，除非他们同意不让戴高乐担任其领导人。在同一天的第二份电报中，丘吉尔指责戴高乐有"法西斯主义倾向"。他附上了罗斯福总统向他提供的一通指责戴高乐的文件。

丘吉尔向英国伦敦提供的一些美国外交电报透露，在戴高乐的组织中，有一些高层人物对这位伟人从心底里感到厌恶，与美国人合谋要将他搞下台，主谋看来是戴高乐"派往盟国政府的特使"莫里斯·德让。美国驻英国大使约翰·怀南特在电报中称，戴高乐对盎格鲁－撒克逊人失去了信心，打算与苏联或者纳粹德国打交道。不过，英国政府后来指出，这项指责非常荒谬。

戴高乐不愿法国成为英国附庸

为了理解为什么这个时刻如此重要，下面简单回忆一下 1943 年 5 月发生了什么事。

丘吉尔不顾医生的建议，前往美国，是为了消除美国将军们要求早日进攻法国的压力。他成功了，但那是在罗斯福突然向他提供反对戴高乐的档案之后。美国人刚刚攻入阿尔及尔（当时仍是法国的殖民地）。他们正在扶植一位勇敢地逃离了德国的囚禁、职位在戴高乐之上的亨利·吉罗将军。罗斯福错误地认为吉罗可以将一大批躲藏起来的法国原陆军和海军人员召集于麾下，支持盟军。

戴高乐拒绝与吉罗合作。他担心战后美国人不会关心法国的未来。他沉迷于自己近乎神秘的想法之中：法国战后成为一个伟大的国家，而不是被英国拯救出来的附庸国。到 1943 年，戴高乐知道，盟军的胜利是必然的。在他看来，法国面临的真正威胁是，法国在解放后会永远失去自己的地位，以及爆发共产党领导的起义和内战。他担心，如果法国领导人在反法西斯斗争中任人摆布，必然出现这两种结局。

在罗斯福和丘吉尔看来，"二战"是人类历史上毁灭性最大的战争，因此戴高乐总是以法国为中心，像个法兰西民族的救世主。尤其是罗斯福，在反戴高乐的流亡分子和美国国务院中同情维希政府的人的说服下，他认为戴高乐是伪装的法西斯分子，他将对法国实行独裁统治。

美国想另外扶植一名法国将军

5 月 23 日晚，英国副首相阿特利召开了战时内阁紧急会议。同一天晚上，他和外交大臣艾登用三份电报回复了丘吉尔。他们告诉丘吉尔，他是在危险地滑向以美国为中心的观点："突然与戴高乐绝交，可能会造成一种无法对付的局面。美国人在这个问题上是错误的，可能对英美关系产生不利影响。"

他们说，戴高乐担任领导人不仅符合法国而且符合英国人的最大利益。没有他，抵抗运动和"自由法国"的军队都将会垮掉。内阁告诉丘吉尔，不管怎么说，戴高乐正准备飞往阿尔及尔，与吉罗达成协议。这只是一种巧合呢，还是阿特利和艾登给这位将军通风报信了呢？目前还不清楚，丘吉尔在 5 月 24 日回电，他承认拟议中的戴高乐－吉罗会晤改变了一切。但是，丘吉尔明确表示，一旦出了岔子，他将归咎于阿特利和艾登。

紧接着，戴高乐飞到阿尔及尔，与吉罗达成了共同领导"自由法国"运动的协议。5个月后，美国偏爱的这位吉罗将军下了台，而戴高乐成了未投靠德国人的、法国人无可争议的领袖。

没有戴高乐解放法国会更难

1943年5月的这些电报很耐人寻味。戴高乐可能在私下对同事说过，战后的法国将不得不与德国合作，而不能让自己被美国和英国所压倒，这当然是后来欧洲建立共同市场的动机之一。1963年，戴高乐否决了英国人加入欧洲共同体的申请，因为他相信英国始终会倾向美国，而非欧洲。

1943年5月23日晚，英国战时内阁改变了法国以及欧洲历史的进程。没有戴高乐，法国的解放将会付出更高的代价、更加混乱，战后的法国以及欧洲令人惊叹的复苏有可能毁于内战。

【一场电影攻陷一个国家】

侯继超

"轰！轰！"震耳欲聋的爆炸声撕开了云层，伴随着阴沉的呻吟，轰炸机铺天盖地地袭来。夜色中，只见那远处天边炮火的红光不停闪烁，到处都是刺耳的炸弹爆炸声。一座座高楼在烟雾弥漫中倒下，尘土和黑烟冲天而起。

一张张惊慌失措的面孔不断闪现。孩子的眼睛中充满惊恐，妇女的脸庞上挂着泪痕，老人们瑟缩地抖着身子，无数人默默地拥挤在破败的街头，等待着命运之神的到来……

一辆辆军车满载着装备整齐的德国士兵疾驰而来，他们趾高气扬地开进华沙，在宽阔的街道上列出方队，胜利前进……

"女士们，先生们！"电影放映完了，灯亮了，德国大使笑容可掬地发话了，他看着那些还未从刚才的恐怖场面中清醒过来的达官贵人们说道，"刚才请大家观看的这部短片是德国军队攻克华沙的场面。你们已经看到，伟大的德国军人以势不可当之进攻摧毁了波兰的首都。我想，大家一定可以从中得到一些平素没有的乐趣。这便是我开这次电影招待会的目的。"

坐在放映厅中的高官显贵全被刚才惊心动魄的一幕惊呆了，直到大使讲完话，这些人才你看我、我看你，眼睛中流露出不安和惊慌。

应邀前来观看电影的都是挪威的军政要员、工商巨富等上层人物。他们到最后都没弄明白，为什么大使先生要用这样的电影来"招待"他们。

原来，举办这次电影招待会是纳粹德国的一次密谋行动。德国人企图通过这次行动达到"不战而屈人之兵"的目的，对挪威权贵夺气攻心。在开这次招待会之前，德国大使特地拟订出挪威上层人物的名单，并且对他们一一做出了邀请。

这些挪威的军政大员们做梦也没有想到德国人为他们安排了这样一个别开生面的"电影招待会"，他们完全被纳粹德国军队咄咄逼人的气势吓住了，更令他们没有想到的是，更加悲惨的命运在等待着他们。

在电影招待会召开的第二天，德军以迅雷不及掩耳之势出兵挪威。德国海军舰队来到了奥斯陆峡湾入口，然而令他们头疼的是，他们遭到了挪威海军的坚决抵抗，损失惨重。

同时，一支德军伞兵部队从天而降，幸运地落到了一个没有设防的机场，中午便和及时到来的空运部队一起排着整齐的方队，开进了挪威首都奥斯陆。

尽管挪威国王及王室成员得以保全尊严，撤出首都奥斯陆，但是那些心惊胆战的挪威上层军政要员早就被那部可怕的电影吓破了胆，他们没有进行一丝一毫的抵抗，恭恭敬敬地让出了挪威的"心脏"。

两个月之后，挪威全境被德军占领。由于上层统治集团的惧怕心理和卖国求荣行为，虽然国王坚强不屈，号召全体人民进行抵抗，但最终还是因寡不敌众而失败了。

通过战前的心理战，德军迫使挪威上层人士在没有开战之前便在精神上丧失了斗志，对纳粹德国产生了畏惧心理。甚至区区一支伞兵部队便轻而易举地占领了挪威首都奥斯陆，还差点儿俘虏了国王……

【历史的经验不值得注意】

林子明

历史的经验值得注意，也可以不注意，宁愿不注意。希特勒军队入侵苏联时，苏联的犹太人没有意识到大难已经临头。如果他们一开始抓紧时间向后方逃亡，是可以逃脱纳粹的魔掌的。要命的是犹太人对德国军队抱有好感。根据历史的经验，十月革命后那些"入侵俄国的外国干涉军中，德军的军纪算是好的"。上了年纪的犹太人还记得当年白军头目彼得留拉在乌克兰屠犹，哀鸿遍野，血流成河；幸亏德国军队进驻，才制止了彼得留拉的屠犹。

如今德国人会怎样对待犹太人呢？难道还会坏过彼得留拉？尽管苏联政府于战争爆发后不断宣传纳粹残暴，犹太人主动随苏军后撤离的却不多。这造成了惨痛的后果，1941 年至 1944 年，德国党卫军屠杀了 90 万名苏联犹太人。

再说犹太人。波兰与丹麦是两个居住着犹太人的国家，两国的国情差别很大。波兰人是苦难民族，几个世纪以来一直遭受列强欺凌，国家四次被瓜分，卡廷森林惨案是世界史上重大悲剧之一。丹麦人是幸运民族，几个世纪以来生活富裕，国泰民安。波兰民族被纳粹视为劣等种族，处境只比犹太人好一点。丹麦是北欧国家，按法西斯标准，属高等种族。

二战爆发，波兰、丹麦相继沦陷，两国的犹太人同时沦入纳粹之手。根据一般判断，波兰人可能对犹太人伸出援助之手，而丹麦人却可能成为德国人迫害犹太人的帮凶。理由很简单，波兰民族与犹太人同属苦难民族，天下受苦人一条心。丹麦人被纳粹列为"高等种族"，饱汉怎知饿汉饥？

事实上德国占领丹麦后一直对丹麦采取亲善政策，包括不在丹麦设立占领机构、允许丹麦保持军队和原政府机构、鼓励两族通婚，等等。党卫军在丹麦屠杀犹太人，丹麦人即使不配合，起码可以睁一只眼闭一只眼。

与人们预料的完全相反，波兰人在整个战争期间两次屠杀犹太人，一次在1941年，一次在1945年。丹麦人在战争期间上至国王、高官，下至警察、平民，开展了一场全民族营救犹太人的运动，个别人甚至为此献出了生命。

波兰人第一次屠犹极其没道理，1941年，纳粹连屠杀波兰犹太人的计划都还没有制订，波兰东北部耶德瓦布内镇的波兰居民突然发生了暴动。暴动的目标是针对比自己更苦的犹太人。

7月10日，"镇上几乎所有的犹太人（大概有1600人）惨遭杀害。有的人是在街道和墓地被人用棍棒、钉子鞭、砍刀、石头打死的，有的人是被赶到木制仓库里用火活活烧死的……幸免于难者屈指可数"。杀害犹太人的是普通波兰人，有些犹太人死于自己邻居手里。

波兰人第二次屠犹更加没有道理。1945年法西斯德国覆亡，美军解放了奥斯威辛集中营，少得可怜的犹太人幸存者被释放了，但当他们回到被洗劫一空的家中时，发现等待他们的是死亡。波兰用一场大屠杀来庆祝赶走纳粹，在这场大屠杀中有350名犹太人遇害。

过去总把耶德瓦布内惨案挂在德军的账上。2002军波兰国内战争罪行调查组公布了调查结论，证实"没有发现任何有德国军人在场的证据"。2001年3月，波兰政府下令将耶德瓦布内惨案纪念碑（碑上写着"德国法西斯在这里杀害了犹太同胞"）移走。波兰总统、总理、大主教发表公开声明，"不同程度上承认了波兰人杀害犹太人的罪行"。4月9日，波兰总统克瓦希涅夫斯基发表书面谈话，"代表波兰人民向犹太兄弟和以色列人民道歉"。

反之看丹麦人。德国占领丹麦后曾勒令全体犹太人佩戴六角星标志，丹麦国王克里斯蒂安十世说，如果犹太人必须佩戴六角星，那我们也佩戴。在国王的带领下，结果全体丹麦人都戴上了六角星。1943年，因丹麦出现了抵抗运动，德国和丹麦的关系骤然恶化，8月，德军开驻丹麦首都，软禁了国王并迫使丹麦政府辞职。接着纳粹决定遣送犹太人出境，这意味着丹麦所有犹太人将要被送入灭绝营。得知这一消息后，丹麦全国上下行动起来，开展了一场全民性的救援行动。他们设法通知犹太人，德国人即将开始大搜捕。在丹麦人的帮助下，犹太人全部隐藏起来。与此同时，丹麦人克服重重障碍与瑞典政府取得了联系，瑞典政府也伸出援救之手，表示愿意在几个指定的港口接收有组织出逃的犹太人。在丹麦地下组织的精心安排下，人们在夜间用小船把一批批犹太人送到瑞典避难。两个月后，德军在丹麦全境大搜捕，只抓到500多老弱病残犹太人。丹麦人英勇的救援行动还有一个令人感动的尾声，犹太人逃亡之后，他们在丹麦的住房、财产等都被当地的丹麦人妥善地照看守护，二战后这些财产全部归还了犹太人。

谁能回答，历史的经验何以如此被颠覆？

【夭折的日军"性病战术"】

樊富庄

第二次世界大战时，当日军占领的太平洋各岛受到美军的进攻时，他们不仅动用了飞机、战舰、坦克等武器来进行抵御，而且有计划、大规模地采用了世间最卑鄙的武器——"性病武器"，又称"性病战术"。

"性病武器"是一个名叫金马的日本医学博士提出并发明的。1942年3月，正是太平洋战争开始之际，金马博士就以极富有远见的目光预测到，太平洋各岛早晚会因美军的反攻得而复失。他发现岛上的女人多数穿得很少，甚至上身和腿是裸露于外的，性感迷人，且热情似火，男女关系很随便。

据此他预测，一旦美军登陆太平洋各岛，他们距家千里之遥，身边又没有妻室儿女，欲火如焚，看见岛上漂亮、热情的女郎，必然如狼似虎。于是，金马向日军参谋总部献计献策：凡属美国进攻必被夺取的岛屿，日军放弃前，先给岛上的女人注射性病病菌，如梅毒、淋病等，使其在美军中迅速传染，这样，美军的战斗力将被极大地削弱，日军趁机进行反攻则易如反掌。

日军参谋总部却认为这只是金马博士个人的一个灵感，事实上根本没有必要采取这一措施。那时，日军当局很自信，他们认为日本的兵力是世界上独一无二的，别说美军不能反攻，日军还要寻找机会对美国发起进攻呢！受到冷落的金马博士并没有放弃他的所谓"性病武器"，仍在偷偷地进行药丸、注射等试验。

没过多久，太平洋诸岛相继失守，日军自信心大减。这时，日军参谋总部忽然又想起了金马博士当初所提出的建议，遂立即于1943年12月5日邀请金马博士详谈有关"性病武器"的制造与使用办法，并批准太平洋诸岛倘若做必要的撤退，撤退前要对诸岛上的所有年轻女性进行"性病病菌注射"。

这无疑是对太平洋诸岛女性所实施的一种最卑劣的阴谋，却被列入了日本作战计划最机密的一部分。

1944 年 6 月，太平洋战事危急，日军当局催促金马博士立刻出发。6 月 12 日，即美军攻击马来群岛的第二天，金马博士便带领一支由医生、护士和技术人员组成的"性病武器"制造队，乘海军潜艇前往关岛，开始正式实施他的"性病战术"。

然而，培养病菌需要相当多的时日才能酿成，在战事如此紧要时实施显然为时已晚，所以，日军在太平洋诸岛的战事最后还是以失败告终。至此，日军在第二次世界大战中策划并实施的，也是世界战争史上最卑鄙的"性病战术"随之破灭。

第八篇

秘密档案

【毛遂其实还有自惭】

刘诚龙

　　毛遂在平原君那里当了三年食客，才不露，能不显，不惊不乍，不咸不淡，平原君没有正眼瞧过他，国有疑难怎么也想不到问他。秦国围住了邯郸，平原君想从千儿八百食客里挑选 20 个"有勇力文武备具者"到楚国去游说求救，"合纵于楚"，选了 19 人，想凑个整数，硬是想不起来凑谁。此时毛遂便自告奋勇，自个儿推荐自个儿。平原君还是有点不相信他，问他在这里几年了，毛遂说已有三年。平原君说："你在我的布袋里三年，是锥子应当早就刺破布袋显露出来了，可是你一直没露出来啊。"毛遂说："我今天就是要请求你把我放进你的布袋。"平原君见他如是说，就把他凑了个整数，同意带他出使楚国。结果，毛遂不辱使命，在平原君结结巴巴、不得要领向楚君陈述得夹缠不清之际，毛遂抱剑上前，巧舌如簧，舌灿莲花，以雄辩的口才说服楚王联赵结盟，共同抗秦。

　　毛遂这番举动，是人人皆知的事。但关于毛遂，人们可能也仅仅只知这件事。毛遂这样露了一把脸，我曾经想当然地认为他此后一顺百顺，人生就此写满辉煌篇章。其实不是，毛遂后来死了，在他自荐之事没满一年，就死了，死因还真跟他自荐有关。原来，公元前 256 年，燕国趁赵国大战方停喘气不赢之机，派遣大将栗腹攻打赵国，派谁挂帅出征以敌强敌？赵王便想起了敢于自荐的毛遂，欲提拔毛遂为帅，统兵御燕。毛遂听到这个消息，大吃一惊，赶忙到赵王那里去，不是去"推荐"自己，而是去"推辞"自己：不是我怕死，是我德薄能低，不堪此任，我可披坚当马前卒，不能挂袍任率印官，如是，则上可保国之江山社稷，中可保您知人之明，下可保我毛遂不为国家罪人。当年自荐，意气风发；此时自辞，何其乃尔？一个毛遂，判若两人，简直让人难以置信。赵王很是不解：先生去年自荐，才情高迈，真伟丈夫；如今脱颖而出，正是建功立业之时，怎么忸怩如小女子？毛遂说："寸有所长，尺有所短，骐骥一日千里，捕捉老鼠不如蛇猫。逞三寸舌我当仁不让，仗三尺剑实非我能，岂敢以家国安危来试验我之不才之处。"按说，毛遂此话说得入情入理，但赵王为了展示自己求贤若渴，怎么也不听毛遂之言，硬是要他挂帅迎敌。

一个靠嘴巴子干活的人，哪里是人家拿枪杆子的对手？尽管毛遂身先士卒，冲锋陷阵，但也无法抗敌，落得个一败涂地。被赵国精心树立起来的"人才"榜样，是这么个样子，有何面目回去见"江东父老"，除了以死谢罪，别无他途。于是毛遂避开众人，到一个山林子里，拔剑自刎，鲜血淋漓地倒在"毛遂自荐"的神话里。

毛遂的悲剧是不是再次验证了枪打出头鸟？不，根本不是。毛遂不是死在毛遂自荐上，而是死在自己的"一时之能"上。在常人的眼中，只要有一能便想当然地一通百通、一专百专、一俊百俊、一能百能，文史哲、政经军、无所不能、无所不通。赵王认为毛遂三寸舌头转得那么出神入化，肯定是三尺剑也会舞得风生水起的，为了体现赵国对人才多么重视，便霸蛮地把毛遂"滥用"上了。

我读了小半辈子书，对大名人"毛遂"的事迹到前几天读了鄢烈山先生的《毛遂之死》才知道，真算孤陋了，可是这怪不得我，要怪也只能怪老祖宗的"教育思维方式"，我们拿历史人物来"教育"人，要么是一俊遮百丑，要么是一丑遮百俊，很少以"一切人，人的一切"来教的。可笑的是我们一些博士也跟鄙人一样寡闻。博士从政近年来几成风潮，却没几人能展其长的，原因何在？博士们只知有毛遂自荐，不知有毛遂自惭；只有自荐，没有自惭。读毛遂只读一半，显然还是不够的。

【战国外交史上的杰作：秦赵渑池会的真相】

王长兴

渑池会盟的前几年，是战国史上发生重大转折的时期：公元前284年，长期与秦国东西对峙的东方强国——齐，在六国的联合围攻下一败涂地。西方强国——秦，自然地成为七雄之首。而北方的赵作为后起的强国，力量也获得了空前的壮大。齐国的败落，使秦国失去了能与之抗衡的强大对手。韩魏两国顿成强秦俎上之肉。秦在韩魏之东还占据了以陶为中心的一大块地盘。秦国决定在大好形势下长驱东下，沿河略地，既把本土跟富庶的陶连接起来，又将燕赵与楚魏韩拦腰隔开，达到"断山东纵亲之腰"的目的。

经过赵武灵王胡服骑射改革的赵国，在齐秦抗衡时代，就已有赶超强齐之势。齐国破败之后，赵又在东方取得富庶的河间之地，经济实力大增。赵军中除了勇悍的北地骑兵外，又包容了不少昔日的中山猛士和强齐劲兵，以廉颇为代表的赵国将领，更是战国后期公认的一流名将。赵惠文王虽然年轻，却能信任贤能，继承武灵王治赵的方针政策，其弟平原君赵胜善能延揽天下人才。赵国背后的燕国，一面大力镇压齐人的反抗，一面与赵维持着巩固的同盟。所以，地广兵劲又无后顾之忧的赵国，已成为东方六国中最为强大的力量。秦欲乘势主宰天下，赵却欲代齐称霸中原，两强之斗势所难免。

公元前283年，秦向魏国发动了猛攻，一直打到魏都大梁。以东方霸主自居的赵惠文王立即出兵十万，大举南下救魏，燕昭王也派兵八万配合赵军，秦军闻讯被迫退兵。这一事件标志着赵已成为秦国东进的最大障碍，秦赵对立从此拉开了帷幕。秦在东进为赵所挫后，决心全力与赵相较。秦昭王先与楚国相约和好，以稳定攻赵的侧翼；接着秦又拉拢韩魏连横，以孤立赵国，使赵之盟邦仅剩下一个燕国。

赵在外交斗争上略逊一筹，它连年对附秦的魏国大张挞伐。秦乘机派大将白起三次攻入赵国西境，击败赵国守军，攻拔蔺、祈、石和光狼等城。给了赵国一个下马威。赵国被迫停止了对魏的进攻，以集中兵力对付秦国。大战即将来临。在四年的对抗里，秦军虽然占了上风，但赵的基本国力尚属完整，要想决出胜负，就必须诉诸于双方的主力决战。而就在此时，形势有了重大的变化。

首先是东方，齐人经过五年苦战，奇迹般地转变了战局。即墨守将田单以火牛阵打垮了燕军主力，齐国各地军民闻讯，蜂起响应。各地燕军纷纷北窜。田单所率齐军迅速壮大，一直把燕国残军驱回黄河以北，齐国本土70余城尽皆收复，并夺回麦丘等赵军占地。齐国君臣视燕赵为仇敌，"无南面之心"，继续挥军北进，一举克复黄河以西的昌城等地，企图把燕赵所占河北、河间之地尽数夺回。面对齐军的席卷之势，燕人几失招架之功，赵人也惊骇万分，急欲与秦妥协，回身对付复兴的齐国。

无独有偶。饱受秦军重压30多年的南方大国——楚，乘秦赵胶着之际，在公元前279年派大将庄蹻率军向秦反攻，很快夺回黔中郡，并乘胜追入秦之巴郡，攻取了旧巴国的都城枳。此后，庄蹻因兵力不足而转兵南下，企图从南翼包抄秦军。秦的后方基地巴蜀地区仍面临着丧失的危险。在后院起火的形势下，秦也无心再与赵国相争，共同的需要使双方坐到了一起。

公元前279年，秦昭王约赵惠文王在渑池相会。在会上，秦国君臣曾欲欺辱赵王，赵方以蔺相如为首毫不示弱，处处反击。双方虽然在折冲樽俎之际明争暗斗，似极可能发生冲突，但秦意在和赵，并未采取过激行动，故终会气氛尚甚和谐。最后尽欢而散，双方实现了罢战讲和。渑池会盟后，赵军立即东进击齐。齐国元气已伤，又兼君臣不和，所以连连败退。赵国不但巩固了对河间的占领，还跨过黄河夺取了齐国本土的高唐等地，齐襄王被迫向赵屈服求和。而南下的秦军则取得了攻占楚国本土的巨大胜利，楚顷襄王被迫举国东迁，并向秦国卑辞求和。齐楚两国的复兴美梦在赵秦铁拳痛击下破灭了。楚齐的威胁促成了秦赵的和好，而在威胁解除后，秦赵的友好也就到头了。

公元前276年，秦军东进攻魏，重新经略中原。公元前273年，赵国派兵入魏，与秦发生华阳大战。勉强维持了 6 年的休战即告结束，两强的争霸之战重又开始。

综上所述，渑池会并非人们认为的那样，是强国与弱国的会晤，而是两大强国在实力基本平衡下的一次战略妥协。可以说，即使赴会的赵惠文王没有贤臣辅佐，秦国也不会重演一场武关劫盟。蔺相如的大智大勇，不可能是渑池会得以成功的关键因素。秦赵两国相近的实力，决定了双方在会盟中的平等地位，这种地位并非由一二出色的外交人员所能争来。秦赵举行渑池会盟也绝非偶然，它是双方共同的战略需要。因为秦赵长期僵持，互相消耗，必然导致齐楚这两个昔日强国的复兴，这正是秦赵两国都不愿意看到的。有鉴于此，与会双方都有达成默契的愿望，即建立彼此间较稳定的友好合作关系，以转移主力粉碎齐楚的复兴企图。所以，形势已经决定了秦赵两强必须化干戈为玉帛，这也不是某几个外交奇才所能左右得了的。

以古鉴今，国与国之间的实际地位，只能由其本身实力的强弱来决定。要振兴中华、雪洗国耻，尤其需要国人蹈厉奋发，极大增强我国的综合国力。那种仅靠在谈判桌上斗智就能维护国格的认识，无疑是唯心的，也是危险的。

【一代名将蒙恬究竟死于谁手】

田水月

出身官宦世家

蒙恬的出身是非常高贵的，出身于官宦世家、武将世家。虽然其先祖是齐国人，但是其祖父蒙骜和其父蒙武都为秦国高官，都是秦国将军，都为秦统一六国立下汗马功劳，蒙氏家族的功勋在当时秦国很少有家族可以与之相比。也正是这样显赫的家世和武将世家为蒙恬的发展奠定了坚实基础。

蒙恬祖父蒙骜早在秦昭公时就官至上卿，并且多次被拜为将军，带兵出征他国。公元前 248 年攻打韩国，占领成皋、荥阳等地，设置为三川郡。公元前 244 年再次攻打韩国，这次一下占领了韩国 13 座城池。公元前 247 年攻打与秦国同祖的赵国，占领太原。公元前 246 年平定原为赵国的晋阳后，又攻打赵国新城等地，并夺取 37 座城池，设为太原郡。公元前 246 年在攻打魏国时，遭到信陵君无忌率领的魏、韩、赵、楚、卫五国联军的抗击，结果蒙骜战败。不过，公元前 242 年蒙骜利用信陵君去世的时机攻打魏国，占领长平、山阳等地，共夺取 20 座城池，设为东郡，报了上次战败之仇。

蒙恬父亲蒙武的功勋虽然没有其父蒙骜那么高，但也是比较高的。比如在秦昭公二十二年，蒙武率军攻打齐国（田氏齐国），占领齐国 9 座城池。公元前 223 年蒙武和大将王翦一起攻打楚国，结果俘虏了楚王负刍，灭了楚国，而率军抵抗秦军的楚国大将项燕被杀，项燕就是后来西楚霸王项羽之叔叔项梁的父亲。

蒙恬的功勋

司马迁的《史记》为蒙恬作了列传，而没有为其祖父蒙骜和其父蒙武专门作传，但是蒙恬的战功在一定程度上说应该不如、比不上其祖父蒙骜和其父蒙武，特别是在统一六国的战争中并没有什么大的作为。

蒙恬一登上历史舞台的不是显赫战功，而是败战。公元前225年，秦始皇不听大将王翦的建议，派遣李信和蒙恬率领20万大军攻打楚国，结果被项燕反击，伐楚全面失败。此战中的蒙恬看见李信兵败，便果断迅速撤兵，减少了秦军损失，不过从另一面也可以看出蒙恬还是很会用兵的。当然这个仇他的父亲蒙武帮他报了。

蒙恬正式走进人们视野，是在公元前221年，秦始皇考虑到蒙恬的家世，就派他跟随大将王翦之子王贲攻打齐国，结果俘虏齐王建，灭掉齐国。蒙恬得益于灭齐的战功，被秦始皇拜为内史。

秦始皇统一六国后，北部地区面临少数民族匈奴的威胁，这就为蒙恬永留青史提供了机会。不过说来也有意思，秦始皇派遣蒙恬出击匈奴，直接原因不是因为匈奴侵扰秦朝，而是在公元前215年，燕人卢生在向秦始皇献的一本图书中说到"亡秦者胡也"。（《史记·秦始皇本纪》）可能是秦始皇太迷信，另外对自己以及自己的统治也没什么信心，很生气，也很害怕，于是派蒙恬率领三十万大军北击匈奴。蒙恬不负秦始皇所托，顺利地收复黄河以南地区（河套一带），击败匈奴。为此蒙恬戍边抗击匈奴长达十多年。为了保卫中原地区免遭匈奴的掠夺，蒙恬采取诸多措施防御。其一，以黄河天险为要塞屏障，沿黄河修建44座城池，驻兵防守。其二，众人皆知的是，蒙恬根据山险地形，耗费大量人力、物力和财力修筑了东起辽东、西至临洮的著名的万里长城。这一巨大工程虽阻止了匈奴的南下，但同是引起亡秦农民大起义的因素之一，这一点秦始皇和蒙恬是没想到的。为了方便秦始皇外出旅游，蒙恬奉命修建了一条自咸阳到九原长达1000多里的大驰道，相当于今天的高速公路。这一方面有利于秦朝向北方增兵，巩固北方统治，实际上也是防御匈奴的措施之一；另一方面在客观上也促进了与北方地区的经济文化交流。蒙恬正是依靠抗击匈奴的功勋流芳百世，入选《史记》列传，一定程度上也是大汉族主义思想的结果。

蒙恬对于中华文化的传承也做出了重大贡献，相传我们今天书写书法用的毛笔就是蒙恬用兔毛与竹管做材料创造的，当然这仅仅是传说，不过可能性应该比较大。

深受秦始皇信任

秦始皇是一位宁可自己累死也不相信大臣的皇帝，那么秦始皇与蒙恬的关系怎么样呢？应该说蒙恬是个特例，蒙恬深受秦始皇信任，有以下证据可以证明。

首先，秦始皇让蒙恬带三十万大军居上郡抗击匈奴达十多年，而蒙恬弟弟蒙毅（就是电影《神话》中成龙扮演的角色）受到秦始皇亲近，"位至上卿，出则参乘，入则御前"。（《史记·蒙恬列传》）兄弟俩一个在外带三十万大军驻扎在一地达十多年，一个在朝内做参谋。如果不是深受秦始皇的信任，那么这是一件让人难以想象的，因为以"恬任外事而毅常为内谋"（《史记·蒙恬列传》）的情况是很容易发生叛乱的。

其次，公元前212年，秦始皇在咸阳坑杀儒生460多人，公子扶苏表示反对，并且多次向秦始皇上谏，惹怒秦始皇。而愤怒的秦始皇对于这位将来皇位继承人扶苏的惩罚措施却是让扶苏去上郡给蒙恬当监军。

一些人认为这是秦始皇对蒙恬的不信任。我认为这正是秦始皇对蒙恬的信任。秦始皇让扶苏监军不是让扶苏监视、监督蒙恬，而实际上是让蒙恬培养扶苏、锻炼扶苏、让扶苏建功立业，增加政治资本，消除秦始皇自认为那些不利于统治言论的负面作用，以便更好地继承皇位。

最后，秦始皇在病重期间，"令赵高为书赐公子扶苏曰：'以兵属蒙恬，与丧会咸阳而葬。'"（《史记·李斯列传》）这实际上是秦始皇托孤，是让蒙恬辅佐扶苏治理国家，充分表现了秦始皇对蒙恬的信任。

秦始皇为什么如此信任蒙恬？我认为有四点原因：一是蒙氏家族的蒙骜和蒙武两位将军都很忠诚；二是蒙恬虽然功勋很高，但是不骄纵；三是蒙恬和蒙毅兄弟俩对秦始皇非常忠诚、忠信，为秦始皇鞍前马后，任劳任怨；四是蒙恬本人除了有战功外，还很有谋略和能力。

有谋略的蒙恬

蒙恬虽然出身武将世家，但他并非像多数武将那样仅仅是一介武夫，蒙恬是一位非常有谋略、才能和智慧的武将。为什么这么说呢？

首先，我们可以从他的对手赵高和李斯对他的评价中看出。赵高在拉拢李斯扶植胡亥夺权时对李斯说，李斯的才能、功劳、谋远、民意支持率和受扶苏的信任度都不如蒙恬，这也得到李斯本人的承认。

其次，胡亥夺权后，以秦始皇名义赐死扶苏和蒙恬时，从扶苏和蒙恬两人对于诏书的反应也可以看出。当扶苏接到赐死诏书时，就哭着要自杀，而蒙恬却劝阻扶苏不要自杀，并对赐死诏书的真伪性表示怀疑，提出要重新核实真伪后再自杀。但是扶苏未听劝阻而自杀，蒙恬则拒绝自杀。如果说蒙恬没有智慧的话，是决不会想到皇帝诏书是假的。

蒙恬的怀疑并非胡猜，而是根据事实做出的判断。他认为，"陛下（秦始皇）居外，未立太子，使臣将三十万众守边，公子为监，此天下重任也"。（《史记·李斯列传》）事实上，蒙恬早就知道秦始皇的心思，要让扶苏继承皇位。

那么蒙恬的智慧和谋略是不是天生的呢？显然不是。蒙恬的智慧和谋略和绝大多数人一样是后天培养的。蒙恬由于其优越的家庭环境，从小就接受了良好的教育，而且蒙恬学得也很好。一是因为蒙恬曾经"书狱典文学"，二是蒙恬死前与胡亥使者的对话很有水平，能够多次引经据典。这些足以证明蒙恬是一个很有才学的人。

这么一位有智慧的忠臣也有悲哀遗憾的一面，没能像扶苏一样反对秦始皇的暴政，未能体恤到民间的疾苦。

悲惨的结局

蒙恬乃至整个蒙氏家族的结局是相当悲惨的。胡亥夺位后，斩杀蒙毅，蒙恬被迫吃毒药自杀，其家族则被灭门，成为胡亥夺权的陪葬品、牺牲品。为什么这么一位有大智慧，又拥有重兵的人会有如此悲惨结局？

首先，蒙恬悲惨结局是赵高报复的结果。扶植胡亥上台的宦官赵高曾经被蒙毅判处死刑，差点就被蒙毅斩了，这件事一直让赵高怀恨在心，寻找报复机会。其一，赵高与李斯、胡亥夺权的原因之一就是赵高"怨蒙毅法治之而不己也"（《史记·蒙恬列传》）。其二，赵高拉拢李斯帮助胡亥夺权的游说词就是把李斯和蒙恬进行对比，说李斯不如蒙恬。其三，在扶苏自杀后，胡亥本打算释放已被囚在阳周的蒙恬，但是遭到赵高的强烈反对，赵高是"日夜毁恶蒙氏，求其罪过，举劾之"（《史记·蒙恬列传》）。

其次，蒙恬之死是胡亥巩固帝位的结果。虽然蒙恬一门三代忠良，对大秦王朝忠心耿耿，不会反叛秦朝。但是二世胡亥是阴谋夺权继位，是夺了与蒙恬关系亲近的扶苏的帝位，并谋害了扶苏，且把蒙恬囚禁在阳周以图杀害。胡亥是非常害怕活着的蒙恬，万一释放了蒙恬，而深受民众支持的蒙恬则率领他的三十万大军为扶苏报仇的话，就严重威胁了胡亥的统治。

从这个角度来说，蒙恬的悲剧是封建统治的必然。因为任何一个皇帝不会留着一位手握重兵且与自己有矛盾的将领活着。蒙恬只能叹息一声"我何罪于天，无过而死乎？"一代戍边名将就这样吃药西去。

蒙恬的悲剧并非蒙恬一个人独有，在历史的长河里不断地重复上演着。因为在封建王朝里，专制统治者是无情的冷血动物，在他们眼里只有权力和欲望。为了实现自己的权力和欲望，是不择手段，不惜牺牲一切代价，任何忠臣良将的生命都是无关紧要的。

蒙恬的悲剧并非蒙恬个人的悲剧，而是历史的悲剧、时代的悲剧，毕竟那是一个"君要臣死，臣不得不死"的时代。

【夜郎：被世人误解两千年的古国】

月明日

　　夜郎立国共三四百年，是汉代西南夷中较大的一个部族，或称南夷。西汉成帝时，夜郎与南方小国发生争斗，不服从朝廷调解。汉廷新上任的牂牁（今贵州省大部分及广西、云南部分地区）郡守陈立深入夜郎腹地，斩杀名叫兴的夜郎末代国王，平定了其臣属及附属部落的叛乱。从此之后，夜郎不再见于史籍。那么在历史上存在了300多年的夜郎古国到哪里去了呢？

寻找"自大"的夜郎国

　　夜郎国的故事首见于司马迁的《史记》。汉武帝开发西南夷后，为寻找通往身毒（今印度）的通道，于公元前122年派遣使者到达位于今云南境内的滇国，再无法西进。逗留期间，滇王问汉使："汉孰与我大？"后来汉使返长安时经过夜郎，夜郎国君也提出了同样的问题。这段故事渐渐地便演变成家喻户晓的成语——夜郎自大。

　　其实夜郎国君提出"汉孰与我大"并非妄自尊大，也不是向汉王朝叫板。夜郎是僻处大山的小国，其位置就在今天的云、贵、湘一带。这一地区，即便是今天，交通也多受限制，两千多年前更是山隔水阻。偶有山外客来，他们急于打听山外世界，想知道汉朝是个什么样的国家，也是人之常情。不过，也多亏了"夜郎自大"这个贬义性的成语，使夜郎国这个原本不为人知的小国留在了史册上，留在了人们的印象中。

　　在《史记》的记载中，夜郎国有精兵十万，兴建起了城市。考古发掘也证实，夜郎国的主要所在地贵州，当时确有较发达的农耕文化，最直接的证据就是在贵州威宁中水大河湾发现了碳化的稻谷堆积层。在贵州赫章县的可乐地区，还发现了一大批战国至西汉时期的土坑墓，葬式非常奇特，是把铜釜或铁釜套在死者的头上和脚上，或将釜置于死者的脚下，被称为"套头葬"。这样的葬式此前在世界范围内都未发现，可见是神秘、古老的夜郎文化。墓葬中出土的饕餮纹无胡铜戈、青铜箭镞、一字格曲刃铜剑、铜柄铁剑、心形纹铜钺、蛇头茎首铜剑、牛头形铜带钩和鲵鱼形铜带钩，也显然都不是中原或巴蜀器物，应该是夜郎文化的遗存。

　　一直以来，人们从未发现过夜郎国的蛛丝马迹。连记载于神话传说中的古蜀国都找到了曾经存在的证据，而记载于《史记》中的夜郎国却"犹抱琵琶半遮面"，让人摸不到头绪。有人甚至认为，夜郎国可能是一个虚幻的世界、一个空中楼阁，是道听途说的产物。现在，贵州一带的考古发现告诉世人，夜郎国是真实存在的。古夜郎的地域与今天的贵州并不完全重合，它包括贵州的大部分与滇东及桂西北，还可能包括湖南的一部分，而贵州则是夜郎的腹心地带。西汉以前，夜郎国几乎无文献可考。直到

《史记·西南夷传》略述夜郎国的历史后，人们才知道在西南边陲有一个夜郎国。

对于夜郎国的考古发掘，有一个奇怪的现象出现在人们眼前。从发掘成果来看，夜郎国的国都好像到处都是，除了贵州的沅陵、广顺、茅口、安顺、镇宁、关岭、贞丰、桐梓、贵阳、石阡、黄平、铜仁以外，还有云南的宣威、沾益、曲靖，以及湖南的麻阳等地方。这些地方都发现有相关文物，而且大多数地方的民间都有关于夜郎国的传说，证明该地曾是夜郎古都。有人因此认为，夜郎国时期战争频繁，疆域不断变动，其国都也不可能长久地固定于一地，应该是不断变迁、经常变化的。

夜郎国从何时开始存在，无从查证，只能根据现有的证据大致推断，而其灭亡的时间，则被认为是在汉成帝河平年间（前28～前25）。这一时期，夜郎王兴胁迫周边22个小国反叛汉王朝，被汉臣陈立所杀，夜郎也随之被灭。

夜郎古国的四重面纱

自从旅游业在中国兴起，文化旅游越来越吸引人们的目光，作为一个古老文明的国度，作为中华民族灿烂文化的组成部分，夜郎国的人文价值开始逐渐被世人看重。一段时间以来，湖南、云南、贵州、四川等地都在争抢"夜郎"的归属权。那么，夜郎国究竟在哪儿呢？

为了寻找夜郎古国，考古人的足迹遍及湖南、四川、贵州和云南。由于在史书中找不到更多的线索，他们希望通过考古发掘让夜郎古国重新复活。经过近半个世纪的研究，满腔热情的考古学家们难以面对尴尬的现实：夜郎古国神秘的面纱刚刚揭开一角，探寻之路却已山重水复。对夜郎古国苦苦追寻的人们虽然已经找到了夜郎国确实存在的证据，但遗憾的是，至今仍没有人能见到夜郎的"庐山真面目"。时至今日，夜郎古国至少还存在四大谜：

第一个谜，古夜郎的疆域和都城在哪里。作为一个国家，不论它是大是小，不论它存在过多久，都应该有一个自己的统治范围，存在政治、经济和文化的中心。要确定其疆域，首先要确定其都城——也就是政治中心的所在。现在，贵州、云南、广西和湖南的一些地方都认为自己那里是夜郎国的都城。这些说法都能引经据典，并非子虚乌有。那么，到底哪一个才是真正的夜郎国都呢？

第二个谜，谁是夜郎国的统治民族，或者谁是夜郎国人口最多的民族。目前对于这个谜有四种答案：有人说夜郎国的统治民族或者人口最多的民族是苗族，有人说是彝族，有人说是布依族，还有人说是仡佬族。为证明本民族是夜郎古国的先民，这四个民族都成立了民族学会，但还没有任何一个找到能够一锤定音的证据。

第三个谜，夜郎国所处的社会阶段是什么样的。夜郎国是原始社会末期阶段，还是奴隶社会早期阶段，或是奴隶社会与封建社会的过渡阶段，又或是封建社会早期阶段？如果能知道夜郎国所处的社会阶段，对确定夜郎国的历史地位、追寻夜郎国的起源无疑具有重要意义。

第四个谜，夜郎国究竟存在了多长时间。夜郎国灭亡的事件在史书中有明确记载，但它建于何时却没有记载。较为普遍的看法是，夜郎国存在了 300 年左右。但是这种说法没有实际证据，也没能获得学界的统一认可。

这四个谜虽然至今没有被解开，但也不是完全没有线索。贵州赫章可乐西南夷墓葬群的考古发掘，就为解密夜郎文化提供了重要帮助。司马迁在《史记·西南夷传》中说，西南夷建立的政权有数十个，其中夜郎国是最大的。西南夷在历史上泛指云贵高原与川西的古老民族，夜郎文化就是西南古老民族文化的代表。

自从可乐地区农民因农事活动发现第一批出土文物以来，考古工作者先后在可乐地区进行了数次发掘，共发掘古墓近 400 座，出土文物 2000 多件，其中，战国、西汉、东汉时代的文物都有大量出现。出土的石、陶、玉、青铜、铁、玛瑙等不同质地的农具、生活用品、战斗兵器、装饰品及农耕画像砖、乐工图画像砖等大量文物，充分反映了战国至秦汉时期独特的夜郎民族文化，以及秦汉时期的汉文化与夜郎民族文化相融合的特点。

可乐，在彝文古籍中叫作"柯洛倮姆"，是"中央大城"的意思。这很可能意味着这里就是夜郎国的国都。"柯洛倮姆"在汉文史书中记作"柯乐"，后来就演变成了"可乐"。现在，在可乐地区居住的少数民族中，彝族人最多。当地人也说，彝族是最先进入可乐的人。如果可乐真的是夜郎国的国都，那么彝族人很可能就是当初的夜郎国人。

夜郎国在可乐地区建造城市时，已发展到鼎盛时期。众多同时代的城市遗址表明，夜郎王为了扩展地域，很可能曾携带家眷，率领兵卒，先后在今天的云南、四川、贵州等地区多处建立城池。这也许就是许多地方都被认为是夜郎国都的原因。

结合史书记载以及考古发掘的成果来看，夜郎国主要分布在贵州已成为不争的事实。但可乐西南夷墓群只能说明可乐当时是一个重要的城市，非常繁荣。如果仅凭名字就说它是夜郎国的国都，理由还不够充分。

夜郎国的四大谜题，并未真正解开，神秘的夜郎古国仍需要我们继续探寻。

活在彝族历史中的古夜郎

在古代中原王朝编纂的史书中，对少数民族以及其他附属国的记载历来非常简略，对夜郎国尤其如此。那些只言片语的记载，让人根本理不清夜郎国起源的头绪。

就在人们挖地三尺地搜寻时，有人突然在彝族的文献资料中找到了线索。彝族是一个古老的民族，有自己的风俗和文字。他们的历史记载甚至比中原的更连贯，保存得更好。而且在他们的文献中，竟然有非常详细的关于夜郎国的记载。

根据彝族的史料可知，夜郎之名是以国君夜郎的名字命名的，分为武米、洛举、撒骂、金竹四个历史时期。武米历史时期又分为夜郎、采默、多同、兴和苏阿纳四个历史阶段。

夜郎时期,夜郎国只是一个较强大的奴隶制君主国。从国王采默即位开始,以夜郎为首,四周的小国建立起了联盟,并与周朝建立了联系。

夜郎奴隶制联盟有浓厚的军事性。为了共同的和各自的利益,各联盟国在夜郎国的指挥下作战;战事结束或夜郎国实力衰减时,一些盟国就可能脱离出去,各自为政。当时那里的战争非常频繁,其中有关夜郎的战争最多。比如撒骂时期,夜郎曾经非常强大,但频繁的战争消耗了这个王朝的实力,它统治下的句町部的幕帕汝合磨部逐渐强大起来,其首领金竹于是掌握了夜郎的军政大权,成为夜郎盟主,建立金竹夜郎。金竹夜郎统治时期是夜郎国有史以来最强盛的时期,也可能是夜郎国向封建社会过渡的时期。可惜的是,金竹夜郎的最后一代国王兴不明智地惹怒了汉王朝,引来了国破家亡的大祸。

夜郎王印与活人坟

在中国的考古学中,印玺绝对是一项重要内容。奴隶社会以及封建社会,印玺一直是权力的象征,找到一枚古老的印玺,很可能就可以确定一个传说中的势力。

按《史记》的记载,公元前135年,汉武帝派大将王恢率军降服东越,之后派唐蒙劝告邻近的南越归附。唐蒙在南越吃到一种名为枸酱的美食,回到首都长安后,他从巴蜀商人那里了解到,枸酱是巴蜀的特产,是经夜郎国的牂柯江运到南越的。巴蜀商人的解释提醒了唐蒙,他建议朝廷顺牂柯江出奇兵,制伏南越。汉武帝采纳了他的建议,任命他为中郎将,率精兵千人进入夜郎。唐蒙到夜郎后,赐给夜郎王多同许多宝贝,恩威并用,约定让汉朝在夜郎设置管辖机构。后来,南越开始对抗汉朝,被汉军消灭。夜郎王本来依赖南越,此时便立即入朝称臣,被汉朝正式封王,并与滇王同时得到汉朝赏赐的王印。

从《史记》的记载可以看出,夜郎国应该有一枚中原王朝赐予的印玺。但人们对《史记》的这个记载并不完全相信,因为夜郎国的印玺从未在历史上出现过。

1956年冬天,云南考古人员在滇池东岸的晋宁石寨山进行考古发掘。有人开玩笑地说:"如果能出现一颗滇王印就好了,石寨山的名气一下子就会大起来。"这本是戏言,哪知道几天后,人们果然清理出一枚金印,上面刻着四个典型的汉篆阴字——"滇王之印"。金印完整无损,印背上雕刻着一条大蛇,两眼熠熠放光。学者们考证后认定,这就是汉武帝颁赐给滇王的金印。

滇王印的发现,证明了司马迁在《史记》中记载"汉武帝赐印给夜郎王与滇王"的事是真实可靠的。滇王印的发现,标志着古代滇国正式复活。那么,夜郎王印又在何处呢?

夜郎王印应该是每朝君王之间代代相传。夜郎灭亡前,这枚重要的印玺应该在夜郎王手中。公元前27年,汉朝太守陈立诱杀了夜郎王,夜郎王的岳父翁指、儿子邪务兴兵复仇。不知道什么原因，他们率领的大军叛变了，叛军拿着翁指的首级投降了汉朝。夜郎国从此灭亡，夜郎王印的下落便成了千古之谜。夜郎王是被杀的，他的夜郎王印很可能在之后被汉朝收回。如果是这样，要找到夜郎王印就成了极其困难的事。

但也有人认为，夜郎王是被陈立引诱出来杀掉的，很可能没有随身携带印玺。后来，翁指被叛军杀掉，但夜郎王的儿子邪务的下落，我们没有见到相关的历史记载。那么，这颗印就很可能被邪务继承，在兵败后被带走了。

上述说法中，任何一种如果符合史实，就意味着夜郎王金印的下落将很难被找到。

俗话说，东方不亮西方亮。就在夜郎王金印被找到的可能性越来越小的时候，夜郎王青铜印离奇地出现在人们眼前——贵州镇宁的一位杨姓苗族老人称，他们这一支系的苗族是夜郎王的后裔，他手上有一枚夜郎王自制的大印！经过专家仔细确认，这枚青铜印确实是汉朝时期的重要文物。不过此印是用青铜制造，明显不是汉朝赐予的金印，很可能是夜郎王在获得朝廷赐印前自制的印玺。

那么，发现青铜印的镇宁真的是夜郎王族最后栖息的土地吗？

在镇宁，有一个叫蒙正的村落。"蒙正"，在当地语言里是"遗留下来"的意思。这里的人每年都要举行一次祭祖活动，而祭祀的对象却只是山坡上一些残破的小石洞。这些小石洞有一个古怪的名字，叫作"活人坟"。当地人说，那里不是埋葬死人的，而是埋葬活人的，他们的祖先就是当年埋在活人坟里的人，后来从坟里跑出来，繁衍出现了后代。

如此奇特的事件到底是怎么发生的？

有学者解释，活人坟与夜郎国有关。夜郎国被汉朝灭亡后，首领带着夜郎国的军队逃到现在的蒙正村一带避难。经过200多年的时间，这些夜郎国后裔使自己的部落又繁盛起来，逐渐发展壮大。大约到了三国时期，蜀国统治了包括蒙正在内的巴蜀以及贵州。当时，夜郎国遗留下来的后裔已经强盛。他们兴起复国的想法，发动了战争。结果，夜郎后裔大败，被蜀国俘虏了2000多人。蜀国为防止夜郎人再次造反，命夜郎王族迁往汉中。

陕西汉中距离贵州镇宁2000多里，道路崎岖，距离遥远。夜郎人中的老弱病残显然不可能在这样的迁徙中活下来。所以，族长让无法进行长途跋涉的人留了下来，决定让他们安息在蒙正，修建了活人坟。

也可能，所谓的活人坟是夜郎人想出来的计策。他们修了活人坟，留下气孔和食物，安排一部分人躲在里边掩人耳目，等蜀国军队撤军后再出来。活人坟中的人躲藏了几天后，悄悄走了出来，重新开始自己的生活，也就有了现在的蒙正村居民。

这个解释，也正好能说明为什么夜郎王青铜印会在杨姓老人的家族中秘密地流传到今天。

【卫青的另一面】

陈华胜

一个贫贱的人一旦际遇改变平步青云，他将怎样看待那段贫贱的历史？在富贵了之后，怎样对待那些像自己先前那般的贫贱之人？中国人往往以此态度来评判一个人是否"忘本"。虽说我们的传统道德观总是谆谆教导并且要求我们不要"忘本"，然而，综观历史，却是忘本的人多，不忘本的人毕竟少。

司马迁的《史记·田叔列传》后面附了一段以"褚先生曰"开头的文字，是刘宋时期的博士褚少孙注疏、评点《史记》的。褚先生讲的是有关卫青与田仁、任安两个人的故事。

卫青这个人大名鼎鼎，乃西汉抗击匈奴的名将、武帝一朝权倾朝野的大将军。可是这位大将军发迹前的出身并不光彩：他的父亲郑季以一个小吏的身份在平阳侯曹寿家里行走服侍，与曹家的女婢卫媪私通，生下了卫青。卫媪此前已经有了卫长君、卫子夫一对子女。因为是私生子，卫青后来到郑家生活时，郑季家人都看不起他，不把他当作家庭的正式成员，整日让他像个僮仆一样地牧羊。

后来，卫青的同母异父姐姐卫子夫被选进宫去并且得到了汉武帝的宠幸。汉武帝当年青梅竹马、曾经还发誓要"金屋藏娇"的陈皇后大吃其醋，陈皇后之母就派人去抓了卫青来，想处死卫青替女儿间接地出口气。多亏卫青的朋友公孙敖纠集了一班人马将卫青抢了回来。这件事被汉武帝知道了，卫青运气也真好，因祸得福，汉武帝一不做二不休，索性将他召到宫中，任命他做了太中大夫。靠着裙带关系，放羊娃摇身一变成了朝廷大臣，真可谓野百合也有春天。

卫青的运气还不止这些。后来，匈奴犯边，武帝拜卫青为车骑将军，与李广、公孙敖等分别带兵出击。这一仗众皆无功，唯独卫青斩敌七百人，武帝龙颜大悦，当即将这个舅佬封了侯。

我们不得不承认，卫青除了运气好外，在军事方面也果然是个天才。他前后7击匈奴，每战皆胜，共斩获敌首级五万余，为大汉皇朝开辟了大片疆土。

卫青不仅功高盖世，而且平生行事几乎无可挑剔。一般来说，有本事的将领常常心高气傲、自以为是，有时甚至连皇帝国君都不买账，比如孙武子连国君的小美人儿都敢杀，比如周亚夫在细柳营里连皇帝来视察都要他下车步行，更有人口口声声"将在外，君命有所不受"。殊不知，这些正是皇帝最不愿意看到、最不愿意听到的。而卫青则不然，恭恭敬敬，规规矩矩，为人处世很有分寸。有一次引兵出征，属下将领苏建尽丧其兵，只身逃回。众人建议卫青斩苏建以明军威。卫青却说："我以皇亲的身份当上大将军，已经够威了；但我如果把此事交给天子裁决，向天下宣示人臣不可以专权，不是更好吗？"于是他令人将苏建押回京去交武帝处理。

大臣汲黯为人正直，同时也以固执而闻名，他对卫青不是很客气。有人劝汲黯说，卫青圣眷正隆，你应该主动向他示好。汲黯却歪了头道："以他大将军那样的身份，如果主动对我再客气一点，再礼贤下士一点，难道不更使人敬重吗？"卫青得知后，一点不怪罪汲黯的傲慢，反而真的对汲黯更加敬重了。

所以，当时朝野上下对这位外戚大将军都是交口称赞的。卢敦基先生评价卫青时说："如果一定要说他还有错误，就是他一生几乎不犯错误；说他还可挑剔，就是他平日太无可挑剔。"

如此说来，卫青这个人不是近乎圣人了？然而，在这位近圣的大将军与任安、田仁的故事当中，我们还是看到了他的另一面。

再来说说任安和田仁吧。

任安这个名字想必熟悉文史的朋友也不会陌生，太史公司马迁曾作《报任安书》，这封著名的信就是写给他的。他后来做到过益州刺史、北军使者护军等职；而田仁则是文景之时鲁相田叔的儿子，所以褚少孙将这则故事录于《田叔列传》之后。

田仁的父亲田叔曾担任过分封诸侯国鲁国的国相，看起来是一位两袖清风的清官，因为他死后，他的儿子田仁很贫穷。田叔不但是一位清官，也是一位颇有政绩的好官，所以鲁地的百姓自愿拿出百金来为田叔立祠祭祀，田仁却拒绝了众人的好意，他说"不以百金伤先人名"。就这样，田仁为谋生计，投身到已做了大将军的卫青府里做了一名"舍人"，即清客之类的。当时，任安也在卫将军府里做舍人，这两个人都很有才华、很有抱负，又同样家境贫寒，所以"同心相爱"，十分要好。

诸位都知道，这卫青少时出身也十分贫贱，后来靠他姐姐卫子夫被武帝看上了，才飞黄腾达。然而根据褚先生的故事，卫青发达了后有些"忘本"。

首先是卫将军府里的人都很势利，看不起穷人。田仁、任安因为没钱孝敬将军府的家监，那位家监就刁难他们，叫他们去养马。田仁感慨道："不知人哉家监也！"倒是任安更具批判意识，当即就接口道："将军尚不知人，何乃家监也！"他的责备是有道理的，如果卫青很礼贤下士，那么他的家监也不敢以富贵欺人。

后来，皇帝有诏，募卫青府上的舍人到朝廷做郎官，"将军取舍人中富给者，令具鞍马绛衣玉具剑，欲入奏之"。少府赵禹来拜访卫青，卫青就叫出这班准备推荐给朝廷的富贵子弟来见过赵禹，赵禹与他们分别交谈，十多个人中竟无一人有智略才华的。赵禹只好委婉地对卫青表示不满。卫青叫出将军府的百余名舍人让赵禹挑，赵禹挑来挑去，唯独青睐田仁、任安，"独此二人耳，余无可用者"。那么卫青又是什么态度呢？《史记》真是千古良史，绝不以卫青的泼天富贵和骄人功绩而为他文过饰非："卫将军见此两人贫，意不平，赵禹去，谓两人曰：'各自具鞍马新绛衣。'两人对曰：'家贫无用具也。'"卫青当即怒道："你们两家自己贫穷，跟我什么相干？为什么说这样的话，好像是我害了你们似的！"最后，卫青不得已，还是将田仁、任安的名字报了上去。

在这里，卫青已是一副富贵骄人的嘴脸了。他再也想不起自己当年是怎么样的了。反而是富贵人家出身的人容易同情穷人家出身的人，因为他自己从未过过苦日子，看到人家生活得穷苦倒有一种天然的怜悯心；而先贫后富者之所以看不起穷人，是因为当年的穷苦生活将他的心也磨硬了，他也许是这么想的：我能够由贫而富，你们为什么不行？说明你们就是不行！活该！

幸亏田仁、任安后来被汉武帝召见，应答颇称帝意，汉武帝当即封了两人的官，使得这两人从此扬名天下。我们由此故事也看到了一代名将卫青的另一面。而唯其这样，他也更像个"人"了。不要相信什么圣人，人总是有缺点的。

【历史上的太上皇现象】

鸣 弓

太上皇，是皇权政治的特产。辞书的解释是：皇帝的父亲，也叫太上皇帝，简称上皇。不过，第一个被称为太上皇的秦庄襄王，却是死后由其子秦始皇追尊的。其后，汉高祖刘邦亦尊其父太公为太上皇。这两个早期的太上皇，和后来的由皇帝而太上皇的那种情况有别。

由皇帝而太上皇，检索史籍，这类正牌太上皇有：晋惠帝司马衷，十六国时代大凉天王吕光，北魏献文帝拓跋弘，北齐武成帝高湛、后主高纬，北周宣帝宇文赟，隋炀帝杨广，唐代高祖李渊、睿宗李旦、玄宗李隆基、顺宗李诵、昭宗李晔，宋代徽宗赵佶、钦宗赵桓、高宗赵构、孝宗赵眘、光宗赵惇，西夏神宗李遵顼，西辽直鲁古，明英宗朱祁镇，清高宗弘历。

皇帝宝座极具诱惑力，堪称可引无数英雄竞折腰。坐上去诚然不易，而下来也非常之难，要么病死于龙榻，要么被另一个"英雄"用武力赶下台。活着能让出皇帝宝座——哪怕是让给自己的儿子，毕竟很难得。权迷心窍如唐宣宗，大臣请他早建太子，他一听此言便满脸不高兴："若早建太子，则朕遂为闲人。"真是视权力为命根子。皇帝老儿最怕"下岗"，那些禅位去做太上皇的，实乃形势所迫，不得不尔。

大致说来，皇帝禅位而为太上皇，有以下几种情形：

其一，国事艰难，皇冠变为"愁帽"，甚者宝座摇摇欲坠，朝不保夕，于是主动摘愁帽、离危座。

高湛是北齐第四任皇帝，史称武成帝，本性好玩，佞臣和士开公然劝他不必为政事劳心费神，当趁年轻及时行乐，"一日取乐，可敌千年"！此言正中高湛下怀。而当时的外部环境又很不利于高湛行乐：强敌北周联合突厥屡次攻击北齐，干戈不息，操劳国事，委实恼人。他于是临阵撂挑子，传位于太子高纬，自称太上皇，专务玩业去了。

高纬史称后主，其玩性实在乃父之上。尽管此时北周愈益强大，志在吞齐，江南陈国亦随时准备趁火打劫，高纬仍自编自弹自唱《无愁》之曲，因有"无愁天子"之称。"无愁天子"愁更多，待周兵一路追杀过来，围攻齐都邺城，高纬全无演唱《无愁》曲的洒脱，愁眉紧蹙，计无所出，唯有自摘愁帽一招——皇冠让给8岁的儿子高恒去戴，自己做太上皇吧。国难当头，一推了之，大概只有"无愁天子"能想出这种"高招"。成年人扛不起的重担，却压给一个儿童，这不是拿治国当儿戏吗？事实上，高纬的太上皇只做了一个月，便当了俘虏，很快就被砍了脑袋。

唐睿宗李旦坐上龙椅，得力于太平公主和儿子李隆基二人。缘此，太平公主权倾内外，而李隆基则以功高被立为太子。太平公主与太子姑侄斗法，矛盾日益凸现，朝臣亦分为对立两派，双方明争暗斗，不可开交。面对亲人重臣之间的纷争，睿宗亦莫知所从，深感烦恼。最后，他采纳了一名道士"无为"的建言，回避矛盾，一退了之，只当了两年皇帝，便传位于太子，自己做了太上皇。

唐玄宗皇帝位子坐了43年。前期，他励精图治，将唐王朝带进"开元盛世"；后期，他耽于声色，任用权奸，政治腐败，终致"天宝之乱"。叛军攻陷京都屏障潼关，危急关头，玄宗仓皇出逃，马嵬兵变，爱妃不保。沿途百姓拦道挽留，玄宗不得已，乃令太子李亨留下，宣慰百姓。李亨接受大臣建议，为了安定人心，即帝位于灵武，是为唐肃宗。肃宗一面布告天下，一面遣使上表，尊玄宗为太上皇。避难成都的李隆基，面对破碎山河和风雨如晦的政局，面对既成事实，也只好顺水推舟，接受尊号，交出传国玺。

国难当头，皇帝难当。宋徽宗在强敌压境的危难关头，也选择了退位交权。北宋末年，饥民造反，金兵紧逼，内外交困，政局岌岌可危。徽宗被迫下"罪己诏"，姿态可谓不低，然腐败早已病入膏肓，此举实在于事无补。惶惶不可终日的徽宗，避难卸责的唯一选择便是让位，把烂摊子甩给太子赵桓去收拾。钦宗赵桓力图刷新政治、扭转预势，即位半年时间便将前朝宠臣贬杀殆尽，全然不给太上皇一点面子。其整顿力度够大，手腕够铁了，怎奈国家之弊已无药可医，决不是撤换几个人所能疗救。赵佶的太上皇美梦也迅速化成了噩梦，做了金人俘虏，戴着一顶侮辱性的"昏德公"帽子，屈辱地熬尽残年，客死他乡。其实，这完全是他自食其果，怪不得别人。

宋徽宗是由太上皇变俘虏的，而他的儿子钦宗却是在俘虏营里得到一顶"渊圣"冠的。建炎元年（1127），宋高宗赵构即位后，遥尊在金国俘虏营里的兄长钦宗为"孝慈渊圣皇帝"，抛出这种类似太上皇的荣誉称号，不过是赵构的政治秀，对度日如年的昨日君王赵桓则毫无意义。

另有一个以俘虏身份被尊为太上皇，最后又由太上皇而皇帝，这个特殊的太上皇就是明英宗朱祁镇。当时面对北方强敌，年轻的英宗听信宦官王振的馊主意，御驾亲征，结果做了瓦剌的俘虏。消息传来，朝廷震惊，一片慌乱。危急之秋，大臣于谦等辅佐英宗之弟朱祁钰登基，是为明景帝。这非常措施果然有效，稳定了政局，俘虏营中的英宗也得以被遥尊为太上皇。翌年，太上皇被瓦剌送归，景帝亲迎，兄弟相拥而泣。接下来便是争权夺利，兄弟相煎，英宗复辟，景帝失权，郁悒而死。可见皇帝老官，倘非万不得已，是绝对不愿意去当太上皇的，权力真是命根子啊！

与宋朝并存的党项族政权西夏，其第八任皇帝西夏神宗李遵顼，在成吉思汗的铁骑强弓面前，早已是惊弓之鸟，又与曾经的盟邦金失和，双方鏖战达十年之久，两败俱伤后，又受到蒙古铁骑更加猛烈的攻击。国运如此艰难，李遵顼除了当太上皇，实在别无选择。至于年轻的接班人李德旺到底能苦苦支撑几日，他也就顾不了那么多了。

其二，受到武力胁迫，不得不称太上皇。

晋惠帝司马衷是有名的弱智皇帝，他上台后，很快就爆发了"八王之乱"。赵王司马伦于永宁元年（301）正月径直篡位，做了皇帝，改元建始，而将惠帝迁于金墉城，改城名为"永昌宫"。可能是考虑到这个白痴不会对他刚到手的皇位构成什么威胁吧，司马伦不但留下惠帝一条活命，还送了一顶"太上皇"的冠冕。倘论辈分，赵王是惠帝的叔祖父，看来辞书上谓太上皇是皇帝的父亲，其实不完全妥当，并不能涵盖所有的太上皇，譬如晋惠帝司马衷。司马伦的皇帝宝座还没焐热，就遭到皇族其他几位王爷的联合反对，经过两个多月的血战，双方战死近十万人，司马伦皇冠没保住，脑袋也落了地。惠帝又被人拥上了皇帝位子，继续当傀儡皇帝，而那几位劳苦功高的王爷实际上充当着惠帝的"太上皇"，虽然他们无此名号。

隋朝末年，天下大乱，烽烟四起，群雄逐鹿。太原留守李渊起兵反隋，打出的却是"志在尊隋"的旗号。其政治策略为：立隋炀帝之孙代王杨侑为帝，尊炀帝为太上皇。大业十三年（617）十一月，李渊攻下长安，即迎13岁的杨侑即皇帝位，改元义宁元年，遥尊在江都的炀帝为太上皇。李渊自己则谦逊地称唐王。这一出政治话剧，纯粹是李渊一手导演的。隋炀帝远在江南，自知末日来临，在醉生梦死中等着别人来砍脑袋，皇冠上头又撂了一顶"太上皇冠"，他也浑然不知。第二年三月，炀帝为部下所杀。消息传来，李渊还假惺惺地哭了一场，而后逼杨侑禅位，他自己做了皇帝。

李渊扫灭群雄，建立唐朝，统一全国，次子李世民功劳最大。李世民功高震主，父子之间亦难免猜忌，而李世民与其兄太子建成、其弟元吉的权力之争亦日趋尖锐，势同水火，终于发生了"玄武门之变"。权力角斗，你死我活，李世民率武士杀死建成、元吉，志在皇位，咄咄逼人，高祖只得立李世民为太子。仅仅过了两个月，李渊便很识相地禅位于太子，自称太上皇。其实，李世民早就掌握了兵权，高祖不让位恐怕也由不得他了。

唐昭宗李晔是在宦官刘季述等拥戴下做的皇帝，光化三年（900）十一月，刘季述以"废昏立明"为由，发动宫廷政变，将昭宗及皇后锁进少阳院，从墙穴传送饮食。

拥立太子李裕嗣位，尊昭宗为太上皇。这个"太上皇"其实与囚徒无异。被囚禁一个多月后，左神策军指挥使孙德昭杀死了刘季述等，拥戴昭宗重新复位，诏令太子重回东宫。

耶律大石建立的西辽国，至第三代直鲁古，亦被人强力夺取"大宝"后送上太上皇的帽子。此前，乃蛮部已为成吉思汗所灭，太阳汗之子屈出律（也有译作古出鲁克或曲书律的）亡命投奔西辽。西辽与乃蛮一向友善，直鲁古不但接纳了屈出律，还把公主嫁给了他。由战乱余生的"亡国奴"一跃而为皇帝爷的乘龙快婿，按说屈出律应该感恩戴德到永远了吧。然而并不如此，他见在位30年的岳翁倦勤好乐，不理政事，便联络花剌子模等藩属发动叛乱。翁婿兵戎相见，武力"对话"，战败的直鲁古只能听任胜者的摆布：投降，让位，去当太上皇。没取你项上人头，就算便宜你了，何况还有一顶太上皇冠，乖乖地戴着吧。

其三，由于健康原因，委实不能视事。

十六国时代后凉建国者吕光，氐人。他原系前秦大将，率兵征西域，获悉秦主苻坚被杀消息后，遂占据河西，于孝武太元十四年（389）即三河王位，国号大凉。7年后，又改称天王。直到他病体难支时，才匆匆立太子吕绍为天王，自号太上皇帝。接班人刚安排好，这位太上皇就一命呜呼。其尸骨未寒，他生前最担心的骨肉相残就迅速变为现实，导致国力遽衰。

唐顺宗李诵，中风失语，委实无法处理军国大事，即位仅八个月，便传位于太子李纯，做了太上皇。固然，退位将养身体是李诵的明智选择，但如果人家不退，谁也拿他没办法。因为天下本来就是他家的私产。

宋光宗赵惇，惧内，皇后李氏妒悍跋扈，光宗因得心病不能履职，政事多取决于李后。至其父寿皇病殁，光宗因病竟不能执丧。朝臣请太皇太后下诏，传位于太子赵扩，而尊光宗为太上皇。

其四，厌倦政务，欲求清闲。

北魏献文帝拓跋弘算是一个典型。他12岁即位，史书记载这位拓跋皇帝"聪睿夙成，刚毅有断，而好黄老、浮屠之学，雅薄富贵，常有遗世之心"。才20岁左右，他就想离休，已经让举朝上下惊愕不已。他准备将帝位禅让给叔叔子推，而不是自家年仅5岁的太子宏，就更加招来一片反对声，有大臣甚至言称要"刎颈殿廷"，誓死反对。他遂传位于太子宏，改元延兴。按群臣之意，皇帝幼冲，万机大政，犹宜陛下总之，谨上尊号曰太上皇帝。看来，一旦上套，就身不由己，想不当皇帝也难。除了拓跋弘这一个特例，这类太上皇大抵比较长寿，龙椅坐得过久，真的厌倦了政务，向往清闲，于是一退了之。宋高宗赵构当了36年皇帝后，实在厌了倦了，乃禅位于赵眘，是为孝宗。孝宗在位28年，亦厌勤退位，传位于赵惇，是为光宗。光宗尊孝宗为寿皇圣帝——实际上就是太上皇。当然，南宋小朝廷前期三个皇帝都主动禅位去做太上皇，实在是因为北有强敌虎视眈眈，动辄武力威胁，整日价战战兢兢，那个皇帝不好当。

清高宗弘历，25 岁即位，整整做了 60 年皇帝，为不超过祖父康熙在位 61 年的时间，才禅位于太子，自称太上皇。表面上，乾隆退位了，实际上，大政仍然由他决断。

和乾隆式太上皇现象相类似的，还有代代相传的太后垂帘听政现象。家天下的制度，纵欲过度的皇帝往往早亡，加之太后们欲操国柄的强烈愿望，导致了从婴幼儿到小小少年做皇帝的现象屡见不鲜。幼童不谙世事，更不懂政治，太后听政也就顺理成章。听政太后多多，其中最出名的当数武则天和那拉氏，这两个女人比太上皇还太上皇，武则天更是按捺不住权欲，从幕后公然走向台前，"亲自"废了两个皇帝（唐中宗、唐睿宗），自己直接做了皇帝，实现了"武周革命"。

其五，为了纵欲享乐去当太上皇。

完成统一北方大业并奠定吞并江南基础的北周武帝宇文邕，以 36 岁之盛年辞世，年轻的太子宇文赟即位，是为宣帝。这个宣帝，沉湎声色，以淫乐为务，父皇刚辞世，他不但面无哀伤，反倒喜形于色，色迷迷一双蒙眬醉眼，挑出后宫美女，尽情享用起来。为了一心一意享乐，只做了一年皇帝，青年宇文赟就效法北齐"无愁天子"后主高纬，也把皇帝的担子交给幼儿太子宇文阐，自称天元皇帝，也就是太上皇。宇文赟似乎对天情有独钟，平时喜戴天元冠，所居称天台，捶人刑杖亦曰"天杖"，最后暴卒于天德殿，时年二十有二。

了解太上皇现象，对于认识封建独裁政治不无裨益。辛亥革命后，独裁的皇权政治和太上皇思想则成了广大民众唾弃的对象。

【唐朝望族不愿娶公主】

恶魔之泪痕

唐朝有个比较独特的现象，那就是士族不愿娶公主为妻。我们通过唐代正史、笔记的有关记载，可以了解这一点，此举两例：

《旧唐书》卷一四七《杜佑传》附《杜悰传》："（宪宗为长女岐阳公主选驸马）令宰臣于卿士家选尚文雅之士可居清列者。初于文学后进中选择，皆辞疾不应。"

《东观奏记》卷上："万寿公主，上（按：指宣宗）女，钟爱独异。将下嫁，命择郎婿。郑颢，相门子，首科及第，声名籍甚，时婚卢氏。宰臣白敏中奏选尚主，颢衔之，上未尝言。大中五年，敏中免相，为邠宁都统。行有日，奏上曰：'顷者，陛下爱女下嫁贵臣，郎婿郑颢赴婚楚州，会有日。行次郑州，臣堂帖追回，上副圣念。颢不乐国婚，衔臣入骨髓。臣在中书，颢无如臣何；一去玉阶，必媒孽臣短，死无种矣！'上曰：'朕知此事久，卿何言之晚耶？'因命左右便殿中取一柽木小函子来，扃锁甚固。谓敏中曰：

'此尽郑郎说卿文字，便以赐卿。若听颢言，不任卿如此矣！'"

宪宗选尚公主，士族子弟"皆辞疾不应"；白敏中奏选相门之子郑颢尚主，结果，"不乐国婚"的郑颢对白敏中恨之入骨，由此可以清楚地看出唐代士族之家对于尚主的态度。其实，不仅士族如此，甚至连隐士也不肯娶公主为妻，请看《明皇杂录》卷下的记载：

> 时玄宗欲令（张果）尚主，果未之知也，忽笔谓二人（按：指王迥质、萧华）曰："娶妇得公主，甚可畏也。"迥质与华相顾，未谕其言。俄顷有中使至，谓果曰："上以玉真公主早岁好道，欲降于先生。"果大笑，竟不承诏，二人方悟向来之言。

唐朝士族为什么不愿娶公主为妻呢？笔者认为，主要有以下三个方面的原因：

首先是由于服丧之礼的规定。在五服之中，斩衰是最重要的一种，齐衰次之。《新唐书》卷二十《礼乐十》规定：妻死，夫服"齐衰杖周"之礼（指居丧持杖周年）。但是如果妻子是公主，丈夫就必须为之服斩衰三年。

唐文宗时，杜悰就曾遇到这一问题。《新唐书·杜佑传》所附《杜悰传》记载："开成初，（杜悰）入为工部尚书、判度支。属岐阳公主薨，久而未谢。文宗怪之，问左右。户部侍郎李珏对曰：'近日驸马为公主服斩衰三年，所以士族之家不愿为国戚者，半为此也。杜悰未谢，拘此服纪也。'"李珏向文宗提出这种现象以后，文宗惊愕之余，下诏改制："（文宗）诏曰：'制服轻重，必由典礼。如闻往者驸马为公主服三年，缘情之义，殊非故实，违经之制，今乃闻知。宜令行杖周，永为通制。'"至此，驸马为公主服斩衰三年的情况才得以改变。

其次，门第观使然。有唐一代，尤其是唐初至中唐，重视门第，这是不争的事实。笔者以为，唐人所谓门第之高，不仅指拥有显赫的权位，而且指具有优良的家族文化传统、家法门风以及令人钦羡的婚姻关系。

对照上述几个标准，我们发现，在权位方面，李唐皇室贵不可言，但在文化传统、家法门风上，李氏家族则有所欠缺，不及传统高门望族尤其是山东士族，《汪篯隋唐史论稿》曾论及这一问题。

李唐皇室源自突厥，而非汉族，对此，陈寅恪在《唐代政治史述论稿》上篇《统治阶级之氏族及其升降》之中已有详细论述。正因为出自胡夷，所以在家族文化上，李唐皇室无法与汉族高门大姓相提并论。此外，在婚恋问题上，李唐皇室也继承了胡夷之风，显得过于自由乃至放纵。笔者据《新唐书·诸帝公主传》初步统计，唐代至少有26位公主改嫁，其中定安公主、齐国公主更是三嫁。太宗纳弟媳杨氏为妇，高宗以父亲宫中的才人武媚娘为皇后，玄宗强占儿媳杨玉环，武则天公开招面首，都是众人皆知的事实。

宋代朱熹曾经说过："唐源流出于夷狄，故闺门失礼之事，不以为异。"（《朱子语类》卷一三六《历代类》三）山东士族重视文化、门风，如时人称颂柳公绰："仆射柳元公家行，为士林仪表。"(《因话录》卷二）从门第观角度来说，唐代传统士族看不起皇室的门第，鄙视皇室的文化传统、家法门风。

李唐皇室对待山东士族等传统高门的心情是复杂的，既排抑之，又钦羡之。他们在登上皇位之后不久，便急于抬高皇族门第，压低崔氏等山东高门，太宗命人修撰《氏族志》一事即为明证。《贞观政要》七《论礼乐》："我（太宗自称）今定氏族者，诚欲崇树今朝冠冕，何因崔幹犹为第一等，只看卿等不贵我官爵耶！不论数代已前，只取今日官品、人才作等级，宜一量定，用为永则。"同时，李唐皇室又希望与具有良好文化传统、家法门风的士族结姻，但常常遭到士族的拒绝。山东士族看重婚姻，唐人柳芳说过："山东之人质，故尚婚娅。"(《新唐书·儒学传·柳冲传》附传）他们本来就"耻与诸姓为婚"(《太平广记》卷一八四《七姓》)，再加上鄙弃皇室的文化传统、家法门风，所以不愿与皇室联姻，既不愿意嫁女于皇室（参见《太平广记》卷一八四《卢氏杂说·庄恪太子妃》条），也不愿娶公主为妻。

最后，不少公主不修妇礼，在社会上造成不良甚至是恶劣的影响。唐朝公主豪侈、骄纵者有之，专横、淫荡者有之，妒悍、残暴者也有之。公主不修妇礼的情况不仅存在，而且并不少见，这在历朝历代中是一个比较奇特的现象，它与北朝以降的"胡风"也有着密切的联系。翻开《新唐书·诸帝公主传》，我们可以看到，长广公主"豪侈自肆"；合浦公主"负所爱而骄……见（浮屠辩机）而悦之，具帐其庐，与之乱"；魏国宪穆公主"恣横不法，帝（按：指德宗）幽之禁中"；襄阳公主"纵恣，常微行市里。有薛枢、薛浑、李元本皆得私侍"；宜城公主"下嫁裴巽。巽有嬖妹，主惠，刵耳劓鼻，且断巽发"。在这帮不法公主当中，以太平公主、安乐公主二人最为突出，二人豪侈浪费，生活奢华，贪淫放纵，卖官鬻爵，干预朝政，排斥异己，声名狼藉。到唐宣宗时，还以此作为教导公主的反面教材："（万寿公主）每进见，上常诲曰：'无轻待夫，无干预时事。'"又降御札勖励，其末曰："苟违吾戒，当有太平、安乐之祸。汝其勉之！'"(《唐语林》卷一）公主不修妇礼，甚至专横、淫荡、残暴，使士族之家望而生畏，怎敢攀龙附凤？唐宣宗曾经意识到这一点，他要求公主谨修妇礼，据《幽闲鼓吹》记载：

> 宣宗嘱念万寿公主，盖武皇世有保护之功也。驸马郑尚书（颢）弟颛尝有疾，上使讯之。使回，上问公主视疾否，曰："无。""何在？"曰："在慈恩寺看戏场。"上大怒，且叹曰："我怪士大夫不欲与我为亲，良有以也。"命召公主至。公主走辇至，则立于阶下，不视久之。主大惧，涕泣辞谢。上责曰："岂有小郎病乃亲看他处乎？"立遣归宅。毕宣宗之世，妇礼以修饰。

我们从宣宗的感叹声中可以窥知，公主不修妇礼，也是士族之家不愿与皇室结亲的重要原因之一。

【杨贵妃下落之谜】

叶广芩

因为白居易的《长恨歌》记录了马嵬坡兵变的历史，唐玄宗与杨贵妃的悲剧爱情，也就千余年一直流传了下来。很少有人怀疑杨贵妃没有死在马嵬坡，但是唐玄宗作为皇帝，真的会在兵变的时候，眼睁睁地看着自己的爱妃身亡而无所作为吗？为什么一个惊人的证据出现在日本？这个古老的文字记录，说明当年杨贵妃并没有死，而是跨越海洋，辗转逃往日本，这是真是假？难道千年前的悲剧，只是一个出逃的妙计？在危险万分的兵变现场，面对明晃晃的刀枪剑戟，杨贵妃怎样平安脱险？她真的没有死吗？她逃到了日本吗？

杨贵妃，中国历史上著名的四大美女之一。她是唐玄宗的爱妃。在唐朝天宝年间，安史之乱爆发的时候，她随同唐玄宗逃出京城。在陕西马嵬坡，军队发生兵变，杨贵妃因此成了争夺权力的牺牲品，她的悲剧令人叹息……

天宝逸事

西安是唐朝的长安，在长安有很多杨贵妃留下来的痕迹：有马嵬坡、华清池、仙游寺等。仙游寺是唐朝皇家的一个寺院，白居易曾在这里创作《长恨歌》。《旧唐书》上记载，天宝十五载（756）六月十五日傍晚，杨贵妃被缢死在马嵬坡。杨贵妃死了以后用紫褥包裹尸体，葬于驿西道侧，时年38岁。就是说连棺材都没有，拿褥子把人一裹就埋在了大路的西侧。将杨贵妃埋了以后，唐玄宗就向西逃窜，经过了今天的宝鸡，进入大散关，到了秦岭。

唐玄宗走了以后，当地有一种说法，说是掘墓观美人。也有"此地纵千天，土香犹破鼻"这种说法。就是说埋葬杨贵妃的坟，土的细腻程度像擦在脸上的粉一样。在过去，传说陕西马嵬坡附近有些妇女要用擦脸粉就到杨贵妃墓里刮点儿，据说这个土还是香的。

第二年，唐玄宗回銮，那时候他已经是太上皇了，他的儿子当了皇帝了。他曾经下命令，将贵妃的遗体改葬，就悄悄地把坟启开，再重新埋葬。但是启开坟以后，《旧唐书》上记载："肌肤已坏，惟胸前香囊犹存。"就是说肌肤已经没有了，烂了，只有一个香囊还存在着。这个就为后人提出了疑问：是香囊烂得快，还是肌肤烂得快？肌肤没了，这个香囊怎么还有？这里边究竟有没有尸体？

马嵬坡杨贵妃墓地

年轻的时候，我觉得杨贵妃是个像谜一样的人物，于是很多年以前我就从西安到马嵬坡寻访杨贵妃的墓地。当时天上下着小雨，到了马嵬坡司机停车，说到了，这就是杨贵妃墓。当时我一看，哎呀！凄风苦雨，一个土堆，基部用砖砌的，周围是玉米地，玉米已经收割了，黄的叶子，还有残旧的石碑都倒在地上，没有院墙。那个雨水不光是把我浇透了，也把整个周围的土地全部浇透了，湿淋淋的。那个雨打在老玉米的叶子上，我心想，这就是杨贵妃墓呀！此情此景确实和我的心情是非常吻合的，我认为这种哀婉幽冷就是杨贵妃墓的真实写照。但是，在今天，这种破败荒凉的意境已经寻不到了。今天的杨贵妃墓是明丽的大殿堂，石头刻的贵妃像，再加上周边卖旅游产品的，小汽车来来往往，已经失去了杨贵妃本来应该有的那种品位了。所以到现在我再也没去过马嵬坡，再也找不到过去的感觉了。当然，这只是一个文化人对于历史的幽古之情罢了。

日本杨贵妃故里

几年前，我在日本，有一天坐着大轿车参加旅行团的时候，走到路上，我忽然发现前面路边上有一个大的交通标志牌——"杨贵妃故里"，在日本的山口县。我很奇怪，这儿还有杨贵妃故里？当时我想，杨贵妃怎么到这儿来了？这么偏僻的一个地方。可是，路边上，杨贵妃商店、杨贵妃酒馆、杨贵妃宾馆，什么都有。我说杨贵妃还挺热闹的嘛，在这折腾的。

回到家以后，我就调出来杨贵妃故里的很多资料看，原来这个地方叫山口县向津具半岛油谷町村。当时我通过朋友和油谷町村联系，说想看看这个杨贵妃到底在你们那儿是个什么情况。

有一天我就去了。几个老头坐在桌子跟前喝酒，老头们已经喝得有点高了，脸通红。我跟他们说我是从西安来的。他们说西安就是长安吗？我说就是长安。他说：哎呀，那你就是从杨贵妃她们家那儿来的！我说是。他说你能给我们说一说长安的话吗？我说可以。于是我就说了陕西话，虽然我的陕西话说得很不地道，我经常在没有陕西人的时候说陕西话。当时老头们听了以后那个激动啊，说：哎呀，这就是当年杨贵妃说的语言！有几个人没听到，还给叫过来，让我再说一遍。我就说了好几遍陕西话。这种语言虽然他们听不懂，但是他们就觉得这确是杨贵妃说过的话，他们觉得非常亲切。后来我就说这些人，对杨贵妃这么有感情，好像杨贵妃就是他们这个地方的人一样。同时还有人说杨贵妃在这儿还有后代，后代姓八木。

他们告诉我，杨贵妃墓就在二尊院里，我就去了。二尊院的建筑跟我们中国的非常相似，厕所都是男厕女厕，蹲坑，就像到了中国一样。亭子都是中国式的亭子，里边也有石头的雕像，这个雕像是我们西安市的工匠到油谷町来雕的。雕像的样子和马嵬坡的一模一样，但是比马嵬坡的雕像要瘦了一点，非常美，因为日本人不能接受杨贵妃是胖美人，他们觉得还是瘦些美。在墓后边有一个五层的石头塔，很高，有一两米高，他们说这就是杨贵妃的墓。塔的下边有很多小的石头塔，一个一个围绕着这个大石头塔，他们说这些塔是和杨贵妃一块儿来的侍女的坟墓，就埋在这个地方。塔面向大海，说是为了方便贵妃思念家乡，她能够遥望长安。

我找到了二尊院当时的长老，我说杨贵妃在你们这儿埋着，有什么证据吗？当时他就拿出了两本书，蓝布的面，油麻纸里边墨笔直书，这是二尊院五十五世长老慧学记录留下来的东西。里边说"天宝十五年七月，唐玄宗爱妃杨玉环乘空栌舟于久津唐渡口登岸，登岸后不久死去，里人相寄，葬于庙后"。我说在你这儿埋葬了，这是怎么个过程？他说您往下看。下边跟中国的历史全不一样了："六军既发，贵妃气息有所和缓，着人救之，造空栌舟，置数月粮食于舟内，放逐海中，任其漂流。"空栌舟就是没有橹的舟。没有船橹的舟，能从中国到日本吗？这有点神话了。是怎么过来的呢？唐代鉴真和尚多次东渡日本，最后双目失明了，才渡过去。但这个长老说这不是神话，油谷町这个地方是一个非常特殊的地方，他建议我到那个唐渡口去看一看。

于是我告别了二尊院。这个海岸高，下边是海滩，一个石板的小楼，蜿蜿蜒蜒下到了海滩。沿着海滩走，就到了唐渡口。长老说杨贵妃就是在这儿登陆的。在唐渡口我看到的是什么呢？那么干净的日本，但是在这里的海滩上遍布着垃圾。仔细一看，大吃一惊，有我们的"海飞丝"洗发膏的空瓶子、"农夫山泉"的瓶子、中国妇女穿的布鞋，里边还有韩国漂来的东西。他们说这是一股海流，从中国来的海流，这些东西不用护照、不用打船票，自己就漂过来了，常年在这儿漂着。有三四个日本老太太在那儿的海滩上捡垃圾。她们告诉我说有的时候在这儿还真能捡到点好东西。所以她们说杨贵妃是借助这股海流漂到这儿来的。这个小渔村是一个海流的回旋。

给这个以证实的还有什么呢？在这个久津半岛附近有一个博物馆，叫土井浜博物馆。这是一个非常现代化的博物馆，建立在沙滩上。从 1953 年至 1988 年大概 30 年间，在海滩这块地方，挖掘出来了 300 具人的骨头。考证这 300 具尸骨，证实是 2000 年以前的中国的老百姓。为什么是中国的呢？因为这些尸体在埋葬的时候，那个姿势非常别扭，脖子都扭着，所有的头颅全部面向着大海，面向着中国方向。人们说这是中国最早的移民。2000 多年前大概是在我们汉武帝时代，那个时候中国造船技术还不发达，人们不可能从中国坐船到日本来。这个就是日本有名的漂流学说。日本人为什么叫大和民族？它的民族构成是：有朝鲜来的，还有通古斯族过来的，有我们大陆上过去的，有南亚过去的，这些人组成了大和民族，就是今天的日本。所以这个也是一种学说。

还有一种说法，说为什么这里叫唐渡口，是因为武则天建立武周朝，她大肆对唐朝宗室皇上的亲戚进行迫害，很多唐朝的贵族逃难，就借助这股海流，逃到了油谷町村，从这儿上岸，于是这儿就叫作唐渡口。就是说在唐代，这儿也经常有中国的人过来，这个观点是日本山口大学一位教授的观点。所以，这些就为杨贵妃登陆提供了一个历史背景。

杨贵妃生死之谜

那么，杨贵妃当时究竟有没有死？《唐书》上记载说天宝十五载六月十三日，天刚刚亮的时候，因为安禄山造反，潼关已经破了，皇帝携同嫔妃，包括杨贵妃和他的皇子皇孙，还包括六军代表陈玄礼，带领这个大军一块儿出了长安的延秋门向西跑了。西边就是咸阳，咸阳离西安非常近，现在这两个城市已经慢慢接起来，很难分清楚了。但是在当时，40里路，这一行人走了半天，到中午的时候才到咸阳。本来是想叫咸阳县的县令接待他们，但是那县令一听那边造反了，吓得比谁都跑得快，没影了。在这种情况下，唐玄宗到了咸阳连饭都吃不上了。当时记载，高力士从街上买了一点带芝麻的蒸饼给皇上吃，士兵也要饭吃，这实际上是一个契机，是造反的一个最直接的由头。而真正操纵造反的是太子，他是想篡夺皇位的，于是杀了杨国忠和杨的儿子。

陈玄礼作为代表跟皇上接触，要求处死杨贵妃。因为士兵把杨家全家都杀完了，贵妃还在皇帝身边，士兵心里不安，认为这是一个祸害。尽管她自己说不问朝政，但毕竟是一种威胁。士兵表示：除非杀了杨贵妃，否则的话，就不走。在这种情况下，唐玄宗忍痛割爱：杀吧！

对于这段历史，日本的蓝皮书是这么写的："高力士将贵妃从寝室中叫出，于庙堂前树下缢死，着六军代表陈玄礼验看，确认贵妃已死。"这个记录好像和我们的记录没有太大的出入。有人分析说，陈玄礼强迫皇帝处死了杨贵妃，这件事情实在有损皇帝的尊严，这是犯上，是大不敬。他也非常明白，自己做的这件事情是违背皇帝意愿的，皇帝是非常不高兴的，所以他心里也非常胆怯。

我们的史书上也有这样的记载："四军将士闻杨贵妃死讯，即欢呼，陈玄礼免甲胄而拜。"就是说陈玄礼把自己军装内的甲胄脱了请罪。这说明了他不可能验看杨贵妃的遗体。逼死皇帝的贵妃，已经大不敬了，还要去看娘娘的尸体？他不敢。而且执行缢死杨贵妃的实际上是内侍。在逃亡的过程中根本就不可能找到专门缢死人的专家。勒死一个人也不是那么容易的，更何况内侍们稍稍有意，甚至是无意，都可以致杨贵妃气绝而未毙命。

于是，军队、皇帝都走了，杨贵妃慢慢地苏醒。即使她就是苏醒了，也没必要再勒一遍了。这个事情已经平息了，都解决了。于是她活了。杨贵妃醒来的时候，周围只有处理她殡葬的内侍和宫女了。

有人分析杨贵妃没有死的原因有四点。第一，据说杨贵妃待人非常宽厚，所谓的祸水也是一个厚道人。在宫里边可能也不得罪人，大家对她是非常有感情的。第二，在逃难的过程中，调节唐玄宗与军队和各方面关系的是他的儿子寿王李瑁，杨贵妃的前夫。爱妻遇到这样的事情，你说他能不帮一把吗？第三，高力士帮助。高力士和杨贵妃的关系更不必说，杨贵妃先当女道士，再改嫁唐玄宗，这都是他设计的，他不可能把她再勒死。第四，杨贵妃的侄子杨暄帮助。其他几个侄子都被士兵杀死了，只有杨暄在当时没死。杨暄是驸马，万春公主的丈夫，杨国忠的儿子，官居鸿胪卿。鸿胪卿就是外交部长。这位唐朝的外交部长和那些遣唐使们的情谊是非常深厚的。在随行的队伍当中还有遣唐使呢。外交部长的姑姑出了这样的事，那么于危难之中得到遣唐使们相助也是情理当中的事情。

这就给我们提供了一个杨贵妃不死的话题。那么杨贵妃到日本必须借助船，她怎么到的海边？走的是什么样的道路？俞平伯先生在解释《长恨歌》的时候也提出了贵妃不死的说法。那么杨贵妃逃亡只有一条道路：先到陕西周至，然后走周至的傥骆道。即从周至县的骆口驿，现在叫骆口村进山，穿越秦岭，从陕西洋县穿出来。这条蜀道修建得最早，是一条最险峻、最近的道路。所有的蜀道都是沿着河谷在山谷里边穿来绕去，但是这个傥骆道是遇山翻山，遇水过河，直上直下。今天从汉中飞往西安的飞机航线还是沿着傥骆道飞。这条道路我考察过6次，因为它荒废得最早，所以保留得最好，沿途有各式各样的石刻。所以说，杨贵妃是有可能沿着这条傥骆道从骆口驿进来，洋县出去，沿着汉江南下，然后到长江，再往南到海边。

当然这只是一种说法，中国的正史和日本的文字记录完全不同，谁是谁非我们姑且不去评判，历史给我们留下了这样一个故事。杨贵妃那看不见的美丽和马嵬坡以后的这种让我们抓不住的虚幻，这是艺术的张力，这给了文学艺术发展扩张的一个余地。所以，历史上自从天宝逸事以后，不管是诗歌，还是传记，还是在马嵬坡的杨贵妃墓，都留下了历代文人墨客的诗篇，还有一些戏剧《长生殿》《大唐贵妃》《唐明皇》等这些艺术上的东西，是非常多的。这是老祖先给我们留下的一笔财富。我们说杨贵妃从"霓裳羽衣舞"，到"宛转娥眉马前死"，一直到油谷町里望家乡，这是一个故事。可是在故事的背后，它的内涵太丰富。杨贵妃抓不住，这种扑朔迷离，或许正是杨贵妃的本意。

【杨国忠仅仅是靠杨贵妃才当上宰相吗】

董麟征

研究杨国忠升迁之路，是一件很有趣的事情。杨国忠，原名杨钊，年轻时不学无术，被街坊邻居看不起。那时候的杨国忠，过着低贱又穷困潦倒的生活。杨国忠先是在四川当兵，后来好不容易升了小官，当了四川新都县县尉。在唐朝，士兵地位有个从高到低的变化过程。在唐朝初期，士兵很受人尊敬；但后来士兵被将领们借给权贵使用，成了权贵们的奴隶一般，士兵地位就逐步下降；到了唐玄宗后期，当兵已经是一件很耻辱的事情。杨国忠结束士兵生涯，在新都县做起县尉，但日子也不好过，生活同样十分贫穷。据说他在3年县尉任期满之后，竟然穷得没有钱回家。

年轻时候，杨国忠虽然穷困潦倒，但他仍有一颗市井之徒的色心。杨玄琰（杨贵妃父亲）死后，杨国忠就经常去杨玄琰家里。杨国忠之所以经常去杨玄琰家里，有两个目的：一个是为了得到救济，另一个主要目的是和他二女儿私通。杨玄琰二女儿，就是杨贵妃的二姐，后来的虢国夫人。说到私通，这里可能会有一个问题，杨国忠和虢国夫人私通，算不算乱伦呢？应该不算，其实杨家到了杨国忠、杨贵妃这一代，他们之间血缘关系已经比较疏远了。杨国忠和杨贵妃只是同一个曾祖父，在血系来讲已经超过三代了——直系超过三代，这个就是在现代婚姻法上也是容许的。杨国忠和虢国夫人私通，可以看到，一个市井之徒，在任何情况下，好色之心永不消失，并先从熟人中下手。

杨国忠后来的仕途之所以有彻底转机，在于他有一身市井的本领：能喝酒、能赌博。公元745年，杨玉环被封为杨贵妃，杨贵妃一家突然荣耀起来。唐玄宗首先追封了杨贵妃死去的父亲为兵部尚书，她叔父杨玄圭为光禄卿，并赏赐了豪宅给她的三位姐姐。但这并没有给杨国忠这位远房亲戚带来什么，他还是在四川当小混混。杨国忠受人委托去了长安后，生活才有了转机的希望。那时候，唐玄宗最喜欢玩"樗蒲"（樗蒲是一种赌博游戏），而杨国忠刚好擅长于此，杨贵妃姐妹们为了讨好唐玄宗，就把杨国忠推荐给了唐玄宗。几次玩下来之后，唐玄宗颇为高兴，就允许杨国忠随供奉官出入皇宫。杨国忠就凭他的出色牌艺，博得唐玄宗高兴和信任，不久之后又马上升官，当了金吾兵曹参军。从此，杨国忠的显赫仕途开始了。

7年权利达巅峰，一人身兼40职

公元745年秋，杨国忠当上金吾兵曹参军，又在不久之后当上了判官。公元747年当上侍御史。到了公元748年的时候，杨国忠一人就已经身兼15职。再过4年，到了公元752年，杨国忠当上宰相之后，权利达到顶峰。这时候，杨国忠兼职也达到巅峰，达到40余职，当时朝中几乎所有重要职位都为杨国忠一人兼任。

杨国忠身兼的40多职位具体是哪些呢？主要有这么几个：1. 御史大夫（总检察院院长）；2. 判度史（财政部长）；3. 铸币使（央行行长）；4. 修国史（国家图书馆馆长）；5. 吏部尚书（人事组织部长）；6. 管当租庸（劳动部长）；7. 四川节度副大使（战区副总司令）……似乎杨国忠是全能的，似乎当时中央政府已经没有人才。杨国忠身兼40余职，除了和唐玄宗的昏庸有关外，更和当时中央政府官员体制的混乱和瓦解相关。

自掘坟墓，杨家灭门

公元755年的唐朝，李林甫已经死去三年了，高力士依然小心谨慎，朝中已无可制约杨国忠的人。但朝廷之外，还有一人是杨国忠的竞争对手——手握三个边防军团的安禄山。

在《唐史札记4：是谁挖掉了盛唐的根基》中提到，唐玄宗和李林甫破坏了唐初建立起来的良好边防军制度，使得安禄山等人有了造反的可能和能力。而杨国忠和安禄山之间的嫉恨，使得安禄山有了造反的意愿。当一个人同时有了造反的能力和造反的意愿的时候，造反已经不是会不会的问题，而是时间的问题。

公元755年的盛夏，杨国忠正在日夜不停地收集安禄山造反的情报，派兵包围了安禄山在长安的住宅，逮捕了安禄山的宾客李超等人，并且秘密将他们处死。而远在北京的安禄山，造反准备工作就绪，等待时机。杨国忠的一系列活动促成了安禄山在公元755年造反。后来安禄山曾经对他人说过，因为唐玄宗对他不错，他原本想在唐玄宗死后才造反。在公元755年在唐玄宗还没死的时候造反，那也是迫不得已。

安禄山的造反，并没有给沉醉于繁荣的唐朝人以清醒，朝廷总以为这场叛乱会马上被平定。基于对局势过于乐观，包括杨国忠等朝中大臣还沉醉于权力斗争。这些斗争中，以杨国忠和哥舒翰争斗最为关键。哥舒翰原本也是边防军将领，在安禄山叛乱之后，被唐玄宗委以重任，担任前敌总指挥，军权在握。杨国忠在朝廷，哥舒翰在前方，如果两人齐心协力，叛乱至少不会变得一发不可收拾，但偏偏这两个人互相猜忌、互相提防。这种猜忌和提防，在潼关战役时全面爆发。

公元756年6月发生了潼关战役，那是一场愚蠢无比的战役。这场战役之所以发生，是迫于杨国忠、唐玄宗的威逼。当时哥舒翰正守着潼关，胜利天平已慢慢向唐朝中央倾斜了。但杨国忠害怕哥舒翰谋害他，唐玄宗也错误认为反攻时机到了，便强令哥舒翰出击。哥舒翰认为不妥，唐玄宗就命令宦官前去催促。当时记载的情景是，前面一个宦官刚走，第二个宦官又被唐玄宗派出去催促，从长安到潼关路上都是唐玄宗的使节。面对此情景，哥舒翰只能抚胸痛哭，奉命出战。这次潼关战役的结果是，唐军一败涂地，光唐政府军就死亡17万人之多。潼关战役失败的第二天，6月9日，潼关失守。6月13日，唐玄宗弃守长安，逃往四川。6月14日就发生了历史上著名的马嵬坡兵变。

6月14日的这场马嵬坡兵变，对杨家来说是灭顶之灾。首先杨国忠被乱刀砍死，并且被士兵们剁下四肢。继而杨国忠大儿子、杨贵妃的两个姐姐韩国夫人、秦国夫人被砍死。紧接着逼唐玄宗绞死了杨贵妃。杨家其他人，包括杨国忠的妻子裴柔、小儿子和杨国忠情妇虢国夫人等，虽从马嵬坡成功逃跑，但逃到今天陕西宝鸡时，全部被人追杀。杨家的其他人不是被唐军诛杀，就是被安禄山叛军所杀。

杨国忠死于公元746年6月14日，他享受了12年荣华富贵。但在这12年荣华富贵之前，杨国忠只不过是一个市井之徒，过着贫穷而低贱的生活。历史上，杨国忠竟然没有留下出生年份，可以想象，他在没有走上显赫仕途之前，是微不足道的。

私情胜过正途

杨国忠为什么能当上宰相呢？

杨国忠的快速升迁，固然离不开杨贵妃的因素，但也不全然是因为杨贵妃。如果杨家没有把杨国忠推荐给唐玄宗，杨国忠可能一辈子都是一个小混混。但推荐之后，杨国忠能走多远，主要还是靠他自己。应该说，杨贵妃一家把杨国忠显赫之门打开了，杨国忠靠他自己不仅成功登堂了，而且入室了，达到了权力巅峰。

前面已经提过，从血缘关系讲，杨国忠和杨贵妃是同一个曾祖父，有些疏远。所以杨贵妃刚得宠的时候，封了很多杨家人当了大官，唯独没有杨国忠。

杨家有很多子弟，唯独杨国忠能成为一个独立的个体，当上宰相，而其他人都是被视为杨贵妃的一部分，没能达到权力巅峰。在介绍杨家其他人的时候，都得加上一个杨贵妃的前缀，比如杨贵妃姐姐、杨贵妃的父亲等。杨国忠之所以能当上宰相，主要还是靠他的努力和他的小智慧。

历史告诉我们，当一个小官，也许有本事就行了；可当一个大官，当一个宰相，除了本事，更主要是信任——皇帝对大臣的信任。做皇帝的最怕的不是大臣的愚蠢，也不是大臣的贪污腐化，而是大臣的叛逆之心。只要对皇帝忠心耿耿，贪点、蠢点又有什么关系呢？这在1000年后的清朝也是如此，乾隆何尝不知道和珅贪污腐化呢？但乾隆也清楚明白，和珅对他绝对忠诚，和珅不可能有丝毫叛逆之心，这对乾隆来说就足够了。

言归正传，杨国忠到底有什么本事呢？简单说，一身市井的本领。

任何一个帝王，都有两个领域，一个是公共领域，一个是私人领域。公共领域就是公共官场，就是朝廷之上，就是众目睽睽之下，讲的是道德和法律，体现出的是帝王的权威公正和官员的能力。私人领域，就是帝王的私人情感领域了，是在私底下进行的活动，讲的是情感和忠心。

一般宰相升迁之路，都是先公后私，先在朝廷之上表现出一定能力，后逐渐得帝王之心，获得信任，最后进入了帝王的私人领域。但杨国忠走的路是先私后公，先获得帝王欢心和信任，后在权力官场快速发展。杨国忠之所以能获得帝王欢心和信任，是因为杨国忠还是市井之徒的时候就学会了樗蒲，学会了察言观色。而那时候唐玄宗正迷恋樗蒲，杨国忠刚好能投其所好，把唐玄宗弄得乐呵呵，获得了唐玄宗情感上的信任。唐玄宗委派杨国忠做了点小官，杨国忠这人也确实有点小本事，把那个小官做得很好，这获取唐玄宗对杨国忠能力上的信任。一旦获得了帝王的信任，仕途的通达、仕途的显赫那都是指日可待的。

杨国忠这条道路，是走向权力巅峰的一条捷径。而且这条道路十分安全，除非当朝皇帝死了，改朝换代了，否则都没什么问题。

杨国忠的惨死是个历史意外，否则他可以做更长时间的宰相。虽然杨国忠最后落得全家被灭、断子绝孙的结局，但我想，像杨国忠这种市井之徒，这种人生本没多少希望的人，有 12 年显赫荣耀的生命历程，是不是也还很值得？

【古人的"守宫砂"】

佚　名

在少女白藕般的手臂上点一颗鲜艳的红痣，以验证女人们的贞操，在古代是常见的，叫"守宫砂"。不明就里的人，以为"守宫"就是守住那神圣的一方妙处。实际上"守宫"是蜥蜴的一种，躯体略扁，脊部颜色灰暗，有粟粒状的突起，腹面白黄色，口大，舌肥厚，四足各有五趾，趾内多皱褶，善吸附他物，能游行在直立的墙壁上，就是大家常见的"壁虎"。

晋朝《博物志》中记载：如果用朱砂喂养壁虎，壁虎全身会变赤。吃满 7 斤朱砂后，把壁虎捣烂并千捣万杵，然后用其点染处女的肢体，颜色不会消褪。只有在发生房事后，其颜色才会变淡消褪，是以称其为"守宫砂"。有了这种传说中效果绝佳且步骤简单的能够验证女子"贞操"的方法，也不管其是否真实，一些朝代便把选进宫的女子点上"守宫砂"，作为其是否曾经犯淫犯戒的标志。在民间流传开来，以讹传讹，便有了以后众多的武侠小说作者借用"守宫砂"来作的文章。据说，守宫砂只能用来验证处女的贞操，已婚妇女是绝对不灵验的。实际上，这种办法是在宋代随理学的兴起而得到推广的。在宋代由于刚刚使用，经验不足，闹出了许多笑话，弄出了许多是非，其中有名的一个冤案出在四川。

事情还得从宋太祖灭后蜀讲起。王全斌率军进入四川，宋太祖谆谆告诫："行营所至，毋得焚荡庐舍，驱逐吏民，开发丘坟，剪伐桑拓。"然而宋军骄纵不法，滥杀无辜达数万人。民情汹汹，民变迭起，宋政府一面严惩有关人员，一面派太祖的弟弟晋王赵光义入蜀宣慰，一面承诺减赋，一面承诺拔擢人才出仕为官。所谓拔擢人才，既然属于安抚性质，自然是以有财有势或者有头有脸的人士为主，至于真才实学则放在次要地位。

四川万县大豪富林宓田连阡陌，骡马成群，自然也在拔擢之列。于是打点行装到汴京去朝见皇上，接受宋太祖的面试，等待任命。林宓除结发妻子外，还有五位如花似玉的侍妾。最小的侍妾叫何芳子，才 18 岁，原本是后蜀政权兰台令史何宣的女儿。宋朝灭后蜀，何宣不愿降宋，被宋军杀死，可怜官家小姐何芳子沦为万县土财主林宓的第五房小妾。林宓即将动身前往汴京，家中的所有事情都已交代妥当，唯独对年轻貌美的侍妾放心不下。于是将心事透露给了他的好朋友，城外清风观中的上乙真人。对上乙真人来讲，这自是小事一桩。他不久就从江湖术士的手上购买了一些守宫砂，如此这般地把用法给林宓解释一番。林宓如获至宝，回家之后一一亲自点在侍妾们的臂膀上。

何芳子是位千金小姐，人既甚美，读书也多。在她为自己所描绘的人生蓝图中是希望找到个如意郎君，比翼双飞，最终想不到却嫁给了一个几十岁的乡间土财主，还要和一群庸脂俗粉天天争宠斗气。她本无意于这种无聊的争斗，但由于她年轻貌美，知书达理，气质高贵，林宓天天黏着她，而冷落了那些女人，于是那些女人就结成统一战线，处处与她为难。

何芳子嫁给林宓后，本来就事事不如意，天天窝着火。轮到何芳子点守宫砂了，她心不甘情不愿地拒绝了这种近似屈辱的做法。她认为从一而终、守贞固节是女人理应遵守的本分，何必一定要有形式上的约束。倘若由于被迫而守贞，实在没有什么意义。尽管何芳子振振有词，但就是秀才遇了兵，有理说不清。林宓土头土脑，怎么也听不进去，而那些长舌妇的妻妾们，这时莫不以怀疑的眼光看着何芳子，嘴角边露出幸灾乐祸的神情。何芳子拗不过，雪白粉嫩的手臂上也点上了那么一点红。

那些女人们自林宓离家之后，一个个小心翼翼地保护着她们手臂上红豆般大小的守宫砂痣，不敢洗涤，不敢触碰。何芳子却痛恨它，好像那是涂在她身上的一个污点。她满不在乎，照样沐浴洗涤，不久，守宫砂竟然消失得无影无踪。这一下，那些俗气十足的女人终于找到了攻击的借口，讽刺她，嘲笑她，甚至公开骂她偷人养汉。更有不辞辛劳的，夜夜躲在何芳子的窗下偷听，随时准备捉住淫妇奸夫，准备看看这小婊子是如何勾引男人的。

半年以后，林宓已经奉派在汴京任职，派人前往蜀地把一妻五妾一同接来京城。当天夜晚，林宓就迫不及待地在灯下一一检视妻妾们的守宫砂痣。当看到何芳子时，那带着得意笑容的脸僵硬下来，一怒之下，当即就给了何芳子两记耳光，问她这是为什么？何芳子把头低着，脸上没有一点表情，牙齿紧紧地咬着嘴唇。林宓火冒三丈，下令严刑拷打。何芳子自知行动上没有越轨，抵死不肯承认自己有什么情夫。可林宓那一记一记的鞭子，把何芳子的芳心一点一点地抽碎。她彻底绝望，留下一封血泪交织的遗书，自缢而死。

林宓仍以为何芳子是羞愧而死，对何芳子以死剖白的遗书并不重视，草草地把何芳子埋掉了事。林宓在万县财大势大，打死一名奴仆或冤死一个侍妾，只要花些银子，摆平其亲友家属，便可不了了之。然而在天子脚下的汴京城，可就是人命关天，非同小可了。林府死了个小妾，第二天便沸沸扬扬地传播开来。开封府听到消息，当下雷厉风行地查起案来。第一步就是开棺验尸，发现何芳子皮开肉绽，全身都是鞭打的伤痕。接着就是提林宓前来审问，林宓无法隐瞒，一五一十地把事情经过讲出来。

于是判官用林宓所剩下的朱砂，点染在三名妇人臂上，然后把一条活壁虎放在其中一人的手臂上，那壁虎瞬间就把那些守宫砂舔得干干净净。事实上守宫丹砂点在处女的手臂上，经过数日不加洗涤，或可深入皮下，再经擦拭或洗涤都不会消去，而且愈见鲜艳。就算传说中一经房事，颜色也不会自行褪去。可是对于已经有过婚史的女性来说，守宫砂就毫无用处。何芳子无疑是受了莫大的冤枉。开封府尹判何芳子清白，林宓滥用私刑，逼死侍妾，免去官职，并加重罚。

由于这个案子涉及四川地方，牵涉安慰后蜀政权的子民，因而连中央专管刑狱的大理寺也出动了。就在大理寺准备重判林宓的时候，林宓神秘地死去，上乙真人也投湖自杀。人们十分同情何芳子的遭遇，她千里迢迢地从四川万县赶到汴京，却含冤蒙屈地游魂异乡。于是就有人发起建一座"贞女庙"。这座庙自宋代到现在，历代加以重修，千年以后，至今仍矗立在河南开封南，有的人又叫它"守宫庙"。

既然"守宫砂"是人为加上去的，而非女子天生的，在未婚女性身上寻找所谓的"守宫砂"，只能说明某些男人的无聊与无知。同样道理，有无"守宫砂"与贞操也毫无关系。现代人如果将传统的谬传当宝贝，那么愚昧程度也就可想而知了。

【 "矫诏" 为什么如此容易 】

黄　波

"矫诏"，这是个中国旧史中的专有名词。旧到什么程度呢？旧到商务印书馆出版的《现代汉语词典》中都没有收录它，今之新新人类更是闻所未闻。然而，这个词语在中国历史上曾拖出了一道巨大的阴影，凡有人心者怎能忘却？

"矫诏"，通俗点说，略等于当代古装戏中常常出现的"假传圣旨"。不过，细细思量，可能还有微妙的差异。假传圣旨，有时是凭空白话，却硬说出于上意，而矫诏显然困难得多，因为它需要通过一系列严格的程序，并有加盖皇帝玉玺的诏书为凭，只是在事后，人们才有幸被告知，原来那诏书上所说的并不是皇帝的本意。

读《明史》，到了所谓太监擅权的时候，矫诏堪称家常便饭。《明史纪事本末》"刘瑾用事""魏忠贤乱政"那两卷，几乎每隔一两行，"矫诏"二字就会撞入眼帘，不是刘瑾他们今天"矫诏"罢了哪位忠臣的官，就是明天"矫诏"把一个批评者打入了大狱，或者后天"矫诏"又让亲信占据了哪个重要位置，简直相当于一部"矫诏史"。

《明史》中密密麻麻的"矫诏"让人烦躁，烦躁中就禁不住要恨恨地问一声："矫诏"为什么如此容易？

是啊，在礼法的威严下，昔日代表天宪的"诏"，会这么容易被几个刑余之人浑水摸鱼吗？稍有智识的人都会明白，要经过那么多道关口太难太难了！可事实是那几个阉人却拿"矫诏"当好玩儿似的，这究竟是为什么？

读《明史》还有一个困惑。因为矫诏如此容易，所以刘瑾也好，魏忠贤也罢，他们当年权势熏天的时候，举凡内政、军事、外交，几乎每个重要部门的重要岗位都为其私人所把持，读史者乃至常有"即将变天"的感觉，可是到了他们倒台的时候，却"息若败叶"，几乎无声无息。刘瑾，是明武宗听了臣下的劝告，沉吟了一会儿，说那就逮了吧，"即命禁兵逮瑾"；魏忠贤，明熹宗初死，在通常认为发动政变的最好时机中并无动作，后来新登基的崇祯一步步剿除其势力的时候，也是乖乖地束手就缚。于是问题又来了：既然刘瑾、魏忠贤这么容易矫诏，也通过矫诏积累了深厚的权力基础，而且据史书上说这两人都"有异谋"，那么为什么一旦到了生死关头，却连一丝反抗的余地也没有呢？

答案很简单，相对于表面不可一世的刘瑾、魏忠贤，刘瑾时期的明武宗和魏忠贤时期的明熹宗，虽然斗鸡走马，太不成器，但其根基未倒，他们还是最有力量的人。只有看清了这一点，我们才能弄懂刘瑾们矫诏如此容易的谜底。

根本不是什么矫诏。我们看刘瑾、魏忠贤们必欲排挤打倒的人，他们在儒家理想人格的熏染下，不忍民穷政敝，词锋所及，固然为刘瑾们所不容，可昏庸之君主又哪里会爱听呢？也许皇帝并不准备如刘瑾们期待的那样，对其残酷打击乃至肉体消灭，但既然批了寡人的逆鳞，让我老大不痛快，为什么不借刘瑾们之手，给这些偏爱唠唠叨叨的家伙一个下马威？

真有力量的"乱臣贼子"是不需要矫诏的，他们推翻旧主人，自己发诏书就得了。所谓"矫诏"，实际上是史家的一个避讳语。这种避讳自然有很多好处，首先一点是可以让人们知道皇帝总是圣明的，其次是安慰那些惨遭羞辱和残害的臣子的人心，他们在抚摸心灵和肉体创伤的时候，终于可以说："骂我打我杀我，那可不是圣上的意思啊。"

【大清皇帝为何接连无后】

高冕

光绪帝无后。他之前的同治帝无后。他之后的宣统帝也无后。

光绪前朝皇帝载淳，19周岁死去，身后没有留下一男半女。认为皇帝死时皇后阿鲁特氏已怀有龙种的，只是野史之说，信史未见确凿材料。清代皇子、皇帝大多正式结婚前已有性生活，娶嫡福晋之前就生有子女的也有不少先例。同治于同治十一年（1872）九月举行大婚典礼，死于同治十三年（1875）十二月，单从大婚之日算起，他与众多的后妃宫女生活了两年零三个月时间，居然没有留下一点骨血，已属不可思议。

光绪本人38周岁死去，身后竟然也没有留下一男半女。这太不正常了！

光绪帝娶有一位皇后，另外有名分的妃子两名，身边还有成群的妙龄宫女。他于光绪十四年（1888）十月大婚，至光绪二十四年（1898）八月因禁瀛台，近十年时间，虽然政治上难以伸展手脚，基本上是个傀儡皇帝，但性生活还是有较大自由度的，尤其与他宠爱的珍妃，婚姻生活堪称甜美。

光绪帝被幽禁在瀛台期间，皇后叶赫那拉氏还伴着他。光绪帝住涵元殿，皇后住在对面的展香殿。皇后叶赫那拉氏入主后宫十九年，光绪帝对她几乎没有兴趣，但也绝不是没有碰过她半个指头。史家说"承幸簿"很少留下光绪与皇后的性生活记录，"很少"不等于没有，尽管极有可能这是皇帝受"亲爸爸"所慑的逢场作戏。不幸的是，皇后也未能为皇帝生下一男半女。虽然她为此想得心酸、想得发狂。

光绪和他的后妃们以及慈禧太后都渴望得到龙子，或者得个凤女也好，然而心都盼酸了，希望终于变成绝望。

爱新觉罗氏皇族悲哀连连。据史料记载，光绪继承人宣统溥仪，活了 61 周岁，也是无后。

接连三朝皇帝都没有留下一男半女！是不是忘了记载？相信史学家们不至于疏忽到这等地步。"不孝有三，无后为大"，入主中原二百余年，已被儒家文化浸透了的爱新觉罗氏，必以皇帝有生育能力为荣。如果没有长大成人的皇子，即使有过夭折的儿子，哪怕有过夭折的女儿，史学家们都会不吝笔墨给予郑重记档的。皇帝有生育能力，这是至尊皇帝全部尊严的重要组成部分，史官胆敢将其疏忽，他有几个脑袋？

同治—光绪—宣统，三朝皇帝个个无后。人们不禁要问：爱新觉罗氏皇族到底怎么啦？大清国到底怎么啦？

对此，广泛涉猎有关史书、传记，未见研究结果。探讨这三位皇帝为什么没有生育能力，虽然对研究清史，尤其对研究大清皇权统治具有重要价值，但难度显然很大。主要是皇帝本身早就过世，那个时代的御医不敢探究此事，没有留下直接的医学资料，研究很难下手。于是，为何连续三位清帝都未生育，成为一团疑云，浮悬于史海上空。

从现代医学角度对其透视分析，能依稀看到相当重要的缘由。

清太祖努尔哈赤死前曾嘱咐：俟我百年之后，我的诸幼子和大福晋交给大阿哥收养。大福晋是指努尔哈赤的嫡妻，大阿哥是指努尔哈赤的次子代善。有人认为，努尔哈赤所说的"收养"，是指自己死后将嫡妻归儿子代善所有。皇太极时代，莽古尔泰贝勒死后，他的众多妻子分别分给侄子豪格和岳托；努尔哈赤第十子德格类贝勒死后，其众多妻子中的一个被第十二子阿济格纳为妻妾。肃亲王豪格是皇太极的长子，多尔衮是努尔哈赤的第十四子，是皇太极的亲弟弟，论辈分多尔衮是豪格的亲叔叔。但豪格娶的嫡妻博尔济吉特氏，是叔叔多尔衮一个妻子（元妃）的妹妹。侄子豪格死后，其嫡妻博尔济吉特氏在叔叔多尔衮逼迫之下，被多尔衮纳为妻子。

大清国开国皇帝皇太极及其儿子顺治的婚配，都是典型的近亲婚配或乱伦婚配。

建州女真的领头人努尔哈赤，为统一女真各部落，娶蒙古科尔沁贝勒明安的女儿为侧妃，开与蒙古部落联姻之先河。后来，他的四个儿子都娶蒙古女子为妻。尤其是他的第八子皇太极，为了对付强大的明朝，积极推进满蒙联姻。皇太极改国号为"大清"后，册封的五宫后妃都来自蒙古博尔济吉特家族，其中三位漂亮的后妃论辈分乃是姑侄。先是姑姑博尔济吉特氏于明万历四十二年（1614）嫁给时为贝勒的皇太极，后尊称为孝端文皇后，生了三个女儿；接着，天命十年（1625）春，她的年仅13岁的侄女又嫁给当时仍为贝勒的皇太极，后被封为永福宫庄妃，生了顺治福临，还生了三个女儿，后被尊为孝庄文皇后；之后，天聪八年（1634），她的另一个26岁的侄女，也就是庄妃的亲姐姐，也嫁给了继承汗位多年的皇太极，被封为宸妃，生过一个两岁即夭的儿子。有人统计，皇太极在位期间，满族贵族仅与蒙古科尔沁部联姻就达18次之多。皇太极之子顺治与其父亲一样，也是近亲婚配或乱伦婚配：孝庄文皇后的两个侄女，都嫁给了顺治，一个封为皇后，另一个封为淑惠妃。顺治娶的这两个妻子，是他同一个亲舅舅的两个女儿，都是他的表妹；后来，孝庄文皇后的一个侄孙女，又嫁给顺治为妻，后被封为孝惠章皇后。这就是说，顺治帝不仅娶了两个表妹，还娶了表侄女为妻。而从蒙古科尔沁部首领莽古斯的角度来讲血缘伦理，他将女儿（孝端文皇后）嫁给了皇太极，又将两个孙女（孝庄文皇后、宸妃）嫁给了皇太极，后又将两个孙女（静妃、淑惠妃）、一个曾孙女（孝惠章皇后）嫁给皇太极的儿子顺治。

为了增进与强大的蒙古部落的联盟，金国大汗、大清国皇帝、亲王、贝勒等贵族不仅娶蒙古女子为妻，还把自己的女儿嫁给蒙古王公贵族。清国初创时期，大清国第一位皇帝皇太极，将长女至四女几个十二三岁以上的女儿，都嫁给蒙古各部落的王子王孙。其中，三女固伦端靖长公主、四女固伦雍穆长公主，嫁给孝端、孝庄两位皇后的娘家子孙。其他几个女儿在皇太极死后出嫁，多数也嫁给了蒙古王孙公子。至清政权入关中原后，加强与蒙古各部落的政治联姻，仍为历朝清帝奉行的基本国策。这里边，也存在着近亲婚配甚至乱伦婚配。

清政权入关后，受中原伦理观念影响，对皇室的近亲婚配和乱伦婚配逐渐加以限制。康熙朝规定：阅选秀女时，秀女中属后族近支或母族属爱新觉罗的，应当予以声明。嘉庆朝规定：挑选秀女时，属皇后、皇贵妃、妃嫔亲姐妹的，加恩不予挑选。规定归规定，实际上近亲婚配和乱伦婚配依然存在。顺治娶一等侍卫佟国维的姐姐佟佳氏为妻，佟佳氏所生第三子即康熙玄烨，她后被尊为孝康章皇后。后来，康熙娶佟国维的女儿为妻，就是孝懿仁皇后；孝懿仁皇后的一个妹妹也嫁给了康熙，后被尊为敦怡皇贵妃。这就是说，康熙娶了两个同父表妹为妻。佟国维对于康熙来说，既是亲舅舅，又是岳父大人。到了晚清，光绪同时娶原任侍郎长叙的两个女儿他他拉氏为妻，姐妹俩分别被封为瑾嫔和珍嫔。此类现象还有不少，上述仅是其中两例。

女真（满族前身）初兴时期仅3万人，蒙古则有四十万铁骑。弱小的满族要实现扩张雄心，奉行满蒙联姻，不失为高明之举。金国大汗、大清皇帝、亲王、贝勒等贵族娶蒙古女子为妻，又将自己的女儿嫁给蒙古王子王孙，其间夹杂着严重的近亲婚配甚至乱伦婚配。如此相袭，亲上加亲，有的因姑侄同嫁一人，亲到了扯不清伦理的地步。满蒙联姻的结果，带来了灭亡明朝、入主中原的辉煌胜利，同时，近亲和乱伦婚配又伏下了满族皇族毁灭的因子。

综观清代皇帝，总体上越到后来生育能力越差，所生子女早夭比例越高。

开国皇帝皇太极（崇德），享年 51 周岁，史料可查的有名分的后妃 15 位，仅以此 15 位后妃为计算依据，他们和皇太极生了 11 个儿子、14 个女儿。11 个儿子中长到 16 岁以上的成人共 7 位，4 人早夭；14 个女儿中 13 位长到 16 岁以上，只有一位 15 岁死去，子女早夭的比例为 20%。

第二位皇帝福临（顺治），患天花而死，终年 24 周岁还差一个月，可谓短命。他娶了有名分或生有子女的后妃共 18 位，生育子女数量不少，共 8 个儿子、6 个女儿。可能与其近亲结婚和乱伦婚配有关，其中 4 个儿子早夭，6 个女儿中超过 16 岁的四人，但只有一个女儿出嫁，其余都在未出嫁前就夭折了，子女早夭比例为 43%。

第三位皇帝玄烨（康熙），享年 68 周岁，据不完全统计，生前拥有后、妃、嫔 55 位，共生了 35 个儿子、20 个女儿。其中长大成人的儿子 20 人，长到 16 岁以上的女儿 8 人，子女早夭的比例为 51%。

接下来几位皇帝生育能力有所下降，但不算太弱。第四位皇帝胤禛（雍正），享年 56 周岁，自称"清心寡欲，自幼性情不好声色。即位以后，宫人甚少"。据《清史稿》记载，他娶有后妃 7 人，共生了 10 个儿子、4 个女儿。

第五位皇帝弘历（乾隆），享年 87 周岁，生前册立的后、妃、嫔共 31 位，生有 17 个儿子、10 个女儿。

第六位皇帝颙琰（嘉庆），享年 59 周岁，共有后、妃、嫔 14 位，但只生了 5 个儿子、9 个女儿。其中，长子只活了三个来月，未取名就死去；7 个女儿未成年早殇，出嫁的皇三女和皇四女也很短命，分别于 31 岁和 28 岁时死去。儿女的早夭比例高达 57%。

第七位皇帝旻宁（道光），享年 67 周岁，有名分的后妃 20 位，共生了 9 个儿子、10 个女儿，第二、第三子婴儿时就死了，10 个女儿中只有 5 个女儿长大成人，其中最长寿的一位仅活到 34 岁，其他 4 位 20 出头都相继夭折，子女早夭比例高达 37%。而且，论医学条件，道光时代要比皇太极时代好得多，皇太极常带着妻子和儿女浴血征战，有时连性命都难保，根本谈不上优越的生育条件和医疗保健。道光旻宁则是拉开架势当皇帝的，后妃的生育保健与儿女的医疗条件绝对天下一流，但与先祖开国皇帝皇太极相比，所生子女数量要少得多，子女早夭比例则要高得多。

第八位皇帝奕詝（咸丰），一生风流成性，有名分的后妃 19 人，却只生了 2 个儿子、1 个女儿，大儿子出生不久就死了，女儿仅活到 20 岁，幸存的儿子就是后来的同治。

咸丰的生育能力还不是最糟糕的，其后同治载淳、光绪载湉、宣统溥仪，接连三位皇帝均未生育子女。爱新觉罗皇族代表人物的生育能力，如同他们崇尚的武功那样彻底废了。

就光绪而言，由于当傀儡皇帝，政治抱负得不到施展，婚姻又非常不幸，一生"未尝一日展容舒气也"，身心受到严重摧残。加之受祖辈近亲婚配和乱伦婚配的影响，身体很差，患有遗精、头痛、痨症、脊骨痛等多种疾病。尤其是长期所患的遗精病，是他丧失生育能力的重要原因。光绪三十三年（1907），也就是光绪死前一年，他曾亲自探究并写下自己的病原："遗精之病将二十年，前数年每月必发十数次，近数年每月不过二三次，且有无梦不举即自遗泄之时，冬天较甚。近数年遗泄较少者，并非渐愈，乃系肾经亏损太甚，无力发泄之故。"光绪生于同治十年（1871）六月，写病原时36周岁。这就是说，他从十五六岁青春发育期起就患了遗精之病，每月多达十几次。30岁出头，便到了几乎无精可泄的地步。患有如此要命的疾病，无论怎样刻意播撒龙种也都是徒劳。光绪能将如此超级隐私写出来是很有勇气的。同治、宣统也都未生育龙子凤女，是不是也有此类超级隐私呢？

封建时代，皇帝无后不仅是皇族的不幸，也是整个国家的不幸，常常因此引发政治动荡。载漪、荣禄之辈，正是钻了光绪无后这个空子，伙同慈禧太后欲立溥儁，废光绪，惹起一大堆政治麻烦。

三朝皇帝连续无后，大清国一派末世征兆。就在这股子灰暗晦气之中，曾经辉煌于世的封建王朝急剧走向衰败。